***ACCESO GRATIS** a la Lectura en la Nube*

Para visualizar el libro electrónico en la nube de lectura envíe junto a su nombre y apellidos una fotografía del código de barras situado en la contraportada del libro y otra del ticket de compra a la dirección:

ebooktirant@tirant.com

En un máximo de 72 horas laborables le enviaremos el código de acceso con sus instrucciones.

MEDIACIÓN CIVIL, MERCANTIL, PENAL, PENITENCIARIA E INSTITUCIONAL 2022

Cuestiones actuales controvertidas y reflexiones de futuro

MEDIACIÓN CIVIL, MERCANTIL, PENAL, PENITENCIARIA E INSTITUCIONAL 2022

Cuestiones actuales controvertidas y reflexiones de futuro

Directora
Rosa Arrom Loscos

Coordinadores
María Isabel Montserrat Sánchez-Escribano
Irene Nadal Gómez
Ixusko Ordeñana Gezuraga

tirant lo blanch
Valencia, 2024

En caso de erratas y actualizaciones, la Editorial Tirant lo Blanch publicará la pertinente corrección en la página web www.tirant.com.

EDITA: TIRANT LO BLANCH
C/ Artes Gráficas, 14 - 46010 - Valencia
TELFS.: 96/361 00 48 - 50
FAX: 96/369 41 51
Email: tlb@tirant.com
www.tirant.com
Librería virtual: www.tirant.es
DEPÓSITO LEGAL: V-200-2024
ISBN: 978-84-1169-707-1

Si tiene alguna queja o sugerencia, envíenos un mail a: *atencioncliente@tirant.com*. En caso de no ser atendida su sugerencia, por favor, lea en *www.tirant.net/index.php/empresa/politicas-de-empresa* nuestro procedimiento de quejas.

Responsabilidad Social Corporativa: http://www.tirant.net/Docs/RSCTirant.pdf

AUTORES

María Belén Aige Mut
Cristina Alonso Salgado
Mar Aranda Jurado
Rosa Arrom Loscos
Sara Arruti Benito
Cecilia Artigas
Sonia Calaza López
Rubén Alberto Calcaterra
Raúl Carnevali Rodríguez
Raquel Castillejo Manzanares
Analia Cheme Avellaneda
José Díaz Cappa
Estela Galeano
Paula García Segura
Catalina Llull Riera
Apol·lònia Martínez Nadal
Juan Mendoza Díaz
María Isabel Montañez Juan
María Isabel Montserrat Sánchez-Escribano
José Luís Montoto Guerreiro
Gabriela María Teresa Mussin
Irene Nadal Gómez
María Nelly Ferber
Ixusko Ordeñana Gezuraga
José Pascual Ortuño Muñoz
Eva Eusebia Oviedo
Claudia Alejandra Susana Pieske
Mariana Tejedor

Índice

I. A MODO DE INTRODUCCIÓN

II. MEDIACIÓN CIVIL Y NUEVAS TECNOLOGÍAS

III. MEDIACIÓN FAMILIAR Y MERCANTIL

IV. MEDIACIÓN COMUNITARIA E INSTITUCIONAL

V. MEDIACIÓN PENAL Y JUVENIL

VI. MEDIACIÓN PENITENCIARIA

I. A MODO DE INTRODUCCIÓN

Presentación de la obra por su directora

ROSA ARROM LOSCOS
Catedrática de Escuela Universitaria de la Universidad de las Islas Baleares

La obra que tengo el honor de presentar es el reflejo de la II edición del Congreso Internacional de Especialización Teórico-Práctica en materia de mediación civil, mercantil, penal, penitenciaria e institucional, celebrado los días 19 y 20 de octubre de 20022 en la Universidad de las Islas Baleares. La última edición del Congreso, al igual que la primera y esperemos que las sucesivas que vean la luz, nacieron con la clara finalidad de impulsar y compartir un foro abierto de debate y reflexión que coadyuvara en la búsqueda de respuestas con respecto a la necesidad creciente de implantar nuevos modelos de Justicia que, sin duda, nos interrogan como sociedad. Como es sabido, dicha necesidad hunde sus raíces en movimientos basados en la Cultura de Paz y del acuerdo, así como en la apuesta decidida por el avance tanto en la eficacia y eficiencia de los procesos como, a su vez, en la apuesta por la mayor humanización de la Justicia.

Destaco, por resultar de indiscutible actualidad, que en el plano civil y mercantil lo anterior ha cristalizado, gracias al avance del Derecho colaborativo, en apuestas legislativas, como digo, muy recientes como los conocidos MASC, acrónimo de los denominados medios adecuados de resolución de controversias; mecanismos éstos previstos en el Proyecto de Ley de Medidas de Eficiencia Procesal y Servicio Público de Justicia, de 12 de septiembre de 2022, de previsible e inminente aprobación en el momento en el que escribo esta presentación. Estos mecanismos nacen con vocación de ser verdaderas formas de Justicia, partes integrantes y esenciales del denominado Servicio Público de Justicia, el cual exige y precisa de la corresponsabilidad ciudadana para la viabilidad del sistema.

En el indicado ámbito civil y mercantil, los MASC son alternativa al proceso que pudiera plantearse, pues los intereses que subyacen en el conflicto resultan ser de carácter, salvo que haya menores o incapaces implicados, privado por cuanto en este ámbito ejerce su influencia el principio de autonomía de la voluntad y su trasunto procesal, esto es, el principio dispositivo. Entre los MASC previstos por el Proyecto de Ley se encuentra su buque insignia, a saber, la mediación civil, ya regulada en nuestro ordenamiento por la Ley 5/2012, de 6 de julio de Mediación en Asuntos Civiles y Mercantiles.

Por lo que respecta al ámbito penal, no puedo dejar de reseñar los retos que la misma plantea, pues la regulación que introdujo la Ley 4/2015, de 27 de abril, del Estatuto de la Víctima del Delito, más allá de las escasas referencias en unos pocos preceptos dispersos en nuestro ordenamiento jurídico, resulta ser absolutamente insuficiente; situados ante un mecanismo tan potente como es la mediacional penal, en su caso, la mediación penitenciaria, con tanto que aportar a una sociedad que apueste por los valores inherentes a la Cultura de Paz. Ahora bien, el recorrido de la mediación penal es mucho menor que el de la mediación civil, en tanto la existencia de los intereses de naturaleza pública que se encuentran en juego en el proceso penal tiene, como necesaria consecuencia, que el señalado mecanismo tenga, respecto de aquél, un carácter instrumental, accesorio y complementario.

Cierto es que en la primera edición del Congreso los ámbitos abordados fueron el civil, mercantil y el penal, si bien tras el mismo, y de cara a una segunda edición, me pareció absolutamente imprescindible el abordaje del estudio del conflicto y de sus técnicas de resolución, así como la introducción de otros tipos de mediación como la medición juvenil, penitenciaria, institucional, comunitaria y sanitaria. La obra que hoy se presenta aborda, gracias de nuevo al buen hacer, entusiasmo y generosidad de los ponentes e intervinientes en el Congreso, los anteriores contenidos.

Sobre los autores y autoras de esta obra, quiero destacar que algunos de los ponentes participantes en el Cogreso del que trae causa la presente obra no han podido participar en la misma, por diversos motivos, siempre sobradamente justificados y entendidos. Por tal razón, los temas que se abordaron por estos ponentes en el Congreso han sido tratados por expertos en la materia, incorporados a la obra por la causa indicada. Además, se suma a la obra un magnífico capítulo introductorio de la mano y magisterio de la Dra Sonia Calaza.

Del mismo modo, quiero destacar que los ámbitos señalados se trabajaron desde distintas perspectivas porque el Congreso se construyó, igual que en la primera edición, no solo sobre las diferentes y valiosas ponencias de los diversos especialistas participantes, con el plus de riqueza que aporta siempre el carácter internacional, sino también sobre experiencias reales de mediación. Y es esta mirada, la que aportan las experiencias reales, la que permite conectar de otra forma con el potencial y beneficios que se desprenden de la mediación, tanto en el ámbito del Derecho colaborativo, cuando nos hallemos en los dominios de la autonomía de la voluntad y de los derechos dispositivos, como cuando nos situemos fuera de ese plano y resulte procedente hablar de Justicia Restaurativa, género del que son especie la mediación penal y penitenciaria. No extrañe, pues, que dichas experiencias reales integren, también, el contenido de esta obra.

En suma, el abordaje teórico/práctico facilita, ciertamente, integrar todas las aristas y matices de una figura, una experiencia, como señalaba, potencialmente tan enriquecedora como lo es la mediación en cuanto forma, dependiendo del ámbito en el que se geste, de la resolución alternativa o complementaria de los conflictos.

Ese potencial al que me referido, es mi profunda convicción, brota directamente de la esencia de nuestra humanidad, de la extraordinaria capacidad del ser humano para generar espacios de encuentro que apuesten por el diálogo, por el entendimiento, que apuesten, en definitiva, por nuestra capacidad de salir de nosotros mismos, de escucha activa de la posición del otro, entendiendo las partes que en toda mediación existen dos posiciones, en su caso, dos relatos que merecen ser escuchados.

No puedo finalizar, sin agradecer, de nuevo, la respuesta y excelente trabajo de los ponentes, ahora autores de esta obra colectiva, también mi gratitud, como no, para los coordinadores de la misma. A todos y a cada uno de ellos mi afecto y, repito, mi gratitud infinita; su pasión, generosidad y compromiso son, a la vez que inspiradores, el motor que impulsará una tercera edición del Congreso Internacional de Especialización Teórico-Práctica en materia de mediación civil, mercantil, penal, penitenciaria e institucional.

¿Qué es mediación?: ¿y tú me lo preguntas? mediación eres tú

SONIA CALAZA LÓPEZ
Catedrática Derecho Procesal UNED

Muy a pesar de comenzar esta sucinta presentación de un libro tan evocador como el que tiene/s en sus/tus manos o en su/tu pantalla, con un título de auténtica inspiración bécqueriana, porque esta es la verdadera musa de la mediación: ese es el cristal dónde uno se mira cada mañana: su capacidad de ceder, de flexibilizar, de conceder, de otorgar, de claudicar, de conciliar, de ofrecer, de admitir, de asumir; en definitiva, de vivir—; lo cierto es que vivimos en un mundo líquido, dónde las emociones, las decisiones y las mismas posiciones casan mal con la solidez, con la frialdad y muchas veces, con la inflexibilidad del Derecho. La mediación, tema central de este libro, es —precisamente— el mecanismo por excelencia para imprimir eficacia, eficiencia, flexibilidad, economía, celeridad, privacidad, dignidad, resiliencia y humanidad, a la misma reconstrucción de las relaciones controvertidas, disonantes o, sencillamente, rotas.

La Profra. Rosa Arrom Loscos —Catedrática de Escuela Universitaria de Derecho Procesal de la Universitat de Les Illes Balears—, persona tan buena —en el sentido machadiano de la palabra "buena"— como inspiradora, ha tenido el destacado gran acierto de aglutinar, en el marco de dos Proyectos I+D+i del MICINN [*Ejes de la Justicia en tiempos de cambio* (PID2020-113083GB-I00) y *Transición Digital de la Justicia* (RED 2021-130078B-100)] y de un Proyecto de Innovación Docente [*El futuro es hoy o la renovación de las tutorías del Grado en Derecho: Una intervención para trabajar los medios alternativos de resolución de conflictos (MASC) mediante metodologías activas*, 2022-2023, Vicerrectorado de Digitalización e Innovación (IUED) de la Universidad Nacional de Educación a Distancia], bajo el comprensivo título "Mediación Civil, Mercantil, Penal, Penitenciaria e Institucional 2022: cuestiones actuales controvertidas y reflexiones de futuro", a un gran número de destacados especialistas en una herramienta paraprocesal de inestimable valor: la mediación.

A este inicial acierto, ha sumado otro: su perspectiva multidisciplinar. Nuestro Tribunal Supremo reiteró, en su tratamiento transversal de la cosa juzgada material, una idea tan ingeniosa y literaria como cierta: "Unos mismos hechos no pueden existir y dejar de existir para los distintos órdenes jurisdiccionales". Esto mismo sucede con todas las grandes instituciones, mecanismos y herramientas procesales: así, una misma mediación —afectante a hechos concurrentes, a relaciones concordantes e incluso, a situaciones concomitantes— no puede existir y dejar de existir para los distintos órdenes jurisdiccionales. De ahí la imperiosa necesidad de su tratamiento conjunto, tanto transversal como multidisciplinar e incluso, interdisciplinar. Y todo ello, desde luego, en perspectiva procesal poliédrica, esto es, en el marco de todos los órdenes jurisdiccionales.

Por si dos aciertos fuesen pocos, la Profra. Rosa Arrom Loscos ha tenido el tercer gran tino de contar, como coordinadores de la obra, con una jovencísima promesa, María Isabel Montserrat Sánchez-Escribano y con dos consagrados investigadores de tan extraordinaria valía y proyección, como los Profesores Irene Nadal Gómez e Ixusko Ordeñana Gezuraga.

El libro que tengo el gusto de presentar —"Mediación Civil, Mercantil, Penal, Penitenciaria e Institucional 2022: cuestiones actuales controvertidas y reflexiones de futuro"— se divide en seis partes perfectamente diferenciadas, con un destacado número de capítulos, que —a modo de ramas estratégicas— conforman el árbol central de la "ciencia de la mediación", cada uno de ellos a cargo de relevantes especialistas. En una primera parte, la Directora de la obra, Profra. Dra. Dª. Rosa Arrom Loscos nos introduce, con sutileza, en los confines de esta ambiciosa obra, para dar paso a la autorizada voz del Magistrado, D. José Pascual Ortuño Muñoz, quién asume una temática tan compleja como delicada: *La mediación, una herramienta imprescindible en la lucha contra la violencia de género*. En la segunda parte —Mediación civil y nuevas tecnologías— la Directora de la obra abre camino al detallado y profundo estudio de la Mediación con el exquisito análisis de uno de sus principios vertebradores: *El principio de voluntariedad en la mediación civil y mercantil; novedades legislativas a la luz del proyecto de ley de medidas de eficiencia procesal y servicio público de justicia*. A renglón seguido, María Belén Aige Mut nos ilustra acerca de la *Obligatoriedad y nuevas tecnologías en la mediación: estudio comparado*; para pasar a cerrar este valioso bloque temático, con Juan Mendoza Díaz, quién bajo el título *La mediación en Cuba: una recreación del mito de Sísifo*, incorpora un estudio sobre el reconocimiento constitucional de los MASC, en el marco de la conciliación y la mediación como herramientas del Juez cubano. La tercera parte —Mediación familiar y mercantil— incorpora estudios tan variados e interesantes como los siguientes: *Los derechos de la infancia y de la adolescencia en la mediación familiar. especial referencia a los procesos de separación y divorcio*, a cargo de Mar Aranda Jurado; *Conflictología y mediación*, de Rubén Alberto

Calcaterra; *Acceso a justicia y mediación en la provincia del Chaco. Argentina*, de Gabriela María, Teresa Mussin y Cecilia Artiga; así como *Mediación y conflictos contractuales en el ámbito mercantil*, de Apollònia Martínez Nadal. La cuarta parte —Mediación comunitaria e institucional— cuenta con estudios tan estimulantes como los siguientes: *La empatía y el arte de escuchar en ambientes facilitadores para efectivizar el derecho de acceso a justicia del pueblo Qom: el servicio de mediación intercultural*, de Eva Eusebia Oviedo; *Estrategias para la gestión de conflictos entre las partes*, de María Isabel Montañez Juan; *La búsqueda de la justicia en el conflicto sanitario: más allá (o acá) del proceso penal*, de Irene Nadal Gómez; *Mediación en casos medioambientales*, de Raquel Castillejo Manzanares; *La gestión de conflictos en los Ayuntamientos*, de Catalina Llull Riera; *Acceso a justicia y métodos alternativos de solución del conflicto (M.A.S.C.) de la mano de los facilitadores judiciales*, de Claudia Alejandra Susana Pieske; y *En torno al ámbito subjetivo y objetivo de la mediación sanitaria: ¿qué conflictos deben/pueden ser objeto de la mediación sanitaria?* de María Isabel Montserrat Sánchez-Escribano. La quinta parte —Mediación penal y juvenil— consta de capítulos tan evocadores como los siguientes: *Mediación penal en el sistema de justicia penal de adultos. una actualización descorazonadora*, de Cristina Alonso Salgado; *Mediación y otras alternativas al proceso judicial con menores. Límites jurídicos para su aplicación. Especial referencia a la responsabilidad penal del menor*, de José Díaz Cappa; *La mediación que pudo haber sido y no fue*, de Rosa Arrom Loscos; y *Experiencia real de mediación en Argentina: mediación juvenil en Argentina*, de José Luís Montoto Guerreiro (Dr), Mariana Tejedor, María Nelly Ferber, Analia Cheme Avellaneda y Estela Galeano. La sexta parte —Mediación penitenciaria— culmina esta obra de extraordinaria originalidad, con el abordaje de una temática tan esencial como poco trabajada en nuestra disciplina. En esta última parte de la obra dirigida por la Profra. Arrom, nos ilustran —con su conocimientos teóricos y prácticos— los Profesores enunciados a continuación con los siguientes temas: *Mediación penal y penitenciaria. Nuevos tiempos, nuevos retos, mismos objetivos*, Ixusko Ordeñana Gezuraga; *Mecanismos alternativos de solución de conflictos penales en Chile. Por una orientación restaurativa del delito*, Raúl Carnevali Rodríguez; *Diálogo y reparación del daño: la justicia restaurativa como herramienta para la reinserción social en prisión*, Paula García Segura; *La potencialidad de la mediación penitenciaria como mecanismo resolutivo de los conflictos entre mujeres presas*, Sara Arruti Benito.

Si partimos —con la Profra. Raquel Castillejo Manzanares— de la asunción, en España, de una "abrumadora litigiosidad" motivada por múltiples factores —ya crónicos— que han sido evaluados —sin éxito de resultado— en un sinfín de ocasiones; y a su vez reconocemos, a modo de sencilla ecuación lineal de primer grado —con el Prof. Ixusko Ordeñana Geruzaga— la generalizada "insatisfacción" de las partes comprometidas en los procesos judiciales y del conjunto de la sociedad, con la Justicia; entonces parece claro que —en la materialización de este relevante "valor superior del ordenamiento jurídico": la Justicia— un cambio de paradigma debe ensayarse y, de resultar tan eficaz como eficiente, incluso implementarse: Asistimos, con auténtica expectación, a la llegada de un modelo de Justicia como "servicio público", dónde la imperiosa oportunidad de integrar —en nuestros procesos— nuevos valores como la eficiencia, la sostenibilidad y la resiliencia se imponen. Cierto es que venimos de un tiempo, en que se procuró —con la Ley 5/2012— una decidida apuesta por la revitalización de la mediación civil y mercantil, que —muy a pesar de su potencialidad— no resultó tan exitosa como cabía esperar. De ahí —tal vez— en primer término, su confusión en la inminente Ley de Medidas de Eficiencia Procesal, con todo un conjunto de otros "medios adecuados de solución de controversias" —por el momento, menos sofisticados—, cuando la mediación es, en ingeniosas palabras de la Profesora Rosa Arrom Loscos, el "buque insignia" de todos ellos y en segundo, su denominada "obligatoriedad mitigada" o imperiosa necesidad de agotar uno de estos medios —a modo de presupuesto de procedibilidad— antes de que la litispendencia desprenda el cordón umbilical del nuevo proceso y comience la vida judicial de las personas implicadas en la controversia, cuando —desde siempre— la voluntariedad, con gozosa expresión de esta misma Autora —Directora de la obra, Profesora Rosa Arrom—, era un incuestionable elemento del "frasco de las esencias de la mediación".

En una presentación, como la que tengo el privilegio de redactar, de una obra tan integrada, transversal y multidisciplinar como esta, a cargo de compañeras y compañeros muy comprometidos —desde hace un buen número de años— con la mediación, no me corresponde más que dejar enunciadas las líneas maestras de este gran mecanismo paraprocesal de resolución de controversias, al que la proyectada reforma, dotará de un nuevo impulso. Son muchos los frentes abiertos: su cuestionable imposición —*a limine litis*— en una política de ensayo —que no de resultado—; la delimitación de su ámbito de aplicación —ahora que la indisponibilidad de la pretensión está en auge en la gran mayoría de procesos, incluidos los afectantes a las personas con discapacidad, dueñas de su "voluntad, deseos y preferencias"—; su proyección en un universo jurídico, dónde la "voluntad" está en el corazón de la practica totalidad de la legislación sustantiva; sus límites; su financiación —a saber, y según los casos: pública, privada, semipública o semiprivada—; sus fines; sus consecuencias; su adaptación a las novedosas técnicas de digitalización que han llegado y a las que están por llegar; la inserción —en su desarrollo— de mecanismos de Inteligencia Artificial; su devenir conforme a la nueva sensibilidad jurídica, económica y social; en definitiva, su futuro.

El concepto clásico de Derecho procesal se ha sustentado, desde el albur de los tiempos, en tres principios vertebradores: Acción, Jurisdicción y Proceso. De forma conciliable con este clásico entendimiento del Derecho procesal, debuta —desde hace algún tiempo— un auténtico Derecho paraprocesal —que discurre en paralelo a (y a veces, incluso integrado en) la Acción, Jurisdicción y Proceso— con los más relevantes mecanismos en auge de resolución de conflictos que coexisten, como digo, en paralelo —a la Jurisdicción: prior tempore, la mediación y el arbitraje; después, todos los demás "medios adecuados de resolución de controversias", los denominados MASC.

La Jurisdicción ha venido siendo —y así lo hemos reconocido, con auténtico deleite, los procesalistas— el mecanismo más depurado, perfeccionado y desarrollado de resolución de conflictos, por cuánto asienta sus raíces en principios, reglas y valores constitucionales muy arraigados en nuestro sistema democrático de Derecho, además de encomendarse a prestigiosos profesionales —Jueces y Magistrados— integrados en el tercer y más alto poder del Estado —el Poder Judicial— que opera, con plena autonomía orgánica y funcional respecto de los restantes, lo que cristaliza en un ejercicio de la función jurisdiccional —por parte de estos prestigiosos profesionales: Jueces y Magistrados— caracterizado por atributos y conforme a principios tales como la independencia, la imparcialidad, la responsabilidad, la inamovilidad y la sumisión exclusiva a la Ley.

Sin perjuicio de ello y como probable consecuencia de las dos grandes debilidades de la Jurisdicción —la lentitud y la carestía: los procesos judiciales son, generalmente, lentos y costosos—, desde tiempo atrás, han venido proliferando, con éxito creciente, mecanismos de resolución de conflictos privados, tales como la conciliación, la Jurisdicción voluntaria o el arbitraje y, de manera más reciente, la mediación.

La conciliación es un método autocompositivo de resolución de conflictos en virtud del cual las partes, debidamente asistidas y convenientemente asesoradas, llegan a un entendimiento, un acuerdo o, si se prefiere, una transacción, en la que, con una recíproca resignación de posiciones, ponen fin al conflicto sin necesidad de iniciar —en la conciliación preprocesal— o de proseguir —en la conciliación— procesal el proceso ante la Jurisdicción. La Ley de Jurisdicción Voluntaria, la Ley del Notariado y la Ley Hipotecaria regulan la conciliación, realizada ante el Letrado de la Administración de Justicia, ante el Notario y ante el Registrador, respectivamente, con un procedimiento ágil, sencillo y económico para cada caso. La Jurisdicción Voluntaria, regulada la Ley 15/2015, de 2 de julio, afronta, asimismo, una decidida apuesta de "desjudicialización" al derivar un buen número de expedientes y de procedimientos a la resolución de prestigiosos profesionales, distintos de los Jueces y Magistrados, como son los Letrados de la Administración de Justicia, los Notarios y los Registradores.

La mediación constituye, como se verá con detalle en este libro, un instrumento auto-compositivo de resolución de conflictos al que las partes acuden libre, espontánea y —por el momento— voluntariamente para tratar de alcanzar, con la permanente asistencia, acompañamiento y direccionamiento de un Mediador, un acuerdo que ponga fin al conflicto.

Finalmente, el arbitraje constituye un mecanismo hetero-compositivo de resolución de conflictos en el que las partes, previo y expreso acuerdo de sumisión, presentarán sus discrepancias a un Árbitro —generalmente especialista en la materia objeto de discordia— para que resuelva definitivamente la contienda.

La nota común por excelencia, al menos por el momento, entre la mediación y el arbitraje es su ámbito objetivo, reducido a los conflictos de naturaleza privada en materias esencialmente civiles y mercantiles, sin perjuicio de alguna conquista puntual en otros ámbitos. Y decimos "por el momento" debido a la probable regulación inminente de la mediación penal y —conforme con la apuesta de la Profra. Castillejo— de la mediación medioambiental, ante el merecido auge que está ganando, en los últimos tiempos.

La segunda nota común a ambos tipos de mecanismos paraprocesales es la expectativa de celeridad, flexibilidad y abaratamiento de costes, de sus protagonistas, en la resolución del conflicto, mediante el procedimiento de mediación o arbitral, frente al proceso judicial convencional, ciertamente encorsetado en una sucesión de fases procedimentales, de obligado tránsito, con una perniciosa lentitud, provocada, en buena medida, por la masificación de nuestros Juzgados y Tribunales —y más agudizada, si cabe, en estos tiempos de reivindicaciones y huelgas—.

La tercera nota común a ambos mecanismos es la —por el momento— voluntariedad. En efecto y aun cuando la forma y el tiempo de manifestación de esta voluntad de acudir a la mediación y al arbitraje difieren, en función de cuál sea el elegido, lo cierto es que la libre y expresa voluntad de acudir a alguno de estos mecanismos es el punto de partida de ambos tipos de procedimientos.

La divergencia más relevante entre la mediación y el arbitraje se residencia en su compatibilidad o incompatibilidad con el proceso judicial convencional. Así, entre tanto la mediación puede entenderse como un mecanismo complementario a la Jurisdicción, por razón de su pacífica coexistencia con la misma; el arbitraje, sin embargo, es un mecanismo excluyente de la Jurisdicción, por cuánto una vez decantados, los sujetos en conflicto, por acudir al arbitraje, ya los Jueces y Magistrados integrados en el Poder judicial carecerán de Jurisdicción para conocer de ese concreto conflicto.

La segunda divergencia, también de gran transcendencia, reside en la naturaleza auto-compositiva de la mediación, por contraste a la hetero-compositiva del arbitraje. Y es que aún cuando en ambos tipos de mecanismos interviene un tercero, lo cierto es que entre tanto, en el caso de la mediación, este tercero —el Mediador— coadyuva al éxito de la pacificación mediante la voluntaria aproximación de las posiciones de las partes; en el del arbitraje, este tercero —el Árbitro— impone su decisión a las partes, que habrán de asumirla y cumplirla como si de una sentencia judicial se tratase.

Finalmente, la tercera divergencia se residencia en la especialización, presumible del Árbitro, en la concreta materia sobre la que se ha de pronunciar para dirimir el conflicto, frente a las especiales artes, técnicas, herramientas, habilidades o destrezas del Mediador, en la no siempre fácil tarea de aproximación de posiciones antagónicas —y enconadas— de las partes, con el objeto de alcanzar el acercamiento suficiente para lograr una pacífica posición común.

Y tras esta delimitación por contraste, justo antes de dar entrada a la lectura de la obra, dónde destacados especialistas iluminarán —con los resultados de su investigación científica— estas nociones generales, conviene partir —especialmente para quiénes se adentren ahora, por primera vez, en el mágico mundo de la mediación, de unas líneas —como digo— básicas o elementales: a saber, su concepto, sus principios vertebradores y su procedimiento.

La mediación constituye un mecanismo auto-compositivo de resolución armoniosa de conflictos intersubjetivos de naturaleza privada —por ahora: civil y mercantil—, en virtud de la cual los protagonistas principales de la controversia, acompañados y asistidos por un profesional especializado —el Mediador— pueden llegar a alcanzar un acuerdo que ponga término a su discordia y deje pacificada, en todo o en parte, la relación jurídica. La mediación se regula —en la actualidad— por la Ley 5/2012, de 6 de julio, de mediación en asuntos civiles y mercantiles (en adelante, LMACYM).

Sin perjuicio de los avances que cabe esperar, en todas las parcelas del ordenamiento jurídico, de este mecanismo de resolución de conflictos en auge, en este momento partimos de su estudio y análisis —como punto de partida— en las concretamente reguladas en la LMACYM, de naturaleza civil y mercantil, quedando expresamente excluidas, muy a pesar de la discordante opinión de un buen número de autores de esta obra, entre los que me incluyo, de su ámbito de aplicación, la mediación penal, la mediación con las Administraciones públicas y la mediación laboral.

Los principios inspiradores de la mediación son, esencialmente, los siguientes: voluntariedad y libre disposición, igualdad de partes, imparcialidad, neutralidad y confidencialidad. Los principios informadores de la actuación de las partes implicadas en el procedimiento de mediación son los de lealtad, buena fe, respeto mutuo y colaboración con el Mediador.

La mediación es —al menos, por el momento— completamente voluntaria de principio a fin, de suerte que ninguna persona está obligada a someter (como solicitante), ni a ver sometido (como destinatario de este solicitante) su conflicto a mediación, y ello ni tan siquiera cuando hubiere pactado por escrito un compromiso previo de sumisión, pues la propia LMACYM argumenta, en tales casos, que la mediación tan sólo "se deberá intentar", sin que las partes, en este mero intento, queden obligadas, a diferencia del arbitraje, a soportar de manera involuntaria el surgimiento y ulterior mantenimiento de su procedimiento. Así, la LMACYM establece, en su artículo 6.2 que "cuando exista un pacto por escrito que exprese el compromiso de someter a mediación las controversias surgidas o que puedan surgir, se deberá intentar el procedimiento pactado de buena fe, antes de acudir a la Jurisdicción o a otra solución extrajudicial. Dicha cláusula surtirá estos efectos incluso cuando la controversia verse sobre la validez o existencia del contrato en el que conste". La voluntariedad, como decía, preside el proceso de mediación de principio a fin, de suerte que, una vez iniciado, tampoco nadie está obligado a mantenerse en el procedimiento de mediación contra su voluntad ni mucho menos, de haber ensayado este procedimiento durante toda su vigencia hasta el término, a concluirlo con un acuerdo.

La mediación asienta —a su vez— sus raíces más profundas en la igualdad de las partes, similar a la denominada "igualdad de armas" de nuestros procesos judiciales, que se erige en una proyección del derecho constitucional a la igualdad y cristaliza en la posibilidad de que todas las partes gocen de idénticas posibilidades y oportunidades, sin que ninguna de ellas disfrute de especiales ventajas en detrimento de las restantes.

De manera conjunta a este principio de la igualdad, el Legislador, en unidad de precepto, alude a la relevante cualidad moral de la "imparcialidad" del Mediador —que, en sintonía con idéntico atributo de imparcialidad, traducido en objetividad, desapego y ecuanimidad, predicable del Árbitro y del Juez o Magistrado, en los procesos arbitrales y judiciales— ha de erigirse, por su trascendencia, en el bastión de cualquier procedimiento igualitario y justo.

La LMACYM se refiere a estos elementales principios de igualdad entre las partes e imparcialidad del Árbitro, cuando establece, en su artículo 7 que "en el procedimiento de mediación se garantizará que las partes intervengan con plena igualdad de oportunidades, manteniendo el equilibrio entre sus posiciones y el respeto hacia los puntos de vista por ellas expresados, sin que el Mediador pueda actuar en perjuicio o interés de cualquiera de ellas".

La falta de imparcialidad del Mediador será, pues, un obstáculo insalvable a la posibilidad de iniciación o, en su caso, de mantenimiento del procedimiento de mediación ya iniciado, con su participación. La LMACYM establece, a este respecto, en su artículo 13.4 que "el Mediador no podrá iniciar o deberá abandonar la mediación cuando concurran circunstancias que afecten a su imparcialidad".

En consecuencia, antes de iniciar o de continuar su tarea, el Mediador deberá revelar cualquier circunstancia que pueda afectar a su imparcialidad o bien generar un conflicto de intereses. Estas circunstancias son las comprendidas en el artículo 13.5 de la LMACYM: 1ª) Todo tipo de relación personal, contractual o empresarial con una de las partes.; 2ª) Cualquier interés directo o indirecto en el resultado de la mediación.; 3ª) Que el Mediador, o un miembro de su empresa u organización, hayan actuado anteriormente a favor de una o varias de las partes en cualquier circunstancia, con excepción de la mediación.

En estos casos el Mediador habrá de apartarse de la mediación en el mismo momento de su iniciación o en la mediación en curso, pudiendo, en otro caso, las partes denunciar dichos "riesgos", al objeto de su retirada. Ahora bien, el triunfo de la voluntariedad en la mediación es tal que, incluso concurriendo, en la figura del Mediador, las aludidas circunstancias que pueden afectar a su imparcialidad o bien generar un conflicto de intereses, podrá aceptarse su intervención, siempre, eso sí, que se cumplan, de manera concurrente, los dos requisitos siguientes: 1°) que el Mediador asegure poder mediar con total imparcialidad; y 2°) que las partes lo consientan y lo hagan constar expresamente.

La neutralidad también se erige en un principio esencial de la mediación, pero esta cualidad no ha de identificarse, exclusivamente, con la imparcialidad, a la que nos hemos referido antes, sino con la prudencia, la mesura, la precaución y al término, la mínima intervención del Mediador en la adopción del acuerdo. La LMACYM establece, en su artículo 8, que "las actuaciones de mediación se desarrollarán de forma que permitan a las partes en conflicto alcanzar por sí mismas un acuerdo de mediación, actuando el Mediador de acuerdo con lo dispuesto en el artículo 13". Este artículo 13, referido a la actuación imparcial del Mediador, se proyecta, en esencia, sobre tres ejes: 1°) El Mediador facilitará la comunicación entre las partes y velará porque dispongan de la información y el asesoramiento suficientes.; 2°) El Mediador desarrollará una conducta activa tendente a lograr el acercamiento entre las partes, con respeto a los principios legalmente reconocidos.; 3°) El Mediador podrá renunciar a desarrollar la mediación, con obligación de entregar un acta a las partes en la que conste su renuncia.

Finalmente, la confidencialidad es el último —pero no, desde luego, menos importante— de los principios vertebradores de nuestra relativamente joven mediación. La garantía de la confidencialidad constituye un atributo muy relevante, no sólo por razón del debido cumplimiento y respeto de derechos fundamentales sustantivos de las partes tales como la libertad, la intimidad, el honor, el libre desarrollo de la personalidad, sino también de los procesales, de derecho a la tutela judicial efectiva y de defensa, ante su posible ejercicio posterior, caso de resultar frustrada la mediación, ante los Juzgados y Tribunales.

En este sentido, resulta evidente que las partes tan sólo acudirán, con las debidas garantías, a un procedimiento de mediación, si tienen la absoluta certeza de que toda la información allí utilizada no será trasvasada a un ulterior proceso judicial, pues en otro caso quedarían muy mermados, los derechos fundamentales aludidos, tanto sustantivos, como procesales. De ahí la relevancia de la confidencialidad, cuya infracción genera responsabilidad en los términos legalmente previstos.

La LMACYM establece, en su artículo 9.1. que "el procedimiento de mediación y la documentación utilizada en el mismo es confidencial. La obligación de confidencialidad se extiende al Mediador, que quedará protegido por el secreto profesional, a las instituciones de mediación y a las partes intervinientes de modo que no podrán revelar la información que hubieran podido obtener derivada del procedimiento".

La confidencialidad de la mediación y de su contenido impide que los Mediadores o las personas que participen en el procedimiento de mediación estén obligados a declarar o aportar documentación en un procedimiento judicial o en un arbitraje sobre la información y documentación derivada de un procedimiento de mediación o relacionada con el mismo, excepto en dos supuestos: 1°) Cuando las partes de manera expresa y por escrito les dispensen del deber de confidencialidad.; 2°) Cuando, mediante resolución judicial motivada, sea solicitada por los Jueces del orden jurisdiccional penal.

Sin perjuicio del debido respeto a los principios legalmente estipulados y recién enunciados, que afectan fundamentalmente —salvo la igualdad— a la figura del Mediador, la mediación se organizará del modo que las partes tengan por conveniente, con arreglo a un segundo bloque de principios, que han de orientar o inspirar, esta vez, la actuación de las partes: los principios de lealtad, buena fe, respeto mutuo y colaboración con el Mediador.

Así, la propia LMACYM establece, en el apartado segundo de su artículo 10.2., que "las partes sujetas a mediación actuarán entre sí conforme a los principios de lealtad, buena fe y respeto mutuo" y en el tercero, que "las partes deberán prestar colaboración y apoyo permanente a la actuación del Mediador, manteniendo la adecuada deferencia hacia su actividad".

El compromiso de mediación y la ulterior sumisión a su procedimiento conlleva, en primer lugar, el surgimiento de unos relevantes efectos procesales —de suspensión de la caducidad y/o prescripción, así como de la inhibición de la Jurisdicción, ante la provisional preferencia, de las partes, por la mediación—. Una vez despejados estos óbices procesales, comienza un procedimiento ágil y expeditivo que habrá de celebrarse de manera concentrada en el menor número de sesiones posibles y contará, esencialmente, con tres fases o períodos: primero, la sesión informativa; segundo, la sesión constitutiva, con todo el despliegue de reuniones que deban, de manera simultánea o no, celebrarse a continuación de aquella sesión iniciática; y tercero, la conclusión exitosa —con acuerdo total o parcial— o infructuosa de la mediación —sin acuerdo—. Veamos —muy brevemente— cada una de estas fases.

El procedimiento de mediación podrá iniciarse, conforme establece el artículo 16 de la LMACYM, de alguna de las siguientes formas: 1°) De común acuerdo entre las partes. En este caso la solicitud incluirá la designación del Mediador o la institución de mediación en la que llevarán a cabo la mediación, así como el acuerdo sobre el lugar en el que se desarrollarán las sesiones y la lengua o lenguas de las actuaciones.; 2°) Por una de las partes en cumplimiento de un pacto de sometimiento a mediación existente entre aquéllas.

La asunción de la mediación, por alguna de las formas recién enunciadas, traerá por toda consecuencia efectos procesales dispares en función de si, sobre el mismo objeto litigioso, entre las partes en conflicto, se hubiere ya suscitado o no un proceso judicial al tiempo de intentarse la mediación. Así, de no encontrarse pendiente el litigio ante la Jurisdicción, la solicitud de inicio de la mediación suspenderá, como es lógico, la prescripción o la caducidad de acciones y ello desde la fecha en la que conste la recepción de dicha solicitud por el Mediador, o el depósito ante la institución de mediación en su caso. En el caso de que el litigio que pretenda someterse a mediación ya se encontrase pendiente, en ese momento, ante la Jurisdicción, entonces las partes, de común acuerdo, podrán solicitar su suspensión de conformidad con lo dispuesto en la legislación procesal.

En el primero de los casos mencionados, esto es, de no haberse iniciado proceso alguno ante la Jurisdicción, entonces las partes implicadas en la mediación, no podrán ya ejercitar contra las otras partes ninguna acción judicial o extrajudicial en relación con su objeto, y ello durante todo el tiempo en que se desarrolle la mediación, con la única excepción de la solicitud de las medidas cautelares u otras medidas urgentes imprescindibles para evitar la pérdida irreversible de bienes y derechos.

El compromiso de sometimiento a mediación y su iniciación impide a los Jueces y Tribunales conocer de las controversias sometidas a mediación durante el tiempo en que se desarrolle ésta, siempre que la parte a quien interese esta mediación lo invoque mediante declinatoria. En consecuencia, la voluntaria sumisión a mediación constituye un obstáculo a la Jurisdicción, que podrá ser excepcionado a instancia de una de las partes, cuando la otra, con claro incumplimiento de su compromiso, decida acudir a los Juzgados y Tribunales, antes de zanjar su posición contraria al acuerdo en el seno de la mediación.

Una vez recibida la solicitud y salvo pacto en contrario de las partes, el Mediador o la institución de mediación citará a las partes para la celebración de la sesión informativa, a la que habrán de asistir, bajo apercibimiento de que, en caso de ausencia injustificada, se les dará por desistidos de la mediación solicitada. La finalidad esencial de esta sesión informativa, como su propio nombre indica, residirá en suministrar información a las partes, por el Mediador, respecto a los extremos previstos en el artículo 17.1°.II de la LMACYM, que son los siguientes: 1°) las posibles causas que puedan afectar a su imparcialidad; 2°) su profesión, formación y experiencia; 3°) las características de la mediación; 4°) su coste; 5°) la organización del procedimiento; 6°) las consecuencias jurídicas del acuerdo que se pudiera alcanzar; y 7°) el plazo para firmar el acta de la sesión constitutiva.

El procedimiento de mediación comenzará, en verdad, mediante la sesión constitutiva en la que las partes expresarán positivamente su deseo de desarrollar la mediación y dejarán constancia de los aspectos indicados en el artículo 19 de la LMACYM: 1°) La identificación de las partes.; 2°) La designación del Mediador y, en su caso, de la institución de mediación o la aceptación del designado por una de las partes.; 3°) El objeto del conflicto que se somete al procedimiento de mediación.; 4°) El programa de actuaciones y duración máxima prevista para el desarrollo del procedimiento, sin perjuicio de su posible modificación.; 5°) La información del coste de la mediación o las bases para su determinación, con indicación separada de los honorarios del Mediador y de otros posibles gastos.; 6°) La declaración de aceptación voluntaria por las partes de la mediación y de que asumen las obligaciones de ella derivadas.; 7°) El lugar de celebración y la lengua del procedimiento.

A partir de este momento, el Mediador convocará a las partes para cada sesión con la antelación necesaria, dirigirá las sesiones y facilitará la exposición de sus posiciones y su comunicación de modo igual y equilibrado. Estas comunicaciones entre el Mediador y las personas en conflicto podrán ser o no simultáneas. El Mediador comunicará a todas las partes la celebración de las reuniones que tengan lugar por separado con alguna de ellas, sin perjuicio de la confidencialidad sobre lo tratado. El Mediador no podrá ni comunicar ni distribuir la información o documentación que la parte le hubiera aportado, salvo autorización expresa de esta.

El procedimiento de mediación puede concluir en acuerdo o finalizar sin alcanzar dicho acuerdo. La ausencia de acuerdo puede deberse, en esencia, a alguna de las siguientes causas: 1°) porque todas o alguna de las partes ejercen su derecho a dar por terminadas las actuaciones, comunicándoselo al Mediador; 2°) porque ha transcurrido el plazo máximo acordado por las partes para la duración del procedimiento; 3°) porque el Mediador aprecia de manera justificada que las posiciones de las partes son irreconciliables.

En caso de resultar exitoso el procedimiento de mediación y alcanzarse un acuerdo, éste puede versar sobre una parte o sobre la totalidad de las materias sometidas a la mediación. En el primer caso, quedará expedita la vía judicial para la parte del conflicto irresuelta, pero en el segundo —en el que el acuerdo se produce sobre la totalidad del conflicto—, la mediación se habría impuesto de tal forma que habría logrado la completa pacificación y eludido, en consecuencia, la necesidad de acudir a la Jurisdicción.

En el acuerdo de mediación deberá constar, al menos, por expresa 23.1.II de la LMACYM, los siguientes datos: 1°) la identidad y el domicilio de las partes; 2°) el lugar y fecha en que se suscribe; 3°) las obligaciones que cada parte asume; 4°) que se ha seguido un procedimiento de mediación ajustado a las previsiones legalmente establecidas, con indicación del Mediador o Mediadores que han intervenido y, en su caso, de la institución de mediación en la cual se ha desarrollado el procedimiento.

El acuerdo de mediación deberá firmarse por las partes o sus representantes, a las que deberá entregarse un ejemplar, reservándose otro el Mediador para su conservación, quién informará a las partes del carácter vinculante de este acuerdo, así como de la posibilidad de instar su elevación a escritura pública al objeto de configurar su acuerdo como un título ejecutivo. Contra lo convenido en el acuerdo de mediación sólo podrá ejercitarse la acción de nulidad por las causas que invalidan los contratos.

Tras esta breve —pero ilustrativa (espero)— presentación de la obra, acompañada de un sucinto relato acerca del concepto, principios y procedimiento —general— de la mediación, tan sólo me queda agradecer a la Profesora Rosa Arrom Loscos —Directora— y al Profesor Ixusko Ordeñana Geruzaga —Coordinador—, muy queridos amigos y admirados compañeros, de un lado, su invitación a integrar el resultado de una monografía tan relevante y necesaria para nuestra Ciencia del Derecho Procesal como esta, en un tiempo de sostenibilidad, que trae causa —además— de un consagrado evento —el *II Congreso internacional de formación teórico-práctica en materia de mediación civil, mercantil, penal, penitenciaria e institucional*, celebrado, en la Universidad de las Islas Baleares, el 20 y 21 de octubre de 2022— llamado a perdurar en el tiempo como encuentro de referencia —para la imprescindible puesta en común de ese "talento procesal" que rema, contra viento y marea, en favor de la "mediación" en todos los ámbitos de la vida—; y, de otro, poner en valor su compromiso —desde hace tanto tiempo— con un mecanismo de restablecimiento de las relaciones vapuleadas por los avatares de la vida, tan humano, evocador y eficiente como la mediación.

Mi felicitación, por supuesto, a todos los autores por esta obra tan rigurosa en el ámbito jurídico; tan didáctica en el espacio educativo; tan esperanzadora en el entorno personal, familiar y social; tan sugestiva en el hábitat psicológico; tan literaria —casi poética— en el desarrollo artístico del pensamiento humano; tan filosófica en la búsqueda de la verdad trascendental; y tan procesal, a un tiempo, en el abordaje de la realidad fáctica, que realmente parece una profecía procesal: la del noble anhelo del acercamiento —individual y social— a un mundo más pacífico, resiliente y solidario.

Finalmente, mi congratulación —con los lectores— por tener el buen gusto de elegir esta obra como el objeto de su deleite personal y profesional en un tiempo de prisas, de imágenes y de ideaciones artificiales, que poco —o nada— tienen que ver con la vida de entonces, la de hoy, la de mañana y —probablemente— la de siempre: la que genera estos "rotos" y esos "descosidos"; esta vida cotidiana; este día a día; esta "gota que colma el vaso"; y esa mediación que nos concilia; esa segunda —tercera y/o cuarta— oportunidad; ese renacer de cada día; esa infatigable rutina; y al término, la añoranza de aquellos momentos mil veces repetidos. En definitiva, la vida misma.

Gracias, Directora, Coordinadores, Autores y Lectores por este regalo de la vida y de la exaltación de la Mediación como una nueva forma vivir y de hacer Justicia.

La mediación, una herramienta imprescindible en la lucha contra la violencia de género

JOSÉ PASCUAL ORTUÑO MUÑOZ
Magistrado emérito de la Audiencia Provincial de Barcelona
Vicepresidente de la Asociación de Jueces de Familia Iberoamericanos

1. Introducción. 2. La prioridad de la sanción penal. 3. La lucha contra la cultura machista. 4. La mediación en los casos de violencia sobre la mujer. 5. La mediación como requisito de procedibilidad. 6. Conclusión

1. INTRODUCCIÓN

Agradezco a la profesora Rosa Arrom la invitación para impartir la conferencia inaugural de este evento. Para mí es un gran honor participar en este congreso tan importante, y espero que la iniciativa se consolide como referente en el ámbito de la mediación para que se hagan realidad sucesivas ediciones en los próximos años. Les Illes Balears merecen tener este lugar de encuentro por la tradición y la calidad de las experiencias que se están desarrollando desde hace muchos años en este territorio, que muestran el camino a seguir para el resto de España. Una justicia de calidad debe incorporar, al servicio de la ciudadanía, los medios alternativos a la confrontación ante los tribunales.

Tuve la suerte de participar, ya desde el año 1992, en la primera experiencia piloto que se hizo en los juzgados de familia de Barcelona para derivar a mediación y, a partir de ese momento, mi currículum ha estado condicionado durante todos estos años al trabajo en la mediación, fundamentalmente en la jurisdicción de familia. Aunque es cierto que las técnicas mediacionales son generales y pueden aplicarse en diversos ámbitos, nadie puede negar que los conflictos de familia presentan una serie de peculiaridades debido a las diversas dimensiones que se observan, especialmente de carácter emocional y cultural.

Las reflexiones que hoy comento van referidas, como se expresa en el título de esta ponencia, a una realidad que sigue siendo de actualidad lamentablemente, que es la violencia sobre la mujer, la violencia de género, la violencia sobre los hijos de matrimonios separados o de parejas que han roto sus relaciones y que son fuente continua de noticias en la prensa, frecuentemente luctuosas. Creo que es necesario tratar el tema de la violencia de género desde una perspectiva algo diferente a la que es habitual.

2. LA PRIORIDAD DE LA SANCIÓN PENAL

Ya cuando en el 2004 se publicó la ley de violencia sobre la mujer, escribí un artículo publicado en la Revista Jurídica de Cataluña, en el que sostenía —hace ya casi vente años— que no era ni es suficiente la vía policial y punitiva que se priorizaba en la referida ley, sino que debían adoptarse todo un abanico de medidas preventivas para hacer frente a esta enorme problemática, que ocupa tantos espacios en los medios de comunicación y en las preocupaciones ciudadanas. La sanción penal agravada, aun siendo imprescindible en muchos casos, era y sigue siendo notablemente insuficiente. Hay situaciones de tensión en las relaciones personales que, si se trataran adecuadamente, evitarían la comisión de delitos. Desde luego, hacen falta otras medidas importantes si se quiere ser realmente ser eficaz. Para evitar las muertes en los accidentes de tráfico, además del incremento de la gravedad de las sanciones, se procura mejorar la red de carreteras, suprimir las curvas peligrosas, poner semáforos y hacer campañas que alienten a la conducción responsable. El concepto de *"integralidad"* quiere decir que estamos ante un fenómeno que trasciende de lo judicial o policial, por lo que confiar las soluciones prioritariamente en el incremento de fondos para el aparato represivo no es una opción que mitigue el problema.

Cuando se debatió la referida Ley Orgánica del 2004, es ilustrativo decirlo, se justificaba la creación de juzgados especiales porque se había extendido un error de graves consecuencias en la práctica forense. Los juzgados de familia, los tribunales, las audiencias provinciales, e incluso el tribunal supremo, no venían prestando suficiente atención a las rupturas en las que estaban presentes elementos de violencia sobre la mujer debido a que la nueva legislación civil reguladora de las separaciones y los divorcios no establecía la necesidad de alegar y probar la culpa, como era antaño, sino que bastaba con alegar una causa. Por otra parte, se fue suavizando el requisito de alegar y probar una causa hasta el punto de que jurisprudencialmente se generalizó la doctrina de que bastaba la pérdida de *affectio maritalis* para estimar la demanda. Esto provocó la práctica de que, en los procesos judiciales en los que se alegaba que existían situaciones de violencia, los jueces no entraran a considerar esta cuestión, sino que, de un plumazo, se dictaba la sentencia directamente con el argumento de que no se necesitaban más alegaciones ni pruebas. En realidad, bastaba con que uno de los cónyuges dijese que había dejado de querer al otro, que no quería seguir con la relación, para que se decretara la separación. Y si habían existido episodios de violencia, la obligación de quien la alegaba era la de interponer una denuncia en los juzgados de instrucción. En el fondo existía una tendencia a considerar dentro de la normalidad ciertos hechos violentos de carácter menos grave por ser propios de la dinámica de las rupturas. No en vano en la tradición cultural penal el arrebato pasional se consideraba una circunstancia atenuante. Este modo de proceder dio lugar a que quedaran impunes muchas conductas, porque el ir a la jurisdicción penal tenía sus problemas para la mujer, como los sigue teniendo actualmente. En primer lugar, por el impacto en la familia —hijos, padres— en el entorno laboral y social de la gravedad de la decisión de denunciar para la mujer, y su estigmatización; en segundo lugar por las consecuencias económicas que podrían derivarse de las acciones penales si se procedía a la detención del autor, que en bastantes ocasiones era el sostén económico de la familia; en tercer lugar por las características propias del proceso penal en el que operan los principios básicos de la prevalencia de la presunción de inocencia, insalvable freno para las medidas cautelares, y del *in dubio pro reo,* que favorece al delincuente en las agresiones que se producen en la soledad y el entorno de la intimidad familiar.

En este sentido, desde diversos sectores judiciales se está exigiendo al legislador la necesidad de que se establezca una jurisdicción especial para los conflictos de familia y de derecho de la persona, puesto que los principios y presupuestos legales y procesales son diferentes. En la mayoría de los países existe este tratamiento autónomo y diferenciado de los casos de familia, tanto en el ámbito civil como en el penal. Sin embargo, en España se ha optado por atribuir a la jurisdicción civil una parte de las materias que se han de enjuiciar en los procesos de familia, y otra parte de ellas a la jurisdicción penal, con la creación de los juzgados especializados en violencia sobre la mujer, pero solo cuando existe la denuncia de los hechos. Esta dicotomía es perversa porque no contempla que hay una gran bolsa de violencia oculta parejas aparentemente estables, y en los procesos civiles, y en cuanto al penal, hay un inadecuado régimen jurídico procesal para enjuiciar estas conductas.

Es necesario insistir que los juzgados de violencia de la mujer son juzgados esencialmente penales. Las fases de instrucción y enjuiciamiento están diseñadas para tipos delictivos muy concretos. Incluso aquellos que se refieren a la integridad física de la persona, no tienen los mismos componentes que caracterizan los tipos delictivos del maltrato, las amenazas, las agresiones, o las violaciones producidas en el entorno familiar. Incluso el propio consejo del poder judicial en un debate que se planteó sobre si los jueces de violencia podían pasar a ocupar puestos en tribunales civiles o penales, se pronunció en el pleno en el sentido de que se debían considerar juzgados penales. Es decir, que el objetivo de la ley de 2004 fue instituir instrumentos jurisdiccionales para la investigación, enjuiciamiento y castigo de la violencia sobre la mujer, pero únicamente cuando ésta denuncia o se produce una agresión grave que implica actuaciones médicas o forenses. Con este instrumento legal se pretendía escarmentar al maltratador con más años de cárcel y con castigos ejemplarizantes para que los potenciales delincuentes desistieran por miedo a la prisión de realizar tales acciones delictivas. Adicionalmente se preveían medidas de apoyo a las mujeres maltratadas, pero sin previsiones preventivas eficaces.

Con esta opción se dejaron abandonados otros proyectos que se estaban ya estudiando por los decanatos de Madrid, de Barcelona, de Valencia y en el seno del propio CGPJ para conectar los juzgados de familia y los juzgados penales de instrucción penal. Se estaban elaborando unos protocolos de actuación, conexión e intervención conjunta, que probablemente hubieran sido más efectivos. De hecho, en la actualidad las nuevas leyes sobre esta materia están haciendo lo que se debió hacer entonces. Es decir, establecer mecanismos de colaboración entre los juzgados de familia y los juzgados penales. Este tipo de sistemas está implantado en el derecho comparado. Vemos, por ejemplo, lo que para mí es un paradigma (no por nada, sino porque llevan desde Enrique VIII llevan el divorcio y nuestra experiencia es mucho más corta): los juzgados en Inglaterra y en Gales son juzgados únicos territorialmente, especializados en estas materias, en los que hay jueces civiles y penales, así como de menores o de personas con discapacidad. De esta manera se consideran las crisis familiares y la conflictividad familiar como un todo que es preciso gestionar en todas sus dimensiones.

Es evidente que, cuando un menor o un adolescente es víctima de una agresión en el entorno familiar, detrás hay un maltratador que ya en ese momento, o en el futuro, agredirá a la mujer o a las hijas. En nuestro sistema se dan casos en los que el maltrato de una madre por su hijo o por su nieto irá al juzgado de menores, o a la entidad pública de protección, la agresión de una mujer contra su cónyuge irá a un juzgado ordinario de instrucción, y la agresión del hombre a la mujer al juzgado de violencia (con el vacío de los actos de violencia en parejas o matrimonios del mismo sexo). Mientras tanto, otros aspectos importantes de la relación familiar, como las relaciones de coparentalidad, las económicas o las patrimoniales, irán a otros juzgados diferentes.

En definitiva, el panorama es muy complejo, lo que dificulta la actividad preventiva. En el derecho comparado han tenido más eficacia las oficinas denominadas "de información, mediación y denuncia" ubicadas en el ámbito de la fiscalía, lo que propicia una menor tensión a las mujeres y se posibilitan soluciones menos radicales cuando todavía las agresiones no se han producido. En otros casos no existen conductas tipificadas penalmente al inicio de la crisis ni durante el proceso civil, sino que la violencia se manifiesta en la fase de ejecución de las sentencias, con lo que no son competentes los juzgados de violencia. Las estadísticas ponen de relieve que el rencor o el odio que estaba detrás de un crimen ya se estaba gestando desde el principio, y no se pusieron medios para advertir de forma temprana el riesgo, lo que hubiera posibilitado establecer alertas y adoptar medidas preventivas.

3. LA LUCHA CONTRA LA CULTURA MACHISTA

Otra cuestión que quiero abordar es la cuestión de la cultura machista, aun cuando yo diría, con mayor precisión, la cultura supremacista del hombre sobre la mujer, para cuya erradicación no basta tampoco con la promulgación de leyes represivas. Tenemos ejemplos clarísimos en la historia, como ha sido el de la abolición de la esclavitud. En Estados Unidos se legisló con Lincoln en el siglo XIX, pero todavía no se ha erradicado. Todavía existen muchos residuos esclavistas. La gran marcha de Martin Luther King, más de 150 años después de la ley, puso de manifiesto la persistencia de estas prácticas.

En España ocurre algo muy parecido. La legislación sobre igualdad de la mujer se fue introduciendo tímidamente con las constituciones liberales del siglo XIX, con muchas reticencias de grandes e importantes sectores sociales (escribí un artículo sobre la introducción del principio de igualdad que fue publicado por el Consejo del Notariado y el CGPJ en el cincuenta aniversario de la Constitución). En los primeros textos de nuestra historia constitucional únicamente había referencias a los hombres: *"los hombres son iguales ante la ley"*. La introducción de "el hombre y la mujer", e incluso el derecho al voto, fue mucho más tardía, con la II República. Pero, además, tuvimos también el gran paréntesis que supuso una época afortunadamente superada, donde había casos tan flagrantes como la prohibición de que la mujer pudiera ser juez o registradora de la propiedad. El propio Consejo de Estado, ante una polémica que surgió ya en los años 40 del pasado siglo se pronunció en este sentido y dijo: "claro es que no puede ser, puesto que la mujer debe obediencia al marido y, en consecuencia, si es juez o si es registradora de la propiedad se puede ver comprometida en conflicto de intereses entre lo que el marido le dicte y lo que le dicte su sentido profesional". Bueno, de muestra basta un botón. Veníamos de ahí y veníamos del adulterio, que era un tipo delictivo que solo sancionaba a la mujer (respecto al hombre se exigía tener manceba de forma permanente) y de una legislación en la que una mujer no tenía derechos, donde esa supremacía continuaba.

Es cierto que las leyes progresaron y que la Constitución cambió, y que cada vez se legisla más en esta materia. Pero una cosa es que se legisle, digamos, la realidad legal, y otra cosa es la realidad social. Pasó lo mismo en España con la esclavitud. Nos queda mucho que indagar y estudiar nuestra propia historia para conocer que las razones que están detrás de muchos procesos de liberación de las colonias españolas, singularmente las de Cuba y Filipinas, fueron las reticencias de España a abolir de facto la esclavitud. Incluso se mantuvo en el congreso de los diputados, a finales del siglo XIX, que era admisible la abolición pero en la península e islas adyacentes, pero que no debería ser aplicable en las colonias porque el efecto sería el hundimiento de la economía (sic).

Mi generación ha vivido también la condición legal y social que padecieron las mujeres en nuestras familias. A veces, mis hermanas, todas ellas profesionales independientes, discrepan de mi cuando digo que mi madre fue una auténtica esclava. Como en la novela "Como agua para el chocolate" mi madre fue una mujer con siete hijos entregada a sus padres, a sus suegros, a su marido al que ponía la ropa que se tenía que poner y la comida en la mesa para toda la familia. A pesar de haber obtenido excelentes notas en el bachillerato cursado en el instituto, en la época de la II República, no pudo seguir estudiando por falta de medios en su familia. Me dicen mis hermanas que aquello no era esclavitud porque lo hacía todo muy a gusto, ya que estaba muy enamorada y aceptaba su papel, como la inmensa mayoría de las mujeres de su época. Es difícil que en una sola generación se cambie la mentalidad, y más cuando convivimos con sectores de la población de muy diversas culturas y de confesiones religiosas que transmiten, de una u otra forma, el modelo patriarcal.

4. LA MEDIACIÓN EN LOS CASOS DE VIOLENCIA SOBRE LA MUJER

Por último, quisiera enlazar lo anterior volviendo al tema de la violencia cuando se manifiesta en momentos singulares: los de la ruptura de las relaciones de noviazgo, de pareja o en las separaciones y divorcios de matrimonios con hijos o de personas mayores. Los componentes afectivos y culturales determinan con frecuencia que estas rupturas no sean por lo general pacíficas. Lamentablemente el final de las relaciones no suele producirse de forma amistosa, con un "aquí paz y después gloria", ni siquiera en las mejores familias. Siempre hay un residuo de rencor. Conozco a muy pocas personas que después de separarse hayan seguido siendo amigos. Es verdad que, poco a poco, va cambiando la conciencia social con las nuevas generaciones, pero, en definitiva, el final de una relación supone una ruptura del contrato de convivencia o matrimonial. Incluso la ruptura de un contrato de sociedad comercial entre amigos que han puesto un negocio, etc. también produce enemistades, y siempre suele haber detrás algún tipo de resquemor.

Lo normal es que en las rupturas que se sellaron con elementos afectivos, como son normalmente en el ámbito matrimonial, el trauma emocional sea mucho mayor, porque ahí las personas han apostado mucho. La afectividad rota genera odios, la emotividad impide reaccionar adecuadamente, el fin del proyecto de vida en común que inicialmente iba a ser hasta la muerte supone un fracaso y genera mucho dolor. Por otra parte, están los hijos, y ha habido toda una serie de ilusiones truncadas y de renuncias, tanto por parte de los hombres como de las mujeres. Pues bien, en estas situaciones se puede detectar un alto grado de violencia latente, y esa emotividad contenida, a veces genera actitudes conflictivas, ausencia de respeto, desprecios, amenazas, actitudes de violencia psicológica, violencia sexual hacia la pareja. Estos comportamientos que se suelen manifestar en determinadas personas con caracteres o sesgos psicológicos narcisistas, prepotentes o vengativos, son el preludio de agresiones físicas que ponen en riesgo la integridad física de las personas. Con mucha más frecuencia son los hombres los que entran en espirales de celos y de venganzas, aun cuando estos mismos comportamientos se generan también en las rupturas de parejas homosexuales, tanto de mujeres como de hombres.

Desde luego, esa violencia puede manifestarse en diversas formas y en muchos grados: las primeras manifestaciones son las de control, de imposición de conductas y limitaciones a la libertad; y de ellas se pasa a la violencia verbal, a la psicológica y, finalmente, a la violencia material que es la que reflejan los tipos delictivos que han sido recogidos en las sucesivas reformas legales.

Desde luego, se ha de trabajar en la inserción de la cultura del respeto desde las familias y desde las escuelas, y se han de implantar medidas preventivas. No se puede fiar todo al incremento de las sanciones penales porque en muchos de los casos que se están produciendo vemos que son ineficaces para contener a los agresores. Un relevante número de ellos se suicidan y ni la perspectiva de la cárcel ni el rechazo social, ni las campañas publicitarias en los medios de comunicación los disuaden de sus propósitos criminales. Desde luego, hay que actuar antes.

A este respecto, en muchos países se han introducido técnicas específicas de mediación cuando surge conflictividad en las rupturas. Entre otras muchas ventajas por su impacto en la pacificación de las diferencias, estas intervenciones permiten realizar una evaluación temprana de la situación y son sumamente eficaces para modificar conductas que puedan augurar situaciones de riesgo o de violencia. Lamentablemente, la desconfianza en esta metodología que se generó en sectores minoritarios de la abogacía, sin duda alguna por un rechazo basado en el inicial desconocimiento de estas técnicas, fue un factor que propició la confusión respecto a la función de este tipo de intervenciones. Se tildó la mediación de ser condescendiente con el maltratador, cuyo prejuicio es totalmente infundado y en ningún caso tiene nada que ver con la mediación. De esta forma, la primera vez que se introduce la palabra mediación en el ordenamiento jurídico estatal, es para prohibirla en el artículo 44.5 de la Ley Orgánica 1/2004 de protección integral de la violencia sobre la mujer. En este texto legal se añade de forma genérica la prohibición de que se utilice la mediación "*en todos estos casos*", lo que se ha de interpretar razonablemente que la prohibición se refiere a los procesos judiciales en los que se han acreditado los hechos calificados de tal modo.

En la realidad, se ha producido una interpretación extensiva de la prohibición referida que se debe, sin duda alguna a un lapsus en la traducción del texto literal del Convenio de Estambul puesto que el tenor literal de éste (artículo 48.1) es significativamente diferente. Lo que se prohíbe en los casos de violencia de género competencia de los juzgados sobre la mujer son los medios alternativos obligatorios, específicamente la conciliación o mediación obligatoria "*mandatory mediation*". Previsión absolutamente lógica y razonable que nadie discute puesto que la participación en la mediación es voluntaria y siempre va a depender de la voluntad informada de la mujer que tanto el mediador como los tribunales deben garantizar. No obstante, esta interpretación errónea ha privado al sistema de prevención de la violencia de una herramienta esencial en la lucha contra la violencia de género.

Es cierto, como señala *Lisa Parquinson,* que para utilizar la mediación en casos en los que exista algún indicio o sospecha de intimidación, amenaza o riesgo de violencia, se requiere, además del consentimiento informado expreso de la mujer al que ya nos hemos referido, la acreditación de una preparación adecuada de la persona mediadora en intervenciones de conflictividad y violencia; y que, desde luego, se ha de interrumpir el proceso en el momento en el que se haga patente la existencia de elementos patológicos u otros condicionantes que menoscaben la plena autonomía de la mujer, su seguridad e integridad.

La mediación, y hay que decirlo con claridad, no es ningún sistema que favorezca directa o indirectamente al maltratador, a la persona que manifieste una actitud prepotente, narcisista o manipuladora. Por el contrario, es un factor de prevención del maltrato y se ha demostrado que en muchas ocasiones estas intervenciones ayudan a las parejas, a las mujeres e incluso a los niños a salir de ese bucle emocional que es caldo de cultivo de los odios y, en definitiva, de la violencia psicológica, verbal o material que se genera en determinadas rupturas.

5. LA MEDIACIÓN COMO REQUISITO DE PROCEDIBILIDAD

Tenemos en el horizonte el debate del PLEP, proyecto de ley de eficiencia procesal, que presenta múltiples novedades que se van a tratar posteriormente en este evento por otros ponentes, por lo que voy a centrarme únicamente en el ámbito que afecta a la práctica del derecho de familia. En este proyecto se impulsa definitivamente la mediación prejudicial, la previa a la presentación de la demanda. Entre los diversos mecanismos de negociación que se mencionan en el texto del proyecto, la mediación es el más adecuado para los conflictos de familia en los que es importantísimo que se puedan abordar antes de la declaración de guerra que esconde implícitamente toda demanda.

La derivación a mediación desde el juzgado, la denominada mediación intrajudicial, presenta mayores dificultades porque después de las alegaciones y del relato resultante de las posiciones procesales de las partes, el conflicto ya se ha desvirtuado. Dicho de otra forma: al preparar la demanda, los abogados tienen la misión de defender los intereses procesales de sus clientes. Para cumplir este fin en muchas ocasiones se deforma la realidad para presentar ante el tribunal únicamente el relato parcial de los hechos que favorece a cada una de las partes. Se ocultan hechos o se deforman otros, con lo que se produce el efecto de transformar los conflictos, que por su naturaleza son muy complejos, en unos estereotipos ajustados a los esquemas propios de un litigio judicial, es decir, lineal, frío, desleal, como son todas las batallas y todas las guerras: difíciles de pacificar. Las dimensiones emotivas, afectivas, el sistema de relaciones familiares y económicas que han venido funcionando durante los años de convivencia no se entienden en su complejidad por el juez que aplica unas previsiones legales abstractas. Se ha dicho hasta la saciedad que los conflictos de familia no son litigables. Necesitan una traducción al lenguaje y a las prácticas forenses que nunca va a corresponder a la realidad de las cosas.

Por estas razones es importante la institución del requisito de procedibilidad de la negociación previa, de la mediación, y que se subvencione el sistema de forma adecuada. También lo es que los mediadores se especialicen en la mediación prejudicial y, en especial, que ejerzan con excelencia su oficio, analizando los conflictos en profundidad, trabajando dialéctica y directamente tanto con las partes como, conjuntamente, con sus abogados, para buscar las soluciones más idóneas y, en especial, el interés de los menores y la salvaguarda de los derechos de todos los intervinientes.

Ahora bien, el proyecto también prevé que, si no se ha llegado a ningún entendimiento previo, total o parcial, durante el desarrollo del procedimiento judicial también se puede enviar a mediación cuando se advierta que todavía es posible que se alcancen acuerdos. Pero no, como hasta ahora, en la que los tribunales se limitaban a sugerir a las partes que intenten mediar. El proyecto de ley prevé que los jueces, los letrados de la administración de justicia, los fiscales, incluso los abogados y los procuradores van a tener la posibilidad de promover la mediación durante el proceso para que se paralicen los trámites y se trabaje en la búsqueda de soluciones cuando el caso lo requiera.

Incluso el proyecto de ley de eficiencia contempla que, después de finalizado el proceso, se pueda derivar a mediación en determinados casos. Es decir, en la fase de ejecución de sentencia. Esta es una novedad de gran calado porque los conflictos de familia no son estáticos, son dinámicos y, en consecuencia, después de la sentencia la vida continúa y siguen pasando cosas. Las reglas impuestas en las resoluciones judiciales pueden quedar muy pronto obsoletas. El padre se vuelve a casar, la madre vuelve a tener un novio, o van a convivir en la misma casa hijos de diferentes matrimonios. Con el transcurso del tiempo surgen toda una serie de problemas que en la mayor parte de los casos pueden tener soluciones mediadas favorables para las partes y, sobre todo, para los hijos, por lo que también se incluye la previsión de que se pueda mediar con una cierta tutela del tribunal.

Precisamente, en materia de relaciones paterno o materno filiales, la práctica forense ha introducido la coordinación de parentalidad al amparo del artículo 158 del código civil, a partir de las experiencias del derecho comparado y en cumplimiento de las sentencias del TEDH. Se trata de un instrumento de pacificación de los conflictos para intentar ayudar a las familias, cuya característica principal es que se focaliza en la perspectiva de los/las menores y adolescentes, de forma conjunta con la perspectiva de género. Estas intervenciones evitan que la escalada del conflicto se produzca y, en consecuencia, que se enquisten posicionamientos radicales que pueden generar situaciones de violencia.

La coordinación de parentalidad ya ha sido regulada en el Fuero Nuevo de Navarra, y se ha consolidado en la práctica jurisdiccional en Cataluña, en virtud de numerosos pronunciamientos dictados en recursos de casación del TSJ y en otros territorios en los que se están llevando a la práctica experiencias piloto. El proyecto de ley de eficiencia recoge esta práctica forense en el ámbito de la ejecución de las sentencias de familia cuando surja conflictividad en las relaciones paterno o maternofiliales. La coordinación de parentalidad se ha mostrado especialmente eficaz incluso en casos tramitados ante los juzgados de violencia sobre la mujer cuando, después de la instrucción, se sobreseen los procedimientos por diversas causas, o se dicta sentencia absolutoria. Las técnicas que se utilizan son las propias de la mediación restaurativa por cuanto, pese a la absolución formal, los hijos siguen siendo victimarios y se precisa una intervención especializada para intentar recomponer unas relaciones familiares que suelen quedar muy deterioradas y son fuente también de episodios violentos.

6. CONCLUSIÓN

De todo lo anterior cabe concluir que los procesos de familia son un terreno propicio para que se manifiesten conductas poco respetuosas entre los excónyuges, la familia extensa, o los niños, niñas y adolescentes. Lo fundamental en estos casos es que los operadores jurídicos aprendamos a manejar estos conflictos. En este sentido la lucha contra la violencia de género o contra los menores, que está latente en parejas que han terminado o que han roto sus relaciones, no puede ser monopolio de nadie en particular, sino que es responsabilidad de todas las personas y, en especial, de los profesionales que trabajamos en este campo. Hemos de reconocer el importante papel que han jugado y siguen desempeñando las asociaciones feministas, desde hace muchos años me he adherido a la propuesta que hizo la ministra, tristemente fallecida, Carmen Albor, cuando reclamaba para el movimiento feminista el premio nobel de la paz. Es una labor inmensa la que realizan en la lucha por la liberación de la mujer en todos los ámbitos y por la igualdad real en todos los ámbitos, puesto que hay que recordar que vivimos en una sociedad multicultural donde todavía está arraigada una mentalidad supremacista y machista, con múltiples manifestaciones. Pero lo que hay que conseguir es que toda la sociedad es la que debe concienciarse, porque esta tarea nos corresponde a toda la ciudadanía y no es monopolio de nadie en particular. Como lo es la lucha contra la esclavitud que sigue presente en nuestro país con la trata de personas y, en especial de mujeres que son explotadas sexualmente. Como también es la lucha contra el racismo que se expande como consecuencia de los procesos migratorios. La libertad, la igualdad y la fraternidad son las columnas básicas de las sociedades democráticas. Hacerlas realidad es una tarea de toda la sociedad y, precisamente, para lograr este objetivo, la mediación comunitaria y la mediación familiar son instrumentos cuya eficacia se ha demostrado en la lucha contra la ley del más fuerte y contra la violencia. Generalizar su uso con carácter preventivo en los diversos ámbitos de la conflictología contribuirá a la paz eficazmente.

Termino mi intervención agradeciendo de nuevo la oportunidad que me ha dado la Universidad de les Illes Balears.

II. MEDIACIÓN CIVIL Y NUEVAS TECNOLOGÍAS

El principio de voluntariedad en la mediación civil y mercantil; novedades legislativas a la luz del Proyecto de Ley de Medidas de Eficiencia Procesal y Servicio Público de Justicia

ROSA ARROM LOSCOS

Catedrática de Escuela Universitaria de la Universidad de las Islas Baleares

1. INTRODUCCIÓN

Asistimos, me congratulo de ello, a tiempos de renovación, pues, desde ya hace algún tiempo, se ha abierto una ventana que insufla aire fresco a un sistema de Justicia asfixiado por una litigiosidad desmesurada, anclado en una sociedad mayoritariamente combativa y litigante, lo que, sin duda, afecta a la tan ansiada eficiencia y eficacia de dicho sistema[1]. Estos tiempos

---

[1] Nuestra Administración de Justicia, aquejada de una lentitud estructural, que afecta gravemente a la sustanciación de nuestros procesos, se ve abrumada por un grave colapso ante el ingente número de demandas de una sociedad, como he señalado, en esencia, litigante. Igualmente, los costes elevados para acceder a dichos procesos, costes que debe soportar la mayor parte de la ciudadanía que accede a la Jurisdicción, conducen a que la percepción ciudadana de la función jurisdiccional no sea positiva, al hallarse alejada de una necesaria y deseable eficiencia y la eficacia. Y siendo que el incremento en la dotación de medios materiales y tecnológicos al servicio de los Juzgados y Tribunales es, sin duda, importante, la solución es, ciertamente, más compleja. El Legislador, consciente de ello, ha venido introduciendo en nuestro ordenamiento jurídico, debemos decir con relativo éxito en la práctica, otras formas de resolución de los conflictos de carácter auto compositivo, flexible y alternativo a la vía judicial y, en determinados casos, con carácter preferente a ésta. La necesidad de impulsar estas vías se ha visto reforzada por el incremento de la liti-

de cambio a los que he aludido, nos hablan de nuevos paradigmas de Justicia basados en la cultura de paz y del acuerdo, así como en el denominado Derecho colaborativo[2].

---

giosidad ocasionada por la alarma sanitaria a raíz de la pandemia de la Covid 19 que asoló el mundo. Con fundamento, señala BARONA VILAR, SILVIA, "Justicia civil post-coronavirus, de la crisis a algunas reformas que se avizoran", *Actualidad jurídica Iberoamericana*, nº12 bis, 2020, pág. 784, que, con motivo de la señalada crisis sanitaria, el Legislador busca regenerar una Justicia que agoniza, apostando por nuevos paradigmas de Justicia. Surge en este contexto la noción de Derecho jurisdiccional diversificado, entendido como la rama del Derecho destinada a analizar los diversos mecanismos, jurisdiccionales, o no, de resolución de los conflictos. Como señala la autora, la llegada del Derecho jurisdiccional diversificado es el resultado del tránsito desde la práctica forense, pasando por el procedimentalismo, el Derecho procesal y, en tiempos recientes, el Derecho jurisdiccional de la mano de MONTERO AROCA, JUAN, "Del derecho procesal al derecho jurisdiccional", *Justicia*, ISSN 0211-7754, N 2, 1984, págs. 311-348. Crucial la aportación con respecto a la noción de Derecho jurisdiccional diversificado de ORDEÑANA GERUZAGA, IXUSKO, "Contribuciones al debate sobre la necesidad de constitucionalizar las técnicas extrajurisdiccionales de conflictos en el ordenamiento jurídico español", en *El impacto de la oportunidad sobre los principios procesales clásicos: Estudios y diálogos*, coordinadores CALAZA LÓPEZ, SONIA; MUINIELO COBO, JOSÉ CARLOS, DE PRADA RODRÍGUEZ, MERCEDES, 2021, págs. 343-374. Vid. también RAMOS MÉNDEZ, FRANCISCO, *El sistema procesal español*, 9ª. Ed., Atelier, Barcelona 2013;BARONA VILAR, SILVIA, *Solución extrajurisdiccional de conflictos. Alternative Dispute Resolution (ADR) y Derecho Procesal*, Tirant lo Blanch, Valencia 1999, p 45; MAGRO SERVET, VICENTE, "La incorporación al derecho español de la Directiva 2008/52/CE, por el Real Decreto-ley 5/2012, de 5 de marzo, de mediación en asuntos civiles y mercantiles", *Diario La Ley*, nº 7852, año 2012.

2 Vid. SOLETO MUÑOZ HELENA, *El abogado colaborativo*, Tecnos, 2017, pág. 4 ss. Se indica acertadamente en este trabajo que la Ley 5/2012, Ley de mediación en Asuntos Civiles y Mercantiles (en adelante LMACM) supuso una oportunidad clara para impulsar el Derecho colaborativo o el más amplio Derecho cooperativo. El abogado colaborativo, profesional comprometido con su cliente en la resolución del conflicto soslayando la vía jurisdiccional, pone su empeño en negociar con el abogado de la otra parte, solicitando la colaboración diversos profesionales que puedan coadyuvar a la resolución de la controversia, como puede ser el caso de los trabajadores sociales, psicólogos, etc. Si el intento de acuerdo no diera sus frutos, finalmente, el abogado colaborativo cesaría en su función, pues no puede asumir el pleito en cuestión, entrando en escena un segundo abogado para tal fin. A pesar de que la figura del abogado colaborativo no existe en nuestra práctica del foro, no es menos cierto que las indicadas funciones colaborativas tienen reflejo en el Código Deontológico de la Abogacía. En efecto, el artículo 12 de dicho Código, al regular las relaciones con los clientes basadas en la mutua confianza, en el apartado de normas generales, punto 1, indica: "Siempre que sea posible deberá intentarse la

Y desde esa realidad innegable, cabe destacar la existencia de movimientos que, tanto en el plano civil como en el penal, suponen abordar, como he indicado, nuevos paradigmas de Justicia que nos interrogan como sociedad. Así, desde la perspectiva civil, el avance del mencionado Derecho colaborativo conduce a apuestas legislativas muy recientes como los conocidos medios adecuados de resolución de controversias, también conocidos bajo el acrónimo MASC, previstos en el Proyecto de Ley de Medidas de Eficiencia Procesal y Servicio Público de Justicia (en adelante, PLMEPSPJ), de 12 de septiembre de 2022. Estos mecanismos están llamados a ser verdaderas formas de Justicia, partes integrantes y esenciales del denominado Servicio Público de Justicia, el cual exige la corresponsabilidad ciudadana en la viabilidad del sistema.

En el ámbito civil estos MASC son alternativa al proceso que pudiera plantearse, pues los intereses que subyacen en el conflicto resultan ser de carácter, salvo que haya menores o incapaces implicados, privado por cuanto en este ámbito ejerce su influencia el principio de autonomía de la voluntad o autonomía privada y su trasunto procesal, esto es, el principio dispositivo. Entre los MASC, previstos por el Proyecto de Ley, se encuentra su buque insignia, a saber, la mediación civil, y mercantil, ya regulada en nuestro ordenamiento por la Ley 5/2012, de 6 de julio de Mediación en Asuntos Civiles y Mercantiles[3];

conciliación de los intereses en conflicto". Igualmente, en el punto 8 del señalado precepto se añade: "Se asesorará y defenderá al cliente con el máximo celo y diligencia asumiéndose personalmente la responsabilidad del trabajo encargado sin perjuicio de las colaboraciones que se recaben. Siempre se deberá intentar encontrar la solución más adecuada al encargo recibido, debiéndose asesorar al cliente en el momento oportuno respecto a la posibilidad y consecuencias de llegar a un acuerdo o de acudir a instrumentos de resolución alternativa de conflictos".

3 BARONA VILAR, SILVIA, "La mediación: mecanismo para mejorar y complementar la vía jurisdiccional. Ventajas e inconvenientes. Reflexiones tras la aprobación de la Ley 5/2012, de 6 de julio, de mediación de asuntos civiles y mercantiles", VVAA, EXTEBARRIA GURIDI, JOSÉ FRANCISCO (dirs.), *Estudios sobre el significado e impacto de la mediación:¿una respuesta innovadora en los diferentes ámbitos jurídicos?* Thomson-Reuters Aranzadi, Pamplona 2012, p 22.También, CASTILLEJO MANZANARES, RAQUEL, *Comentarios a la Ley 5/2012, de Mediación en asuntos Civiles y Mercantiles,* Tirant lo Blanch 2013. La citada Ley 5/2012, de necesaria entrada en vigor en atención la Directiva 2008/52/CE del Parlamento Europeo y del Consejo que exigía su trasposición, vino a cubrir el vacío provocado por una inexistente, hasta entonces, regulación general a nivel estatal con respecto al mecanismo de la mediación, especie que habita entre la categoría general en la que se resumen los MASC. La señalada Directiva 2008/52, del Parlamento Europeo y del Consejo, de 21 de mayo de 2008, sobre ciertos aspectos de la mediación en asuntos civiles

norma que marcó el pistoletazo de salida en el empeño estatal para intentar impulsar el mecanismo en el que se resume este tipo de mediación[4].

---

y mercantiles entiende por mediación (art. 3.a) un procedimiento estructurado" [...] sea cual sea su nombre o denominación, en el que dos o más partes en un litigio intentan voluntariamente alcanzar por sí mismas un acuerdo sobre la resolución de su litigio con la ayuda de un mediador. Este procedimiento puede ser iniciado por las partes, sugerido u ordenado por un órgano jurisdiccional o prescrito por el Derecho de un Estado miembro". Como objetivo de la disposición se apunta en su Considerando (5): "El objetivo de asegurar un mejor acceso a la justicia, como parte de la política de la Unión Europea encaminada a establecer un espacio de libertad, seguridad y justicia, debe abarcar el acceso a métodos tanto judiciales como extrajudiciales de resolución de litigios. La presente Directiva debe contribuir al correcto funcionamiento del mercado interior, en particular en lo referente a la disponibilidad de servicios de mediación". Al respecto vid. CARRETERO LÓPEZ, EMILIANO, "Comentarios al anteproyecto de ley de mediación en asuntos civiles y mercantiles", *RIEDPA*, nº 1-2011, p 10 ss. Cabe citar, con anterioridad a la Directiva, la Recomendación nº7/1981 del Comité de Ministros de los Estados miembros del Consejo de Europa, sobre medidas tendentes a facilitar el derecho de acceso a la Justicia (primera referencia europea sobre la necesidad de incorporar a los MASC); Recomendación 12/1986, del Comité de Ministros de los Estados miembros (incentivando el uso de los MASC en el ámbito civil y mercantil) y la Recomendación 1/98 por la que se instaba al uso de medios alternativos en el ámbito familiar. Por otro lado, las CCAA, amparándose en la señalada normativa comunitaria, fueron aprobando sus respectivas Leyes de mediación: la Ley 4/2001 de 31 de mayo, reguladora de la mediación familiar de la Comunidad Autónoma de Galicia;Ley 7/2001, de 26 de noviembre de mediación familiar de Valencia); Ley 15/2003, de 8 de abril de mediación familiar de Canarias y Ley 3/2005, de 23 de junio, para la modificación de la Ley 15/2003, de 8 de abril, de la mediación familiar; Ley de la C.A. de Castilla-La Mancha 4/2005, de 24 de mayo, del Servicio Social Especializado de Mediación Familiar; Ley 1/2006, de 6 de abril, de mediación familiar de Castilla y León; Ley 18/2006, de 22 de noviembre, de mediación familiar de la Comunidad Autónoma Islas Baleares; Ley 1/2007, de 21 de febrero, de mediación familiar de la Comunidad de Madrid; Ley 3/2007, de 23 de marzo, de mediación familiar de Asturias); Ley 1/2008, de 8 de febrero de mediación familiar del País Vasco; Ley 1/2009, de 27 de febrero, reguladora de la mediación familiar en la Comunidad autónoma Andaluza; Ley 1/2007, de 21 de febrero, de mediación familiar de la Comunidad Autónoma de Madrid; Ley 15/2009, de 22 de julio, de mediación en el ámbito del Derecho privado, Comunidad Autónoma de Cataluña (esta Ley derogó la Ley 1/2001 de 15 de Marzo, de mediación familiar de dicha CA).

4 Por lo que respecta al ámbito penal, la mediación fue regulada, más allá de las escasas referencias en unos pocos preceptos dispersos en nuestro ordenamiento jurídico, en la ley 4/2015, de 27 de abril, del Estatuto de la Víctima del Delito; regulación, si se me permite la expresión, absolutamente raquítica respecto de un

Y hay que reconocer que, a pesar de las expectativas que generó la Ley 5/2012, tanto respecto del propio mecanismo como respecto de los profesionales que apostaron por formarse como mediadores, lo cierto es que no se puede afirmar que la trayectoria de la Ley 5/2022 sea calificable de exitosa. En efecto, con su aprobación no se registró un descenso sustancial de la litigiosidad civil y mercantil.

Así, la falta en nuestra sociedad de tradición en el mencionado Derecho colaborativo, lo que implica a los abogados de forma directa y la falta, también, de tradición en cultura del acuerdo e insuficiente implicación de los poderes públicos ante la necesidad de asumir el reto pedagógico consistente en trasladar a la ciudadanía información y formación acerca de los MASC en general y de la mediación en particular, fueron determinantes del, como se ha señalado, escaso éxito de la Ley 5/2012.

Igualmente, la resistencia de los órganos jurisdiccionales, en la mayoría de ocasiones, a derivar desde el propio proceso asuntos a mediación (asuntos que por sus características, podrían, sin duda, beneficiarse del mecanismo) influyó negativamente en el impulso de la mediación. Además, la propia resistencia de parte de la abogacía a incorporar estos procedimientos, a pesar de que, en aplicación del Código Deontológico de la profesión, estén llamados, así se ha indicado, a intentar buscar siempre que sea posible una solución que haga innecesario el acudir a la vía contenciosa[5], actuó como lastre en perjuicio de un mayor éxito del mecanismo.

Como he adelantado, las expectativas eran muy altas ante la entrada en vigor de la Ley 5/2012. Quizás el espejo en el que nos miramos y que reflejaba la experiencia de otros países como EEUU o Inglaterra en los que ese modelo de Justicia (modelo que contemplaba los métodos alternativos de resolución de los conflictos) sí funcionaba, nos hizo olvidar que aquéllos eran países con amplia tradición y compromiso en el ya mencionado De-

---

mecanismo con un potencial que tanto tiene que decir y aportar a una sociedad que apueste por la cultura de paz. En cualquier caso, el recorrido de la mediación penal es mucho menor que el de la mediación civil, pues los intereses de naturaleza pública que se encuentran en juego en un proceso penal obligan a que el señalado mecanismo tenga respecto de éste un carácter instrumental, accesorio y complementario.

5 Tampoco ha favorecido el que hayan sido los profesionales del derecho, en su mayoría abogados litigadores, los que hayan ejercido la función informadora respecto a sus clientes con relación a la posibilidad de mediación como alternativa al proceso. En suma, la Ley 5/2012 no alejó, en el sentido señalado, a la mediación extrajudicial del ámbito de lo contencioso.

recho colaborativo y en cultura del acuerdo tanto desde las propias instituciones universitarias como desde los diversos poderes del Estado.

De lo anterior cabe colegir que en nuestro caso faltaba el arraigo en la conciencia social de la necesidad y beneficio de ser parte activa de un concepto más amplio de Justicia que llamara a la corresponsabilidad ciudadana y, también, a la de los diversos operadores jurídicos para la defensa e impulso de ese nuevo modelo, en el que se aspira a ser parte de la solución antes que parte del problema.

A pesar de lo anterior, no negaremos que fue mérito de la Ley 5/2012 el dar a conocer el mecanismo de la mediación y el impulsar la formación de los mediadores[6], pero lo cierto es la norma no caló como debía, pues no se

---

6 A la Ley 5/2012, le siguieron otras como la Ley 15/2015 de Jurisdicción Voluntaria que implicaba e implica a Notarios, Registradores y Letrados de la Administración de Justicia. Ciertamente, lo que subyace tras el impulso legislativo que nace de la Ley 5/2012, tras la impronta que pretende inaugurar el PLMEPSPJ, al tornarse legalidad vigente, es un proyecto transformador de la sociedad, poniendo en valor el modelo colaborativo frente al litigador que es el que ha venido teniendo, hasta casi el momento presente, un total protagonismo. Pero esta transformación no puede venir solo de la incorporación al ordenamiento jurídico de nuevas Leyes en la materia, tiene que venir, además y, sobre todo, de la educación en valores tales como la solidaridad, la empatía, el diálogo y el entendimiento. De nada servirá aprobar leyes técnicamente perfectas, si el sustrato y realidad social en el que dichas Leyes están llamadas a ser aplicadas no se sustentan en los valores propios de la cultura del acuerdo. Existe, tanto más siendo el conflicto inherente al Hombre, un más que evidente reto pedagógico para conseguir impulsar los MASC, no como meros trámites burocráticos que deben ser intentados, sino como herramientas eficaces para la gestión de esos conflictos, rompiendo la dinámica fuertemente arraigada en nuestra sociedad de "vencedores/vencidos", para pasar a un modelo win/win, a través de mecanismos que hagan protagonistas a las partes de la solución del problema, de la resolución del conflicto.

Afrontando el señalado reto pedagógico cabe destacar la labor tanto de GEMME EUROPA, asociación europea abierta a la pacificación de los conflictos, como de GEMME ESPAÑA. Su labor de sensibilización y difusión arranca de la premisa de que mediación es Justicia, ofreciendo a los ciudadanos este mecanismo para que sean ellos, asistidos del mediador, los que lleguen a un acuerdo que suponga la resolución del conflicto. Cabe enumerar entre sus objetivos: divulgar y promocionar la mediación como un método complementario del Sistema de Justicia en España; promover la justicia colaborativa como mejor manera de satisfacer los intereses de los ciudadanos, las empresas y las instituciones; comunicar a la sociedad que, tras todo conflicto, existe una solución; impulsar la cultura del diálogo para que se imponga como método de solución de conflictos, es decir, transitar por el conflicto, abandonando el modelo de sociedad litigante, como sociedad colaborativa y dialogante.

gozaba de la base necesaria para que aquélla diera sus frutos. Siendo realistas, y en ese contexto, las expectativas eran, como decíamos, muy altas; de ahí el desencanto, previsible, por otro lado, dadas las circunstancias sobre las que se asentó el punto de arranque de la Ley 5/2012[7].

---

7 En ese proceso que persigue como objetivo final el impulso definitivo de los MASC, en nuestro caso de la mediación, objetivo que precisa para ser alcanzado afrontar con éxito el reto pedagógico al que he aludido en la nota anterior, culminará cuando el Servicio Público de Justicia (en adelante, SPJ) goce de legitimidad. Para ello, para que la idea de la Administración de Justicia como Servicio Público de Justicia se refuerce, la ciudadanía debe percibirlo, a tenor de lo establecido en la Exposición de Motivos (en adelante EM) del PLMEPSPJ: "[...] como algo propio, como algo cercano, eficaz, entendible y relativamente rápido. Con palabras del constitucionalismo moderno, este servicio público precisa de legitimidad social tanto como de eficiencia. Legitimidad como grado de confianza y credibilidad que el sistema de Justicia debe tener para nuestra ciudadanía; y eficiencia como capacidad del sistema para producir respuestas eficaces y efectivas.Se trata, por tanto, de afianzar que el acceso a la justicia suponga la consolidación de derechos y garantías de los ciudadanos y ciudadanas; que su funcionamiento como servicio público se produzca en condiciones de eficiencia operativa; y que la transformación digital de nuestra sociedad reciba traslado correlativo en la Administración de Justicia". Se presenta como objetivo a alcanzar, a través de las previsiones que se resumen en el Proyecto de Eficiencia Procesal, el hacer frente a las dificultades que se desprenden del funcionamiento normal de nuestros Juzgados y Tribunales y conseguir un Servicio Público eficiente y justo para la ciudadanía. Para ello, resulta imprescindible incorporar los nuevos valores que soportan el novedoso paradigma tales como la interdependencia, la solidaridad y el humanismo. Estos valores, en los que debe insertarse el nuevo modelo de Justicia llaman a la ciudadanía a la responsabilidad en el sostenimiento del nuevo paradigma en el que se resume el señalado Servicio Público de Justicia. Así, se explica en la señalada EM del PLMEPSPJ: "La justicia emana del pueblo, como también radica en el mismo el sentido de lo justo, por lo que se ha de propiciar la participación de la ciudadanía en el sistema de Justicia. Ya se hace en el ámbito penal con la institución del jurado, y es conveniente también abrir la justicia civil, social —e inmediatamente después la contencioso-administrativa— a los ciudadanos para que se sientan protagonistas de sus propios problemas y asuman de forma responsable la solución más adecuada de los mismos, especialmente en determinados casos en los que es imprescindible buscar soluciones pactadas que garanticen, en lo posible, la paz social y la convivencia".Vid. SIX, JEAN FRANÇOIS, *La dinámica de la mediación*, Paidós, Barcelona 1999, pág. 12 ss. Para el autor la difusión y utilización de la mediación expresa una necesidad real de nuestro tiempo, alejada del capricho o una moda efímera, destacando, tras hacer balance, cuál debe ser el estatus del mediador.

Tras un Anteproyecto de Ley de Impulso de la Mediación fallido (se tuvo por decaído sin discusión parlamentaria en el año 2019), el 15 de diciembre de 2020 el Consejo de Ministros aprobó el Anteproyecto de Ley de Medidas de Eficiencia Procesal al Servicio Público de Justicia al que sucedió, en este *iter* legislativo, la aprobación reciente por el Consejo de Ministros, el 12 de abril de 2022, del ya aludido Proyecto de Ley de Medidas de Eficiencia Procesal del Servicio Público de Justicia[8]. En estos momentos, el señalado PL se encuentra todavía en tramitación parlamentaria, siendo que en su Exposición de Motivos se fijó como objetivo para su aprobación el 31 de diciembre de 2022. Presentadas ya las enmiendas de los diversos grupos parlamentarios (enero 2023), se prevé que su aprobación sea inminente.

La futura Ley de Medidas de Eficiencia Procesal del Servicio Público de Justicia[9],en caso de que la misma resulte finalmente aprobada, será el marco

---

[8] Interesa destacar que tanto el Proyecto de Ley de MEPSPJ como el de Eficiencia Organizativa del Servicio Público de Justicia y el de Eficiencia Digital del Servicio Público de Justicia, son el reflejo legal del "Plan Justicia 2030", cuyo objetivo se centra en la transformación del Servicio Público de Justicia (SPJ) para hacerlo más eficiente, ante la evidencia de que, en materia de Justicia, la deriva de los últimos tiempos, nos conduce a, como decía, nuevos paradigmas.

[9] Vid. CALAZA LÓPEZ SONIA, "El realismo mágico del nuevo proceso", *Revista de la asociación de profesores de Derecho procesal de las Universidades españolas"*, coordinadora ARANGÜENA FANEGO, CORAL, Tirant lo Blanch, Nº 2, 2020, p 43 y 44 y "Ya llegan los medios adecuados de solución de controversias en vía no jurisdiccional: cuanta más desjudicialización mejor", en *Actualidad Civil*, nº6, junio 2022, pág. 23, al reflexionar, de forma certera, sobre la contradicción entre el concepto y la apuesta por el SPJ y la circunstancia de que sean los ciudadanos los que deban afrontar los gastos derivados de optar por un MASC: "El legislador no puede obviar la insuficiencia de recursos —tanto humanos (escaso número de jueces, por relación al número de habitantes en una sociedad —como la española— especialmente virulenta e hiper judicializada) como materiales (déficit de recursos al servicio de la Administración de Justicia); pero se resiste a residenciar en esta causa, los males endémicos y ya crónicos —de lentitud y carestía— de nuestra Administración de Justicia, apelando a «insuficiencias estructurales» relacionadas, antes que con esta evidente pobreza económica a la que se somete a los activos del más alto Poder del Estado; a unas supuestas «insuficiencias estructurales» que relacionan —según se indica en la Exposición de Motivos— con la «escasa eficiencia de las soluciones que sucesivamente se han ido implantando para reforzar la Administración de Justicia como servicio público». Y en esta compulsiva búsqueda de la «eficiencia perdida» —por nunca ensayada antes, según parece, con similar grado de intensidad— se propone como primera solución, una bien sencilla: la externalización obligatoria de la Justicia o imposición —siempre a limine litis— de la desjudicialización. Es algo así como si para rebajar la saturación

normativo en el que habitarán las especies existentes que forman parte del "ecosistema" de los MASC.

Dichos medios incluyen, además de la mediación civil y mercantil otros seis, a saber: la conciliación notarial, judicial o registral, la negociación directa entre las partes o sus abogados, la conciliación privada, la opinión neutral de experto independiente, la oferta vinculante confidencial y, por último, la reclamación extrajudicial previa de consumidores y usuarios en los casos de acciones individuales frente a empresas o profesionales con los que hubieran contratado[10].

Y, qué duda cabe, que la libertad y autonomía privada se halla en la esencia de los MASC y también en su desarrollo, ofreciendo una alternativa más dinámica y flexible, entre otras razones porque no se hallan sometidos a la servidumbre de la prohibición de alteración del objeto del proceso, o *mutatio libelli,* que sí se produce en el mismo, viva la litispendencia.

En efecto, por lo que a nosotros respecta el objeto que va a ser llevado a mediación podrá, desde esa libertad con la que se construye el mecanismo,

---

de la Sanidad pública, se impusiese al enfermo un primer intento ante la Sanidad privada, costeado —eso sí— por el propio ciudadano, pero que insertado en un supuesto «servicio público de Sanidad», en la medida en que, si no se acierta con el tratamiento y/o con la intervención, todavía —ese mismo paciente— puede acudir como ultima ratio a la Sanidad pública. ¿Si la Justicia admitiese estados polarizados e intermedios —como sucede con la Educación (pública, concertada o semipública y privada)—; quizás entonces podríamos hacer una clasificación entre Justicia pública —la Jurisdicción—; ¿Justicia semipública —los MASC cuando al término se somete la solución a una homologación judicial—; y Justicia privada —los MASC cuando discurren, de forma íntegra, extramuros de la Jurisdicción: por ejemplo, ante nuestras Notarías y/o Registros—. Pero mientras la Justicia sea un «servicio público», resulta —cuando menos— disonante admitir que los ciudadanos deban financiar —privadamente y sin la menor intervención estatal— los MASC, de forma obligatoria, antes de acudir a la Jurisdicción".

10 Las ventajas de los MASC (expresión de libertad, bajo coste, flexibilidad, rapidez, respuestas creativas etc) son indudables, si bien no todo son bondades. En efecto, sus debilidades también han sido puestas de manifiesto, por ejemplo: posibles quiebras de la igualdad entre las partes o de la imparcialidad o neutralidad del tercero, excesivo formalismo, falta de coordinación entre las distintas técnicas extrajudiciales (lo que tiene como consecuencia la imposibilidad de integrarlos como sistema), etc. Sobre el tema, ORDEÑANA GUEZURAGA, IXUSKO," Bienvenidos arbitraje comercial y de inversiones y resto de mecanismos extra jurisdiccionales al Derecho jurisdiccional diversificado, rama del Derecho que ordena la solución de los conflictos jurídicos", *Arbitraje: Revista de Arbitraje comercial y de inversiones,* ISSN. 2603-9281. vol. 10, nº. 3, 2017, págs. 739-781.

irse progresivamente configurando sesión tras sesión. Así, no existe norma que limite, de forma inmutable, el objeto mediado a un momento determinando de la sustanciación del procedimiento de mediación.

No ocurre lo mismo si la vía elegida es la contenciosa, pues la LEC ordena que los conflictos sometidos a la Jurisdicción deban resolverse de acuerdo con los hechos, pretensiones y medios de defensa establecidos por las partes en los escritos de alegaciones, siendo éstos: demanda, eventualmente ampliación de la demanda, contestación, en su caso reconvención y contestación por el demandante a la señalada reconvención.

Consecuencia de lo anterior lo es la interdicción del art. 412 de la LEC de alteración del objeto de la demanda, pues permitir lo contrario, esto es, permitir un continuo cambio del objeto del proceso haría totalmente inviable que el demandado pudiera construir su defensa con la consiguiente vulneración de art. 24 de la CE.

Siendo cierto lo anterior no lo es menos que el art. 412.2 de la LEC autoriza a las partes a llevar a cabo en la audiencia previa modificaciones posteriores, las expresamente permitidas por el precepto, a saber: alegaciones complementarias en relación con lo expuesto de contrario (art. 426.1 LEC); aclaratorias en relación a alegaciones que se hubieren formulado, así como posibilidad de rectificar extremos secundarios de sus pretensiones» (art. 426.2 LEC); pretensiones accesorias o complementarias (art. 426.3LEC); igualmente, cabe aportar hechos nuevos (arts. 426.4 y 286, ambos de la LEC).

La autorización indicada tiene un límite meridianamente claro, pues dichas modificaciones en modo alguno pueden significar alteración sustancial de las pretensiones ni de los fundamentos de éstas, reflejados en los escritos de alegaciones iniciales[11], exigencia ésta que marca una diferencia sustancial con respecto al tratamiento de la mediación, de los MASC en general.

En consecuencia, concebidos los MASC, la mediación en nuestro caso, desde esa libertad y autonomía, ser alternativa a la Jurisdicción reporta a estos mecanismos un doble beneficio: por un lado el ya indicado de no tener que hallarse sometidos o constreñidos a la prohibición de alteración del

---

11 La previsión anterior guarda una estrecha relación con el art. 400.1 de la LEC relativo a la preclusión de hechos y fundamentos jurídicos, así como con el artículo 401, también de la LEC, sobre el momento preclusivo de la acumulación de acciones y de la ampliación de la demanda.

objeto del proceso, que sí se produce en éstos generado el estado procesal de litispendencia; de otro, el poder configurar el propio procedimiento de mediación como consideren, sin estar vinculados por las normas imperativas que rigen los procesos y que impiden a las partes, por ejemplo, sustraerse de los criterios de competencia objetiva o funcional. Y, como no, desde esa misma libertad y autonomía las partes dotarán de contenido al acuerdo de mediación, si es que ésta es sustanciada con éxito[12].

El presente trabajo pretende ahondar sobre la exigencia de voluntariedad de la mediación, en tanto forma de resolución de controversias con vocación clara de soslayar la vía contenciosa, por cuanto, como se verá, desde mi punto de vista, el PLEMPSPJ la compromete, entendida en sentido pleno[13].

---

[12] Y siendo que el conflicto es trasversal, la mediación, entiendo, también debe serlo. En consecuencia, la mediación debe promoverse en todos los ámbitos de las relaciones sociales, haciendo, como decía, pedagogía de la misma (y del resto de los MASC). Resulta absolutamente necesario que se impulse su conocimiento, así como el acceso a todos los profesionales con capacidad de intervención en aquellas etapas del conflicto en las que no se haya traspasado un punto "de no retorno", haciendo innecesario el acceso a la Jurisdicción por haberse resuelto la controversia. Por tanto, la educación en los valores de la cultura del acuerdo debe arrancar en el entorno educativo desde edades muy tempranas, trasladando técnicas para gestionar los conflictos y, en otras franjas de edad, se deben impulsar los MASC a través de la difusión, de campañas informativas, de talleres y actividades que pongan en contacto a la ciudadanía con estrategias para transitar por el conflicto y que consigan que aquélla perciba la legitimidad del SPJ a través de la implementación de los MASC. Una ciudadanía formada en esos ámbitos es, sin duda, una ciudadanía fortalecida, con herramientas para afrontar y, como he indicado, transitar por los conflictos que se vayan suscitando en todos los órdenes de la vida

[13] De especial significación y relevancia, por afectar a nuestro juicio, y como veremos, a la voluntariedad de la mediación, en sentido pleno, lo es la introducción en el Título I del PLMEPSPJ, con carácter general y como condición de procedibilidad, a los efectos de la admisión de la demanda, de la necesidad de acreditar documentalmente el haber intentado una solución consensuada con carácter previo al proceso, consistente en un intento de negociación y de resolución del conflicto sin acuerdo La introducción de este nuevo requisito produce un "efecto cascada", pues afecta tanto a la LEC, que se ve modificada en mucho de sus preceptos por el art. 20 del PLMEPSPJ (Título II), como a la Ley 5/2012 modificada por la disposición final sexta del Proyecto. El señalado "efecto cascado" introduce un nada despreciable factor de complejidad, pues exige manejar, para precisar el futuro régimen jurídico de la mediación y sus novedades, de forma simultánea en lo que respecta al PL, el Título I sobre disposiciones generales, las novedades introduci-

Pero, hasta llegar al momento presente, será necesario ir a la génesis, profundizando en el papel que ha ejercido la voluntariedad en las distintas formas de resolución de los conflictos auto o heterocompositivas que han querido ser alternativa a la vía judicial para precisar cómo afecta aquélla al frasco de las esencias de la mediación.

De igual modo, en tanto la decisión de las partes de someterse a mediación y alcanzar un acuerdo del que surgirán obligaciones resulta ser, sin duda, manifestación de la autonomía privada, será procedente, en consecuencia, detenernos en el principio que la sustenta y que nos habla de la potencia creadora de los ciudadanos, reconocida por el ordenamiento jurídico, para crear, modificar y extinguir relaciones jurídicas y para resolver los conflictos que de las mismas se susciten; así como será preciso, también, identificar el tipo de negocio jurídico en el que se resume el acuerdo de mediación.

2. GÉNESIS

Que el conflicto persigue al hombre desde su irrupción en la Tierra hace cientos de miles de años, formando parte de su naturaleza, es algo sociológicamente sin discusión[14]. En palabras de WEBER[15]: "Resulta impo-

---

das por el Título II en la LEC y las introducidas, a su vez, por la disposición final sexta respecto de la Ley 5/2012, LMACM; así como la redacción actual de la Ley 5/2012 y la de la LEC actual.

14 GUTIÉRREZ BARBARRUSA, TOMÁS, "El conflicto en la teoría sociológica y la teoría sociológica del conflicto", en *Sociologías especializadas I,* con VICENTE DONCEL, LUIS; *CORO* JUANEDA J.A.; Dykinson 2011, pág. 217; accesible en el enlace, https://app.vlex.com/#vid/391541738., última consulta 30 de marzo de 2023. Explica el autor que el conflicto es fuente de cambio social, siendo que su origen se encuentra en la propia estructura social. En efecto, en la sociedad se dan situaciones de dominio entre los individuos y los grupos; sin perjuicio de que el conflicto pueda ser tratado como un hecho social haciendo posible su objetivación y comprensión. Son las relaciones de dominación subyacentes el factor explicativo clave de los conflictos sociales. En suma, el conflicto se inserta en la esencia de lo social, es inseparable de la historia. FERNÁNDEZ RIQUELME, SERGIO: "La mediación social: itinerario histórico de la resolución de conflictos sociales", en *Contribuciones a las Ciencias Sociales* (Grupo EUMEDNET, Universidad de Málaga), enero 2010, accesible en el enlace www.eumed.net/rev/cccss/07/sfr.htm.

15 Vid. al respecto WEBER MAX, *El sentido de la "neutralidad valorativa" de las ciencias sociológicas y económicas,* en Ensayos sobre metodología sociológica, Buenos Aires, 1982, p 247.

sible [...] eliminar de cualquier vida cultural la lucha. Resulta posible cambiar sus medios, su objeto, e incluso su orientación básica y sus portadores, pero sin embargo no es posible suprimirla a ella misma [...]".

Siendo cierto lo anterior no lo es menos que existen numerosas referencias históricas de intentos y fórmulas de pacificación de los conflictos con la finalidad de evitar la vía contenciosa. Nos referiremos, sin ánimo de exhaustividad, a algunos de los más significativos.

Como con acierto se ha indicado[16], la historia de la mediación (y de otras formas de resolución de controversias), en tanto mecanismo de resolución de conflictos, se encuentra indisolublemente ligada a la historia de la Humanidad. En efecto, la existencia de controversia entre los seres humanos resulta ser, como decíamos, inherente a su naturaleza; si bien, lo realmente importante, ante esta realidad incontestable, lejos de empeñarnos en negar la evidencia o negar el conflicto, es avanzar en la toma de decisiones que nos aproximen a medios eficaces y eficientes para su resolución.

Y este empeño se aprecia, como he adelantado, desde la multiculturalidad y en perspectiva histórica, en las diferentes sociedades y civilizaciones que se han alumbrado con el devenir de los tiempos.

Así, la existencia de un tercero facilitador que asistía a las partes bajo distintas fórmulas para intentar solucionar el conflicto de forma satisfactoria para ambas, ha venido siendo una constante histórica.

En la antigua China, por ejemplo, los mecanismos más utilizados en tal sentido eran la mediación y la conciliación. En palabras del propio Confuncio (551-479 a.C.), los conflictos debía ser resueltos bajo la persuasión moral y el acuerdo y no bajo la coacción; de lo que se desprende la importancia y la prevalencia de la voluntariedad como elemento esencial de esa vía de resolución de los conflictos, alejada, por tanto de la imposición que quebraría la armonía natural de la que parte la formulación del gran pensador chino[17].

---

16 ÁLVAREZ TORRES, MANUEL, "La mediación", en *La mediación civil y mercantil* (director Álvarez Torres, Manuel), Madrid, Dykinson, 2013, p 57.

17 NUÑEZ RODRÍGUEZ, ARLIETYS Y RODRÍGUEZ MARTÍN, LISBETH, "Apuntes sobre la mediación como método `para dirimir conflictos familiares", *Derecho y Cambio Social*, ISSN-e 2224-4131, Año 11, Nº 36, 2014, pág. 9 ss. FOLBERG, J y TAYLOR, A., *Mediación: resolución de conflictos sin litigio*, México DF, Limusa, S.A. de C.V. Grupo Noriega Editores, Balderas 95, 1996. pág. 21.

En este sentido, cabe destacar que el mecanismo de la mediación se encuentra fuertemente arraigado en la cultura china, habiendo sido habitual la existencia de personas neutrales destinadas a asistir a las partes en conflicto en un intento de acuerdo. En el siglo XIX surge la "Chinese Benevolent Association" (Asociación China de Beneficencia), entidad a la que acudía los ciudadanos, buscando, a través de la armonía, zanjar sus diferencias mediante acuerdos a través de la mediación. En la actualidad, China presenta uno de los programas de mediación más avanzados del mundo.

Por su parte, en Japón los conflictos eran resueltas por el líder del grupo social, quien se erigía como tercero facilitador en figura mediadora, asistiendo a los miembros de la comunidad en orden a la consecución de un acuerdo satisfactorio para ambas partes. En el ordenamiento jurídico japonés, vieron la luz, más tarde, disposiciones que otorgaron a los Tribunales de esta nación potestad para incorporar a los procesos el mecanismo de la conciliación de forma habitual[18].

Por lo que respecta a la antigua Grecia, los Tesmotetas (Thesmotetai), eran magistrados de Atenas, encargados de analizar el origen del conflicto, basándose en el estudio de las causas, con el fin de que las partes llegaran a un acuerdo[19].

---

18 Se refieren NUÑEZ RODRÍGUEZ, ARLIETYS Y RODRÍGUEZ MARTÍN, LISBETH, "Apuntes sobre la mediación como método `para dirimir conflictos familiares", *Derecho y Cambio Social,* Año 11, Nº 36, 2014, págs. 9 ss, a otros ejemplos de diferentes comunidades y grupos sociales que apostaron por mecanismos de resolución de conflictos, así: "Al mismo tiempo las cortes rabínicas y los rabinos judíos en Europa fueron trascendentes mediando disputas. Las tribus africanas se caracterizaron por aplicar mecanismos informales, a través de una asamblea o grupo de vecinos con el fin de debilitar las contradicciones que dieran lugar a disputas y alteraban el orden interno del grupo. De igual forma, la etnia gitana y los indígenas de Norteamérica, han establecido como experiencia, que aún ejercen, la de ventilar sus divergencias con la presencia de los ancianos de la comunidad, basándose en que su edad los dota de muchos testimonios y sapiencia para orientar y solucionar los problemas de manera eficaz. Con el surgimiento de los Estados nacionales, los mediadores han adoptado nuevos roles como diplomáticos intermediarios laicos".

19 LÁZARO GUILLOMÁN, CARMEN, "El "acuerdo de mediación" de la Ley 5/2012, de 6 de julio, de Mediación en asuntos civiles y mercantiles. Algunas notas sobre su eficacia y efectos desde una perspectiva histórica-critica", en *Revista Internacional de mediación,* núm. 0, junio-diciembre 2013 (nota 1).

Y en la Antigua Roma correspondía al *pater gentis,* quien ostentaba el liderazgo, estando al frente de la *gens* (estirpe), la potestad de poner solución a las controversias que pudieran suscitarse entre los miembros de grupo gentilicio en cuestión. La solución, con la asistencia del consejo de los diferentes jefes domésticos, se materializaba en una composición voluntaria. Así pues, las partes en desacuerdo podían soslayar la vía judicial a través de la *transactio;* figura que en el Derecho romano arcaico era el resultado de un pacto con el indicado fin de evitar un litigio o ser alternativa de uno ya iniciado. Gracias a ello, se evitaban disputas entre grupos gentilicios, mitigándose el empleo de la venganza privada. De este modo, el ofensor señalaba el precio para compensar al ofendido y éste se comprometía a no ejercer la venganza privada al haber aceptado el precio propuesto por el ofensor (composición).

Ya desde la Ley de las XII Tablas, el acuerdo o la transacción se erige como una forma de autocomposición amigable entre ofendido y ofensor ante el Pretor, su efecto era la renuncia al juicio que se estaba preparando en la fase *in iure*[20] y en el que el hilo conductor no era otro que la libertad y la voluntad de las partes de llegar a un acuerdo, como así lo recoge el jurista Juliano en el Digesto (D.12.1.21, *Iulianus 48 dig).*

---

20 TAMAYO HAYA, SILVIA: "El contrato de transacción: principales líneas de su evolución histórica", en *Anuario de Derecho Civil* (Ministerio de Justicia), LVII-3, julio 2004, págs. 1105 y ss., en concreto, pág. 1105. LÁZARO GUILLOMÁN, CARMEN, "El "acuerdo de mediación" de la Ley 5/2012, de 6 de julio, de Mediación en asuntos civiles y mercantiles. Algunas notas sobre su eficacia y efectos desde una perspectiva histórica-critica", *op. cit.*, pág. 3, explica: "En este punto, la fuerza del Derecho romano estriba en que la transactio no escapa al officium del Pretor, magistrado jurisdiccional, dado que entre las tres palabras solemnes do, dico y addico —tria verba solemnia— correspondientes a la actividad pretoria se encuentra la posibilidad de "mediar" —nos permitimos la expresión actual—, de guiar la construcción del consenso para que las partes en conflicto lleguen a una transactio antes de la efectiva litis1. Se trata, en resumen, de dar efectividad a la posibilidad de solucionar un conflicto fuera del ámbito judicial (aunque, desde el punto de vista del Derecho romano, no estrictamente extra jurisdiccional, dado que la intervención del Pretor es esencial y éste es el magistrado jurisdiccional) merced a la autocomposición y desde la dirección de la gestión del conflicto por parte de un guía, el Pretor, que tiene la facultad y, quizá la obligación, de ayudar a dirimir ese conflicto sin proponer la solución (si no fuera porque se integra en el ámbito del Derecho romano, bien podríamos estar haciendo referencia a una mediación y a un mediador: el Pretor)".

En nuestro ámbito cabe destacar el Fuero de Avilés (en 1076) y las Partidas de Alfonso X *El Sabio* (1265). Con relación a este último cuerpo legal, señalar que la Partida 3, título 4, acoge fórmulas de resolución alternativa de los conflictos, contemplando la vía del arbitraje[21]. También a destacar

---

[21] La Justicia en la Edad Media presentaba un marcado carácter arbitral, pues una incipiente burguesía, dedicada al comercio, buscará opciones alternativas frente a la falta de seguridad y lentitud de la Justicia del Rey, potenciándose la búsqueda de la solución del conflicto en los propios gremios y corporaciones de la época por aportar éstos la seguridad y rapidez de la que carecía la Justicia regia. No es de extrañar, pues, que en este contexto histórico la Tercera de las Siete Partidas de Alfonso X *El Sabio* fuera el hábitat en el que el arbitraje empezara a tomar forma, entendido como modo de impartición de Justicia. Concretamente, la Ley 23 del Título IV de la III Partida se refiere: "Quantas maneras son de judgadores de avenencia et como deben seer puestos"; si bien los avenidores se diferenciaban de los árbitros en que los primeros resolvían conforme a Derecho y los segundos de acuerdo con su saber y entender. Arbitros en latin tanto quiere decir en romance como jueces avenidores que son escogidos et puestos de las partes para librar la contienda que es entrellos. Et estos son en dos maneras. La una es quando los onbres ponen sus pleitos et sus contiendas en mano dellos que los oyan et los libren segund derecho et entonçe decimos que tales avenidores como estos desque reçibieren et otorgaren de librarlos asi que deven andar adelante por el pleito tambien como si fuesen jueces ordinarios faciéndolos començar ante sí por demanda et por respuesta. Et oyendo et reçibiendo las pruevas et las razones et las defensiones que ponen cada una de las partes. Et sobre todo deben dar su iuyzio afinado segund entendieren que lo deben facer de derecho. La otra manera de jueces de avenencia es á que llaman en latin arbitros que quiere tanto decir como alvedriadores et comunales amigos que son escogidos por placer de amas las partes para avenir et librar las contiendas que hobieren entre sí en qualquier manera que ellos tovieren por bien. Et estos a tales despues que fueren escogidos et ovieren rescebidos los pleitos et las contiendas desta guisa en su mano han poder de oyr las razones de amas las partes et de avenirlas en qual manera quisieren". Al respecto, vid, VAQUERO PÉREZ, CARLOS http://archivodeinalbis.blogspot.com/2014/01/los-avenidores-medievales.html.(última consulta 1 de febrero de 2023). Vid. también FERNÁNDEZ RIQUELME, SERGIO: "La mediación social: itinerario histórico de la resolución de conflictos sociales", en Contribuciones a las Ciencias Sociales (Grupo EUMEDNET, Universidad de Málaga) enero 2010, accesible enwww.eumed.net/rev/cccss/07/sfr.htm., última consulta 1 de febrero de 2023. Destaca el autor que en España encontramos testimonios de una primera reglamentación de la tradición mediadora en las Juntas vecinales, los Gremios medievales y a las Hermandades agrarias y rurales. Expresión de lo anterior es el citado Fuero de Avilés (1076), en el que se documenta el origen etimológico de la Mediación o "medianedo" o, también, como se ha señalado, en las Partidas de Alfonso X, añadiendo que, a nivel Institucional: "[...] junto a la labor de los Jueces de Paz, destacaron organismos donde se resolvían las disputas comerciales

otro texto legal de la época que acoge esta fórmula desjudicializadora del conflicto en la que se resume el arbitraje son "Las Ordenanzas de Lonja y Oreja" (1271) en las que se hallaban previstas las actuaciones de los *corredores de oreja*, curiosa denominación que se explica por la obligación de confidencialidad con la que estos terceros desempeñaban sus funciones.

En cualquier caso, como indicaba al principio de este trabajo, en términos generales, la voluntariedad es hilo conductor de las diversas fórmulas de resolución de conflictos (arbitraje, conciliación, mediación...) que han sido utilizadas a lo largo de los siglos[22].

Así, sin duda, la voluntad, más concretamente, el reconocimiento de la autonomía de la voluntad, ha sido y es el propulsor de mecanismos de resolución de las controversias que buscan el acuerdo y la resolución pacífica de las controversias. Y ya se ha indicado que, en los últimos tiempos, asistimos a un impulso decidido, lo decía en las primeras líneas de este trabajo, de los valores de la cultura de paz y del acuerdo con el fin de desescalar los conflictos y alcanzar, soslayando la vía contenciosa, un acuerdo satisfactorio para ambas partes.

Destinaremos el siguiente apartado a aproximarnos al fundamento de los mecanismos alternativos de resolución de los conflictos y su reconocimiento legal, siendo que éste, ciertamente, ha actuado, también, como necesario propulsor para el asentamiento de los valores de la cultura del acuerdo.

---

y territoriales de los miembros de estas comunidades, como el "Consejo de Hombres Buenos" de la Huerta de Murcia o el "Tribunal de las Aguas" de Valencia. En 1734, el Diccionario de Autoridades de la Lengua Española, definía la Mediación como "la interposición de alguno que pretende componer o reconciliar a otros que están entre sí discordes, o conseguir alguna cosa para otro".

22 MERCHÁN ÁLVAREZ, ANTONIO, *Un arbitraje sobre términos de Villas señoriales,* accesible en https://idus.us.es/bitstream/handle/11441/11668/file_1.pdf?sequence=1&isAllowed=y, última consulta 10 de marzo de 2023, págs. 123 y 124, explica en el trabajo reseñado que en la Colección Dilomática de Sepúlveda halló unos documentos por los que un conflicto entre las ciudades de Sepúlveda y Fuentedueña se sometió a arbitraje. Del pacto de compromiso entre las partes se deducen la voluntariedad con la que éstas se someten a dicha fórmula de resolución de conflictos. Así, los días 21 y 22 de mayo de 1449 los señores de las villas de Sepúlveda, Don Álvaro de luna y de Fuentedueña, Don Pedro de Luna, dieron poderes al bachiller Don Alfonso García de Cuéllar para que resolviera el conflicto existente.

3. LA AUTONOMÍA DE LA VOLUNTAD O AUTONOMÍA PRIVADA; EL PRINCIPIO DE AUTONOMÍA PRIVADA, SUS LÍMITES

Analizando el origen etimológico del sintagma "autonomía de la voluntad", cabe indicar que el término "auto", de origen griego, significa: *por sí mismo, propio de sí mismo, uno mismo,* actualmente en castellano es un prefijo que otorga dicho significado a la palabra a la precede. Por otro lado, "nomos", también de origen griego, indica o va referido a Ley o Leyes, dando origen al sufijo *nomia* que refiere el estudio de algo.

Derivado de lo anterior, cabría entender por autonomía la Ley que uno se da a sí mismo por poseer el ser humano dicha facultad, al emanar del propio individuo.

En cuanto al término voluntad, originario del latín *voluntas-atis,* significa querer. La voluntad es una facultad superior del ser humano que se traduce en desear algo, siendo que la misma determina, en última instancia, nuestras acciones y decisiones. La inteligencia nos informa de las opciones y las consecuencias de nuestros actos, pero es la voluntad la que finalmente se inclina, o no, por adoptar alguna de las señaladas decisiones.

Para que un acto tenga la consideración de voluntario se precisa que se lleve a cabo con conocimiento y con libertad: sé lo que estoy haciendo y libremente lo llevo a cabo.

Por tanto, por "autonomía de la voluntad" cabe entender la facultad del ser humano de, con conocimiento y libertad, otorgarse a si mismos las normas que van a regir su conducta sea hacía el mismo o con respecto a otras personas[23].

---

23 El fundamento filosófico de la autonomía de la voluntad se encuentra en KANT, IMMANUEL, "Fundamentación de la metafísica de las costumbres", traducción GARCÍA MORENTE, MANUEL, Madrid 1921, págs. 53 y 61, disponible https://pmrb.net/books/kantfund/fund_metaf_costumbres_vD.pdf (última consulta 3 de febrero de 2022). Explica el gran filósofo: "La autonomía de la voluntad es la constitución de la voluntad, por la cual es ella para sí misma una ley —independientemente de cómo estén constituidos los objetos del querer—. El principio de la autonomía es, pues, no elegir de otro modo sino de éste: que las máximas de la elección, en el querer mismo, sean al mismo tiempo incluidas como ley universal. Que esta regla práctica es un imperativo, es decir, que la voluntad de todo ser racional está atada a ella necesariamente como condición, es cosa que por mero análisis de los conceptos presentes en esta afirmación no puede demostrarse, porque es una proposición sintética; habría que salir del conocimiento de los objetos y pasar a una crítica del sujeto, es decir, de la razón pura práctica, pues esa propo-

Qué duda cabe que, en el ámbito del Derecho, el fortalecimiento de la autonomía de la voluntad— principio esencial del Derecho Privado— se encuentra vinculado a la creación y distinción, propiciada por Roma entre individuo y Estado[24].

Y si bien en una primera etapa (Derecho arcaico) lo religioso estaba mezclado con lo jurídico y regía, alejado de la voluntad, lo sacramental como exigencia ineludible para que las actuaciones tuvieran relevancia jurídica a los efectos de ser fuente de obligaciones, será con el crédito cuándo la autonomía de la voluntad ganará peso, gracias al papel del Prétor encargado de descubrir el espíritu de la norma a través de la voluntad de las partes, adquiriendo ésta un papel esencial, más allá de la pura y encorsetadora solemnidad.

Admitido que la voluntad de las partes, más allá de las formas, tenía por si misma la capacidad de ser fuente de obligaciones, era suficiente, por lo anterior, la voluntad de aquéllas para que naciera el negocio jurídico. El peso de dicha voluntad se multiplica, pues el consentimiento de los intervinientes se erige como elemento constitutivo del acto sin necesidad de formalismos.

---

sición sintética, que manda apodícticamente, debe poderse conocer enteramente a priori. Mas este asunto no pertenece al capítulo presente. Pero por medio de un simple análisis de los conceptos de la moralidad, si puede muy bien mostrarse que el citado principio de, la autonomía es el único principio de la moral. Pues de esa manera se halla que su principio debe ser un imperativo categórico, el cual, empero, no manda ni más m menos que esa autonomía justamente. [...]Ahora bien; yo sostengo que a todo ser racional que tiene una voluntad debemos atribuirle necesariamente también la idea de la libertad, bajo la cual obra. Pues en tal ser pensamos una razón que es práctica, es decir, que tiene causalidad respecto de sus objetos. Mas es imposible pensar una razón que con su propia conciencia reciba respecto de sus juicios una dirección cuyo impulso proceda de alguna otra parte, pues entonces el sujeto atribuiría, no a su razón, sino a un impulso, la determinación del Juicio. Tiene que considerarse a sí misma como autora de sus principios, independientemente de ajenos influjos; por consiguiente, como razón práctica o como voluntad de un ser racional, debe considerarse a sí misma como libre; esto es, su voluntad no puede ser voluntad propia sino bajo la idea de la libertad y, por tanto, ha de atribuirse, en sentido práctico, a todos los seres racionales".

24 En la antigua Grecia el ciudadano era Estado. Tanto Platón como Aristóteles tienen planteamientos, en este sentido, transpersonalistas al entender que el hombre ha nacido para servir al Estado, hallándose vinculado a la comunidad. Al respecto, vid. SAAVEDRA MAYORGA, JUAN JAVIER, "Las ideas sobre el hombre en la Grecia antigua", *Revista Facultad de Ciencias Económicas: Investigación y Reflexión*, Vol. XV, nº 2, 2 de diciembre de 2007, págs. 213-234.

La autonomía de la voluntad se beneficia de un nuevo impulso gracias a la incorporación de los contratos innominados al Derecho Romano. En este tipo de contratos, como decimos, la autonomía de la voluntad operaba sin restricciones, de existir un objeto de derecho y una causa lícita.; siendo que el Prétor protegía las obligaciones dimanantes de los mismos (a pesar de no estar recogidos en el *ius civile* o en el *ius Gentium)* aplicando la equidad[25].

El reconocimiento por los ordenamientos jurídicos de la autonomía de la voluntad o autonomía privada se ha configurado, ciertamente, como principio básico del Derecho civil, en especial, del Derecho contractual, resultando ser una manifestación de la libertad del individuo del que, a la vez, es su instrumento[26].

---

25 PANERO GUTIÉRREZ, RICARDO, *Derecho Romano,* 6ª edicón, Tiranto Lo Blanc 2021; MIQUEL, JOAN, *Derecho Romano,* Marcial Pons,2016. Lo explica con claridad BONNECASSE, JULIÁN, *Elementos de Derecho Civil,* t. I, C, México, 1985, pág. 250:" La legislación romana era formalista; no separaba los hechos materiales de sus efectos legales. Cuando las partes se habían ligado según los ritos y las formas requeridas, no era necesario investigar por qué se habían ligado; una vez realizado el negotium iuris implicaba los elementos necesarios y era una causa suficiente de las obligaciones, que se derivaban de él. Advierte el autor que todo cambió cuando el derecho dejó de ser exclusivamente formalista, cuando se admitió que la voluntad de las partes, independientemente, de toda forma, tenía por sí sola, el efecto de engendrar obligaciones, reconociendo que la convención era obligatoria.

26 MARTÍNEZ DE AGUIRRE ALDAZ, CARLOS, AAVV DE PABLO CONTRERAS, PEDRO; PÉREZ ÁLVAAREZ, MIGUEL ÁNGEL; PARRA LUCÁN MARÍA ÁNGELES, *Derecho de obligaciones,* Ed COLEX, 2000, págs. 385 ss entiende la autonomía privada como el reconocimiento de un espacio jurídico de libertad y responsabilidad personal, siendo su fundamento, además del art. 1255 del CC, el art. 1 de la CE de 1978 que reconoce como valor superior de nuestro ordenamiento la libertad (junto con la justicia, la igualdad y el pluralismo político) y el art. 10 por el que se reconoce el derecho al libre desarrollo de la personalidad (p 385). DÍEZ PICAZO, LUIS, *Autonomía privada, Sistema de Derecho Civil T. I,* Tecnos, 2016, págs. 367-374, añade que la autonomía privada debe ser entendida como: "[...] el poder dictarse a uno mismo la ley o el precepto, el poder de gobernarse a si mismo. Podría definirse también como un poder de gobierno de la propia esfera jurídica, y como está formada por relaciones jurídicas, que son el cauce de realización de intereses, la autonomía privada puede igualmente conceptuarse como el poder de la persona de reglamentar y ordenar las relaciones jurídicas en las que es o ha sido parte", pág. 367. A mayor abundamiento, indica el autor que el principio de autonomía privada no se resume en un mero principio político de carácter liberal; se trata de un principio esencial del Derecho que refleja el respeto a la

Dicho principio revela, ya lo adelantábamos, la potencia creadora de los seres humanos para auto otorgarse *leyes* por las que van a regularse sus intereses, tanto respecto de ellos mismos (disfrute y disposición de derechos subjetivos) como, y especialmente, respecto de las relaciones que se establezcan con otros sujetos a través de su creación, modificación y eventual extinción[27]. Para los ordenamientos jurídicos la voluntad autónoma de los individuos resulta ser, por tanto, fuente creadora de efectos jurídicos a través del negocio jurídico, siendo que, como veremos, el acuerdo de mediación, alcanzado a través del procedimiento correspondiente, se engloba dentro de la categoría de los contratos[28].

---

persona y su reconocimiento como "ser de fines", reconociendo un ámbito en el que aquélla pueda realizarse en plenitud. Se trata, pues, de un principio tradicional del Derecho español destinado a poner en valor al individuo y la necesidad de articular la protección necesaria para que el mismo pueda desarrollar sus fines. (pág. 369). Con la Revolución Francesa, la autonomía privada es impulsada de forma significativa, siendo que el Código Civil francés establece, como límite a la libertad de contratación, las buenas costumbres y el orden público

27 BONNECASSE, JULIÁN, *Elementos de Derecho Civil*, t. I, *op. cit.*, pág. 387, señala como contenido de la autonomía privada:
a) La libertad de constituir relaciones jurídicas, modificarlas y extinguirlas, lo que presupone la libertad de decidir si se contrata o no, de elegir el tipo contractual y persona con la que se contrata;
b) la libertad y, por tanto, poder de regular el contenido de dichas relaciones;
c) y, como combinación de las dos anteriores, la libertad y consecuentemente poder de crear y regular relaciones jurídicas atípicas, por tanto, no previstas de forma expresa por el ordenamiento jurídico; pudiéndose crear tanto un contrato atípico como dotar de contenido atípico a un contrato sí contemplado por el ordenamiento, siempre que en ambos casos se respeten los límites que nuestro ordenamiento impone a la autonomía privada
Por otro lado, explica MARTÍNEZ DE AGUIRRE ALDAZ, CARLOS, AAVV DE PABLO CONTRERAS, PEDRO; PÉREZ ÁLVAAREZ, MIGUEL ÁNGEL; PARRA LUCÁN MARÍA ÁNGELES, *Derecho de obligaciones,* cit. pág. 386 que este principio general del Derecho tiene una doble función, a saber, la de ser principio informador del ordenamiento jurídico y la de principio técnico, lo que implica:
a) que las normas deban ser interpretadas en el sentido más favorable a la señalada autonomía de la voluntad, por tanto, adoptando interpretación restrictiva de las normas que limiten el principio y extensiva de las que lo reconozcan;
b) que lo que determine la autonomía privada resulta aplicable en defecto de ley imperativa, prevaleciendo sobre las normas de carácter dispositivo.

28 El reflejo procesal del principio de autonomía de la voluntad, basado en el señorío de los particulares sobre la titularidad de sus derechos subjetivos privados, se concreta en el principio dispositivo, destacando que ambos no tienen un carácter ilimitado si entroncan con intereses más allá del propio interés privado

En línea con lo anterior, nadie puede ser obligado a acordar, convenir o contratar contra su voluntad, pues es ésta la fuente de la que dimanará el contenido del contrato, por lo que a aquélla habrá que atender a la hora de interpretar éste a la búsqueda de la intención de las partes, desde el necesario equilibrio entre ellas. Además, siendo, como he indicado, la base de cualquier contrato la autonomía privada ésta, a su vez, bebe tanto de la libertad para decidir contratar como de la libertad para dotar de contenido a las estipulaciones que procedan y que integrarán o conformarán el contrato o el acuerdo[29].

---

[29] DÍEZ PICAZO, LUIS, *Autonomía privada, Sistema de Derecho Civil T. I*, pág. 367 "La autonomía privada es libertad individual. Reconocer libertad significa permitir hacer, dar al individuo una esfera de actuación, pero reconocer autonomía es decir algo más: que el individuo no solo es libre, sino que además es soberano para dictar su ley en su esfera jurídica".
Igualmente, para el autor hablar de autonomía de la voluntad es incurrir, en cierta forma, en un equívoco, pues el sujeto de la autonomía no es la voluntad, sino el individuo como realidad unitaria: "La voluntad o el querer es un requisito indispensable de un acto de autonomía", pero hay que añadir que la autonomía se ejercita desplegando las otras potencias, a saber, disponiendo, gobernando, estableciendo, etc. Bien es cierto que esa libertad encuentra su contrapunto en el tiempo presente en los contratos en masa y las llamadas condiciones generales de la contratación, en los que la negociación y la libertad del consumidor o usuario se encuentra bajo mínimos, por ser imposible que éstos se sustraigan de la señalada contratación en masa (necesitamos contratar con la Compañía eléctrica, de gas, de agua, fibra, solicitar un préstamo, etc). Así, los consumidores y usuarios se ven obligados a adherirse a las estipulaciones tipo y predeterminadas que les son ofrecidas y respecto de las que no tienen margen de maniobra; "lo coges o lo dejas". A la vista de lo anterior, ante la clara situación de desequilibrio y el riesgo cierto de abuso en la contratación cuando el ciudadano se relaciona con grandes Corporaciones, se introdujo en nuestro ordenamiento jurídico la Ley de Protección de los Derechos de los Consumidores y Usuarios, Ley 26/1984, de 19 de julio y Ley 17/1988, de 13 de abril de Condiciones Generales de la Contratación. Y en aras a esa protección, de forma reiterada, la jurisprudencia ha manifestado que las cláusulas oscuras, imprecisas o contradictorias no pueden favorecer a la parte que hubiere generado la señalada situación, entre otras, STS 251/2013, de 24 de abril de 2013: "A la luz de los artículos del Código Civil, 1281 (intención de los contratantes), 1284 (efectividad de los contratos), 1285 (interpretación sistemática y contextual) 1286 (sentido propio de los términos, en función del contrato) debemos declarar que la redacción del contrato es altamente confusa, pues de los términos de la misma la compradora pudo entender razonablemente que se le iba a efectuar una oferta vinculante de préstamo, por acuerdo entre el Banco y la vendedora, lo que sin duda era un aliciente esencial para la compra. La recurrente entiende que solo se comprometió a facilitar información sobre el préstamo, pero

En nuestro ordenamiento jurídico el reconocimiento de la autonomía privada para reglamentar relaciones jurídicas entre particulares se halla recogido en los art. 1091 y, muy destacadamente, en el 1255 del CC[30].

Así, el primero de los preceptos señalados ubicado en el Libro IV, bajo la rúbrica "De las obligaciones y contratos", Título I, "De las obligaciones", Capítulo I, "Disposiciones generales", indica:

> "Las obligaciones que nacen de los contratos tienen fuerza de ley entre las partes contratantes, y deben cumplirse a tenor de los mismos"[31].

En este sentido la jurisprudencia, STS 637/2010, de 13 de octubre de 2010, es clara al señalar que:

> "El contrato no queda al arbitrio de las partes contratantes ya que es ley, lex contratus, para ellas (art. 1091 del Código Civil) y la necessitas es esencia de la obligación (artículo 1256 del mismo código). Un contrato bilateral (rectius, las obligaciones recíprocas derivadas del contrato) no puede ser resuelto sino por incumplimiento de una de las partes (artículo 1124 del Código Civil), salvo el mutuo disenso, claro está. La resolución unilateral, como tal, da lugar a indemnización, que es el caso presente"[32].

---

dicha interpretación sin ser ilógica, es también compatible con la antes efectuada, por lo que en aplicación del art. 1288 del C. Civil, debemos concluir que las cláusulas oscuras no pueden beneficiar a quien ocasionó la oscuridad, a saber la vendedora y promotora".

Vid., también, STS 2870/2016, de 15 de junio.

30 Sobre el concepto de contrato como acuerdo de voluntades entre dos o más personas con el fin de crear obligaciones, vid. DÍEZ-PICAZO PONCE DE LEÓN, L., *Fundamentos de Derecho Civil Patrimonial,* VOLUMEN I, Introducción Teoría del Contrato, Civitas, 2007, pág. 133.

31 En Roma los *pacta* se equiparaba a la Ley y la costumbre, calificándolos como *lex privata.*

En realidad, lo que nuestro ordenamiento jurídico hace es atribuir fuerza de Ley a las obligaciones que nacen de los contratos, esto es, dotar a la autonomía privada de un poder regulador, pero no lo equipara el a la Ley, pues falta la dimensión social, propia de cualquier norma en tanto que su operatividad lo es, tan solo, respecto de los particulares vinculados por las relaciones jurídicas creadas por ellos.

32 Añade la sentencia que no cabe que la recurrente esté descontenta con los programas producidos por la parte recurrida y pretenda resolver; pues: "[...] no se ha probado una conducta que pueda calificarse de incumplimiento, a la vista del contrato y de lo acaecido. No pretenda la parte que en vía casacional, se interprete el contrato cuya interpretación nunca se ha planteado. Ni tampoco que se acepte que un determinado programa que no gustó permita una resolución contractual, lo que no figuraba en el contrato y de constar tal cláusula, difícilmente una empresa hubiera aceptado quedar al albur de las opiniones de la parte contraria".

Por su parte el art. 1255 del CC, inserto también en el Libro IV, Título II "De los contratos", Capítulo I, "Disposiciones generales", señala:

> "Los contratantes pueden establecer los pactos, cláusulas y condiciones que tengan por conveniente, siempre que no sean contrarios a las leyes, a la moral, ni al orden público".

Así pues, el art. 1255 del CC completa al art. 1091 del mismo cuerpo legal al señalar que esas obligaciones contraídas por las partes, y que tienen fuerza de Ley entre las mismas, tal como se desprende del señalado art. 1091 del CC, serán las que las partes tengan por conveniente alumbrar al albur de su voluntad, con los únicos límites de la Ley, la moral y el orden público.

De este modo, ese poder autónomo de la voluntad se encuentra acotado, no pudiendo discurrir más allá de las fronteras que marca el Derecho para que su ejercicio sea considerado legítimo. La autonomía privada no puede situarse fuera del ordenamiento jurídico, pues en él encuentra el necesario reconocimiento para su ejercicio, siendo que ese poder que el ordenamiento jurídico reconoce a los ciudadanos no ampara el que el mismo se desarrolle en perjuicio del interés general o rebase los límites que aquél impone[33].

En consecuencia, el señalado art. 1255 del CC otorga a las partes contratantes, en ese marco de autonomía privada y de libertad al que hemos aludido con anterioridad, el poder de establecer cuantos pactos, cláusulas y condiciones tengan por conveniente siempre que los mismos resulten ser respetuosos con los límites establecidos por el ordenamiento jurídico, límites a los que alude con claridad el citado precepto y en los que nos vamos a detener someramente en este apartado.

Y, a más a más, el ordenamiento jurídico, con carácter general y en aplicación de señalado principio, reconoce no sólo el derecho de las partes a construir y gestionar sus relaciones jurídicas como estimen oportuno en el sentido apuntado, atendiendo, pues, a su voluntad, también reconoce el derecho de aquéllas, cuando el conflicto no rebase la esfera de los intereses privados, a que pueda ser la voluntad de las partes la que ponga, a través del acuerdo, fin a la controversia, con respeto, huelga señalarlo, al citado art. 1255 del CC.

Pero ese espacio de autonomía y libertad que se desprende del art. 1255 del CC, y que se proyecta sobre las materias civiles y mercantiles, no es un espacio, como he adelantado, ilimitado. En efecto, a las limitaciones

33 Interesa destacar que el término límites proviene del latín, limes, *limitatis*, que significa borde o confín.

genéricas del art. 1255 del CC hay que añadir las que se operan a través de la Ley y el ordenamiento jurídico, de forma concreta, a lo largo de sus distintas disposiciones, estableciendo dos formas diferentes de acotación: por un lado, dentro del propio ámbito civil y mercantil, limitándolo respecto de las materias denominadas indisponibles o respecto de las directamente prohibidas; de otro, señalando los parcelas del Derecho en las que no operan la mediación civil y mercantil.

En este sentido, y por lo que respecta a los confines que se establecen por "mor" de la Ley, señalar que el ámbito en el que dicho principio de autonomía privada ejerce su influencia se circunscribe al de las materias que resultan ser dispositivas, es decir, materias sobre las que no existe, como decimos, una previsión legal de carácter imperativo que conduzca a la indisponibilidad. Las materias que no están a disposición de los particulares y que, por tanto, no pueden ser reguladas por ellos van referidas a: Derecho Laboral (despidos, convenios colectivos, conflictos laborales, etc.); Derecho Penal.; Derecho Administrativo (procedimientos en que sea parte cualquier organismo público, sea local, autonómico o Estatal); materias en la que intervengan o afecten a menores o incapacitados (por lo que resulta preceptiva la participación del Ministerio Fiscal); cualquiera otra materia calificada como indisponible por la Ley imperativa.

Consecuentemente con lo anterior y por lo que a nuestro estudio respecta, la Ley 5/2012, tanto en su regulación actual, como en la que resultara de la entrada en vigor de una futura LMEPSPJ, se refiere a esos límites a los que he aludido, derivados de la existencia de materias directamente excluidas o de concretas limitaciones dentro de materias, en principio, incluidas[34].

En este sentido, art. 2.1 de la Ley 5/2012, LMACM, por el que se regula el ámbito de la mediación en conflictos civiles y mercantiles (ámbito autorizado), incluidos los de carácter transfronterizo, la permite siempre que lo

---

34 El PLMEPSPJ se refiere a los ámbitos civil y el mercantil en los que la posibilidad de resolución alternativa de los conflictos es impulsada a través de los MASC, por lo que a nosotros interesa a través de la mediación y su acuerdo, precisamente, por presentar la común característica, salvo contadas excepciones, de ser dominio reservado a la indicada autonomía de la voluntad. En efecto, los señalados ámbitos se proyectan sobre materias disponibles por no existir contravención legal y no atentar al resto de límites a los que se refiere el art. 1255 del CC, pues lo contrario generaría una verdadera línea roja que excluiría la posibilidad de configurar un mecanismo de resolución del conflicto de forma alternativa al proceso que correspondiera.

se afecte sean derechos y obligaciones que sean de carácter disponible para las partes. Así pues, el señalado ámbito autorizado de aplicación de la mediación va a venir determinado por el grado de incidencia que el principio de autonomía de la voluntad y sus límites proyecten sobre aquél.

Por su parte, el Proyecto se refiere a esta cuestión en el art. 2 del Título I, reproduciendo en esencia la previsión del art. 2 de la Ley 5/2012; destacando la absoluta prohibición recogida en el art. 3.2 del PLMEPSPJ, último párrafo, en relación a que, en ningún caso, podrán aplicarse los medios de solución de controversias contemplados, a los conflictos de carácter civil que versen sobre alguna de las materias excluidas de la mediación, en aplicación del artículo 87. 2 y 3 ter de la Ley Orgánica 6/1985, de 1 de julio, del Poder Judicial[35].

Respecto de los ámbitos excluidos en la Ley por distintos motivos y que determinan modalidades de mediación fuera del ámbito de aplicación de la Ley 5/2012, el art. 2.2 de la Ley enumera, en línea con lo que se ha adelantado con carácter general *supra*: el penal, el laboral y los conflictos con las

---

[35] Como es bien sabido los apartados 2 y 3 del citado art. 87.ter de la LOPJ atribuyen a los JVM competencias en materia civil. Así, el señalado apartado 2 del mencionado art. 87 ter indica que los Juzgados de Violencia sobre la Mujer podrán conocer en el orden civil de los asuntos sobre: filiación, maternidad y paternidad; nulidad del matrimonio, separación y divorcio; relaciones paterno filiales; adopción o modificación de medidas de trascendencia familiar; guarda y custodia de hijos e hijas menores o sobre alimentos reclamados por un progenitor contra el otro en nombre de los hijos e hijas menores; necesidad de asentimiento en la adopción; oposición a las resoluciones administrativas en materia de protección de menores; procedimientos de liquidación del régimen económico matrimonial instados por los herederos de la mujer víctima de violencia de género, igualmente los procedimientos frente a estos herederos. Este carácter potestativo en el conocimiento de las materias a favor de los JVM, anteriormente señaladas, se torna en preceptivo de concurrir simultáneamente las circunstancias siguientes: que se trate de un proceso civil que tenga por objeto alguna de las materias anteriormente señaladas; que alguna de las partes del proceso civil sea víctima de los actos de violencia de género; que alguna de las partes del proceso civil sea imputado como autor, inductor o cooperador necesario en la realización de actos de violencia de género; que se hayan iniciado ante el Juez de Violencia sobre la Mujer actuaciones penales por delito o falta a consecuencia de un acto de violencia sobre la mujer, o se haya adoptado una orden de protección a una víctima de violencia de género.

Pues bien, como indica el apartado 5 del art. 87 ter de la LOPJ, en todos estos casos está vedada la mediación. La razón de la prohibición se justifica por no poder asegurar el equilibrio entre las partes, derivado de la situación de dominio, del hombre sobre la mujer, que subyace en cualquier situación de violencia de género.

Administraciones Públicas. El art. 2.2 del Proyecto se refiere, también, como excluido del ámbito de la LMACM, el ámbito penal, laboral y las cuestiones ventiladas con el Sector público, añadiendo la materia concursal.

Pero centrándonos en lo que sí es mediable, qué duda cabe, ya lo indicamos, que su fundamento, el principio de autonomía de la voluntad, encuentra su asiento procesal en el principio dispositivo. Consecuencia de dicho principio, las partes, dueñas de sus derechos subjetivos privados, al amparo de la autonomía de su voluntad (art. 1255 del CC), son dueñas también de sus correspondientes derechos subjetivos públicos. Lo anterior nos lleva a que, pendiente un proceso civil, sea posible que el mismo finalice de una forma distinta a la sentencia por acogerse las partes, en tanto que expresión de su voluntad, a otra forma de finalización de dicho proceso distinta a la sentencia, tal y como se establece en el art. 19 de la LEC.

Este precepto, en el caso de ver la luz una futura LMEPSPJ, será modificado, en el modo que prevé el art. 20. Uno, inserto en el Título II del PMLEFSPJ. Así, se modificarían, en relación al principio dispositivo, los apartados 1 y 3 del artículo 19 de la señalada Ley 1/2000, de 7 de enero, de Enjuiciamiento Civil, añadiéndose al mismo un apartado 5.

De este modo, el apartado 1° del art. 19 de la LEC otorgaría a los litigantes, como recoge la previsión actual del precepto, la facultad de disposición, tanto sobre el objeto del proceso como sobre el proceso mismo, a través de las otras formas ya previstas en nuestro ordenamiento de finalización del proceso, distintas a la sentencia (renuncia, desistimiento, allanamiento, transacción, etc.), incluida la mediación, incorporando, como novedad, la posibilidad de someterse a cualquier otro medio adecuado de solución de controversias[36].

Además de las limitaciones la autonomía privada establecidas por Ley, hay que aludir a las relativas a las buenas costumbres y al orden público.

Respecto del último indicar que la noción de orden público es, sin duda, una noción cambiante en función de las concretas coordenadas espacio temporales respecto de las que lo referenciemos[37]. De especial relevancia

---

36 Como no puede ser de otro modo, el precepto alude, también, a los límites en cuanto a ese poder de disposición de las partes y que se concretan en la existencia de prohibición legal, de limitaciones por razones de interés general o en beneficio de tercero.

37 El concepto de orden público, concepto liberal, es recogido en el artículo 10 de la Declaración de los Derechos del Hombre y del Ciudadano de 1789, en el con-

en este sentido lo fue la STS de 5 de abril de 1966, pionera con relación a la noción de orden público.

Como decimos, la complejidad del concepto orden público radica en la propia imprecisión del término. En efecto, el orden público es un concepto «per se» de difícil concreción. Así, de una parte, no existe identidad entre lo que desde un plano vulgar se entiende por orden público y lo que pueda concluir el estudioso del derecho en relación a tal concepto. Una aproximación al mismo se puede realizar desde el análisis de algunos de los preceptos del CC que, de forma expresa, hacen referencia al señalado concepto, Así, el art. 594 de citado cuerpo legal señala: «Todo propietario de una finca puede establecer en ella las servidumbres que tenga por conveniente, y en el modo y forma que bien le pareciere, siempre que no contravenga a las leyes ni al orden público»; o el y citado art. 1255 C.C.: «Los contratantes pueden establecer los pactos, cláusulas y condiciones que tengan por conveniente, siempre que no sean contrarios a las leyes, a la moral ni al orden público».

Se puede apreciar que el orden público se manifiesta junto con la Ley, como uno de los límites de la autonomía privada sin confundirse con ella; en el bien entendido que entre imperatividad gramatical y orden público no se produce una sinonimia[38].

La jurisprudencia del TS, a través de un cuerpo de doctrina bastante consolidado ha ido fijando la cuestión. Las sentencias de 5 de abril de 1966 y 31 de diciembre de 1979, aunque imprecisas, arrojan algo de luz en orden a la comprensión y delimitación del concepto. Recogiendo parte del contenido del tercer considerando de la segunda sentencia reseñada, el T.S. entiende que: «.... sabido es que la aplicación de este principio ha-

---

texto la Revolución Francesa, indicándose que: "Nadie puede ser inquietado por sus opiniones, incluso las religiosas, siempre y cuando su manifestación no altere el orden público establecido por la ley". Por otro lado, el art. 4 de la señalada Declaración Universal vincula la noción de orden público con la de la libertad individual: "La libertad consiste en poder hacer todo lo que no sea perjudicial al otro. Así, el ejercicio de los derechos naturales de cada hombre no tiene otro límite que aquellos que aseguren a los otros miembros de la sociedad el disfrute de estos mismos derechos; estos límites sólo pueden estar determinados por la ley".

38 En efecto, existen sectores del ordenamiento jurídico que, si bien no se hallan configurados en términos imperativos, constituyen una clara limitación a la autonomía privada al incidir de lleno sobre el orden público, y viceversa: existen preceptos formulados imperativamente y que, a pesar de ello, no pueden ser considerados de orden público.

brá de hacerse con referencia a contenidos determinados o situaciones concretas, lo que ha llevado a la sentencia de esta Sala de 5 de abril de 1966 a declarar que el concepto de orden público nacional viene integrado por aquellos principios jurídicos, públicos y privados, políticos, morales y económicos que son absolutamente obligatorios para la conservación del orden social de un pueblo y en una época determinada, relatividad de la noción como su característica externa corroborada por el Auto de este mismo Tribunal de 24 de octubre de 1979, que hace cita del art. 3 párr. 1 C.Civ. sobre la necesidad de ajustar la tarea interpretativa de las normas legales a la realidad social del tiempo en que han de ser aplicadas, atendiendo fundamentalmente al espíritu y finalidad ...».

Queda claro que se trata de un concepto impreciso y variable, afectados de una relatividad espacio-temporal. En efecto, como expresamente se contiene en esta sentencia, es nota característica del orden público el variar y adaptar su contenido a la concreta situación socio-cultural y económica del momento.

Y por lo que a nuestro sistema jurídico respecta, la noción de orden público, su vulneración deberá ponerse en relación con cualquier transgresión o conculcación de los derechos fundamentales y libertades públicas, tal como los entiende el TC a través de la jurisprudencia por él creada (Preámbulo de la CE).

En este sentido, la sentencia de 15 de abril de 1986 (rec. de amparo núm. 325/1985), en el fundamento jurídico nº 4 señala:

> «Antes de la entrada en vigor dela Constitución, la Ley de Enjuiciamiento Civil (art. 954) y la doctrina jurisprudencial han venido denegando el reconocimiento y ejecución de Sentencias extranjeras contrarias al orden público del foro. Este concepto de orden público ha adquirido una nueva dimensión a partir de la vigencia de la Constitución de 1978. Aunque los derechos fundamentales y libertades públicas que la Constitución garantiza sólo alcanzan plena eficacia allí donde rige el ejercicio de la soberanía española, nuestras autoridades públicas, incluidos los Jueces y Tribunales, no pueden reconocer ni recibir las resoluciones dictadas por autoridades extranjeras que supongan vulneración de los derechos fundamentales y libertades públicas garantizados constitucionalmente a los españoles o, en su caso, a los españoles y extranjeros. El orden público del foro ha adquirido así en España un contenido distinto, impregnado en particular por las exigencias del art. 24 de la Constitución»[39].

---

39 Igualmente, la sentencia de 29 de marzo de 1990 (rec de amparo núm. 1639/1978), indica en el párrafo segundo de su fundamento cuarto: "En este sentido, hemos tenido ocasión de declarar que dicho concepto de orden público ha adquirido

Y más recientemente, en la misma línea, entre otras, STC 46/2020, de 15 de junio de 2020 al indicar:

> "Es jurisprudencia reiterada de este Tribunal la de que por orden público material se entiende el conjunto de principios jurídicos públicos, privados, políticos, morales y económicos, que son absolutamente obligatorios para la conservación de la sociedad en un pueblo y en una época determinada (SSTC 15/1987, de 11 febrero; 116/1988, de 20 junio, y 54/1989, de 23 febrero)".

Por lo que respecta al tercer límite, esto es, la moral cabe señalar que obviamente no puede, en nuestro contexto constitucional, identificarse con ningún tipo de credo religioso, ni con la ética personal.

En consecuencia, la distinción entre moral individual y moral social es crucial a la hora de identificar este límite de la autonomía privada, dado que el mismo va referido a la moral imperante en una determinada sociedad. Siendo cierto lo anterior, no lo es menos que identificar la moral no es tarea fácil, habida cuenta de la existencia de diversos pareceres y sentires en las sociedades plurales, en constante evolución, por lo que habrá que inclinarse por la mayormente aceptada, la dominante, misión identificativa que corresponde al juzgador. Lo anterior no significa, en modo alguno, que el juzgador lo aprecie desde su subjetividad por cuanto las buenas costumbres son estándares jurídicos de carácter variable igual que lo es el orden público.

Ciertamente, la tarea de determinar la moral se enfrenta a una doble encrucijada: la de las sociedades pluralistas y la de hallarse en constante evolución.

La referencia a la moral se realiza también a través de la expresión «buenas costumbres», presente en todos los Códigos modernos occidentales.

Nuestro Código Civil la refiere en sede de obligaciones y contratos, en el Derecho de familia y en el de sucesiones.

---

una nueva dimensión a partir de la vigencia de la Constitución de 1978 (STC 43/1986) (R. T. Const. 43) y que "el ejercicio del derecho de reunión y de manifestación forma parte de aquellos derechos que, según el art. 10 de la norma fundamental, son el fundamento del orden político y de la paz social, por lo que "el principio de libertad del que es una manifestación exige que las limitaciones que a él se establezcan respondan a supuestos derivados de la Constitución y que en cada caso resulte indubitadamente probado que se ha traspasado efectivamente el ámbito de libertad constitucional fijado". No cabe duda de que los derechos fundamentales y las libertades públicas reconocidos por la Constitución de 1978 forman parte irrenunciable del contenido del orden público.

En este sentido, el art. 1116 del C.C. establece que:

> «Las condiciones imposibles, las contrarias a las buenas costumbres y las prohibidas por la ley, anularán la obligación que de ella dependa», reiterándolo, de forma literal, en el art. 792 (institución condicional de heredero): «Las condiciones imposibles y las contrarias a las leyes o a las buenas costumbres se tendrán por no puestas y en nada perjudicarán al heredero o legatario, aun cuando el testado disponga otra cosa».

Así mismo, en sede de contratos, art. 1271.3 del C.C. y capitulaciones matrimoniales art. 1316, CC, respectivamente:

«Pueden ser igualmente objeto de contrato todos los servicios que no sean contrarios a las leyes o a las buenas costumbres»;

> «En los contratos a que se refiere el artículo anterior no podrán los otorgantes estipular nada que fuere contrario a las leyes o a las buenas costumbres ni a los fines del matrimonio».

La doctrina civilista ha colegido que por moral se ha de entender lo que ordinariamente se practica por personas honestas en un determinada comunidad y en un determinado momento, es decir, la conducta que es entendida como moral y exigible según el entender de las personas rectas y honestas de una comunidad[40].

Por ejemplo, iría contra las buenas costumbres negocios en que determinada conducta se vincula a lo patrimonial a pesar de que las buenas costumbres rechazan esa vinculación o negocios suscritos aprovechando la situación de vulnerabilidad de unas de las partes.

En suma, Ley, moral y orden público se manifiestan como límites a la libertad individual de los ciudadanos en tanto interfieran, por alguna de esas tres vías, con el orden social y legal establecido

4. EL ACUERDO DE MEDIACIÓN, NATURALEZA

Sentado lo anterior, cabe concluir que, por aplicación del principio de la autonomía privada en el que nos hemos detenido, el ordenamiento jurídico permite, en ámbitos no prohibidos y dentro de los autorizados en las materias que sean disponibles, no solo, de un lado, que los sujetos auto regulen su ámbito de libertad `personal respecto de ellos mismos y, de

---

[40] DÍEZ PICAZO, LUIS, *Autonomía privada, Sistema de Derecho Civil T. I*, cit., pág. 371

otro, que establezcan con otros sujetos relaciones jurídicas, las modifiquen o extingan. En efecto, en ese ámbito de autonomía y libertad el ordenamiento jurídico autoriza, además, a que los conflictos que se susciten en el seno de dichas relaciones jurídicas se solucionen a través de fórmulas, por lo que a nosotros interesa, auto compositivas, tal es el caso de la mediación, siendo que, recordemos, en perspectiva histórica, la voluntad y la libertad, dentro de los límites marcados por el ordenamiento jurídico, han sido las propulsoras de las diversas formas alumbradas por el ser humano a lo largo de la Historia, de resolución alternativa de los conflictos.

Por tanto, la mediación bebe de la esencia del principio de autonomía privada, pues la voluntad de los sujetos es el motor impulsor para que éstos acepten involucrarse, manifiesto un conflicto, en un procedimiento de mediación que, de fluir con éxito, se concretará en un acuerdo, fruto, también, de la voluntad de los señalados sujetos participantes[41].

---

[41] El apartado III de la Exposición de Motivos de la Ley 5/2012, recalca ese papel esencial de la voluntariedad en la mediación, poniendo en valor el papel del mediador como pieza esencial del mecanismo y seña de identidad: "El modelo de mediación se basa en la voluntariedad y libre decisión de las partes y en la intervención de un mediador, del que se pretende una intervención activa orientada a la solución de la controversia por las propias partes. El régimen que contiene la Ley se basa en la flexibilidad y en el respeto a la autonomía de la voluntad de las partes, cuya voluntad, expresada en el acuerdo que la pone fin, podrá tener la consideración de título ejecutivo, si las partes lo desean, mediante su elevación a escritura pública. En ningún caso pretende esta norma encerrar toda la variedad y riqueza de la mediación, sino tan sólo sentar sus bases y favorecer esta alternativa frente a la solución judicial del conflicto. Es aquí donde se encuentra, precisamente, el segundo eje de la mediación, que es la deslegalización o pérdida del papel central de la ley en beneficio de un principio dispositivo que rige también en las relaciones que son objeto del conflicto. La figura del mediador es, de acuerdo con su conformación natural, la pieza esencial del modelo, puesto que es quien ayuda a encontrar una solución dialogada y voluntariamente querida por las partes. La actividad de mediación se despliega en múltiples ámbitos profesionales y sociales, requiriendo habilidades que en muchos casos dependen de la propia naturaleza del conflicto. El mediador ha de tener, pues, una formación general que le permita desempeñar esa tarea y sobre todo ofrecer garantía inequívoca a las partes por la responsabilidad civil en que pudiese incurrir". Así, pues, el mediador no impone solución alguna, sino que su papel es de facilitador. Al respecto vid., VIRGÓS SORIANO, M., GUAL GRAU, C., «La mediación como alternativa», en *Actualidad Jurídica Uría Menéndez*, núm. 20, 2008, pág. 25.

Dicho acuerdo, por tanto, refleja un negocio jurídico que deberemos identificar a continuación, generando efectos tanto *ad intra* como *ad extra* proceso.

Como digo, lo iremos viendo, los efectos del acuerdo de mediación se proyectan tanto *intramuros*, en relación a las propias partes que lo suscribieron por cuanto quedaron vinculadas por el acuerdo y las obligaciones asumidas, como *extramuros* respecto de un posible proceso que quisiera ser sustanciado sobre aquello que ha sido mediado[42].

Pero con carácter previo al análisis de los efectos señalados, debemos detenernos en la naturaleza del acuerdo de mediación que apunta a un contenido esencialmente voluntario, siendo precepto clave en esta cuestión el art. 23 de la Ley de Mediación 5/2012.

En efecto, el señalado art. 23 de la Ley 5/2012[43] aporta luz a la cuestión apuntada al indicar, bajo la rúbrica *el acuerdo de mediación*, aspectos esenciales del mismo, así como también aborda algunos de los señalados efectos derivados de dicho acuerdo:

> "1. El acuerdo de mediación puede versar sobre una parte o sobre la totalidad de las materias sometidas a la mediación.
> En el acuerdo de mediación deberá constar la identidad y el domicilio de las partes, el lugar y fecha en que se suscribe, las obligaciones que cada parte

---

42 A la situación opuesta, es decir, que, a la mediación intentada y fracasada, no se le anuda en el momento presente ningún efecto más allá de interrumpir los plazos de prescripción y suspender los de caducidad en tanto dure dicho intento y de impedir actuaciones judiciales. En efecto, no debemos olvidar que, durante todo el tiempo en el que se esté sustanciando la mediación, se crea una suerte de pendencia que impide, a tenor del art. 10.2 (párrafo segundo) de la Ley 5/2012, que las partes puedan ejercitar contra las otras alguna acción judicial o extrajudicial en relación con su objeto; excepcionándose la solicitud de medidas cautelares u otras medidas urgentes imprescindibles para evitar la pérdida irreversible de bienes y derechos.
En consecuencia, el compromiso de sometimiento a mediación y la iniciación de ésta impide a los Tribunales conocer de las controversias sometidas a mediación durante el tiempo en que se desarrolle ésta, siempre que la parte a quien interese lo invoque mediante declinatoria.
De tornarse legalidad vigente el PLMEPSPJ, la acreditación del señalado intento, se configuraría, como condición de procedibilidad, lo que sería un nuevo efecto de la mediación intentada. La futura Ley de Eficiencia procesal regularía el indicado efecto, necesidad y forma de acreditación del referido intento de acuerdo.

43 Precepto que no sería reformado por el PLMEPSPJ, sí aparece recogido en buena parte por los art. 11 y 12 del señalado texto.

asume y que se ha seguido un procedimiento de mediación ajustado a las previsiones de esta Ley, con indicación del mediador o mediadores que han intervenido y, en su caso, de la institución de mediación en la cual se ha desarrollado el procedimiento.
2. El acuerdo de mediación deberá firmarse por las partes o sus representantes.
3. Del acuerdo de mediación se entregará un ejemplar a cada una de las partes, reservándose otro el mediador para su conservación.
El mediador informará a las partes del carácter vinculante del acuerdo alcanzado y de que pueden instar su elevación a escritura pública al objeto de configurar su acuerdo como un título ejecutivo.
4. Contra lo convenido en el acuerdo de mediación sólo podrá ejercitarse la acción de nulidad por las causas que invalidan los contratos"[44].

De la lectura del precepto se desprende que estamos ante un acuerdo en el que ambas partes, ante una situación de conflicto y en el afán de solucionarlo, establecen obligaciones para ambas, quedando vinculadas por las estipulaciones que en dicho acuerdo se establezcan; siendo que dicho acuerdo puede ser anulado por las causas que invalidan a los contratos. Lo anterior recuerda, claramente, a la figura de la transacción, con el valor añadido en la mediación del papel del tercero facilitador característico de este MASC.

En efecto, el CC, en su art. 1089, se refiere a la transacción, contrato bilateral y oneroso, al señalar[45]:

---

[44] Sin perjuicio de que pudiera quedar constancia en otros documentos, sorprende sobremanera que, entre las menciones del acuerdo, no se incluya la delimitación precisa del objeto mediado y sobre el que ha recaído el acuerdo. Tal previsión sería absolutamente relevante a la hora de determinar, si ejercitada una acción ante los Tribunales, se intentara por el demandante que éstos conocieran de lo que ya fue acordado en mediación Al igual que hace el art. 23 de la LM, el art. 11 del PL, en su apartado 1°, solo alude, en cuanto a las menciones que deben contenerse en la formalización del acuerdo, a: identidad y el domicilio de las partes y, en nuestro caso, la identidad del tercero neutral/mediador que haya intervenido; el lugar y fecha en que se suscribe; las obligaciones que cada parte asume y la indicación de que se ha seguido un procedimiento de negociación ajustado a las previsiones de la ley. Como he adelantado, igual que ocurre en la previsión de la LM, sorprende que en la formalización del acuerdo no se exija la identificación del objeto mediado, a los efectos de evitar que lo acordado en mediación fuera objeto de decisión en un ulterior proceso

[45] Por tanto, son características de la transacción la existencia de un conflicto, la bilateralidad y la onerosidad, debiendo existir recíprocas concesiones. No obstante, esta última exigencia ha sido suavizada por la Jurisprudencia. Al respecto vid., CARRASCO PERERA, A., «Artículo 1809», en BERCOVITZ RODRÍGUEZ-CANO,

"La transacción es un contrato por el cual las partes, dando, prometiendo o reteniendo cada una alguna cosa, evitan la provocación de un pleito o ponen término al que había comenzado".

Qué duda cabe, como hemos adelantado, que existen evidentes zonas de confluencia entre la mediación y la transacción, ambas fórmulas autocompositivas, advirtiendo que en las dos preexiste un conflicto, así como se alcanza, igualmente en las dos, un acuerdo satisfactorio para las partes. Dicho acuerdo implica el nacimiento de obligaciones (a veces morales) con el fin de buscar una solución; de este modo, las semejanzas entre mediación y transacción son palmarias[46]. Por ello, ya lo hemos indicado, la jurisprudencia ha asimilado la mediación a la transacción en los supuestos en los que se interpone una demanda en la que exista identidad entre el objeto del proceso que se pretende y el mediado. En efecto, en estos casos la parte afectada podrá interponer, no la excepción de cosa juzgada, sino la excepción material de transacción alcanzada, la llamada *Litis per transactionem finitae*[47].

R. (coord.), *Comentarios al Código Civil,* Aranzadi, Elcano, 2001, pág. 2041, en tal sentido el autor señala: Así, siendo que el segundo rasgo definitorio de la transacción es la bilateralidad y la onerosidad, cada una de las partes ha de dar, prometer o retener alguna cosa a cambio de la concesión que hace la otra, esto es, deben existir recíprocas concesiones (STS 27 noviembre 1987 [RJ 1987, 8701]), lo cierto es que la Jurisprudencia ha mantenido un criterio muy flexible al respecto de que sea exigible en términos reales que ambas partes se sacrifiquen, admitiendo una concesión meramente moral o inmaterial, o incluso asimilando la prestación en que consiste la causa con el simple ánimo de eliminar el riesgo o la molestia de un proceso judicial (SSTS 14 marzo 1955 [RJ 1955, 765]; 26 junio 1969 [RJ 1969, 3663]; 30 octubre 1989 [RJ 1989, 6972]; 6 noviembre 1993 [RJ 1993, 8618]). Sobre la transacción vid., GULLÓN BALLESTEROS, A., «Artículo 1809», en PAZARES RODRÍGUEZ, C., DÍEZ-PICAZO PONCE DE LEÓN, L., BERCOVITZ, R. y SALVADOR CODERCH, P. (coord.), *Comentarios del Código Civil,* tomo II, Ministerio de Justicia, Madrid, 1991.

46 Al respecto, LOPEZ DE ARGUMEDO, ÁLVARO FERNÁNDEZ DE LA MELA, JOSÉ MARÍA, "El acuerdo de mediación", *Diario la Ley, Nº* 8477, La Ley 657/2015, pág. 3 con acierto señalan:
"Así concebido, el acuerdo de mediación podrá asimilarse, por regla general, a una transacción (17), con la especialidad de haberse formado y alcanzado a través del procedimiento de mediación regulado en la LM [...]".

47 En efecto, de intentarse un proceso cuyo objeto fuera el objeto mediado, al equipararse el acuerdo alcanzado a una transacción extrajudicial, procede invocar la señalada excepción material. Al respecto, vid. STS 214/2019, de 5 de abril, en cuyo FJ 3º indica: "En el único motivo de este recurso, la demandada alega cosa

En suma, el art. 23 de la Ley 5/2012 refleja una mediación intentada con éxito pues resuelve el conflicto en todo o en parte, de la que nace un acuerdo asimilable a una transacción, acuerdo anulable por las causas que invalidan los contratos. Pero es más, el precepto se refiere también a los efectos que dimanan de dicho acuerdo, los cuales se proyectan tanto en el plano sustantivo como en el procesal, sobre lo que algo hemos adelantado.

Ciertamente, el señalado acuerdo al que alude el precepto genera el indiscutible efecto sustantivo de vincular a las partes con relación a las estipulaciones en el mismo establecidas. Respecto del plano procesal, el indicado artículo 23 alude, tan sólo, al efecto ejecutivo, sin hacer mención a otros efectos que repercutirían sobre un eventual proceso que se pretendiera iniciar con objeto igual al mediado; tal sería el caso de la excepción a la que hemos hecho referencia, o, en el supuesto de que la mediación todavía estuviera en curso, la posibilidad de plantear óbice procesal en el proceso que se intentara que fuera sustanciado a través de la correspondiente declinatoria.

Así pues, el particular carácter del acuerdo de mediación con efectos en el plano privado y público tiene como consecuencia que resulten de aplicación al mismo normas pertenecientes a los dos ámbitos.

De este modo, en cuanto acuerdo suscrito por particulares, por lo que respecta a su proyección en el ámbito sustantivo, aquél queda afecto al Derecho contractual (en especial en cuanto a lo relativo a la transacción) en lo general, salvo en lo específico por cuanto en este caso primará la Ley 5/2012 por ser Ley especial. Por el contario, la proyección procesal del acuerdo de mediación se regirá, obviamente, por la LEC y el art. 1816 el

juzgada porque considera que ese es el efecto del acuerdo alcanzado por las partes que fue aprobado judicialmente en el previo proceso de división de herencia. El argumento debe rechazarse porque esta sala ha reiterado que la referencia contenida en el art. 1816 CC al efecto de cosa juzgada de la transacción no es del todo exacta. Como cualquier otro negocio jurídico, lo convenido por las partes tiene eficacia vinculante entre ellas, pero la eficacia vinculante del acuerdo transaccional no puede confundirse con el efecto de cosa juzgada previsto en el art. 222 LEC, y no queda vedada la posibilidad de discutir en sede judicial la eficacia del contrato de transacción en sí mismo considerado a la luz de las normas que regulan los contratos (sentencia 205/2018, de 11 de abril)".

Precisamente, el efecto al que nos acabamos de referir es uno de los efectos procesales que se derivan del acuerdo de mediación. Dicho acuerdo también proyecta efectos en el plano sustantivo; a estos dos tipos de efectos nos referiremos un poco más adelante

CC en lo que no introduzca regulación específica la LMCM, en su caso, la futura LMEPSPJ.

Por lo que respecta al efecto ejecutivo, la Ley 5/2012 otorga, ya lo hemos señalado, al acuerdo de mediación el valor de título ejecutivo (artículo 25 LM), incluyéndolo en la categoría de los títulos ejecutivos judiciales y arbitrales, al amparo del artículo 517.2 de la LEC (apartado segundo y tercero) siempre que sea elevado a escritura pública ante notario o goce de homologación judicial[48].

Se trata, sin duda, de una proyección procesal de crucial relevancia. Así, para que la señalada fuerza ejecutiva de lo acordado se despliegue[49], el ordenamiento jurídico exige, como hemos indicado, que el mismo sea elevado a escritura pública a los efectos de la solicitud del despacho de la ejecución[50], salvo que el acuerdo fuera el fruto de una derivación judicial (art. 25) de la LM) en cuyo caso se precisaría de la correspondiente homologación judicial[51].

---

48 El art. 26 de la LMACM resulta ser una norma de competencia funcional por cuanto otorga la competencia para la ejecución del acuerdo de mediación al Juez de Primera instancia del lugar en el que se firmó el acuerdo ejecutivo.

49 El PLMEPSPJ, por una parte, en el art. 20. Ciento tres modifica el art. 517 de la LEC, introduciendo, entre los enumerados, la referencia a cualquier otro MASC, distinto de la mediación, siempre que haya sido elevado a escritura pública y, de otro, el art. 20. Ciento ocho modifica, en lo que a nosotros interesa, el art. 550.1. 1°, también de la LEC, relativo a los documentos que deben acompañar a la demanda ejecutiva. Por lo que respecta a la previsible y nueva redacción del artículo 517 de la LEC, apartado segundo, tras afirmar que la acción ejecutiva deberá fundarse en un título que tenga aparejada ejecución y que sólo tendrán aparejada ejecución los títulos enumerados en el precepto, rezaría: "Los laudos o resoluciones arbitrales y los acuerdos de mediación, debiendo estos últimos haber sido elevados a escritura pública de acuerdo con la Ley de mediación en asuntos civiles y mercantiles, así como los acuerdos alcanzados por las partes en cualquier otro de los medios adecuados de solución de controversias que igualmente hubieren sido elevados a escritura pública".

50 El PLMEPSPJ no modifica la Ley 5/2012 LMACM en lo referente a la ejecución del acuerdo de mediación, si bien el señalado PL sí modificaría diversos preceptos de la LEC para que las novedades introducidas por el indicado Proyecto encuentren el necesario acomodo en la Ley de 7 de enero de 2000.

51 La disposición final tercera de la Ley 5/2012 reformó el art. 517 de la LEC, incluyendo, entre los documentos con fuerza ejecutiva, el acuerdo de mediación elevado a escritura pública.

Si el acuerdo de mediación se produjera *ante litem*, de ser elevado a escritura pública a los efectos que se desplegara la eficacia ejecutiva, será el Notario el profe-

El PLMEPSPJ no reforma el art. 23 de la LMACM. Por una cuestión de orden sería conveniente que en el señalado artículo se optase:

a) o por recoger todos los efectos que se anudan al acuerdo de mediación y no sólo el relativo a que vincula a las partes y el efecto ejecutivo, pues nada se dice, por ejemplo, en el precepto sobre el importantísimo efecto de impedir un proceso con el mismo objeto al mediado o el relativo a impedir el inicio de la vía contenciosa pendiente una mediación, o;

b) se hubiera optado por reservar el precepto para regular el contenido del acuerdo y su forma de impugnación, destinándose otro a regular todos los efectos del señalado acuerdo de mediación tanto de carácter sustantivo como procesal y que son, como sabemos: a) vincular a las partes; b) impedir un proceso con objeto igual al acordado en mediación o, en su caso, pendiente el procedimiento de mediación, paralizar el inicio de la vía contenciosa; c) dotar de legitimación a la parte para impugnar lo acordado en mediación; d) y, de alcanzar la regularidad formal exigida, dotar de eficacia ejecutiva a lo acordado en mediación.

Sí es cierto que el art. 12 del PL corrige en parte lo anterior; pues su apartado primero, tras afirmar que el acuerdo puede versar sobre el todo o la partes, indica que vincula a las partes, que no se podrá presentar demanda que tenga por objeto el objeto mediado y que, contra lo acordado, se podrá ejercitar la acción de nulidad por las causas que invalidad los contratos, sin perjuicio de la oposición que pueda plantearse, en su caso, en la oposición a la ejecución

---

sional que deberá controlar que concurran una serie de exigencias o requisitos que resultan ser inexcusables.

En este sentido, el art. 25 de la señalada Ley de Mediación es el encargado de regular la cuestión de la formalización del título ejecutivo. Interesa destacar que el PLMEPSPJ introduce, con relación a la demanda ejecutiva, una nueva redacción del art. 550.1 de la LEC al exigir que a la demanda ejecutiva se le acompañe, además de los otros documentos exigidos por la Ley, el título ejecutivo, es decir, el acuerdo de mediación elevado a escritura pública, junto con la copia de las actas de la sesión constitutiva y final del procedimiento. Por supuesto, si el acuerdo de mediación debiera ser ejecutado en otro Estado, además de la elevación a escritura pública, será necesario para la ejecución el cumplimiento de los requisitos exigidos por los convenios internacionales de los que España sea parte y las normas de la UE. Respecto a la ejecución de acuerdos de mediación transfronterizos, el art. 27 remite a la Ley de cooperación jurídica internacional en material civil, sin perjuicio de lo establecido en convenios internacionales y en la normativa de la UE.

5. LA VOLUNTARIEDAD DE LA MEDIACIÓN, PREVISIÓN NORMATIVA: PRESENTE Y FUTURO

5.1. Previsión contenida en la Ley 5/2012

La naturaleza contractual del acuerdo de mediación y la influencia que ejerce la autonomía privada sobre el mismo y, en el momento presente, la influencia que ésta ejerce, sin cortapisas, sobre todo el procedimiento incluida la decisión de someterse a mediación, es una realidad a día de hoy en tanto no se produzca la entrada en vigor de la LMEPSPJ.

En este sentido, en la Exposición de Motivos de la actual Ley 5/2012, en su apartado III, así como a través de diversos preceptos de la misma, se apostó por un modelo de mediación anclado en la voluntariedad plena, en tanto seña de identidad de este mecanismo de resolución de controversias. La voluntariedad en la mediación se halla, así lo entiendo, en el ADN, en el código genético de la misma[52].

La afirmación anterior encuentra soporte, entre otros, en el art. 1 de la LMACM en el que se indica:

> "Artículo 1. Concepto
> Se entiende por mediación aquel medio de solución de controversias, cualquiera que sea su denominación, en que dos o más partes intentan voluntariamente alcanzar por sí mismas un acuerdo con la intervención de un mediador"[53].

---

52 La columna vertebral de la mediación se configura, junto con la voluntariedad y la libre disposición de las partes (art. 6 de la Ley 5/2012), sobre la igualdad de oportunidades y el equilibrio entre las mismas, así como sobre la imparcialidad de los mediadores (art. 7 de la Ley 5/2012) e, igualmente, y de gran relevancia, sobre la exigencia de la confidencialidad (art9 de la Ley 5/2012) y la relativa a la neutralidad de estos profesionales (art. 8 de la Ley 5/2012). En la mediación las partes se convierten en verdaderos protagonistas del procedimiento. Así, son ellas las que, en su caso, llegan, asistidas por el mediador, al acuerdo con el que culmine la mediación. En este sentido, el art. 10 de la Ley 5/2012, indica que las partes, siempre con respeto a los principios a lo que me acabo de referir, son dueñas de organizar el procedimiento como estimen conveniente, estando sujetas, igualmente, a los principios de lealtad, buena fe y respeto mutuo.

53 Vid. GARCÍA VILLALUENGA, LETICIA, *Mediación en conflictos familiares, una construcción desde el Derecho de familia*, Ed. Reus, 2006, págs. 278 y ss. La voluntariedad de la mediación, en tanto, como ya se ha indicado, eje vertebrador de la misma ha sido reconocida ampliamente en los ordenamientos jurídicos de los Estados miembros de la UE y por diversa normativa comunitaria e internacional. Al respecto, vid, Recomendación 1/98 del Comité de Ministros a los Estados miem-

La exigencia de voluntariedad en la mediación tanto al inicio como a lo largo de su sustanciación se aprecia y se reitera, también, en diversos preceptos de la Ley 5/2012 de MACM[54]. En efecto, el art. 6 de la señalada Ley 5/2012 vuelve a destacar, con claridad manifiesta, el carácter voluntario

---

bros, el Libro Verde sobre modalidades alternativas de solución de conflictos en el ámbito del Derecho civil y mercantil o el Código de Conducta Europeo para los Mediadores, de 6 de abril de 2004 (en el apartado 2.2. se refiere a la imparcialidad del mediador y en el 2.1 a la independencia). Este último en su preámbulo indica en términos similares al señalado en el art. 1 de la LO 5/2012: "[...] la mediación se define como todo proceso en el que dos o más partes acuerdan designar a un tercero —en adelante "el mediador"— para que les ayude a solucionar un conflicto llegando a un acuerdo extrajudicial e independientemente de cómo dicho proceso pueda llamarse o denominarse comúnmente en cada Estado miembro". También se refiere a la voluntariedad en el sentido del derecho a permanecer o separarse del procedimiento, tanto por decidirlo las partes, abandonando el procedimiento sin mediar explicación (art. 3.3.), como resolver el mediador apartarse de aquél, al ejercitar la facultad que se le otorga por entender, por ejemplo, que existen elementos de ilegalidad o de difícil o imposible cumplimiento (art. 3.2). Por lo que respecta a la Directiva 2008/52/CE del Parlamento Europeo y del Consejo, sobre ciertos aspectos de la mediación en asuntos civiles y mercantiles de 21 de mayo de 2*008*, si bien, se alude, de forma expresa, a la voluntariedad en la Exposición de Motivos, incluyéndola, también, entre los principios de la mediación; no obstante, no *se* excluye, eso es cierto, la posibilidad de la mediación obligatoria, *mandatory mediation*. Tal previsión comporta tanto que el órgano jurisdiccional pueda remitir a las partes a mediación para solucionar el conflicto, como que pueda, igualmente, enviar a las partes a una sesión informativa. La Directiva autoriza a los Estados miembros para que hagan obligatorio el uso de la mediación o que la sometan a incentivos o sanciones, siempre que el reflejo legal de dicha previsión no impida a las partes el ejercicio de su derecho de acceso al sistema judicial; por tanto, el que la configuración legal a la que se llegue no prive a las partes del derecho de acceso a la Jurisdicción, cuando así lo decidan, se erige en línea roja en relación a la previsión normativa que la Directiva hace en la materia. No rebasaría esa línea roja el establecer incentivos o consecuencias derivadas de esa obligatoriedad. El PL, como he señalado, al establecer como como condición de procedibilidad el intento de un MASC, en nuestro caso de mediación, si bien no atenta contra el derecho del art. 24 de la CE, sí conculca, en cierta parte y desde mi punto de vista como iré exponiendo, el principio de voluntariedad entendido en sentido pleno consustancial a la mediación.

54 Así pues, el principio de voluntariedad ha de estar presente y acompañar a las partes desde el inicio hasta que finalice el procedimiento de mediación; el resultado final del mismo es el acuerdo alcanzado, fruto de esa voluntad de las partes intervinientes. Son las partes, y solo ellas, las que deciden sobre el contenido de los acuerdos; así como, por supuesto si desean permanecer en el procedimiento o abandonarlo en cualquier momento

del mecanismo; así en su párrafo primero señala de forma indubitada: "La mediación es voluntaria".

Por su parte, el párrafo 2° del indicado art. 6 señala que el pacto entre las partes de someter un eventual conflicto la mediación exige de ellas intentar, bajo la premisa de la buena fe, resolverlo antes de recurrir a los Tribunales.

En este caso, la voluntariedad de la mediación queda preservada, en tanto que el necesario intento, no viene impuesto *extramuros* sino de la propia decisión de los contratantes que así lo han reflejado en la cláusula contractual correspondiente.

De lo anterior cabe colegir una voluntariedad plena; coherentemente con ello el actual art. 16 de la Ley 5/2012, prevé solo dos formas de inicio en cuanto a una mediación no derivada.

En efecto, la primera de las previstas viene dada por el común acuerdo entre las partes[55]; una segunda modalidad de inicio se concreta en la solicitud de una las partes, en cumplimiento de un pacto de sometimiento a mediación existente entre aquéllas (párrafo segundo del art. 6 de la LM).

Por lo que respecta a la segunda modalidad de inicio, la misma refleja un óbice procesal con relación a un posible proceso que, en perjuicio de dicho pacto, se pretendiera iniciar[56]. Lo explica, entre otros, el Auto de la

---

55 En este caso, la solicitud incluirá tanto la designación del mediador o de la institución de mediación, como el acuerdo sobre el lugar en el que se desarrollarán las sesiones y la lengua o lenguas de las actuaciones.

56 En efecto, durante todo el tiempo en el que las partes intenten resolver el conflicto, se genera, ya lo hemos señalado, una suerte de "pendencia" que impedirá a los Tribunales conocer del objeto que está siendo mediado, así el art. 10.2, segundo párrafo, de la Ley 5/2012 dice:
"Durante el tiempo en que se desarrolle la mediación las partes no podrán ejercitar contra las otras partes ninguna acción judicial o extrajudicial en relación con su objeto, con excepción de la solicitud de las medidas cautelares u otras medidas urgentes imprescindibles para evitar la pérdida irreversible de bienes y derechos. El compromiso de sometimiento a mediación y la iniciación de ésta impide a los tribunales conocer de las controversias sometidas a mediación durante el tiempo en que se desarrolle ésta, siempre que la parte a quien interese lo invoque mediante declinatoria". De existir ese óbice procesal la vía para denunciarlo se resumiría en la declinatoria (art. 10.2 de la Ley 5/2012). Igualmente, cabe recordar, como se indica en el precepto, que, mientras se hallare pendiente el procedimiento de mediación, no cabrá solicitar ninguna actuación jurisdiccional que verse sobre el objeto de debate, salvo medidas cautelares o urgentes (art. 10.2 de la Ley 5/2012).

Audiencia Provincial de Barcelona, Sección Decimoctava, nº de recurso 766/2020, de 9 de diciembre de 2020: "[...] Vemos que la falta de jurisdicción por sumisión está contemplada en la ley procesal sin embargo cuando se formula declinatoria por sumisión a mediación no es que el juez no tenga jurisdicción sino que materialmente o en puridad lo que existe es un impedimento de procedibilidad, únicamente. El mediador por otra parte no es ningún órgano jurisdiccional al que se le atribuyan funciones o características de esta naturaleza y el juez ante el que se ha presentado el asunto es, en este caso, competente pero no puede conocer de él, precisamente, porque las partes se han sometido previamente a mediación. En este caso y como indica el auto apelado, la intención de ambos cónyuges al tiempo de firmar el convenio de divorcio es clara y sus términos también los son por lo que no apreciamos infracción del art. 1281 Cc que consagra el principio in claris non fit interpretatio. La cláusula preventiva establece de forma concreta la sumisión de las partes a la Ley de Mediación, con expresa referencia a la Ley 5/2012, de 6 de julio y al procedimiento que esta norma regula. Y el art. 10.2 2º de la citada ley establece que 'las partes sujetas a mediación actuarán entre sí conforme a los principios de la lealtad, buena fe y respeto mutuo. Durante el tiempo en que se desarrolle la mediación las partes no podrán ejercitar contra las otras partes ninguna acción judicial o extrajudicial en relación con su objeto con excepción de la solicitud de medidas cautelares u otras medidas urgentes imprescindibles para evitar la pérdida irreversible de bienes y derechos. El compromiso del sometimiento a mediación y la iniciación de ésta impide a los tribunales conocer de las controversias sometidas a mediación durante el tiempo en que se desarrolle ésta, siempre que la parte a quien interese lo invoque mediante declinatoria'. La parte actora admite en su recurso no haber intentado con carácter previo la mediación en los términos y en la forma prevista en la cláusula preventiva contenida en el Convenio. Estamos pues ante la existencia de un óbice procesal, ante un requisito de procedibilidad que impide, en este caso, dar curso legal a la demanda modificativa presentada. Y conforme a la ley el cauce procesal para denunciar que existe una sumisión a mediación una vez admitida a trámite la demanda es la declinatoria"

En cualquier caso, ninguna de las dos formas de inicio a las que hemos aludido comprometería la voluntad de las partes, ni en su inicio, ni en su desarrollo, pues la segunda proviene del propio pacto previo de sometimiento a mediación suscrito por aquéllas.

5.2. *¿La voluntariedad en rebajas?; estado de la cuestión en el PLMEPSPJ*

Cierto es que, de tornarse en legalidad el PLMEPSPJ (lo que parece inminente), la Ley 5/2012 seguirá en vigor con las modificaciones que se operarían previstas por la disposición final sexta del señalado Proyecto: si bien, también es cierto que, de producirse la indicada entrada en vigor de la LMEPSPJ, la previsión en torno a la voluntariedad cambiará de forma sustancial con respecto a lo contemplado en el momento presente, tal y como hemos analizado en el apartado anterior. En efecto, la Ley proyectada, a pesar de referirse en repetidas ocasiones a la voluntariedad del mecanismo de la mediación a lo largo de sus preceptos y disposiciones, establece, ya lo adelantamos en las primeras páginas de este trabajo, el intento de acuerdo, a través de un MASC, como condición de procedibilidad respecto del inicio de un eventual proceso. Como consecuencia de ello, la LEC resultará afectada, entre otros aspectos, con relación a las condiciones de admisión de la demanda y de los documentos que a la misma deben acompañar.

A resultas de lo anterior, dado el innegable cambio de marco jurídico que se operaría con relación a la voluntariedad en tanto, como se ha señalado, pasaría a resultar preceptivo el intento de mediación considerado como condición de procedibilidad necesaria para que fuera admitida la demanda correspondiente, se ha venido generando un interesante debate en la doctrina[57].

Las posturas se resumen, en esencia, en dos. Así, un sector doctrinal entendería que el PL supondría una quiebra clara de la exigencia de voluntariedad en la mediación, pues la entienden necesaria desde el mismo instante del intento, dado que se trata de un aspecto esencial de la mediación, su seña de identidad. Por el contrario, otros entienden que la voluntariedad queda a salvo cuando ésta es preservada respecto del deseo de

---

57 Al respecto, RUIZ DE LA FUENTE, CONSUELO, "Mediación: ¿Alternativa al proceso o traba de acceso? Análisis de las consecuencias jurídico-procesales a la luz del Anteproyecto de Ley de Medidas de Eficiencia Procesal del Servicio Público de Justicia", *InDret*, 2.2022, pág. 5 ss.
Por su parte, la Directiva 52/2008, recordemos, preveía la posibilidad de que los Estados miembros incorporaran en sus respectivos ordenamientos el carácter obligatorio de la mediación, siempre y cuando no supusiera impedimento a los justiciables en relación al derecho de acceso a la jurisdicción. En este sentido, vid. PÉREZ DAUDÍ, VICENTE, "La imposición de los ADR ope legis y el derecho a la tutela judicial efectiva", *InDret*, nº4-2022, págs. 18 y ss

permanecer a lo largo del procedimiento y respecto de la toma de acuerdos, considerándola no necesaria respecto del intento[58].

A la vista de lo anterior, y para entender mejor el debate y el tratamiento de la voluntariedad en el PL, se impone un análisis detallado de lo que, con relación a esta cuestión, prevé el señalado PLMEPSPJ, siendo que, como sabemos, el mismo resulta de aplicación a la mediación por cuanto ésta es, ya lo hemos señalado, especie del género más amplio en el que se resumen los MASC.

---

58 Respecto a esta cuestión, vid. SERRANO GÓMEZ, EDUARDO, "Artículo 6. Voluntariedad y libre disposición" GARCÍA VILLALUENGA, LETICIA Y ROGEL VIDE, CARLOS (directores), FERNÁNDEZ CANALES, CARMEN (coordinadora), en *Mediación en asuntos civiles y mercantiles. Comentarios a la Ley 5/2012*, Reus, Madrid, págs. 103 y 104.
En sentido contrario, entre otros, VALLEJO PÉREZ, GEMA, Métodos alternativos de resolución de conflictos de Derecho Romano. Especial referencia a la mediación, Dykinson, Madrid, 2019, pág. 229. Vid, también, SÁNCHEZ POS, VÍCTORIA, "Hacia un modelo de obligatoriedad mitigada de la mediación. Comentario breve al Anteproyecto de Ley de Impulso de la Mediación", en JIMÉNEZ CONDE, FERNANDO Y BELLIDO PENADÉS, RAFAEL (directores), LLOPIS NADAL PATRICIA, DE LUIS GARCÍA ELENA (coordinadoras), *Justicia: ¿garantías "versus" eficiencia?*, Tirant lo Blanch, Valencia 2020, págs. 929 y 930. Con acierto, sostiene la autora que la obligatoriedad no es el camino si queremos que los MASC, la mediación, sea realmente eficiente, entendiendo, que la clave está en la educación en la cultura del acuerdo, para que estos procedimientos, desde la libertad, el diálogo y la flexibilidad sean incorporados por la ciudadanía. No podemos estar más de acuerdo El CGPJ en su "Guía práctica para práctica de la mediación intra judicial", pág. 12, considera que la asistencia a una sesión informativa no contradice la voluntariedad en la mediación, añadiendo que la falta injustificada de asistencia a dicha sesión puede entenderse como una conducta contraria a la buena fe procesal, pues supone rechazar una oportunidad de solución. Iré explicando que, desde mi puno de vista, el quid de la cuestión reside en determinar qué tipo de participación se estaría exigiendo a las partes, pues la simple asistencia a sesión informativa en el sentido de la Ley 5/2012, como simple recepción por las partes de información del mecanismo, no pondría en entredicho, ciertamente, el requisito de la voluntariedad en la mediación. En efecto, en este escenario ni la mediación se habría iniciado, ni se habría exigido de las partes actividad negociadora alguna. El problema reside, entiendo, en cómo configura el PL la señalada sesión inicial que viene a reemplazar a la actual sesión informativa de la LM 5/2012, siendo que esta sesión inicial, mucho más allá de la pura información, exige de las partes que fijen el objeto del conflicto, lo que ya precisa que se pongan en marcha las facultades negociadoras de las partes; además, en el precepto que la regula se habla ya en términos de "inicio de la mediación".

En primer lugar, cabe precisar que el artículo 1 del PLMEPSPJ, inserto en el Título I, de medios adecuados de solución de controversias en vía no jurisdiccional, Capítulo I, en sede de disposiciones generales, al referirse al concepto y caracterización de los medios adecuados de solución de controversias, dice:

> "Concepto y caracterización de los medios adecuados de solución de controversias en vía no jurisdiccional.
> A los efectos de esta ley, se entiende por medio adecuado de solución de controversias cualquier tipo de actividad negociadora, tipificada en esta u otras leyes, a la que las partes de un conflicto acuden de buena fe con el objeto de encontrar una solución extrajudicial al mismo, ya sea por sí mismas o con la intervención de un tercero neutral".

Llama poderosamente la atención que en el primer precepto destinado a regular los MASC no exista referencia alguna a la voluntariedad, tanto más cuando ésta resulta ser seña de identidad de la mediación[59].

Es en art. 3.1 del PL cuando existe referencia expresa a la voluntariedad:

> "Las partes son libres para convenir o transigir, a través de estos medios, sobre sus derechos e intereses, siempre que lo acordado no sea contrario a la ley, a la buena fe ni al orden público. Las partes pueden alcanzar acuerdos totales o parciales. En el caso de acuerdos parciales, las partes podrán presentar demanda para ejercitar sus pretensiones respecto a los extremos de la controversia en los que se mantenga la discrepancia".

La lectura de ambos preceptos suscita una serie de reflexiones que resultan de interés. Por un lado, con relación al transcrito art. 1 del PLMEPSPJ, precepto que aporta la noción de los MASC, brilla por su ausencia, ya se ha señalado, toda referencia a la voluntariedad; dicha referencia se hace en el apartado primero del citado art. 3, al indicarse que las partes son libres para convenir o transigir haciendo uso de los MASC con las limitaciones establecidas con relación a Ley, la buena fe y el orden público.

Pareciera, pues, que el art. 3 rebatiera lo afirmado *supra* respecto del cambio de escenario producido con relación a la voluntariedad de la mediación con ocasión del PL y, en su caso, de una futura LMEPSPJ, habida cuenta de su propio contenido y por hallarse ubicado en el Título I, en

---

59 Aunque, ciertamente, lo indicado encaja, como veremos, con la previsión contenida en el art. 4 del PL, en virtud del que se introduce el tan comentado intento preceptivo de acuerdo a través de un MASC, de necesaria acreditación por las partes si éstas desean que su acceso a la Jurisdicción quede desbloqueado.

sede de regulación del principio de autonomía privada en el desarrollo de los medios adecuados de solución de controversias.

Sin embargo, si nos detenemos en el tenor del precepto, apreciaremos que lo que en el mismo se dice es que las partes, serán libres para decidir, una vez dentro del MASC elegido, hasta donde transigen o negocian. Así, debemos concluir que, claramente, no rige el principio de voluntariedad en plenitud por cuanto en el precepto se habla de voluntariedad para acordar y transigir, pero nada se dice de la voluntariedad sin condiciones respecto del intento de acuerdo. Tal mención no sería posible, y de haber existido habría visto la luz en clara contradicción con el PL, pues éste, ya lo sabemos, lo impone obligatoriamente a las partes si no desean ver bloqueado su acceso a la Jurisdicción; intento que, además, exige, sobre ello nos detendremos, la nada irrelevante fijación del objeto del desacuerdo[60].

Por tanto, estamos, si se me permite la expresión, ante unas "rebajas" de lo que se podría calificar como voluntariedad plena en tanto elemento esencial en la mediación; las partes son libres, una vez dentro del MASC de llegar hasta el punto que consideren, pero se ven compelidas a intentarlo si aspiran a que su conflicto sea resuelto por los Tribunales en caso de fracasar, en nuestro caso, la mediación[61].

---

60 Como decía, resulta crucial, por tanto, precisar lo que debe formar parte del indicado intento e, igualmente, resulta crucial, a mi juicio, que dicho contenido no comprometa el principio de voluntariedad. De conseguirlo dependerá que la mediación sea impulsada de forma eficaz, siendo que aquélla debe estar presente desde el inicio del procedimiento hasta que éste finaliza, sea porque se ha alcanzado por las partes el ansiado acuerdo, sea porque, ante la falta del mismo, las partes deciden dar por finalizada la mediación. Sin duda, la voluntariedad, junto con la confidencialidad, imparcialidad y neutralidad, es uno de los motores esenciales de la mediación.

61 Cuestión distinta, como ya hemos indicado, es la de analizar si ese requisito de procedibilidad supone una traba inadmisible para el derecho a la tutela judicial efectiva consagrado por la Constitución. Entiendo, al respecto, que no se conculca el art. 24 de la CE en tanto se trata de un requisito subsanable que obedece a una previsión legal y que no supone un obstáculo insalvable para el acceso a la Jurisdicción. Una posible vía para salvar esta cuestión podría ser favorecer que la cultura del acuerdo se instale en nuestra sociedad a través de la generalización en los contratos de cláusulas de sumisión a este mecanismo adecuado de resolución de los conflictos para las posibles controversias o conflictos que de dicha relación contractual se derivasen. Y, para facilitarlo aún más, podría quedar acordada la institución que procedería a nombrar al mediador o, en su caso, al concreto mediador al que las partes desearían someter su controversia, llegado el caso de producirse una derivación judicial. De esta forma, la predisposición de

Volviendo al art. 3.1 del PL, creo que la previsión contenida en el mismo resulta crucial, pues la voluntariedad se configura, como digo, respecto de la voluntad de transigir y acordar, pero no respecto de la facultad de acudir a un intento de resolución del conflicto a través de un MASC, que, de no tener lugar, impediría la sustanciación de la vía contenciosa, tal y como se confirma del análisis de todas las novedades que se suceden en el propio precepto y a lo largo del texto del PL en lo referente a esta cuestión.

Debemos advertir que la dicción del art. 3 del PL adolece de falta de armonía con la relación a lo previsto por la disposición final sexta del PL-MEPSPJ que, al dotar de nueva redacción al art. 1 de la LMACM por el que se introduce el concepto de mediación, sí contempla la voluntariedad desde el mismo momento del intento, apostando, por tanto, por una voluntariedad plena y sin cortapisas. En efecto, el que sería nuevo art. 1 de la Ley 5/2012 diría:

> "Se entiende por mediación aquel medio adecuado de solución de controversias en que dos o más partes intentan voluntariamente, a través de un procedimiento estructurado, alcanzar por sí mismas un acuerdo con la intervención de un mediador".

No resulta difícil advertir la contradicción entre el art. 3.1 del PL y la que sería nueva dicción, como he indicado, del art. 1 de la LM.

Ahora bien, el anuncio que se hace en la nueva dicción del futuro art. 1 de la LM es un anuncio" trampa", pues las novedades que introduce el Título I, Capítulo I del PL sobre la mediación civil y mercantil y las de la disposición final sexta tres del Proyecto por la que se modifica el propio articulado de la Ley 5/2012 (en especial el artículo 6.1 de dicha Ley), nos llevan a concluir que la voluntariedad en la mediación sufrirá, al ver la luz la LMEPSPJ, un recorte sustancial.

Cuestión distinta sería el debatir sobre si resulta conveniente o no ese cambio en torno al principio de la voluntariedad propio de la mediación, cuestión sobre la que algo diré cuando formule algunas reflexiones finales a este trabajo.

Pero volviendo al tema de cómo el PL aborda el tema de la voluntariedad en la mediación, de cómo la va construyendo y configurando a lo largo de su articulado, habiendo visto que el artículo 1 del PLMEPSPJ no

---

la parte a la mediación no podría ser interpretada desde la suspicacia, o desde la desconfianza, porque habría sido el resultado de un acuerdo, salvaguardándose la voluntariedad en el caso de que se accediese a la mediación.

menciona la voluntariedad y que el art. 3.1 del mismo texto la contempla de forma limitada, llegamos al art. 4 que, entre otras cuestiones, alude con carácter general al requisito de procedibilidad consistente en el intento de acuerdo a través de un MASC (en el sentido del art. 1 del PL), necesario para la admisión a trámite de la demanda[62].

Y en línea con la previsión legislativa anterior, sería la disposición final sexta tres, por la que se reformaría, así se ha señalado, el párrafo primero del art. 6 de la Ley 5/2012 (cuyo tenor reza en la actualidad *La mediación es voluntaria*) la que asestaría el "golpe de gracia" a la voluntariedad de la mediación en sentido pleno. En efecto, la futura redacción indicaría:

> "La mediación es uno de los medios adecuados de solución de controversias a los que las partes pueden acudir para intentar encontrar una solución extrajudicial a la controversia y cumplir con el requisito de procedibilidad previsto en el artículo 403.2 de la Ley 1/2000, de 7 de enero, de Enjuiciamiento Civil. A efectos procesales, se entenderá cumplido este requisito con la celebración, al menos, de una sesión inicial ante el mediador, siempre que quede constancia en la misma del objeto de la controversia y demás requisitos establecidos en el artículo 17. A dicha sesión habrán de asistir las partes, personalmente si se trata de personas físicas, y el representante legal o persona con facultad para transigir, si se trata de personas jurídicas".

El precepto señalado suscita cuestiones que merecen ser destacadas. En efecto, el introducir el intento de acuerdo como condición de procedibilidad[63] para acceder a la vía jurisdiccional tiene como consecuencia el que

---

62 A la vista de lo anterior, el art. 20. Cincuenta y Sesenta del PL, opera las lógicas modificaciones en la LEC, con relación a los requisitos para la admisión de la demanda, así:
– por un lado, necesidad de hacer constar en la demanda la descripción del proceso de negociación previo llevado a cabo;
– por otro, presentación de los documentos que justifiquen que se ha acudido a un MASC.

63 .Como excepción a la regla general, el PL contempla determinados supuestos, así se establece en el art. 4.2 de dicho texto, respecto de los que no se exigiría actividad negociadora previa a la vía jurisdiccional como condición de procedibilidad, nos referimos a: tutela judicial civil de derechos fundamentales; adopción de las medidas previstas en el artículo 158 del Código Civil; solicitud de autorización para el internamiento forzoso por razón de trastorno psíquico "ex" artículo 763 de la LEC; tutela sumaria de la tenencia o de la posesión de una cosa o derecho por quien haya sido despojado de ellas o perturbado en su disfrute; tutela sumaria en relación a la demolición o derribo de obra, edificio, árbol, columna o cualquier otro objeto análogo en estado de ruina con amenaza de causar daños a quien demande; ingreso de menores con problemas de conducta en centros de

en dicho intento deba quedar delimitado el objeto del conflicto; de ahí su exigencia en el precepto, pues lo anterior resulta necesario para poder establecer la comparación entre el objeto intentado y el que se pretende discutir en el proceso, a los efectos, precisamente, de determinar si la condición de procedibilidad ha sido cumplida. De este modo, la necesidad del intento junto con la señalada delimitación del objeto del conflicto, plantea, ya lo he adelantado, problemas respecto de la presencia de una voluntariedad en sentido pleno desde el inicio de la mediación[64], pues acordar el objeto de la controversia exige, así lo entiendo, poner en marcha las facultades negociadoras de las partes.

Nuestra conclusión no habría sido la formulada en el párrafo anterior de haberse condicionado el acceso a la Jurisdicción a la asistencia de las partes a una sesión informativa en el sentido recogido por la actual LM, es decir, sesión informativa pura sin necesidad de acordar el objeto del conflicto.

En este sentido, dice la redacción actual del art. 17 de la Ley 5/2012:

> "Artículo 17. Información y sesiones informativas
> 1. Recibida la solicitud y salvo pacto en contrario de las partes, el mediador o la institución de mediación citará a las partes para la celebración de la sesión informativa. En caso de inasistencia injustificada de cualquiera de las partes a la sesión informativa se entenderá que desisten de la mediación solicitada. La información de qué parte o partes no asistieron a la sesión no será confidencial.
> En esa sesión el mediador informará a las partes de las posibles causas que puedan afectar a su imparcialidad, de su profesión, formación y experiencia; así como de las características de la mediación, su coste, la organización del procedimiento y las consecuencias jurídicas del acuerdo que se pudiera alcanzar, así como del plazo para firmar el acta de la sesión constitutiva.

---

protección específicos, de entrada en domicilios y restantes lugares para la ejecución forzosa de medidas de protección de menores, de restitución o retorno de menores en los supuestos de sustracción internacional. Igualmente, tampoco será exigible e intento de acuerdo a través de alguno de los MASC para la iniciación de expedientes de jurisdicción voluntaria.

64 Tal como se ha indicado, para entender cumplida dicha exigencia tendrá que existir una identidad entre el objeto intentado y el objeto del litigio que pretendiera ser iniciado, aunque pudieran variar las pretensiones sobre el señalado objeto, en su caso, durante proceso judicial, siempre dentro de los límites autorizados por el Ordenamiento Jurídico.
Igualmente, se considerará cumplido el requisito cuando la actividad negociadora se desarrolla directamente por las partes, asistidas éstas de sus abogados cuando su intervención sea preceptiva de acuerdo con lo establecido en el PL.

> 2. Las instituciones de mediación podrán organizar sesiones informativas abiertas para aquellas personas que pudieran estar interesadas en acudir a este sistema de resolución de controversias, que en ningún caso sustituirán a la información prevista en el apartado 1".

Entiendo que todo lo que rebase el escenario descrito desnaturaliza uno de los elementos que se insertan en el ADN de la mediación, esto es la voluntariedad plena, la cual resulta ser seña de identidad de la misma, principio esencial junto con la exigencia de confidencialidad y de neutralidad.

Y desde luego, si queremos apostar de forma decidida por el impulso de la mediación, propulsor necesario, sin duda, lo será la voluntariedad y la libertad de las partes a la hora de resolver un conflicto[65].

En este sentido, no puedo dejar de señalar que el Proyecto "secuestra" inicialmente la libertad de las partes, al imponer un intento de acuerdo si se desea dejar expedita la vía judicial a través de una sesión, la llamada sesión inicial, que rebasa los límites de la pura información, exigiendo un acuerdo entre ambas respecto del objeto del conflicto[66]. Cierto es que, re-

---

65 Con acierto, CALAZA LÓPEZ, SONIA con FARRÁN ARIZÓN, MERCEDES; GUIL ROMÁN, CARMEN; MARTÍNEZ PALLARÉS, JOSÉ IGNACIO; PEREA GONZÁLEZ, ÁLVARO; PIÑAR GUZMÁN, BLAS, en "Diálogos para un futuro judicial", *LA LEY* 7982/2022, pág. 9, entiende que las bondades de la mediación solo se concretarán, lejos de la imposición, por la vía de la educación y de la formación y concienciación social. Como con acierto señala la autora, no puedo estar más de acuerdo: "En mi opinión, la expresión "cultura de paz" hace referencia a una actitud ante la vida, no creo que debamos limitar el concepto al ámbito jurídico. Para que una sociedad ostente una verdadera "cultura de mediación" debe: (i) ser capaz de establecer el diálogo como herramienta de comunicación; (ii) concebir el conflicto como una oportunidad de ganancia compartida; (iii) tener la convicción de que la mediación es una solución negociada eficaz para la resolución de controversias". En contra, también, del intento previo como condición de procedibilidad, MATÍNEZ PALLARÉS, JOSÉ IGNACIO, con CALAZA LÓPEZ, SONIA; FARRÁN ARIZÓN, MERCEDES; GUIL ROMÁN, CARMEN; PEREA GONZÁLEZ ÁLVARO, "Diálogos para un futuro judicial", *LA LEY* 7982/2022 pág. 14. SOLETO MUÑOZ, HELENA "La mediación conectada con los Tribunales", en *Mediación y resolución de conflictos: técnicas y ámbitos,* directora SOLETO MUÑOZ, HELENA, Tecnos, Madrid 2019, págs. 394 y ss., partidaria de la voluntariedad, sostiene la situación excepcional de que se afectaran intereses de menores, siendo que en este caso se entendería constitucionalmente legítima la obligatoriedad de la mediación.

66 La disposición final sexta. Ocho. del PL modificaría el artículo señalado art. 17, quedando redactado de la siguiente forma: «Artículo 17. Sesión inicial. 1. Recibida la solicitud y salvo pacto en contrario de las partes, el mediador o la institución

basada esta frontera, las partes recuperan la libertad plena para abandonar el procedimiento, si así lo consideran, aunque sea sin acuerdo alcanzado. En suma, una vez en marcha y progresando la mediación, las partes recuperan el control sobre el mecanismo de resolución del conflicto, volviendo a ellas el poder de decisión para mantenerlo y para concluirlo.

En realidad, desde un plano teórico, existen varios escenarios desde los que la voluntariedad pudiera ser construida. Dichos escenarios pueden ser planteados haciendo un degradado que vaya desde la menor constricción de la voluntariedad a la previsión que supusiera la mayor restricción de la misma.

En tal sentido, las opciones serían las siguientes: 1ª) no exigir, para iniciar un proceso, ningún tipo de actividad pre procesal en relación a la mediación, previsión actual al amparo de la Ley 5/2012; 2ª) exigir acudir a una sesión informativa, en sentido estricto, esto es, tal y como la entiende la Ley 5/2012; en este caso, al no entenderse iniciada la mediación, el nivel de compromiso de la voluntariedad es mínimo, pues se limita a la simple asistencia y escucha de la información; 3ª) exigir a las partes, para dejar expedita la vía judicial, acudir a una sesión, el PL la llamada sesión

de mediación citará a las partes para la celebración de la sesión inicial. En caso de inasistencia injustificada de cualquiera de las partes a dicha sesión se entenderá que rehúsan la mediación solicitada y se tendrá por cumplido el requisito de procedibilidad. La información de qué parte o partes no asistieron a la sesión no será confidencial. En esa sesión el mediador informará a las partes de las posibles causas que puedan afectar a su imparcialidad, de su profesión, formación y experiencia; así como de las características de la mediación, su coste, la organización del procedimiento y las consecuencias jurídicas del acuerdo que se pudiera alcanzar, así como del plazo para firmar el acta de la sesión constitutiva. Las partes habrán de manifestar durante la sesión el objeto de la controversia para que el intento de mediación pueda entenderse como suficiente para considerar cumplido el requisito de procedibilidad previo a la interposición de la demanda. 2. El mediador deberá expedir, a petición de cualquiera de las partes, un documento en el que deberá hacer constar: a) La identidad del mediador, su cualificación, colegio profesional o institución a la que pertenece. b) La identidad de las partes. c) El objeto de la controversia. d) La fecha de la sesión. e) La declaración solemne de que las dos partes han intervenido de buena fe en el proceso, para que surta efectos ante la autoridad judicial correspondiente. f) En su caso, la inasistencia de cualquiera de las partes. La certificación por el mediador de la asistencia de las partes a esta sesión inicial, o el inicio del proceso de mediación de buena fe, aun cuando posteriormente se abandone por el desistimiento de cualquiera de las partes, satisface el requisito de procedibilidad del intento negociador previo a la interposición de la demanda.»

inicial, que requiera de las partes no solo la asistencia y la escucha de la información sino, además, acordar el objeto del conflicto; esta posibilidad ya compromete seriamente el principio de voluntariedad, siendo que es por la que opta el PLMEPSPJ.

La importancia de la cuestión estriba en que no solo es importante reparar en la introducción del intento de un MASC, en nuestro caso de mediación, como condición de procedibilidad como hace el PL para dejar expedita la vía judicial; también es crucial reflexionar sobre lo que lo anterior proyecta respecto de la exigencia de voluntariedad en aquélla y en, si cumplido el requisito, es esa configuración, y no otra, la única que serviría al fin superior del que se nutre el nuevo paradigma anclado en la noción de Servicio Público de Justicia, reflejado en el PL.

Y es la previsión del denominado SPJ la que resulta ser, a mi juicio, una de las aportaciones más relevantes y valiosas del Proyecto, pues abunda en los valores de responsabilidad ciudadana, de su madurez para abordar y gestionar la resolución de los conflictos. En definitiva, la apuesta por introducir, como pilar esencial del nuevo paradigma de Justicia, el señalado Servicio refuerza y avala los valores de la cultura del acuerdo, sustrato absolutamente necesario para avanzar en ese proyecto transformador de la sociedad que subyace, sin duda, en el Derecho colaborativo.

Así pues, entendiendo el pre Legislador que son posibles diversas formas de Justicia distintas a la Jurisdicción, a través del uso de los MASC, haciendo corresponsable a la ciudadanía en el uso de los mismos, advierto dos posibles hojas de ruta:

a) la elegida por el pre Legislador que considera que ese compromiso exigido al ciudadano tan solo se cumple al incluir en la sesión inicial (cuyo intento acreditado permitiría el acceso al proceso), además de la información sobre la mediación, la exigencia relativa a la necesidad de fijación del objeto de controversia; opción que, a mi juicio, exige replantear lo que implica la voluntariedad en la mediación;

b) otra opción, distinta de la que se contempla en el PL, apostaría por entender que ese compromiso del ciudadano ante el SPJ resultaría satisfecho con la asistencia de las partes a sesión informativa en sentido estricto (al estilo de la sesión informativa de la actual redacción de la LO 5/2012), poniendo un especial interés en reforzar su carácter pedagógico; de suerte que la asistencia a la señalada sesión sería la condición de procedibilidad que debería ser acreditada en este segundo escenario. De este modo, la voluntariedad en la mediación no resultaría afectada, pues con la pura información, en verdad, la misma no habría sido iniciada. En efecto, por lo anterior nada sería exigible a las partes, como fruto de dicha sesión informativa desde esa perspectiva negociadora a la que he aludido; a diferencia de la primera opción, la del PL, que, de forma impositiva requiere de las partes alcanzar en la llamada sesión inicial un acuerdo sobre, nada más y nada menos, que la fijación del objeto del conflicto de desear aquéllas el acceso a la Jurisdicción.

El complemento necesario de esta segunda opción, de naturaleza esencialmente educativa, precisaría, para reforzar la valiosa apuesta por un modelo de Justicia anclado en la noción de SPJ, que el intento de acuerdo sobre el objeto de la controversia fuera entendido no desde la imposición, como digo, sino desde la incentivación a través de algún beneficio que pudiera obtenerse.

Así pues, ya se ha indicado, en el fondo de una parte de este debate subyace, en realidad, el antagonismo entre dos formas de concebirse y proyectarse parte de la solución a los problemas que aquejan a nuestra Administración de Justicia, a saber: entender que el objetivo se alcanzará con la imposición y, en su caso, sanciones; o considerar que, a través de la información y de la incentivación, accedemos a la vía adecuada por la que se alcanzará, de forma sólida, el resultado deseado, al permear en la sociedad los valores de la cultura del acuerdo. Desde mi punto de vista, si deseamos, de verdad, un proyecto transformador de la sociedad este segundo camino es el idóneo.

Pero habiendo optado el pre Legislador por la primera opción, en el nuevo escenario que inaugurará, de resultar aprobada la LMEPSP, y desde el punto de vista procesal, el efecto de la falta de acreditación del intento de un MASC será, a los efectos del proceso que quisiera ser iniciado, ya se ha adelantado, óbice procesal[67].

En caso de que se hubiera intentado sin éxito el MASC, la mediación en nuestro caso, las consecuencias auspiciadas por este nuevo marco inaugurado por la futura LMEPSPJ, respecto a la exigencia de la condición de procedibilidad con relación a la presentación de una futura y eventual demanda, resultarían claras y relevantes.

---

67 Entendiendo por óbice procesal aquella circunstancia que no debería darse para que la *litis* se configure correctamente. La vía de denuncia del óbice en el que se resume la falta de intento de acuerdo es la declinatoria.

En efecto, situándonos en la mediación (art. 13), el objeto intentado debería coincidir, de no alcanzarse el acuerdo, con aquel que quedaría fijado en la demanda; de forma que el órgano jurisdiccional, en orden a valorar si se cumple o no la condición de procedibilidad exigida, debería comparar los dos objetos, el mediable y el procesal, para determinar si existe coincidencia entre los elementos identificadores de las pretensiones de las partes, *sujetos, petitum* y *causa petendi*[68]. Además, deberían cumplirse, también, las condiciones en virtud de las que se va a entender acreditado el intento de negociación y, en consecuencia, determinar que no ha sido posible alcanzar el acuerdo, dando por finalizado el intento[69]. Esta cuestión

---

68 Este mismo análisis deberá llevar a cabo el juzgador si se intentara que del objeto mediado, formalizado un acuerdo con el que se resolvió el conflicto, *ante litem*, se pretendiera por una de las partes nuevo conocimiento a través del proceso.

69 La exigencia de la condición de procedibilidad, materializada en la necesidad de acreditar el intento de acuerdo en el sentido establecido en el PL, tiene un "efecto cascada" sobre la LEC como y la LMACM. En efecto, ambas Leyes se verán, de prosperar una futura LMEPSPJ, afectadas. Al respecto, dentro del Título II del señalado PLMEPSPJ el art. 20. Cuarenta y seis modifica el artículo 264 de la LEC, relativo a los documentos procesales a aportar con la demanda o con la contestación a la misma, introduciendo un ordinal *4º*; aspecto éste de gran relevancia por incidir sobre el derecho de acceso de los ciudadanos a la Jurisdicción, en lógica consonancia con la exigencia introducida por el art. 4 del PLMEPSPJ. En este sentido, se exige:
"[...] documento que acredite haberse intentado la actividad negociadora previa a la vía judicial cuando la Ley exija dicho intento como requisito de procedibilidad". Por otro lado, y en línea con lo anterior el art. 20. Cincuenta y nueve, también inserto en el Título II del PL, introduce modificaciones en el art. 399 de la LEC que afectan, igualmente, a las condiciones de acceso a la Jurisdicción (con influencia directa sobre la voluntariedad en la mediación y que la aleja de ser entendida en sentido). Así, en el señalado precepto se dice: "[...]se hará constar en la demanda la descripción del proceso de negociación previo llevado a cabo y se manifestarán los documentos que justifiquen que se ha acudido a un medio adecuado de solución de controversias, salvo en los supuestos exceptuados en la Ley de este requisito de procedibilidad [...]" Lo anterior debe ser puesto en relación con la que, a su vez, introduce el art. 20.Sesenta del PL, al introducir las novedades del art. 403.2 de la LEC: "No se admitirán las demandas cuando no se acompañen a ella los documentos que la ley expresamente exija para la admisión de aquellas cuando no se hagan constar las circunstancias a las que se refiere el segundo párrafo del apartado 3 del artículo 399 en los casos en que se haya acudido a un medio adecuado de solución de controversias por exigirlo la ley como requisito de procedibilidad. Otros documentos exigidos por el PLEPSPJ y que deben acompañar a la demanda son: la certificación del registro electrónico de apoderamientos judiciales o referencia al número asignado por dicho

es de gran relevancia, pues de la señalada acreditación dependerá que se desbloquee el acceso a la Jurisdicción[70].

Dispone el PLMEPSPJ que las partes, en el caso de que la propuesta inicial de acuerdo no tenga respuesta o bien en el caso de que el procedimiento negociador finalice sin acuerdo, dispondrán del plazo de un año para interponer demanda, a contar desde la recepción de la propuesta por la parte requerida o, si es el caso, a contar desde la fecha de terminación del proceso de negociación sin acuerdo (art. 6.2, primer párrafo del PLMEPSPJ).

---

registro; documentos que acrediten la representación que el litigante se atribuya; documentos o dictámenes que acrediten el valor de la cosa litigiosa, a efectos de competencia y procedimiento.

La forma de presentación de los documentos que deben acompañar a las demandas, sean públicos, privados, así como los presentados por vía telemática, queda recogida en los arts. 20.47, 20.48 y 20.49 del PLEPSPJ, insertos en ese Título II al que he aludido, por los que se modificarían, respectivamente, los arts. 267, 268.1 y 273.4 de la LEC.

70 Esta cuestión la resolvería el art. 9 del PLMEPSPJ al exigir que la acreditación documental del intento se materializase en documento expedido por el mediador, a petición de cualquiera de las partes, y en el que debería hacerse constar: la identidad del tercero, su cualificación, colegio profesional, institución a la que pertenece, o registro en el que esté inscrito; la identidad de las partes (necesaria para establecer la comparación entre el objeto intentado y el que se pretender someter a la Jurisdicción); el objeto de la controversia (necesario para establecer la comparación entre el objeto intentado y el que se pretender someter a la Jurisdicción); la fecha de la reunión o reuniones mantenidas; la declaración solemne de que las dos partes han intervenido de buena fe en el proceso, para que surta efectos ante la autoridad judicial correspondiente. Si la parte requerida no hubiese comparecido o hubiese rehusado la invitación a participar en la actividad negociadora, la forma en la que se acreditaría el intento fallido de negociación sería a través de la consignación de la forma en la que se ha realizado la citación efectiva, la justificación de haber sido realizada, y la fecha de recepción de la misma. Dado el calado de los derechos en juego (art. 24 de la CE), al afectar al derecho de acceso a la jurisdicción se considera intentado sin éxito el acuerdo y cumplido el requisito cuando:

– pasados 30 días naturales desde la fecha de recepción de la propuesta por la parte requerida, no se ha producido la primera reunión o contacto dirigido a alcanzar un acuerdo o no se obtenga respuesta por escrito;

– si transcurridos tres meses desde la fecha de celebración de la primera reunión no se hubiera alcanzado un acuerdo:

– cualquiera de las partes se dirija por escrito a la otra dando por terminadas las negociaciones, quedando constancia del intento de comunicación de ser esa su voluntad.

6. CONCLUSIONES

I. La crucial cuestión relativa al grado de presencia de la voluntariedad en la esencia de la mediación, cuestión suscitada con ocasión del devenir legislativo de los últimos tiempos, precisa, para ser analizada con la profundidad que requiere, además del examen exhaustivo del marco normativo vigente, esto es, el previsto por la Ley 5/2012 y del abordaje, de igual modo, del marco normativo que se avecina y que, hoy por hoy, se plasma en el PLMEPSPJ, precisa, también, como digo, del análisis de la cuestión en perspectiva histórica, profundizando, a su vez, sobre la naturaleza del acuerdo de mediación.

II. La primera mirada propuesta nos sitúa en un movimiento global en el que, sin duda, "algo se mueve" en torno a los tradicionales modelos de Justicia como consecuencia del imparable ascenso de los valores de la cultura de acuerdo, de la cultura de paz. En ese escenario alternativo al contencioso (y subrayo alternativo, pues en este trabajo nos referimos al ámbito civil y mercantil), el llamado abogado colaborativo, sin presencia efectiva en nuestro ordenamiento jurídico, resulta ser una pieza fundamental. En efecto, en el nuevo tablero de juego que las propuestas legislativas ponen encima del tapete las "tablas", alcanzadas a consecuencia del conflicto, son percibidas y valoradas como la mejor opción de las posibles ante un nuevo paradigma en el que la corresponsabilidad ciudadana en el sostenimiento del sistema, derivado de la fundamental noción de Servicio Público de Justicia, resulta ser de capital importancia.

Las piezas que discurren por ese tablero, instrumentos necesarios y esenciales de ese nuevo, como decimos, paradigma de Justicia, son los denominados MASC; instrumentos que son "interpretados" o ejecutados, esencialmente, por los ciudadanos en esta nueva sinfonía que inspira la deriva legislativa de los últimos tiempos. Uno de estos instrumentos, el que hemos calificado como "buque insignia" de los MASC, es la mediación civil y mercantil, objeto central de este trabajo, una de cuyas señas identitarias, junto con la neutralidad, imparcialidad y confidencialidad del procedimiento al frente del cual se halla el mediador, tercero facilitador, es la voluntariedad.

III. La anterior afirmación, a saber, el entender que en la esencia de la mediación habita la voluntariedad, resulta extrapolable a otras formas que, a lo largo de la Historia y que al igual que aquélla, han sido utilizadas por el Hombre para la resolución de los conflictos.

En efecto, así como resulta innegable que el conflicto ha acompañado a la Humanidad desde que ésta irrumpiera en la Tierra hace cientos de miles de años, no es menos cierto que también la búsqueda de soluciones a las controversias ha discurrido pareja al proceso evolutivo de aquélla. Lo anterior se puede apreciar en las distintas culturas, tanto de oriente como de occidente, así como en los pueblos originarios, siendo el hilo conductor la voluntad de las partes implicadas en la resolución del conflicto.

IV. Esa voluntad de los particulares se ha ido fortaleciendo con el discurrir histórico, alentada por la progresiva delimitación y afirmación del individuo frente al Estado; de suerte que los diversos ordenamientos jurídicos han plasmado el principio de autonomía privada o autonomía de la voluntad, principio básico del Derecho civil, en especial del Derecho contractual. Dicho principio se erige como una manifestación de la libertad del individuo la cual resulta ser, a su vez, su instrumento; libertad que es entendida como necesaria por la CE para el libre desarrollo de la personalidad del individuo (art. 10 CE).

El señalado principio reconoce, así lo hemos indicado en este trabajo, un espacio de libertad y responsabilidad, en otras palabras, la potencia creadora de los seres humanos para auto otorgarse Leyes por las que van a regularse sus intereses, tanto respecto de ellos mismos (disfrute y disposición de derechos subjetivos) como, y especialmente, respecto de las relaciones que se establezcan con otros sujetos a través de su creación, modificación y eventual extinción. Para los ordenamientos jurídicos la voluntad autónoma de los individuos es, por tanto, fuente creadora de efectos jurídicos a través del negocio jurídico, siendo que, así lo hemos entendido, el acuerdo de mediación, alcanzado a través del procedimiento correspondiente, se engloba dentro de la categoría jurídica de los contratos.

En línea con lo anterior, nadie puede ser obligado a acordar, convenir o contratar contra su voluntad. Por tanto, la voluntad será la fuente de la dimanará el contenido del contrato y a la que habrá que atender a la hora de interpretarlo a la búsqueda de la intención de las partes, desde el necesario equilibrio entre ellas y en el sentido más favorable a esa libertad y autonomía de los individuos reconocida por el ordenamiento jurídico. A mayor abundamiento, siendo, como he indicado, la base de cualquier contrato la autonomía privada ésta, a su vez, bebe tanto de la libertad para decidir contratar como de la libertad para dotar de contenido a las estipulaciones que procedan y que integrarán o conformarán el contrato o el acuerdo.

En nuestro ordenamiento jurídico el reconocimiento de la autonomía privada para reglamentar relaciones jurídicas entre particulares se halla recogido en los art. 1091 y, muy destacadamente, en el 1255 del CC.

V. Y, respecto del señalado acuerdo, de la lectura del art. 23 de la Ley 5/2012, Ley de Mediación en Asuntos Civiles y Mercantiles se desprende que estamos ante un acuerdo en el que ambas partes, ante una situación de conflicto y en el afán de solucionarlo, establecen obligaciones para ambas, quedando vinculadas por las estipulaciones que en dicho acuerdo se establezcan; siendo que dicho acuerdo puede ser invalidado por las causas que afectan a los contratos. Lo anterior recuerda, claramente, a la figura de la transacción por la que, a tenor del art. 1089 del CC, el contrato en el que se resume la misma supone que las partes, dando, prometiendo o reteniendo cada una alguna cosa, evitan la provocación de un pleito o ponen término al que había comenzado, destacando que la jurisprudencia ha equiparado el acuerdo de mediación a la transacción, a la hora de aplicar la excepción correspondiente en el proceso que aquélla pretendía evitar, *Litis per transactionem finitae.*

Las zonas de confluencia entre la transacción y el acuerdo de mediación son innegables, ambas fórmulas auto compositivas, en ambos preexiste un conflicto y un acuerdo satisfactorio para ambas partes, decidido por ellas y que implica el nacimiento de obligaciones (a veces morales) para ambas con el fin de buscar una solución; así pues, las semejanzas entre ambas son palmarias.

VI. De lo anterior cabe colegir, a lo que nosotros interesa, que la mediación civil y mercantil habita en los dominios de la autonomía privada, pues corresponde a los particulares, por mor de su voluntad y al amparo, entre otros, de los preceptos reseñados, no tan solo configurar como deseen sus relaciones jurídicas, con respeto, obviamente, a los límites impuestos por el ordenamiento jurídico, sino también intentar llegar y, en su caso, alcanzar acuerdos como el descrito en la conclusión anterior que pongan fin a los conflictos que pudieran suscitarse de aquéllas.

Cabe afirmar, pues, que la voluntariedad de la mediación y el principio que la sustenta se hallan en el ADN, en el código genético del mecanismo, por lo que procede analizar el estado de la cuestión tanto desde la legalidad vigente como desde la que está por venir.

VIII. La actual redacción de la Ley 5/2012 presenta un escenario en el que la voluntariedad es concebida de forma plena. Así se desprende del art. 1 del señalado cuerpo legal al entender por mediación el medio de solución de controversias, con independencia de como resulte nombrado, por el que dos o más partes enfrentadas por un conflicto intentan voluntariamente resolverlo a través de un acuerdo asistidas de un mediador.

Esta exigencia de voluntariedad se aprecia, en el marco de la Ley 5/2012, tanto al inicio como a lo largo de la sustanciación de la mediación, reiterándose en diversos preceptos de la misma, tal es el caso del art. 6 que vuelve a destacar, con claridad manifiesta, y sin someterlo a condición alguna, el carácter voluntario del mecanismo al indicar en su inicio "La mediación es voluntaria".

No compromete esta conclusión que el párrafo 2° del indicado art. 6 indique que el pacto entre las partes de someter un eventual conflicto a la mediación exige de ellas intentar, bajo la premisa de la buena fe, resolverlo antes de recurrir a los Tribunales, pues en este caso, la voluntariedad de la mediación queda preservada, en tanto que el necesario intento no viene impuesto *extra muros* sino de la propia decisión de los contratantes que así lo han reflejado en la cláusula contractual correspondiente.

Por tanto, a tenor del art. 16 de la Ley 5/2012 se establecen dos formas de inicio: la primera de las previstas viene dada por el común acuerdo entre las partes; la segunda modalidad se concreta en la solicitud de una las partes, en cumplimiento de un pacto de sometimiento a mediación existente entre aquéllas (párrafo segundo del art. 6 de la LM).

Así pues, conforme a la Ley 5/2012, el principio de voluntariedad ha de estar presente y acompañar a las partes desde el inicio hasta que finalice el procedimiento de mediación; el resultado final del mismo es el acuerdo alcanzado, fruto de esa voluntad de las partes intervinientes. Son las partes, y solo ellas, las que deciden, sin ningún tipo de condicionamiento o límite, salvo los generales establecidos por el ordenamiento jurídico, si intentan o no el acuerdo, son ellas las que deciden, en su caso, sobre el contenido de los acuerdos; así como, por supuesto, si desean permanecer en el procedimiento o abandonarlo en cualquier momento.

IX. En el nuevo escenario que propone el PLMEPSPJ, asentado sobre la novedosa noción del renombrado Servicio Público de Justicia y sobre un variopinto ecosistema que alberga las distintas especies del género MASC, el acceso a la Jurisdicción se concibe como la última opción a la que debe acudir el ciudadano en caso de conflicto, pues lo contrario será entendido como abuso del señalado SPJ, teniendo consecuencias negativas para el justiciable, por ejemplo, en materia de costas.

El pre Legislador para alcanzar el objetivo anterior impone el intento de un MASC, en nuestro caso la mediación, como condición de procedibilidad necesaria para dejar expedita la vía judicial, comprometiendo, entendemos, una de las señas de identidad de aquélla, cual es la voluntariedad en sentido pleno.

En efecto, de la señalada opción impositiva que acoge el Proyecto y las consecuentes reformas en el propio Título I, así como las operadas en la LMACM 5/2012 y en la propia LEC de 7 de enero de 2000, se derivan una limitación de la voluntariedad en los momentos iniciales de la mediación.

En este sentido, la que es calificada por el Proyecto como sesión inicial, que "correspondería" a la actual sesión informativa de la Ley 5/2012, excede en mucho la previsión de esta Ley para la señalada sesión. Así, la señalada sesión inicial del PL, además de tener como objeto el trasladar a las partes información relevante acerca de la mediación, exige, para entender cumplida la condición de procedibilidad relativa al intento de acuerdo, la fijación de la crucial cuestión del objeto del conflicto; lo que, sin duda, comporta poner en marcha, por la vía de la imposición, las facultades negociadoras de las partes, si éstas, desean, en su caso, acceder a la Jurisdicción.

De *lege ferenda,* precisar lo que debe formar parte del indicado intento, con el objeto de valorar si dicho contenido compromete el principio de voluntariedad, resulta ser esencial si queremos que la mediación sea impulsada de forma eficaz. Lo anteriormente afirmado encuentra su fundamento en que la voluntariedad ejerce una influencia de forma notable, entre otros aspectos, para dotar de legitimidad, a la nueva propuesta que alberga el PL. En definitiva, para que la percepción de la indicada legitimidad del sistema resulte realmente interiorizada por la ciudadanía con respecto al Servicio Público de Justicia la voluntariedad resulta crucial. Por ello, cabe afirmar que la misma debiera acompañar a las partes desde el inicio del procedimiento hasta su conclusión, sea porque se ha alcanzado un acuerdo, sea porque, en ejercicio de su libertad, la parte decide abandonarlo.

X. El precio de la apuesta impositiva que refleja el PL, descrita en la conclusión anterior, se resume en el riesgo de que dicha exigencia se torne en mero requisito burocrático a cubrir; ello a pesar de que el PL establece "cortafuegos" a través de nuevos contenidos de lo que se entiende por mala fe procesal y de la acertada noción de "abuso del SPJ". Ambas indeseables conductas tienen consecuencias en materia de imposición de costas y en cuanto a la imposición de determinadas sanciones por cuanto el justiciable habría accedido a la Jurisdicción con el consiguiente gasto de recursos públicos y contribución a la sobrecarga del sistema, al no haber actuado éste conforme a la corresponsabilidad ciudadana que exige el PLMEPSPJ para la necesaria sostenibilidad el sistema.

Conjurar el peligro apuntado, se conseguirá avanzando en el reto pedagógico que alberga el cambio del paradigma de Justicia, pues en ello, a su vez, subyace un cambio, también, de paradigma social, esto es, el tránsito de una sociedad en esencia litigadora a una sociedad en la que los valores de la cultura de paz y del acuerdo hayan permeado, generándose la simbiosis necesaria para que el nuevo modelo, lejos de ser algo impostado fruto de la imposición, fluya de forma natural por ser consustancial a la sociedad.

Un cambio social de esta naturaleza, creo que solo se puede afrontar, educando en valores y dotando a la ciudadanía de herramientas gracias a las que adquieran las habilidades necesarias para transitar a través del conflicto; ciudadanos con aptitud necesaria para ver más allá de si mismos, empáticos; en suma, ciudadanos con capacidad para alcanzar acuerdos que zanjen la controversia.

La educación es, sin duda, el mejor antídoto contra el indeseado efecto consistente en que la mediación, su intento, acabe siendo, como decíamos, un mero trámite burocrático. De no operarse este cambio, persistiendo la opción impositiva propuesta por el pre Legislador, los MASC sobrevivirán, probablemente en la mayoría de ocasiones, como meros trámites a cubrir.

XI. En línea con la conclusión anterior, se debiera reflexionar sobre lo que la introducción de la tan mentada condición de procedibillidad comporta respecto de la exigencia de voluntariedad y en, si cumplido el requisito, es esa configuración, y no otra, la única que serviría al fin superior del que se nutre el nuevo paradigma anclado en la noción de SPJ, siendo que el nuevo sistema aglutina diversas formas de Justicia, además de la obtenida a través de la Jurisdicción, haciendo corresponsable a la ciudadanía en el uso de aquéllas.

Si se entiende que la vía correcta es la elegida por el PL, debiera replantearse el alcance de la voluntariedad como elemento esencial en la mediación.

Pero también cabría entender, en un discurrir distinto al del PL, que ese compromiso ciudadano al que aludía quedaría colmado con la asistencia de las partes a sesión informativa en sentido estricto (al estilo de la sesión informativa de la actual redacción de la LO 5/2012), fortaleciendo su carácter pedagógico. La asistencia a dicha sesión sería la condición de procedibilidad que habría que acreditar en este escenario alternativo. La señalada previsión tendría como consecuencia dejar indemne la voluntariedad de la mediación, pues nada se habría negociado de forma impositiva para las partes de desear éstas el acceso a la Jurisdicción (a diferencia de la primera opción en la que, comparecidas las partes, debe quedar fijado, para conseguir el acceso al proceso, el objeto de controversia). El siguiente paso, el intento de acuerdo sobre el objeto de la controversia, podría ser entendido no desde la imposición y configuración como condición de procedibilidad, sino desde la incentivación a través de algún beneficio que pudiera obtenerse.

7. BIBLIOGRAFÍA

ÁLVAREZ TORRES, MANUEL, "La mediación", en *La mediación civil y mercantil* (director Álvarez Torres, Manuel), Dykinson, Madrid 2013.

BARONA VILAR, SILVIA, *Solución extrajurisdiccional de conflictos. "Alternative Dispute Resolution (ADR) y Derecho Procesal,* Tirant lo Blanch, Valencia 1999.

BARONA VILAR, SILVIA, "La mediación: mecanismo para mejorar y complementar la vía jurisdiccional. Ventajas e inconvenientes. Reflexiones tras la aprobación de la Ley 5/2012, de 6 de julio, de mediación de asuntos civiles y mercantiles", VVAA, EXTEBARRIA GURIDI, JOSÉ FRANCISCO (dirs.), *Estudios sobre el significado e impacto de la mediación: ¿una respuesta innovadora en los diferentes ámbitos jurídicos?* Thomson-Reuters Aranzadi, Pamplona 2012.

BARONA VILAR, SILVIA, "Justicia civil post-coronavirus, de la crisis a algunas reformas que se avizoran", *Actualidad jurídica Iberoamericana,* nº12 bis, 2020.

BONNECASSE, JULIÁN, *Elementos de Derecho Civil,* t. I, C, México

CALAZA LÓPEZ SONIA, "El realismo mágico del nuevo proceso", *Revista de la asociación de profesores de Derecho procesal de las Universidades españolas",* coordinadora ANAGÜENA FANEGO, CORAL, Tirant lo Blanch, Nº 2, 2020.

CALAZA LÓPEZ, SONIA con FARRÁN ARIZÓN, MERCEDES; GUIL ROMÁN, CARMEN; MARTÍNEZ PALLARÉS, JOSÉ IGNACIO; PEREA GONZÁLEZ, ÁLVARO; PIÑAR GUZMÁN, BLAS, en "Diálogos para un futuro judicial", *LA LEY* 7982/2022.

CARRETERO LÓPEZ, EMILIANO, "Comentarios al anteproyecto de ley de mediación en asuntos civiles y mercantiles", *RIEDPA,* nº 1-2011.

CASTILLEJO MANZANARES, RAQUEL, *Comentarios a la Ley 5/2012, de Mediación en asuntos Civiles y Mercantiles,* Tirant lo Blanch 2013.

DÍEZ-PICAZO PONCE DE LEÓN, L., *Fundamentos de Derecho Civil Patrimonial,* VOLUMEN I, Introducción Teoría del Contrato, Civitas, 2007.

FERNÁNDEZ RIQUELME, SERGIO: "La mediación social: itinerario histórico de la resolución de conflictos sociales", en *Contribuciones a las Ciencias Sociales* (Grupo EUMEDNET, Universidad de Málaga), enero 2010, www.eumed.net/rev/cccss/07/sfr.htm.

FOLBERG, J y TAYLOR, A. "Mediación: resolución de conflictos sin litigio", México DF, Limusa, S.A. de C.V. Grupo Noriega Editores, Balderas 95, 1996.

GARCÍA VILLALUENGA, LETICIA, *Mediación en conflictos familiares, una construcción desde el Derecho de familia,* Ed. Reus, 2006.

GULLÓN BALLESTEROS, A., «Artículo 1809», en PAZARES RODRÍGUEZ, C., DÍEZ-PICAZO PONCE DE LEÓN, L., BERCOVITZ, R. y SALVADOR CODERCH, P. (coord.), *Comentarios del Código Civil,* tomo II, Ministerio de Justicia, Madrid, 1991.

DÍEZ PICAZO, LUIS, *Autonomía privada, Sistema de Derecho Civil T. I,* Tecnos, 2016.

GUTIÉRREZ BARBARRUSA, TOMÁS, "El conflicto en la teoría sociológica y la teoría sociológica del conflicto", en *Sociologías especializadas I,* con VICENTE DONCEL, LUIS; *CORO* JUANEDA J.A.; Dykinson 2011.

KANT, IMMANUEL, "Fundamentación de la metafísica de las costumbres", traducción GARCÍA MORENTE, MANUEL, Madrid 1921, disponible https://pmrb.net/books/kantfund/fund_metaf_costumbres_vD.pdf.

LÁZARO GUILLOMÁN, CARMEN, "El "acuerdo de mediación" de la Ley 5/2012, de 6 de julio, de Mediación en asuntos civiles y mercantiles. Algunas notas sobre su eficacia y efectos desde una perspectiva histórica-critica", en Revista *Internacional de mediación,* núm. 0, junio-diciembre 2013.

LOPEZ DE ARGUMEDO, ÁLVARO FERNÁNDEZ DE LA MELA, JOSÉ MARÍA, "El acuerdo de mediación", *Diario la Ley, Nº* 8477, La Ley 657/2015.

MAGRO SERVET, VICENTE, "La incorporación al derecho español de la Directiva 2008/52/CE, por el Real Decreto-ley 5/2012, de 5 de marzo, de mediación en asuntos civiles y mercantiles", *Diario La Ley,* nº 7852, año 2012.

MARTÍNEZ DE AGUIRRE ALDAZ, CARLOS, AAVV DE PABLO CONTRERAS, PEDRO; PÉREZ ÁLVAAREZ, MIGUEL ÁNGEL; PARRA LUCÁN MARÍA ÁNGELES, *Derecho de obligaciones,* Ed COLEX, 2000.

MARTÍNEZ PALLARÉS, JOSÉ IGNACIO, con CALAZA LÓPEZ, SONIA; FARRÁN ARIZÓN, MERCEDES; GUIL ROMÁN, CARMEN; PEREA GONZÁLEZ ÁLVARO, "Diálogos para un futuro judicial", *LA LEY* 7982/2022.

MERCHÁN ÁLVAREZ, ANTONIO, *Un arbitraje sobre términos de Villas señoriales,* accesible en https://idus.us.es/bitstream/handle/11441/11668/file 1.pdf?sequence=1&isAllowed=y.

MIQUEL, JOAN, *Derecho Romano,* Marcial Pons,2016.

MONTERO AROCA, JUAN, "Del derecho procesal al derecho jurisdiccional", *Justicia,* ISSN 0211-7754, Nº 2, 1984.

NUÑEZ RODRÍGUEZ, ARLIETYS Y RODRÍGUEZ MARTÍN, LISBETH, *Apuntes sobre la mediación como método `para dirimir conflictos familiares,* Derecho y Cambio Social, ISSN-e 2224-4131, Año 11, Nº 36, 2014.

ORDEÑANA GEZURAGA, IXUSKO, "Contribuciones al debate sobre la necesidad de constitucionalizar las técnicas extrajurisdiccionales de conflictos en el ordenamiento jurídico español", en El impacto de la oportunidad sobre los principios procesales clásicos: *Estudios y diálogos,* coordinadores CALAZA LÓPEZ, SONIA; MUINIELO COBO, JOSÉ CARLOS, DE PRADA RODRÍGUEZ, MERCEDES, 2021, págs. 343-374.

ORDEÑANA GUEZURAGA, IXUSKO," Bienvenidos arbitraje comercial y de inversiones y resto de mecanismos extra jurisdiccionales al Derecho jurisdiccional diversificado, rama del Derecho que ordena la solución de los conflictos jurídicos", *Arbitraje: Revista de Arbitraje comercial y de inversiones,* ISSN. 2603-9281. vol. 10, nº. 3, 2017.

PANERO GUTIÉRREZ, RICARDO, *Derecho Romano,* 6ª edidicón, Tirant Lo Blanch 2021

PÉREZ DAUDÍ, VICENTE, "La imposición de los ADR ope legis y el derecho a la tutela judicial efectiva", *InDret,* nº4-2022.

RAMOS MÉNDEZ, FRANCISCO, *El sistema procesal español,* 9ª. Ed., Atelier, Barcelona 2013.

RUIZ DE LA FUENTE, CONSUELO, "Mediación: ¿Alternativa al proceso o traba de acceso? Análisis de las consecuencias jurídico-procesales a la luz del Anteproyecto de Ley de Medidas de Eficiencia Procesal del Servicio Público de Justicia", *InDret,* 2.2022.

SAAVEDRA MAYORGA, JUAN JAVIER, *"Las ideas sobre el hombre en la Grecia antigua", Revista Facultad de Ciencias Económicas: Investigación y Reflexión,* Vol XV, nº2, 2 de diciembre de 2007.

SÁNCHEZ POS, VÍCTORIA, "Hacia un modelo de obligatoriedad mitigada de la mediación. Comentario breve al Anteproyecto de Ley de Impulso de la Mediación", en JIMÉNEZ CONDE, FERNANDO Y BELLIDO PENADÉS, RAFAEL (directores), LLOPIS NADAL PATRICIA, DE LUIS GARCÍA ELENA (coordinadoras), *Justicia: ¿garantías "versus" eficiencia?,* Tirant lo Blanch, Valencia 2020

SERRANO GÓMEZ, EDUARDO, "Artículo 6. Voluntariedad y libre disposición" GARCÍA VILLALUENGA, LETICIA Y ROGEL VIDE, CARLOS (directores), FERNÁNDEZ CANALES, CARMEN (coordinadora), en *Mediación en asuntos civiles y mercantiles. Comentarios a la Ley 5/2012,* Reus, Madrid.

SIX, JEAN FRANÇOIS, *La dinámica de la mediación,* Paidós, Barcelona 1999.

SOLETO MUÑOZ HELENA, *El abogado colaborativo,* Tecnos, 2017.

SOLETO MUÑOZ, HELENA "La mediación conectada con los Tribunales", en *Mediación y resolución de conflictos: técnicas y ámbitos,* directora SOLETO MUÑOZ, HELENA, Tecnos, Madrid 2019.

TAMAYO HAYA, SILVIA: "El contrato de transacción: principales líneas de su evolución histórica", en *Anuario de Derecho Civil* (Ministerio de Justicia), LVII-3, julio 2004.

VALLEJO PÉREZ, GEMA, *Métodos alternativos de resolución de conflictos de Derecho Romano. Especial referencia a la mediación,* Dykinson, Madrid, 2019.

VAQUERO PÉREZ, CARLOS http://archivodeinalbis.blogspot.com/2014/01/los-avenidores-medievales.html.

VIRGÓS SORIANO, M., GUAL GRAU, C., «La mediación como alternativa», en *Actualidad Jurídica Uría Menéndez,* núm. 20, 2008.

WEBER MAX, *El sentido de la "neutralidad valorativa" de las ciencias sociológicas y económicas,* en Ensayos sobre metodología sociológica, Buenos Aires, 1982.

Obligatoriedad y nuevas tecnologías en la mediación: estudio comparado

MARÍA BELÉN AIGE MUTZ
Profesora contratada doctora de Derecho Procesal de la UIB

1. INTRODUCCIÓN

A raíz de la aprobación el 15 de diciembre de 2020 del Anteproyecto de Ley de Medidas de Eficiencia Procesal del Servicio Público de Justicia, ahora ya Proyecto de Ley desde el 22 de abril de 2022, se tuvo la ocasión de realizar un estudio sobre la nueva regulación que recogía la obligatoriedad de acudir a un método alternativo de resolución de conflictos con carácter previo a la vía judicial. Esta es una regulación muy novedosa en nuestro país, si bien ya se vislumbraba este camino en el anterior Anteproyecto de Ley de Impulso a la Mediación[1], puesto que lo que se ha pretendido desde hace tiempo es intentar acabar con la saturación que tiene la justicia en nuestro país y proponer otras vías alternativas que pueden ser muy beneficiosas para los ciudadanos, como así se ha probado en países de nuestro entorno. A todo ello hay que sumarle el hecho de que en 2020 nos vimos inmersos en la pandemia por COVID-19, lo que supuso un colapso aún mayor de la vía judicial, y hubo que buscar soluciones alternativas en ese periodo de tiempo, especialmente durante los confinamientos, para solucionar los conflictos. Estas soluciones pasaron tanto por adaptar la vía judicial a un entorno online, en la medida de lo posible, como por acudir

---

1 Aprobado en enero de 2019 para promover la mediación y poder descongestionar un poco el ámbito de la justicia en juzgados y tribunales, acortando los plazos de respuesta y resolviendo los conflictos de manera más ágil y con menor coste personal y económico.

a mecanismos alejados a la vía judicial, como puede ser la mediación, dado que estos mecanismos alternativos se adaptaban mucho mejor a las nuevas necesidades, al poder disponer de la realización de los procedimientos por videoconferencia o de la simplificación y aceleración de los trámites.

Es en este contexto donde se aprueba el ahora Proyecto de Ley de Medidas de Eficiencia Procesal del Servicio Público de Justicia (en adelante, Proyecto de Ley de Eficiencia Procesal) que, como ya se ha señalado, por primera vez prevé, como mecanismo para lograr una agilización de la justicia, la obligatoriedad de acudir en cierto modo a mecanismos extrajudiciales de resolución de conflictos como presupuesto procesal para poder interponer una demanda en el ámbito civil (salvo en una serie de materias que quedarán excluidas) y, debido al poco éxito que hasta el momento habían tenido este tipo de mecanismos en España, este Proyecto de Ley también actuará a modo de incentivo de los mismos, para ajustarse a los propósitos de la Unión Europea de favorecer e impulsar una vía alternativa de resolución de controversias entre los ciudadanos.

A pesar de ser una regulación novedosa en nuestro país, el optar por algún tipo de obligatoriedad a la hora de utilizar estos mecanismos alternativos con carácter previo a la vía judicial no es algo desconocido en el ámbito internacional. Es este hecho el que dio lugar, de manera conjunta con el análisis de nuestra regulación legal, al examen de la tradición que estos sistemas alternativos de resolución de conflictos han tenido en el derecho comparado, especialmente en lo que se refiere a la obligatoriedad de acudir a los mismos. El poder abordar conjuntamente un estudio del derecho comparado es lo que permite observar los resultados que este tipo de regulaciones han obtenido en otros países, tanto de nuestro entorno más cercano como incluso en los países más alejados, y concluir si dichos resultados tienen un carácter positivo o si por el contrario esas regulaciones no han resultado positivas y han acabado por modificarse en cierta manera.

Dentro de este estudio comparado, se optó en su momento por abarcar un carácter global y no centrarse únicamente en el ámbito europeo, ya que de este modo se pensó que se podrían recoger una mayor variedad de resultados y experiencias que de alguna manera ayudarían a entender la regulación española y, por ende, vislumbrar los aspectos positivos o negativos que de la misma se pudieran desprender. Es por ello por lo que se realizó un análisis de los cinco continentes con un muestrario amplio de países en donde se había implementado algún tipo o modalidad de obligatoriedad en cuanto a los mecanismos alternativos de resolución de litigios en general, y de la mediación en particular, examinando también cómo se estaban aplicando las nuevas tecnologías a la mediación en estos países.

Para resumir el estudio llevado a cabo en el ámbito del derecho comparado, en cuanto a América se realizó un análisis de la regulación en Estados Unidos de América (tanto federal como estatal, con una selección de aquellos Estados que de un modo u otro recogían una mayor obligatoriedad para la mediación[2]), en Canadá (nuevamente estudiando su regulación federal así como la regulación en la provincia de Quebec y de British Columbia, en cuanto a la regulación estatal) y en Hispanoamérica (también con el análisis de una variedad de países en donde se regulaba algún tipo de obligatoriedad de la mediación[3]); en Europa se revisó la regulación en la Unión Europea, así como la regulación estatal de una serie de países que contaban en su normativa con algún tipo de obligatoriedad en el uso de la mediación[4], y también se examinó la regulación en el Reino Unido de manera independiente, puesto que ya no se encontraba dentro del ámbito de la Unión Europea[5]; en Asia se centró el estudio únicamente en Japón, puesto que es un país con un componente muy importante de obligatoriedad en el uso de la mediación; en Oceanía se analizó la regulación en Australia (tanto federal como estatal en Australia Occidental y en Nueva Gales del Sur); y, finalmente, en África se optó por escoger para el estudio comparado a Sudáfrica, por ser uno de los países más desarrollados del continente.

A raíz de la publicación del mencionado estudio[6], se recibió la invitación para participar en octubre de 2022 en el II Congreso Internacional de

2 En concreto, de los 50 Estados y del Distrito Federal, se realizó un muestreo equivalente aproximadamente a la cuarta parte de los mismos, abarcando en este caso Alaska, California, Florida, Hawái, Illinois, Michigan, Minnesota, Nuevo México, Nueva York, Oregón, Tennessee, Texas y Washington, así como también el distrito federal de Washington D.C. (Distrito de Columbia).

3 En este apartado de Hispanoamérica se hizo referencia solamente a países de habla española en el continente americano, escogiendo un total de 8 entre los 21 países existentes. Así, se analizaron los países siguientes: Argentina, Chile, Colombia, Cuba, Ecuador, Guatemala, México y Perú.

4 En concreto se estudiaron Alemania, Austria, Bélgica, Francia, Hungría, Irlanda, Italia, Luxemburgo, Malta, República Checa y Rumanía, un total de once países del total de veintisiete que conforman la Unión Europea, ello sin contar, evidentemente, España, que constituía el objeto de estudio principal.

5 Del Reino Unido se analizó su regulación nacional y luego la regulación en Escocia, en Gales e Inglaterra y en Irlanda del Norte.

6 En este sentido, véase AIGE MUT, MARÍA BELÉN, *La mediación civil: estudio comparado y referencia a las nuevas tecnologías para su desarrollo,* Thomson Reuters Aranzadi, Navarra 2021.

formación teórico-práctica en materia de mediación civil, mercantil, penal, penitenciaria e institucional, con la ponencia que llevaba por título "Obligatoriedad y nuevas tecnologías en la mediación: estudio comparado". En esa ponencia se pusieron de relieve los resultados más importantes del citado estudio, lo que llevó a retomarlo nuevamente pudiéndolo actualizar y revisar, incorporando todas las novedades y actualizaciones legislativas que se habían ido sucediendo hasta la fecha presente[7].

En el capítulo que ahora nos ocupa no se va a reproducir la totalidad del estudio que se llevó a cabo y que dio lugar a una monografía con entidad propia, sino que simplemente se han querido extraer las conclusiones más importantes del mismo para poder sintetizarlas y dar una vista de pájaro, a la vez que se ha aprovechado la ocasión para actualizarlo con las últimas novedades, teniendo que eliminar algunos de los países para poder adaptarlo a las características intrínsecas a un capítulo de libro.

2. LAS NUEVAS TECNOLOGÍAS APLICADAS A LA MEDIACIÓN

Dentro de los diferentes mecanismos alternativos de resolución de litigios, la mediación destaca entre los demás por tener la ventaja de que son las partes las que alcanzan un acuerdo sin que les sea impuesto, de modo que es un mecanismo de los que se denominan de "win win" puesto que ambas partes se configuran como ganadoras, lo que conlleva que haya una mayor tendencia al cumplimiento de los acuerdos alcanzados.

Para introducir un poco este mecanismo de la mediación, se partirá de la definición que de la misma recoge nuestra Ley 5/2012, de 6 de julio, de mediación en asuntos civiles y mercantiles (en adelante, Ley de Mediación). Esta Ley la define como aquel medio de solución de controversias, cualquiera que sea su denominación, en que dos o más partes intentan voluntariamente alcanzar por sí mismas un acuerdo con la intervención de un mediador (artículo 1). Por lo tanto, se puede apreciar que es un mecanismo para poder solucionar conflictos en el que, como ya se ha avanzado, son las partes las que alcanzan el acuerdo de manera voluntaria. Esta voluntariedad, como una de las características principales de la mediación, se entiende aplicada a la posibilidad de alcanzar un acuerdo y no a la posibilidad de acudir a la mediación que, como se analizará en el apartado tercero de este capítulo, puede incluir ciertos elementos de obligatoriedad

---

7 La fecha de cierre de este capítulo es abril de 2023.

como sucede en el Proyecto de Ley de Eficiencia Procesal[8]. También hay que destacar en la definición la intervención de un mediador, que es un tercero neutral que asiste a las partes para que les sea más fácil alcanzar un acuerdo, de modo que no toma la decisión por sí mismo, sino que media entre los participantes. En este sentido, en algunos países como, por ejemplo, Estados Unidos de América, se pueden diferenciar diferentes modelos de mediación en función del rol que realiza el mediador: facilitadora/conferencia es aquella entre partes representadas legalmente que se centra en obtener una comunicación mejorada, facilitadora/caucus es en la que las partes intervienen también con representación legal pero con reuniones de carácter privado, la mediación como justicia social es en la que el mediador suele tener que asegurarse de que se logra un cumplimiento del acuerdo, la mediación con modelo evaluador sería aquella en la que el mediador con experiencia legal además de mediar presta su opinión en la resolución del conflicto, y finalmente estaría la mediación como modelo transformador en la cual las partes tendrían un control absoluto del proceso y cuyo objetivo se centra más en transformar la situación en una experiencia positiva[9]. En cualquier caso, el mediador tendrá que ser un tercero imparcial y neutral[10]. Por último, hay que destacar el hecho de que la mediación no viene definida por su propia denominación de "mediación", como bien señala el artículo 1 que se acaba de exponer, sino que viene definida por su contenido y sus características; de ahí que, en ocasiones, se pueda encontrar la figura de la mediación bajo otras denominaciones, como por ejemplo bajo el término de conciliación, especialmente en otros países[11]. De todas formas, la definición a la que se acaba de hacer referencia se verá modificada por la disposición final sexta del Proyecto de Ley

---

8 En relación con la característica de la voluntariedad, la Ley de Mediación la recoge en el artículo 6. Sin embargo, este artículo se va a ver modificado por la disposición final sexta del Proyecto de Ley de Eficiencia Procesal, precisamente para adecuarla al requisito de procedibilidad que se analizará en el apartado tercero de este capítulo.

9 WRIGHT, WALTER A., "El uso de la mediación para hacer cumplir los derechos civiles en los Estados Unidos", *Revista de Mediación,* Vol. 12, n.º 2, 2019. Versión digital.

10 Al respecto, la Ley de Mediación hace referencia a la imparcialidad de los mediadores en el artículo 7 y a su neutralidad en el artículo 8.

11 En este sentido, cuando se haga referencia a Colombia en el apartado 4 de este capítulo, se retomará este tema puesto que en este país consideran a la conciliación como un tipo o modalidad de mediación.

de Eficiencia Procesal, eliminando la referencia a "cualquiera que sea su denominación"[12].

Evidentemente, al ser las partes las que alcanzarán por sí mismas el acuerdo ello conlleva que pueden tener un amplio poder de disposición sobre todo el procedimiento, de una manera mucho más amplia que en el ámbito del proceso civil judicial[13]. Esta mayor flexibilidad es una de las principales ventajas de la mediación, ya que las partes pueden configurar el procedimiento a su gusto y beneficiarse de ello, consiguiendo así, también, una mayor celeridad a la hora de resolver el conflicto puesto que no tienen que pasar por rígidos plazos legales; de hecho, el artículo 20 de la Ley 7/2017, de 2 de noviembre, por la que se incorpora al ordenamiento jurídico español la Directiva 2013/11/UE, del Parlamento Europeo y del Consejo, de 21 de mayo de 2013, relativa a la resolución alternativa de litigios en materia de consumo (en adelante, Ley 7/2017[14]), establece un plazo máximo de 90 días naturales, prorrogables en casos de especial complejidad, para la resolución del asunto, a pesar de que la Ley de Mediación en el artículo 20 solamente indica que el plazo debe ser lo más breve posible. También hay que destacar como principio esencial de la mediación la confidencialidad[15], la cual puede resultar una gran ventaja sobre todo cuando intervienen grandes empresas que no quieren que determinados conflictos puedan hacerse públicos, como podría suceder en un procedimiento judicial que tiene la característica de la publicidad. Y otra ventaja, ya no en el caso de las empresas sino en el caso de los consumidores, es la gratuidad de la mediación, recogida en el artículo 11 de la Ley 7/2017. Pero, para que todo el engranaje funcione, las partes van a tener que actuar con buena fe y con la voluntad real de alcanzar un acuerdo.

---

12 No se entiende muy bien esta eliminación, puesto que existe mucha doctrina y experiencia en derecho comparado que demuestran que la mediación se define por sus propias características, si bien no siempre se establece un término unitario, por lo que la eliminación de la expresión "cualquiera que sea su denominación" no se considera acertada.

13 Puesto que, en el ámbito judicial civil, a pesar de regir el principio dispositivo, hay una serie de normas imperativas que se deben cumplir.

14 Esta Ley, además, recoge en el artículo 8 los principios rectores que deben informar los procedimientos de resolución alternativa como la mediación, siendo estos el de independencia, imparcialidad, transparencia, eficacia y equidad, recalcando también en el artículo 9 la voluntariedad con la salvedad de que no cabe obligación de participar en el procedimiento salvo que una norma especial así lo establezca, como puede ser en este caso el Proyecto de Ley de Eficiencia Procesal.

15 La confidencialidad se recoge en el artículo 9 de la Ley de Mediación.

De todo lo que se acaba de exponer, queda patente que la mediación es un mecanismo idóneo para implementar las nuevas tecnologías, puesto que las partes tienen la libertad de establecer el procedimiento y, además, las nuevas tecnologías precisamente podrán aportar aún un plus mayor a la celeridad y a la flexibilidad del proceso.

Tradicionalmente, las nuevas tecnologías en la mediación se limitaban a realizar ciertos trámites de manera electrónica, como pueden ser la entrega de cierta documentación, comunicaciones asíncronas (por ejemplo, por correo electrónico) y poco más. Posteriormente, y sobre todo tras la llegada de la pandemia por COVID-19 y sus posteriores confinamientos, se utilizaron más las nuevas tecnologías en el sentido de la realización de la mediación íntegra de manera electrónica, con una comunicación sincrónica, valiéndose para ello de plataformas de videoconferencia que se asentaron rápidamente en la época del confinamiento, como pueden ser Zoom, Google Meets, Microsoft Teams... entre otras muchas. De esta manera sí se estaba realizando una auténtica mediación de carácter online, de principio a fin, como un auténtico mecanismo de ODR (*online dispute resolution*).

Sin embargo, no cabe duda de que al encontrarnos de lleno ante la cuarta revolución industrial las nuevas tecnologías tienen que ir más allá de simplemente asistir a que la mediación tradicional se pueda realizar en un entorno online, y ahí es donde entran en juego otras tecnologías más innovadoras como puede ser la inteligencia artificial.

La inteligencia artificial se puede definir como la capacidad de que una máquina se comporte de manera que, si un humano se comportara así, se pudiera llamar inteligente[16]. Si se aplica la inteligencia artificial a la media-

---

16 VERMEYS, NICOLAS y ACEVEDO, MARIA FERNANDA, "Online Dispute Resolution Platforms as a Public Service: How the cyberjustice laboratory's platform to aid in the resolution of litigation electronically (PARLe) is transforming the Canadian Justice System", AAVV (Directora BARRALS VIÑALS, INMACULADA), *El sistema ADR/ODR en conflictos de consumo. Aproximación crítica y prospección de futuro,* Atelier, España, 2019, págs. 219-247. Otra definición se puede encontrar por parte de la Comisión Europea en la Comunicación al Parlamento Europeo, al Consejo Europeo, al Consejo, al Comité Económico y Social Europeo y al Comité de las Regiones, sobre Inteligencia Artificial para Europa, Bruselas 25.4.2018, COM/2018/237 final: "*sistemas que manifiestan un comportamiento inteligente, pues son capaces de analizar su entorno y pasar a la acción —con cierto grado de autonomía— con el fin de alcanzar objetivos específicos*". La Comisión Europea también ha definido la inteligencia artificial en el Libro Blanco sobre la inteligencia artificial –un enfoque europeo orientado a la excelencia y la confianza, COM(2020) 65 final,

ción puede llegar a desarrollar diferentes roles: por un lado, podría desarrollar un rol asistencial, de modo que realice ciertas funciones de manera más rápida o eficaz; y, por otro lado, podría desarrollar un rol más participativo de manera que llegara incluso a sustituir a la figura del mediador, configurándose así con un rol decisorio, lo cual podría ser aún mucho más rápido y eficaz pero a la vez conllevaría otros riesgos intrínsecos a la propia inteligencia artificial[17]. Depende de qué modelo de aplicación se esté hablando, se podrá denominar de nuevo a la mediación ya no como mecanismo ODR sino como mecanismo ODRAI (*online dispute resolution artificial intelligence*) si se utiliza más de una manera asistencial o AIDR (*artificial intelligence dispute resolution*) cuando la inteligencia artificial es la que actúa para la resolución del conflicto, es decir, cuando es la que toma la decisión final[18]. Cuando se incorporan más tecnologías a la mediación es cuando ya se producen cambios en el paradigma de la justicia, como dice BARONA VILAR[19], porque se pasa de una justicia analógica con monopolio del poder judicial a un nuevo sistema multipuerta sobre el que se tiene el control,

---

Bruselas, 19.2.2020, en el sentido de que la inteligencia artificial "*es una combinación de tecnologías que agrupa datos, algoritmos y capacidad informática*", de modo que está claro que hace uso de todas las tecnologías para llevarlas incluso más allá. Y es en este mismo sentido el que se adopta en la definición recogida en el artículo 3 de la propuesta de Reglamento por el que se establecen normas armonizadas en materia de inteligencia artificial, COM(2021) 206 final, Bruselas, 21.4.2021, cuando indica que un sistema de inteligencia artificial significa un software que se desarrolla con una o más de las técnicas y enfoques del Anexo I (enfoques de aprendizaje automático, enfoques basados en la lógica y el conocimiento y enfoques estadísticos) y que puede, para un determinado conjunto de objetivos definidos por los humanos, generar resultados tales como contenido, predicciones, recomendaciones o decisiones que influyen en los entornos con los que interactúan.

17 Como pueden ser los riesgos asociados a la parcialidad humana, ya que, si esta parcialidad parece ser que se puede suprimir al dejar la decisión final en manos de una inteligencia artificial, no hay que olvidar que es el factor humano, son las personas, el que introduce los datos con los que opera la inteligencia artificial a través de sus algoritmos, y esa introducción de datos podría realizarse con algún tipo de parcialidad ya sea intencionada o no. Al respecto, véase MANTELERO, ALESSANDRO, "Data processing and the risks of Artificial Intelligence", *Derecho Digital e Innovación*, n. º1, enero-marzo 2019, versión digital. Otro riesgo podría ser también el de la aplicación automática del tenor literal de la Ley, sin ningún tipo de razonamiento, lo que podría llevar a soluciones injustas.

18 VERMEYS, NICOLAS y ACEVEDO, MARIA FERNANDA (*op. cit.*)

19 Así lo comentó BARONA VILAR, SILVIA, en su conferencia dentro del marco de los "Diálogos procesales" sobre los métodos alternativos de resolución de litigios, el 3 de mayo de 2021.

de forma digital, dinámica, adaptable y sin fronteras. Esta posibilidad de aplicación que tienen las nuevas tecnologías es una de las ventajas que se han ido comentando sobre la mediación, porque al tener las partes el control y poder adaptarse a nuevos paradigmas ello puede suponer todo un mundo de posibilidades en el ámbito de la resolución de conflictos.

Sea cual sea la tecnología empleada, o que se vaya a emplear en un futuro, lo cierto es que tanto la Ley de Mediación como el Proyecto de Ley de Eficiencia Procesal contemplan su utilización, de manera que tendría una cobertura legal clara. En este sentido, la Ley de Mediación recoge en el artículo 24 la posibilidad de realizar la mediación electrónica, ya sea con una, varias o todas las actuaciones realizadas por medios electrónicos[20], siendo este mecanismo el preferente para reclamaciones de cantidad inferiores a los 600 euros. Por lo que respecta al Proyecto de Ley de Eficiencia Procesal también recoge una referencia a las actuaciones por medios telemáticos, de manera muy breve en el artículo 7, señalando que todas o alguna de las actuaciones se podrán llevar a cabo por estos medios y, nuevamente, indicando la preferencia para aquellos conflictos que no superen los 600 euros, de manera prácticamente idéntica a la regulada en la Ley de Mediación.

En España cada vez se van encontrando más ejemplos de mediación electrónica, si bien estamos todavía bastante alejados de algunos sistemas más novedosos que se analizarán en el apartado cuarto dedicado al derecho comparado. Si se examinan un poco diferentes asociaciones y organismos de mediación, casi todos ofrecen sistemas de mediación electrónica, si bien la utilización de sistemas de inteligencia artificial es más escasa; del mismo modo, también van apareciendo procedimientos de mediación electrónica en el ámbito de consumo, aunque estos son más recientes debido a que la mediación estaba excluida para el ámbito del consumo en la Ley de Mediación hasta su modificación por la Ley 7/2017. En concreto, a través de la disposición final séptima se modificó la Ley de Mediación suprimiendo el párrafo d) del artículo 2.2 que excluía de su ámbito de aplicación la mediación en materia de consumo. Esta Ley, además, recoge

---

20 Esta regulación se completa con el Real Decreto 980/2013, de 13 de diciembre, por el que se desarrollan determinados aspectos de la Ley 5/2012, de 6 de julio, de mediación en asuntos civiles y mercantiles (en adelante, RD 980/2013). De todas formas, este desarrollo es de mínimos, lo cual es en parte positivo porque no cerraría la puerta a nuevas tecnologías futuras siempre y cuando garanticen la seguridad, buen funcionamiento, privacidad, integridad y secreto de las comunicaciones, así como confidencialidad del procedimiento, y debiéndose acreditar la identidad de las partes y del mediador.

una referencia breve a los procedimientos de carácter electrónico, cuando en el artículo 12 señala que el acceso a los procedimientos "*ya sea en línea o no*" debe ser sencillo y de fácil identificación; nuevamente en el artículo 17 indica que la documentación necesaria se podrá presentar en línea o no.

A modo de ejemplo, existen diversas entidades y asociaciones que ofrecen mecanismos de mediación online, como puede ser la asociación de Confianza Online[21], que tiene un procedimiento de mediación B2C que se desarrolla de principio a fin a través de correo electrónico, por lo que es un procedimiento de mediación electrónica para el ámbito de consumo. Además, esta asociación está inscrita como organismo para la resolución de litigios online en la plataforma europea para la resolución de conflictos en línea de la que se hablará a continuación[22]. Esta asociación tiene convenios de colaboración con la Comunidad de Madrid, el Ayuntamiento de Madrid, la Junta de Comunidades de Castilla La Mancha y el Gobierno de Islas Baleares, y forman parte de la misma empresas tan importantes como El Corte Inglés, Venca o Camper, entre otras muchas. Además de esta asociación, también hay que destacar la Asociación de Mediación "Mediation Quality", que lleva a cabo mediación mercantil, organizacional, familiar, civil y de consumo y que también está acreditada ante la Unión Europea como entidad de resolución de litigios de consumo[23], inscrita en el Ministerio de Justicia y en el Centre de Mediació de Catalunya[24].

---

21 Confianza Online es una asociación creada por Autocontrol (un organismo independiente de autorregulación de la industria publicitaria en España) y Adigital (Asociación Española de la Economía Digital, una organización formada por más de 550 empresas de sectores clave de la economía digital con el objetivo de crear un entorno óptimo para el desarrollo y crecimiento de la economía digital) para aumentar la confianza de los usuarios en Internet. Información extraída de: www.confianzaonline.es, www.autocontrol.es y www.adigital.org (fecha de consulta: 28 de marzo de 2023).

22 En concreto, están inscritas la Asociación para la autorregulación de la comunicación comercial (Autocontrol) y el Comité de mediación de la asociación confianza online. Información extraída de: https://ec.europa.eu/consumers/odr/main/?event=main.adr.show2 (fecha de consulta: 28 de marzo de 2023). Además, esta asociación tiene sus sistemas extrajudiciales de resolución de conflictos reconocidos como ADR y notificados por el Gobierno de España a la Comisión Europea. Información extraída de: https://www.confianzaonline.es/quienes-somos/ (fecha de consulta: 28 de marzo de 2023).

23 Al respecto, aparece dada de alta en la plataforma europea para la resolución de conflictos en línea como Asociación de Mediación "Mediation Quality". Información extraída de: https://ec.europa.eu/consumers/odr/main/?event=main.adr.show2 (fecha de consulta: 28 de marzo de 2023).

24 Información extraída de: https://mediationquality.com (fecha de consulta: 28 de marzo de 2023).

En este aspecto, también hay que destacar como mecanismo de resolución alternativa de conflictos (incluida la mediación) de carácter electrónico (aunque en modalidad sencilla de ODR) y únicamente para el ámbito del comercio electrónico con consumidores la plataforma europea para la resolución de conflictos en línea, que fue creada por el Reglamento (UE) n.º 524/2013 del Parlamento Europeo y del Consejo, de 21 de mayo de 2013, sobre resolución de litigios en línea en materia de consumo y por el que se modifica el Reglamento (CE) n.º 2006/2004 y la Directiva 2009/22/CE (en adelante, Reglamento ODR) y en la que España tiene organismos inscritos gracias a la transposición de la Directiva 2013/11/UE del Parlamento Europeo y del Consejo, de 21 de mayo de 2013, relativa a la resolución alternativa de litigios en materia de consumo y por la que se modifica el Reglamento (CE) n.º 2006/2004 y la Directiva 2009/22/CE (en adelante, Directiva ADR) a través de la Ley 7/2017. A modo de ejemplo, aparecen inscritas la Asociación de Mediación "Mediation Quality" o el Comité de Mediación de la Asociación Confianza Online, a los que ya se ha hecho referencia, entre otros muchos[25].

3. OBLIGATORIEDAD DE LA MEDIACIÓN

Como ya se ha adelantado en el apartado anterior, uno de los principios de la mediación es la voluntariedad, si bien la misma hay que entenderla como voluntariedad en alcanzar un acuerdo y no como voluntariedad en acudir al procedimiento de mediación. Partiendo de la base de este razonamiento, el Proyecto de Ley de Eficiencia Procesal ha establecido una cierta obligatoriedad de acudir a la mediación (o a cualquier otro medio alternativo de resolución de conflictos) al establecer un requisito de procedibilidad para la vía judicial.

Tradicionalmente, el artículo 6 de la Ley de Mediación establecía la voluntariedad y libre disposición de la misma, al recoger tajantemente que "*La mediación es voluntaria*". Sin embargo, como se acaba de señalar, esta interpretación no ha sido la que finalmente se ha adoptado, por lo que el Proyecto de Ley de Eficiencia Procesal establece en la disposición final sexta una modificación de este artículo 6 que de denominarse "*Voluntarie-*

---

25 En total aparecen un total de 37 organismos de resolución de litigios, y aunque la mayoría son Juntas Arbitrales de Consumo también existen diversos organismos de mediación, https://ec.europa.eu/consumers/odr/main/?event=main.adr.show2 (fecha de consulta: 12 de abril de 2023).

dad y libre disposición" pasará a denominarse "*Requisito de procedibilidad y libre disposición*" y se entenderá cumplido este requisito de procedibilidad con la celebración como mínimo de una sesión inicial ante el mediador, si bien seguirá existiendo voluntariedad para que las partes puedan alcanzar un acuerdo en la mediación o bien acudir a la vía judicial.

Esta modalidad de obligatoriedad es lo que se ha venido conociendo como "obligatoriedad mitigada"», esto es, obligatoriedad de intentar conseguir un acuerdo, pero con libertad final para acudir a la vía judicial. Este modelo se inició con bastante éxito en Italia (como se analizará en el apartado cuarto) y fue la modalidad refrendada por el Tribunal de Justicia de la Unión Europea en la sentencia de 18 de marzo de 2010, dictada en el asunto C-75/16 Livio Menini y Maria Antonia Rampanelli/Banco Popolare Società Cooperativa, puesto que en la mencionada resolución no se formuló una oposición a la normativa nacional que recoge la obligatoriedad de la mediación como requisito de procedibilidad siempre y cuando quedase garantizado el acceso a la justicia, para lo cual se deberían cumplir una serie de requisitos que se resumen en los siguientes:

1. No obligatoriedad para alcanzar el acuerdo: las partes deben poder apartarse en cualquier momento de la mediación y poder acudir a la vía judicial, salvaguardando así el derecho a la tutela judicial efectiva y el libre acceso a los tribunales.
2. El acceso a la mediación no puede suponer un retraso sustancial del posible acceso a la vía judicial.
3. Se deberán suspender los plazos de prescripción.
4. No deberá generar gastos, o los gastos generados deberán ser muy escasos[26].
5. Si existe una vía de acceso electrónica no deberá ser la única posible.
6. Debe ser posible adoptar medidas provisionales con carácter urgente.

Esta modalidad de obligatoriedad es la que ya se utilizó en el Anteproyecto de Ley de Impulso de la Mediación, aprobado en enero de 2019, del cual el Proyecto de Ley de Eficiencia Procesal constituye su sucesor espiritual, al compartir muchos de los planteamientos del mismo. Preci-

---

26 Es cierto que este requisito tal vez es el que pueda resultar más conflictivo, porque en los supuestos en los que la mediación no sea gratuita, si finalmente las Administraciones no financian el coste de acudir a un mediador, los gastos podrían no ser tan escasos.

samente entre esos planteamientos se encontraba fomentar e impulsar la mediación como solución complementaria a la vía judicial, y para ello se estableció el requisito de procedibilidad en forma de "obligatoriedad mitigada" que exigía un intento de mediación previo a la vía judicial en determinados asuntos.

Lo que pretende el Proyecto de Ley de Eficiencia Procesal, como señala la Exposición de Motivos, es descongestionar el ámbito de la justicia debido al incremento de la litigiosidad[27]. Para ello se ha apostado por los mecanismos alternativos de resolución de conflictos y se apuesta también por asentar la mediación, dado que su potencial no había sido debidamente desarrollado desde la entrada en vigor de la Ley de Mediación en el año 2012. Al respecto, se tiene en cuenta la experiencia europea que señala que existe una falta de cultura de la mediación en los Estados miembros y que la mediación se debe potenciar. Es por ello por lo que en el ámbito de los asuntos civiles y mercantiles, nacionales y transfronterizos, y dejando al margen algunas materias, se apuesta por este tipo de mecanismos para la resolución de los conflictos con carácter previo a la vía judicial para evitar lo que se denomina una "*utilización irresponsable del derecho fundamental de acceso a los tribunales recurriendo injustificadamente a la jurisdicción cuando hubiera sido factible y evidente una solución consensuada de la controversia*". Para lograrlo, en el artículo 20 del Proyecto de Ley de Eficiencia Procesal, apartado cuarenta y seis, se modifica el artículo 264 de la Ley 1/2000, de 7 de enero, de Enjuiciamiento Civil (en adelante, LEC) añadiendo el requisito de procedibilidad para el acceso a la vía judicial, que quedará cumplido acompañando junto con la demanda un documento acreditativo de haberse intentado una actividad negociadora previa, quedando inadmitida la demanda en caso contrario. Así, el artículo 4 del Proyecto de Ley de Eficiencia Procesal establece el requisito de procedibilidad con carácter general para el orden civil, salvo las materias excluidas[28]. Para ello, se ha

---

27 Al respecto, el Anteproyecto de Ley de Impulso a la Mediación ya pretendía promoverla para descongestionar los juzgados y tribunales, acortar los plazos de respuesta y resolver los conflictos de una manera más ágil y con menor coste económico y social, reduciendo los niveles de litigiosidad en España, tal y como señalaba su Exposición de Motivos.

28 Artículo 4.2, materias como la tutela civil de derechos fundamentales, la adopción de las medidas del artículo 158 del Código Civil, la autorización para el internamiento forzoso por trastorno psíquico del artículo 763 LEC, la tutela sumaria de tenencia o posesión de cosa o derecho por quien haya sido despojado o perturbado en su disfrute, la resolución sumaria sobre demolición o derribo de obra, edificio, árbol, columna u objeto análogo en ruina con amenaza de causar daños

modificado también la Ley de Mediación en la disposición final sexta del Proyecto de Ley de Eficiencia Procesal, de modo que se entiende cumplido el requisito de procedibilidad con la celebración de al menos una sesión inicial ante el mediador en la que deberán asistir las partes personalmente (artículo 6.1), aunque se dará por cumplido el requisito de procedibilidad cuando se haya citado a las partes aunque haya inasistencia injustificada de cualquiera de ellas, dado que en este caso se entenderá que rehúsan a la mediación (artículo 17.1); también se modifica el modo de inicio de la mediación, ya que junto al común acuerdo de las partes y el inicio por una de las partes en cumplimiento de un pacto entre ambas se añade el inicio como requisito de procedibilidad y la derivación judicial o del letrado de la Administración de Justicia (artículo 16.1).

Según el Proyecto de Ley de Eficiencia Procesal, cuando se acuda a la mediación como presupuesto de procedibilidad, se podrá acudir con asistencia de abogado (artículo 5) siendo únicamente preceptiva la asistencia cuando se formule una oferta vinculante superior a los 2.000 euros. Evidentemente, acudir a la mediación supondrá una interrupción de los plazos de prescripción y una suspensión de los plazos de caducidad (artículo 6). En cuanto al coste de la intervención del mediador, la disposición adicional primera establece que las Administraciones con competencias en materia de Justicia podrán sufragar el coste de la intervención con cargo a fondos públicos para las personas en quienes concurran los requisitos establecidos, dado que estos mecanismos permitirán reducir la litigiosidad y los costes. A pesar de que se agradece esta referencia, es cierto que no queda nada claro ni establecido, por lo que en los casos en los que la mediación no sea gratuita[29] podría ser un coste adicional el que las partes tuvieran que afrontar los honorarios de un mediador previo al acceso a la vía judicial.

---

y finalmente el supuesto de ingreso de menores con problemas de conducta en centros de protección específicos, la entrada en domicilios o lugares para la ejecución forzosa de las medidas de protección de menores o la restitución y retorno de menores en casos de sustracción internacional. En un sentido similar, el artículo 4.3 también excluye los expedientes de jurisdicción voluntaria.

29 Ya se ha señalado anteriormente que en el caso de la mediación de consumo se establecía su gratuidad. En este sentido, la disposición adicional quinta del Proyecto de Ley de Eficiencia Procesal indica que en el caso de conflictos individuales de consumo el requisito de procedibilidad se cumplirá con una reclamación extrajudicial previa sin respuesta o con respuesta insatisfactoria, sin necesidad de indicar un procedimiento de mediación.

Establecida, por tanto, esta modalidad de obligatoriedad de la mediación previa a la vía judicial, es el momento de mirar más allá de nuestras fronteras cuál ha sido la experiencia de otros países que han podido experimentar modalidades obligatorias de mediación.

4. ESTUDIO COMPARADO

A continuación, se va a abordar un estudio comparado que abarca un muestrario de países de los cinco continentes, en el que se va a comparar el tratamiento que se le ha dado a la mediación con aplicación de las nuevas tecnologías y a la obligatoriedad de la mediación. El mismo se ha tenido que sintetizar para poder ajustarse a este capítulo de libro, de modo que se han eliminado algunos países que inicialmente fueron objeto de estudio, y los resultados obtenidos también han sido sintetizados para extraer las conclusiones más importantes que al objeto del presente capítulo interesan, a la vez que se ha aprovechado para poder actualizar el estudio con las últimas novedades legislativas.

Al respecto, en el ámbito europeo el capítulo se va a circunscribir al análisis de algunos países concretos, no al ámbito de la Unión Europea, y no se va a abordar el estudio del Reino Unido que ya no forma parte de la Unión. Los países escogidos han sido: Alemania, Austria, Bélgica, Francia, Hungría, Italia, Luxemburgo, Malta y Rumanía. En relación con el continente americano, de los Estados Unidos de América se ha dejado al margen el estudio del ámbito federal y se ha realizado un muestreo de cerca de una cuarta parte de los Estados, incluyendo los siguientes: Washington DC (Distrito de Columbia), Alaska, California, Florida, Hawái, Illinois, Michigan, Minnesota, Nuevo México, Nueva York, Tennessee, Texas y Washington. En el mismo continente se han analizado en Canadá los Estados de Quebec y British Columbia. Para finalizar con este continente, se ha limitado el estudio a los siguientes países de Hispanoamérica: Argentina, Chile, Colombia, Cuba, Ecuador y Perú. En cuanto a Asia únicamente se ha examinado Japón. En Oceanía el país escogido ha sido Australia. Para finalizar, en África se ha centrado la atención en Sudáfrica, al ser uno de los países más ricos y desarrollados del continente.

4.1. Aplicación de las nuevas tecnologías en la mediación en el derecho comparado

En el ámbito internacional, se encuentran muchos ejemplos de aplicación de las nuevas tecnologías a la mediación, ejemplos que van desde los supuestos más sencillos (aquellas nuevas tecnologías asistenciales, que consisten en realizar la mediación en todo o en parte por medios electrónicos) a supuestos más complejos (que consisten en la aplicación de nuevas tecnologías disruptivas a la mediación, como puede ser el uso de la inteligencia artificial). Lo que hay que destacar es que aquellos países en los que la mediación ha resultado más exitosa han coincidido con aquellos que han realizado un mayor uso de las nuevas tecnologías aplicadas a la misma (tal vez con la única excepción de Japón).

En este sentido, se pueden dividir los países estudiados en diferentes clasificaciones según el mayor o menor uso que realizan de las nuevas tecnologías con respecto a la mediación. Para el presente capítulo se clasificarán en dos modalidades: países con aplicación innovadora de las nuevas tecnologías en la mediación y países con poca o nula utilización de las nuevas tecnologías en la mediación.

4.1.1. Países con aplicación innovadora de las nuevas tecnologías en la mediación

Si se dividen los países por continentes, en primer lugar hay que hacer referencia a Europa, por ser el continente en donde nos encontramos. Así, en Francia existe una regulación expresa de la mediación por medios electrónicos, incluso de la inteligencia artificial, donde se establecen límites para la automatización y el uso de algoritmos; en este sentido, se recoge la posibilidad de mediación en línea en los artículos 4-1, 4-3 y 4-7 de la Ley 2016-1547, siendo el artículo 4-3 el que no permite los procedimientos basados únicamente en algoritmos automatizados para el procesamiento de datos personales.

En Bélgica a pesar de que en el Código Judicial (que recoge la mediación a partir del artículo 1723) no existe una referencia expresa a las nuevas tecnologías en su procedimiento, si se acude al ámbito de consumo sí aparecen numerosos ejemplos, como puede ser el Servicio de Atención al Consumidor, que tiene un servicio de mediación de consumo gratuito para los consumidores con un formulario online para iniciar la mediación[30], y dependiendo de la materia escogida redirecciona a diferentes páginas web, como puede ser la relativa a los conflictos de venta al por menor, cuyo procedimiento es completamente online[31].

---

30 https://consumerombudsman.be/en (fecha de consulta: 15 de abril de 2023).

31 https://www.ombudsmanforretail.be/en (fecha de consulta: 15 de abril de 2023).

En Hungría se recoge de manera expresa la mediación online por videoconferencia y se han implementado softwares de reconocimiento y transcripción de voz basados en inteligencia artificial en el ámbito judicial. Al respecto, la Ley de Mediación se modificó para incluir que durante el inicio, desarrollo y finalización del procedimiento de mediación no es necesario cumplir con el requisito de la comparecencia personal si el procedimiento se lleva a cabo mediante videoconferencia [S. 35, para. (5)].

En Italia el Decreto Legislativo de 4 marzo de 2010 se ha visto modificado por el Decreto Legislativo de 10 de octubre de 2022, n.º 149, y por el Decreto Legislativo de 29 de diciembre de 2022, n.º 197, para añadir en el artículo 3 que la mediación puede tener lugar por medios telemáticos, e introducir el artículo 8-bis que recoge el procedimiento de mediación en modalidad telemática, junto con la forma de realizar el acta y las reuniones por conexión remota audiovisual, estableciendo la firma de los documentos a través de firma digital o firma electrónica calificada[32]. Por lo tanto, supone una regulación muy novedosa e innovadora sobre las nuevas tecnologías aplicadas a la mediación.

En Malta se autoriza de forma expresa la mediación remota a través de cualquier tecnología que lo permita. Al respecto, la Mediation Act en su sección 17C establece que las mediaciones se pueden realizar por videoconferencia o por cualquier otra comunicación a distancia si los medios están disponibles y las partes están de acuerdo. Además, la mediación ante el Malta Mediation Centre se solicita a través de un eForm[33], al cual se puede acceder e identificarse con el DNI electrónico, de la misma manera

---

[32] Adelantando su entrada en vigor, prevista inicialmente para el 30 de junio de 2023, al 28 de febrero de 2023, por lo tanto, ya estaría vigente en estos momentos. Esta modalidad ya aparece en la Cámara de Comercio, Industria, Artesanía y Agricultura de Bolonia, que recoge unas normas específicas para la mediación por medios electrónicos, que se pueden consultar en el siguiente enlace https://www.bo.camcom.gov.it/it/arbitrato-e-mediazione/mediazione-modalità-telematica (fecha de consulta: 15 de abril de 2023).

[33] Un eForm es un formulario electrónico, que se puede encontrar para la mediación y en el que al entrar hay que identificarse como ciudadano de Malta o ciudadano de la Unión Europea; en este último caso, si se selecciona que somos de España redirige automáticamente a la plataforma CLAVE para poder proceder a la identificación. Toda esta información se encuentra en los siguientes enlaces: para la mediación del Malta Mediation Center https://www.servizz.gov.mt/en/Pages/Police_-Justice-and-Defence/Justice/Courts-of-Justice/WEB2253/default.aspx, y para los tribunales civiles https://ecourts.gov.mt/onlineservices/JForms/StartForm/19 (fecha de consulta: 12 de abril de 2023).

que se puede solicitar un procedimiento civil ante los tribunales de Malta, también mediante un eForm.

En cuanto al continente americano, en primer lugar, hay que mencionar a los países que conforman Hispanoamérica, por ser aquellos que también comparten habla hispana, así como características comunes con España. Entre ellos, en Argentina desde septiembre de 2020 se cuenta con la posibilidad en la ciudad de Buenos Aires de la celebración de mediaciones prejudiciales electrónicas, ofreciendo también mediaciones comunitarias de manera virtual (Ley 15182 que modifica los artículos 15 y 18 de la Ley 13951 de mediación y conciliación prejudicial).

En Chile la mediación familiar previa obligatoria puede ser presencial o remota y se regula en la Ley 19.968 de Tribunales de Familia, aunque a consecuencia de la pandemia por COVID-19 se tomó la decisión por parte del Ministerio de Justicia de optar por la suspensión de la mediación familiar por inexistencia de medios tecnológicos (pronunciamiento de 25 de marzo de 2020 de las autoridades de la Unidad de Mediación y Resolución Alternativa de Conflictos de la División Judicial del Ministerio de Justicia y Derechos Humanos de Chile), y se señaló una prohibición por incompatibilidad con el artículo 108 de la Ley 19.968 que indicaba que la comparecencia se debía realizar personalmente[34]. Precisamente, la mediación exigía esa comparecencia presencial y personal hasta la entrada en vigor de la Ley 21.394 (de 30 de noviembre de 2021) que ha facilitado su realización a través de plataformas digitales, pues modifica la Ley 19.968 y añade el inciso 103 que indica que la mediación se podrá realizar vía remota, e incorpora también el 109 bis con la regulación para efectuar la mediación vía remota, lo que supone una importante novedad.

En Colombia existe la modalidad de conciliación virtual[35] en todas sus actuaciones, definida por el Ministerio de Justicia y Derecho en el Decreto 1829 de 2013 como modalidad apoyada por un sistema de información,

---

34 ALARCÓN GARCÍA, SOFÍA, "A propósito del COVID-19: ¿sería recomendable para Chile la mediación familiar en línea?, *Revista Chilena de Derecho y Tecnología*, Vol. 9, núm. 1, 2020, págs. 107.

35 Hay que tener en cuenta que en Colombia a pesar de denominarse conciliación virtual está haciendo una verdadera referencia al mecanismo de la mediación, puesto que, tal y como se señalaba al inicio del capítulo cuando se comentaba la denominación de la mediación, lo importante no es el nombre que se le dé sino el contenido o las características que despliega este mecanismo. Al respecto, en Colombia ha quedado claro que para ellos la conciliación de la que hablan es una modalidad de la mediación, tal y como se analizará en el apartado 4.2.1.

aplicativo o de plataforma, en el cual los actos procesales así como las comunicaciones de las partes se realizan a través de dicho sistema. Se contempla también la utilización de medios electrónicos en todas las actuaciones en la Ley 1563 de 2012 para el arbitraje. Por tanto, la conciliación obligatoria (que como se comentará en el apartado 4.2.1. equivale a una mediación) se puede realizar por medios virtuales. Al respecto, el Código General del Proceso en el artículo 6 igualmente indica que se puede realizar por medios digitales o electrónicos en todas las actuaciones.

En Ecuador también se han aprobado directrices para la atención de audiencias de mediación por medios telemáticos (Resolución 039-2020, de 22 de abril de 2020 del Pleno del Consejo de la Judicatura), con la utilización de la firma electrónica, sobre todo a raíz de la pandemia por COVID-19. El Artículo 2 de esta resolución permite la realización de la mediación por videoconferencia, teleconferencia u otros medios de comunicación de similar tecnología. Al respecto, en el año 2021 se recibieron en el Centro Nacional de Mediación 16.351 casos, de los que 9.438 se correspondían con procedimientos online, lo que supuso descongestionar el sistema judicial en Ecuador; de esos 9.438 casos se consiguieron aprobar 5.851 acuerdos[36].

En Perú en el año 2021 la Ley 31165, de 1 de abril de 2021, en su artículo 2 modifica la Ley 26872 que regula la conciliación[37] en el sentido de permitirla por medios electrónicos u otros de naturaleza similar, por lo que recientemente también admiten las nuevas tecnologías en la mediación, lo cual se considera un avance muy importante y por eso se incluye en esta categoría de países.

Ya fuera de Hispanoamérica, pero todavía en el continente americano, si analizamos el caso de Canadá tenemos que hacer especial referencia al sistema PARLe en Quebec, que es un auténtico avance en el ámbito del uso de tecnologías disruptivas para la mediación, ya que se fundamenta en la utilización de una inteligencia artificial para gestionar los conflictos de consumo que por este medio se resuelven. El sistema PARLe (*Platform to Aid in the Resolution of Litigation Electronically*) es un sistema de mediación online

---

36 DÁVILA CASTILLO, MARCELO RAÚL, LUCERO SALCEDO, VÍCTOR HUGO y CADENA MORILLO, JAIME RODRIGO, "La mediación online en el Ecuador como método alternativo de solución de conflictos", *Estudios del Desarrollo Social: Cuba y América Latina*, Vol. 10, n.º especial 3, 2022, págs. 280.

37 En Perú la conciliación es similar a la mediación, al igual que sucede en Colombia.

que ofrece la Oficina de Protección a los Consumidores, y lo que hace es facilitar la discusión entre consumidores y empresarios. En su página web figuran unos datos de obtención de tasa de acuerdo desde su lanzamiento en noviembre de 2016, que se fijan en un 70% de los casos y un 90% de satisfacción[38]. En cuanto a su funcionamiento, según la información contenida en su propia página web, la Oficina envía un e-mail con el link a la plataforma e información sobre la misma a los posibles interesados, lo que por el momento solamente se ofrece el servicio en francés (en su última actualización de 25 de enero de 2023). En cuanto a las materias que pueden beneficiarse de este servicio serían los asuntos civiles de bienes y servicios no recibidos, retraso en la recepción de bienes o servicios, productos defectuosos y no cumplimiento del contrato o de lo que ha sido anunciado por el vendedor. Una vez iniciado el proceso, se abre una cuenta en donde se crea el archivo con el problema (subiendo los documentos que se consideren relevantes), se negocia con el vendedor y si se logra un acuerdo se cierra el caso[39]. Esta plataforma ha sido desarrollada por el laboratorio de ciber-justicia de Montreal y funciona 24/7, con la creación de archivos con formularios customizados en los que se pueden subir los documentos más relevantes y posteriormente se abre un foro de discusión entre las partes con su interfaz de negociación y su propia interfaz de mediación, en las cuales es posible realizar varios ajustes, que pueden generar documentos y firmar los acuerdos mediante la firma electrónica[40]. En un sentido similar, en la British Columbia también hacen uso de procedimientos ODR sobre la base de la inteligencia artificial para asuntos de pequeña cuantía, y algún otro tipo de asuntos, como el Civil Resolution Tribunal que resuelve casos de hasta 5.000$ de manera online, los siete días de la semana y las 24 horas del día, siendo el primer tribunal online de Canadá[41].

---

38 La última actualización de la página web es del 1 de junio de 2022 https://www.opc.gouv.qc.ca/a-propos/parle/ (fecha de consulta: 05 de abril de 2023).

39 Además, en la página web se pueden encontrar ejemplos de casos llevados a cabo a través de esta plataforma y en los que se ha podido llegar a un acuerdo, https://www.opc.gouv.qc.ca/a-propos/parle/ (fecha de consulta: 05 de abril de 2023).

40 Esta plataforma también ha sido finalista como mediación en línea al premio de excelencia de la Administración Pública de Quebec en la categoría de iniciativas digitales, información disponible en https://www.cyberjustice.ca/en/logiciels-cyberjustice/nos-solutions-logicielles/parle-2/ (fecha de consulta: 05 de abril de 2023).

41 https://civilresolutionbc.ca (fecha de consulta: 15 de abril de 2023).

Finalmente, para acabar con el continente americano, en los Estados Unidos de América se pueden observar verdaderas innovaciones en algunos de sus Estados. En California se hace uso de la plataforma MODRIA[42] basada en sistemas de inteligencia artificial para la resolución de asuntos de pequeña cuantía en muchos condados, por ejemplo, el Tribunal Superior del Condado de Stanislaus el 30 de junio de 2021 informó del lanzamiento de una plataforma ODR de MODRIA para mediación en asuntos de pequeña cuantía y en el ámbito de familia, sin coste alguno. También utilizan la plataforma MODRIA para asuntos de pequeña cuantía el condado de Santa Clara o el condado de Yolo[43]. Utilizan también plataformas ODR el condado de Los Ángeles y el de San Joaquín[44]. Por citar otro ejemplo más, en el Departamento de Servicios Generales del Estado de California, para los casos de educación especial incluye la mediación virtual desde el 5 de julio de 2022, de modo que todas estas mediaciones se realizan virtualmente mediante el software Zoom[45].

En Florida existe utilización de programas de ODR con modalidades sincrónicas y asincrónicas. Al respecto, el Tribunal Supremo de Florida emitió una opinión (n.º SC21-990, de 14 de julio de 2022) para modificar las reglas del procedimiento civil en Florida. En este sentido, se modificaron las Reglas de la Práctica General y Administración Judicial, en concreto

---

42 *Modular Online Dispute Resolution Implementation Assistance.*

43 El Consejo Judicial de California emitió en 2021 un informe sobre el uso de los ODR que dejaba claro que era un mecanismo opcional que permite a los litigantes poder participar de una manera justa y con mayor eficiencia, a través de una plataforma que facilita tareas y provee de funciones de resolución, dando acceso en cualquier lugar y en cualquier momento, ya sea el sistema ODR establecido como voluntario o bien como obligatorio. Lo que sí indica expresamente es que la Inteligencia Artificial no puede utilizarse para resolver las disputas, pero sí puede proveer de las herramientas necesarias para asistir a los litigantes con información legal, exploración de opciones, análisis de hechos, creación de documentos legales y facilitando también el diálogo entre los litigantes, aunque puede suponer otras dificultades éticas y legales que hay que tratar. https://www.courts.ca.gov/documents/ODR_Workstream_Report.pdf (fecha de consulta: 13 de abril de 2023).

44 En Los Ángeles se utiliza la plataforma ODR para casos de pequeña cuantía y casos de detención ilegal. Así se crea LA-ODR con TurboCourt, que ofrece a las partes un servicio sin coste desde el 24 de febrero de 2021 https://dcba.lacounty.gov/turbocourt/ (fecha de consulta: 13 de abril de 2023).

45 https://www.dgs.ca.gov/OAH/Case-Types/Special-Education/Self-Help/The-Mediation-Process-Including-Virtual-Mediations (fecha de consulta: 13 de abril de 2023).

la regla 2.530 sobre comunicación tecnológica, para así poder autorizar la misma. También se modificaron las Reglas del Procedimiento Civil de Florida, en concreto la Regla 1.700(a) dentro de las Reglas Comunes a la Mediación y el Arbitraje, que indica que el juez puede enviar una o cualquier parte de un asunto civil a mediación o arbitraje y en ese momento puede decir si esa mediación tiene que ser en persona o por tecnologías de la comunicación, pero en el caso de que no se diga nada siempre será en persona, salvo que las partes o el tribunal, si lo ha solicitado una de las partes, así lo indiquen. Esta opinión entró en vigor el 1 octubre de 2022[46].

En Hawái hay que destacar que a raíz de la Ley 57, que se mencionará posteriormente en el apartado 4.2.1. relativo a la mediación obligatoria, el porcentaje del 87% de éxito obtenido con esta modalidad de mediación obligatoria entre propietarios e inquilinos ha sido también consecuencia de la realización de las mediaciones por medios electrónicos, esto es, por videoconferencia, ya que era el mejor formato para los arrendatarios[47].

En Illinois existe un programa de ODR para casos de familia en el Décimo Circuito que empezó en 2019 y que también utiliza la plataforma MODRIA[48], interviniendo también un mediador y todo de forma gratuita pero obligatoria en determinados casos (bajo la Regla 99 del Tribunal Supremo), por lo que también tendría un ejemplo claro de utilización de las nuevas tecnologías y también con componentes de inteligencia artificial, precisamente al utilizar la plataforma MODRIA.

En Michigan existe un programa online de resolución de disputas comunitarias y se ha creado un kiosco digital para que personas sin medios ni acceso a internet puedan beneficiarse de la mediación electrónica con sistemas de inteligencia artificial. Además, el sistema MI-Resolve se aplica

---

46 Esto trae causa en que durante la época del COVID-19 las mediaciones fueron todas remotas pero muy eficientes, por lo que se quiso dar una autorización general, como señala e-mediation en https://emediationservices.com/blog/f/e-mediation-in-florida (fecha de consulta: 13 de abril de 2023).

47 Información extraída de la noticia "Mandatory mediation saved hundreds of tenants from eviction" de Jason Ubay, Hawaii Public Radio, 19 de octubre de 2022, disponible en https://www.hawaiipublicradio.org/local-news/2022-10-19/report-mandatory-mediation-saved-hundreds-of-tenants-from-eviction (fecha de consulta: 04 de abril de 2023).

48 https://www.aboutrsi.org/court-adr-across-illinois/programs/illinois-10th-circuit-odr-program-domestic-reltations-cases;
https://www.10thcircuitcourtil.org/308/Online-Dispute-Resolution y https://peoriailfam.modria.com (fecha de consulta: 15 de abril de 2023).

también en el ámbito familiar como un sistema gratuito basado en mensajes de texto para que las familias puedan mediar a través de su smartphone u ordenador manteniendo conversaciones lógicas y saludables[49]. Los tribunales de Michigan alientan este tipo de mediaciones online con inteligencia artificial, comparándolas con otras actuaciones diarias como la banca online, las clases online o realizar reservas de vacaciones de manera online, por lo que el servicio creado de MI-Resolve permite resolver varios tipos de disputas online sin ir al Juzgado o bien antes de la fecha señalada para el juicio, siendo un sistema online basado en conversaciones de texto con un mediador entrenado para resolver los asuntos, de manera gratuita y con acceso 24/7/365 de manera confidencial en el ámbito civil y familiar[50]. Por lo tanto, en este supuesto sí que estamos ante una verdadera apuesta por las nuevas tecnologías en este ámbito.

En Nuevo México se utilizan mecanismos ODR y la plataforma MODRIA, a los que se puede acceder desde la página web de los tribunales, y que han sido recientemente actualizados con fecha 1 de julio de 2021[51]. Además, la mediación obligatoria en el tema de los trabajadores, que se mencionará en el apartado correspondiente a los países con mediación obligatoria (apartado 4.2.1.), se realiza íntegramente a través de zoom o videoconferencia[52].

En Nueva York se establece un ODR para asuntos de pequeña cuantía de hasta 10.000$, de manera alternativa a una mediación presencial, que requiere conexión a internet y se puede realizar con inteligencia artificial pero también está a disposición un mediador online, pudiéndose establecer un chat para hablar con la otra parte en el que se puede unir posteriormente un mediador, teniendo todo un carácter gratuito[53].

---

49 Información obtenida del artículo titulado "Free online mediation services are now available for busy parents", de Taylor Bowie, Michigan Radio, 10 de marzo de 2023, disponible en: https://www.michiganradio.org/criminal-justice-legal-system/2023-03-10/free-online-mediation-services-are-now-available-for-busy-parents (fecha de consulta: 04 de abril de 2023).

50 https://www.courts.michigan.gov/miresolve (fecha de consulta: 04 de abril de 2023).

51 https://adr.nmcourts.gov/home/odr/ (fecha de consulta: 04 de abril de 2023).

52 Información extraída del artículo "Mandatory mediation in New Mexico workers' compensation cases" de Robert Scott, 7 de diciembre de 2022, disponible en: https://www.bobscottlaw.com/mandatory-mediation-in-new-mexico-workers-compensation-cases (fecha de consulta: 04 de abril de 2023).

53 https://cii2.courtinnovations.com/NYNYSC (fecha de consulta: 04 de abril de 2023).

En Tennessee se contemplan mediaciones virtuales en el ámbito laboral, comunitario y en el ámbito médico con una plataforma ODR que se inicia con comunicación asincrónica. La plataforma para deudas médicas se ha implementado por primera vez en la Hamilton County General Sessions Court que es el primer tribunal del Estado de Tennessee en ofrecer un servicio de mediación virtual.

Finalmente, en Texas ya existía un programa piloto de utilización de ODR en el Juzgado de Paz del Condado de Collin para casos de pequeña cuantía de menos de 10.000$ que estuvo vigente doce meses (de septiembre de 2019 hasta agosto de 2020) y funcionaba a través de una plataforma que facilitaba una especie de chat, otorgando un plazo de 45 días para la resolución del caso, lo que ayudaba a reducir el colapso en la justicia[54]. Posteriormente, otros condados como el de Delta también ha utilizado mecanismos ODR para asuntos de pequeña cuantía[55], y hay condados que también están utilizando la plataforma MODRIA, como por ejemplo el de Denton[56].

Para terminar con este apartado, quedan fuera de esta categoría los continentes de Oceanía, África y Asia. Esto se debe a que en cada uno de estos continentes se ha analizado un único país, y no se encuentran ejemplos muy destacables de la aplicación de las nuevas tecnologías de manera novedosa en la mediación. Al respecto, en Australia se recogen nuevas tecnologías pero no se encuentran referencias expresas para la mediación; en Sudáfrica si bien se han venido realizando algunas mediaciones por plataforma Zoom, como actualmente el país tiene el sistema de mediación judicial suspendido ello conlleva que también se deje fuera este país al no contemplar de manera expresa las nuevas tecnologías en las mediaciones que se han analizado; finalmente, en cuanto a Japón, tampoco se beneficia de una utilización de nuevas tecnologías en la mediación y curiosamente va bastante rezagado en cuanto a la implementación de las mismas en el ámbito judicial, como se verá en el siguiente apartado.

---

54 https://law.ucdavis.edu/sites/g/files/dgvnsk10866/files/media/documents/Shestowsky_Evaluation_of_Collin_County_ODR_Program_2022-06-02.pdf (fecha de consulta: 15 de abril de 2023).

55 En este caso, está en funcionamiento desde el 1 de octubre de 2020 y se ofrece por Tyler Technologies, https://www.deltacountytexas.com/onlinedisputeresolution (fecha de consulta: 15 de abril de 2023).

56 https://dentontxsc.modria.com (fecha de consulta: 15 de abril de 2023).

4.1.2. Países con poca o nula utilización de las nuevas tecnologías en la mediación

En Europa comienza el estudio por Alemania, que no recoge expresamente la mediación electrónica en su Ley de Mediación pero tampoco la prohíbe, por lo que se ha venido realizando sobre todo a raíz de la pandemia por COVID-19, además de utilizar la plataforma europea para la resolución de litigios en línea y tener bastantes organismos registrados[57]; de todas formas, no sería un uso muy notable tecnológicamente ni muy novedoso.

En Austria, a pesar de que precisamente se ha realizado un voto de confianza en las nuevas tecnologías al permitir las vistas de los arbitrajes de manera virtual, incluso cuando existe la oposición de una de las partes[58], esta regulación no se recoge de manera expresa para el mecanismo de mediación, y no se encuentran referencias a la mediación electrónica en la Ley Civil de Mediación[59]. Hay que señalar también que, a pesar de utilizar la plataforma europea para la resolución de litigios en línea, solamente aparecen ocho organismos registrados[60].

En Luxemburgo no se recoge una referencia expresa a los medios electrónicos en el Código de Procedimiento Civil (Segunda Parte, Libro III, Título II dedicado a la mediación), únicamente se recoge la referencia en el Código de Consumo, en el artículo 432-9 que indica que el procedimiento debe estar disponible y de fácil acceso en línea y fuera de línea, además de ser gratuito para los consumidores o con bajo coste (artículo 432-13). A pesar de las escasas referencias, se pueden encontrar procesos en línea con consumidores, en asuntos civiles o con la Administración, si bien son de carácter sencillo y suelen basarse en formularios con posibilidad de subir documentos online y comunicación asincrónica, no siendo necesaria la presencia física de las partes[61]. Se puede encontrar también la

---

57 https://ec.europa.eu/consumers/odr/main/?event=main.adr.show2 (fecha de consulta: 15 de abril de 2023).

58 A raíz de la decisión del Tribunal Supremo de 28 de septiembre de 2020.

59 *Zivilrechts-Mediations-Gesetz, ZivMediatG.*

60 https://ec.europa.eu/consumers/odr/main/?event=main.adr.show2 (fecha de consulta: 15 de abril de 2023).

61 Para el ámbito de consumo se pueden ver estos procedimientos en los siguientes enlaces https://guichet.public.lu/fr/citoyens/citoyennete/voies-recours-reglement-litiges/mediation/mediateur-consommation.html

participación de Luxemburgo en la plataforma europea para la resolución de conflictos en línea, con un total de cinco organismos registrados[62].

En Rumanía la Ley de Mediación 192/2006 no recoge expresamente ninguna referencia a las nuevas tecnologías, es más, en el artículo 51 solamente indica que la mediación normalmente se lleva a cabo en la oficina del mediador, y en caso de que tenga que realizarse en otro lugar debe ser acordado por el mediador y las partes, lo que podría interpretarse también en el sentido de que una mediación a distancia tendría que ser expresamente acordada. De todos modos, sí aparece alguna referencia práctica a la mediación online en algunos centros como el ADR Center Romania, que permite solicitar la mediación online rellenando un formulario en PDF y enviándolo por correo electrónico, para realizar la mediación luego de manera presencial[63]. Un ejemplo más del escaso uso que parece existir de la mediación por nuevas tecnologías es que en la plataforma europea de resolución de litigios en línea solamente aparecen dos organismos rumanos registrados[64].

En el continente americano, comenzando nuevamente por los países de Hispanoamérica, únicamente queda por mencionar el caso de Cuba, en donde no se recoge regulación ni prohibición, aunque tampoco aparecen ejemplos de aplicación de las nuevas tecnologías en la mediación

Prosiguiendo con el continente americano, y dejando de lado a Canadá puesto que sí es un país que está muy avanzado tecnológicamente y se ha

---

y https://www.mediateurconsommation.lu/fr/content/introduire-une-demande (fecha de consulta: 15 de abril de 2023). Para el ámbito civil se recoge el Centro de Mediación Civil y Comercial, que ya no es de carácter gratuito, en los siguientes enlaces: https://guichet.public.lu/fr/entreprises/gestion-juridique-comptabilite/contentieux/litiges/mediation.html y https://www.cmcc.lu (fecha de consulta: 15 de abril de 2023). Finalmente, las mediaciones o reclamaciones ante la administración, se recogen en los siguientes enlaces: https://guichet.public.lu/fr/entreprises/gestion-juridique-comptabilite/contentieux/litiges/ombudsman.html y https://www.ombudsman.lu (fecha de consulta: 15 de abril de 2023).

62 https://ec.europa.eu/consumers/odr/main/?event=main.adr.show2 (fecha de consulta: 15 de abril de 2023).

63 https://www.adrcenter.ro/mediation-request-form (fecha de consulta: 15 de abril de 2023). Aunque es cierto que la misma página web señala también en otro apartado que existen métodos ODR como la videoconferencia, el teléfono o la plataforma ODR, pero no se encuentra un acceso claro en la misma.

64 https://ec.europa.eu/consumers/odr/main/?event=main.adr.show2 (fecha de consulta: 15 de abril de 2023).

analizado en el apartado anterior, se finaliza el estudio de este continente con algunos Estados de Estados Unidos de América que utilizan las nuevas tecnologías de manera asistencial pero a modo de ODR muy sencillo, sin otorgar todavía mucha confianza en las mismas, como puede ser el caso de Alaska que tiene programas de mediación judicial gratis y de bajo coste para asuntos de familia, pero en donde simplemente se ha encontrado de manera online el acceso a algunos formularios[65].

En Minnesota tampoco existen muchas referencias a las nuevas tecnologías o a mecanismos más novedosos, pero sí se puede encontrar que el Gobierno remite a diferentes asociaciones que ofrecen algunos ejemplos de modalidades online de mediación o que están apostando recientemente por las nuevas tecnologías[66].

En Washington no ha sido posible encontrar referencias a un programa de mediación online o sistemas de ODR con nuevas tecnologías, como sucede en otros Estados. Al respecto, accediendo a la página web del condado de Whatcom, en donde se establece la mediación como obligatoria para el ámbito de familia, como se verá en el apartado 4.2.1., tampoco se encuentra referencia alguna a las nuevas tecnologías sino simplemente una referencia genérica a la mediación[67].

Para finalizar, en Washington D.C. no se encuentra una referencia expresa en la Ley, así como tampoco aparecen muchas menciones en la página web de los tribunales del Distrito de Columbia, sino que estos simplemente recogen la mediación gratuita para todos los residentes y especialmente tienen un programa multi-puerta para resolver los asuntos a través de la mediación online o en persona, y parece ser que se le da preferencia a la

---

65 https://courts.alaska.gov/forms/index.htm#med (fecha de consulta: 15 de abril de 2023). Además, tampoco se encuentra ninguna referencia a las nuevas tecnologías bajo la Regla 16.2 relativa a los mecanismos ADR.

66 Así, en el siguiente enlace se pueden ecnontrar varias referencias a estas asociaciones https://mn.gov/admin/government/ocdr/resources/ (fecha de consulta: 15 de abril de 2023); entre ellas se observa que hay un tipo de mediación comunitaria que recoge una modalidad remota por teléfono o videoconferencia en el siguiente enlace https://communitymediationmn.org/services/remote-mediation/ (fecha de consulta: 15 de abril de 2023) y, también a modo de ejemplo, aparece el servicio de mediación y conciliación federal que se ofrece recientemente de manera virtual https://www.fmcs.gov/virtual-services/ (fecha de consulta: 15 de abril de 2023).

67 https://es.whatcomdrc.org/mediation-overview (fecha de consulta: 15 de abril de 2023).

mediación online puesto que en la mayoría de asuntos aparece información con preguntas frecuentes acerca de si se puede solicitar una mediación en persona[68]. De todas formas, se incluye en este apartado porque no aparece información específica sobre el tipo de tecnologías utilizadas o si se utilizan herramientas diferentes como la inteligencia artificial.

Cambiando de continente, en relación con Oceanía el único país estudiado es Australia, y este país contempla expresamente la mediación electrónica, aunque a pesar de su amplia utilización no tiene una regulación muy extensa. Al respecto, si bien la Corte Federal de Australia existen muchos servicios electrónicos, tampoco se encuentran expresamente referencias a la mediación electrónica[69]. Es por ello por lo que se ha incluido Australia en esta categoría.

Por lo que respecta a África, en Sudáfrica el programa de mediación judicial está suspendido en el Tribunal de los Magistrados de forma indefinida y no ofrece servicios de mediación desde el 15 de marzo de 2022 (como se comentará en el apartado 4.2.2.), por lo que tampoco se puede hablar de nuevas tecnologías en este ámbito. En cuanto al ámbito de los Tribunales Supremos, sí que se encuentran casos de mediación realizada en remoto a través de plataformas como Zoom, dado que, como se verá en el apartado 4.2.2., la regla 41A regula la obligatoriedad de acudir a la mediación pero no el propio procedimiento que tendría libertad en este aspecto, pero tampoco se puede decir que sea una aplicación muy destacable de las nuevas tecnologías, sobre todo porque la mayoría de ejemplos se deben a la época de COVID-19 y a los confinamientos.

---

68 https://www.dccourts.gov/services/mediation-matters/mediation-process (fecha de consulta: 15 de abril de 2023).

69 Si bien la Corte Federal disponen de servicios como videoconferencia, recepción electrónica y eCourt, a pesar de que en el artículo "Online Dispute Resolution and ADR" de 16 de septiembre de 2016, disponible en https://www.adrac.org.au/online-dispute-resolution (fecha de consulta: 13 de abril de 2023), se indica que también existen procedimientos ODR para el ámbito de familia, en la web del circuito federal y del tribunal de familia de Australia se indica que se llevan a cabo las audiencias en persona y por medios electrónicos, pero no aparecen referencias expresas a la mediación por medios electrónicos en la FDR (*Family Dispute Resolution*), páginas web disponibles en https://www.fcfcoa.gov.au/attending-court/electronic-hearings; https://www.fcfcoa.gov.au/fl/pubs/cb-fdr; https://www.familyrelationships.gov.au/separation/family-mediation-dispute-resolution (fecha de consulta: 13 de abril de 2023).

Para finalizar, en Asia se ha estudiado únicamente Japón, como ya se ha comentado en el apartado anterior, y no recoge regulación para la mediación electrónica ni se han encontrado ejemplos de su uso, aunque sí se han encontrado indicios de que no es un país muy avanzado tecnológicamente en el ámbito judicial, porque está en plena reforma del expediente judicial electrónico. Tradicionalmente, los procesos civiles (incluida la mediación judicial desarrollada dentro de los mismos) se desarrollaba de manera offline, pero esto se quiso modificar en el Código de Procedimiento Civil para poderlo acomodar a las demandas de que los procesos pudieran ser online, de modo que se produciría una implementación en fases[70]. De este modo, el 25 de mayo de 2022 se modificó el Código de Procedimiento Civil introduciendo cambios significativos para digitalizar los procedimientos, lo que se realizaría de forma gradual entrando en vigor esas fases durante cuatro años[71], por lo que el 1 de marzo de 2023 ya entró en vigor la participación online en actos preparatorios y acuerdos de manera efectiva, pudiendo desde ese momento las partes participar de modo online, y debiendo terminar todo el proceso de digitalización en el año 2025[72]. Debido a todo lo que se acaba de comentar, se puede observar que se han ido sucediendo avances en este ámbito que ya no sitúan a Japón en un uso nulo de las nuevas tecnologías, pero sí que está todavía en estadios muy tempranos de utilización de las mismas.

4.2. Obligatoriedad de la mediación en el derecho comparado

Para hablar de la obligatoriedad de la mediación en el derecho comparado, nuevamente es preciso realizar una clasificación entre aquellos países que tienen una auténtica obligatoriedad y aquellos otros que o bien apenas la contemplan o bien no la contemplan en absoluto. En la primera cate-

---

70 https://www.lawyer-monthly.com/2023/02/the-growth-of-japanese-dispute-resolution/ (fecha de consulta: 05 de abril de 2023).

71 Información obtenida de la noticia de 28 de julio de 2022 titulada "Amendments to Japan's civil procedure rules: towards full digitalization of court proceedings", de Toshio Dokei, Takako Onoki y Yu Babasaki, disponible en: https://www.whitecase.com/insight-alert/amendments-japans-civil-procedure-rules-towards-full-digitalization-court-proceedings (fecha de consulta: 05 de abril de 2023).

72 Información extraída de la noticia "Update on digitalization of civil litigation procedures in Japan", de 15 de marzo de 2023, por Hiroto Imai, Mizue Kkiuchi y Taiju Chimura, disponible en: https://www.engage.hoganlovells.com/knowledgeservices/news/update-on-digitalization-of-civil-litigation-procedures-in-japan (fecha de consulta: 05 de abril de 2023).

goría, se incluyen países que tienen algún componente de obligatoriedad para una o varias materias, mientras que en la segunda categoría están aquellos otros países que apenas tienen referencias a la obligatoriedad, por ser esta muy anecdótica o por recogerse directamente un sistema de mediación voluntario. Como se verá más adelante en el apartado relativo a las conclusiones, nuevamente aquellos países que se incluyen en la primera categoría son los que han cosechado mayor éxito en cuanto a la utilización de la mediación.

4.2.1. Países con sistemas obligatorios de mediación

Siguiendo el esquema adoptado en apartados anteriores, dentro de Europa se empezará el estudio con Francia, que establece una mediación judicial tras la demanda, y en asuntos de familia el tribunal también puede ordenar a las partes acudir a una mediación obligatoria (en todo caso consistente en una reunión informativa gratuita) en el marco de la determinación de la patria potestad o en el caso de medidas provisionales durante un divorcio[73]; en todo caso, la mediación obligatoria responde a la ley 2016-1547, de 18 de noviembre, relativa a la modernización del sistema judicial del siglo XXI, para ámbitos de derecho de familia como la residencia habitual de los hijos, los derechos de visita y alojamiento, la contribución a la educación y manutención de menores y las decisiones relativas al ejercicio de la patria potestad (artículo 7)[74], siendo también obligatoria para el caso de asuntos de pequeña cuantía inferiores a 5.000€ o temas vecinales (artículo 4)[75].

En Hungría el Código de Procedimiento Civil (Act CXXX/2016, publicado en el Boletín Húngaro n.º 190 el 2 de diciembre de 2016) aboga a informar sobre el intento de llegar a un acuerdo mediante la mediación (artículo 195) e indica expresamente que si el tribunal obliga a las partes a utilizar un procedimiento de mediación obligatorio suspenderá el litigio solicitándoles que adjunten una copia de la orden de mediación obliga-

---

73 https://e-justice.europa.eu/64/ES/mediation_in_eu_countries?FRANCE&member=1 (fecha de consulta: 03 de marzo de 2023).

74 Esta mediación sigue estando en vigor, porque si bien anteriormente señalaba que estaría vigente hasta el sexto año una vez aprobada la Ley, esto es, hasta 2022, se ha vuelto a reformar por la Ley 2022-1726, de 30 de diciembre de 2022, que en el artículo 188 reemplaza el sexto año por el octavo año, esto es, hasta 2024 (en la versión en vigor después del 1 de enero de 2023).

75 En la versión en vigor después del 24 de diciembre de 2021, mediante modificación operada por la Ley 2021-1729, de 22 de diciembre de 2021.

toria al mediador, siendo suficiente probar que se participó en la primera reunión de mediación (artículo 124), por lo tanto se regula una modalidad de mediación obligatoria si bien no se especifica en qué ámbitos; además, si se lograra un acuerdo pero posteriormente la contraparte acudiera a juicio debería pagar las costas, al igual que en el caso de incumplimiento del acuerdo alcanzado en mediación obligatoria, que conllevaría el rembolso de los costes de la otra parte durante el procedimiento de mediación (artículo 86.5). Con respecto a esta mediación obligatoria solamente se encuentra alguna referencia en la Ley V de 2013 sobre el Código Civil, que indica que en casos justificados el tribunal puede obligar a los padres a utilizar un procedimiento de mediación para ejercer adecuadamente la supervisión parental y asegurar su necesaria cooperación, pero solamente se extiende a solicitar conjuntamente el inicio y participar en una primera reunión de mediación (4:172); también se puede ordenar en procesos de la autoridad de tutela (4:177) y se debe tener acceso para casos de divorcio (4:22). En todo caso, lo que es la mediación judicial se configuraría como gratuita. Esta mediación, tanto la judicial como la obligatoria, se regula en la Ley de Mediación[76], que dedica el apartado IV/B al procedimiento de mediación obligatorio e indica que si un tribunal o autoridad obliga a las partes estas deben participar al menos en una primera reunión (38/C).

En Italia a raíz del Decreto Legislativo de 4 de marzo de 2010, n.º 28/2010, en el artículo 5 ya se recogían una serie de materias en las que la mediación era obligatoria. Esta modalidad de obligatoriedad fue declarada inconstitucional por sentencia del Tribunal Constitucional y, por lo tanto, solamente estuvo vigente hasta el 12 de octubre de 2012. Posteriormente, se volvió a regular mediante modificación operada por Decreto Legislativo n.º 69/2013, artículo 84, convertido en la Ley 98, de 9 de agosto de 2013, y vigente en la actualidad. La actual "obligatoriedad mitigada" consiste en la asistencia a una sesión inicial para determinadas materias, con la posibilidad de remisión por parte del tribunal a otras. Las materias en las que opera esta obligatoriedad son las recogidas en el artículo 5 del Decreto Legislativo de 4 de marzo de 2010, n.º 28, vigentes a fecha 4 de abril de 2023, y son las siguientes: condominio, derechos de propiedad, división, sucesiones hereditarias, pactos familiares, arrendamientos, préstamos, arrendamiento de empresas, indemnización por daños resultantes de responsabilidad médica y sanitaria y difamación por medios de la prensa o por otros medios de publicidad, con-

---

[76] Act LV/2002 (törvény a közvetítői tevékenységről), modificada posteriormente en 2009.

tratos de seguros, banca y finanzas, empresa de personas y subcontratación. En todos estos casos se requiere intentar una mediación, requisito que se considera cumplido con la primera reunión, aunque no se alcance un acuerdo, como condición de admisibilidad del procedimiento judicial.

En Luxemburgo el juez de familia puede ordenar a las partes una reunión informativa sobre la mediación (Código de Procedimiento Civil 1007-4), mientras que, en materia civil y comercial, salvo derechos no disponibles, orden público y responsabilidad del Estado, los asuntos también pueden ser objeto de mediación tanto convencional como judicial. En casos de divorcios, separación, liquidación y división de la comunidad de bienes, alimentos, mantenimiento de los hijos o patria potestad el juez puede también sugerir a las partes una mediación familiar (1251-1), pudiendo llegar a ordenar una reunión informativa gratuita.

Finalmente, en Malta la Mediation Act (Capítulo 474 de las Leyes de Malta) crea el Malta Mediation Centre, e indica cómo acudir a la mediación en el artículo 17 (parte IV) y en el artículo 33 señala que la mediación será obligatoria con respecto a litigios de determinada naturaleza que se puedan ordenar. La mediación se establece como obligatoria antes del procedimiento de separación ante Tribunal Civil, conforme a la Civil Court Family Section, de modo que todas las disputas familiares primero tienen que acudir ante un mediador. Además, con la reforma introducida con la Legal Notice 326 de 2020 se ha estipulado que los artículos 2, 3, 4 y 5 de la Mediation (Amendment) Act de 2017 entraron en vigor el 28 de septiembre de 2020 y las partes que deseen iniciar un procedimiento en temas de alquiler tienen que acudir a sesiones obligatorias de mediación frente al Malta Mediation Centre; a pesar de ello, se establece en Main Act (Chapter 474 de las Leyes de Malta) que a los procedimientos de mediación también se puede acudir de manera voluntaria, y en este caso si se ha acudido voluntariamente con carácter previo se podrá acudir a juicio sin más mediación[77]. Por lo tanto, las disputas se pueden llevar a mediación voluntariamente (mediante eForm, como ya hemos señalado en el apartado 4.1.1.), por orden del Tribunal y por Ley, en temas civiles, familiares, sociales, comerciales o industriales[78].

---

77 Información extraída del artículo "Maltese Law to introduce mandatory mediation to rent proceedings", del 21 de septiembre de 2020, de Jurgen Micallef, disponible en https://abalegal.eu/maltese-law-to-introduce-mandatory-mediation-to-rent-proceedings/ (fecha de consulta: 12 de abril de 23).

78 https://justice.gov.mt/en/mmc/Pages/FAQs.aspx (fecha de consulta: 12 se abril de 2023).

Pasando ya al continente americano, y comenzando una vez más por los países de Hispanoamérica, en Argentina la mediación es un auténtico requisito de procedibilidad bajo la Ley 26.589/2010, salvo determinadas excepciones que están tasadas, como pueden ser el ámbito penal o temas de familia, entre otros, lo que resulta bastante curioso dado que se podrá ver en este apartado que muchos de los países que apuestan por alguna forma de obligatoriedad lo hacen precisamente en el ámbito familiar.

En Chile la mediación familiar previa es obligatoria antes de ir a juico ante el Tribunal de Familia, en asuntos sobre pensión de alimentos, régimen de visitas y cuidado personal o modificaciones del mismo, según la Ley 19.968 de tribunales de familia modificada en 2009, artículos 103 a 114. Además, la Ley 19.966 también establece la obligatoriedad de la mediación judicial en el ámbito de salud para reclamar daños por prestaciones asistenciales, pero el artículo 43 fue declarado constitucional por la Sentencia del Tribunal Constitucional de 10 de julio de 2012, Rol n.° 2042-11-INA.

En Colombia la Ley de 2220 de 2022 (que deroga y sustituye la Ley 640 de 2001) regula la conciliación únicamente, pero la define en el artículo 3 como un mecanismo de resolución de conflictos a través del cual dos o más personas gestionan por sí mismas la solución de sus diferencias con la ayuda de un tercero neutral y calificado denominado conciliador, quien, además de proponer fórmulas de arreglo, da fe de la decisión del acuerdo, la cual es obligatoria y definitiva para las partes que concilian. Es decir, bajo el término conciliación tenemos una definición de mediación, eso sí, de carácter evaluador. En este mismo sentido se pronuncia el Tribunal Constitucional de Colombia en su Sentencia C-1195 de 2001, cuyo apartado 4.2 recoge los mecanismos alternativos de resolución de conflictos y los divide entre los autocompositivos (negociación, mediación y amigable composición, por lo tanto, no aparece la conciliación como tal) y los hetero-compositivos (arbitraje). Añade que "*si bien el término conciliación se emplea en varias legislaciones como sinónimo de mediación, en sentido estricto la conciliación es una forma particular de mediación en la que el tercero neutral e imparcial, además de facilitar la comunicación y la negociación entre las partes, puede proponer fórmulas de solución que las partes pueden o no aceptar según sea su voluntad*", y también señala que la mediación puede ser de distintas formas: facilitación, conciliación y regulación negociada, concluyendo de este modo que la conciliación prejudicial obligatoria como limitación del derecho a acceder a la justicia es constitucionalmente razonable (menos en el ámbito laboral). Esta conciliación extrajudicial en derecho es requisito de procedibilidad para acudir ante las jurisdicciones que por norma así lo exijan (por ejemplo, en materia civil es requisito de procedibilidad en los procesos declarativos, salvo los divisorios, los de expropiación, los monitorios que se adelanten en cualquier jurisdicción y aquellos en donde se demande o sea obligatoria la citación de indeterminados; en ámbito de familia es requisito de procedibilidad en casos de custodia y visitas, según la Ley 1996 de 2019, obligaciones alimentarias, declaración de unión marital de hecho, disolución y liquidación de sociedad patrimonial, rescisión de partición en sucesiones y liquidaciones de sociedad conyugal o patrimonial, conflictos sobre capitulaciones matrimoniales, controversias de los cónyuges sobre la dirección del hogar o la patria potestad, separación de bienes y cuerpos y aquello no expresamente exceptuado). Se entiende cumplido el requisito de audiencia, aunque no haya acuerdo.

En Ecuador se quiere promover la conciliación obligatoria y se podrá disponer que se pase a un centro de mediación de oficio en las materias transigibles según el instructivo para la derivación de causas judiciales a centros de mediación y ejecución de actas de mediación, publicado en el segundo suplemento del Registro Oficial n.º 885 de 5 de octubre de 2016[79]. En este sentido, por derivación judicial se remitirá la acción reivindicatoria, la liquidación de la sociedad conyugal, daños morales, servidumbres, amparo posesorio, prescripción adquisitiva de dominio, materia de inquilinato, materia laboral, materia vecinal, materia de consumidores y usuarios y materia penal sobre tránsito y adolescentes infractores. Además, recientemente también se aprobó el Reglamento a la Ley de Arbitraje y Mediación, en concreto el 26 de agosto de 2021, dedicando su capítulo II a la mediación.

En Perú solamente se regula la conciliación extrajudicial en la Ley 26872 de 1997, modificada en junio de 2008 por Decreto Legislativo 1070, sin embargo, define la misma como un mecanismo alternativo para la solución de conflictos por el cual las partes acuden ante un centro de conciliación o al juzgado de paz letrado a fin de que se les asista en la búsqueda de una solución consensual al conflicto, por lo que su contenido es muy similar nuevamente a la mediación, como en el caso de Colombia. Esta conciliación es un requisito de procedibilidad pero siempre en los derechos disponibles de las partes (el artículo 7-A recoge materias que no son conciliables y el artículo 9 recoge los casos de inexigibilidad de conciliación extrajudicial para supuestos de ejecución, tercería, prescripción adquisitiva de dominio,

---

79 https://www.gob.ec/cj/tramites/solicitud-audiencia-mediacion (fecha de consulta: 05 de abril de 2023).

retracto, convocatoria a asamblea general de socios o asociados, impugnación de acuerdos de la junta general, indemnización por delitos y faltas, en el ámbito contencioso-administrativo, la pensión de alimentos, régimen de visitas, tenencia... en donde se configura como facultativa).

Continuando con el análisis del continente americano, en Canadá dentro del Estado de Quebec se recoge un proyecto piloto de mediación obligatoria para asuntos de pequeña cuantía en donde la mediación sería gratuita (al igual que la vecinal), mientras que la mediación en el resto de ámbitos conllevaría un reparto de los gastos. También se recoge en el Código de procedimiento Civil una sesión informativa sobre la mediación en el ámbito familiar (regla 417). En el Estado de British Columbia la mediación obligatoria destaca con el Notice to Mediate (Law and Equity Act Notice to Mediate), esto es, una de las partes puede requerir acudir a la mediación en una serie de materias en el ámbito civil y de familia, pero en este caso no sería gratuito, y desde el 1 de octubre de 2020 se encargará de llevar el proceso el Alternative Dispute Resolution Institute of British Columbia (ADRBC).

Para finalizar con el estudio del continente americano, en Estados Unidos el Estado de Alaska permite remitir los asuntos a mediación (regla 100 Reglas del Procedimiento Civil).

En California también existe la capacidad de enviar asuntos a mediación en casos de pequeña cuantía (menos de 50.000$), con un proyecto piloto en el Condado de Los Ángeles (Código de Procedimiento Civil 11.6, 1775, y las California Rules of Court regla 3.891). A pesar de que como regla general la mediación es voluntaria (Rules of Court 3.853) en familia es obligatoria (Rules of Court 5.210 y Family Code 2160). Hay que tener en cuenta también que en los Tribunales de California el programa de mediación es independiente[80].

En Florida se regula la mediación en los Estatutos de Florida, título V, regla 44.102 (*mediation alternatives to judicial action*). Esta regla 44.102 regula precisamente la mediación ordenada por el tribunal, y en el apartado c) dice que si hay circuitos con un programa de mediación familiar se deberá enviar a mediación todo o parte de los casos de custodia, visitas u otra responsabilidad parental, salvo casos de violencia doméstica. También es obligatoria la mediación previa en los casos de mala praxis médica, regla 766.108. Además, en las Reglas del Procedimiento Civil de Florida, la regla

80 https://www.courts.ca.gov/2499.htm (fecha de consulta: 13 de abril de 2023).

1.700(a) relativa a las reglas comunes a la mediación y al arbitraje indica que se pueden enviar a mediación por parte del juez los asuntos civiles, en todo o en parte, y es en esa orden de mediación donde puede indicar que sea personal o a través de tecnologías de la comunicación (como se ha señalado en el apartado 4.1.1.), entendiendo que si no se dice nada la mediación será de manera personal[81].

En Hawái se regula la mediación en asuntos de familia y pequeña cuantía (Rules of the small claims regla 14 y Family court rules regla 53.1), pero además hay que destacar que la sección 514B-161 HRS requiere acudir a la mediación si un propietario de condominio o la Junta Directiva realiza una disputa sobre interpretación o fuerza de una declaración de una asociación (pudiendo ser la mediación facilitadora y evaluativa), además de que existe una mediación judicial obligatoria en casos seleccionados de apelación. En el Estado de Hawái también hay que destacar que se estableció una moratoria de desalojo al inicio de la pandemia, levantada en agosto de 2021, que conllevó aprobar la Ley 57 que requería que los propietarios e inquilinos acudieran a mediación antes de producir un desalojo, lo cual fue muy positivo alcanzando una media de acuerdo de 87%, aunque esta Ley terminó en agosto de 2022 y están buscando implementarlo de manera permanente debido a su éxito[82].

En Illinois desde el 8 de octubre de 2021 se ha implementado un programa de mediación obligatoria para el distrito sur que pretende proveer una alternativa más eficiente y menos cara para la litigación tradicional, en donde se envían de manera automática los asuntos civiles no exentos[83].

En el Estado de Minnesota se pueden remitir a mediación asuntos de familia (según se regula en las General Rules of Practice 114.01, 310.01 y en la Minessota Civil Mediation Act 572.35).

---

81 Normalmente la mediación se requiere para todas las acciones civiles en Florida, y suele funcionar y alcanzarse un acuerdo, como se señala en el artículo "What is mediation and why is mediation required in Florida", de 28 de noviembre de 2016, de Jeff Davis Law, disponible en https://www.jeffdavislaw.com/mediation-mediation-required-florida/ (fecha de consulta: 13 de abril de 2023).

82 Al respecto, https://www.hawaiipublicradio.org/local-news/2022-10-19/report-mandatory-mediation-saved-hundreds-of-tenants-from-eviction (*op. cit.*).

83 Estarían exentos asuntos como el habeas corpus, solicitudes de anulación de sentencias, derechos civiles de prisioneros, apelaciones de la seguridad social, apelaciones de quiebra... se puede consultar el resto de información en el siguiente enlace: https://www.ilsd.uscourts.gov/mediation/mediationmain.aspx (fecha de consulta: 04 de abril 2023).

En Nuevo México se regula la mediación para los proyectos de obras públicas, así como en la Workers' Compensation Act y la Workers' Compensation Administration's Rules, que requieren de una mediación obligatoria antes del juicio[84].

En Nueva York si hay una orden del juez es obligatorio participar en la mediación, aunque siempre es voluntario llegar a un acuerdo, siendo la mediación gratuita o con coste muy bajo en los Community Dispute Resolution Centers (CDRC).

En el Estado de Tennessee se requiere acudir a mediación para temas de divorcios antes de acudir al procedimiento judicial (regla 31 Tennessee Rules of the Supreme Court).

Para ir finalizando, en Washington la mediación es obligatoria en casos de defectos de construcción, casos de atención médica (RCW 64.55.120 y CR 53.4) y en algunos condados también en ámbito de familia (como en el condado de Whatcom).

Por último, en Washington D.C. (Distrito de Columbia) también se puede requerir a las partes acudir a la mediación (Ley Uniforme de Mediación capítulo 42, 16-4202), siendo la mediación judicial gratuita para los residentes[85].

Cambiando de continente, en cuanto a Oceanía en este capítulo únicamente se va a hacer referencia a Australia federal. En este sentido, las reglas del Tribunal Federal de Australia 2011, revisadas a 13 de enero de 2023, en la parte 28 hacen referencia a los métodos alternativos de resolución de disputas, en concreto en la regla 28.01 indica que las partes deberán y el tribunal lo hará el considerar opciones de ADR incluyendo la mediación, regulándose la mediación en la Court Procedures Act de 2004 (revisada el 15 de diciembre de 2022) parte 5ª. La Civil Dispute Resolution Act 2011 indica que las partes deben tomar pasos genuinos para resolver las disputas antes de iniciar el procedimiento civil, lo que incluye mecanismos de ADR, y el tribunal anima a las partes a ir a los ADR con o sin su consentimiento. En el ámbito de familia, bajo la Family Law Act de 1975 (modificada por la Family Law Amendment (Shared Parental Responsibilites) Act 2006) la mediación es obligatoria, es lo que se conoce como FDR (Family Dispu-

---

84 Al respecto, https://www.bobscottlaw.com/mandatory-mediation-in-new-mexico-workers-compensation-cases (*op. cit.*).

85 https://www.dccourts.gov/services/mediation-matters (fecha de consulta: 04 de abril de 2023).

te Resolution) y es crucial, puesto que el tribunal de familia no aceptará las solicitudes hasta que haya una certificación de que se ha seguido un FDR. Igualmente, también existen mediaciones en asuntos vecinales, y se ha probado que la mediación obligatoria tiene los mismos beneficios que la voluntaria[86].

En el continente africano, del estudio de Sudáfrica en este apartado se hará referencia únicamente al ámbito de los Tribunales Supremos puesto que las Uniform Court Rules incluyeron la regla 41A para la mediación que entró en vigor el 9 de marzo de 2020, siendo la mediación un mecanismo de resolución de disputas que suponía que en cada acción o procedimiento nuevo se debería intentar resolver por mediación, si bien la regla no regula el proceso de mediación en sí mismo, dado que se lleva fuera del sistema judicial, sino que requiere a las partes que consideren la mediación y regula el envío de la materia a la mediación antes del juicio[87]. Por lo tanto, es obligatorio para las partes por lo menos considerar la mediación como mecanismo de resolución de su disputa, y en algunos casos el tribunal ha decidido que la regla no solo requiere que se haya considerado la mediación sino que debe decir las razones por las que no es posible acudir a mediación[88].

Para finalizar, en Asia únicamente se ha estudiado Japón, que diferencia la mediación judicial (siendo *wakai* la propuesta y guiada por un juez y *choutei* la mediación previa y obligatoria[89]), además de la privada y la administrativa. Para lo que interesa a este capítulo únicamente hay que hacer referencia a la mediación judicial, en concreto la *choutei*, que se regula en

---

[86] Información extraída del artículo "Mandatory Mediation: is it really a contradiction in terms?", 12 de febrero de 2021, de Julie Ruffin, disponible en https://www.qlsproctor.com.au/2021/02/mandatory-mediation-is-it-really-a-contradiction-in-terms/ (fecha de consulta: 05 de abril de 2023).

[87] Información extraída de la comunicación facilitada el 25 de mayo de 2022 por John Jeffery Desputy, Ministro de Justicia y Desarrollo Constitucional, disponible en https://www.conflictdynamics.co.za/Blog/Uniform-Rule-41A-(Mediation-as-a-dispute-resolution-mechanism) (fecha de consulta 05 de abril de 2023).

[88] Información extraída del artículo "Ignore mediation at your own peril: rule 41A reconsidered", de 22 de febrero de 2022, de Burton Meyer, Jonathan Sive y Mu'aaz Badat, disponible en https://www.cliffedekkerhofmeyr.com/en/news/publications/2022/Practice/Dispute/dispute-resolution-alert-22-february-ignore-mediation-at-your-own-peril-rule-41a-reconsidered.html (fecha de consulta: 05 de abril de 2023).

[89] KAKIUCHI, SHUSUKE, "Mediation et droit des contrats: une perspective japonaise", *Zeitschrift für Japanisches Recht (ZJapanR)*, Bd. 9, n.º 17 (2004), págs. 97-114.

la Ley de Conciliación Civil 222 de 1951. Desde la Ley de promoción del uso de ADR en 2004 (n.º 151, de 1 de diciembre de 2004 y efectiva desde el 1 de abril de 2007) la mediación judicial fue obligatoria en primera instancia para disputas familiares y determinadas disputas sobre rentas. Los procedimientos de mediación judicial (*chotei*) están cubiertos por la Ley de Conciliación Civil, como ya se ha mencionado, y en este caso cada parte paga sus costes, siendo que desde el año 2018 el Gobierno ha estado anunciando su plan de introducir las tecnologías de la información en juicio y por fin lo está consiguiendo, como se ha analizado en el apartado 4.1.2[90].

4.2.2. Países con sistemas voluntarios de mediación

Dentro de Europa hay destacar que Alemania recoge incentivos en su Código de Procedimiento Civil (ZPO) como pueden ser la reducción de las tasas judiciales e incluso puede decidir suspender el proceso si las partes rechazan acudir a la mediación, aunque para la asistencia a la mediación todavía no se recoge la asistencia jurídica gratuita[91]. También recoge la posibilidad de enviar determinados asuntos a la mediación (sección 278ª ZPO), pero no se podría considerar como un sistema con un alto componente de obligatoriedad.

Austria configura una mediación obligatoria antes de la vía judicial para temas vecinales (se puede acudir a mediación, conciliación o avenencia judicial), mientras que en el resto de materias es voluntaria[92], aunque también se puede encontrar alguna modalidad de mediación obligatoria en temas de arrendamiento. A pesar de ello, no es un amplio catálogo de asuntos y tampoco existen incentivos para la utilización de la misma ni penalizaciones para su ausencia de utilización, por lo que se incluye dentro de esta segunda categoría de países.

---

90 Información extraída del artículo "Litigation and enforcement in Japan: Overview", de Chie Yakura, Yuka Teraguchi y Yuichi Inase, Thomson Reuters Practical Law, disponible en: https://uk.practicallaw.thomsonreuters.com/9-502-0319?transitionType=Default&contextData=(sc.Default)&firstPage=true (fecha de consulta: 05 de abril de 2023).

91 https://e-justice.europa.eu/64/ES/mediation_in_eu_countries?GERMANY&init=true&member=1 (fecha de consulta: 03 de abril de 2023).

92 https://e-justice.europa.eu/64/ES/mediation_in_eu_countries?AUSTRIA&member=1 (fecha de consulta: 03 de abril de 2023).

Del resto de los diferentes países analizados en Europa Bélgica regula de manera clara la mediación como voluntaria, puesto que en su Código Judicial recoge que el juez puede interrogar a las partes sobre la forma en la que intentaron resolver sus disputas para informarles de las posibilidades a seguir (730/1) pero solamente puede ordenar de oficio la mediación si existe consentimiento de las partes (1734).

Para concluir con Europa, hay que hacer referencia al caso de Rumanía puesto que trató de imponer una mediación obligatoria mediante la Ley 192/2006, pero esta obligatoriedad fue eliminada ya que se declaró inconstitucional mediante decisión 266/2014 de 7 de mayo del Tribunal Constitucional Rumano. Posteriormente, el 26 de junio de 2018 se intentaron adoptar nuevas modificaciones en la Ley de Mediación con el intento una vez más de una mediación obligatoria pero menos drástica que remitiera automáticamente a la mediación los casos que llevaban más de 18 meses en los tribunales, adoptando también muchos incentivos, pero finalmente no ha conseguido salir adelante[93].

En cuanto al continente americano, de los países de Hispanoamérica únicamente Cuba regula la mediación de manera totalmente voluntaria, pero al menos ya se regula para el derecho de familia gracias al nuevo Código de las Familias (Ley 156/2022), cuyo artículo 444 recoge los asuntos mediables.

Continuando con el continente americano, y dejando de lado Canadá por haberse analizado en el apartado anterior, con respecto a los Estados Unidos de América en Michigan bajo las Michigan Court Rules 3.216 el juez puede enviar a mediación determinados supuestos de familia como divorcios, pero no se establece una obligación como tal. Además, se recoge la mediación en el ámbito de protección de menores (MCR 3.970) pero requiere previa consulta a las partes.

Finalmente, también se incluirá en este apartado el Estado de Texas, puesto que no recoge como tal la mediación obligatoria, aunque muchos jueces requieren acudir a la mediación con carácter previo (los mecanismos ADR se regulan en el Título 7, capítulo 152, del Texas Civil Practice and Remedies Code).

---

93 Información obtenida del artículo "Mandatory Mediation Attempt" por Constantin-Adi Gavrila (ADR Center Romania), 14 de septiembre de 2018, Kluwer Mediation Blog https://mediationblog.kluwerarbitration.com/2018/09/14/mandatory-mediation-attempt/ (fecha de consulta: 04 de abril de 2023).

Pasando al continente africano, puesto que en Oceanía ya se ha analizado el caso de Australia en el apartado anterior con componentes de obligatoriedad de la mediación, en Sudráfrica en el Tribunal de los Magistrados bajo las Mediation Rules (rules of court amendment mediation, chapter 2) se establecía la mediación judicial, pero es un proyecto que se ha pausado indefinidamente y que no ofrece servicios de mediación desde el 15 de marzo de 2022[94], por lo que en este aspecto hay que incluir a Sudáfrica en el apartado de sistemas voluntarios de mediación, dado que en estos momentos no es posible acudir a la misma en el Tribunal de los Magistrados ni siquiera de manera voluntaria, ya que los servicios de mediación están suspendidos.

Para terminar con el estudio, en Asia podríamos incluir también a Japón en este apartado, pero teniendo en cuenta que únicamente sería en lo que respecta a la mediación privada y algunas mediaciones administrativas, puesto que estas se encuentran fuera de los supuestos de obligatoriedad.

5. CONCLUSIONES

De la actualización realizada del estudio original, uno de los aspectos que más ha llamado la atención ha sido el cúmulo de novedades legislativas que se han podido apreciar en los países estudiados, novedades relativas sobre todo a la introducción de más tecnologías en la mediación, pero incluso también alguna que otra novedad en relación con el tema de la obligatoriedad.

En el lado de la incorporación de nuevas tecnologías, se pueden destacar casos como el de Italia, que desde el 28 de febrero de 2023 aplica ya la mediación telemática. En Hispanoamérica también se ha evolucionado bastante, puesto que Chile ha pasado de prohibir las mediaciones electrónicas durante el confinamiento a aprobar una Ley en noviembre de 2021 que precisamente facilita la mediación a través de las plataformas digitales; también en Perú se admite expresamente la conciliación electrónica desde 2021. Por lo que respecta a Estados Unidos de América, se han ido incorporando más novedades como pueden ser más condados haciendo uso de sistemas con inteligencia artificial como MODRIA (por ejemplo el condado de Stanislaus en California); también en Florida el Tribunal Su-

---

94 Información extraída de https://www.justice.gov.za/mediation/mediation.html (fecha de consulta: 12 de abril de 2023).

premo modificó en 2022 las Reglas del Procedimiento Civil para autorizar precisamente los aspectos tecnológicos; en el Estado de Michigan, que ya estaba bastante avanzado porque incorporó en su momento los kioscos de mediación para que pudieran acceder a la mediación electrónica las personas que carecían de recursos, además se ha creado el programa MI-Resolve que hace uso también de la inteligencia artificial y ha avanzado más en cuanto a la configuración de la mediación a través de nuevas tecnologías; para finalizar, en el Estado de Nueva York se ha pasado de una utilización de las nuevas tecnologías de manera muy asistencial a verdaderas novedades en sus programas de ODR, lo que se ha podido vislumbrar en la configuración que tienen en el momento actual los programas de mediación en las páginas web de los tribunales de Nueva York. Otra novedad que es muy importante destacar es el caso de Japón, puesto que en mayo de 2022 se modificó el Código de Procedimiento Civil para poder digitalizar los procedimientos, de modo que por fin parece que va avanzando en el expediente judicial electrónico e introduciendo las nuevas tecnologías en el ámbito del proceso, y en este sentido desde el 1 de marzo de 2023 ya se permite la participación online de las partes, por ejemplo en aquellos supuestos de mediación judicial obligatoria (*chotei*). En el otro lado de la moneda, por citar también un ejemplo negativo, es decir, de menor utilización de las nuevas tecnologías, se ha encontrado el caso de Sudáfrica, que no es que haya dejado de permitir las mismas para la mediación, sino que un tipo de mediación que las utilizaba bastante tiene suspendidos sus servicios desde el 15 de marzo de 2022, es el caso de la de mediación en el Tribunal de los Magistrados.

En cuanto a las novedades del lado de la obligatoriedad, en Francia se sigue apostando por la misma en el ámbito de familia, dado que se ha ido ampliando el plazo de aplicación, siendo ahora vigente hasta 2024 cuando tendría que haber terminado en 2022. En Estados Unidos de América también ha habido algunas novedades entre sus Estados, por citar algunos ejemplos en el Estado de Hawái la Ley 57 estuvo en vigor hasta agosto de 2022 y estableció la mediación obligatoria para el tema de arrendamientos, cosechando un gran éxito también en las modalidades remotas, por lo que se quiere estudiar poder continuarla, o en el Estado de Illinois que desde octubre de 2021 existe un programa de mediación obligatoria en el distrito sur que envía automáticamente aquellos asuntos civiles que no están exentos. Por citar también otro ejemplo negativo, en Rumanía han continuado los intentos por introducir alguna modalidad de mediación obligatoria, pero esta sigue sin salir adelante.

De todo ello la idea central que se puede extraer es que, con carácter general, aquellos países que regulaban la aplicación de las nuevas tecnologías en el ámbito de la mediación han tenido resultados muy favorables, de modo que muchos de estos países han ampliado o innovado más en este campo, mientras que países que no contemplaban estas modalidades se han sumado a esta cuarta revolución industrial con la regulación expresa de las mismas o incluso con la aplicación de algún tipo de programa de mediación electrónica. Siguen destacando en este ámbito países como Canadá o Estados Unidos de América, que continúan siendo los más avanzados en cuanto al uso de tecnologías más disruptivas como puede ser la inteligencia artificial, si bien siempre del lado de la inteligencia artificial asistencial como ODRAI, no como AIDR.

Con respecto al tema de la obligatoriedad, también se puede vislumbrar que aquellos países que tienen componentes de obligatoriedad en el uso de la mediación (normalmente para algunos asuntos en concreto, destacando en mayor medida los ámbitos de familia) suelen ser países en donde la mediación también ha resultado ser muy útil y efectiva, pudiendo también servir a la finalidad de descongestionar un poco el ámbito de la justicia. En estos países no tan solo se han mantenido esos elementos de obligatoriedad, sino que incluso en algunos casos se han ampliado, como en Estados Unidos de América que tiene programas piloto o algunos condados que aplican mediación obligatoria en determinados ámbitos, e incluso leyes que han ido cubriendo más materias bajo el ámbito de la mediación obligatoria. Estos países han servido de ejemplo a muchos otros que han ido apostando también por utilizar la mediación con carácter obligatorio, como puede ser el caso de Francia que ha ido ampliando el periodo de vigencia de la misma, lo que revela una clara confianza en este sistema y también que seguramente habrá aportado más beneficios que problemas.

Por todo lo anterior es razonable pensar que el poder ver la mediación desde esta óptica, tecnológica y en cierta medida obligatoria, puede ser un gran ejemplo para España, que está a las puertas de la aprobación definitiva del Proyecto de Ley de Eficiencia Procesal que establece precisamente ese componente de obligatoriedad en la mediación, por lo que se debería recibir con una mayor confianza puesto que la experiencia en derecho comparado ha resultado bastante positiva. Sin embargo, del lado de las nuevas tecnologías si bien en España existe una regulación de las mismas, dejándoles la puerta abierta, esta regulación es bastante escueta y dista mucho de otros ejemplos de países vecinos, como puede ser el caso de Italia, e incluso de países más alejados que si bien no tienen una regulación por escrito muy amplia sí que han realizado verdaderos esfuerzos para su implementación, aprovechando nuevas tecnologías disruptivas como la inteligencia artificial. Es por ello por lo que se considera que la nueva regulación de la mediación como requisito de procedibilidad en el Proyecto de Ley de Eficiencia Procesal puede resultar muy positiva para España; sin embargo, la regulación que se recoge con respecto a la realización a través de las nuevas tecnologías es bastante pobre, por lo que no se aprovecha todo el potencial que las mismas tienen y han ido demostrando, si bien siempre queda la posibilidad de que a pesar de contar con una parca regulación se puedan implementar las mismas a través de diversos programas que se ofrezcan a los ciudadanos, como también ha ido sucediendo en el ámbito del derecho comparado.

6. BIBLIOGRAFÍA

AIGE MUT, MARÍA BELÉN, *La mediación civil: estudio comparado y referencia a las nuevas tecnologías para su desarrollo,* Thomson Reuters Aranzadi, Navarra 2021.

ALARCÓN GARCÍA, SOFÍA, "A propósito del COVID-19: ¿sería recomendable para Chile la mediación familiar en línea?, *Revista Chilena de Derecho y Tecnología,* Vol. 9, núm. 1, 2020.

BARONA VILAR, SILVIA, en su conferencia dentro del marco de los "Diálogos procesales" sobre los métodos alternativos de resolución de litigios, el 3 de mayo de 2021.

DÁVILA CASTILLO, MARCELO RAÚL, LUCERO SALCEDO, VÍCTOR HUGO y CADENA MORILLO, JAIME RODRIGO, "La mediación online en el Ecuador como método alternativo de solución de conflictos", *Estudios del Desarrollo Social: Cuba y América Latina,* Vol. 10, n.º especial 3, 2022.

KAKIUCHI, SHUSUKE, "Mediation et droit des contrats: une perspective japonaise", *Zeitschrift für Japanisches Recht (ZJapanR),* Bd. 9, n.º 17, 2004.

MANTELERO, ALESSANDRO, "Data processing and the risks of Artificial Intelligence", *Derecho Digital e Innovación,* n.º1, enero-marzo 2019.

VERMEYS, NICOLAS y ACEVEDO, MARIA FERNANDA, "Online Dispute Resolution Platforms as a Public Service: How the cyberjustice laboratory's platform to aid in the resolución of litigation electronically (PARLe) is transforming the Canadian Justice System", AAVV (Directora BARRALS VIÑALS, INMACULADA), *El sistema ADR/ODR en conflictos de consumo. Aproximación crítica y prospección de futuro,* Atelier, España, 2019.

WRIGHT, WALTER A., "El uso de la mediación para hacer cumplir los derechos civiles en los Estados Unidos", *Revista de Mediación,* Vol. 12, n.º 2, 2019.

La mediación en Cuba: una recreación del Mito de Sísifo

JUAN MENDOZA DÍAZ
Profesor de Derecho Procesal Universidad de La Habana

1. INTRODUCCIÓN

Existen en la literatura múltiples valoraciones sobre el mítico personaje griego que enojó a los dioses por su astucia, lo que le mereció por castigo tener que ascender una montaña con una roca sobre sus hombros, para no lograr nunca su propósito de llegar a la cima.

Para algunos "el mito" es la absurdidad de una vida inútil, porque nunca logras el propósito deseado por mucho que te empeñes, mientras que otros consideran que el absurdo jamás debe ser aceptado, y ven en la perseverancia de Sísifo una muestra de su constante rebeldía para lograr un propósito en la vida. Bajo el segundo prisma es que apreciamos la batalla cubana por lograr introducir la mediación en nuestro medio.

La primera afirmación es que en estos momentos Cuba carece de un desarrollo normativo y práctico que permita afirmar que la mediación constituye un método efectivo de solución de conflictos en el país.

La promulgación de la Constitución de 2019 marca un punto de inflexión en el análisis de este tema. El art. 93 constitucional reconoce a los Mecanismos Alternativos de Solución de Conflictos (MASC) como una garantía de las personas para resolver sus diferencias.

El balance que podemos hacer en este momento es que largo ha sido el camino recorrido hasta 2019, e igualmente extenso se avizora aun el escenario fututo, en que se logre que los MASC calen realmente en la conciencia ciudadana y en el actuar de las instituciones.

2. ALGUNOS ANTECEDENTES

La primera regulación normativa de un mecanismo alternativo dentro del cauce judicial fue en 2006, cuando se incorporó en la ley de trámites[1] una nueva modalidad (el proceso económico). Se dispuso que en cualquier estado de la tramitación de un asunto el tribunal podía derivar a las partes a una conciliación de naturaleza extraprocesal.

El nuevo proceso concibió una fórmula que posibilita que, en cualquier estado del proceso, se puedan paralizar las actuaciones para que las partes "procedan a conciliar", a cuyo efecto el tribunal les concede un plazo. Se trató de un intento desfigurado e inoperante del legislador patrio por introducir un primer vestigio de solución consensuada del litigio, a la que denominó impropiamente "conciliación"[2].

El otro intento por introducir en la práctica judicial cubana fórmulas conciliatorias fue a través de las "instrucciones" distadas por el Consejo de Gobierno del Tribunal Supremo Popular (CGTSP), a partir de 2007, para los procesos civiles y de familia, mediante las cuales se dispuso que los tribunales propiciaran la conciliación, para lo cual se podían auxiliar de un equipo técnico multidisciplinario, en una comparecencia convocada a ese efecto. Esta conciliación tiene naturaleza "intraprocesal", pues es el propio tribunal quien se encarga de propiciarla y conducirla[3].

---

1 En aquel momento Ley de Procedimiento Civil, Administrativo, Laboral y Económico (LPCALE), de 1977, a la que en 2006 se le incorporó el proceso económico y se adicionó el término en el nombre de la Ley.

2 MENDOZA DÍAZ, JUAN, "Brevísimos apuntes sobre la conciliación y la mediación en el panorama normativo cubano", AAVV (Ed. BARONA VILAR, SILVIA), *Justicia poliédrica en periodo de mudanza (Nuevos conceptos, nuevos sujetos, nuevos instrumentos y nueva intensidad,* Titant lo Blanch, Valencia, 2022, pág. 239.

3 Ante el inmovilismo del legislador cubano, el Tribunal Supremo comenzó en 2007 un proceso factual, amparado en decisiones de su Consejo de Gobierno, mediante las cuales fue modelando la actuación de los jueces para que introdujeran mayores espacios de interacción oral con los justiciables, que le permitiera evaluar de forma directa una diversidad de temas procesales y de fondo. Estas medidas, adoptadas fuera de sede legislativa, implicaron una virtual modificación del diseño procesal civil y familiar en Cuba, e introdujo, de hecho, el conocimiento oral por audiencias.
A pesar de que se trataba de un método poco ortodoxo de modificar la práctica judicial, fue tal su éxito, que en 2012 se dictaron dos nuevas Instrucciones complementarias (216 y 217), que facultan a los jueces para que fomenten el "diálogo constructivo mediante la actividad conciliatoria", con el propósito de lograr una terminación consensuada del proceso. Este nuevo proceder sí califica como una

La mediación disfrutó de peor suerte, toda vez que durante mucho tiempo su único ámbito de aplicación fue en los conflictos comerciales internacionales, cuyos mecanismos de solución de diferencias administra la Corte Cubana de Arbitraje Comercial Internacional, al amparo del Decreto Ley No. 250/2007, de 30 de julio, que instituyó la Corte Cubana.

La Corte cubana remonta sus orígenes a 1963, pero fue en 2007, cuando se dicta el Decreto Ley 250, que reguló, en paralelo a la función de administrar el arbitraje, los servicios de mediación. La reglamentación de la mediación quedó plasmada en las normas complementarias al Decreto Ley, que dictó el Presidente de la Cámara de Comercio de la República de Cuba; inicialmente las Resoluciones No. 13 y 18, de 13 de diciembre de 2007. En la primera se regula la naturaleza y características del servicio de mediación y en la segunda las normas éticas que deben caracterizar la actuación del mediador. En 2015 se introdujeron modificaciones a las Reglas de procedimiento de mediación, mediante la Resolución No. 18, de 2015, del Presidente de la Cámara de Comercio. Finalmente, en 2018, se dictó la Resolución No. 9, de 16 de abril, actualmente vigente, que instrumenta con mayor nivel de precisión la forma en que se desenvuelve este servicio en la Corte.

La Cámara de Comercio incentiva, con poco éxito, el uso de la mediación entre sus asociados y los empresarios extranjeros que participan en el tráfico comercial del país, y el propio Reglamento de Mediación incorporó la siguiente propuesta de cláusula para favorecer su incorporación en los contratos mercantiles: "Cualquier discrepancia sobre la interpretación o ejecución del presente contrato, o derivada del mismo, se resolverá de acuerdo con el Reglamento de Mediación de la Corte Cubana de Arbitraje Comercial Internacional, sin perjuicio del derecho de las partes de acudir directamente al procedimiento de Arbitraje, de acuerdo con el Reglamento de la propia Corte".

Uno de los elementos que conspiró en contra del uso de la mediación en el país, no solo en el campo comercial, sino en el resto de las relaciones

---

verdadera "conciliación intraprocesal", en la que el juez actúa como un sujeto activo y trata de avenir a las partes a una solución, que permita dar por concluida la contienda. Sobre la labora del Tribunal Supremo en la modificación del proceso civil y de familia en Cuba, *Apud* MENDOZA DÍAZ, JUAN, HIERRO SÁNCHEZ, LUIS ALBERTO, "La reforma del proceso civil cubano: una labor judicial", AAVV (Coor. OTEIZA, EDUARDO), *Sendas de la Reforma de la Justicia a principios del Siglo XXI*, Marcial Pons, Madrid, 2018, págs. 233-235.

interpersonales, fue la carencia de fuerza vinculante del acuerdo final al que se arribe. A las partes en contienda no les estimulaba someterse a un procedimiento autocompositivo, cuyo éxito pueda verse frustrado ante la negativa de uno de los intervinientes a cumplimentarlo, por carecer de un mecanismo que lo facilite.

En el campo formativo es meritorio el trabajo realizado por un grupo de profesores y especialistas en mediación, que durante años han realizado denodados esfuerzos por preparar a mediadores en el país, a pesar de carecer de un escenario normativo que lo favoreciera. La Unión de Juristas de Cuba, conjuntamente con la Federación de Mujeres de Cuba y la Facultad de Derecho de la Universidad de La Habana, comenzaron un proyecto en 2011, denominado "Justicia en clave de género: garantía de igualdad entre mujeres y hombres", que tiene entre sus objetivos impulsar la mediación en el ámbito de los conflictos familiares. El proyecto propició numerosos cursos de formación, así como encuentros, talleres y congresos nacionales e internacionales sobre este tema. Del Diplomado "Mediación, género y familia", que se desarrolla al amparo del proyecto, egresaron numerosos profesionales pertrechados de las herramientas necesarias para un futuro desempeño como mediadores, que aspiran a que la mediación logre entronizarse en la práctica social y judicial cubana[4].

3. EL RECONOCIMIENTO CONSTITUCIONAL DE LOS MASC

En las sucesivas etapas de aliento y desaliento que caracterizan el devenir de Sísifo, la promulgación de una nueva Constitución en 2019 representó un significativo estímulo. El texto magno reconoció por primera vez "(...) el derecho de las personas a resolver sus controversias utilizando métodos alternos de solución de conflictos, de conformidad con la Constitución y las normas jurídicas que se establezcan a tales efectos" (art. 93). Este mandato constitucional obliga al legislador ordinario a regular la conciliación, la mediación y el arbitraje, entre otros, como formas de solución alternativa de los conflictos, las materias en que podrá utilizarse y las vías que permitan que los acuerdos a los que se arribe, en el caso de la mediación y la conciliación, puedan tener fuerza ejecutiva.

---

[4] GONZÁLEZ FERRER, YAMILA, "La mediación desde la perspectiva de género. Una necesidad para la efectiva resolución armónica de conflictos", *Quaderni di conciliazioni*, No. 7, Edizioni AV, Cagliari, 2017, págs. 30-32.

Como acertadamente afirma PÉREZ SILVEIRA, la afiliación de los MASC en el sistema jurídico de un país genera nuevos escenarios en la conformación de los medios de tutela, lo que requiere la puesta a disposición de coordenadas legales que partan desde la Constitución y que logren un desarrollo a través de normas especiales sobre la materia[5].

La Pandemia de la Covid 19 significó un retardo para el proceso legislativo derivado de la Constitución y no fue hasta octubre de 2021 que se dictaron dos importantes normas jurídicas que introducen el uso de la conciliación y la mediación en el ámbito judicial: el Código de Procesos y la Ley del Proceso Penal.

4. LA CONCILIACIÓN Y LA MEDIACIÓN COMO HERRAMIENTAS DEL JUEZ CUBANO

La Ley No. 141, de 28 de octubre de 2021, "Código de Procesos", es una norma jurídica unificadora, que diseña dos tipos procesales (ordinario y sumario), para dar cabida a la tramitación de los asuntos civiles, familiares, mercantiles y del trabajo y la seguridad social[6].

Por la diversidad de materias que se agrupan en un mismo cuerpo jurídico, que deben transitar por dos tipos procesales, el legislador dedica una primera parte de la Ley para definir aquellas instituciones y principios que deben regir la tramitación de todos los asuntos. En este catálogo general se hace una referencia específica a la conciliación y la mediación, como herramientas que deben utilizar los jueces durante la tramitación de los procesos.

La referencia a la conciliación y la mediación está colocada en el mismo umbral del Código (art. 2.3); artículo que tiene por cometido definir el alcance de la tutela judicial efectiva constitucional en el ámbito de los procesos que se regulan en esta ley:

---

5 PÉREZ SILVEIRA, MAELIA ESTHER, "El acceso a los métodos alternos de solución de conflictos desde la nueva Constitución en Cuba", AAVV (Dr. LLEDÓ, FRANCISCO, BENÍTEZ, IGNACIO y MENDOZA, JUAN) *Garantías de los derechos en el nuevo panorama constitucional cubano,* Dykinson, Madrid, 2020, pág. 95.

6 Para una visión general sobre el alcance de la reforma procesal cubana de 2021, *vid.* MENDOZA DÍAZ, JUAN, "La reforma procesal multidireccional cubana derivada de la Constitución de 2019", *Revista Cubana de Derecho,* Vol. 2, No. 01, enero-junio de 2022: https://revista.unjc.cu/index.php/derecho/issue/view/3 (consulta: 12-1-2023)

"Artículo 2.3. El tribunal, en cualquier estado del proceso, procura conciliar los intereses de las partes en litigio o derivarlo a la mediación".

Esta formulación general encuentra concreción en el diseño de la "audiencia preliminar", que el tribunal puede convocar una vez efectuada la contestación de la demanda o vencido el plazo para hacerlo (art. 535).

La audiencia preliminar del proceso cubano tiene el cometido que la doctrina, desde antaño[7], y las modernas leyes procesales en los procesos de reformas aun en curso en muchos países de América Latina[8], definen de manera general. En el catálogo de los propósitos de la audiencia el legislador cubano introduce la labor conciliadora del juez, que tuvo sus antecedentes en la práctica judicial precedente a través de las instrucciones del CGTSP, ya referidas.

Conforme a lo preceptuado en el art. 538, que define el cometido de la audiencia, una vez que el juez ha escuchado las alegaciones introductorias de las partes, se han fijado los hechos y pretensiones de las partes y se han resuelto las excepciones procesales formuladas, el tribunal debe valorar la conveniencia de propiciar por si mismo la conciliación o derivar a la mediación.

El apartado d) del artículo en comento ubica ambas actividades de conjunto, sin establecer un orden de prioridad. La práctica judicial determinará la forma en que el juez debe proceder, aunque la lógica indica que la primera diligencia a realizar debe ser la de conciliar, aunque no se trata de una decisión que se pueda establecer de forma predeterminada. La experiencia profesional permite identificar casos en los que, *a priori*, se puede prever que la labor conciliadora se presenta como algo demasiado arduo, por la intensidad de los intereses en conflicto, que aconsejan al juez derivar directamente a la mediación.

---

7 FAIRÉN GUILLÉN, VÍCTOR, "Textos propuestos para la regulación de la audiencia preliminar en el proyecto de Código Procesal Civil-Tipo para Iberoamérica", *XII Jornadas Iberoamericanas de Derecho Procesal, II Volumen*, Centro de Publicaciones del Ministerio de Justicia, Mérida, 1990, págs. 857, 892.

8 *Apud* PEREIRA CAMPOS, SANTIAGO, VILLADIEGO BURBANO, CAROLINA y CHAYER, HÉCTOR MARIO, "Bases Generales para una Reforma a la Justicia Civil en América Latina y el Caribe", AAVV (Coor. PEREIRA CAMPOS, SANTIAGO), *Modernización de la justicia civil*, Centro de Estudios de Justicia de Las Américas, 2009: https://biblioteca.cejamericas.org/bitstream/handle/2015/1032/basesgeneralesparaunareformaalajusticiacivil_.pdf?sequence=1&isAllowed=ypp (Consultado: 14-12-2022)

La conciliación prevista por el legislador tiene dos proyecciones; una primera de naturaleza intraprocesal, en la que el propio juez se erige en conciliador y trata de avenir a las partes a un acuerdo. El reparo que se le hace a esta modalidad de conciliación es su potencial efecto sobre la imparcialidad del juez, que puede asumir una posición adversa contra aquella parte que se niega a aceptar la fórmula conciliatoria que le propone; se trata de un riesgo que debe asumir el juez si quiere convertirse realmente en un director activo del proceso, tal y como lo define el art. 7 del Código.

El otro rumbo de la conciliación es cuando el juez no logra el acuerdo, pero considera que las partes podrían alcanzarlo por sí mismas, en cuyo caso suspende la audiencia y concede un plazo a las partes para que traten de ponerse de acuerdo, lo que nos deriva a la negociación, pues la actividad no estará auxiliada por un tercero. En estos casos el Código le indica al juez que no abandone su interés por alcanzar un acuerdo, y que en caso de que las partes no lo hayan logrado durante la fase en que estuvieron solas, reanude la audiencia y persista en su labor conciliadora (art. 538.4). Considero que se trata de una proyección algo romántica del legislador, pero su formulación legislativa no es una imposición, sino una posibilidad que los jueces pueden asumir o desechar, según la naturaleza del caso que se les presenta.

La derivación a la mediación tiene una llamada de atención especial en el Código cuando se trata conflictos familiares, en los que el tribunal debe insistir sobre el beneficio de la mediación, siempre que existan elementos que a su juicio lo aconsejen. La conveniencia de acudir a la mediación puede realizarla el equipo multidisciplinario[9] para los procesos de familia

---

[9] Los equipos multidisciplinarios fueron creados por la Instrucción No. 216 de 2012 (*vid.* nota 2, *supra*), como parte de los esfuerzos del Tribunal Supremo de Cuba por modernizar la tramitación de los asuntos en esta materia. La referida Instrucción puso en vigor las "Reglas para la constitución y funcionamiento del equipo multidisciplinario en el procedimiento de familia". Aunque se trata de una decisión adoptada antes de la promulgación del Código de Procesos, cuyo contenido quedó sin efecto en virtud de las regulaciones de la nueva ley, lo relativo a los equipos multidisciplinarios sigue vigente. Conforme a lo dispuesto en las "Reglas", los equipos se constituyen en cada tribunal, están integrados por psicólogos, psicopedagogos, psiquiatras, trabajadores sociales, especialistas en trabajo social de la Federación de Mujeres Cubanas, sociólogos, médicos, licenciados en enfermería y otros profesionales afines. Desempeñan un importante papel de auxilio al tribunal y sus dictámenes se utilizan como medio de prueba en los procesos de esta naturaleza.

o el defensor[10], en cuyo caso el esfuerzo del juez para convencer a las partes de la procedencia de acudir a la mediación debe ser más intenso que en el resto de los asuntos.

Si la labor conciliadora del tribunal surte efectos o por la mediación las partes arriban a acuerdos, el tribunal pone fin al proceso mediante auto, en el que se consigna el alcance de la decisión.

El art. 550 reafirma el postulado general del art. 2.2 del Código, de que la conciliación y la mediación constituyen herramientas a las que los jueces deben acudir en cualquier etapa del proceso; en tal sentido remite a los comentados arts. 538 y 539, relativos a la forma en que se instrumentan ambos métodos, y dispone que deben utilizarse durante todo el tiempo que dure la tramitación del asunto.

Relevante resulta la posibilidad de acudir a la mediación en la fase de ejecución, así los arts. 456.3 y 467.2, b) disponen que en esa etapa, y a pesar de existir una resolución judicial firme con fuerza ejecutiva, el tribunal puede derivar a la mediación, lo cual permite que las partes arriben a acuerdos parciales o totales sobre lo dispuesto en la sentencia. Estos acuerdos implican una modificación de lo previamente decidido, y una vez aprobados por el tribunal adquieren fuerza ejecutiva inmediata, que definen el nuevo rumbo de la ejecución.

5. VALOR VINCULANTE DE LAS DECISIONES A QUE SE ARRIBEN MEDIANTE LOS MASC

Uno de los factores de desestímulo al uso de los MASC fue la carencia de fuerza vinculante para los acuerdos a los que las partes arribaran. En algunos casos los interesados acudían ante notario para elevar a público el acuerdo, lo que les otorgaba fuerza ejecutiva a los pactos dinerarios líqui-

10 El defensor es una figura de nueva creación, instituida por el Código de Procesos, que tiene la responsabilidad de representar, por designación del tribunal, a las personas menores de edad, personas con discapacidad, adultas mayores, víctimas de violencia, declaradas judicialmente ausentes o cualquier otra persona en situación de vulnerabilidad que requieran de tutores, representantes o apoyos, hasta que se les provea de aquellos. La designación de defensor también se realiza cuando, aun teniendo tutores, representantes o apoyos, existan intereses contrapuestos entre ellos, o si la situación concreta en que se encuentren las personas a que se refiere el apartado anterior, les impida defender adecuadamente sus bienes y derechos (art. 83).

dos, por constituir uno de los tipos documentales que tienen previsto un proceso ejecutivo privilegiado. Pero no sucedía lo mismo para los acuerdos que pudieran adoptarse en el resto de los asuntos.

El procedimiento de jurisdicción voluntaria del nuevo Código asume la responsabilidad de homologar los "acuerdos derivados de los métodos alternos de solución de conflictos" (art. 609.1, b), y el art. 454 franquea la vía ejecutiva para la resolución mediante la cual se homologan dichos acuerdos.

Se trata de un paso de significativa importancia en los esfuerzos por dotar de confianza a la mediación y el resto de los MASC en el escenario social cubano.

6. A GUISA DE CONCLUSIÓN PROVISIONAL

Al momento de elaborar este trabajo se apreciaba que el importante estímulo que proporcionó el Código de Procesos al ánimo de Sísifo, estaba mellado por la inexistencia de una ley de mediación, por eso lo consideramos una "conclusión provisional". Y es comprensible su desánimo, toda vez que a más de un año de la promulgación del Código de Procesos (octubre de 2021), la mediación carecía aún de una normativa que lo regule, lo que hace inoperante las disposiciones contenidas en la ley procesal comentada. Los jueces no pueden derivar a la mediación porque la figura del mediador no está reconocida, ni la forma en que se organizará el servicio de mediación como herramienta de ayuda a la labor judicial.

La grata sorpresa es que en el día de hoy acaba de publicarse en la Gaceta Oficial de la República, el Decreto-Ley 69/2023, de 19 de enero, "Sobre la Mediación de Conflictos" (DLSM)[11], que rápidamente permitió recobrar la visión optimista del mito.

Se trata de una norma jurídica que requiere de una necesaria instrumentación, pero abre el camino para que la mediación disponga de un marco legal que posibilite su ulterior desarrollo.

El DLSM reparte la responsabilidad de la mediación entre el Ministerio de Justicia (MINJUS) y la Organización Nacional de Bufetes Colectivos

---

11 Gaceta Oficial No. 19 Ordinaria, de 22 de febrero de 2023, https://www.minjus.gob.cu/sites/default/files/archivos/publicacion/2023-02/goc-2023-o19.pdf

(ONBC), institución que agrupa en Cuba a los juristas que se dedican profesionalmente al ejercicio de la abogacía.

El MINJUS tiene a su cargo el Registro Nacional de Mediadores, al que debe inscribirse quien pretenda ejercer dicha función, una vez cumplidas las exigencias de titulación y formación referidas en el art. 7 del DLSM. Le corresponde también fijar las tarifas de cobro del servicio, por lo que se trata de una actividad profesional remunerada, similar al resto de las prestaciones profesionales de asesoría y representación que brinda la ONBC a los ciudadanos.

Por su parte, a la ONBC se le atribuye la función de ser el prestador principal de los servicios de mediación, con independencia de que el MINJUS pueda autorizar, excepcionalmente, la constitución de otros centros donde se preste el servicio (art. 2).

El DLSM extiende la mediación a los conflictos de naturaleza civil, familiar, mercantil, inmobiliarios, del trabajo y la seguridad social, penales y de cualquier otra naturaleza, siempre que los derechos sean disponibles y no estén excluidos de mediación por alguna legislación específica (art. 5). Por su parte, el art. 6 relaciona determinadas materias que no pueden ser objeto de mediación, y deja abierta la lista a aquellas decisiones que puedan vulnerar el orden público.

Se regula de manera específica en los arts. 12.2, 13.3 y 17, la mediación que pueda disponer el tribunal, en el entendido de que el mediador estará a las indicaciones del órgano judicial y debe rendir cuenta del resultado del procedimiento.

Las nuevas disposiciones abren el camino al desarrollo de la mediación en Cuba, pero aún es largo el camino a recorrer para lograr la cultura de paz que preconiza el DLSM en su parte expositiva introductoria.

En la mediación derivada de los conflictos judiciales el camino es aún más incierto, porque se requiere la constitución de las "Oficinas de mediación", unidad organizativa de los mediadores a que hace referencia el Decreto Ley, vinculadas a los tribunales en los distintos territorios del país.

El otro escollo que debe solucionarse es la eventual negativa de las partes de someterse a un servicio profesional tarifado en medio de un proceso judicial en curso. Si tenemos en cuenta que la derivación a la mediación en sede judicial debe contar con el consentimiento de los contendientes, uno de los retos del juez es convencerles de los beneficios que reporta paralizar temporalmente la tramitación del proceso, contratar los servicios del mediador, y someterse al método.

En manos de los jueces está ahora el reto de que se mantenga vivo el optimismo de Sísifo y lograr que la mediación derivada de los procesos se convierta en una vía efectiva de disminución de la litigiosidad que caracteriza al ámbito judicial cubano.

7. BIBLIOGRAFÍA

FAIRÉN GUILLÉN, VÍCTOR, "Textos propuestos para la regulación de la audiencia preliminar en el proyecto de Código Procesal Civil-Tipo para Iberoamérica", *XII Jornadas Iberoamericanas de Derecho Procesal, II Volumen,* Centro de Publicaciones del Ministerio de Justicia, Mérida, 1990.

GONZÁLEZ FERRER, YAMILA, "La mediación desde la perspectiva de género. Una necesidad para la efectiva resolución armónica de conflictos", *Quaderni di conciliazioni,* No. 7, Edizioni AV, Cagliari, 2017.

MENDOZA DÍAZ, JUAN, HIERRO SÁNCHEZ, LUIS ALBERTO, "La reforma del proceso civil cubano: una labor judicial", AAVV (Coor. OTEIZA, EDUARDO), *Sendas de la Reforma de la Justicia a principios del Siglo XXI,* Marcial Pons, Madrid, 2018.

MENDOZA DÍAZ, JUAN, "Brevísimos apuntes sobre la conciliación y la mediación en el panorama normativo cubano", AAVV (Ed. BARONA VILAR, SILVIA), *Justicia poliédrica en período de mudanza (Nuevos conceptos, nuevos sujetos, nuevos instrumentos y nueva intensidad,* Titant lo Blanch, Valencia, 2022.

MENDOZA DÍAZ, JUAN, "La reforma procesal multidireccional cubana derivada de la Constitución de 2019", *Revista Cubana de Derecho,* Vol. 2, No. 01, enero-junio de 2022: https://revista.unjc.cu/index.php/derecho/issue/view/3

PÉREZ SILVEIRA, MAELIA ESTHER, "El acceso a los métodos alternos de solución de conflictos desde la nueva Constitución en Cuba", AAVV (Dr. LLEDÓ, FRANCISCO, BENÍTEZ, IGNACIO y MENDOZA, JUAN) *Garantías de los derechos en el nuevo panorama constitucional cubano,* Dykinson, Madrid, 2020.

PEREIRA CAMPOS, SANTIAGO, VILLADIEGO BURBANO, CAROLINA y CHAYER, HÉCTOR MARIO, "Bases Generales para una Reforma a la Justicia Civil en América Latina y el Caribe", AAVV (Coor. PEREIRA CAMPOS, SANTIAGO), *Modernización de la justicia civil,* Centro de Estudios de Justicia de Las Américas, 2009: https://biblioteca.cejamericas.org/bitstream/handle/2015/1032/basesgeneralesparaunareformaalajusticiacivil_.pdf?sequence=1&isAllowed=y

III. MEDIACIÓN FAMILIAR Y MERCANTIL

Los derechos de la infancia y de la adolescencia en la mediación familiar. Especial referencia a los procesos de separación y divorcio

MAR ARANDA JURADO
Profesora Contratada Doctora Acreditada
Universidad Católica de Valencia San Vicente Mártir

1. INTRODUCCIÓN

Según Torrego los conflictos son "situaciones en las que dos o más personas entran en oposición o desacuerdo porque sus posiciones, intereses, necesidades, deseos o valores son incompatibles, o son percibidos como incompatibles, donde juegan un papel muy importante las emociones y sentimientos y donde la relación entre las partes en conflicto puede salir robustecida o deteriorada en función de cómo sea el proceso de resolución del conflicto"[1].

Resulta evidente que cuantas más interacciones personales se lleven a cabo, más desencuentros o litigios pueden surgir.

---

[1] TORREGO SEIJO, JUAN CARLOS, *Mediación de conflictos en Instituciones educativas*, Narcea, Madrid, 2003, pág. 37.

En España existe una tendencia recurrente al proceso judicial como forma para poner fin a la controversia. Así lo confirman los datos proporcionados por el Consejo general del Poder Judicial[2] que pone de manifiesto que los juzgados y tribunales españoles han experimentado un aumento del 6,5% de asuntos en 2022 respecto al año anterior, debido principalmente al incremento de los asuntos de nuevo ingreso en los órdenes civil —un 8,5% más— y penal —un 6,6% más—.

Sin embargo, tanto por la lentitud como por el notable coste psicológico y económico de la Justicia, pero sobre todo por cómo se ven los interesados relegados a un segundo plano en sede judicial, el nivel de satisfacción de los usuarios, una vez concluido el proceso, no parece ser el deseado. Según datos del Consejo General del Poder Judicial[3] el 79% de los españoles afirman que la justicia es lenta y el 48% tienen una opinión negativa sobre la confianza en el sistema judicial independientemente de que hayan ganado o perdido el juicio.

Consideramos estos datos de interés, no solo por su repercusión negativa en los ya existentes problemas estructurales que viene sufriendo nuestro sistema de Justicia, sino porque no siempre el recurso al juez para que interprete y aplique la ley vigente, en cumplimiento de su función jurisdiccional, parece satisfacer a los litigantes que, como hemos dicho, independientemente del resultado del proceso judicial, terminan complacidos.

Si retomamos la definición de conflicto enunciada al inicio de este epígrafe, entendemos que, con independencia de la complejidad del conflicto, lo importante es llevar a cabo el instrumento más adecuado para su resolución que, en ocasiones podrá ser el proceso judicial, y en otras, el recurso a los métodos alternativos de solución de controversias —en adelante, MASC—, en los que existen fórmulas como la mediación, la conciliación o la negociación que pueden resultar más adecuadas para resolver la controversia concreta.

De todos los conflictos, los que se producen en el seno de la familia —en sentido extenso, no solo en el matrimonial o de pareja— tienen unas consecuencias emocionales y psicológicas muy importantes que

---

2 Informe estadístico sobre la situación de los órganos judiciales publicado el 8 de marzo de 2023 por el Consejo General del Poder Judicial.

3 Encuesta realizada por Metroscopia para el Consejo General del Poder Judicial entre quienes han tenido contacto con la Administración de Justicia, 2023.

pueden producir un desgaste en las relaciones familiares o incluso su disipación. Nos referimos a las desavenencias en las empresas familiares, los conflictos entre hermanos por el cuidado de sus progenitores o por el reparto de la herencia, o los desencuentros entre los padres por la custodia de los hijos, la pensión de alimentos, pensión compensatoria o el uso de la vivienda familiar, en los supuestos de nulidad, separación o divorcio.

Es en este último caso, donde la existencia de hijos menores exige que los padres, atendiendo a la obligación constitucional reconocida en el artículo 39.3 CE y en artículo 18.1 de la Convención de las Naciones Unidas sobre los Derechos del Niño, de 1989[4] —en adelante, CDN— traten de encontrar el modo más constructivo de solucionar sus diferencias, sin dejar de atender el interés superior de los menores y que contribuya a la salvaguarda de las relaciones entre los miembros de la familia.

Los menores de edad son objeto de atención por el Derecho no solo por su necesaria protección jurídica sino por la especial situación de vulnerabilidad en que se encuentran y que exige una atención no sólo de la Administración pública sino de juristas, mediadores, psicólogos, sociólogos, trabajadores y cualquier profesional que pueda contribuir, con sus conocimientos y experiencia, a atender la demanda de los niños[5].

Coincidimos con Pastor e Iglesias en entender la mediación como un procedimiento que introduce la concepción del conflicto como situación neutral, ni positiva ni negativa, inherente a las relaciones humanas y cuyos resultados y repercusiones van a depender de la gestión que las personas desarrollen en torno a la situación conflictiva[6].

En este trabajo vamos a analizar cómo la mediación, por sus características específicas y distintas a otras formas de solución de conflictos, especialmente el proceso judicial, puede constituir un instrumento más idóneo para la solución de conflictos familiares. Haremos especial hincapié en la importancia de su utilización para la resolución de las controversias

---

4 Convención de las Naciones Unidas sobre los Derechos del Niño, aprobada como tratado internacional de derechos humanos el 20 de noviembre de 1989.

5 COBAS COBIELLA, MARÍA ELENA. "Menores y mediación en el ámbito familiar", Instituto de Derecho Iberoamericano, noviembre, 2020.

6 PASTOR SELLER, ENRIQUE, IGLESIAS ORTUÑO, EMILIA, "La mediación intrajudicial como método de conflictos en el seno familiar", *Entramado,* Vol. 7, 1/2011. En: http://www.scielo.org.co/scielo.php?script=sci_arttext&pid=S1900-38032011000100005

suscitadas ante la separación o el divorcio, cuando existen menores, por su llamada inclusividad[7], entendiendo como tal, garantizar que todas las personas que directa o indirectamente se encuentren afectadas por esa disputa, encuentren el lugar en el que poder manifestar sus necesidades y sean tenidas en cuenta, especialmente cuando se trate de los hijos menores de edad.

2. LOS CONFLICTOS FAMILIARES Y SUS FORMAS DE RESOLUCIÓN: HACIA UN NUEVO SISTEMA DE JUSTICIA

La evolución de la sociedad, producida por el desarrollo de nuevas formas de comunicación, el transporte y la globalización, ha hecho que las relaciones sociales sean además de más numerosas, más complejas. Hay que tener en cuenta que, el fenómeno de la internacionalización creciente de las relaciones familiares lleva aparejado problemas específicos derivados de esta tendencia, cada vez mayor, especialmente para todas las cuestiones concernientes a los menores, en particular aquellas relativas a la guarda y al derecho a visita cuando los progenitores van a vivir en Estados diferentes[8].

Partiendo de esta idea, es obvio advertir que el número de desencuentros y desavenencias entre las personas son proporcionales al número de relaciones existentes y exigen, para su resolución, contar con nuevas fórmulas de resolución que no desemboquen, necesariamente, en el proceso judicial.

A través del sistema *multi-door*[9], se ofrece a los ciudadanos en virtud de su autonomía de la voluntad, diferentes herramientas para la resolución de sus controversias como la mediación y otros métodos de resolución de conflictos alternativos al procedimiento judicial contencioso, que ya se practica con éxito en otros países[10].

---

7 VILALTA NICUESA, ESTHER. "Cuestiones actuales del Derecho de Familia. Una visión inclusiva e interdisciplinar". *Inclusividad en rupturas familiares y TIC: una mirada nueva hacia los menores, Tirant online.com. 23710/2022 (Tol 9302062).*

8 Recomendación Nº R (98) 1 del Comité de Ministros a los Estados miembros sobre la mediación familiar, aprobada por el Consejo de Ministros el 21 de enero de 1998, a partir de la 616 reunión de los delegados de los Ministros, VIII, letra a.

9 BARONA VILAR, SILVIA, "Integración de la mediación en el moderno concepto de Acces to Justice Luces y sombras en Europa", *InDret* 4/2014. En: https://indret.com/wp-content/themes/indret/pdf/1092.pdf

10 BONILLA MORENO, ISABEL Y FERNÁNDEZ ALAYA, ROSALÍA, "La perspectiva de la Justicia terapéutica en los procesos judiciales de ruptura de pareja

En el Proyecto de Ley de Medidas de Eficiencia Procesal del Servicio Público de Justicia —en adelante, PLMEP—, que se encuentra actualmente en tramitación parlamentaria, se hace una apuesta por potenciar la utilización de la mediación en todas sus formas además de introducir otros mecanismos de acreditada experiencia en el derecho comparado como instrumentos de justicia negociada. Si el PLMEP llegara a aprobarse como Ley supondría una importante reforma de nuestro sistema procesal, al establecer, el recurso a estos métodos alternativos de resolución de conflictos como requisito de procedibilidad —como incentivo de promover la justicia negociada— sin que signifique la vulneración del derecho de acceso a los tribunales como parte esencial del derecho constitucional a la tutela judicial del artículo 24 CE. Compartimos así la doctrina de Bellido Penadés quien entiende que el derecho de acceso a la Justicia del artículo 24.1 CE como un derecho que comprende tanto el acceso a la justicia jurisdiccional como a la justicia alternativa[11].

Dentro de esta justicia alternativa o negociada, nos centramos en este trabajo en la mediación, cuya promoción es pretendida por el legislador ante la escasa utilización realizada con la entrada en vigor de la Ley 5/2012, de 6 de julio, de mediación en asuntos civiles y mercantiles —en adelante, Ley 5/2012—.

Entendiendo el propósito de esta importante reforma legislativa, consideramos un tanto prematuro para una sociedad como la nuestra —que aún no tiene un conocimiento de este instrumento y por ende una desconfianza hacia él—, ofrecer un abanico de fórmulas autocompositivas y heterocompositivas, que pese que tratan de responder a las distintas necesidades de los interesados, puede provocar cierta confusión.

En este sentido, se impone la evidencia a la creencia, en el sentido siguiente: convencidos de que la opción por la promoción de la mediación y otros MASC en España, favorece a una justicia más sostenible y a unos resultados más satisfactorios para los interesados, a los que se les reconoce su capacidad para concertar los extremos del acuerdo, sin embargo la realidad en España —a diferencia de lo que ocurre en otros países anglo-

---

con descendientes menores de edad", ORTUÑO PASCUAL Y FARIÑA, FRANCISCA (Coords.), *La gestión positiva de la ruptura de pareja con hijos*, Tirant lo Blanch, Valencia, 2020, pág. 79. (*Tol 8230644*).

11 BELLIDO PENADÉS, RAFAEL, *Medios alternativos de solución de conflictos y derecho a la tutela judicial efectiva en el Derecho privado (Español y de la Unión Europea)*, Editorial Tirant Lo Blanch, Valencia, 2022, pág. 132.

sajones—, como tendremos ocasión de ver en este trabajo, es que no ha calado en la sociedad como se esperaba, pese a la mejora en el tratamiento legislativo de la medición. Y es que para que la mediación se gane la confianza de los ciudadanos —la llamada cultura de la paz[12]— requiere que se convierta en una práctica constante con evidentes resultados de éxito.

Esta realidad, nos lleva a reflexionar sobre la relevante función de los abogados —además de otros profesionales jurídicos— como promotores de los MASC, al adjudicárseles en su *lex artis* por el Código Deontológico de la Abogacía Española, una función de concordia circunscrita en la obligación de "procurar el arreglo entre las partes y exige que la información o el asesoramiento que se presente son sea tendencioso no invite al conflicto o litigio[13]". Esto implicaría asesorar adecuadamente a sus clientes, de manera que opten por la fórmula de solución de conflictos que resulte más eficaz para la solución de las desavenencias surgidas entre sujetos de Derecho privado en el ámbito de sus relaciones de derecho disponible que, en ocasiones será una fórmula para desjudicializar el asunto y, en otras, el proceso judicial.

Esta reflexión se podría aplicar también a los jueces, cuya adhesión a la mediación y otros MASC pasa por entenderlas no solo como alternativas al proceso sino como un nuevo escenario de la actuación de los tribunales que exige al juez, intentar alcanzar una solución negociada al conflicto, pese a que este ya se haya judicializado[14].

Este nuevo sistema de justicia, idealmente, responde a la necesidad de promocionar la autonomía de la voluntad de los ciudadanos y la búsqueda de una justicia más equitativa, eficiente y sostenible.

---

[12] Término utilizado pen el Informe de la Comisión al parlamento Europeo, al Consejo y al Comité Económico y Social Europeo del 26 de agosto de 2022.

[13] CONSEJO GENERAL DE LA ABOGACÍA ESPAÑOLA, *Código Deontológico de la Abogacía Española, aprobado por el Pleno del Consejo General de la Abogacía Española el 6 de marzo de 2019,* Tirant lo Blanch, Valencia, 2019, pág. 13.

[14] DURÁN ALONSO, SILVIA, "Mediación intrajudicial o por derivación judicial. Novedades introducidas por el Anteproyecto de Ley de Medidas de Eficiencia Procesal", *Diario la Ley,* 12 de julio de 2021. En: https://diariolaley.laleynext.es/dll/2021/07/26/mediacion-intrajudicial-o-por-derivacion-judicial-novedades-introducidas-por-el-anteproyecto-de-ley-de-medidas-de-eficiencia-procesal

3. LA MEDIACIÓN COMO MÉTODO ADECUADO DE SOLUCIÓN DE CONFLICTOS FAMILIARES

3.1. Particularidades de la mediación familiar

Como hemos comentado, la complejidad de resolver los litigios surgidos en el seno familiar, porque además de haber un problema de tipo jurídico que debe resolverse, como la disolución civil del matrimonio por medio del divorcio— existe un verdadero conflicto personal entre las partes que expresan sentimientos y emociones, normalmente negativos o de desconcierto, que además de transmitir a los hijos, si los hay y al resto de la familia y entorno social de la pareja, complica mucho una pacífica solución al problema principal. Son situaciones con una gran carga emocional que, sin pretenderlo, produce una tensión, a veces difícil de sobrellevar, y una escala del conflicto.

En el caso de las rupturas matrimoniales o de pareja, cada uno de los cónyuges se sitúa en una posición, normalmente opuesta al del otro cónyuge, y busca alianzas en el entorno más cercano, buscando la reafirmación de su visión de la situación.

Esto, que es habitual en muchas rupturas, tiene una consecuencia negativa muy relevante para los hijos del matrimonio que, por mucho que quieran, no pueden permanecer ajenos al conflicto y sienten, con gran angustia, un conflicto de lealtad, esto es, para el hijo supone un gran problema mostrar lealtad hacia uno de los progenitores porque ello implica deslealtad hacia el otro. Desgraciadamente, este conflicto interno de los hijos, es provocado, a veces inconscientemente, por aquel cónyuge que tiene influencia sobre el menor induciendo un rechazo por el otro progenitor, al que hace responsable de la ruptura de la familia —no del matrimonio—. Cuando esta influencia del progenitor hacia el hijo se convierte en una verdadera manipulación psicológica hacia el progenitor y se ejerce en un contexto de violencia de género, es considerado como violencia vicaria —también llamada violencia por sustitución o violencia desplazada—, en la que los hijos son instrumentalizados como objeto para maltratar y ocasionar dolor a sus madres. En estos supuestos, tal y como reconoce la Ley Orgánica 1/2004, del 228 de diciembre, de Medidas de Protección Integral contra la Violencia de Género, la víctima de este tipo de violencia no es solo la madre sino también los hijos, que son utilizados para producir daño[15].

15 GARCÉS DE LOS FAYOS, MARÍA LUISA, "¿Qué es la violencia vicaria?", *Amnistía Internacional, noviembre/2022*. En: https://www.es.amnesty.org/en-que-estamos/blog/historia/articulo/que-es-la-violencia-vicaria/

Fuera de estos casos de violencia, lo cierto es que en los supuestos de separación y divorcio existe, en nuestra opinión, una pretensión ideal de buscar el mejor acuerdo entre los cónyuges en beneficio de los menores y alejarlos de un clima de hostilidad y una posición real, en la que de manera inconsciente ambos progenitores buscan alianzas con sus hijos, de manera que no se sientan "perdedores del amor de sus hijos" ante el otro progenitor.

Esta situación tan compleja, como habitual —por las cifras que hemos señalado anteriormente— consideramos que se puede aplicar el aforismo de Hipócrates *Ad extremos morbos, extrema remedia exquisite optima*[16], en el sentido óptimo de la expresión. Es decir, considerando que estamos por su número y dificultad, ante situaciones dificultosas en la que además, hay que tratar de salvaguardar el interés superior de los menores o mayores dependientes, se requiere, por parte de los profesionales a los que acuden las partes a recibir asesoramiento, la mejor orientación en aras a alcanzar un acuerdo satisfactorio para todos que, supere el tradicional modelo adversarial en el que ganar uno, significa que el otro ha perdido, cuando quizá, han perdido los dos.

En los últimos años en España, siguiendo el modelo iniciado en Estados Unidos en 1990, se ha adoptado, aunque con poca relevancia práctica, la abogacía colaborativa de familia[17] que pretende que ambos abogados realicen un proceso activo de negociación, ayudando a sus representados a defender sus intereses de manera colaborativa y buscando un acuerdo en el que ambas partes consideren que han alcanzado una buena solución. Para llevar a cabo este modelo de derecho colaborativo se exige, por un lado, una especialización del abogado en el ámbito de la negociación y la gestión de los conflictos y por otra, un compromiso de ambos letrados a renunciar a representar a las partes en el proceso judicial, en el caso de que no se alcance el acuerdo. Esta es la línea que sigue el pre-legislador con la incorporación de la negociación directa o a través de los abogados —además de otros métodos alternativos de solución de conflictos—, en el Proyecto de Ley de Medidas de Eficiencia Procesal del Servicio Público de Justicia, de 22 de abril de 2022 —en adelante, PLMEP—. La incorporación de la coordinación de parentalidad, que, pese a no estar regulado legislativamente,

---

16 CASAL Y AGUADO, MANUEL, *Aforismos de Hipócrates*, Imprenta De Repullés, Madrid, 1818, aforismo 61, sección 10.

17 BONILLA MORENO, ISABEL Y FERNÁNDEZ ALAYA, ROSALÍA, La perspectiva de la Justicia terapéutica .... *op. cit.*, pág. 8.

se ha introducido en España, a modo de proyectos piloto, como auxilio de los Juzgados de familia en algunas Comunidades autónomas como Cataluña o la Comunidad Valenciana y que velan por la protección del interés superior del menor.

Centrándonos en la mediación familiar, como el instrumento de resolución alternativa de conflictos más conocido y más utilizado en España, pudiendo llevarse a cabo al margen del proceso judicial —mediación extraprocesal— o, una vez iniciado el mismo —mediación intrajudicial—, bien a solicitud de las partes, bien por derivación judicial. La entrada en vigor de la Ley 5/2012, de mediación en asuntos civiles y mercantiles, facilita el recurso a la mediación durante la tramitación de un proceso, modificando la Ley de Enjuiciamiento Civil para incorporar la información a las partes en la audiencia previa de la posibilidad de recurrir a la mediación para intentar solucionar el conflicto, e incluso, atendiendo al objeto del proceso, el tribunal pueda invitar a las partes a que intenten un acuerdo que ponga fin al proceso —art. 16 Ley 5/2012—. Del mismo modo, permite que las partes soliciten la suspensión del proceso para someterse a mediación —art. 4 Ley 5/2012—.

Si bien comparte definición con el resto de mediaciones aplicadas a otro tipo de conflictos, consideramos que la mediación familiar presenta una serie de peculiaridades que la hacen óptima, en nuestra opinión, para las personas que acuden a ella, incluso cuando no se llega a alcanzar un acuerdo.

La mediación, conocida desde hace varias décadas y definida como el procedimiento mediante el cual un tercero, imparcial y neutro, el mediador, asiste a las partes para que, restableciendo el diálogo, sean capaces de abandonar sus posiciones, para poner de manifiesto sus necesidades e intereses y así poder alcanzar un acuerdo favorable para ambos, es confundida con otras figuras análogas como la negociación[18] o la conciliación. Conviene identificarla y distinguirla como figura autónoma, que goza de una regulación internacional, europea y también nacional y autonómica, como veremos en el siguiente epígrafe.

---

18 La propia Recomendación Nº R (98) 1 del Comité de Ministros a los Estados miembros sobre mediación familiar, aprobada por el Consejo de Ministros el 21 de enero de 1998, a partir de la 616 reunión de los Delegados de los Ministros, define la mediación como un "proceso en el cual un tercero, el mediador, imparcial y neutral, asiste a las partes en la negociación sobre las cuestiones objeto del conflicto, con vista a la obtención de acuerdos comunes" (número 10).

Así, la mediación familiar, como se contempla en la Recomendación Nº R (98)1 del Comité de Ministros a los Estados miembros sobre mediación familiar —en adelante, Recomendación Nº R (98) 1—, basada en la experiencia positiva de su uso en distintos países de Europa como Gran Bretaña, Francia, Alemania, Noruega y Países Bajos, se caracteriza por los beneficios, que, si llega a buen término, puede producir en los miembros de la familia:

- Mejorar la comunicación interpersonal entre los miembros de la familia.
- Reducir o evitar la escalada del conflicto, permitiendo llegar a un acuerdo amistoso.
- Contribuir a la continuidad de las relaciones personales entre los progenitores y también con sus hijos.
- Reducir el coste económico y social de la separación y el divorcio para las partes y también para el Estado.
- Reducir el coste psicológico y el desgaste emocional que puede producir en los implicados, una litigio contencioso y largo.
- Permite revisar los acuerdos alcanzados, por cambio de las circunstancias iniciales.
- Favorece que los implicados, verifiquen su capacidad para resolver los conflictos que surjan, de forma que no necesiten al mediador para futuros desencuentros.
- Incluso en los casos que no se alcance el acuerdo, el procedimiento de mediación es útil para reducirla tensión entre las partes así como la conflictividad entre ellas[19] y que acudan al proceso judicial con una actitud más colaborativa y de menor confrontación.

En nuestra opinión, la particularidad que presenta la mediación utilizada en las cuestiones relativas al Derecho de familia y, en especial en los casos de separación y divorcio, es que tiene prioridad el mediador en atender al conflicto creado entre las partes —y escalado por la crisis familiar sufrida—, para más tarde, una vez restablecida la comunicación, los intervinientes se encuentren en condiciones de resolver el litigio y acuerden los extremos necesarios para que se restablezcan, si es posible,

19 REQUENA, MARTA, "La mediación familiar en el ámbito del Consejo de Europa", *Anuario/1999*, pág. 184.

las relaciones familiares. Lógicamente, para llevar a cabo una mediación de este tipo, se exige una pericia del mediador que, utilizando las técnicas aprendidas y por su experiencia, puede acompañar a las partes en todo el procedimiento, sin tomar postura alguna sobre el acuerdo final —autocomposición—. Verdaderamente esta es una de las más importantes bondades que presenta la mediación y, al mismo tiempo, uno de sus mayores retos, pues no resulta fácil llevarla a cabo con éxito, por lo que, en ocasiones, y en función de la complejidad del asunto, se puede recurrir a la co-mediación.

De esta manera podríamos definir la mediación familiar como un instrumento para la gestión positiva de un conflicto surgido en el entorno familiar que, contando con la cooperación libre y voluntaria de las personas implicas, haciendo uso de su autonomía de la voluntad y en un acto de responsabilidad —y corresponsabilidad parental, si existen hijos menores—, solicitan la colaboración de un mediador cualificado, imparcial y neutral, para la gestión emocional del conflicto y lograr restablecer la comunicación y el diálogo, poniendo fin al litigio, alcanzando un acuerdo válido y satisfactorio para los intervinientes y sobre todo, para los intereses de los menores, además de preservar sus relaciones futuras.

3.2. Reconocimiento de la mediación familiar en el Ordenamiento Jurídico Español

El primer instrumento internacional que regula en exclusiva la mediación familiar es la europea Recomendación Nª R (98) 1, pese a no tener carácter vinculante para los Estados miembros, se convierte en un acicate para reforzarla en aquellos países que ya la tenían establecida y regulada, como Francia en 1995 y para instituirla en aquellos que aún no la habían previsto en sus ordenamientos jurídicos pero que ya se estaba llevando a cabo, como España.

También el Consejo Europeo en su reunión de Tampere de 15 y 16 de octubre de 1999, instó a los Estados miembros a que incorporaran procedimientos alternativos de carácter extrajudicial, para asegurar un mejor acceso a la justicia, en el marco del espacio de libertad, seguridad y justicia como parte de la política de la Unión Europea.

En nuestro país la práctica de la mediación familiar se inició con proyectos piloto a finales de los años ochenta del pasado siglo[20] seguida por un dinámico impulso legislativo de aquellas Comunidades autónomas con competencia para ello, siendo las primeras en legislar sobre mediación en el ámbito familiar Cataluña, Galicia y la Comunidad Valenciana en el año 2001, seguidas del resto de Comunidades autónomas, que paulatinamente han ido aprobando su propia regulación autonómica.

No obstante, es preciso recordar que algunas Comunidades autónomas como Cataluña, Cantabria o la Comunidad Valenciana, han optado por una actualización de la regulación de la mediación exclusivamente familiar para abrirla el ámbito del Derecho privado. Así, siguiendo el modelo de otros países como Austria —con la aprobación de su Ley 29/2003— o Bélgica —con su Ley del 21 de febrero de 2005—[21]. Han aprobado nuevas leyes con un ámbito de aplicación más amplio.

La superación de una legislación tradicionalmente centrada en la mediación familiar por una de carácter más amplio, viene justificado además, como explica la Exposición de Motivos de la Ley 15/2009, de 22 de julio, de mediación en el ámbito del derecho privado, de Cataluña, por la experiencia adquirida con la aplicación de la derogada Ley de 2001[22], por la publicación de la recomendación (2002) 10, del Comité de Ministros del Consejo de Europa que desencadenó la aprobación de la aprobación Directiva 2008/52/CE del Parlamento Europeo y del Consejo, de 21 de mayo de 2008, sobre ciertos aspectos de la mediación en asuntos civiles y mercantiles y, por último por la transcendencia de la Ley de enjuiciamiento civil introducida por la Ley 15/2005, de 8 de julio, por la que se modifican el Código civil y la Ley de enjuiciamiento civil en materia de separación y divorcio, que establece específicamente la mediación familiar en el ámbito de los procedimientos de familia.

Por su parte la Ley 1/2011, de 28 de marzo, de mediación de la Comunidad Autónoma de Cantabria, modificada por Ley 4/2017, de 19 de abril, establecen regulaciones que pretenden utilizar la mediación como

---

20 GARCÍA VILLALUENGA, LETICIA Y BOLAÑOS, ISABEL, *Situación de la Mediación Familiar en España. Detección de Necesidades, desafíos pendientes,* Ministerio de Trabajo y Asuntos sociales, Madrid, 2007, págs. 36 y ss.

21 Ley 15/2009, de 22 de julio, de mediación en el ámbito del derecho privado, de Cataluña, Exposición de motivos.

22 Ley 1/2001, de 15 de marzo, de Mediación Familiar de Cataluña; publicada en el Diario Oficial de la Generalitat de Cataluña en fecha 26 de marzo de 2001, y que entró en vigor el 26 de diciembre de 2001.

instrumento que fomente una cultura de la resolución amistosa de los conflictos. Tanto la norma catalana como la cántabra, sirvieron de inspiración y modelo para la elaboración de la Ley 24/2018, de 5 de diciembre, de mediación de la Comunitat Valenciana[23].

Mientras las Comunidades Autónomas se posicionaban a favor de la mediación familiar, comienzan a introducirse modificaciones en el Derecho de familia español, en lo que respecta a la separación y el divorcio, incluyendo la posibilidad de que los cónyuges, iniciado el proceso judicial, puedan solicitar al juez, en cualquier momento del proceso, la suspensión del mismo —instrucción de la regla 7ª al artículo 770.7 de la LEC—, para acudir a mediación y alcanzar in acuerdo que ponga fin al litigio. Es la Ley 15/2005, de 8 de julio[24], la que posibilita la mediación intrajudicial en los procesos de separación y divorcio, con el objetivo de que se convierta en la opción prioritaria de resolver las discrepancias, reservando la heterocomposición ejercida por el juez —según su Exposición de motivos—, solo para tres supuestos: cuando no haya sido posible alcanzar un acuerdo; cuando el contenido de los acordado lesione los intereses de los hijos menores o mayores incapacitados o para uno de los cónyuges; y cuando las partes no hayan atendido a sus requerimientos de modificación. Pese a esta formulación, aparentemente obligatoria, la mediación queda definida con su formulación clásica de "recurso voluntario alternativo de solución de los litigios familiares por vía de mutuo acuerdo con la intervención de un mediador, imparcial y neutral"[25]. Además, se reconoce la validez de los acuerdos alcanzados en un procedimiento de mediación en los procesos de separación o divorcio de mutuo acuerdo, al permitir que, junto con la propuesta de convenio regulador y demás documentación se acompañe a la demanda el acuerdo final alcanzado en mediación familiar, en el caso de que se haya producido —nueva redacción del artículo 777.2ª LEC—[26].

Atendiendo a lo establecido en la disposición final tercera de la Ley 15/2005, que encomienda al Gobierno a presentar un proyecto de ley so-

---

23 Ley 24/2018, de 5 de diciembre, de mediación de la Comunitat Valenciana, Preámbulo. Ley que deroga la Ley 7/2001, de 26 de noviembre, reguladora de la mediación familiar.

24 Ley 15/2005, de 8 de julio, por la que se modifican el Código Civil y la Ley de Enjuiciamiento Civil en materia de separación y divorcio.

25 Ibid, Exposición de motivos.

26 En este sentido se modifica el artículo 777, apartado 2, de la Ley de Enjuiciamiento Civil.

bre mediación, para su tramitación parlamentaria y aprobación y, por la obligación del Estado español de trasponer[27] la Directiva 200/52/CE sobre mediación civil y mercantil[28], se aprobó la Ley 5/2012, de 6 de julio, de mediación en asuntos civiles y mercantiles que, supuso una importante apuesta del legislador español por fomentar la utilización de la mediación, como "institución ordenada a la paz jurídica" que considera a los juzgados y tribunales como una especie de última ratio cuando se logra alcanzar el acuerdo por las partes de manera voluntaria.

Son varios los avances legislativos en materia de mediación que se consiguen con la aprobación de la Ley 5/2012 y que suponen institucionalizar este método de solución alternativa de conflictos. En primer lugar, no se limita a trasladar el ámbito de aplicación de la Directiva 2008/52/CE —mediación en los litigios transfronterizos en asuntos civiles y mercantiles— a la ley española, sino que lo amplía a los asuntos civiles y mercantiles, incluidos los conflictos transfronterizos, de carácter disponibles para las partes —artículo 2.1 de la Ley 5/2012— así como los conflictos de familia, sin perjuicio de la aplicación de la normativa autonómica en la materia.

En segundo lugar, se le dota a la mediación de efectos sobre los plazos de prescripción y caducidad, contemplando la suspensión de la prescripción o la caducidad de las acciones —artículo 4 de la Ley 5/2012— desde el momento en que se reciba la solicitud de mediación por el mediador o tenga entrada dicha solicitud en la institución de mediación competente. Finalmente, resulta relevante, la posibilidad de reconocer al acuerdo alcanzado en mediación como título ejecutivo —artículo 25 de la Ley 15/2012— ya sea alcanzado en un procedimiento de mediación extrajudicial, en cuyo caso se puede elevar a escritura pública ante notario, vienen la mediación intrajudicial —solicitando las partes al juez su homologación—.

En definitiva, la pretensión, el legislador con la aprobación de la Ley 5/2012 era la de dotar de una regulación general de la medición en diver-

---

27 El plazo establecido en la citada Directiva para su trasposición por los Estados culminaba el 21 de mayo de 2011. Dado que nuestro legislador no incorporó la Directiva a nuestro ordenamiento jurídico dentro de este plazo, el Gobierno recurrió a la vía del Real Decreto-ley para evitar la penalización europea y se aprobó el Real Decreto-ley 5/2012, de 5 de marzo, que se derogó cuando se aprobó la Ley 5/2012.

28 Directiva 200/52/CE del Parlamento Europeo y del Consejo, de 21 de mayo de 2008, sobre ciertos aspectos de la mediación en asuntos civiles y mercantiles.

sos asuntos civiles y mercantiles, por primera vez en nuestro ordenamiento jurídico, con el fin de promover la mediación desjudicializando determinados asuntos que pueden solucionarse con una fórmula más flexible, ágil y adaptada a sus necesidades, que el proceso.

Por lo demás, la regulación de la mediación en la Ley 5/2012, sigue los principios rectores básicos —tanto del procedimiento como de la figura del mediador— establecidos en la Recomendación Nº R (98)1.

4. CRISIS MATRIMONIALES, MENORES Y MEDIACIÓN FAMILIAR

4.1. Los derechos de los menores en las crisis matrimoniales

Como hemos dicho, el conflicto, que es consustancial a las relaciones sociales, adopta una singularidad en las cuestiones familiares, que lo hace más complejo. Los sentimientos y emociones inherentes a las relaciones matrimoniales y familiares intervienen, de manera decisiva, tanto en la gestación de las controversias como en su manera de afrontarlas.

Los procesos de ruptura de parejas requieren una especial atención cuando existen hijos menores de edad, que sin ser partes —en sentido estricto— se convierten en protagonistas indirectos de una controversia, a la que no pueden ser ajenos porque están en juego sus intereses y necesidades —además de sus sentimientos—, que deben prevalecer sobre los de sus progenitores y que deben ser objeto de protección.

La experiencia de ruptura del vínculo matrimonial o de la vida en pareja, lleva inherente un componente de frustración y dolor para todos los miembros de la familia, pero muy especialmente para los hijos menores que observan, con estupor, cómo la relación familiar se va deteriorando. Lógicamente esta situación afecta emocional y psicológicamente a todos los miembros de la familia, pero de manera especial a aquellos que, sin ser promotores del conflicto, se ven inmersos en él. A esto debemos sumar que no siempre los padres se encuentran con la capacidad de poder hablar abiertamente con sus hijos sobre la situación familiar presente y futura, pues se encuentran inmersos en su propio proceso de duelo.

La CDN de carácter vinculante para los Estados firmantes, recoge los derechos sociales, económicos, culturales y políticos de los niños y adolescentes —menores de dieciocho años—, obligaciones para los gobiernos, pero también responsabilidades para todos los agentes que intervienen, de alguna forma, en el desarrollo psicosocial del menor, entre ellos, los padres o representantes legales.

Así, dispone la obligación de los Estados de adoptar aquellas medidas necesarias para dar efectividad a los derechos reconocidos en la Convención —art. 4, CDN— estableciendo, como elemento transversal de todas las medidas que se adopten respecto del menor, el interés superior del mismo —art. 3.1, CDN—.

La responsabilidad de los padres en la crianza y desarrollo del niño fundamentada, como hemos dicho, en el interés superior del menor —art. 18.1, CDN— parece algo connatural a la vida del menor mientras existe una adecuada convivencia de los padres. Sin embargo, en un momento de gran relevancia para el bienestar psicológico y desarrollo del menor como es la ruptura de la vida familiar experimentada hasta ese momento, es donde se debe reforzar su protección, a todos los niveles y atender sus especiales necesidades.

La CDN reconoce expresamente el derecho del niño a ser escuchado, en todo procedimiento judicial o administrativo que le afecte y a tener debidamente en cuenta sus opiniones, en función de su edad y madurez —art. 12, CDN—. Es inherente al ejercicio de este derecho por parte del menor que los padres, que han decidido terminar su relación matrimonial o de pareja, escuchen al hijo para la toma de decisiones. No cabe duda de que, aunque la determinación de terminar la relación sentimental entre los progenitores pertenece al más estricto ámbito privado de uno de ellos o de los ambos de común acuerdo, las consecuencias de esta decisión se expanden a todos los miembros de la familia y a sus relaciones futuras, especialmente a sus hijos. Es por ello que, en estos procedimientos judiciales, los menores —teniendo en cuenta su edad y madurez—, pueden participar en las audiencias, aunque su opinión no resulte vinculante pero sí tenida en cuenta.

La vulneración de este derecho que tiene el menor a ser oído y escuchado, con suficiente madurez y, en todo caso, a los mayores de doce años siempre y cuando las cuestiones que se traten en el proceso le afecten, como en los procedimientos contenciosos de guarda y custodia o divorcio contencioso, es motivo de recurso por infracción procesal —STS 577/2021, de 27 de julio—.

En la legislación española, el derecho del menor a ser oído y escuchado en cualquier procedimiento judicial en que esté afectado y que conduzca a una decisión en su ámbito personal está regulado en el artículo 92.6 del Código Civil, en el artículo 770.4 de la Ley de Enjuiciamiento Civil —en adelante, LEC— y en el artículo 9 de la Ley Orgánica 1/1996, de 15 de enero, de protección jurídica del menor.

De hecho, la LEC, en los procesos de familia, recoge este derecho del menor en los procesos contenciosos —art. 770.4, LEC— y en los procesos de familia voluntarios —art. 777.5 LEC—.

El Tribunal Europeo de Derechos Humanos —en adelante, TEDH—, en su Sentencia de 11 de octubre de 2016, dictada en el recurso 23298/2012 plantea la necesidad de oír a los hijos menores de edad en el proceso de familia. En este caso, declara el Tribunal que se vulneró por parte del juez de primera instancia español, el derecho de la madre recurrente a un proceso justo en el sentido del artículo 6.1 de la Convención Europea de Derechos Humanos —en adelante, CEDH— porque no haberse pronunciado sobre la solicitud de audiencia de la hija menor de edad en el proceso de divorcio, pese a que tenía doce años.

Es reiterada la jurisprudencia del Tribunal Constitucional que considera el derecho del menor a ser oído y escuchado como "parte del estatuto jurídico indisponible de los menores de edad, como norma de orden público, de inexcusable observancia para todos los poderes públicos" —SSTC 577/2021, de 27 de julio de 2021, FJ 2 y 141/2000, de 29 de mayo, FJ 5—. La relevancia constitucional de este derecho la recoge el TC en diversas resoluciones, donde reconoce la vulneración del derecho a la tutela judicial efectiva del artículo 24.1 CE de los menores en supuestos de procesos judiciales en que no habían sido oídos o explorados por el órgano judicial en la adopción de medidas que afectaban a su esfera personal —SSTC 221/2022, de 25 de noviembre, FJ 5; 71/2004, de 19 de abril, FJ 7; 152/2005, de 6 de junio, FFJJ 3 y 4 y 17/2006, de 30 de enero, FJ 5—.

No cabe duda, por tanto, de que tanto la legislación española como la jurisprudencia consideran esencial el respeto del derecho del menor a ser oído por el órgano judicial cuando se deben adoptar medidas que le afectan a su esfera personal, atendiendo a su edad, madurez, circunstancias personales y siempre protegiendo el interés superior del menor.

No obstante, parece preocupante la forma en que la exploración del menor es llevada a cabo en los tribunales.

Pese a que la ley dice reconoce que en las audiencias con los hijos menores o mayores con discapacidad que precisen apoyo para el ejercicio de su capacidad jurídicas se "garantizará" por la autoridad judicial que sean realizadas en "condiciones idóneas para la salvaguarda de sus intereses, sin interferencias de otras personas, y recabando excepcionalmente el auxilio de especialistas cuando ello sea necesario" art. 770.4 LEC—, no siempre se dispone en los tribunales de la infraestructura, tanto material como personal, necesaria para que esta audiencia sea realizada en dichas condiciones idóneas exigidas por la LEC que garanticen el respeto al interés superior del menor.

Así, según el IV Observatorio del Derecho de Familia[29], el 55% de los menores que comparecen en juicios de divorcio lo hacen en un "espacio hostil"[30] quedando vulnerado el bienestar del menor que debe salvaguardarse también en su acceso a la justicia, ya que comparecen en la sala de vistas, el mismo día de la celebración del juicio en los que sus padres están litigando, incrementando su estrés y ansiedad; el 20% de los menores son explorados el mismo día del juicio pero a otra hora y solo el 25% lo hacen en una fecha distinta.

Por otra parte, en cuanto al lugar donde el menor es escuchado, según los datos del mismo Observatorio, solo el 6% de los menores en España son oídos en una sala adecuada para ellos que les haga sentir confortables y alejados del violento entorno judicial y el 35% restante, son escuchados en el despacho del juez.

Lo que acabamos de decir es solo una muestra de los importantes problemas que entraña para los menores los supuestos de separación o divorcio de los progenitores y en los que resultan principalmente afectados, sobre todo en materia de guarda y custodia y régimen de visitas. No obstante, las consecuencias de un conflicto familiar, por su propia naturaleza, alcanza a todos los miembros de la llamada familia extensa, quienes se verán afectados por las medidas que se decidan en la resolución de la controversia.

El impacto que tiene la separación y el divorcio sobre los menores, junto con la necesidad de que los padres y el resto de familiares, deban mantener relaciones interdependientes continuas en el tiempo y alejadas de situaciones constantes de confrontación, son condicionamientos que merecen ser

---

29 El IV Observatorio del Derecho de Familia se ha elaborado a partir de una encuesta a los letrados de la Asociación Española de Abogados de Familia (AEAFA) planteada en diciembre de 2021 con un 95% de nivel de confianza y un 4,6% de margen de error. Este sondeo se divide en cuatro partes, siendo una de ellas, la audición de menores en los juzgados.

30 Cifra recogida en el IV Observatorio del Derecho de Familia, de la Asociación Española de Abogados de Familia (Aeafa).
En: https://www.elenacrespolorenzo.com/es/menores-juicios-divorcio/

tenidos en cuenta a la hora de articular las fórmulas más adecuadas para su solución y, sobre todo, para el restablecimiento de las relaciones personales deterioradas por el conflicto. No hay que obviar que, además del pleito principal, a lo largo del tiempo, son reiteradas las demandas de modificación de medidas solicitadas por uno o ambos progenitores —que, por supuesto, afectan nuevamente a los hijos—, que como afirma el Magistrado Campo Izquierdo[31], son consecuencia de no haber recibido un adecuado asesoramiento y no valorar suficientemente el interés superior del menor en el momento de la celebración del juicio principal, persiguiendo, en la mayoría de los casos, utilizar este trámite de modificación de medidas, para corregir los errores cometidos en ese momento inicial marcado habitualmente por sentimientos y emociones negativas, más que porque exista una necesidad de ajustar las medidas a un cambio de circunstancias acaecido.

En este sentido, la mediación, como herramienta más conocida en la resolución de conflictos aplicada a los conflictos familiares y reconocida en la Recomendación Nª R (98) 1 del Comité de Ministros a los Estados miembros, se convierte en uno de los métodos alternativos de solución de conflictos —en adelante, MASC— que mejor respuesta puede dar a las necesidades de ambos progenitores y también de los hijos, ya que, como veremos, es especialmente útil en la reconstrucción de las relaciones familiares y posibilitar el diálogo truncado por la ruptura.

4.2. Evolución de las nulidades, separaciones y divorcios en España, con hijos menores

La tasa bruta de divorcios en España, esto es, el número de divorcios por cada 1.000 personas, se sitúa según la Oficina Estadística de la UE[32] en 1,8 en el año 2021, por encima de la media de la Unión Europea que se sitúa en 1,7. No obstante, se aleja de cifras mucho más elevadas como la de Ucrania con 2,9, Letonia con 2,5, Lituania con 2,8 o Sucia con 2,3. En cuanto a las tasa más baja la encontramos en Malta, con un tasa bruta de divorcios del 0,6.

---

31 CAMPO IZQUIERDO, ÁNGEL LUIS, "Modificación de medidas desde la perspectiva del Tribunal Supremo", *Revista de Derecho de Familia, abril/2021.*

32 EUROSTAT, OFICINA ESTADÍSTICA DE LA UNIÓN EUROPEA, *Indicadores de divorcio. Código de datos en línea: DEMO_NDIVIND*, Luxemburgo, 2023. En: https://ec.europa.eu/eurostat/databrowser/view/DEMO_NDIVIND__custom_685155/bookmark/table?lang=en&bookmarkId=cc90d043-4364-4937-99df-d356174f973b

Según los datos ofrecidos por el Instituto Nacional de Estadística en colaboración con el Consejo General del Poder Judicial[33], el número de disoluciones matrimoniales, separación o divorcio resueltas por los juzgados españoles durante 2021 sumaron 90.582, que representa una variación interanual del 13,21% con respecto a las presentadas en el año 2020 —80.015 sentencias—. Este dato, pone de manifiesto la disminución de asuntos ingresados en el año 2020 debido a la paralización de la Justicia por la pandemia sufrida y, vuelve a situarse en datos por encima de los 90.000 casos, asimilándose a las cifras registradas en los años precedentes.

Como podemos observar en los datos que facilitamos a continuación, a partir del año 2006 y hasta 2009, ha habido una disminución paulatina del número total de divorcios, pasando de su cifra más elevada en el año 2007 —125.777 casos— a 98.459 divorcios en 2009. Los tres años siguientes experimentaron un leve aumento, alcanzando los 104.262 en el año 2012 y manteniéndose en cifras por debajo de los 100.000 casos en los siguientes años, hasta la bajada sustancial producida en 2020 con 77.200 casos, por la suspensión y/o interrupción, de los plazos procesales durante el estado de alarma[34].

En relación a las causas de separación la tendencia desde el año 2005 ha sido decreciente sin excepción, pasando de 64.028 en el año 2005 a las 3.674 que se han registrado en 2021. Obviamente este descenso en el número de separaciones se debe a la entrada en vigor de la Ley 15/2005, de 8 de julio[35], en virtud de la cual la separación deja de ser un requisito previo indispensable para la obtención del divorcio, quedándose configurada la separación como figura autónoma, para aquellos casos en los que los cónyuges, por los motivos que consideren, decidan por no optar por la disolución de su unión matrimonial.

Además, para tener una perspectiva global de los datos que ofrecemos a continuación, hay que tener en cuenta la posibilidad que ofrece la Ley

---

33 Una adenda al convenio de colaboración, de fecha 14 de febrero de 1994, vigente entre el Consejo General del Poder Judicial y el INE, permite, a partir de 1 de enero de 2007, la implementación de un sistema de recogida continua, mediante formularios web, de los boletines estadísticos que se vienen recogiendo de los órganos judiciales, según dispone el propio Instituto Nacional de Estadística en su *web site*.

34 Real Decreto 463/2020, de 14 de marzo.

35 Ley 15/2005, de 8 de julio, por la que se modifican el Código Civil y la Ley de Enjuiciamiento Civil en materia de separación y divorcio.

15/2015, de 2 de julio, de la Jurisdicción Voluntaria, que permite a los cónyuges acordar su divorcio de mutuo acuerdo mediante formulación de un convenio regulador en escritura pública ante el Notario —también ante el Letrado de la Administración de Justicia—, siempre y cuando no existan hijos menores no emancipados o mayores respecto a los que se hayan establecidos medidas de apoyo atribuidos a sus padres, atribuyendo al Notario las funciones que, hasta la entrada en vigor de la mencionada ley, le correspondía únicamente al juez.

Por último, y aunque no forma parte esencial del objeto de nuestro estudio, se ofrecen datos de las nulidades matrimoniales, en el ámbito civil, que declaran la invalidez del mismo por vicios o errores esenciales cuando se realizó. Como se puede ver, también existe una tendencia descendente en el periodo estudiado del número de asuntos atendidos en los juzgados por esta causa.

A continuación, se ofrece el detalle de los datos totales, así como su variación interanual:

Estadística de nulidades, separaciones y divorcios (2005-2021)																	
Dato base																	
años	2021	2020	2019	2018	2017	2016	2015	2014	2013	2012	2011	2010	2009	2008	2007	2006	2005
Nulidades	57	40	75	92	100	117	144	113	110	133	132	140	127	142	150	174	168
Separaciones	3.674	2.775	3.599	4.098	4.280	4.353	4.652	5.034	4.900	6.369	6.915	7.248	7.680	8.761	11.583	18.793	64.028
Divorcios	86.851	77.200	91.645	95.254	97.960	96.824	96.562	100.746	95.427	104.262	103.604	102.933	98.359	110.036	125.777	126.952	72.848
Total	90.582	80.015	95.320	99.444	**102.341**	**101.294**	**101.357**	**105.893**	100.437	110.764	110.651	110.321	106.166	118.939	137.510	145.919	137.044

Fuente. Instituto Nacional de Estadística en colaboración con el Consejo General del Poder Judicial

Variación interanual																
años	2021	2020	2019	2018	2017	2016	2015	2014	2013	2012	2011	2010	2009	2008	2007	2006
Nulidades	42,50	-46,67	-18,48	-8,00	-14,53	-18,75	27,43	2,73	-17,29	0,76	-5,71	10,24	-10,56	-5,33	-13,79	3,57
Separaciones	32,40	-22,90	-12,18	-4,25	-1,68	-6,43	-7,59	2,73	-23,06	-7,90	-4,59	-5,63	-12,34	-24,36	-38,37	-70,65
Divorcios	12,50	-15,76	-3,79	-2,76	1,17	0,27	-4,15	5,57	-8,47	0,64	0,65	4,65	-10,61	-12,52	-0,93	74,27
Total	13,21	-16,06	-4,15	-2,83	1,03	-0,06	-4,28	5,43	-9,32	0,10	0,30	3,91	-10,74	-13,51	-5,76	6,48

Fuente. Instituto Nacional de Estadística en colaboración con el Consejo General del Poder Judicial

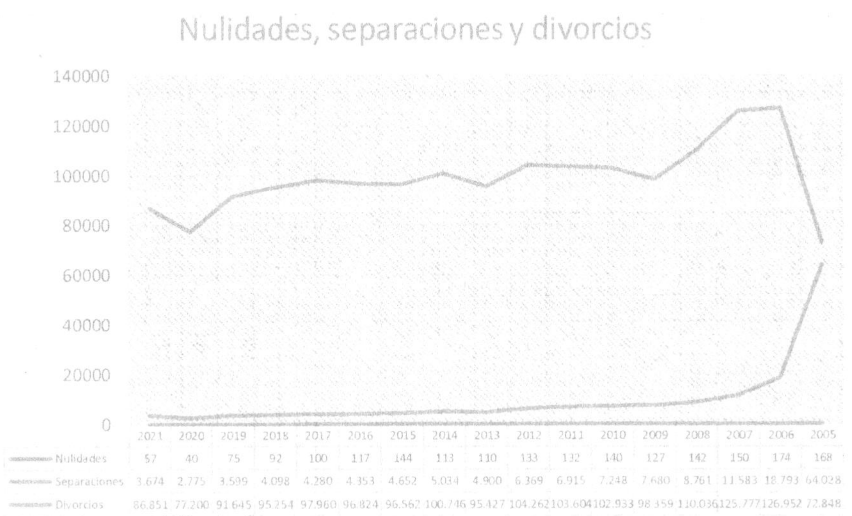

	2021	2020	2019	2018	2017	2016	2015	2014	2013	2012	2011	2010	2009	2008	2007	2006	2005
Nulidades	57	40	75	92	100	117	144	113	110	133	132	140	127	142	150	174	168
Separaciones	3.674	2.775	3.599	4.098	4.280	4.353	4.652	5.034	4.900	6.369	6.915	7.248	7.680	8.761	11.583	18.793	64.028
Divorcios	86.851	77.200	91.645	95.254	97.960	96.824	96.562	100.746	95.427	104.262	103.604	102.933	98.359	110.036	125.777	126.952	72.848

Fuente. Instituto Nacional de Estadística en colaboración con el Consejo General del Poder Judicial

De los datos ofrecidos *supra*, por el tema que nos ocupa, consideramos de interés conocer el número de divorcios y separaciones en los que existen menores de edad o mayores dependientes, ya que nos permite tener una dimensión real del número de menores afectados por los procesos de ruptura de sus progenitores.

En relación al número de divorcios el 57% de los matrimonios que presentaron demanda de divorcio en el año 2021, tenían hijos menores y/o hijos mayores dependientes. En concreto, el 46% de los matrimonios tenían únicamente hijos menores de edad, el 7% tenían hijos menores de edad y mayores dependientes y el 4% solo hijos mayores dependientes. Detallamos a continuación los datos relativos al año 2021, por Comunidades autónomas y teniendo en cuenta el número de hijos menores y dependientes:

Divorcios según número de hijos de los cónyuges												
2021	Sin hijos dependientes	Solo hijos menores: 1 hijo	Solo hijos menores: 2 hijos	Solo hijos menores: más de 2 hijos	Solo hijos menores: total	Solo hijos mayores dependientes: 1 hijo	Solo hijos mayores dependientes: 2 hijos	Solo hijos mayores dependientes: más de 2 hijos	Solo hijos mayores dependientes: total	Con hijos menores y mayores dependientes: 2 hijos	Con hijos menores y mayores dependientes: más de 2 hijos	Con hijos menores y mayores dependientes: total
Andalucía	**6.460**	3.408	3.605	612	**7.625**	429	263	20	**712**	851	619	**1.470**
Aragón	**795**	504	437	63	**1.005**	61	36	0	**96**	82	46	**127**
Asturias, Principado de	**907**	477	289	24	**790**	54	19	0	**73**	75	24	**99**
Balears, Islas	**1.128**	393	319	46	**757**	36	31	3	**69**	194	161	**354**
Canarias	**2.295**	911	675	71	**1.657**	126	48	0	**174**	153	123	**276**
Cantabria	**458**	252	247	15	**513**	38	13	2	**52**	39	13	**52**
Castilla y León	**1.494**	754	636	82	**1.472**	143	64	5	**211**	114	60	**174**
Castilla-La Mancha	**1.385**	769	791	96	**1.656**	95	57	7	**160**	170	122	**292**
Cataluña	**6.651**	3.348	3.182	475	**7.005**	317	187	21	**525**	572	397	**969**
Comunidad Valenciana	**4.210**	2.320	2.033	253	**4.605**	323	132	25	**480**	451	226	677
Extremadura	**607**	392	303	49	**744**	73	31	0	**104**	79	49	**128**
Galicia	**2.127**	1.061	816	93	**1.970**	152	65	9	**226**	188	103	**291**
Madrid, Comunidad de	**5.625**	2.604	2.403	394	**5.402**	243	135	21	**399**	497	434	**931**
Murcia, Región de	**1.056**	681	775	120	**1.576**	85	47	6	**137**	127	85	**212**

Divorcios según número de hijos de los cónyuges												
2021	Sin hijos dependientes	Solo hijos menores: 1 hijo	Solo hijos menores: 2 hijos	Solo hijos menores: más de 2 hijos	Solo hijos menores: total	Solo hijos mayores dependientes: 1 hijo	Solo hijos mayores dependientes: 2 hijos	Solo hijos mayores dependientes: más de 2 hijos	Solo hijos mayores dependientes: total	Con hijos menores y mayores dependientes: 2 hijos	Con hijos menores y mayores dependientes: más de 2 hijos	Con hijos menores y mayores dependientes: total
Navarra, Comunidad Foral de	**406**	276	268	54	**599**	35	19	0	**54**	57	35	**92**
País Vasco	**1.343**	766	797	85	**1.648**	132	54	1	**187**	170	51	**221**
Rioja, La	**235**	105	114	13	**232**	17	3	0	**19**	23	23	**46**
Ceuta	**43**	44	41	38	**122**	6	3	3	**12**	3	3	**6**
Melilla	**58**	18	30	13	**61**	3	3	0	**7**	2	12	**13**
TOTAL NACIONAL	37.283	19.084	17.761	2.595	39.440	2.367	1.208	123	3.698	3.846	2.584	6.431

Fuente. Instituto Nacional de Estadística en colaboración con el Consejo General del Poder Judicial

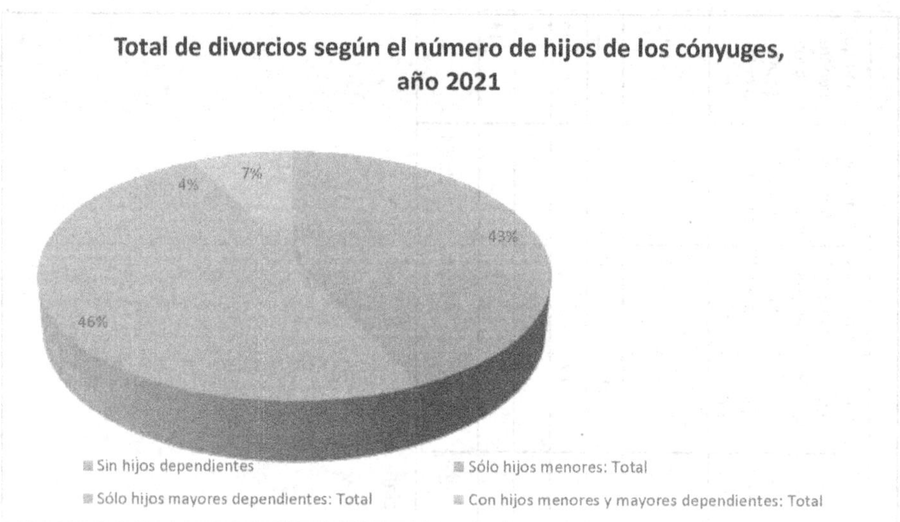

Fuente. Instituto Nacional de Estadística en colaboración con el Consejo General del Poder Judicial

En cuanto al número de sentencias de separación resueltas en el año 2021, de los 3.674 asuntos, el 49% tenían hijos menores de edad o mayores dependientes. En concreto, en 1.061 separaciones —que representa el 29% del total de separaciones— tenían dos o más hijos dependientes —menores o mayores—, en 654 separaciones —el 18% del total— había un hijo menor de edad y en 90 asuntos de separación matrimonial, existía un hijo mayor dependiente.

Detallamos a continuación los datos relativos al año 2021, por Comunidades autónomas y teniendo en cuenta el número de hijos menores y dependientes:

Separaciones según número de hijos de los cónyuges					
2021	Sin hijos dependientes	Solo hijos menores: 1 hijo	Solo hijos mayores dependientes: 1 hijo	2 o más hijos dependientes	TOTAL
Andalucía	437	147	16	243	843
Aragón	45	14	1	21	81
Asturias, Principado de	37	22	6	21	87
Balears, Islas	51	18	0	23	92
Canarias	93	19	0	24	136
Cantabria	23	8	0	5	36
Castilla y León	71	21	1	48	141

Separaciones según número de hijos de los cónyuges					
2021	Sin hijos dependientes	Solo hijos menores: 1 hijo	Solo hijos mayores dependientes: 1 hijo	2 o más hijos dependientes	TOTAL
Castilla-La Mancha	68	17	3	36	125
Cataluña	262	130	18	182	592
Comunidad Valenciana	211	72	12	121	416
Extremadura	45	15	8	24	92
Galicia	65	34	11	42	152
Madrid, Comunidad de	275	77	5	151	507
Murcia, Región de	61	18	6	55	140
Navarra, Comunidad Foral de	27	16	0	14	57
País Vasco	73	22	3	46	144
Rioja, La	10	1	0	3	14
Ceuta	13	0	0	0	13
Melilla	0	2	0	3	5
TOTAL NACIONAL	1.869	654	90	1.061	3.674

Fuente. Instituto Nacional de Estadística en colaboración con el Consejo General del Poder Judicial

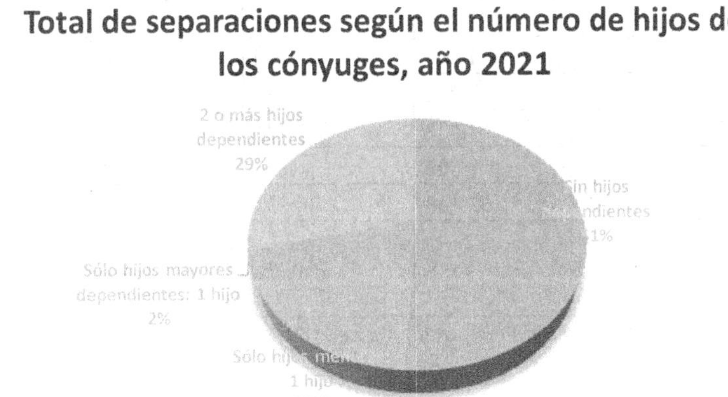

Fuente. Instituto Nacional de Estadística en colaboración con el Consejo General del Poder Judicial

De los procesos de divorcios resueltos en el año 2021, se ha incrementado el porcentaje de procesos tramitados de mutuo acuerdo —un 4% más con respecto al año 2020— y los divorcios no consensuados, sufre una leve subida respecto al 2021 —un incremento del 0,7%—. En relación con las separaciones, las contenciosas tienen una evolución negativa relevante, con una tasa de -3,9% respecto a 2020 y las de mutuo acuerdo, descienden ligeramente en un -0,4%. A continuación, se muestran los datos relativos al número de divorcios y separaciones, de mutuo acuerdo o contenciosos por Comunidades autónomas:

2021	Nulidades matrimoniales	Divorcios consensuados	Divorcios no consensuados	Separaciones mutuo acuerdo	Separaciones contenciosas
Andalucía	21	9.562	8.502	526	302
Aragón	2	1.571	752	65	16
Asturias	2	1.249	672	59	18
Baleares (Islas)	2	1.758	839	68	27
Canarias	2	2.983	2.185	154	53
Cantabria	0	776	438	28	7
Castilla y León	1	2.315	1.385	121	47
Castilla-La Mancha	1	2.260	1.697	110	46
Cataluña	16	10.568	4.963	447	177
C. Valenciana	7	7.287	4.264	343	178
Extremadura	0	1.169	691	74	16
Galicia	1	2.951	1.934	113	35
Madrid	13	7.329	4.757	326	143
Murcia	0	1.819	1.440	106	57
Navarra	0	742	379	53	22
País Vasco	2	2.437	1.221	72	35
Rioja (La)	0	392	218	22	8
TOTAL	70	57.168	36.337	2.687	1.187
Evolución respecto a 2020	-10,3%	4,0%	0,7%	-0,4%	-3,9%

Fuente. Consejo General del Poder Judicial, Memoria de 2021[36]

[36] CONSEJO GENERAL DEL PODER JUDICIAL, *Memoria 2021, aprobada por el Pleno de 21 de julio de 2022*, CGPJ, Madrid, pág. 391.

Por último, y por su importante incidencia en la práctica judicial, consideramos relevante poner de manifiesto el número de modificación de medidas matrimoniales solicitadas y resueltas entre los años 2003 a 2021, que, como se podrá ver en los datos que se muestran a continuación, las consensuadas en el periodo 2006 a 2019 se han cuadriplicado, con incrementos todos los años. Las no consensuadas han tenido un fuerte incremento hasta el año 2015[37] y después se han estabilizado, presentando un leve descenso en 2021[38]:

	Modificación de medidas consensuadas	Modificación de medidas no consensuadas
2003	2.219	9.138
2004	2.585	9.843
2005	2.596	10.096
2006	2.722	10.423
2007	3.303	12.107
2008	3.691	14.069
2009	4.183	17.043
2010	4.996	19.393
2011	6.013	22.932
2012	6.915	28.367
2013	7.943	30.511
2014	9.109	33.183
2015	9.805	34.248
2016	10.214	34.017
2017	10.617	34.100
2018	11.369	33.666
2019	12.166	34.949
2020	11.329	30.070
2021	12.955	32.162
Evolución respecto a 2020	**14,4%**	**7,0%**

Fuente. Consejo General del Poder Judicial, Memoria de 2021

37 CONSEJO GENERAL DEL PODER JUDICIAL, *Datos de Justicia-Cuarenta años de la Ley del divorcio*, CGPJ, Madrid, 2021, pág. 15.

38 Insistimos en la necesidad de tener en cuenta los efectos producidos por el estado de alarma a causa de la pandemia por el covid-19, para entender la disminución de los datos en el año 2020.

4.3. Práctica de la mediación familiar intrajudicial en España

Pese a la aprobación de la ansiada Ley 5/2012 y sus prometedores propósitos, el impacto de su aplicación real fue mucho menor a la esperada. No fue un caso exclusivamente del Estado español, sino que la mayoría de países de la Unión Europea adolecieron de la misma dificultad.

Así lo reconoce el Informe de la Comisión Europea[39] realizado por la obligación impuesta por la propia Directiva 2008/52/CE que exigía a la Comisión la obligación de presentar al Parlamento Europeo, al Consejo y al Comité Económico y Social, un informe sobre la aplicación de la Directiva en los Estados miembros y el grado de aceptación por ciudadanos y empresas —artículo 11 de la Directiva 2008/52/CE—. Concluye el informe, entre otras cosas que, pese a la incorporación de la Directiva en las legislaciones nacionales, la ampliación de su ámbito de aplicación[40] y que se contemple la posibilidad de que los órganos jurisdiccionales deriven a mediación los asuntos, la escasez de su utilización deviene por el no cumplimiento de la obligación de los Estados de divulgar información sobre la mediación[41] que deriva en una falta de conocimiento por la sociedad que obviamente genera inseguridad ante el ofrecimiento del órgano judicial.

No obstante lo anterior, el tipo de mediación más recurrente en España es la que se utiliza para la resolución de controversias familiares, especialmente en los asuntos de separación y divorcio, valorada prácticamente por unanimidad doctrinal que apuesta por los métodos alternativos de resolución de conflicto, como un instrumento útil que, por sus características, atiende de una manera especialmente adecuada a los intereses de las partes, de sus familiares, fundamentalmente de los hijos del matrimonio y que facilita la continuidad de las relaciones familiares después de la ruptura de la unión matrimonial. Es por ello que, existe una relación directamente proporcional entre el número de divorcios y el recurso a la mediación familiar.

A continuación, mostrados las cifras ofrecidas por el Consejo General del Poder Judicial sobre el recurso a la mediación familiar en España:

---

39 Informe sobre la aplicación de la Directiva 2008/52/CE del Parlamento Europeo y del Consejo, de 21 de mayo de 2008, sobre ciertos aspectos de la mediación en asuntos civiles y mercantiles, de 27 de junio de 2017 (Informe-A8-0238/201)

40 Únicamente Irlanda, los Países Bajos y el Reino Unido, optaron por la aplicación de la Directiva en os asuntos transfronterizos.

41 Informe-A8-0238/201, III Conclusiones. Los Estados que incluyeron en sus legislaciones la necesidad de que la autoridad pública competente provea la puesta a disposición de los órganos jurisdiccionales y de la sociedad, de información sobre la mediación como alternativa al proceso judicial son: Austria, Bulgaria, Chipre, Grecia, España, Hungría, Italia, Lituania, Letonia, Polonia, Portugal, Rumanía, Eslovenia y Eslovaquia.

	Mediación Familiar Juzgados de Primera Instancia e Instrucción											
	2009			2010			2011			2012		
	Derivados	Fin sin Avenenc.	Fin con Avenenc.	Derivados	Fin sin Avenenc.	Fin con Avenenc.	Derivados	Fin sin Avenenc.	Fin con Avenenc.	Derivados	Fin sin Avenenc.	Fin con Avenenc.
TOTAL	1.642	153	759	2.242	251	1.057	3.206	324	1.766	3.608	377	2.123

	Mediación Familiar Juzgados de Primera Instancia e Instrucción											
	2017			2018			2019			2020		
	Derivados	Fin sin Avenenc.	Fin con Avenenc.	Derivados	Fin sin Avenenc.	Fin con Avenenc.	Derivados	Fin sin Avenenc.	Fin con Avenenc.	Derivados	Fin sin Avenenc.	Fin con Avenenc.
TOTAL	5.563	615	3.216	4.937	537	2.743	4.769	553	2.688	2.737	292	1.325

	Mediación Familiar Juzgados de Primera Instancia e Instrucción											
	2017			2018			2019			2020		
	Derivados	Fin sin Avenenc.	Fin con Avenenc.	Derivados	Fin sin Avenenc.	Fin con Avenenc.	Derivados	Fin sin Avenenc.	Fin con Avenenc.	Derivados	Fin sin Avenenc.	Fin con Avenenc.
TOTAL	5.563	615	3.216	4.937	537	2.743	4.769	553	2.688	2.737	292	1.325

	Mediación Familiar Juzgados de Primera Instancia e Instrucción					
	2021			2022		
	Derivados	Fin sin Avenenc.	Fin con Avenenc.	Derivados	Fin sin Avenenc.	Fin con Avenenc.
TOTAL	3.287	342	1.709	3.037	336	1.471

Fuente. Consejo General del Poder Judicial

El gráfico que mostramos a continuación pone de manifiesto varias conclusiones a cerca de la práctica de la mediación en España en el periodo 2009-2022:

- Respecto al número de derivaciones a mediación. El convencimiento de los órganos jurisdiccionales sobre las posibilidades que ofrece la mediación en el Derecho de familia, se manifiesta en el número de derivaciones que realizan.

  No obstante, lo anterior, la tendencia creciente de derivaciones solo se mantiene en el periodo 2009 a 2015 —año en el que se alcanzó su mayor registro con 7.485 asuntos derivados a mediación—, incrementándose significativamente entre 2013 y 2015, influenciado posiblemente, por la aprobación de la Ley 5/2012, de mediación en asuntos civiles y mercantiles.

  A partir de 2015, el número de derivaciones comienza una importante tendencia decreciente, especialmente hasta 2019[42], experimentando un leve incremento en 2021y bajando, de nuevo en 2022.

- En relación al número de mediaciones finalizadas con acuerdo, el dato no es alentador, ya que un porcentaje muy bajo de asuntos derivados, logran finalizar con acuerdo en este procedimiento, registrándose en el año 2016 el mayor número de avenencias en medición con un total 839 sobre 6.331 derivaciones. Estos datos, evidencian lo concluido por el Informe sobre la aplicación de la Directiva 2008/52/CE del Parlamento Europeo y del Consejo, de 21 de mayo de 2008, al que hemos hecho referencia anteriormente, sobre la necesidad de que se alcance una cultura de la mediación tanto por los abogados y operadores jurídicos como por la sociedad, en general.

- Por su parte, el número de derivaciones terminadas sin avenencia, presenta una tendencia prácticamente paralela al número de derivaciones realizadas, pero con un matiz importante: son pocos los asuntos derivados a mediación, que llevan a su fin, aunque sean sin alcanzar un acuerdo.

En conclusión y ante esta fotografía real de la mediación familiar intrajudicial en España que muestra unos resultados bastante desalentadores,

---

42 Aunque en el año 2020 se registra un número de derivaciones inferior al año 2021, no lo tenemos en cuenta por estar condicionado a la paralización de los procesos judiciales por el decreto del estado de alarma por la pandemia del Covid-19.

nos reiteramos en lo prematuro que puede resultar la incorporación de nuevos MASC junto con la mediación en el PLMEP, cuando esta última, pese al tiempo que lleva practicándose, su regulación tanto autonómica como estatal y el impulso del Consejo General del Poder Judicial para promocionarla, aún no está teniendo el éxito esperado. Además, la evidente diferencia entre el número de asuntos derivados y las mediaciones finalizadas —con o sin avenencia— nos puede hacer pensar que la consideración de requisito de procedibilidad de los MASC previsto en el PLMEP, se podría convertir en un mero trámite en el que las partes acudan a la sesión informativa y muestren su voluntad de no continuar con el procedimiento de mediación, al sentirse obligadas a ello, dilatando aún más, el proceso judicial.

En nuestra opinión, resulta esencial, para que las partes puedan beneficiarse de la utilización de la mediación u otro MASC, el asesoramiento adecuado por parte de sus letrados que, previamente, deben convencerse del beneficio que produce estas prácticas para su cliente.

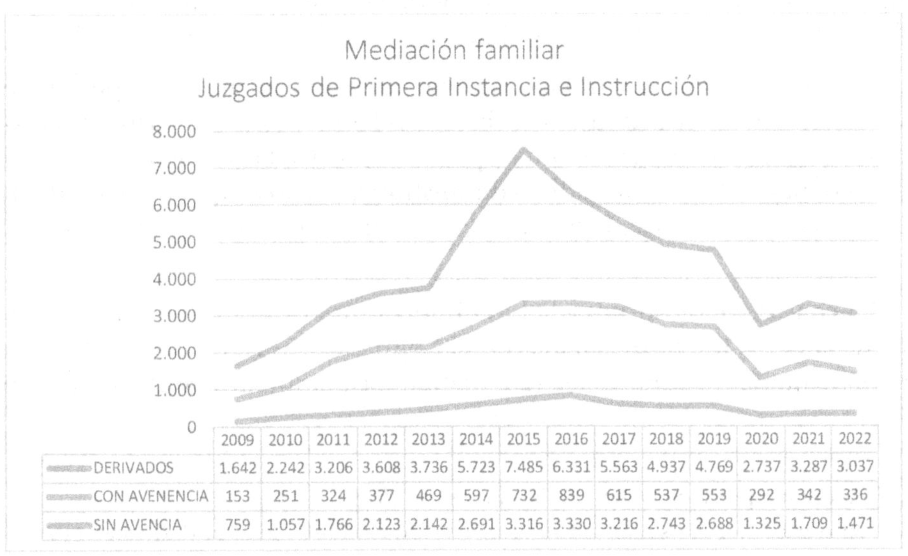

	2009	2010	2011	2012	2013	2014	2015	2016	2017	2018	2019	2020	2021	2022
DERIVADOS	1.642	2.242	3.206	3.608	3.736	5.723	7.485	6.331	5.563	4.937	4.769	2.737	3.287	3.037
CON AVENENCIA	153	251	324	377	469	597	732	839	615	537	553	292	342	336
SIN AVENCIA	759	1.057	1.766	2.123	2.142	2.691	3.316	3.330	3.216	2.743	2.688	1.325	1.709	1.471

Fuente. Consejo General del Poder Judicial

5. LOS DERECHOS DEL MENOR EN LOS CONFLICTOS FAMILIARES

5.1. *Interés superior del menor: marco jurídico e interpretación jurisprudencial*

La consideración de que el niño requiere una protección especial y unos derechos diferenciados, por su necesidad especial de cuidados y atención, históricamente ha sido reconocida en varios textos internacionales como la Declaración de Ginebra sobre los Derechos del Niño de 1924[43], la Declaración Universal de Derechos Humanos[44] o la Declaración de los Derechos del Niño de 1959[45] pero que carecían de fuerza vinculante para los Estados firmantes.

Es la Convención sobre los Derechos del Niño de Naciones Unidas (en adelante, CDN), aprobada como tratado internacional de derechos humanos el 20 de noviembre de 1989[46], la primera norma vinculante para los Estados que reconoce un elenco de derechos y garantías del niño basados en cuatro principios rectores: la no discriminación —art. 2—, el interés superior del menor —art. 3.1—, el derecho a la vida, supervivencia y el desarrollo del niño —art. 6— y el derecho a ser escuchado —art. 12—.

Nos interesa en este trabajo, prestar atención al interés superior del niños del artículo 3.1 de la CDN: "En todas las medidas concernientes a los niños que tomen las instituciones públicas o privadas de bienestar social, los tribunales, las autoridades administrativas o los órganos legislativos, una consideración primordial a que se atenderá será el interés superior del niño".

La consideración primordial del interés superior del niño del artículo 3.1 de la CDN, fue desarrollada por el Comité de los Derechos del Niño en la Observación general nº 14 (2013)[47], dedicada íntegramente a este con-

---

43 Adoptada por la Sociedad de Naciones, en 1924.

44 Aprobada por la Asamblea General de las Naciones Unidas, el 19 de diciembre de 1948.

45 Aprobada por unanimidad por la Asamblea General de las Naciones Unidas, el 20 de noviembre de 1959.

46 La CDN es el tratado de derechos humanos más ratificado de la historia. Lo han ratificado todos los Estados del mundo excepto Sudán del Sur y Estados Unidos.

47 Observación general Nº 14 (2013) sobre el derecho del niño a que su interés superior sea una consideración primordial (artículo 3, párrafo 1), aprobada por el Comité de los Derechos del Niño en su 62º período de sesiones (14 de enero a 1 de febrero de 2013).

cepto que califica de dinámico —I.A.2 de la Observación— exigiendo que se realice una evaluación adecuada a cada contexto, sin que ningún derecho del niño reconocido en la CDN se vea perjudicado por una interpretación negativa del interés superior del niño —I.A.4 de la Observación— y facilitando un marco para evaluar y determinar el interés superior del niño —I.A.11 de la Observación—. Al contrario, se exige la plena aplicación de este concepto "para adoptar un enfoque basado en los derechos, en el que colaboren todos los intervinientes, a fin de garantizar la integridad física, psicológica, moral y espiritual holístico del niño y promover su dignidad humana" —I.A.5 de la Observación—.

En este sentido, el Comité de los Derechos del Niño le otorga al concepto interés superior del menor una triple dimensión: como derecho sustantivo, como principio jurídico y como norma de procedimiento —I.A.6 de la Observación—.

En el marco del Derecho europeo también se recoge este concepto, bien de forma implícita —Convención Europea sobre el reconocimiento y la ejecución de decisiones en materia de guarda de niños y del restablecimiento de la guarda de niños de 1980—, bien de forma explícita en la Convención Europea sobre el ejercicio de los Derechos del Niño de 1996 o en la Carta Europea de los derechos del niño de 1992[48], a la que haremos referencia en el epígrafe siguiente.

El reflejo de esta normativa internacional en el ordenamiento jurídico español viene establecido en el artículo 39.4 CE y alcanza su máxima expresión con la aprobación de la Ley Orgánica 1/1996, de 15 de enero de protección jurídica del Menor —art. 9, en el tema que nos ocupa—, en su redacción actual tras las modificaciones producidas por la Ley Orgánica 8/2015, de 22 de julio y la Ley 26/2015, de 28 de julio.

También el Código Civil recoge el interés superior del menor para los casos de separación o divorcio, manifestado en la obligación del juez de reconocer el derecho del menor a ser oído, cuando se tenga que adoptar cualquier medida sobre su custodia, cuidado y educación, así como a emitir una resolución motivada en el interés superior del menor sobre esta cuestión —art. 92.2 CC—. Por último, la Ley de Enjuiciamiento Civil establece la obligación del juez de garantizar que la audiencia con los hijos menores o mayores con discapacidad que precisen apoyo para el ejercicio de su capacidad jurídica, sea realizada en las condiciones idóneas que la

---

48 Resolución A3-0172/92, de 8 de julio de 1992, apartado 8.2.

salvaguarda de sus intereses, en los procesos de separación o divorcio —art. 770.4 LEC—.

La Ley Orgánica 8/2015, de 22 de julio, de modificación del sistema de protección a la infancia y a la adolescencia define el interés superior del menor como "Todo menor tiene derecho a que su interés superior sea valorado y considerado como primordial en todas las acciones y decisiones que le conciernan, tanto en el ámbito público como privado. En la aplicación de la presente ley y demás normas que le afecten, así como en las medidas concernientes a los menores que adopten las instituciones, públicas o privadas, los Tribunales, o los órganos legislativos primará el interés superior de los mismos sobre cualquier otro interés legítimo que pudiera concurrir" —art. 2.1 LO 8/2015—.

De la normativa nacional citada, se puede afirmar la configuración del interés superior del menor como un criterio que se debe interpretar y aplicar en el momento de adoptar cualquier medida que les afecte. Al no estar definido hay que estar al caso concreto. Se configura, así como un verdadero concepto jurídico indeterminado, que la doctrina ha venido relacionado bien con el desenvolvimiento libre e integral de la personalidad del menor y la supremacía de todo lo que le beneficie, más allá de las preferencias personales de sus padres o tutores —STS, 416/2015, de 20 de julio se 2015 (TOL5.214.768).

La importancia de los intereses de los menores de orden personal y familiar ha sido reconocida por la jurisprudencia constitucional, llegando a admitir la existencia de un menor rigor formal en este los procesos de separación y divorcio, admitiendo que las medidas que les afecten se fijen en interés de ellos, incluso con independencia de lo pedido por las partes en litigio —STC 10 diciembre 1984—. Reitera el Tribunal Constitucional que las potestades por los padres o tutores, o por quienes tengan atribuida su protección y defensa, se haga en interés del menor, y no al servicio de otros intereses, que por muy lícitos y respetables que puedan ser, deben postergarse ante el «superior» del niño —SSTC215/1994, de 14 de julio; 260/1994, de 3 de octubre; 60/1995, de 17 de marzo; 134/1999, de 15 de julio; y en el mismo sentido la STEDH de 23 de junio de 1993, caso Hoffmann—.

Por último, recordar que es constante la posición del Tribunal Constitucional respecto a la obligación de los tribunales a atender el interés superior del menor por la ratificación de la CDN por España, concretamente en su artículo 3.1 —SSTC 178/2020, de 14 de diciembre de 2020, FJ 3, y 64/2019, de 9 de mayo, FJ 4, entre las más recientes—. Como dice la STC 178/2020, para valorar qué es lo que resulta más beneficioso para el menor, ha de atenderse especialmente a las circunstancias concretas del caso, pues no hay dos supuestos iguales, ni puede establecerse un criterio apriorístico sobre cuál sea su mayor beneficio, de modo que el tribunal debe realizar la ponderación de cuál sea el interés superior del menor en cada caso, ofreciendo una motivación reforzada sustentada en su mayor beneficio y con pleno respeto a sus derechos» —SSTS 705/2021, de 19 de octubre y 758/2022, de 25 de octubre—.

5.2. La mediación como forma de protección a los derechos del menor en los conflictos familiares

5.2.1. Derechos del menor a ser oído e informado en los procesos judiciales

El derecho del menor de edad a ser oído y escuchado en todos los procedimientos judiciales cuya resolución pueda incidir en sus intereses personales, familiares y sociales, está ampliamente reconocido en el Derecho internacional, europeo y nacional.

Tanto el Convenio Europeo de Derechos Humanos[49] —en adelante, CEDH—, como la Carta de los Derechos Fundamentales de la Unión Europea[50] —en adelante Carta de Derechos Fundamentales— reconocen el derecho a la libertad de expresión en dos dimensiones. El CEDH en su artículo 10.1 reconoce tanto el derecho a la libertad de expresión como el derecho a ser informado, sin que pueda existir injerencia de las autoridades públicas. Igualmente, lo hace la Carta de Derechos Fundamentales, en su artículo 11.1.

Por su parte, y centrado ya en los menores, el Derecho internacional, en concreto la CDN, en su artículo 12 reconoce el derecho de los niños menores con capacidad para formar sus propios juicios a expresarlos libremente en todas las cuestiones que le afecten —art. 12.1 CDN— y el deber de ofrecerse al niño la oportunidad de ser oído en los procedimientos judiciales y administrativos que le afecten, bien directamente, bien a través de un representante —art. 12.2 CDN—.

---

49 Convenio Europeo para la Protección de los Derechos Humanos y de las Libertades Fundamentales, de 4 de noviembre de 1950.

50 Carta de los Derechos Fundamentales de la Unión Europea, hecha en Estrasburgo de 12 de diciembre de 2007.

Ya el Convenio Europeo sobre el Ejercicio de los Derechos del Niño[51] —en adelante, CEDN—, con el fin de proteger y promover los derechos de los niños, les otorga una serie de derechos procesales específicos en los procedimientos familiares ante la autoridad judicial en particular, los relativos al ejercicio de las obligaciones parentales, como la residencia, su custodia y el derecho de visita[52]: derecho a ser informado y a expresar su opinión en los procedimientos ante la una autoridad judicial —art. 3—, derecho a solicitar la designación de un representante especial —art. 4— y derecho a solicitar la asistencia de una persona apropiada de su elección con el fin de que les ayude a expresar su opinión —art. 5, letra a—.

Para garantizar este derecho procesal de los menores, el CEDN establece una serie de obligaciones a las autoridades públicas que deberán atender antes de tomar cualquier decisión que afecte a los intereses del niño. En concreto el artículo 6 dispone la obligación del juez de examinar si dispone de suficiente información con el fin de que la decisión que adopte atienda al interés superior del menor y, en el caso contrario, recabarla, particularmente de los padres o representantes legales del menor. Traslada esta obligación a los Estados, obligando a que, en los casos en que se considere que el menor tiene el discernimiento suficiente, se deberán asegurar de que el niño ha recibido toda la información pertinente, consultar al niño en los casos oportunos, de una forma apropiada a su discernimiento, si es necesario de manera privada y permitir al niño a expresar su opinión y ser tenida en cuenta —art. 6 del CEDN—.

En definitiva, el Comité de los Derechos del Niño de las Naciones Unidas subrayó que los Estados partes deben, bien garantizar directamente este derecho, bien adoptar o modificar su normativa de modo que los niños puedan disfrutarlo plenamente y deben asegurar también que el niño reciba toda la información y el asesoramiento necesarios para adoptar una decisión favorable a su interés superior. El Comité señala también que el niño no está obligado a ejercitar este derecho, ya que es precisamente un derecho y no una obligación[53].

---

51 Instrumento ratificado por España el 25 de enero de 1996.

52 Consejo de Europa, Manual de legislación europea sobre los derechos del niño, Luxemburgo, 2016, pág. 48.

53 Comité de los Derechos del Niño, Observación General nº 14 (2013), CRC/C/GC/14, 29 de mayo de 2013.

El Tribunal de Justicia Europeo interpreta este derecho de los menores en relación con el Reglamento nº 2201/2003[54] en su artículo 42.2, letra a y el artículo 34 de la carta de los Derechos Fundamentales —TJUE, Asunto C-491/10 PPU, de 22 de diciembre de 2010—.

No obstante, la jurisprudencia del Tribunal Europeo de Derechos Humanos —en adelante, TEDH— hace la interpretación del derecho del niño a ser oído en los procesos judiciales, en el sentido establecido en nuestra legislación —en el sentido que detallamos a continuación— esto es, entendiendo que no siempre los órganos jurisdiccionales nacionales están obligados a escuchar a un niño en los juicios sobre el derecho de visita del progenitor no custodio, sino que deberá evaluarse las circunstancias específicas de cada caso, en función de la edad y la madurez del menor —SSTEDH Vidal c. Bélgica, sentencia nº 12351/86, de 22 de abril de 1992, § 33; Sahim c. Alemania, sentencia nº 30943/96, de 8 de julio de 2003, § 73; Sammerdeld c. Alemania, sentencia nº 31871/96, de 8 de julio de 2003, § 72—.

Toda esta normativa internacional y europea se traslada a nuestro Ordenamiento Jurídico, atendiendo la obligación del estado español de atender las obligaciones establecidas en los acuerdos internacionales que velan por la protección de los menores —arts. 10.2 y 39.4 de la CE, así como el art. 3.1 de la Observación General nº 14 (2013)—.

Este derecho de los menores se desarrolla, como hemos dicho, en la Ley Orgánica 1/1996, de 15 de enero, de protección jurídica del menor —art. 9—, que ha sido reformada por la Ley Orgánica 8/2015, de 22 de julio, de modificación del sistema de protección a la infancia y a la adolescencia, que tal y como expone en su Exposición de motivos, reconoce atender a lo dispuesto en la Observación nº 12, de 12 de junio de 2009, del Comité de naciones Unidas de Derechos del Niño, respecto a su derecho a ser escuchado.

Respecto al derecho del menor a ser escuchado en los procesos judiciales en el que esté afectado y conduzcan a una decisión que incida en su esfera personal, dispone establece el Tribunal Constitucional dos premisas para los órganos jurisdiccionales: a) la audiencia o exploración del menor tiene por objeto indagar sobre el interés de este, para su debida y mejor

---

54 Conocido como "Reglamento Bruselas II bis", cuya finalidad es ayudar en los litigios internacionales por motivo de divorcio y custodia de los hijos, en los que hay más de un país implicado.

protección y, en su caso, debe ser acordada de oficio por el tribunal; y b) ante la no obligación del tribunal de oír siempre al menor, ya que dependerá de las circunstancias particulares del caso —concretadas siempre en la edad, madurez e interés de aquel— porque puede ocurrir que, precisamente por su falta de madurez, se pueda poner en riesgo el interés del menor, y siempre que el niño tenga menos de 12 años, es puede prescindir de su audiencia o, si se considera más adecuado, llevarse a cabo la exploración a través de un experto —SSTC 413/2014, de 20 de octubre, 157/2017, de 7 de marzo, 578/2017, de 25 de octubre, 18/2018, de 15 de enero, 64/2019, de 9 de mayo, 648/2020, de 30 de noviembre y 548/2021, de 19 de julio.

5.2.2. La participación del menor en los procedimientos de mediación familiar

Con todo lo dicho hasta ahora, resulta acreditado el derecho de los menores a ser oídos e informados en los procesos judiciales en los que se dilucidan cuestiones que le afectan a su desarrollo personal, familiar y social, presente y futuro, siempre y cuando se atienda a la edad y madurez del menor y, en todo caso, para los mayores de doce años.

La mediación, por su carácter voluntario, confidencial, bilateral, autocompositiva, flexible, garantizada por la buena fe de las partes y la profesionalidad del mediador neutral e imparcial que velará por el cumplimiento de todas las garantías legalmente previstas en la regulación de la mediación, parece ser una forma idónea de atender las cuestiones relativas al Derecho de familia. Y es que en los conflictos familiares, en los que existen menores, habrá que estar al principio el interés superior del niño y del adolescente, en cuya virtud las partes y el mediador deberán tomarlo en cuenta de manera prioritaria a los intereses particulares[55].

Abordamos ahora si es conveniente que el menor, en los procedimientos de mediación familiar, en los que se trata de alcanzar un acuerdo en cuestiones como la asignación de su custodia, el lugar de residencia, el derecho de alimentos o el derecho de visita del progenitor no custodio, conviene que tenga una participación activa.

En nuestra opinión, solo cabría esta participación partiendo de la base de que el menor, no puede ser considerado como parte del conflicto, por-

---

55 CONSEJO GENERAL DEL PODER JUDICIAL, *Guía par ala práctica de la mediación intrajudicial,* CGPJ, Madrid, 2016.

que no lo es —aunque si resulta afectado—, sino que son sus padres los que están tratando de alcanzar un acuerdo que ponga fin a la controversia. Es decir, la participación activa del menor la entendemos en el sentido de tener la posibilidad de ser escuchado e informado únicamente sobre lo que le concierne directamente —no en cuanto a la pensión compensatoria que pueda pactarse o la liquidación de los bienes del matrimonio, que le interesa únicamente a los padres y que solo puede causar confusión emocional al menor—.

En este sentido, la Ley 5/2012, de 6 de julio, de mediación en asuntos civiles y mercantiles, no hace referencia expresa a la participación de los menores en los procedimientos de mediación en cuyo seno se estén acordando cuestiones de su interés.

Existe una tendencia doctrinal reciente, basada en el criterio de inclusividad de la mediación en los procesos de separación y divorcio, en la que se manifiestan partidarios de la participación activa de los menores en la mediación, siempre y cuando exista un compromiso mutuo de los padres y un acuerdo tanto en la forma de llevarla a cabo como en sus objetivos. En esta línea doctrinal se sitúan entre otros, Hinojal López[56], Suares[57], Verdera Izquierdo[58], Ortuño[59] o Alarcón Cañuta[60], quienes sostienen el beneficio de la participación de los hijos en la mediación en los casos de separación o divorcio, porque la cooperación de los hijos se traduce en una reducción de la escala del conflicto además de aumentar las posibilidades de alcanzar acuerdos que se basen en el interés superior del menor[61].

---

56 HINOJAL LÓPEZ, SILVIA (2005), "Los menores ante la mediación", *Cuadernos de derecho judicial*, 5/2005, pág. 179 y ss.

57 SUARES, MARINÉS, "La mediación familiar, una necesidad impostergable para la solución de los conflictos familiares en Cuba", *Revista chilena de derecho y ciencia política, Vol. 4, 1/2013*, págs. 143-179.

58 VERDERA IZQUIERDO, BEATRIZ, "La importancia de la mediación en el derecho de familia actual. En especial en las crisis de pareja con presencia de menores", *Actualidad Jurídica Iberoamericana, 16 bis/2022, pág. 1714.*

59 ORTUÑO MUÑOZ, JOSÉ PASCUAL, "Perspectivas de la Regulación de la Mediación en la Unión Europea", COLEGIO OFICIAL DE DIPLOMADOS EN TRABAJO SOCIAL Y ASISTENTES SOCIALES, *Trabajo Social Hoy. Monográfico: El Trabajo Social y la Mediación* (págs. 73-84). Madrid, 2005, págs. 73-84.

60 ALARCÓN CAÑUTA, MIGUEL, "Conveniencia de la participación de los niños en el proceso de mediación", *ARS BONI ET AEQUI*, 2/2011, págs. 11-47.

61 Refrendan esta posición estudios llevados a cabo en este sentido autores como: Ballard, Robin H., Holtzworth-Munroe, A., Applegate, A G., D'Onofrio, B. M., y Bates, J. E., con su estudio publicado en el año 2013, titulado "A randomized

En nuestra opinión y dadas las posibilidades que ofrece el procedimiento de mediación, especialmente su flexibilidad y por ofrecer a la partes un lugar en el que poder abordar sus intereses y necesidades, bajo el acompañamiento de un mediador neutral e imparcial, en un clima de colaboración y cooperación, cabría la posibilidad de la participación del menor, según su edad y madurez, en algunas sesiones conjuntas con sus padres, en las que el interés superior de aquel frente al de los intereses particulares de sus progenitores, se mantenga presente y potencie la corresponsabilidad parental, siempre y cuando el clima en el que se desarrolle dichas sesiones, sea adecuado y no perjudique la estabilidad psicológica y emocional del menor. Consideramos que su participación debe estar fundamentada exclusivamente en hacer valer sus derechos a ser oído e informado y que se realice bajo la presencia del mediador, como profesional cualificado neutral e imparcial —únicamente en el conflicto principal— pero no en cuanto a la primacía del interés del menor.

De esta forma, entendemos que solo tendría que intervenir el menor en aquellas sesiones en las que se traten cuestiones relativas directamente a su interés directo —custodia, lugar de residencia o derecho de visita—, lo que podríamos entender como una participación parcial, y no en las que atañen exclusivamente a sus progenitores —pensión compensatoria o reparto de bienes— que pueden acarrear tensiones entre ellos que, en nada beneficiaría al menor —lo que se entendería como una participación del menor en el procedimiento de mediación desde el inicio—.

Al igual que el mediador tiene la obligación de mantener la igualdad de posiciones entre las partes —en un sentido horizontal—, deberá velar porque en aquellas sesiones en las que participe el menor, este se sienta cómodo y lejos de cualquier conflicto de lealtad que puedan transmitirles sus padres, recurriendo a técnicas como el *caucus* que lo protejan de esta situación perjudicial para su estabilidad. No obstante, consideramos que en aquellos casos en los que exista una elevada conflictividad parental sería mejor optar por otras opciones como la coordinación de parentalidad o la mediación

controlled trial of child-informed mediation". También Eikelenboom, S., Harmeling, B., Stokkers, R., y Kormos, H., con su estudio publicado en el año 2005, titulado "Parental Alienation Syndrome (PAS) in the Netherlands. Y Mcintosh, con sus estudios publicados en los años 2000, 2007, 2008, 2009. Para todos ellos, ver: RODRÍGUEZ-DOMÍNGUEZ, CARLES Y ROUSTAN, MARINA, "Inclusión/focalización de menores en mediación familiar: revisión de estudios y propuestas futuras", *Papeles del Psicólogo*, vol. 36, 3/2015, pág. 203.

paralela[62], ya que la mediación es un método de solución de conflictos de manera pacífica pero no se trata de una forma de terapia familiar, pese a que algunos autores la engloban dentro del concepto de justicia terapéutica[63], que hay que tenderlo como forma de resolver un conflicto que ayuda a reconstruir, si es posible, las relaciones dañadas por el conflicto.

Coincidiendo con Rodríguez-Domínguez y Roustan[64], dada la ventaja que tienen países como Australia, Nueva Zelanda o Estados Unidos en la práctica de la mediación familiar, el desarrollo de sus investigaciones avalan la importancia de incluir al menor en los procedimientos de mediación para ser oído, habiéndose producido un cambio de paradigma en la década del 2000 en contra de la negativa a esta participación en los estudios de las décadas de los 80 y los 90 del pasado siglo[65].

6. CONCLUSIONES

Entendemos la mediación familiar, tanto en su modalidad extrajudicial como una vez iniciado el proceso judicial, como una herramienta especialmente útil en los conflictos familiares, por su capacidad transformativa de las relaciones, si se lleva a cabo con éxito, evitando así la necesidad de recurrir a mediación en futuras desavenencias.

Concebida así, la mediación familiar se convierte en un método bien alternativo, bien más adecuado que el proceso judicial, por dar un espacio de encuentro dialogado donde se acuerden posturas y se mejore la comunicación y, si es posible, se alcance un acuerdo válido para ambas partes.

La mediación familiar, es especialmente útil, en los conflictos familiares, en los que la controversia se agudiza con el conflicto familiar, en el que se confunden emociones y sentimientos con los intereses y las necesidades. Además, en los casos de ruptura familiar, en los que existen menores, la mediación sirve para que el mediador tenga presente durante todo el pro-

---

62 RODRÍGUEZ-DOMÍNGUEZ, CARLES, CARBONELL, X., Y JARNE, A., "Revisión conceptual del peritaje psicológico en relación a la custodia de menores en Cataluña", *Anuario de Psicología Jurídica,* 24(1)/2014, pág. 24.

63 Entre otros autores, PILLADO GONZÁLEZ, ESTHER, *Mediación familiar, Una nueva visión de la gestión y resolución de conflictos familiares desde la justicia terapéutica, Tirant lo Blanch,* Valencia, 2015.

64 RODRÍGUEZ-DOMÍNGUEZ, CARLES Y ROUSTAN, MARINA, *op. cit.*, pág. 203.

65 Ibíd, pág. 203.

cedimiento y haga entender a las partes, que el interés superior del menor prevalece sobre los intereses particulares.

Pese a la actividad legislativa de la mediación familiar, tanto por las Comunidades autónomas como por la Ley 5/2012, que también la contempla, en España los datos ofrecidos por el CGPJ muestran un tímido uso de la mediación familiar intrajudicial, pese a un incremento en el número de derivaciones judiciales, y una escasa tasa de finalizaciones con avenencia. Estos datos ponen de manifiesto la necesidad de que se conozca más esta forma autocompositiva por parte de la sociedad, mejorando su confianza hacia ella, cuestión en la que tienen una función primordial de asesoramiento adecuado, los abogados de las partes.

El actual PLMEP, que pretende potenciar la mediación y otros MASC de manera que las partes obtengan el protagonismo en la solución y aumente las posibilidades de cumplimiento del acuerdo, por el compromiso adquirido, puede resultar un tanto pretencioso al abrir un catálogo de MASC en aquellas cuestiones relativas al Derecho privado de carácter disponible, cuando aún no se ha asentado en España una clara apuesta por la mediación familiar, como hemos tenido ocasión de demostrar. Y ello pese a que se exija como requisito de procedibilidad haber acudido a un MASC, que sin vulnerar el principio de voluntariedad característicos de estas fórmulas, podría caer en un mero formalismo, acudiendo a la primera reunión obligatoria sin una auténtica voluntad de alcanzar un acuerdo, ya que solo la falta de asistencia a la sesión informativa indicada por el tribunal sin alegar causa justa, podría considerarse una conducta contraria a la buena fe procesal, ya que supone rechazar de manera injustificada la oportunidad que ofrece el tribunal para alcanzar una solución negociada o ser calificada la conducta como un abuso del servicio público de justicia, que se incluye como nueva figura en el PLMEP, con las consecuencias y sanciones previstas por el pre-legislador.

En nuestra opinión, la evolución de la sociedad, el incremento y la complejidad de las relaciones y por ende de los conflictos, requiere la inclusión de nuevas fórmulas de solución de conflictos, que en virtud de la autonomía de las partes y de su voluntad, se conviertan en protagonistas y creadores de la solución adoptada y que sea válida para ambos de manera que se dibujaría un sistema de justicia más abierto y sostenible. Para ello es necesario contar con los medios personales y materiales necesarios para llevarlos a cabo con todas las garantías, además de la colaboración de los abogados y el resto de profesionales jurídicos, como notarios o registradores, que realicen un adecuado asesoramiento a las partes respecto a la fórmula más adecuada para solucionar su litigio.

7. BIBLIOGRAFÍA

ALARCÓN CAÑUTA, MIGUEL, "Conveniencia de la participación de los niños en el proceso de mediación", *ARS BONI ET AEQUI,* 2/2011, págs. 11-47.

BARONA VILAR, SILVIA, "Integración de la mediación en el moderno concepto de Acces to Justice Luces y sombras en Europa", *InDret* 4/2014. En:

https://indret.com/wp-content/themes/indret/pdf/1092.pdf

BELLIDO PENADÉS, RAFAEL, *Medios alternativos de solución de conflictos y derecho a la tutela judicial efectiva en el Derecho privado (Español y de la Unión Europea),* Editorial Tirant Lo Blanch, Valencia, 2022.

BONILLA MORENO, ISABEL Y FERNÁNDEZ ALAYA, ROSALÍA, "La perspectiva de la Justicia terapéutica en los procesos judiciales de ruptura de pareja con descendientes menores de edad", ORTUÑO PASCUAL Y FARIÑA, FRANCISCA (Coords.), *La gestión positiva de la ruptura de pareja con hijos,* Tirant lo Blanch, Valencia, 2020, págs. 73.85. (*Tol 8230644*).

CAMPO IZQUIERDO, ÁNGEL LUIS. "Modificación de medidas desde la perspectiva del Tribunal Supremo", *Revista de Derecho de Familia, abril/2021.*

CASAL Y AGUADO, MANUEL, *Aforismos de Hipócrates,* Imprenta De Repullés, Madrid, 1818.

COBAS COBIELLA, MARÍA ELENA. "Menores y mediación en el ámbito familiar", Instituto de Derecho Iberoamericano, noviembre, 2020.

CONSEJO GENERAL DE LA ABOGACÍA ESPAÑOLA, *Código Deontológico de la Abogacía Española, aprobado por el Pleno del Consejo General de la Abogacía Española el 6 de marzo de 2019,* Tirant lo Blanch, Valencia, 2019.

CONSEJO GENERAL DEL PODER JUDICIAL, *Memoria 2021, aprobada por el Pleno de 21 de julio de 2022,* CGPJ, Madrid.

CONSEJO GENERAL DEL PODER JUDICIAL, *Datos de Justicia-Cuarenta años de la Ley del divorcio,* CGPJ, Madrid, 2021.

CONSEJO GENERAL DEL PODER JUDICIAL, *Guía par ala práctica de la mediación intrajudicial, CGPJ,* Madrid, 2016.

DURÁN ALONSO, SILVIA, "Mediación intrajudicial o por derivación judicial. Novedades introducidad por el Anteproyecto de Ley de Medidas de Eficiencia Procesal", *diariolaley, 12 de julio de 2021.* En:

https://diariolaley.laleynext.es/dll/2021/07/26/mediacion-intrajudicial-o-por-derivacion-judicial-novedades-introducidas-por-el-anteproyecto-de-ley-de-medidas-de-eficiencia-procesal

EUROSTAT, OFICINA ESTADÍSTICA DE LA UNIÓN EUROPEA, *Indicadores de divorcio. Código de datos en línea: DEMO_NDIVIND,* Luxemburgo, 2023. En: https://ec.europa.eu/eurostat/databrowser/view/DEMO_NDIVIND__custom_685155/bookmark/table?lang=en&bookmarkId=cc90d043-4364-4937-99df-d356174f973b

GARCÍA VILLALUENGA, LETICIA Y BOLAÑOS, ISABEL, *Situación de la Mediación Familiar en España. Detección de Necesidades, desafíos pendientes,* Ministerio de Trabajo y Asuntos sociales, Madrid, 2007, págs. 36 y ss.

GARCÉS DE LOS FAYOS, MARÍA LUISA, "¿Qué es la violencia vicaria?", *Amnistía Internacional, noviembre/2022.* En:

https://www.es.amnesty.org/en-que-estamos/blog/historia/articulo/que-es-la-violencia-vicaria/

HINOJAL LÓPEZ, SILVIA (2005), "Los menores ante la mediación", *Cuadernos de derecho judicial,* 5/2005, págs. 147-182.

ORTUÑO MUÑOZ, JOSÉ PASCUAL, "Perspectivas de la Regulación de la Mediación en la Unión Europea", COLEGIO OFICIAL DE DIPLOMADOS EN TRABAJO SOCIAL Y ASISTENTES SOCIALES, *Trabajo Social Hoy. Monográfico: El Trabajo Social y la Mediación* (págs. 73-84). Madrid, 2005, págs. 73-84.

PASTOR SELLER, ENRIQUE, IGLESIAS ORTUÑO, EMILIA, "La mediación intrajudicial como método de conflictos en el seno familiar", Entramado, Vol. 7 n 1, Julio 2011. En: http://www.scielo.org.co/scielo.php?script=sci_arttext&pid=S1900-38032011000100005

PILLADO GONZÁLEZ, ESTHER, *Mediación familiar, Una nueva visión de la gestión y resolución de conflictos familiares desde la justicia terapéutica, Tirant lo Blanch,* Valencia, 2015.

RODRÍGUEZ-DOMÍNGUEZ, CARLES, CARBONELL, X., Y JARNE, A, "Revisión conceptual del peritaje psicológico en relación a la custodia de menores en Cataluña", *Anuario de Psicología Jurídica 24(1)/2014,* págs. 19-29.

RODRÍGUEZ-DOMÍNGUEZ, CARLES Y ROUSTAN, MARINA, "Inclusión/focalización de menores en mediación familiar: revisión de estudios y propuestas futuras", *Papeles del Psicólogo, vol. 36, 3/2015, págs. 198-206.*

REQUENA, MARTA, "La mediación familiar en el ámbito del Consejo de Europa", *Anuario/1999,* págs. 173-187.

SUARES, MARINÉS, "El modelo circular-narrativo en Mediación Familiar", *Proyecto Hombre: revista de la Asociación Proyecto Hombre,* 66/2008, págs. 45-49.

SUARES, MARINÉS, "La mediación familiar, una necesidad impostergable para la solución de los conflictos familiares en Cuba", *Revista chilena de derecho y ciencia política, Vol. 4, 1/2013,* págs. 143-179.

TORREGO SEIJO, JUAN CARLOS. *Mediación de conflictos en Instituciones educativas.* Madrid: Narcea, 2003, pág. 37.

VERDERA IZQUIERDO, BEATRIZ, "La importancia de la mediación en el derecho de familia actual. En especial en las crisis de pareja con presencia de menores", *Actualidad Jurídica Iberoamericana, 16 bis/2022, págs. 1708-1741.*

VILALTA NICUESA, AURA ESTHER, Cuestiones actuales del Derecho de Familia. Una visión inclusiva e interdisciplinar, *Inclusividad en rupturas familiares y TIC: una mirada nueva hacia los menores,* Tirant lo Blanch, Valencia, 2022. (*Tol 9302062*).

Conflictología y mediación

RUBÉN ALBERTO CALCATERRA
Facultad de Derecho, Universidad de Buenos Aires

1. INTRODUCCIÓN

Vaya mi especial agradecimiento a la organización del II Congreso Internacional de formación teórico práctica en materia de Mediación Civil, Mercantil, Penal, Penitenciaria e Institucional llevado a cabo durante los días 20 y 21 de octubre de 2022 en la Universidad de las Islas Baleares, tanto por la invitación a participar en él con mi ponencia, como de integrar esta obra con este Capítulo, porque constituyen dos oportunidades para exponer el estado de las investigaciones que venimos desarrollando en el Instituto de Investigaciones Jurídicas y Sociales Ambrosio Gioja de la Universidad de Buenos Aires[1] bajo mi coordinación desde el mes de septiembre de 2009.

En mi intervención en el I Congreso, el año pasado, expuse mis trabajos en mediación hasta el año 2002[2]. Con este artículo me propongo presentar la idea sobre la que trabajo especialmente desde el año 2010. Y es que creo que ha llegado el momento de la integración de conocimientos para conformar sistemas operativos que nos permitan enfrentar el aumento constante de la conflictividad que exhiben nuestras sociedades

---

1 Seminario Permanente de Investigación Remo F. Entelman: teoría del conflicto, del objeto al sistema.

2 CALCATERRA, RUBÉN ALBERTO, *Mediación Estratégica,* Gedisa, Barcelona, 2002.

Intentaré desarrollar el tema a través de encontrar respuestas a una serie de interrogantes.

2. INTERROGANTES

El primero de ellos es:

2.1. ¿Qué es Conflictología?

La Conflictología es la ciencia del conflicto. "Designa a las ciencias del conflicto, el compendio de conocimientos científicos y de los métodos y técnicas de intervención que se derivan"[3]. "El término fue acuñado por GALTUNG y actualmente está internacionalmente aceptado por la Academia, las sociedades científicas, universidades, Naciones Unidas y las ONG de paz y conflictos"[4]. Sinónimos de Conflictología son resolución de conflictos, regulación de conflictos y transformación de conflictos[5].

Como bien señaló quien fuera mi maestro, el filósofo y sociólogo del Derecho Remo Fernando Entelman, si bien es posible encontrar menciones a este fenómeno ya en la Antigua Grecia, hasta bien entrado el siglo XX y por diferentes motivos, no asistimos a un marco propicio para el estudio del conflicto.

La sociología comenzó a recoger la tensión que significaba la necesidad de reconocer la existencia de conflictos en la sociedad, así como la necesidad de enseñar a sus miembros a enfrentarlos. Los primeros estudios identifican tres grandes fuentes del pensamiento sobre el conflicto:

a) Fuentes conceptuales que no llegaron a constituir teorías.

b) Ideologías del conflicto, y,

c) Teorías sociológicas del conflicto.

---

3 VINYAMATA CAMP, EDUARD, LUNA, ROBERTO, *Introducción a la conflictología*, Universitat Oberta de Catalunya, Barcelona, pág. 14.

4 VINYAMATA CAMP, EDUARD, *Conflictología*, Revista de Paz y Conflictos de la Universidad de Granada, vol. 8, n° 1, 2015, pág..9.

5 CALCATERRA, RUBÉN ALBERTO, *El conflicto como sistema*, Editorial Astrea, Buenos Aires, 2021, pág. 358.

El impulso decisivo en el estudio del fenómeno conflicto se produce después de la Segunda Guerra Mundial, motivado principalmente por la alarma que, en la mayoría de los círculos académicos y profesionales, produjo la capacidad de destrucción de los aparatos bélicos. Estos estudios trascendían el de las Ciencias Políticas, las Relaciones Internacionales, las Jurídicas y las Militares, y adoptaron diversas denominaciones como Investigaciones sobre la Guerra y sobre la Paz, Ciencia de la Paz y, principalmente en Francia, Polemología (Polemos: confrontación enemistosa y Agon: confrontación no enemistosa). Producto de esa vasta actividad, durante las primeras dos décadas de posguerra tuvo lugar toda una producción sobre el origen o causas de los conflictos[6], que van desde las teorías instintivas de la agresión[7], pasan por visualizar al conflicto como una patología producto del proceso disfuncional del sistema social[8], hasta considerarlo como un proceso normal y funcional del sistema social[9].

Sin embargo, la Conflictología toma mayor impulso a partir de la irrupción del paradigma de la complejidad en el mundo científico[10]; este paradigma impulsa ciencias que integran conocimientos y permiten conformar sistemas. De tal forma, la Conflictología es una ciencia que se dedica a la *observación, comprensión e intervención* de los procesos conflictivos de cualquier tipo.

Para comprender, entonces, qué debe entenderse por Conflictología, y qué disciplinas la integran, debe tenerse en cuenta los dos aspectos esenciales: por una parte, están los estudios destinados a la *observación y comprensión* del fenómeno conflicto, y, por otra parte, las *diversas metodologías* desarrolladas para abordar el fenómeno.

En mi país, los primeros estudios relacionados con la *observación y comprensión* del fenómeno, se deben precisamente a las investigaciones sobre teoría del conflicto que llevó a cabo el profesor Entelman desde mediados de la década de 1970. Los desarrollos posteriores, asociados a mi persona,

---

6 ENTELMAN, REMO FERNANDO, *Teoría de Conflictos*, Gedisa, Barcelona, 2002.

7 ARDREY, ROBERT, *The territorial Imperative*, Atheneum Books, New York, 1966; LORENZ, KONRAD, *Sobre la agresión*, Siglo XXI Editores, Madrid, 1971.

8 PARSONS, TALCOTT, *The Social System*, Free Press, New York, 1964; SMELSER, NEIL, *Teoria del comportamiento colectivo*, Prensa Libre, New York, 1962.

9 KRIESBERG, LOUIS, *La sociología de los conflictos sociales*, Prentice-Hall, Nueva Jersey, 1973.

10 MORIN, EDGARD, "Epistemología de la complejidad" en FRIED SCHNITMAN, DORA, *Nuevos paradigmas, cultura y subjetividad*, Paidós, Buenos Aires, 1994, pág. 425/427.

están dedicados a la integración de los dos aspectos enunciados y constituyen el modelo sistémico de Análisis y Gestión Estratégica de Conflictos[11] mediante el que expreso la Conflictología que propongo[12] y al que me referiré durante esta exposición.

El segundo interrogante:

2.2. ¿Qué es mediación?

No se me pasa por alto la sorpresa que provoca formular la pregunta en un ámbito especializado como éste en el que el término tiene su significado decodificado, pero varias razones me impulsan a formular el interrogante:

i. En primer lugar, a poco que se admita que la socialización de la ciencia implica justamente el trasvasamiento de las fronteras de la especialización para diseminarse por todo el cuerpo social, aparece como necesario despejar el sentido figurado del término y hacerlo comprensible y familiar fronteras afuera de los especialistas.

ii. En segundo lugar, aunque aparezca sorpresivo, señalaré que, aún en el plano científico, algunas divergencias en cuanto a los términos que la definen han demandado esa necesidad.

iii. En tercer lugar, ya en 1996, en la búsqueda de bases epistemológicas para la mediación, publiqué la primera aproximación al tema en un artículo que comenzaba afirmando que "La mediación es, todavía, una metáfora utilizada para indicar un medio de resolución de disputas cuyo contenido y práctica constituyen contextos a construir"[13];

---

11 CALCATERRA, RUBÉN ALBERTO, *El modelo de Análisis y Gestión Estratégica de Conflictos. Del objeto conflicto al sistema conflicto,* Revista electrónica de Teoría y práctica de la elaboración de normas jurídicas, Facultad de Derecho de la Universidad de Buenos Aires, Año IV, Nro. VI, diciembre de 2008, pág. 3 a 24; "El modelo de Análisis y Gestión Estratégica de Conflictos", en MARTINO, ANTONIO A. (comp.), *Ciencia de la Legislación y Gobernanza política,* Universidad de Pisa, Italia, 2009, Cap. III; "Hacia un nuevo paradigma en el sistema de administración de justicia: el modelo de Análisis y Gestión Estratégica de Conflictos" en *Justicia y Medios Alternativos: Nuevos Paradigmas*/Norma Elsa Simonet... (et.al.), 1ª. Edición, Buenos Aires, Argenjus, 2011.

12 CALCATERRA, RUBÉN ALBERTO, *El sistema conflicto,* 1ra. ed., Grupo Editorial Ibañez, Bogotá, 2016; *El conflicto como sistema,* 2da. edic., Editorial Astrea, Buenos Aires, 2021.

13 CALCATERRA, RUBÉN ALBERTO, *La metáfora mediación,* Suplemento de Resolución de Conflictos de La Ley, Buenos Aires, República Argentina, edición del día 16/12/96.

dos años más tarde, el 26 de noviembre de 1998, en la Universidad Autónoma de Madrid, el prestigioso procesalista italiano Michele Taruffo, señaló que el ADR no es un fenómeno unitario y homogéneo sino en negativo, vale decir, en función de ser alternativo respecto del método del proceso judicial en el cual existen numerosas formas de conciliación, mediación, negociación, técnicas de compromiso que, en cada caso, son modeladas según las necesidades, por lo que cualquier juicio global en torno a ellos resulta ser irremediablemente vago y, por tanto, casi completamente infundado[14].

iv. En cuarto lugar, en el año 2002, y en oportunidad de responder a la pregunta 1 formulada por la Comisión de Comunidades Europeas en el Libro Verde de la Comunidad, sostuvimos que "sólo desde la unidad terminológica podremos establecer comparaciones y valoraciones entre los resultados que en diferentes países producen los ADR"[15], y que esa circunstancia, que parece circunscribirse a una cuestión terminológica y de tipologías, no lo es, sin embargo, así, sino que, mucho más profundamente, viene de la dramática orfandad de una reflexión filosófica que permita, ante todo, eliminar tanto la identificación de este campo con la vaga e imprecisa denominación de lo alternativo, como lograr una justificación que supere cierta corriente que sostiene que un proceso de decisión particularista sería un proceso de decisión no sujeto a reglas y por tanto irracional.

Finalmente, por todo ello y para superar esas críticas y atender a esas necesidades, en mi libro Mediación Estratégica, sostuve que la mediación "es un proceso que, con la dirección de un tercero neutral que no tiene autoridad decisional, busca soluciones de recíproca satisfacción subjetiva y de común ventaja objetiva para las partes, a partir del control del intercambio de la información, favoreciendo el comportamiento colaborativo de las mismas"[16]. Y, para despejar dudas acerca de su práctica, propuse un proceso altamente estructurado que integraba 5 etapas, 10 estadios y 21 pasajes.

---

[14] TARUFFO, MICHELE, *"Aspectos de crisis de la justicia civil: fragmentación y privatización"* conferencia dictada en el Seminario de Profesores de la Facultad de Derecho de la Universidad Autónoma de Madrid, Anuario de la Facultad de Derecho de la Universidad Autónoma de Madrid Número, 3, 1999, páginas 61 a 75.

[15] CALCATERRA, RUBÉN ALBERTO y CALVO SOLER, RAÚL, consulta efectuada por la Comisión Europea, Dirección General de Justicia y Asuntos de Interior, Unidad A3-Cooperación judicial en materia civil en el denominado "Libro Verde", respuesta a la pregunta 1.

[16] CALCATERRA, RUBEN ALBERTO., *op. cit.*, pág..32.

El cuadro que sigue ilustra la estructura del proceso de mediación estratégica.

Cuadro Nº 1

ETAPAS	ESTADIOS	PASAJES
I. Preliminar	1er. Estadio: Convocatoria	1: El pedido de mediación; 2: La convocatoria
	Generar y preparar el proceso.	
	Predisponer a las partes	
II. Enmarcamiento de la disputa	2do. Estadio: Propedéutico	Pasaje 3: Apertura; 4: Exposición inicial del mediador 5: El acuerdo de relación profesional
	Contextualización, introducción y estructuración del proceso. *Infundir seguridad y confianza.* *Construir una alianza de trabajo.* *Evaluación recíproca mediador/parte*	
	3er. Estadio: Exploratorio	6: La exposición inicial de las partes
	Búsqueda de datos *Definición y descomposición del problema* *Delimitación áreas de acuerdo/desacuerdo*	7: Confección de la agenda
III. Actuación de la disputa	4to. Estadio:	8: Desarrollo de las cuestiones
	Deconstrucción del conflicto *Desarrollo y análisis del conflicto* *Identificación de cuestiones, posiciones, intereses y necesidades*	9: Análisis de la estructura del discurso
	5to. Estadio:	10: Intervención en proceso y contenido
	Reconstrucción de la relación *Redefinición de interacción y contexto*	11: La historia alternativa
	6to. Estadio: Negocial	12: Ideativo
	Co-construcción de la solución. *Generación de ideas y búsqueda de opciones resolutivas. Flexibilidad innovación, creatividad*	
		13: Valorativo
		14: Evaluativo
	7mo. Estadio: Decisional	15: Reducción de opciones
	Decisión informada	16: Selección de opciones

ETAPAS	ESTADIOS	PASAJES
IV. Cierre del proceso	8vo. Estadio:	17: Elaboración del "Preliminar"
	Supuesto A: Acuerdo	18: Revisión jurídico-legal
	Supuesto B: Puesta de límites	17 bis: Reflexión y evaluación
		18 bis: Reenvío al micro-proceso
	9no. Estadio: Clausura	19: Supuesto A
		Con envío a otro proceso
		Supuesto B:
		Sin envío a otro proceso
V. Rodaje	10° Estadio: Control y recalibración	20
		Supuesto A: Sesión acordada
		Supuesto B: Sesión solicitada
		21: Resultados
		Supuesto A: Funcionalidad
		Supuesto B: Antifuncionalidad

Definidos los dos términos del título de esta exposición pasemos a examinar el modelo de Análisis y Gestión Estratégica de Conflictos y a establecer qué aporte recibe de ese elemento del conocimiento denominado mediación.

3. UN MODELO DE CONFLICTOLOGÍA. EL SISTEMA DE ANÁLISIS Y GESTIÓN ESTRATÉGICA DE CONFLICTOS (AYGEC)

Empecemos diciendo que estamos frente a un sistema y que un sistema es un conjunto de elementos interactuantes que responden a una determinada organización. En este caso, de un sistema modelado bajo una orientación constructivista y construccionista social que integra elementos del conocimiento, que responde a una serie de ideas básicas, a una lógica y a una estructura.

3.1. Las ideas básicas

i. Ciberneticamente, los seres humanos estamos considerados como sistemas nerviosos, que aprehendemos los datos del mundo externo a nosotros mismos a través de nuestros sentidos y los construimos por medio de sistemas complejos, denominados *esquemas*, que interpretan y reinterpretan la información sensorial[17].

ii. El modo peculiar que tenemos los seres humanos de organizar nuestras experiencias, de almacenarlas en la memoria y de expresarlas son *las narraciones*. A partir de estos referentes, el modelo sostiene que los conflictos no están en los hechos, sino en las historias que cuenta la gente, a través, precisamente, de esas narraciones. Las narraciones son las historias que contamos y nos contamos sobre nosotros mismos, sobre los otros y sobre las vicisitudes de nuestra relación con el mundo y con los otros. El material que contiene el conflicto es, entonces, la narrativa misma.

iii. El conflicto es una interacción estratégica entre seres humanos. Esa interacción está comandada por un conjunto de reglas que conforman un sistema organizado en el que los significados llevan a la acción y, a manera de retroalimentación, las acciones determinan nuevos significados, de tal forma que la operación para cambiar las acciones consiste en cambiar los significados que las producen.

iv. En consecuencia, todo modelo que tenga la función de trabajar con conflictos, con pretensiones de universalidad, debe prever un proceso que comience por comprender el sistema de significados con que los actores llegan a él, integrarse con una herramienta de análisis que decodifique esos significados en términos de la ciencia del conflicto y dote al operador de los recursos para provocar el cambio en la interacción, a través del cambio en los significados. Recién entonces, el ingreso al mundo de los métodos encontrará una interacción conflictual adecuada para gestionar decisiones racionales durante la búsqueda de la solución[18].

3.2. La lógica del sistema

La lógica del sistema es circular, por lo que, como tal, centra toda su atención en los aspectos relacionales de los actores para modificar los patrones de interacción y proveer cambios de significados. En palabras de

---

[17] NEISSER, ULRICH, *Cognitive psychology*, Englewood Cliffs: Prentice Hall, New York, 1967.

[18] CALCATERRA, RUBEN ALBERTO, *El conflicto como sistema*, 2da. edic., Editorial Astrea, Buenos Aires, 2021, p. 40

Baruch Bush y Folger[19], mientras los modelos lineales representan la *historia de la satisfacción*, los modelos circulares representan la *historia de la transformación.*

Para estos modelos, entonces:

i. La comunicación y la causalidad son circulares. El conflicto representa un orden antifuncional sujeto a reglas de interacción que hay que desestabilizar para alcanzar un nuevo orden funcional.

ii. La comunicación incluye los aspectos digitales o verbales y los analógicos o para verbales (corporales, gestuales). Los elementos analógicos califican a los digitales, razón por la cual son considerados metacomunicacionales[20].

iii. No hay una causa única, sino una serie de causas que se retroalimentan de manera permanente.

iv. Incluye la noción de contexto y los aspectos tanto espaciales como históricos del conflicto.

v. La metodología consiste en aumentar las diferencias de manera con trolada, porque son ellas las que proveen información y permiten la modificación de las historias de las partes, que son las que contienen el conflicto.

vi. Las emociones son controladas y se fomenta la reflexión.

vii. El supuesto es la complementariedad, porque la finalidad es que, si se alcanza el acuerdo, se lo haga respetando las diferencias.

3.3. Estructura

La estructura del modelo sistémico de Análisis y Gestión Estratégica de Conflictos, se integra con *dos Fases* —el Análisis y la Gestión— y *cuatro subsistemas* —Conflicto, Interacción y Cambio, Etapa Final y Proceso Decisorio— que, como se verá, contienen los elementos del conocimiento de los que se alimenta el sistema. Estos subsistemas son movilizados por cuatro *Ejes conductores* —Deconstrucción del Conflicto, Reconstrucción de la

---

19 BARUCH BUSH, ROBERT A., y FOLGER, JOSEPH P., *La promesa de mediación*, Granica, Buenos Aires, 1996.

20 WATZLAWICKZ, PAUL, BEAVIN BAVELAS, JANET, JACKSON, DON, *Teoría de la comunicación humana*, Herder, Barcelona, 1981.

Relación, Co-construcción de la Solución o Resolución y Decisión—, que conforman su *sistema operativo.* Cada uno de estos ejes persigue sus propias *metas operativas,* como también mostraré.

La figura número 1 exhibe la estructura.

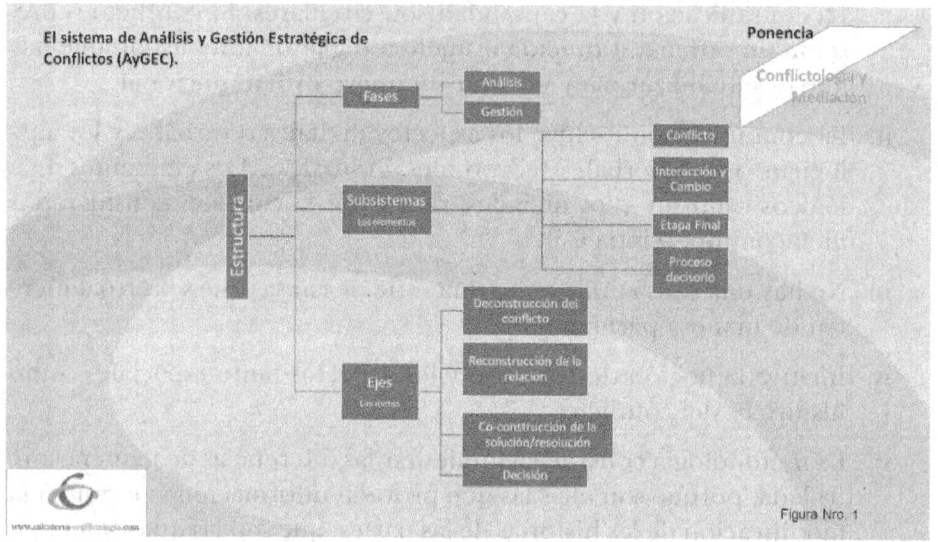

Figura Nro. 1

4.LA MEDIACIÓN EN EL SISTEMA

4.1. Los subsistemas

Ahora bien, la estructura de un sistema de conocimiento se integra con las relaciones que se establezcan entre los elementos de los diferentes dominios u objetos del conocimiento implicados, y no por los dominios u objetos mismos.

En el caso de modelo sistémico de Análisis y Gestión Estratégica de Conflictos, los dominios del conocimiento implicados están contenidos en sus subsistemas y es la interacción dinámica entre ellos, a través de los ejes, lo que le permite alcanzar sus metas.

1.1.1. Así, entonces, el *Subsistema Conflicto,* movilizado por el Eje Deconstrucción del Conflicto, se integra:

i. Con el aporte de la *teoría de las narrativas,* que, a partir de sus elementos estructurales como los temas, los roles y los guiones o tramas, aporta el material del conflicto. El proceso narrativo ocurre dentro de un contexto espacial, está afectado por un proceso histórico y el conjunto genera una historia o narrativa. Esta narrativa constituye la historia del conflicto y su estado actual, que también incluye limitada información relacionada con el liderazgo, y con factores psicológicos de los sujetos del conflicto, como los diferentes estilos de personalidad y del comportamiento de la persona en el conflicto interpersonal.

ii. Con el aporte de la *Teoría del Conflicto* que, a través de sus planos estáticos y dinámicos, permite al sujeto operador el mapeo del conflicto a partir del procesado de los datos que entrega la Narrativa.

En este subsistema la mediación aporta todos sus desarrollos sobre la pragmática de la neutralidad que permite completar el perfil específico de uno de los sujetos que integran el sistema, el sujeto operador, y todo el repertorio de la técnica y el arte de preguntar y de escuchar activamente, para proveer narrativa

1.1.1.1. Confluye aquí este Subsistema con las *teorías de corte descriptivo de la decisión*[21] que aporta el *Subsistema Proceso Decisional.*

1.1.2. El *Subsistema Interacción y Cambio* se integra:

i. Con el aporte de la *Teoría de la Comunicación Humana o teoría interaccional de la comunicación*, que está dado por *"el estudio de la interacción tal cual se da de hecho entre seres humanos"*; y con *"los efectos pragmáticos de la comunicación humana"*, considerando que la comunicación es un proceso de interacción. Este proceso de comunicación se caracteriza por incluir a dos o más emisores y receptores entre los que circulan mensajes en una serie de acciones y retroacciones.

ii. Asimismo, en procesos técnicos como el que el modelo propone, se requiere el dominio de *elementos retóricos* integrados a la comunicación. El aporte proviene de los trabajos de Aristóteles, que privilegió el mensaje, unidos al modelo matemático de Shannon y Weaber, que privilegió el canal de comunicación, al modelo Sociotécnico

---

21 *La preocupación por el análisis de las decisiones ha tenido dos grandes líneas de desarrollo. Una primera línea se ha ocupado de indagar cómo de hecho los hombres toman sus decisiones [...]. Una segunda línea [...] ha examinado la cuestión de cómo deberían tomarse decisiones.* CALVO SOLER, RAÚL, *Uso de normas jurídicas y toma de decisiones*, Editorial Gedisa, Barcelona, 2003, p. 17. De las primeras se han ocupado las denominadas teorías descriptivas de la decisión, en tanto que, de la segunda, las teorías prescriptivas de la decisión.

de Berlo, que privilegió el contexto social y, finalmente, al modelo interaccional, ya citado, cuyas bases sentó Gregory Bateson y cuya estructuración realizaron Watzlawick, Beavin Bavelas y Jackson[22].

La mediación hace aquí su aporte proveyendo los recursos narrativos para trabajar la legitimación de los sujetos actores, la alteración de las pautas de interacción del sistema, y la creación de la interdependencia entre las acciones de los sujetos a través de la circularización de las historias.

1.1.2.1. Integrando el *Subsistema Proceso Decisional,* confluyen aquí las *teorías de la decisión de corte prescriptivo,* que apuntan a dotar de racionalidad al proceso[23].

1.1.3. A partir de la transformación de las relaciones que procura el Subsistema de Interacción y Cambio, el *Subsistema Etapa Final* privilegia la elección de los métodos más adecuados para que los conflictuantes encuentren soluciones negociadas.

i. La gran sofisticación que han desarrollado los métodos a partir de la década de los años 1970, permite hoy hablar de *métodos básicos,* como la *negociación, la mediación, el arbitraje y el proceso judicial,* y de variantes de esos métodos básicos. El modelo ha ubicado e integrado veintiuna variantes de los métodos básicos.

La mediación aporta aquí variantes como el med-arb, el arb-med y la evaluación neutral temprana, entre otros.

ii. Todos ellos son procesos argumentativos y comunicacionales. La *Argumentación* incorpora aquí los enfoques para comprender y utilizar las construcciones verbales, fácticas y gestuales que integran la interacción conflictiva.

1.1.3.1. Finalmente, y como he señalado en los dos subsistemas anteriores, en este subsistema de la Etapa Final, el subsistema *Proceso decisional* constituye un verdadero proceso a nivel micro para obrar de manera estratégica mediante la integración y el empleo de los datos cuyo acopio proviene de la información, porque el modelo exige su procesado inteligente a través de su categorización y ordenamiento. Integra, entonces, este subsistema, elementos del conocimiento provenientes de las teorías de la *Información* y de la *Inteligencia.*

---

22 WATZLAWICKZ, PAUL, BEAVIN BAVELAS, JANET, JACKSON, DON, *op. cit.*

23 Ver nota al pie número 15.

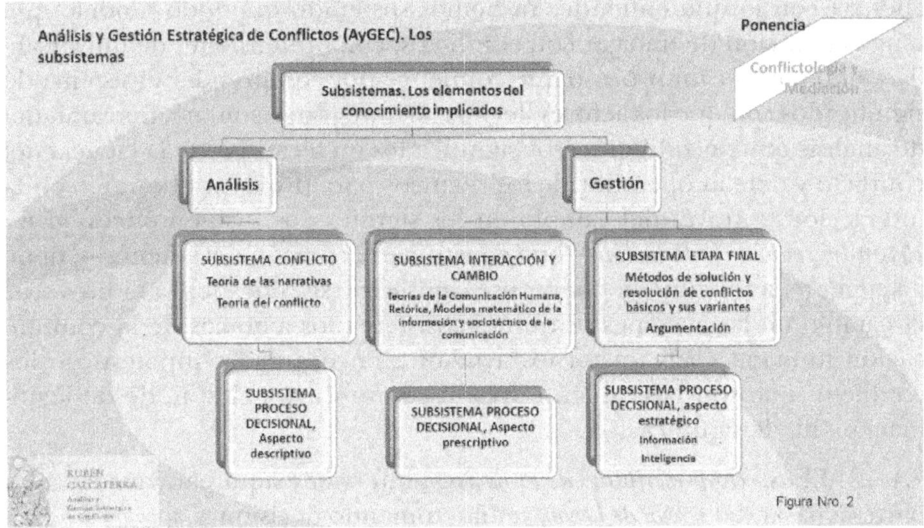

Figura Nro. 2

4.2. El sistema operativo. Los Ejes y sus metas

Como hemos dicho, el modelo se integra con un Sistema Operativo que es el encargado de movilizar los elementos del conocimiento contenidos en cada Subsistema; cada uno de ellos persigue metas operativas propias.

1.1.4. Así el Subsistema Conflicto se moviliza a través del *Eje de la Deconstrucción del Conflicto* que aporta al sistema los recursos para proveer narrativa en caso de ausencia de algunos de sus componentes estructurales, de identificar a los bandos en conflicto, sus características, y los aspectos estáticos y dinámicos del conflicto. En resumen, con estos elementos del conocimiento, este subsistema persigue la determinación de *los significantes del conflicto y su procesado* y demanda del sujeto operador: i. La facilitación del intercambio de la información; ii. El desarrollo de las narrativas; iii. La observación de cómo cada uno percibe el conflicto y cómo interactúa en el sistema; iv. La descripción de cómo han venido decidiendo los sujetos actores en relación a los temas conflictivos; v. El mapeo de la historia.

1.1.4.1. El *aspecto descriptivo de la decisión* persigue la *meta* de establecer *cómo, de hecho*, los conflictuantes *vienen tomando decisiones.*

1.1.5. Para explicar la meta operativa del Eje que moviliza al Subsistema Interacción y Cambio, es necesario decir que un esquema de acción es una regularidad organizada en torno a reglas en el que los significados llevan a la acción. Y, a su vez, todo significado proviene de la interacción. ¿Qué quiere decir esto?: Que la gente entiende de tal forma y actúa en consecuencia con lo que entiende. Ya hemos sostenido que todo modelo que tenga la función de trabajar con conflictos, con pretensiones de universalidad, debe prever un proceso que comience por comprender el sistema de significados con que los actores llegan a él, integrarse con una herramienta de análisis que decodifique esos significados en términos de la ciencia del conflicto y dote al operador de los recursos para provocar el cambio en la interacción, a través del cambio en los significados. Así, entonces, el *Eje Reconstrucción de la Relación* —que constituye el corazón del sistema—, tiene justamente la función de operar ese cambio de significados para provocar el cambio de las acciones. En este subsistema los axiomas de la comunicación humana y sus trastornos ayudan a encontrar las hipótesis de los conflictos que son básicamente tres: i. comunicacionales; ii. de deslegitimación; iii. de significación.

1.1.5.1. El *aspecto prescriptivo de la decisión* interviene aquí para ayudar a las partes a pasar del *cómo, de hecho,* venían tomando decisiones, a *cómo deberían* tomar decisiones en el caso concreto.

1.1.6. Para encontrar la meta operativa del *Eje de la Co-construcción de la solución/resolución* es necesario recordar que la estrategia del sistema, en su conjunto, es la transformación de las relaciones, pero con la mira puesta, fundamentalmente, en crear las condiciones para que los sujetos co-construyan soluciones negociadas tomando decisiones informadas. Esta es, precisamente, la meta operativa de este Eje. Los recursos que provee este Eje provienen, justamente, de las *teorías y de las técnicas propias de los procesos negociales.*

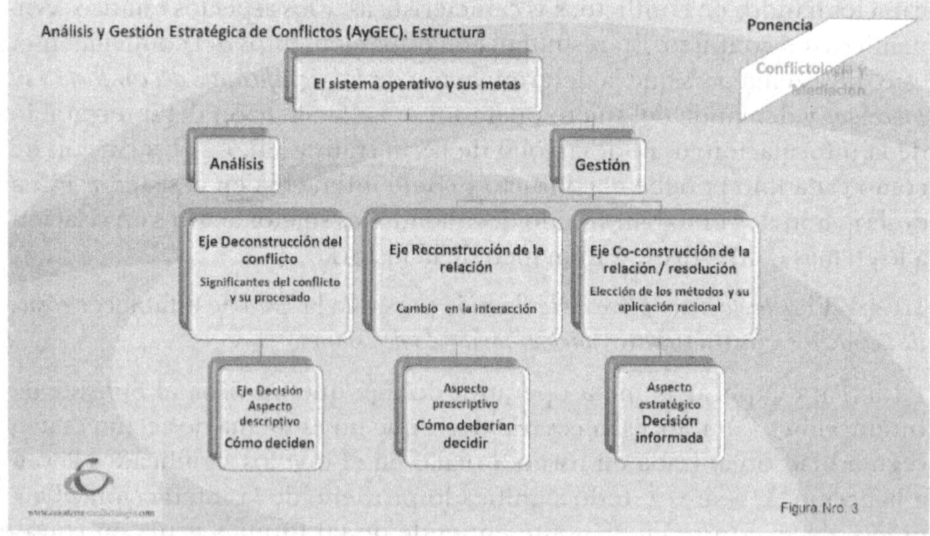

Figura Nro. 3

Es menester aclarar, en este punto, que el proceso histórico de integración del modelo se encuentra en constante evolución y desarrollo, por la incorporación al sistema de nuevos dominios del conocimiento. Ello provoca la recurrencia del proceso de interacción entre ellos y la consiguiente modificación de la interacción misma.

5. CONCLUSIÓN

En definitiva, el esquema que plantea el modelo estratégico para trabajar con conflictos es, básicamente, un proceso altamente estructurado, apto para el análisis de toda especie de conflictos y para la gestión de ellos reemplazando a los métodos por el sistema. Reitero, reemplazando a los métodos por el sistema.

Como se ha podido apreciar, la relación entre Conflictología y Mediación es una relación del todo con la parte. Es importante tener en cuenta esta relación porque, como sostenía Platón, no se puede entender el todo si no se entiendo a la parte, pero tampoco se puede entender a la parte si no se entiende el todo.

Y esa es, precisamente, la virtud de los sistemas que integran conocimientos y prácticas: el fenómeno se comprende en toda su extensión y magnitud, y el abordaje está diseñado para una mejor competencia.

6. BIBLIOGRAFÍA

ARDREY, ROBERT, *The territorial Imperative,* Atheneum Books, New York, 1966.

BARUCH BUSH, ROBERT A., y FOLGER, JOSEPH P., *La promesa de mediación,* Granica, Buenos Aires, 1996.

CALCATERRA, RUBÉN ALBERTO, *El conflicto como sistema,* Editorial Astrea, Buenos Aires, 2021.

CALCATERRA, RUBÉN ALBERTO, *El modelo de Análisis y Gestión Estratégica de Conflictos. Del objeto conflicto al sistema conflicto,* Revista electrónica de Teoría y práctica de la elaboración de normas jurídicas, Facultad de Derecho de la Universidad de Buenos Aires, Año IV, Nro. VI, diciembre de 2008, pág. 3 a 24; "El modelo de Análisis y Gestión Estratégica de Conflictos", en MARTINO, ANTONIO A. (comp.), *Ciencia de la Legislación y Gobernanza política,* Universidad de Pisa, Italia, 2009, Cap. III; "Hacia un nuevo paradigma en el sistema de administración de justicia: el modelo de Análisis y Gestión Estratégica de Conflictos" en *Justicia y Medios Alternativos: Nuevos Paradigmas*/Norma Elsa Simonet... (et.al.), 1ª. Edición, Buenos Aires, Argenjus, 2011.

CALCATERRA, RUBÉN ALBERTO, *El sistema conflicto,* 1ra. ed., Grupo Editorial Ibañez, Bogotá, 2016.

CALCATERRA, RUBÉN ALBERTO, *La metáfora mediación,* Suplemento de Resolución de Conflictos de La Ley, Buenos Aires, República Argentina, edición del día 16/12/96.

CALCATERRA, RUBÉN ALBERTO, *Mediación Estratégica,* Gedisa, Barcelona, 2002.

CALCATERRA, RUBÉN ALBERTO y CALVO SOLER, RAÚL, consulta efectuada por la Comisión Europea, Dirección General de Justicia y Asuntos de Interior, Unidad A3-Cooperación judicial en materia civil en el denominado "Libro Verde", respuesta a la pregunta 1.

CALVO SOLER, RAÚL, *Uso de normas jurídicas y toma de decisiones,* Editorial Gedisa, Barcelona, 2003.

ENTELMAN, REMO FERNANDO, *Teoría de Conflictos,* Gedisa, Barcelona, 2002.

KRIESBERG, LOUIS, *La sociología de los conflictos sociales,* Prentice-Hall, Nueva Jersey, 1973.

LORENZ, KONRAD, *Sobre la agresión,* Siglo XXI Editores, Madrid, 1971.

MORIN, EDGARD, "Epistemología de la complejidad" en FRIED SCHNITMAN, DORA, *Nuevos paradigmas, cultura y subjetividad,* Paidós, Buenos Aires, 1994.

NEISSER, ULRICH, *Cognitive psychology,* Englewood Cliffs: Prentice Hall, New York, 1967.

PARSONS, TALCOTT, *The Social System,* Free Press, New York, 1964.

SMELSER, NEIL, *Teoria del comportamiento colectivo,* Prensa Libre, New York, 1962.

TARUFFO, MICHELE, *Aspectos de crisis de la justicia civil: fragmentación y privatización,* conferencia dictada en el Seminario de Profesores de la Facultad de Derecho de la Universidad Autónoma de Madrid, Anuario de la Facultad de Derecho de la Universidad Autónoma de Madrid Número, 3, 1999.

VINYAMATA CAMP, EDUARD, *Conflictología,* Revista de Paz y Conflictos de la Universidad de Granada, vol. 8, n° 1.

VINYAMATA CAMP, EDUARD, LUNA, ROBERTO, *Introducción a la Conflictología,* Universitat Oberta de Catalunya, Barcelona.

WATZLAWICKZ, PAUL, BEAVIN BAVELAS, JANET, JACKSON, DON, *Teoría de la comunicación humana,* Herder, Barcelona, 1981

Acceso a justicia y mediación en la provincia del Chaco. Argentina

GABRIELA MARÍA TERESA MUSSIN
Jefa de la Mesa de Atención y Asesoramiento Permanente a la Víctima y la Ciudadanía
CECILIA ARTIGAS
Abogada. Asesora legal del Ministerio de Educación, Cultura, Ciencia y Tecnología. Mediadora Especialista en Mediación Familiar.

1. ACCESO A JUSTICIA EN LA PROVINCIA DEL CHACO. MAPA, ARTICULACIONES Y PROCEDIMIENTOS

En este capítulo pretendemos explicitar el funcionamiento, de la MESA DE ATENCION Y ASESORAMIENTO PERMANENTE A LA VICTIMA Y LA CIUDADANIA (M.A.A.P.Vi.Ci), Organismo dependiente del Superior Tribunal deJusticia del Poder Judicial de la provincia del Chaco. Esta oficina fue creada el 18 de marzo del 2008 por Res. N°337/08 del Superior Tribunal de Justicia de la Provincia del Chaco. Sus funciones y tareas se enmarcan dentro de Acceso a Justicia de la ciudadanía en situación de vulnerabilidad.Se aborda la temática sobre el acceso a Justicia que constituye el eje transversal del funcionamiento de M.A.A.P.Vi.Ci, cuyo marco normativo lo constituyen las Reglas Básicas relativas al acceso a la Justicia de las personas que se encuentran en Condición de Vulnerabilidad (Reglas de Brasilia) de la la XIV Cumbre Judicial Iberoamericana; la Convención Interamericana para Prevenir, Sancionar y Erradicar la Violencia Contra la Mujer, y la Ley Nacional N° 26.485 de Violencia Contra la Mujer.

Estos protocolos, pactos y tratados a los cuales adhiere la República Argentina, conforman un "bloque legal" tendiente a la conservación de los D.D.H.H, la preservación de la integridad de las víctimas y el tratamiento que se debe implementar en las distintas instituciones que intervienen en la temática, especialmente en la Justicia. El presente ensayo pretende explicar el sistema de acceso a Justicia, de las personas en situación de vulnerabilidad y/o víctimas de violencia familiar y la tutela judicial efectiva, como resorte habilitado en la Provincia del Chaco. Constituye un tema central y de interés general por cual los Organismos públicos se encuentran readecuando su funcionamiento y modalidad de atención, intentando brindar mayor protección a la población destinataria del servicio.

En la provincia Chaco al disponer la creación de este organismo, el Superior Tribunal de Justicia tuvo en cuenta que gran parte de la población carece de recursos económicos y tecnológicos para poder acceder a la información pública en general y particularmente la de la Justicia. El organismo brinda informes acerca de los lugares a los que hay que dirigirse para realizar trámites judiciales y extrajudiciales u obtener asesoramiento y recibe reclamos y sugerencias, con carácter gratuito. Asimismo, presta un servicio personalizado que consiste en:

- Entrevista y recepción de denuncias de violencia familiar en Formulario de denuncia de Violencia Familiar producido en la M.A.A.P. Vi. Ci.
- Brindar información básica y general relativa a trámites, expedientes, etapas procesales, estado de una causa, etc.
- Acompañamiento a dependencias judiciales y extrajudiciales con motivo de las denuncias realizadas.

Cabe mencionar que en la Resolución de creación del Organismo se establece que *...Todos los magistrados, funcionarios y empleados judiciales están obligados a colaborar con la mesa de atención a la ciudadanía, que es una de las creaciones más trascendentales en lo que respecta al funcionamiento institucional del Poder Judicial y lo que tiene que ver con el acceso a la Justicia....*

1.1. Objetivos generales

Como principales objetivos del Organismo, se puede citar el garantizar el acceso a Justicia de las víctimas de violencia y en situación de vulnerabilidad, asegurando la protección de sus derechos y la disminución de los efectos revictimizantes, para contribuir a una tutela judicial efectiva. Asimismo, esta dependencia interactúa con otras instituciones jurisdiccionales y no jurisdiccionales, como ser la Mesa Receptora Informatizada del Fuero de Familia, Niñez y Adolescencia, del Fuero Civil y Comercial, y del Fuero Penal, la Asesoría de Niñas, Niñez y Adolescentes, la Defensoría Oficial en turno, la Mesa Única de Ingreso e Intervención Temprana, la Unidad de

Atención a la Víctima y al Ciudadano, los Juzgados de Paz y Faltas, Defensoría General y Órgano de revisión de Salud Mental, como jurisdiccionales; la Línea 137, la Línea 102, la Dirección de Políticas de Género de la Subsecretaría de Niñez, Adolescencia y Familia, como organismos no jurisdiccionales, dependientes del Ministerio de Desarrollo Social de la provincia del Chaco, y así también con Delegaciones Policiales y Comisarías correspondiente a su jurisdicción territorial.

1.2. Procedimientos

La intervención en cada caso que se presenta, cada persona que requiera la intervención, se realiza en forma conjunta y en el mismo momento, en la dependencia de M.A.A.P.Vi. Ci, Concluida la misma, el Equipo elabora el producto judicial respectivo que acompañará al formulario de denuncia para ser presentado por personal administrativo de M.A.A.P.Vi.Ci., en la Mesa Receptora Informatizada del Juzgado de Niñez, Adolescencia y Familia o del Fuero que corresponda conforme la materia. Una vez registrado en el sistema Lex Doctor del Poder Judicial del Chaco, el formulario, denuncia e informe, se procede a sortear el Juzgado respectivo al que ingresará la causa, asignándole número de expediente y carátula. Concluido este tramo del circuito, culmina el primer tramo de la participación de mi dependencia con la elevación producto analizado. La segunda parte del circuito continúa con Personal de la Mesa Receptora Informatizada del Juzgado de Niñez, Adolescencia y Familia o del Fuero Civil, o el que corresponda, quien acompaña a la víctima junto profesional de la línea 137 y/o profesional particular, al Juzgado donde tramitará la causa. El expediente es allí presentado al Personal de Mesa de Entradas del Juzgado interviniente, quien derivará las actuaciones a la Secretaría, iniciando así a tramitación del mismo, con las etapas oportunas, producción de pruebas, declaración de testigos, intervención de la Asesoría de Niñas, Niños y Adolescentes en turno, si fuera pertinente (ante la presencia de personas menores de edad), y posteriormente el dictado de la sentencia respectiva con las consiguientes medidas cautelares del procedimiento (violencia familiar p.e.) conforme al marco normativo vigente.

En el tramo final del circuito interviene en algunos casos la Defensoría Oficial para el asesoramiento e intervención en cuestiones conexas, si las hubiera, como determinación de alimentos, cuidado personal, régimen de comunicación. A partir de la sentencia judicial que determina la adopción de medidas de protección hacia las víctimas, se da intervención por este medio al Organismo Técnico de Protección de Derechos, dependientes del Poder Ejecutivo Provincial, la Subsecretaria de Niñez, Adolescencia y Familia, dependiente del Ministerio de Desarrollo Social, quien a través de los operadores del dispositivo denominado Línea 102, como así también la coordinación con la dependencia policial para efectivizar conjuntamente con el Oficial de Justicia de turno el cumplimento de medidas dispuestas (p.e. exclusión de hogar del agresor y reintegro de las víctimas al hogar familiar).

1.3. Exposicion del marco teorico de análisis

El pilar fundamental del marco teórico de este trabajo lo constituye el Acceso a Justicia, entendido como posibilidad de cualquier persona, independientemente de su condición, de acceder a los sistemas de Justicia si así lo desea. Acceder a Justicia requiere al menos tres aspectos:

- Que los ciudadanos conozcan sus derechos de modo de poder ejercerlos y reclamar por su cumplimiento, activando los mecanismos institucionales existentes. No es posible imaginar la activación de un reclamo, si los problemas que se enfrentan no son conceptualizados en términos de violaciones de derechos.
- Contar con los medios necesarios para llegar al sistema de justicia. Obtener un pronunciamiento justo en tiempo prudencial y que éste se haga efectivo.
- Los obstáculos generales para el acceso a la justicia no impactan del mismo modo en toda la población, existen determinadas personas (vulnerables) verán exacerbadas sus dificultades para hacer valer sus derechos y activar los mecanismos de protección existentes.

La problemática del acceso a la justicia de las personas en situación de vulnerabilidad, ahonda aún más las dificultades que plantea el acceso a la Justicia en general, toda vez que las primeras ven multiplicados los obstáculos y esfuerzos a realizar en miras a garantizar el respeto de sus derechos fundamentales. La dificultad para el acceso a la justicia constituye sin duda la mayor discriminación que enfrentan no sólo las mujeres, y los niños sino los sectores más desfavorecidos de la sociedad que se ven imposibilitados de ejercer y exigir el cumplimiento de los derechos más básicos que les reconocen las leyes, las Constituciones y las convenciones internacionales. Por otra parte, es dable destacar que la noción o el concepto VULNERABILIDAD sirve para identificar a ciertas personas, o grupos de personas que en determinadas circunstancias o grupos de personas que en determinadas circunstancias se encuentran en una situación fáctica o jurídica desventajosa respecto de otras o de la comunidad en general.

Marco normativo

En su dimensión normativa, el acceso a la justicia se relaciona con derechos reconocidos en instrumentos internacionales de derechos humanos:

- el derecho a la tutela judicial,
- el derecho a un recurso efectivo y
- el derecho a la igualdad.

Este conjunto de derechos tiene por objeto garantizar el acceso a un órgano jurisdiccional predeterminado, independiente e imparcial que decida basándose en el derecho, tras un proceso que respete las garantías procesales, en un sistema que las prevea y donde el acceso sea garantizado a todas las personas, sin distinciones que no puedan ser justificadas con argumentos objetivos y razonables.

Las reglas de Brasilia

Las Reglas de Brasilia nacen en la Cumbre Judicial Iberoamericana, celebrada en marzo de 2008, en Brasilia, República Federativa de Brasil, a la que adhirió nuestra CSJN mediante la acordada 5/2009, y tienen como preocupación central el acceso a la justicia de las personas que se encuentran en condición de vulnerabilidad, desde la exigencia de que los sistemas judiciales sean reales instrumentos de defensa de los derechos de las personas, sobre todo de las más vulnerables. Las reglas no se limitan a establecer una base de reflexión sobre los problemas de acceso a justicia de las personas en condición de vulnerabilidad, sino también recogen recomendaciones para los órganos públicos y para quienes prestan sus servicios en el sistema judicial.

No solamente se refieren a la promoción de políticas públicas, que garanticen el acceso a justicia de estas personas, sino también el trabajo cotidiano de todos los servidores y operadores del sistema judicial, y quienes intervienen de una u otra manera en su funcionamiento. La verdadera tutela jurisdiccional sólo es posible a través de un debido proceso judicial, entendido el proceso como un método que permite al hombre mantener la paz social, ya que es el instrumento idóneo para hacer respetar su libertad y efectivizar sus derechos ante cualquier limitación, conculcación, impedimento o interferencia que emane de otras personas, incluido el Estado.

Las reglas de Brasilia resultan una herramienta óptima para el judicante, en tanto su aplicación tiende a remover las barreras que impiden o dificultan el acceso a justicia a las personas en situación de vulnerabilidad.

ACCESO A JUSTICIA ES UN DERECHO HUMANO FUNDAMENTAL.

Comprensivo del derecho a la jurisdicción, sino además de poder acceder a un debido proceso, transitarlo, sostenerlo y obtener un pronunciamiento justo. En el Estado constitucional de derecho el juez se erige como el principal garante de los derechos humanos y necesariamente, de una manera muy concreta por medio del proceso, como herramienta idónea para dotar de efectividad a todos los derechos humanos. NECESIDAD de que todas las personas puedan acceder al proceso en defensa de sus derechos, sin discriminación y en condiciones de igualdad, en contrapartida al deber del Estado de impartir justicia. En las Reglas de Brasilia sobre acceso a la justicia de personas en situación de vulnerabilidad, en el Capítulo I. Sección 1. se enfatiza "...LOS SERVIDORES Y OPERADORES DEL SISTEMA DE JUSTICIA OTORGARAN A LAS PERSONAS EN SITUACION DE VULNERABILIDAD UN TRATO ADECUADO A SUS CIRCUNSTANCIAS SINGULARES..."

La sección segunda, pto. 1 (3) de las 100 reglas de Brasilia sobre acceso a la justicia de personas en situación de vulnerabilidad expresa:

Se consideran en situación de vulnerabilidad aquellas personas que, por razón de su edad, género, estado físico o mental, o por circunstancias sociales, étnicas o culturales, encuentran especialmente dificultades para ejercitar con plenitud ante el sistema de Justicia los derechos reconocidos por el ordenamiento jurídico. Asimismo, explicita en el pto. 1 (4) que podrán constituir causas de vulnerabilidad, entre otras, las siguientes: la edad, la discapacidad, la pertenencia a comunidades indígenas o a minorías, la victimización, la migración y el desplazamiento interno, la pobreza, el género y la privación de la libertad.

En 2009 se promulgó una nueva norma, la Ley N° 26.485, que aborda de manera integral la violencia hacia las mujeres por motivos de género. Su título es "Ley de protección integral para prevenir, sancionar y erradicar la violencia contra las mujeres en los ámbitos en que desarrollan sus relaciones interpersonales". En esta línea, la nueva ley marca una fuerte diferencia con su predecesora, la Ley N.°24.417, promulgada en diciembre de 1994, a la que no deroga, sino que completa y modifica en los puntos pertinentes. Puede verse la diferente concepción de ambas leyes, que da cuenta del cambio de paradigma ocurrido en el enfoque de la violencia hacia las mujeres. Sobre la misma podemos detallar sintéticamente.

- Adopta un enfoque integral de la violencia contra las mujeres, con un paradigma de derechos humanos, basándose en la Convención Interamericana para Prevenir, Sancionar y Erradicar la Violencia contra las mujeres (Convención de Belém do Pará, 1996).
- Aborda la violencia como un fenómeno físico o psicológico, que ocurre en el ámbito doméstico o familiar (entendido como uniones familiares o de hecho).
- Establece para los funcionarios/as que tomen conocimiento de estos hechos la obligación de denunciar.
- Los jueces y juezas intervinientes pueden tomar medidas cautelares.
- Entre ellas, prohibir el acceso del perpetrador a la vivienda familiar (incluida la exclusión definitiva) o a los lugares de trabajo o estudio; decretar provisionalmente alimentos, tenencia y derecho de comunicación con los hijos; brindar asistencia médica y psicológica gratuita al imputado y su grupo familiar.
- Una medida que siempre ha concitado debates y críticas por parte del movimiento de mujeres fue el artículo 5°, que establece una audiencia de mediación, cuando la literatura y la experiencia indican que la mediación es contraproducente en todo tipo de conflicto basado en relaciones de poder desiguales, como es el caso de la violencia doméstica/familiar.
- Esta concepción de violencia puede verse "en todos los ámbitos en que desarrollan sus relaciones interpersonales", tiene muchas modalidades y tipos, y para su erradicación requiere el accionar concertado y articulado de todos los poderes y áreas del Estado, a nivel nacional, provincial y local. Asimismo, cabe resaltar que en su artículo 1° establece que es una ley de orden público por lo que "las disposiciones de la presente ley son de aplicación en todo el territorio de la República, con excepción de las disposiciones de carácter procesal establecidas en el Cap.II del Título III de la presente ley".
- Se presenta una breve síntesis de los principales puntos de la Ley 26.485 que aplicamos al caso:

Artículo 3: derechos que busca proteger la ley

- Una vida sin violencia y sin discriminaciones;
- salud, la educación y la seguridad personal;
- integridad física, psicológica, sexual, económica o patrimonial;

- respeto de la dignidad;
- recibir información y asesoramiento adecuado;
- gozar de medidas integrales de asistencia, protección y seguridad;
- gozar de acceso gratuito a la justicia en casos comprendidos en la presente ley;
- la igualdad real de derechos, oportunidades y de trato entre varones y mujeres;
- un trato respetuoso de las mujeres que padecen violencia, evitando toda forma de re-victimización.

*Desde la M.A.A.P.Vi.Ci Es primordial evitar la revictimización, es decir que la víctima deba repetir su relato en más de una oportunidad, por eso es importante: completar una ficha institucional y hacer una evaluación del problema para poder transmitirla a los demás operadores del sistema. Se apunta a una atención humanizada que incluya el apoyo y la visualización del riesgo, donde la atención profesional de estos casos, deba incluir "hacer con" la víctima, ofrecerle apoyo, dar información básica sobre derechos y violencia, evaluar recursos y opciones, diseñar un plan de acción y establecer estrategias de actuación.

Artículo 16: derechos y garantías mínimas de procedimientos judiciales y administrativos

a) A la gratuidad de las actuaciones judiciales y del patrocinio jurídico preferentemente especializado.

b) A obtener una respuesta oportuna y efectiva.

c) A ser oída personalmente por el juez y por la autoridad administrativa competente.

d) A que su opinión sea tenida en cuenta al momento de arribar a una decisión que la afecte.

e) A recibir protección judicial urgente y preventiva cuando se encuentren amenazados o vulnerados cualquiera de los derechos enunciados en el artículo 3 de la presente ley.

f) A la protección de su intimidad, garantizando la confidencialidad de las actuaciones.

g) A participar en el procedimiento recibiendo información sobre el estado de la causa.

h) A recibir un trato humanizado, evitando la re-victimización.

i) A la amplitud probatoria para acreditar los hechos denunciados.

j) A oponerse a la realización de inspecciones sobre su cuerpo por fuera del estricto marco de la orden judicial. En caso de consentirlas, y en los peritajes judiciales, tiene derecho a ser acompañada por alguien de su confianza, y a que sean realizados por personal profesional especializado. Es dable destacar que al finalizar el circuito del producto judicial analizado se debe lograr que el acceso a justicia de personas en condiciones de vulnerabilidad, víctimas de violencia familiar y el sistema de protección, integrado no solo por el poder judicial, sino también legislativo y ejecutivo se debe configurar, y se está configurando, como un instrumento para la defensa efectiva de los derechos de las personas en condición de vulnerabilidad. Poca utilidad tiene que el Estado reconozca formalmente un derecho si su titular no puede acceder de forma efectiva al sistema de justicia para obtener la tutela de dicho derecho y la efectiva tutela de sus derechos.

Desde el desempeño cotidiano se intenta lograr el acceso a la Justicia de las víctimas que acuden reclamando la protección de sus derechos. El mismo se realiza con la mayor celeridad posible, en base a una evaluación de índices que permiten la valoración de los casos de mayor riesgo de la integridad psicofísica, dándose intervención oportuna a los organismos interdependientes ya mencionados. Si bien este es un procedimiento que fue mejorándose con el transcurso del tiempo, se ha accedido en la actualidad a un producto judicial eficiente y eficaz que constituye la primera aproximación de la/los denunciantes a la Justicia. Pasando posteriormente al circuito preestablecido de los Juzgados y Asesorías del Menor y la Familia, quienes constituyen las autoridades competentes para la resolución del conflicto y dictado de la sentencia.

En lo que respecta a la tarea que, desarrollada en la Mesa de Atención y Asesoramiento Permanente a la Víctima y el Ciudadano, la temática sobre la que versan las causas en trámite, tiene como justiciables a personas en situación de vulnerabilidad, que requieren un sin número de estrategias. Existen ciertas prácticas que como operadores en esta tarea se ponen en marcha y que importan la reiteración o agravamiento de una vulneración ya producida o de una vulneración que encuentra su origen en la propia actuación institucional. Es cierto que la vulneración no proviene de un acto intencional de los efectores del sistema, sino de la propia estructura institucional y sus carencias.

Desde esa oficina se han implementado mecanismos para brindar mayor celeridad a la atención del justiciable, teniendo en cuenta factores que complejizan el acceso a la Justicia por parte de los mismos, como ser; distancia, recursos económicos para trasladarse, cantidad de hijos con los que acude, situación de salud del/la denunciante. De este modo intentamos mitigar la vulneración de derechos en la demora de la atención. Factor tiempo como vulnerador de derechos. El tiempo que se escurre sin sentido es un tiempo que vulnera derechos. Ejemplos: La demora de la gente al ser atendida, deambulando por distintas dependencias. Urgencias que vulneran: tener en cuenta el tiempo, no debe desvirtuarse en apresuramiento. La decisión urgente, más aún cuando es innecesaria conlleva un incremento enorme de la posibilidad de error y con el error la vulneración.

Dado el cúmulo de demanda de atención diaria, ha sido necesario implementar estrategias que permitan brindar mayor eficiencia para la protección de los derechos de las personas en graves situaciones de riesgo. Para ello la evaluación se realiza con la mayor celeridad posible, en base a una evaluación de índices que permiten la valoración de los casos de mayor riesgo de la integridad psicofísica, dándose intervención oportuna a los organismos interdependientes ya mencionados (Equipo Interdisciplinario).

Según el título VIII Procesos de Familia del Código Civil y Comercial de la Nación Argentina, Capítulo I. Disposiciones generales, art. 706 se señala: Principios generales de los procesos de familia.

El proceso en materia de familia debe respetar los principios de tutela judicial efectiva, inmediación, buena fe y lealtad procesal, oficiosidad, oralidad y acceso limitado al expediente.

Las normas que rigen el procedimiento deben ser aplicadas de modo de facilitar el acceso a la justicia, especialmente tratándose de personas vulnerables, y la resolución pacífica de los conflictos. Una concepción actual de los operadores en temáticas de familia, violencia, etc. sólo admite la especialidad, en tanto y en cuento comprenda un saber, al menos complementado, por el saber de otras disciplinas. Esta condición y este requisito, pretende mejorar la atención humanizada de las víctimas atendidas en este servicio. Como así mismo articular de manera continua con profesionales de otras disciplinas constituyendo una red interdisciplinaria que redunda en beneficio de nuestros justiciables.

2. MEDIACIÓN EN LA PROVINCIA DEL CHACO. NORMATIVA. FUERO DE NIÑEZ, ADOLESCENCIA Y FAMILIA

La mediación se ha convertido en una herramienta cada vez más utilizada enla resolución de conflictos en diferentes ámbitos. En la provincia del Chaco, laLey Integral de Mediación (Ley 3323-C) establece el marco legal para la práctica de la mediación en la resolución de conflictos. Esta ley reemplazó a la Ley 1601-M y establece los principios, objetivos y procedimientos que deben seguirse en la mediación.

Además, existen leyes específicas que regulan la mediación en diferentes ámbitos, como la 1782-C sobre mediación familiar, la Ley 1181-N, sobre mediación penal y la Ley 1057-E, sobre mediación escolar. Estas leyes establecen los procedimientos específicos que deben seguirse en cada ámbito y los requisitos que deben cumplir los mediadores.

La mediación ofrece una alternativa efectiva y rápida a los procesos judiciales tradicionales, permitiendo a las partes involucradas en un conflicto llegar a acuerdos satisfactorios de manera pacífica y consensuada. Además, la mediación contribuye a reducir la carga de trabajo en los tribunales y a disminuir los costos asociados a los procesos judiciales. En definitiva, la mediación se ha convertido en una herramienta clave para la resolución de conflictos en la provincia del Chaco, ofreciendo una alternativa efectiva y pacífica a los procesos judiciales tradicionales.

2.1. La Ley Integral de Mediación (Ley 3323-C)

Esta norma determina el marco legal para la práctica de la mediación, en el ámbito territorial de la Provincia del Chaco, Argentina. Esta ley declara a la mediación de interés público y provincial, promoviendo su utilización, difusión y desarrollo en la sociedad.

La mediación puede ser utilizada en diferentes ámbitos, como cuestiones extrajudiciales, comunitarias y penitenciarias. Además, la mediación puede ser utilizada en el proceso judicial en trámite, ante los jueces de paz y en la mediación familiar.

Se excluyen del ámbito de ampliación de esta norma, los procesos de mediación regidos por la Ley 1181-N (mediación penal), asimismo no puede ser utilizada en casos relacionados con el estado de familia, como divorcio, nulidad, filiación y responsabilidad parental.

Asimismo, se encuentra vedada en casos de violencia de género. No puede ser utilizada en casos de amparos, habeas corpus, hábeas data, medidas cautelares, interdictos y restricción de capacidad. Puede ser utilizada en juicios sucesorios a partir la declaratoria de herederos. En los casos en que el Estado sea parte, la mediación penal no puede ser utilizada, salvo excepción autorizada para realizar transacción. Tampoco puede ser utilizada en conflictos con movimientos sociales. Estas exclusiones buscan garantizar que la mediación sea utilizada de manera adecuada y efectiva en la resolución de conflictos. La norma contempla la mediación extrajudicial. En la provincia del Chaco, un mediador inscripto puede llevar a cabo la mediación sin la necesidad de contar con abogados de parte, y el acuerdo alcanzado en la mediación tiene valor de título ejecutivo.

Asimismo, regula la mediación comunitaria, la cual se aplica a controversias que surjan de la convivencia o proximidad entre vecinos. La Ley Integral de Mediación invita a los municipios a adherirse e implementar programas de mediación comunitaria, como una forma efectiva de resolver conflictos en el ámbito vecinal.

Regula como novedad, la mediación penitenciaria, que se aplica a conflictos que surjan entre personas privadas de su libertad por cuestiones de convivencia, como limpieza, ruidos molestos, domicilio de salida en libertad condicional, con sus familias y personal del servicio penitenciario. Crea un Programa de Mediación Penitenciaria para abordar estos conflictos y fomentar la resolución pacífica de los mismos. también prevé su aplicación a procesos judiciales en trámite, en diferentes tipos de procesos, como el civil y comercial, laboral, de niñez, adolescencia y familia, y contencioso administrativo. Para que se lleve a cabo el proceso de mediación, deviene necesario que ambas partes en litigio estén de acuerdo y cuenten con la asistencia letrada. En este supuesto, de arribarse a un acuerdo durante la mediación, no se devengará la tasa de justicia correspondiente, lo que constituye un aliciente para las partes en conflicto.

En los casos de mediación judicial, el mediador debe contar con un título universitario y encontrarse matriculado. La norma regula el proceso de negociación en conflictos sociales complejos, a efectos de otorgar herramientas para resolver conflictos que surgen a raíz de concentraciones pacíficas de personas con una petición común ante el Estado Provincial o Municipal. En estos casos, se conforma un equipo especial de mediadores integrado por representantes del Poder Ejecutivo y del Poder Judicial, quienes actúan bajo la supervisión del Juez de Faltas correspondiente. Estos mediadores deben estar formados y capacitados en técnicas de negociación y resolución de conflictos sociales, lo cual es fundamental para garantizar que el proceso se lleve a cabo de manera efectiva y justa para todas las partes involucradas. La negociación en estos casos busca encontrar una solución satisfactoria para ambas partes involucradas en el conflicto, evitando así la necesidad de recurrir a medidas más drásticas. Es importante destacar que esta negociación debe llevarse a cabo de manera pacífica y respetando los derechos de todas las personas involucradas. La negociación en conflictos sociales complejos tiene varias ventajas, entre las cuales se destacan la reducción de los costos económicos y sociales que pueden derivarse de un conflicto prolongado, la posibilidad de llegar a acuerdos justos y satisfactorios para ambas partes, y la promoción del diálogo y la resolución pacífica de conflictos.

La norma crea el Centro Público de Mediación, como institución destinada a brindar servicios de mediación a aquellas personas que cumplen con los requisitos para el beneficio de litigar sin gastos o que están en condiciones de solicitarlo, dentro del territorio provincial.

Para garantizar la calidad de los servicios ofrecidos, el Centro Público de Mediación cuenta con un programa de capacitación básica y continua para los mediadores, así como con programas de investigación, asistencia técnica y apoyo a los programas de entrenamiento de mediadores.

Estos programas son fundamentales para garantizar que los mediadores estén capacitados para llevar a cabo procesos de mediación efectivos y justos. Además, el Centro Público de Mediación cuenta con un listado de mediadores matriculados, quienes han cumplido con los requisitos y han sido capacitados para llevar a cabo procesos de mediación con altos estándares de calidad. Asimismo, la Ley regula los centros privados de mediación, para garantizar la calidad y efectividad de los servicios ofrecidos. La norma crea el Código de Ética del Mediador, determinando un conjunto de principios y normas que establecen las pautas de conducta que deben seguir los mediadores en el ejercicio de su profesión. Este código tiene como objetivo garantizar la transparencia, imparcialidad y ética en los procesos de mediación, promoviendo así la confianza y credibilidad en el sistema de mediación. Entre los principios fundamentales del Código de Ética del Mediador se encuentran la imparcialidad, la confidencialidad, la responsabilidad, la competencia y la integridad. Estos principios son fundamentales para garantizar que los procesos de mediación sean justos, efectivos y transparentes. En conclusión, la regulación de los centros públicos y privados de mediación, así como el cumplimiento del Código de Ética del Mediador, son fundamentales para garantizar la calidad y efectividad de los procesos de mediación en Argentina. Estos elementos promueven una cultura de diálogo y resolución pacífica de conflictos en el país, lo cual es esencial para el desarrollo social y económico del mismo.

2.2. La Ley 1782-C. Ley de Mediación Familiar

Esta norma, sancionada en el mes de noviembre del año 2009, establece la mediación familiar prejudicial obligatoria en Argentina en relación a las cuestiones patrimoniales derivadas del estado de familia y patria potestad. Tiene como objetivo promover la resolución pacífica de conflictos familiares y reducir los costos y tiempos que pueden derivarse de un juicio prolongado. Las materias incluidas en la misma, son cuestiones patrimoniales derivadas del estado de familia y patria potestad, incluyendo los temas de alimentos, régimen de visitas y atribución de vivienda conyugal. Estos temas son fundamentales en los conflictos familiares y su resolución pacífica puede evitar situaciones de tensión y violencia. La inclusión de temas como alimentos, régimen de visitas y atribución de vivienda conyugal es fundamental para garantizar una resolución efectiva y justa de los conflictos familiares.

Se hace notar que la terminología utilizada por la norma (p.e. tenencia), que ya no se encuentran vigentes, se debe a haber sido sancionada con anterioridad al nuevo Código Civil y Comercial de la Nación (2015), el cual determina nuevos paradigmas en relación a las instituciones del derecho de familia. Iniciado un proceso judicial derivado de las relaciones de familia, el juez, de oficio o a solicitud de parte, puede someter a mediación cualquier otra cuestión que considere pertinente, siempre y cuando no comprometa el orden público. Esto significa que el juez tiene la facultad de ampliar el alcance de la mediación a otras cuestiones relacionadas con el conflicto familiar. Hay dos excepciones importantes a la mediación familiar obligatoria establecida: la primera es la protección prevista por la Ley 4175 de Protección a Víctimas de Violencia Familiar. En estos casos, la mediación no es obligatoria y se debe garantizar la protección de la víctima de violencia.

La segunda excepción es que, si las partes llegan a un acuerdo privado, pueden solicitar judicialmente su homologación ante el juez competente. En este caso, no es necesaria la mediación ya que las partes han llegado a un acuerdo por sí mismas. A instancia de la norma, se crea un Registro de Mediadores Familiares. Este registro tiene como objetivo garantizar la calidad y efectividad de los servicios de mediación ofrecidos en el ámbito familiar. Para ser incluido en este registro, los mediadores deben cumplir con ciertos requisitos, incluyendo una formación básica en mediación y una especialización en mediación familiar. Estos requisitos son fundamentales para garantizar que los mediadores estén capacitados para llevar a cabo procesos de mediación efectivos y justos. La formación básica en mediación incluye conocimientos teóricos y prácticos sobre el proceso de mediación, las técnicas de comunicación y negociación, y la resolución de conflictos. La especialización en mediación familiar implica una formación específica en las cuestiones patrimoniales derivadas del estado de familia y patria potestad, como alimentos, régimen de visitas y atribución de vivienda conyugal. La inclusión en el Registro de Mediadores Familiares garantiza que los mediadores cumplan con los requisitos y estándares establecidos por la ley, lo cual es fundamental para garantizar la calidad y efectividad de los procesos de mediación en el ámbito familiar. Esta norma establece que en cualquier estado del proceso antes de que se dicte una sentencia firme, cualquier parte involucrada en el proceso o el Asesor de Menores pueden solicitar la mediación. Esta solicitud debe ser trasladada a las demás partes interesadas para su aprobación o rechazo. Deviene necesario mencionar que esta norma no fue reglamentada, y que se encuentra subsumida por el procedimiento de mediación prejudicial obligatorio previsto por el Código de Niñez, Adolescencia y Familia de la Provincia.

2.3. El Código Procesal de Niñez, Adolescencia y Familia

El Código Procesal de Niñez, Adolescencia y Familia, Ley 2950-M (2019), establece como principio rector en los procesos de familia el uso de los M.A.R.C. (Métodos Alternativos de Resolución de Conflictos). En la resolución de conflictos familiares, se debe procurar soluciones consensuadas a través de procesos de transacción, conciliación, mediación y toda otra vía de solución y acuerdo no contenciosa, promoviendo la autocomposición del conflicto. La aplicación de los M.A.R.C. en los procesos de familia permite a las partes involucradas resolver sus conflictos de manera pacífica y voluntaria, evitando así los costos y la tensión emocional que puede generar un proceso judicial. Además, estos métodos alternativos fomentan el diálogo y la comunicación entre las partes, lo que puede ser beneficioso para el bienestar emocional de los implicados. Es importante destacar que la utilización de los M.A.R.C. no significa renunciar a los derechos y garantías que se tienen en un proceso judicial. Al contrario, estos métodos permiten a las partes involucradas tomar decisiones informadas y llegar a acuerdos que satisfagan sus necesidades e intereses. En conclusión, el uso de los M.A.R.C. en los procesos de familia es un principio rector establecido en el Código Procesal de Niñez, Adolescencia y Familia, que busca promover la autocomposición del conflicto y evitar el proceso judicial contencioso. Es importante que las partes involucradas estén informadas sobre estas opciones y consideren seriamente la posibilidad de acudir a ellas para resolver sus conflictos de manera pacífica y voluntaria. El artículo 16 del Código Procesal de Niñez, Adolescencia y Familia establece los deberes y facultades del/a juez/a en los procesos de familia. Entre ellos, se encuentra el deber o facultad de incentivar la resolución consensuada, promoviendo un diálogo constructivo y no adversarial entre las partes involucradas. Además, el juez o jueza puede ordenar audiencias de conciliación en cualquier estado del proceso antes del dictado de la sentencia, con la excepción de los procesos de violencia familiar, donde se debe respetar el carácter reservado de la audiencia.

En cuanto a las audiencias de conciliación, el artículo 38 del Código Procesal de Niñez, Adolescencia y Familia establece que, si se llega a un acuerdo, se debe labrar un acta que dé cuenta de ello. En caso contrario, se dejará constancia de que no se ha llegado a una solución consensuada del conflicto. La promoción de la resolución consensuada y la realización de audiencias de conciliación son herramientas importantes para evitar el proceso judicial contencioso y fomentar la autocomposición del conflicto. Es responsabilidad del juez o jueza incentivar estas prácticas y garantizar que se respeten los derechos y garantías de las partes involucradas en el proceso de familia. El Código Procesal de Niñez, Adolescencia y Familia establece oportunidades previstas para la conciliación en los procesos de familia. Una de ellas es la audiencia preliminar, regulada en el artículo 69, donde no está determinada en forma expresa la obligación del juez o jueza de intentar una solución consensuada. Sin embargo, por remisión a las normas generales, en la práctica se intenta llegar a una solución del litigio. Para ello, los jueces y secretarios emplean herramientas como reuniones en conjunto y en privado, proposición de fórmulas y escucha activa. Por otro lado, la audiencia de vista de causa, regulada en el artículo 72, establece que el juez o jueza debe intentar la conciliación o cualquier otro medio de resolución cooperativa y consensuada de conflicto. Es importante destacar que esta audiencia se rige por la confidencialidad y reserva, tal como lo establece el artículo 73 del Código Procesal de Niñez, Adolescencia y Familia. Excepto el intento de acuerdo, el resto del desarrollo de la audiencia se registra por medios electrónicos o audiovisuales. En conclusión, el Código Procesal de Niñez, Adolescencia y Familia establece oportunidades previstas para la conciliación en los procesos de familia, como la audiencia preliminar y la audiencia de vista de causa. Aunque no está determinada en forma expresa la obligación del juez o jueza de intentar una solución consensuada en la audiencia preliminar, en la práctica se busca llegar a un acuerdo mediante el uso de herramientas como reuniones en conjunto y en privado, proposición de fórmulas y escucha activa. Por su parte, en la audiencia de vista de causa se establece expresamente la obligación del juez o jueza de intentar la conciliación o cualquier otro medio de resolución cooperativa y consensuada de conflicto. La norma establece que en ciertos procesos especiales (autorización supletoria para salir del país, alimentos, divorcio, restitución internacional de personas menores de edad) se debe celebrar audiencia a efectos de llegar a una solución consensuada. Es decir, que, ante alguno de esos supuestos, el mecanismo se encuentra previsto de forma obligatoria. Respecto del proceso de filiación, se determina una etapa prejudicial, ante la Asesoría de Niños, Niñas y Adolescente

3. REFLEXIÓN FINAL Y SÍNTESIS

En el fuero de familia, en el que nos toca intervenir acuden quienes se encuentran real o potencialmente en situación de vulnerabilidad, NNA víctimas de violencia familiar, personas con discapacidades mentales o adicciones, etc. A las víctimas les cuesta mucho relatar lo que les sucede, pues viven situaciones sumamente traumáticas, tienen miedo, vergüenza y por lo general, tienden a echarse la culpa de lo que les pasa. Tender a brindar un servicio de atención humanizante, empático, donde se les provea de una escucha activa, dado que es el primer estamento que encuentran dentro del Servicio de Justicia es un eje central que guía nuestra labor cotidiana. Nos enfrenta a un desafío, trabajar la temática de la violencia coordinando tanto con organismos interinstitucionales como articulando con dependencias interinstitucionales tanto públicas, como privadas, y sus profesionales intervinientes, quienes abordamos la problemática desde distintas miradas. Desde esta óptica de colaboración mutua constituirán factores decisivos para ejercer una influencia constructiva y protectora en personas que se encuentran en situación de riesgo. Las intervenciones en violencia familiar, deben estar realizadas por personas especializadas y entrenadas, las buenas intenciones sin capacitación, sólo son buenas intenciones, con riesgo de malas derivaciones o intervenciones incompletas. Por último, consideramos necesario contar con una mirada auto reflexiva de lo que cotidianamente hacemos, sin caer en conductas mecánicas y respuestas automáticas, trabajando para brindar un servicio cada vez de mayor calidad a la altura de la temática que abordamos asegurando el ACCESO A JUSTICIA

4. BIBLIOGRAFÍA

Se utilizaron buscadores web oficiales, a saber:

1. http://www2.legislaturachaco.gov.ar:8000/Documentos/Documento/Busqueda-Publica
2. http://www.infoleg.gob.ar/

Mediación y conflictos contractuales en el ámbito mercantil

APOL·LÒNIA MARTÍNEZ NADAL
Catedrática de Derecho Mercantil Universidad de las Islas Baleares

1. INTRODUCCIÓN

Abordamos en este trabajo algunos aspectos relativos a la mediación y los conflictos contractuales en el ámbito mercantil.

Debe tenerse en cuenta, de entrada, que centramos nuestra atención en el ámbito de los contratos mercantiles, y, en concreto, en los contratos interempresariales en sentido amplio, esto es, aquellos en los que las partes contratantes sean empresarios y/o profesionales. No entramos, por tanto, en los contratos de consumo, inicialmente excluidos de forma expresa, del ámbito de aplicación de la Ley 5/2012, de 6 de Julio, de mediación en asuntos civiles y mercantiles (art. 2.2, letra d), pero actualmente incluidos tras la supresión de la mencionada letra d) por la disposición final séptima de la Ley 7/2017, de 2 de noviembre, por la que se incorpora al ordenamiento jurídico español la Directiva 2013/11/UE, del Parlamento Europeo y del Consejo, de 21 de mayo de 2013, relativa a la resolución alternativa de litigios en materia de consumo.

Como es sabido, los contratos interempresariales nos sitúan ante una gran variedad de contratos (contratos turísticos, contratos bancarios, contratos de colaboración, etc.). Buena parte de ellos son contratos atípicos, esto es, sin regulación legal expresa y en los que será, por tanto, esencial el contenido contractual establecido por las partes, una de cuyas previsiones puede ser, precisamente, la del sometimiento de eventuales conflictos contractuales surgidos entre las partes a mediación. A la redacción de esta cláusula dedicaremos uno de los apartados de este trabajo.

Esta posibilidad de acogerse a la mediación en caso de desavenencias contractuales será especialmente adecuada en el caso de contratos de duración, en los que, frente a la ruptura que supone el inicio de un procedimiento judicial con demanda contra una de las partes contractuales, el recurso a la mediación puede permitir solventar un problema puntual a la vez que salvar la relación contractual, que puede continuar de forma amistosa entre las partes. En este sentido, como apunta la Cámara de Comercio Internacional (CCI), la mediación puede ser una herramienta particularmente útil cuando las partes enfrentadas mantienen relaciones regulares (por ejemplo, en el caso de una "joint venture" o de un contrato de suministro a largo plazo); en este tipo de relaciones, la mediación puede ser menos perjudicial que un procedimiento arbitral o judicial.

Asimismo, resulta especialmente adecuada esta figura de la mediación en el supuesto de contratos con elementos de internacionalidad, cada vez más habituales en un mundo y una economía globalizados como los actuales. En tales casos, ante la existencia de un conflicto contractual entre las partes, el recurso a medios de solución tradicionales, como el inicio del procedimiento judicial, puede plantear incertidumbres e inseguridades jurídicas (juez competente, ley aplicable, o incluso ejecución de la resolución obtenida, aun siendo favorable). Por ello, el recurso a la mediación facilita enormemente la obtención de una solución, en la medida que permite obviar estos problemas jurídicos mencionados. De ahí que a la mediación internacional dediquemos también parte de este trabajo. Téngase en cuenta, a estos efectos, que existe distintas iniciativas internacionales en la materia. Entre ellas, no puede dejar de mencionarse La Ley Modelo de Mediación de la Comisión de Naciones Unidas para el Derecho Mercantil Uniforme (UNCITRAL) o el Reglamento ADR y el Reglamento de Mediación de la Cámara de Comercio Internacional (CCI).

Finalmente, han de mencionarse, también especialmente en el ámbito del comercio internacional, las denominadas cláusulas "hardship" o de excesiva onerosidad que permiten a las partes renegociar el contenido del contrato cuando se ha producido alguna circunstancia sobrevenida que provoca precisamente una excesiva onerosidad del contrato para una de las partes. En tal caso, la mediación puede ser una de las vías para articular esta posibilidad de renegociación del contrato, pues, tal como se desprende la propia definición de la Ley 5/2012 mediación es "aquel medio de solución de controversias, cualquiera que sea su denominación, en que dos o más partes intentan voluntariamente alcanzar por sí mismas un acuerdo con la intervención de un mediador". A estas cláusulas nos referiremos también al final de estos materiales.

2. EL DISEÑO DE SISTEMAS DE RESOLUCIÓN DE CONFLICTOS EN LOS CONTRATOS INTEREMPRESARIALES. EN PARTICULAR, LA CLÁUSULA DE SOMETIMIENTO A MEDIACIÓN

2.1. El diseño de sistemas de resolución de conflictos

En el ámbito de las relaciones interempresariales, especialmente en el comercio internacional, y en particular en aquellos contratos caracterizados por ser de larga duración y por implicar una gran inversión, la resolución de conflictos no comienza cuando surge una controversia sino cuando se redactan y elaboran los contratos.

En esta fase inicial, y de manera general y con carácter preventivo, las partes deben ser conscientes, al menos, de la relación jurídica que entablan y de los posibles problemas que pueden surgir como consecuencia y a lo largo de la misma. De esta forma, las partes podrán elegir el método de resolución de conflictos adecuado o incluso diseñar un sistema que englobe varios mecanismos de arreglo de diferencias conforme a sus intereses. Ello no significa que no pueda realizarse también tal diseño una vez surgido el conflicto; en este caso, también deberá ser analizados los diferentes aspectos que rodean a la controversia.

El diseño y elección de estos instrumentos, en el momento de la elaboración de los contratos, es, pues, el primer paso para evitar posibles conflictos y disputas o, al menos, poder solucionarlos de la forma más rápida posible una vez surjan, eludiendo su escalada, y, por tanto, aportando eficacia y eficiencia a la relación comercial existente.

Las partes podrán configurar sus propios sistemas de resolución de conflictos, más sencillos o complejos, atendiendo a sus circunstancias concretas. En todo caso, cualquiera que sea el diseño realizado, las partes implicadas deberán ser conscientes de que la fluidez en la comunicación, así como la colaboración, la motivación y la confianza son pilares básicos para el funcionamiento de todo sistema.

Normalmente, dicho diseño suele basarse en el grado de participación de terceros. El sistema suele empezar con su nula intervención (negociación), para finalizar con su máxima implicación en la disputa —arbitraje o proceso judicial—, dejando el espacio existente entre ambos métodos para los denominados ADR (*Alternative Dispute Resolution*) o métodos alternativos de resolución de conflictos.

Estos últimos también suelen ordenarse conforme al mismo criterio: en primer lugar, los facilitadores, a continuación, los evaluadores, y, por último, los resolutorios. Además, en cada una de estas categorías, se deberá elegir aquel ADR que mejor se adapte al tipo de conflictos que se prevé que pueden surgir. Si, por ejemplo, los conflictos van a ser más bien de tipo técnico, el "fact-finding" o peritaje (evaluador) así como la "expert determination" (resolutorio) son más adecuados. En cualquier caso, ello no significa que sea necesario pasar por cada una de las fases descritas, sino que las partes, atendiendo a los conflictos planteados o que puedan surgir, diseñarán el sistema que estimen más adecuado. Si bien lo más habitual es finalizar con el arbitraje, para así asegurar que, en todo caso, existirá una decisión que es título ejecutivo y tiene efecto de cosa juzgada. En este sentido, el orden más utilizado es: negociación-mediación-arbitraje. Estos sistemas se recogen en las cláusulas denominadas "multi-step dispute resolution clauses" dentro de los respectivos contratos interempresariales.

Como ya se ha apuntado antes, el diseño de los sistemas de resolución de conflictos se enmarca en relaciones comerciales de larga duración, caracterizadas por su complejidad, así como por las cantidades de dinero y los importantes intereses en juego. Por ello, y en buena lógica, dicha configuración suele realizarse durante la elaboración de los contratos, siendo menos habitual, aunque posible, como hemos apuntado, una vez surgido el conflicto.

2.2. Cláusula de mediación

Como es sabido, la mediación es voluntaria (art. 6.1 de la Ley 5/2012). Por ello, en el supuesto que analizamos de conflicto en el ámbito contractual interempresarial, si es voluntad clara y determinada de las partes recurrir a ese mecanismo de resolución de conflictos, existirá una cláusula de sometimiento a mediación en el mismo contrato.

La forma más simple de cláusula podría ser la que exponemos a continuación, aun cuando, como veremos en este mismo trabajo, pueden existir cláusulas más o menos complejas con distinto contenido y consecuencia:

"Las partes acuerdan que toda controversia que pueda surgir respecto del presente contrato se someta a mediación que se administrará por...".

De existir tal cláusula o pacto escrito, tal como establece el art. 6.2 de la Ley 5/2002.se deberá intentar el "procedimiento pactado de buena fe, antes de acudir a la jurisdicción o a otra solución extrajudicial", por tanto, habrá de intentarse la solución por el procedimiento de mediación antes de acudir no solo a la vía judicial sino también a cualquier otra extrajudicial (p.ej., arbitraje). De forma que la mediación, caso de ser pactada, sería preferente al arbitraje. Cuestión distinta es que se estableciera, como hemos visto, una cláusula compleja de solución extrajudicial de conflictos por la que, de no funcionar el procedimiento de mediación, las partes se obligaran a someter la controversia al arbitraje como procedimiento alternativo de resolución extrajudicial.

La cláusula de sometimiento a mediación, tal como establece la Ley 5/2002 (art. 6.2, frase final), surtirá efectos incluso cuando la controversia verse sobre la validez o existencia del contrato en el que conste. Asimismo, tal como se deduce de este mismo precepto, es posible que tal pacto de sometimiento a mediación se establezca no solo "ab initio", en el momento de redacción del contrato, sino también en un momento posterior o incluso, una vez surgida la controversia (pues la ley habla de "compromiso de someter a mediación las controversias surgidas o que puedan surgir").

Obviamente, el alcance de la cláusula de sometimiento a mediación no va más allá que la obligación de iniciar tal procedimiento nō obliga, tal como establece el art. 6.3 de la Ley 5/2012, "a mantenerse en el procedimiento de mediación ni a concluir un acuerdo".

3. EFECTOS DE LA MEDIACIÓN SOBRE LOS CONTRATOS. EN PARTICULAR, LOS PLAZOS DE PRESCRIPCIÓN Y CADUCIDAD

Como es sabido, la solicitud de inicio de la mediación produce una serie de efectos (art. 10, art. 16), Desde el punto de vista contractual, los más relevantes son los que afectan a los plazos de prescripción y caducidad.

De acuerdo con el art. 4 de la Ley 5/2012 ("Efectos de la mediación sobre los plazos de prescripción y caducidad"):

- La solicitud de inicio de la mediación, realizada conforme al artículo 16, suspenderá la prescripción o la caducidad de acciones desde la fecha en la que conste la recepción de dicha solicitud por el mediador, o el depósito ante la institución de mediación en su caso.

- Si en el plazo de quince días naturales a contar desde la recepción de la solicitud de inicio de la mediación no se firmara el acta de la sesión constitutiva prevista en el artículo 19, se reanudará el cómputo de los plazos.
- La suspensión se prolongará hasta la fecha de la firma del acuerdo de mediación o, en su defecto, la firma del acta final, o cuando se produzca la terminación de la mediación por alguna de las causas previstas en esta Ley.

Ha de destacarse que, con estas previsiones del art. 4 de la Ley 5/2012, nos encontramos con una novedad respecto de la tradicional regulación del instituto de la prescripción en Derecho español.

Obsérvese que en la Ley de mediación (en concreto, en el artículo 4 que analizamos) se establece que el comienzo de la mediación "suspenderá" la prescripción o caducidad de las acciones. En cambio, en el artículo 1973 del Código Civil español, que regula de forma general la figura de la prescripción, se dispone «La prescripción de las acciones se interrumpe por su ejercicio ante los Tribunales, por reclamación extrajudicial del acreedor y por cualquier acto de reconocimiento de la deuda por el deudor». Por tanto, conforme a este precepto del Código Civil, la prescripción de acciones de forma general se "interrumpe", interrupción (y no suspensión) que implica se obtiene un nuevo plazo con cada interrupción.

Por tanto, a diferencia del criterio tradicional legal en Derecho español, en el que la prescripción de acciones se puede interrumpir por la mera reclamación extrajudicial, volviendo a obtenerse un plazo completo con cada interrupción, la Ley 5/2012 establece la suspensión del plazo para el ejercicio de la acción judicial, de tal forma que el plazo se reanuda por el tiempo que reste una vez que finalice el procedimiento de mediación (sin que, obviamente, se llegue a un acuerdo).

Esta opción del legislador español en la Ley de Mediación no es una exigencia de la normativa comunitaria. De tal forma que la suspensión del plazo en vez de la interrupción constituye una concesión a la generalidad de los sistemas jurídicos europeos donde la interrupción y obtención de un nuevo plazo completo para el ejercicio de una acción constituye una excepción.

Esta opción legislativa nos parece adecuada, pues, en el fondo, lo relevante es que el inicio del procedimiento de mediación no pueda perjudicar el plazo de ejercicio de una acción judicial. Esto es, que una de las partes utilice la mediación como táctica dilatoria con vistas a que la acción judicial de la otra parte se extinga.

4. LA MEDIACIÓN EN LOS CONTRATOS INTERNACIONALES. ESPECIAL REFERENCIA A LA LEY MODELO DE UNCITRAL Y EL REGLAMENTO ADR DE LA CÁMARA DE COMERCIO INTERNACIONAL

4.1. Derecho español

Como hemos señalado, esta figura de la mediación resulta especialmente adecuada en el supuesto de contratos con elementos de internacionalidad, cada vez más habituales en una economía globalizada. En tales casos, ante la existencia de un conflicto contractual entre las partes, el recurso a medios de solución tradicionales, como el inicio del procedimiento judicial, puede plantear incertidumbres e inseguridades jurídicas a las partes (foro competente, legislación aplicable, o incluso ejecución de la resolución obtenida, aun siendo favorable). Asimismo, si se contrata con otras empresas que operan en estados en vías de desarrollo, estas cláusulas también son muy apropiadas para así sustraer los posibles conflictos de los tribunales de dichos países, los cuales poseen sistemas legales y judiciales que, en ocasiones, pueden resultar poco seguros o fiables desde el punto de vista empresarial. Por ello, en estos supuestos, la mediación facilita enormemente la obtención de una solución, en la medida que permite obviar estos problemas jurídicos.

De ahí que la propia Ley 5/2012, al delimitar su ámbito de aplicación, establezca expresamente su aplicabilidad a las mediaciones en asuntos civiles o mercantiles, "incluidos los conflictos transfronterizos" (art. 2.1, pfo. primero). Esta es una diferencia entre la Ley española y la Directiva comunitaria relativa a su ámbito de aplicación espacial.

En efecto, mientras que el artículo 1 de la Directiva 2008/52/CE limita su aplicabilidad a los litigios transfronterizos (aun cuando el Considerando 8 que la precede dispone que "nada debe impedir que los Estados miembros apliquen dichas disposiciones también a procedimientos de mediación de carácter nacional"), la Ley española es aplicable con igual regulación tanto a los conflictos internacionales como a los internos.

Consideramos positiva la aplicación, en el derecho español de la misma regulación para conflictos internos e internacionales, con el objetivo de armonizar la mediación nacional e internacional en el ámbito europeo. No obstante, es perfectamente posible que, en otras legislaciones nacionales de otros estados miembros, exista una regulación para las mediaciones internacionales (con las inevitables diferencias entre estados a la hora de transponer la Directiva) y además, otra regulación diferente en cada estado miembro para las mediaciones «nacionales".

La cuestión es, entonces, determinar qué se entiende por conflicto transfronterizo. Y, a tal efecto, en el art. 3 de la Ley 5/2012 se dispone que "un conflicto es transfronterizo ..."

a) Cuando al menos una de las partes está domiciliada o reside habitualmente en un Estado distinto a aquel en que cualquiera de las otras partes a las que afecta estén domiciliadas cuando acuerden hacer uso de la mediación o sea obligatorio acudir a la misma de acuerdo con la ley que resulte aplicable (art. 3.1, frase primera).

b) También tendrán esta consideración los conflictos previstos o resueltos por acuerdo de mediación, cualquiera que sea el lugar en el que se haya realizado, cuando, como consecuencia del traslado del domicilio de alguna de las partes, el pacto o algunas de sus consecuencias se pretendan ejecutar en el territorio de un Estado distinto (art. 3.1, frase segunda).

El primero de los supuestos nos sitúa ante un criterio habitual en instrumentos legislativos reguladores de cuestiones de tráfico privado externo. Se considera relevante para considerar a una disputa como internacional el hecho de que las partes se encuentren radicadas en distintos Estados. El segundo supuesto, en cambio, no contemplado expresamente en la Directiva, nos sitúa ante un acuerdo de mediación que despliega efectos en un estado distinto a aquel en que se ha adoptado como consecuencia del traslado de domicilio de una de las partes.

El domicilio es, pues, un criterio determinante para la concreción de los litigios transfronterizos. A efectos de determinación del domicilio, la Ley 5/2012 establece que en los litigios transfronterizos entre partes que residan en distintos Estados miembros de la Unión Europea, el domicilio se determinará de conformidad con los artículos 59 y 60 del Reglamento (CE) n.º 44/2001 del Consejo, de 22 de diciembre de 2000, relativo a la competencia judicial, el reconocimiento y la ejecución de resoluciones judiciales en materia civil y mercantil (art. 3.2 Ley 5/2012. Téngase en cuenta que, a partir de 2015, esta remisión legal al Reglamento 44/2001 deberá entenderse que se realiza al Reglamento 1215/2012 que lo sustituye.

En este ámbito de los conflictos transfronterizos entre partes que residan en distintos estados miembros de la Unión Europea ha se señalarse que, como se ha apuntado doctrinalmente, hubiera sido deseable que el instrumento utilizado por el legislador comunitario para la regulación de la mediación comercial internacional en el ámbito europeo fuera no una directiva (la Directiva 2008/52/CE en la que tiene su origen la Ley 5/2012) sino un Reglamento. La directiva permite que las soluciones legislativas no sean las mismas en los distintos Estados miembros, con el consiguiente coste que produce la diferencia de legislaciones, es decir, la ausencia de previsibilidad y el coste legal para los operadores de conocimiento del derecho extranjero. En consecuencia, merece una valoración negativa el instrumento elegido para una nueva regulación de la mediación comercial internacional en el entorno europeo: hubiera sido preferible que se adoptara un Reglamento comunitario en vez de una Directiva.

Precisamente para evitar estos inconvenientes derivados de la diversidad legal existente entre los distintos estados de los diversos operadores económicos y jurídicos implicados surgen iniciativas Internacionales como la Ley Modelo sobre conciliación (posteriormente, mediación) comercial internacional de UNCITRAL (Comisión de Naciones Unidas para el Derecho Mercantil Internacional) que pasamos a analizar. Y es por ello por lo que resulta sorprendente que el legislador español, al abordar la regulación de la mediación en la Ley 5/2012, no haya tenido en cuenta esta Ley Modelo de 2002, a la que no existe siquiera referencia alguna.

No ocurrió así en el caso de arbitraje: el principal criterio inspirador de la Ley 60/2003 de arbitraje, tal como se establece expresamente en su Exposición de Motivos, "es el de basar el régimen jurídico español del arbitraje en la Ley Modelo elaborada por la Comisión de las Naciones Unidas para el Derecho Mercantil Internacional, de 21 de junio de 1985 (Ley Modelo de CNUDMI/UNCITRAL), recomendada por la Asamblea General en su Resolución 40/72, de 11 de diciembre de 1985, ‹teniendo en cuenta las exigencias de la uniformidad del derecho procesal arbitral y las necesidades de la práctica del arbitraje comercial internacional". Al haberse prescindido de la Ley Modelo de conciliación de 2002 se ha perdido la oportunidad de conseguir una uniformización o armonización de legislaciones a nivel supraeuropeo,

Finalmente, téngase en cuenta que, en el marco de la Ley 5/2012, existe la posibilidad de que las instituciones de mediación sean no solo españolas sino también extranjeras (art. 5.1), posibilidad aplicable en principio a cualquier conflicto pero que resulta sin duda de especial interés para las hipótesis que analizamos de conflictos transfronterizos en el ámbito de la contratación mercantil. En estos casos, en la medida que su actuación se desarrolla en el marco de la Ley 5/2012, la institución de mediación, aun siendo extranjera, habrá de aplicar la legislación española.

4.2. Iniciativas internacionales: la Comisión de Naciones Unidas de Derecho Mercantil (UNCITRAL) y la Cámara de Comercio Internacional (CCI)

4.2.1. La Ley Modelo de mediación comercial internacional de la Comisión de Naciones Unidas de Derecho Mercantil (UNCITRAL)

La Comisión de las Naciones Unidas para el Derecho Mercantil Internacional (CNUDMI o UNCITRAL) en su 35° Período de Sesiones celebrado en Nueva York, USA, del 17 al 28 de junio de 2002, aprobó la Ley Modelo sobre Conciliación Comercial Internacional.

Se trata de un cuerpo legislativo breve, de apenas 14 artículos en 5 páginas, pero no por ello de importancia menor. Como toda Ley Modelo, reporta el beneficio dual de buscar uniformidad legislativa en los diversos países que la adopten, además de servir como fuente de interpretación de la norma jurídica, cuando el texto del derecho positivo es igual o cercano al de la propia Ley Modelo.

Al aprobar la Ley Modelo, UNCITRAL recomendó a todos los Estados que ... "la tomen debidamente en cuenta en atención a la conveniencia de uniformar el derecho relativo a los procedimientos de solución de controversias...", encomendando a la Secretaría, la elaboración de una Guía para la incorporación de la Ley Modelo al derecho interno y de su utilización como instrumento de armonización legislativa.

Como hemos señalado, la Ley Modelo se aprobó inicialmente en 2002, como "Ley Modelo sobre Conciliación Comercial Internacional" y se refería al procedimiento de conciliación. Esta Ley Modelo se modificó en 2018, al agregarse una nueva sección sobre los acuerdos de transacción internacionales y su ejecución. Y pasó a llamarse "Ley Modelo sobre Mediación Comercial Internacional y Acuerdos de Transacción Internacionales Resultantes de la Mediación". En los textos ya aprobados, UNCITRAL utilizó el término "conciliación" en el entendimiento de que los términos "conciliación" y "mediación" eran intercambiables. Al modificar la Ley Modelo, la Comisión decidió utilizar en cambio el término "mediación", procurando adaptarse al uso que se hace de él en la práctica, y en la expectativa de que ese cambio facilitara la promoción de la Ley Modelo y aumentara su relevancia. Sin embargo, como señala la propia Comisión. este cambio en la terminología no tiene consecuencias de fondo ni conceptuales respecto de los contenidos previos.

A) El termino "mediación" en la Ley Modelo. Justificación de la necesidad de la misma.

En primer lugar, abordamos el significado y alcance de la noción de mediación en la Ley Modelo. Conforme al art. 1.3, se entenderá por "mediación" todo procedimiento, ya sea que se designe con el término mediación, conciliación u otro de sentido equivalente, en que las partes soliciten a un tercero o terceros ("el mediador") que les presten asistencia en su intento de llegar a un arreglo amistoso de una controversia derivada de una relación contractual u otro tipo de relación jurídica o vinculada a ellas. El mediador no estará facultado para imponer a las partes una solución de la controversia.

Según la Guía para la incorporación al derecho interno el término "mediación" se utiliza ampliamente para hacer referencia a un procedimiento en que las partes solicitan a un tercero o terceros que les presten asistencia en su intento de llegar a un arreglo amistoso de una controversia derivada de una relación contractual u otro tipo de relación jurídica o vinculada a ellas. En los textos inicial de la Ley Modelo de 2002, la CNUDMI utilizó el término "conciliación" en el entendimiento de que los términos "conciliación" y "mediación" eran intercambiables. Según la Comisión, en la práctica, se hace referencia a los procedimientos en que un tercero asiste a las partes para que resuelvan una controversia con expresiones como "mediación", "conciliación", "evaluación neutral", "minijuicio" o términos similares. La Ley Modelo utiliza el término "mediación" para referirse a todos esos procedimientos. Todos esos procedimientos tienen la característica común de que el papel del tercero se limita a asistir a las partes a dirimir su controversia sin tener facultades para imponerles una decisión vinculante. En la medida en que los procedimientos que constituyan "vías alternativas para la solución de controversias" posean esa característica, les es aplicable la Ley Modelo. Sin embargo, la Ley Modelo no hace referencia al concepto de vías alternativas para la solución de controversias dado que ese concepto no resulta claro y puede entenderse como una categoría amplia que incluye otros tipos de medios alternativos a la solución judicial de controversias (por ejemplo, el arbitraje), que en general llevan a emitir una resolución vinculante.

Una de las características esenciales de la mediación consiste en que las partes en una controversia solicitan los servicios de un tercero. En el arbitraje, las partes encomiendan no solo el proceso resolutorio de su controversia, sino también su resultado, a un tribunal arbitral que les impondrá un fallo vinculante para ellas. La mediación difiere de la negociación entre las partes al involucrar en la solución de la controversia a un tercero independiente e imparcial que ha de prestarles asistencia. Difiere, a su vez, del arbitraje al retener las partes, en la mediación, un control absoluto del proceso y del resultado de la mediación, que no es vinculante.

En la mediación, el mediador ayuda a negociar una transacción en que se compaginen las necesidades y los intereses de las partes en la controversia. El proceso mediador se basa totalmente en el consenso y son las partes quienes, con la asistencia de un tercero neutral, determinan el modo en que se dirimirá la controversia. El tercero neutral no tiene autoridad para imponer a las partes una solución de la controversia.

Dado que el papel del mediador se limita a facilitar un diálogo entre las partes y no comprende la adopción de una decisión, no existe la misma necesidad de que se respete el tipo de garantías procesales que existe en el arbitraje. Más bien, lo que se considera de fundamental importancia es que el procedimiento de mediación sea flexible, y que pueda adaptarse el procedimiento a las circunstancias de cada caso y a los deseos de las partes. La flexibilidad del procedimiento de mediación ha conducido a que se opine en general que no es necesario legislar sobre un procedimiento que depende tanto de la voluntad de las partes. A pesar de ello, los Estados han aprobado recientemente leyes sobre mediación atendiendo a las preocupaciones de los profesionales de que las soluciones contractuales no alcanzan en sí mismas para satisfacer totalmente las necesidades de las partes. Por ejemplo, una preocupación fundamental de las partes en la mediación es que se asegure que algunas declaraciones formuladas o hechos admitidos por una parte durante la mediación no serán utilizados como prueba contra ella en otros procedimientos. Una mera solución contractual podría no ser suficiente para lograr esa finalidad. A fin de resolver esta y otras cuestiones (como el papel del mediador en los procesos judiciales o arbitrales ulteriores, el procedimiento para el nombramiento de mediadores y los principios generales aplicables a la mediación), la CNUDMI decidió en 2002 preparar una ley modelo para apoyar el creciente uso que se estaba haciendo de la mediación.

B) Ámbito de aplicación: mediación comercial e internacional

El artículo 1.1 perfila el ámbito de aplicación de la Ley Modelo limitándolo expresamente a la mediación comercial internacional. En el artículo 1 se definen los términos "mediación" (ya analizado) e "internacional" y se enuncian las condiciones para determinar lo que se considerará establecimiento de una parte si ésta tiene más de uno o si no tiene ninguno. No obstante, aun cuando la Ley Modelo esté destinada a casos que sean comerciales e internacionales, la misma Ley, y su Guía de aplicación, prevén que el Estado que promulgue su régimen podrá ampliar su alcance a las controversias comerciales internas e incluso a algunas controversias no comerciales (véase la nota 2 del artículo 1).

a) Respecto del carácter comercial de la operación, la Ley Modelo utiliza un concepto amplio; la propia Ley señala que debe darse una interpretación amplia al término "comercial" para que abarque las cuestiones que se plantean en todas las relaciones de índole comercial, contractuales o no. A estos efectos, se especifica que las relaciones de carácter comercial comprenden, entre otras, las siguientes operaciones: cualquier operación comercial de suministro o intercambio de bienes o servicios, acuerdo de distribución, representación o mandato comercial, transferencia de créditos para su cobro (factoring), arrendamiento de bienes de equipo con opción de compra (leasing), construcción de obras, consultoría, ingeniería, concesión de licencias, inversión, financiación, banca, seguros, acuerdo de explotación o concesión, empresa conjunta y otras formas de cooperación industrial o comercial, y de transporte de mercancías o de pasajeros por vía aérea, marítima, férrea o por carretera.

b) Respecto de la exigencia de internacionalidad, la Ley Modelo indica en su art. 1, inciso 1) que la misma se aplica a la mediación "internacional", si bien, en nota a pie de página, indica que cuando los Estados deseen incorporar la Ley Modelo a su derecho interno para hacerla aplicable a los procedimientos de mediación, tanto nacionales como internacionales, podrán suprimir la palabra "internacional" en el párrafo (1) del Artículo 1 y los párrafos 4, 5 y 6 del mismo dispositivo.

Se destaca que la calificación de internacional se basa principalmente en el lugar del establecimiento y a falta de este por alguna de las partes, en su residencia habitual.

En concreto, en el art. 3 se establece que una mediación será "internacional" cuando: a) las partes en el acuerdo por el cual se convenga someter una controversia a mediación tengan, en el momento de celebrarlo, sus establecimientos en Estados diferentes; o b) el Estado en que las partes tengan sus establecimientos no sea: i) el Estado en el que deba cumplirse una parte sustancial de las obligaciones derivadas de la relación comercial; o ii) el Estado que esté más estrechamente vinculado al objeto de la controversia.

En el art. 2 de la Ley se reitera que en su interpretación habrán de tenerse en cuenta su origen internacional, así como la necesidad de promover la uniformidad de su aplicación y la observancia de la buena fe; asimismo, que las materias que se rijan por la Ley Modelo y que no estén expresamente resueltos en ella se diriman de conformidad con los principios generales en que ella se inspira.

El mediador debe procurar dar a las partes un trato equitativo, observando siempre buena fe. Las partes podrán excluir o modificar cualquiera de las disposiciones de la Ley.

Según la Guía de Incorporación, tal liberalidad, es decir, el que las partes puedan excluir o modificar la Ley, hace de la misma un intento de difundir y permear en el mundo la cultura de la negociación y el entendimiento mutuo no coercitivo, ya que si bien pueden encontrarse preceptos en varias leyes cuya obligatoriedad se deja al libre criterio de las partes, el hacerlo con respecto a toda la ley es un caso sui generis.

C) El procedimiento

El procedimiento de mediación da comienzo el día que las partes acuerden iniciarlo. Quien después de hacer la invitación a entablar el procedimiento no reciba aceptación en un plazo de 30 días a partir de su envío u otro plazo fijado por ella, puede considerar como rechazada su oferta de mediación (art. 5).

El mediador es uno solo, a menos que las partes acuerden que puedan ser dos o más. Las propias partes se ponen de acuerdo para designar al mediador(es), a menos que hubieran convenido en un procedimiento diferente. A dicho efecto pueden recabar la asistencia de una institución o persona que les recomiende personas idóneas, o que el nombramiento del mediador sea efectuado directamente por dicha institución o persona, tomando en cuenta la conveniencia de nombrar una persona de nacionalidad distinta de aquella de las partes (art. 6).

Del procedimiento que diseña la Ley Modelo, cabe mencionar los siguientes aspectos:

1. La posibilidad de que el Estado que adopte la Ley, igualmente adopte una disposición relativa a la prescripción, en el sentido de que iniciado el procedimiento de mediación deja de correr el plazo de prescripción del asunto materia de la mediación;
2. La obligación del mediador de revelar en todo momento cualquier circunstancia que dé lugar a dudas justificadas acerca de su imparcia-

lidad o independencia, así como la de darles un tratamiento equitativo;

3. La facultad que tienen las partes y el propio mediador, a falta de acuerdo interpartes de libremente sustanciar el procedimiento, tomando en cuenta las circunstancias especiales del caso, los deseos de las partes y la conveniencia de llegar a un rápido arreglo;
4. La facultad del mediador de reunirse o comunicarse con las partes conjunta o separadamente, estando facultado para revelar el contenido de la información recibida a la otra parte, salvo petición expresa de confidencialidad;
5. La facultad del mediador de presentar propuestas para un arreglo de controversia; y
6. La confidencialidad del procedimiento como regla general a menos que las partes convengan otra cosa, su divulgación esté prescrita por ley o sea necesaria para dar cumplimiento o ejecución al acuerdo de las partes.
7. La posibilidad de que el Estado promulgante incorpore la forma en que el acuerdo vinculatorio al que lleguen las partes sea susceptible de ejecución, identificando el medio o remitiéndose a las disposiciones que rijan su ejecutoriedad.
8. Respecto de la admisibilidad de pruebas en otros procedimientos, se establece que las partes en el procedimiento de mediación, el mediador y los terceros, no podrán hacer valer ni presentar pruebas, ni prestar declaración o prueba testimonial en un proceso arbitral, judicial o de índole similar en relación con las opiniones, declaraciones o propuestas realizados en el seno del procedimiento de mediación. Si esa información se presentase como prueba, dicha prueba no se considerará admisible. No obstante, esa información podrá revelarse o admitirse como prueba en la medida en que lo exija la ley o en que sea necesario a efectos del cumplimiento o la ejecución de un acuerdo de transacción.

D) Terminación y posible transacción

La Ley dispone que el procedimiento de mediación termina al acordarse un arreglo satisfactorio (transacción) o cuando cualquiera de las partes o el mediador hacen una declaración en el sentido de que se agotaron infructuosamente los esfuerzos para lograr el avenimiento (art. 12); es decir, que al otorgarle a todas ellas tal derecho de terminación, adopta la postura de considerar a la mediación como un acto volitivoconsensual desde su inicio y durante el procedimiento, hasta antes de la firma y aceptación del acuerdo.

Conforme al art. 15, los acuerdos de transacción serán vinculantes y susceptibles de ejecución.

E) Compatibilidad con otros procedimientos de resolución

Respecto del papel del mediador como árbitro, la ley dispone que, salvo acuerdo en contrario de las partes, el mediador no podrá actuar como árbitro en una controversia que haya sido o sea objeto del procedimiento de mediación ni en otra controversia que haya surgido a raíz del mismo contrato o relación jurídica o de cualquier contrato o relación jurídica conexos (art. 13).

Finalmente, respecto del recurso a procesos arbitrales o judiciales, la Ley Modelo dispone que cuando las partes hayan acordado recurrir a la mediación y se hayan comprometido expresamente a no entablar, por un período determinado o mientras no se produzca algún hecho en particular, ningún proceso arbitral o judicial con respecto a una controversia existente o futura, el tribunal arbitral u órgano judicial dará efecto a ese compromiso hasta que se cumplan las condiciones estipuladas en él, excepto en la medida en que una de las partes estime necesario entablar ese proceso para proteger sus derechos. Sin embargo, no se considerará que el inicio de tal proceso constituye, en sí mismo, una renuncia al acuerdo por el que se convenga en someter una controversia a mediación ni que pone fin por sí solo al procedimiento de mediación (art. 14).

4.2.2. Las Reglas de la Cámara de Comercio Internacional; en particular, el Reglamento de Mediación de 2014

4.2.2.1. La Cámara de Comercio Internacional y la resolución de disputas

La Cámara de Comercio Internacional (CCI) ofrece distintos servicios de resolución de disputas para resolver las dificultades y desavenencias que puedan surgir en el comercio internacional. A tal efecto dispone de un Centro de Arbitraje y ADR y ha elaborado distintas reglas

Así, en 2001 aprobó el Reglamento ADR para uso de las partes que desearan resolver sus desavenencias o desacuerdos amigablemente con la ayuda de un tercero neutral dentro de un marco institucional. Es debido a la naturaleza amigable de este proceso que la CCI prefirió referirse, con las siglas ADR, a "amicable dispute resolution", en lugar de "alternative dispute resolution", noción hasta entonces más comúnmente utilizada. Por ello, el término ADR, en la acepción elegida por la CCI, no incluía el arbitraje, sino que contemplaba solo procesos que no dan lugar a decisiones o laudos emitidos por un tercero que sean susceptibles de ejecución legal (la mediación, la evaluación de un tercero, el "mini-trial" o cualquier otra técnica o combinación de técnicas). Entre ellos se hallaba la mediación objeto de estas páginas, que, además, era el proceso de resolución subsidiario, de forma que, si las partes no optaban expresamente por un determinado ADR, se aplicaba el procedimiento de mediación.

Este Reglamento ADR de 2001 fue sustituido en 2014 por el Reglamento de Mediación de la CCI, que convive de forma complementaria con el Reglamento de Arbitraje de la CCI aprobado en 2012 (y modificado en 2017 y 2021). Como señala la propia Cámara de Comercio Internacional, ambos reglamentos son conjuntamente una respuesta a la demanda creciente de un enfoque integral de las técnicas de solución de controversias. Así, el arbitraje es un procedimiento formal que conduce a una decisión vinculante por parte de un tribunal arbitral neutral, susceptible de ejecución de conformidad con las normas de arbitraje nacionales y tratados internacionales como el Convenio de Nueva York de 1958. En cambio, la mediación bajo el Reglamento de Mediación de la CCI es un procedimiento flexible cuyo objetivo es lograr una solución negociada con la ayuda de un facilitador neutral. El arbitraje lo administra la Corte Internacional de Arbitraje y la mediación el Centro Internacional de ADR.

Redactados por especialistas en solución de controversias y usuarios representantes de una amplia gama de tradiciones jurídicas, culturas y profesiones, estos Reglamentos pretenden responden a las necesidades del comercio internacional de hoy y proporcionar un marco moderno para la conducción de procedimientos idóneo para ser utilizado en cualquier lugar del mundo en procedimientos conducidos en cualquier idioma y sujetos a cualquier derecho. Centramos a continuación nuestra atención en el Reglamento de Mediación de 2014.

4.2.2.2. El Reglamento de Mediación de 2014 de la Cámara de Comercio Internacional, Ámbito de aplicación y procedimientos

En 2014 entró en vigor el Reglamento de Mediación de la CCI, y que sustituye al Reglamento ADR de la CCI de 2001. A los efectos del nuevo Reglamento de 2014, la mediación es una técnica de resolución de controversias flexible, llevada a cabo de manera privada y confidencial, en la cual el mediador actúa como un facilitador neutral para ayudar a las partes a lograr un acuerdo negociado que ponga término a su controversia. Las partes tienen el control sobre la decisión de celebrar tal acuerdo, así como sobre sus términos. A continuación, analizamos brevemente su contenido.

a) Flexibilidad. Como se señala en las "Notas orientativas sobre la mediación", documento elaborado por la CCI, existen diversas maneras de conducir las mediaciones en función de los orígenes de las partes, de sus asesores y del mediador y de la naturaleza de la controversia. Conforme al espíritu de la mediación, las Notas mencionadas no dictan soluciones, sino que alientan a las partes a conseguir los mejores acuerdos posibles para su caso particular a la luz de las prácticas habituales de mediación y de la flexibilidad ofrecida por el Reglamento de Mediación de la CCI.

   Por ello, dado que la técnica de mediación es flexible, el procedimiento utilizado puede adaptarse a las necesidades de las partes, teniendo en cuenta sus orígenes culturales y jurídicos, y a las particularidades de la controversia. La forma de llevar a cabo el procedimiento será objeto de discusión prevista en el Artículo 7(1) del Reglamento. De conformidad con el Artículo 7(3) del Reglamento, el mediador deberá guiarse por los deseos de las partes a la hora de establecer y conducir la mediación y deberá tratarlas con equidad e imparcialidad.

b) Sesiones de mediación. Durante la mediación, el mediador podrá celebrar reuniones o conferencias telefónicas con todas las partes de manera conjunta o con cada una de ellas separadamente.

   La mayoría de las mediaciones se basa en la celebración de una o varias sesiones de mediación con la participación de todas las partes, sus asesores (en su caso) y el mediador. El número de sesiones, al igual que la duración y el objeto de cada una de ellas, pueden adaptarse a las necesidades del caso y al enfoque favorecido por el mediador y las partes. Incluso en los casos de gran magnitud, es posible que se organice una sola sesión de mediación que, por ejemplo, dure un día entero.

   Durante las sesiones de mediación, el mediador podrá reunirse conjuntamente con todas las partes (reuniones conjuntas) o con una o más partes sin la presencia de las demás partes (reuniones privadas). La proporción de reuniones conjuntas y reuniones privadas dependerá de las circunstancias del caso y del enfoque favorecido por el mediador, las partes y sus asesores. Este punto podrá examinarse durante la discusión entre el mediador y las partes prevista en el Artículo 7(1) del Reglamento.

c) Confidencialidad. Comúnmente, las discusiones o reuniones privadas entre el mediador y una parte son confidenciales. El mediador se compromete a no divulgar a ninguna otra parte cualquier información nueva que se haya discutido en el trascurso de dichas reuniones sin autorización expresa. Sin embargo, toda parte podrá solicitar específicamente al mediador que transmita a la otra parte información nueva, y el mediador podrá solicitar autorización para divulgar aquella información que, en su opinión, puede ayudar a las partes a resolver la controversia.

d) Propuestas de solución y solución. En el transcurso de la mediación, las partes podrán intercambiar propuestas para la resolución de la controversia que puedan conducir a un acuerdo negociado. Las partes podrán intercambiar dichas propuestas directamente o a través del mediador. Dado que las partes conservan el control sobre la decisión de concluir o no un acuerdo que ponga fin a la controversia y sobre sus términos, el mediador no tiene el poder de imponerles una solución.

Si no se consigue alcanzar un acuerdo al finalizar la sesión o las sesiones de mediación, el mediador, con el acuerdo de las partes, podrá seguir trabajando con ellas durante los días y las semanas siguientes para ayudarlas a continuar las negociaciones. Esta ayuda adicional puede prestarse en la manera que resulte más práctica y conveniente; por ejemplo, mediante comunicaciones telefónicas, correos electrónicos, videoconferencias o reuniones.

Si el procedimiento de mediación es exitoso, las partes llegaran a un acuerdo que ponga término a la controversia. En una situación ideal, la firma del acuerdo tiene lugar al finalizar la sesión de mediación y genera así en todas las partes la certeza de haber alcanzado un acuerdo vinculante.

Para firmar un acuerdo vinculante en una sesión de mediación, es generalmente necesario que en la sesión esté presente una persona con autoridad para negociar y después firmar el acuerdo. Por consiguiente, lo ideal es que las partes estén representadas en todas las sesiones de mediación, en particular en aquellas en las que se haya previsto negociar los términos del acuerdo de solución, por un negociador principal con autoridad plena e incondicionada para resolver la controversia. Si esto no es posible, antes de comenzar la sesión, cada parte debe informar al mediador y al resto de las partes (directamente o a través del mediador) de cualquier límite de la autoridad de su representante para resolver la controversia (por ejemplo, si es necesario que el consejo de administración, el comité ministerial o un asegurador ratifique el acuerdo). De este modo, el mediador podrá discutir con las partes, antes de la sesión de mediación, sobre cómo reducir las posibles repercusiones negativas de tal limitación sobre la perspectiva de llegar a un acuerdo de solución.

e) Relación entre los procedimientos de mediación y de arbitraje. A pesar de ser un procedimiento independiente, la mediación también puede combinarse con otros procedimientos de resolución de controversias como parte de un proceso de resolución de controversias escalonado. La mediación se considera cada vez más como una primera etapa útil, y hasta indispensable, en situaciones en las que las partes aspiran a alcanzar un acuerdo que proteja sus intereses comerciales o contractuales mutuos. También puede recurrirse a la mediación después del inicio del arbitraje si las partes desean lograr un acuerdo.

f) Cláusulas Modelo. La CCI publica diferentes cláusulas modelo que se refieren al Reglamento de Mediación de la CCI y alienta a las partes que deseen recurrir a la mediación de la CCI a que incluyan en sus acuerdos cláusulas adecuadas de solución de controversias. Las partes que deseen utilizar procedimientos de acuerdo con el Reglamento de Mediación de la CCI deberían considerar el elegir una de las cláusulas propuestas por la CCI, que cubren distintas situaciones y necesidades. Las partes son libres de adaptar la cláusula escogida a sus circunstancias particulares. Por ejemplo, pueden especificar el uso de un procedimiento de solución distinto de la mediación. En todo momento, deberá tenerse cuidado para evitar todo riesgo de ambigüedad en la redacción de la cláusula. Un lenguaje poco claro causa incertidumbre y retrasos y puede entorpecer o incluso comprometer el procedimiento de solución de controversias. Reproducimos a continuación alguna de las cláusulas modelo propuestas por la CCI:

– Clausula A: Opción para utilizar el Reglamento de Mediación de la CCI

> "Las partes podrán en todo momento, sin perjuicio de cualquier otro procedimiento, intentar la solución de cualquier controversia que se derive de este contrato o esté relacionada con él de acuerdo con las disposiciones del Reglamento de Mediación de la CCI".

Según la CCI, al incorporar esta cláusula, las partes reconocen que el procedimiento de acuerdo con el Reglamento de Mediación de la CCI se encuentra a su disposición en cualquier momento. Esta cláusula no compromete a las partes a hacer nada, el objeto de su presencia es recordarles la posibilidad de utilizar la mediación o cualquier otro procedimiento de solución de controversias en todo momento. Además, puede servir de base a una de las partes para proponer la mediación a la otra parte. Una o más partes también pueden solicitar la asistencia del Centro Internacional de ADR de la CCI en este proceso.

- Clausula B: Obligación de considerar el Reglamento de Mediación de la CCI

> "En caso de controversias derivadas del presente contrato o relacionadas con él, las partes se comprometen a discutir y considerar, en primer lugar, el recurso al procedimiento de solución de controversias del Reglamento de Mediación de la CCI".

Esta cláusula va un poco más lejos que la Cláusula A y requiere que, cuando surja una controversia, las partes discutan y consideren conjuntamente la opción de someterse al procedimiento de solución de controversias del Reglamento de Mediación de la CCI. Una o más partes pueden solicitar la asistencia del Centro Internacional de ADR de la CCI en este proceso. Esta cláusula puede resultar apropiada cuando las partes no desean comprometerse a someter una controversia al procedimiento con arreglo al Reglamento desde el comienzo, sino que prefieren mantener la flexibilidad de optar por la mediación para intentar resolver una controversia.

- Clausula D: Obligación de someter la controversia al Reglamento de Mediación de la CCI, seguida de arbitraje, si se precisa.

> "En caso de controversias derivadas del presente contrato o relacionadas con él, las partes se comprometen a someterlas en primer lugar al procedimiento con arreglo al Reglamento de Mediación de la CCI. A falta de resolución de las controversias según dicho Reglamento dentro de los [45] días siguientes a la presentación de la solicitud de Mediación, o al vencimiento de otro plazo que hubiera sido acordado por escrito por las partes, tales controversias deberán ser resueltas definitivamente de acuerdo con el Reglamento de Arbitraje de la Cámara de Comercio Internacional por uno o más árbitros nombrados conforme a este Reglamento de Arbitraje".

Esta cláusula crea la obligación de someter una controversia al procedimiento con arreglo al Reglamento de Mediación de la

CCI. Esta cláusula prevé que el procedimiento de arbitraje no comience hasta el vencimiento del periodo acordado después de la presentación de la Solicitud de Mediación. El plazo sugerido en la cláusula modelo es de 45 días, pero las partes deberían elegir un periodo que ellas consideren apropiado para el contrato en cuestión. La Cláusula D prevé el arbitraje de la CCI como foro para la determinación final de la controversia. Si se desea, la cláusula se puede adaptar para que contemple una forma de arbitraje distinta o un procedimiento judicial u otro similar.

f) Comediación. Puede resultar conveniente nombrar dos o más mediadores para que trabajen en conjunto en el mismo asunto. Esta práctica se suele denominar comediación. La comediación puede utilizarse cuando hay varias partes involucradas en la controversia o cuando las partes desean beneficiarse de mediadores con bagajes culturales distintos o con competencias y experiencias diversas.

g) Perito independiente. Puede ser conveniente que, por acuerdo entre las partes, el mediador esté asistido por un perito independiente que le brinde consejo sobre los asuntos técnicos que son importantes que comprenda para poder ayudar a las partes a resolver su controversia.

h) Representación legal. El Reglamento no exige ni presupone que las partes estén representadas por abogados (ya sean independientes o de la empresa). Sin embargo, es habitual, sobre todo en controversias Internacionales como las que generalmente se someten a la mediación de conformidad con el Reglamento, que las partes estén asistidas por abogados durante parte o todo el proceso de mediación.

i) Costos. El Artículo 6(6) del Reglamento establece que las partes deberán pagar en partes iguales todos los depósitos requeridos y costos fijados en el marco del procedimiento de mediación, a menos que éstas acuerden lo contrario por escrito. El Artículo 6(7) establece que, salvo acuerdo contrario de las partes, los demás gastos de una parte seguirán siendo responsabilidad de dicha parte. Puede haber casos en los que las partes acuerdan modificar estas disposiciones por defecto. Por ejemplo, antes de la mediación, es posible que una parte se comprometa a pagar en cualquier circunstancia todos los costos del proceso de mediación para alentar a la contraparte a participar. Por otro lado, las partes pueden acordar que, si la mediación no logra resolver la controversia, los costos de la misma sean repartidos entre ellas por el árbitro o el juez que conozca del procedimiento arbitral o judicial posterior. Los costos de la mediación también pueden repartirse de forma diferente según los términos de cualquier acuerdo de solución celebrado a través de la mediación.

j) Combinación de la mediación con otros procedimientos de solución de controversias. Las partes y el mediador podrán acordar que, en determinadas circunstancias (por ejemplo, cuando no se haya llegado a un acuerdo de solución en un plazo determinado), las partes podrán solicitar conjuntamente al mediador una opinión no vinculante sobre el fondo del asunto para ayudarlas a negociar un acuerdo que ponga término a la controversia.

5. CLÁUSULAS "HARDSHIP" Y MEDIACIÓN

Como hemos anticipado, especialmente relevantes en el ámbito del comercio internacional son las denominadas cláusulas "hardship" o de excesiva onerosidad. Son cláusulas reguladoras que permiten a las partes renegociar el contenido del contrato cuando se ha producido alguna circunstancia sobrevenida que provoca una excesiva onerosidad del contrato para una de las partes, y, por tanto, provoca una ruptura del equilibrio comercial que debe existir entre las partes contratantes.

Se entiende que existe excesiva onerosidad cuando suceden hechos que modifican sustancialmente el equilibrio comercial entre las partes, ya sea por incremento del costo de la prestación a cargo de una de las partes, o bien por una disminución del valor de la prestación a cargo de la otra. Hechos que suceden o son conocidos por la parte en desventaja después de celebrado contrato y que dicha parte no pudo prever, ni evitar (art. 6.2.2 de los Principios UNIDROIT sobre contratos mercantiles internacionales).

Un ejemplo de cláusula "hardship" en un contrato de compraventa internacional podría ser el siguiente: "En el caso de producirse, desde la celebración del contrato y hasta la entrega de la mercancía al comprador, un alza no previsible y «significativa» (se debería concretar el alza) en los costes de las materias primas necesarias para fabricar el producto a exportar, el vendedor podrá elevar el precio del producto a exportar en la misma proporción del alza sufrida por dichos costes.»

En el artículo 6.2.1 de los Principios UNIDROIT se establece que las partes continuarán obligadas a cumplir sus obligaciones a pesar de que dicho cumplimiento se haya vuelto más oneroso para una de ellas (es el denominado "pacta sunt servanda", los pactos han de cumplirse). En todo caso, en el art. 6.2.3 se establece que, en virtud de la inclusión de la cláusula que analizamos, la parte en desventaja puede solicitar la renegociación del contrato; solicitud que deberá realizar sin demora injustificada, indicando sus fundamentos y sin que ello suspenda el cumplimiento de sus obligaciones. Realizada la solicitud de renegociación de contrato por la parte en desventaja, en caso de no llegarse a un acuerdo para la renegociación de contrato en plazo razonable, cualquiera de las partes podrá acudir a un tribunal para que conozca el conflicto. Este tribunal podrá dar por finalizado el contrato en la fecha y en los términos que considere oportunos o bien adaptar el contrato para restablecer el equilibrio comercial entre las partes.

Por tanto, en caso de que se produzca esta situación de excesiva onerosidad, y de estar prevista una cláusula "hardship" en el contrato, el instrumento inicial es la renegociación del contrato a fin de reestablecer el equilibrio perdido. En tal caso, la mediación puede ser una de las vías para articular esta posibilidad de renegociación contractual. A estos efectos, resulta conveniente que las partes especifiquen en la cláusula "hardship" el instrumento que, en su caso, van a seguir para esta eventual renegociación por excesiva onerosidad (mediación, arbitraje, …)

Finalmente, ha de mencionarse que las cláusulas "hardship" están relacionados por sus efectos con la regla o principio "rebus sic stantibus" pero su naturaleza es diferente. En efecto, el principio "rebus sic stantibus" permite la adecuación del contenido contractual a las nuevas circunstancias o la declaración de su ineficacia para el futuro. No obstante, ha de señalarse que la aplicación de principio no se deriva de pacto contractual alguno, ni procede de la voluntad presunta de las partes integrantes del contrato, ni es una cláusula pactada convencionalmente por las partes e incorporada al contrato. Se trata, en el derecho español, de una de las reglas de integración contractual imperativamente previstas por el artículo 1258 del Código Civil, que opera en los contratos de tracto sucesivo. Por tanto, en virtud del citado precepto, son indisponibles para la voluntad de las partes.

El principio "rebus sic stantibus" ha sido aplicado tradicionalmente por nuestros tribunales a contratos entre consumidores y siempre de forma excepcional. Sin embargo, algunos pronunciamientos jurisprudenciales más recientes la han aplicado también a contratos interempresariales. Asimismo, la situación de pandemia provocada por el coronavirus y la consecuente paralización económica derivada de las medidas restrictivas adoptadas han provocada una inesperada revitalización de este principio tradicionalmente de aplicación excepcional, en beneficio no solo de particulares sino también de empresarios a los que resultaba imposible hacer frente a las rentas establecidas en contratos anteriores a la crisis pandémica.

En esta situación excepcional se ha puesto de manifiesto de forma más evidente que nunca que, en la medida que la aplicación del principio "rebus sic stantibus" implica en muchos casos la adecuación del contenido del contrato inicialmente pactado a las nuevas circunstancias sobrevenidas, ello supone una renegociación entre las partes contractuales, para las que nuevamente la vía de la mediación puede ser un eficaz instrumento facilitador, evitando el recurso a la vía judicial, a la que frecuentemente se ven abocadas las partes por las dificultades de llegar a acuerdo.

6. BIBLIOGRAFÍA

BARONA VILLAR, S., *Mediación en asuntos civiles y mercantiles en España: tras la aprobación de la Ley 5/2012, de 6 de julio, de mediación en asuntos civiles y mercantiles,* 2013.

BUADES FELIU, J., "Estando, así las cosas. Rebus sic stantibus", *La Ley,* 27 de noviembre de 2014.

CÁMARA DE COMERCIO INTERNACIONAL (CCI), Reglamento de Mediación, y Notas orientativas sobre la Mediación, www.iccwbo.org

DE LA VEGA JUSTRIBÓ, B., "Mediación civil y mercantil: la Ley 5/2012, de mediación en asuntos civiles y mercantiles, y la Jurisprudencia del Tribunal Supremo sobre mediación. Cuestiones de la mediación concursal", Revista Crítica de Derecho Inmobiliario, año nº 88, nº 733, 2012, págs. 2972-2999,

FERRANDO VILLALBA, M. L., "Mediación en el ámbito de los contratos mercantiles", en La mediación en asuntos mercantiles (coord. por C. Boldó Roda, M. del M. Andreu Martí), 2015, págs. 319-337

MACHO GÓMEZ, C., "Los ADR «alternative dispute resolution» en el comercio internacional", *Cuadernos de Derecho Transnacional* (Octubre 2013), vol. 5, nº 2, págs. 398-427, disponible en www.uc3m.es/cdt

UNCITRAL, Ley Modelo de la CNUDMI sobre Mediación Comercial Internacional y Acuerdos de Transacción Internacionales Resultantes de la Mediación (2018), disponible en https://uncitral.un.org/

UNIDROIT, Principios UNIDROIT sobre contratos mercantiles internacionales, 2016, disponible en https://www.unidroit.org/

ZAPATA, A. C. Y CASTRO, A. M., "La Cláusula de Hardship en la contratación internacional", *Revista e-mercatoria,* vol. 4, Nº. 2, 2005, págs. 97-123.

[illegible]

En esta situación [illegible]

[illegible]

5. BIBLIOGRAFÍA

[illegible]

CÁMARA DE COMERCIO [illegible]

[illegible]

IV. MEDIACIÓN COMUNITARIA E INSTITUCIONAL

La empatía y el arte de escuchar en ambientes facilitadores para efectivizar el derecho de acceso a justicia del pueblo QOM: el Servicio De Mediación Intercultural

EVA EUSEBIA OVIEDO
Docente de la cátedra Medios de Resolución Alternativas de Conflictos.
Universidad de la Cuenca del Plata. Sede Formosa.

1. INTRODUCCIÓN

El objetivo de esta ponencia es analizar la conveniencia de implementar el servicio de mediación intercultural como un anexo de la oficina de la Delegación Vecinal n°6 del Barrio Namqom de la ciudad de Formosa, República Argentina, dependiente del Poder Judicial en aras al respeto de las creencias y los derechos lingüísticos del pueblo Qom. La propuesta nace de la observación de las barreras que impiden el acceso a justicia cuando ocurren cuestiones vecinales vinculadas al ritual de la magia más conocida como payé. El ritual es presidido por el chamán o payesero de estas tribus, llamado así, por ser considerado un brujo, médico o médium. Se trata de una de las creencias convencionales más arraigada en esta comunidad, los hechizos están destinados a lograr determinados objetivos, pueden ser varios y hasta curiosos: para ganar el corazón de alguien, evitar peligros, tener suerte en el juego, gozar de buena salud o provocar enfermedades desgraciadas e incurables en los enemigos, realizados por el curandero o payesero según el fin buscado. A la hora de resolver los conflictos suscitados entre vecinos debido a estas creencias los miembros de la comunidad cuestionan que las mismas no son correctamente interpretadas o dimensionadas por las personas extrañas a la comunidad porque son "blancos" en cuanto a la afectación psíquica y la alteración emocional ocasionadas. Que la mayor cantidad de problemas vecinales se originan en el barrio esencialmente en las creencias y valores que tienen los miembros de esta comunidad indígena a la hora de defender sus derechos y resolver los conflictos suscitados en su interacción con la cultura dominante.

La mediación intercultural crea espacios de comunicación donde se explicitan las percepciones recíprocas de las partes, ya que "las lenguas suponen mucho más que sistemas semióticos equivalentes." (Rodríguez, G y Martínez, R). En esta perspectiva coincidimos que "los avances en materia de Derechos Humanos impactan con mayor fuerza en los procedimientos de mediación y, muy particularmente, en aquellas instancias de mediación intercultural. Mediación que en muchas ocasiones supone un entramado más permeable y, por lo tanto, más receptivo que los procedimientos judiciales en tribunales a la hora de poner en práctica la defensa de los derechos culturales" (Rodríguez, G y Martínez, R).

Esta propuesta implica volver la mirada hacia esas creencias ancestrales que aún perduran entre los tobas o qom y valorar la importancia de la empatía y el arte de escuchar en "ambientes facilitadores" y la consideración de las "relaciones multiplexas" en los intentos de una mayor y mejor garantía en el acceso a la justicia" (Rodríguez, G y Martínez, R). Comprender las tradiciones y la cultura de esa comunidad para garantizar soluciones respetuosas y justas como una forma efectiva de involucrar a sus miembros en el proceso de resolución alternativa de conflictos.

2. DESARROLLO

2.1. La especificidad del conflicto intercultural en Latinoamérica

La "interculturalidad" aparece en Europa como consecuencia de los numerosos movimientos migratorios provenientes de países africanos y asiáticos debido a las guerras civiles, enfrentamientos entre etnias, hambrunas y catástrofes climáticas, entre otras razones. Sin embargo, la "interculturalidad" en América Latina obedece, en cambio, a los procesos de conquista y colonización de los denominados pueblos originarios del continente americano. En este escenario, observamos que en la actualidad mientras los países de la Europa central debaten sobre política migratoria (y cómo rebajar derechos), en Latinoamérica resurgen con más fuerza que nunca los movimientos reivindicatorios de los derechos de la población indígena., quienes durante estos siglos han elaborado sus propias luchas y "resistencias étnicas". (Rodríguez, G y Martínez, R).

En la Provincia de Formosa, República Argentina los movimientos aborígenes fundadores del Barrio Namqom se organizaron y eligieron como cacique a Lucio Rodríguez para solicitar al gobierno provincial un terreno donde asentarse definitivamente. En principio, el gobierno propuso cederles las tierras cercanas a la Laguna Sian, sobre el Río Paraguay. Si bien intentaban convencerlos de establecerse allí aduciendo las ventajas por la cercanía con ríos que les permitiera continuar con las tradicionales prácticas de subsistencia, el cacique Rodríguez argumentó que dicho espacio, al estar rodeado de ríos, era potencialmente inundables. (Tola, Florencia). El gobierno continuó ofreciendo otros lotes tal como el barrio Fontana y Mojón de Fierro, en la ciudad de Formosa, dichos lotes también fueron rechazados por el líder, uno por estar ubicados en plena zona céntrica, quedando allí demasiado alejados de los recursos naturales. La segunda propuesta si bien aparecía como más conveniente para el trabajo agrícola, al estar alejado de la ciudad no era de interés para los qom porque dificultaría la venta de sus artesanías y la búsqueda de trabajos temporarios en la ciudad.

En el año 1970 el cacique Lucio Rodríguez viajó a Buenos Aires y obtuvo el decreto N°717, instrumento legal a través del cual el gobierno militar le concedió el lote fiscal N°68 para "reubicar a las 20 familias del puente blanco". Las familias encontraron apropiada la ubicación de dicho lote por su cercanía con la ciudad y con los recursos naturales. Rodríguez sostenía que algún día la ciudad crecería y llegaría hasta el Lote 68, razón por la cual era aún más conveniente para la venta de artesanías y la búsqueda de trabajo. Una vez que las veinte familias se pusieron de acuerdo, "construyeron una vivienda de barro como señal de ocupación" (Tola, Florencia) en el lugar donde se encuentra aún hoy un gran algarrobo. Al día siguiente, el Regimiento de Infantería de Monte 29 trasladó hasta allí a las familias que vivían debajo del puente. Cada familia se ubicó a medio kilómetro aproximadamente una de otra, dejando entre ellas el monte de algarrobal, palmar y espinillos existentes.

La comunidad aborigen Namqom está ubicado al noroeste del casco céntrico, ocupa el lote catastral N°68 de dicha ciudad sobre ambas márgenes de la ruta nacional N°11, ocupando una superficie menor a 100 hectáreas. Su mayor fuente de trabajo proviene de las ventas de artesanías y plumas de ñandú en la ciudad. Este nuevo asentamiento se enmarcaba dentro de un ciclo anual caracterizado por el trabajo en las chacras, los obrajes y las cosechas. A fin de organizar la comunidad crearon la primera Comisión vecinal cuyo presidente fue el cacique Rodríguez, luego construyeron una escuela de barro, palma y chapa con dos salones cuyos y la primer Iglesia Evangélica Unida que tuvo como pastor a Merele Ocampo, quien luego pasó a ser el pastor de la Iglesia Cuadrangular del barrio.

2.2. Cultura del pueblo Qom

Esta comunidad Qom se caracteriza por sus creencias que se asemejan a los hechizos de la brujería europea, a pesar de haberse engendrado en una cultura totalmente distinta. La brujería es un conjunto de prácticas, conocimientos y creencias realizadas por personas que se atribuyen poderes mágicos. Según Viotti, la brujería puede definirse, en términos genéricos, como una relación interpersonal que literalmente se refiere al uso del poder que brinda la manipulación de lo sagrado para causar diferentes tipos de mal entre miembros de una misma comunidad (Austen, 1993; Douglas, 1970; Evans-Pritchard, 1976; Idoyaga Molina, 2000 y 2002a; Macfarlane, 1970). Entre ellas, se destaca el payé, este mito forma parte de una creencia ancestral que los jesuitas no consiguieron cambiar. Así, los nativos creían que sus chamanes, actuaban como curanderos y brujos que podían obrar entre el bien y el mal. Al mismo tiempo, predecir acontecimientos, descifrar los designios de los dioses, comunicarse con el diablo e influir en el clima para otorgar beneficios o males. Se confeccionan con todo tipo de materiales: pedacitos de madera, pieles y huesos de animales, uñas o plumas de aves, como la del caburé que fueron los más apreciados," (Motta, Leo citando a García, Rubén Emilio). La pluma del caburé (Glaucidium brasilianum) es muy apreciada para la creación de talismanes que da suerte y éxito a quienes lo poseen.

Se llama payesero a quien realiza estos talismanes para la buena suerte ante problemas amorosos o económicos. En la creación de estos objetos mágicos involucran desde danzas rituales hasta yuyos medicinales. Hoy en día es una práctica conocida en la región nordeste de Argentina, quienes ofrecen sus servicios por Internet o en anuncios de los diarios.

La religión pagana de la stregheria o la creencia étnica guaraní del payé forman parte del rico folklore de sus respectivas culturas. Todavía conservan ese halo de misterio y magia que atrapa a nuevos creyentes, que adoptó elementos cristianos en sus rituales, festividades y objetos sagrados como la cruz o el rosario. Sola falta decir, que "las brujas o los brujos siguen ahí a la espera de conjurar el próximo embrujo". (Motta, Leo citando a García, Rubén Emilio).

El daño en la región del NOA supone, como lo ha notado Idoyaga Molina (2002), la intervención maligna de un especialista. El mismo, a través de fotos, muñecos, sapos, víboras, tierra de cementerio, ropas o restos orgánicos y recurriendo a procedimientos rituales hace caer la desgracia sobre una persona, un grupo de personas o una familia llegando (Viotti N.). A veces también se lo emplea para provocar enfermedades desgraciadas e incurables en los enemigos.

Para contrarrestar el daño, los especialistas pueden usar técnicas que sirven para el tratamiento de otras dolencias o valerse de procedimientos específicos para el mal hecho.

En este último caso, aparece la dimensión del contra daño, vale decir, el procedimiento que hace que los efectos de la acción negativa recaigan sobre quien la ejecutó o la solicitó. (Viotti N.). El contra daño, según diversos curanderos, es definido como inmediato y necesario en algunos casos como una posibilidad que decide el consultante. "Yo a la gente que me viene a ver le digo quién es el que lo está trabajando, se lo describo, casi siempre lo conocen. Yo no hago que el daño caiga sobre él si no me lo pide la persona, yo le doy a elegir (Josefina, Campo Quijano, Salta). La actividad de deshacer daños implica un trabajo que invierte el poder negativo y/o que elimina el mal hecho del cuerpo del doliente. Entre las técnicas que no devuelven el daño a quien lo originara y que además pueden utilizarse en el tratamiento de otros males se destaca el uso del alumbre y del plomo. procedimientos que y mencionamos y El uso del alumbre o el plomo es formalmente similar a otras técnicas de limpieza ritual del individuo o de ambientes con agua, vinagre, líquidos o sahumerios que incorporan el poder de vegetales como la ruda, la contrahierba, el incienso, el romero, entre otros.

Existen numerosos testimonios que acreditan las creencias recolectados en entrevistas abiertas administradas (Viotti, Nicolás) y publicadas como el que se transcribe brindado por Hugo, de la ciudad de Cachi, Salta: "tengo fe en la curandera donde van ustedes (los etnógrafos) ahora. Yo en ella tengo mucha fe, porque ella yo le conté lo que me hizo, me curó, en dos, tres veces. Una vez en los pies me empezó a salir como hongos, hongos vivos. Después fui al médico, no me encontraron nada. Gasté plata, compré de todo, no me encontraban nada. Tomé un montón de medicina, no me curaba. Y yo no podía ponerme calzado, ninguna clase de calzado. Tenía todo en carne viva. Todos los dedos, me fui a la curandera me hizo dos, tres recetas, y con eso hasta el día de hoy me he curado. Me pasó la piedrita de alumbre. Después, en su habitación tiene un montón de vírgenes, de santos, me tiró las hojas de coca, prendió velas. Me pasó la piedra de alumbre por el pie. Y después, cuando me empezó a pasar, se fue derritiendo, derritiendo, y después quedó una miseria. Sí, esa era la maldad. Pero el mal no era para mí casa. Y yo fui, pisé el daño. Esa semana, ya comencé con el problema en el pie. Nunca me dijo quién era, ni para quién era. Únicamente me dijo que era para la familia, pero no para cuál de todos, para mi hermano o para mi hermana. Me curó con el alumbre, la coca, la vela, como le dije. Fui dos, tres veces a la curandera y ella me curó. Me cobró a voluntad y yo le he dado lo que yo tenía. Lo máximo que yo tenía. Realmente me curó. A las dos semanas yo ya jugaba a la pelota, jugaba a todo ya. Hasta el día de hoy no me pasa más.

Otro testimonio brindado por Haydé, de Campo Quijano, Salta. Ella aduce "Yo miré así y he visto la foto del padre del chico mío. Ah! Mira quién está ahí le digo yo, porque yo había ido con una chica que también lo conocía, le digo: Mira está ahí la foto, estaba llena de alfileres, los ojos, la boca, la cabeza, todo así con alfileres. Entonces yo vi eso y justo él había empezado con dolor de cabeza, se echaba, debe ser. —me ha dicho la curandera— que alguien lo ha brujeado, él creía que yo lo había dañado. Si yo no te voy a dañar le dije, ella me dijo que alguien lo había dañado. Yo le dije que capaz fue su vecina. Era la vecina porque yo la he visto, ella andaba ahí, y le dije: sabes donde está tu foto, si quieres ir a verla, ándate ahí a la señora de don Alejo ahí lo vas a sacar. Y dice que después él se ha enfermado y que después le ha agarrado al Rodrigo, que tenía un año y ocho meses, porque él estaba débil, porque él también estaba de espíritu débil, le había dicho que tenía el espíritu débil como la nena, como la Daniela.

2.3. Reconocimiento de los pueblos originarios en el marco del sistema democrático. Movilizaciones de las comunidades aborígenes en Formosa

En 1983 es justo recordar y reconocer, que con la recuperación de la democracia y el Estado de Derecho, en casi todos los países de la región, los movimientos ciudadanos y jurídicos críticos a favor de los Derechos Humanos participaron en la recuperación de la dignidad y el reconocimiento de los pueblos originarios. La Ley Integral del Aborigen fue activamente impulsada por el Poder Ejecutivo provincial. El 11 de julio de 1984, la legislatura recibió un proyecto de ley enviado por el gobernador Floro Bogado. Ya en la campaña electoral, Bogado había recorrido distintas comunidades indígenas y, para diciembre de ese mismo año, desde el Poder Ejecutivo se planteaba la conveniencia de que en el Instituto Provincial del Aborigen (IPA) hubiera una mayor participación de los indígenas.

Los discursos y pronunciamientos oficiales, las problemáticas indígenas fueron asociadas a un problema de pobreza y reconocidas como realidades a las que era preciso responder en virtud del "deber cristiano" (Leone Johanny Miguel). El Poder Ejecutivo formoseño buscó cierto apoyo y legitimación de la propuesta política de la cuestión indígena en las comunidades, lo consiguió a través de una "importante movilización multiétnica" (Carrasco, 2000: 16) producida el 31 de julio, sostenida por cerca de dos mil indígenas pertenecientes a los tres pueblos indígenas más numerosos de la provincia (wichí, toba/qom y pilagá). El objetivo declarado era que la Legislatura tratara el proyecto de ley que el gobernador había presentado días antes. Fue un hito relevante no sólo en la provincia sino también a nivel regional y hasta nacional. Morita Carrasco (2002: 14) sostiene que "hasta las movilizaciones en Formosa a principios de los 80's [no había habido en el país] interés por aglutinarse para demandar como grupo o sector social indígena". Resulta valioso destacar que el mismo Bogado se hizo presente en la movilización y encabezó el acto. Intentando dar legitimidad social a la propuesta de ley indígena, el gobierno provincial apeló también a incorporar al Padre Francisco Nazar Anchorena en los debates. Este párroco había estado viviendo junto a comunidades wichí de El Potrillo durante años. Por entonces, se perfilaba en el escenario político provincial como un defensor protagónico de los derechos de los pueblos indígenas. (Leone Johanny Miguel)

En esa época la comunidad indígena conformadas por las familias que residían en el Lote 68 de Namqom, crearon el primer Centro de Salud que comenzó a funcionar en la escuela (que es la actual comisaría pero que antiguamente era la casa de venta de artesanías). También mensuraron las primeras parcelas de 25 x 50 metros y construyeron las noventa viviendas, la primera escuela y un Centro de Desarrollo Comunitario bajo el cuidado de la orden de María Auxiliadora de Jesús.

En 1985 se construyó un tanque de agua destinado a la distribución de agua potable para la mayoría de las viviendas. En 1992 los habitantes de Namqom, mediante una de las asociaciones civiles del barrio, solicitaron la instalación de una comisaría en la antigua casa de artesanías sobre la ruta, crearon también un centro de jubilados y realizaron la conexión del agua potable para todas las casas y ampliaron el barrio con la construcción de cincuenta viviendas más, antecedida por un censo poblacional para poder adjudicarlas.

Desde el año 1996 la Asociación Civil Lucio Rodríguez solicitó al gobierno nuevos planes de viviendas a raíz del crecimiento poblacional de Namqom. En el año 2001 obtuvieron los títulos de propiedad de los lotes adjudicados y, luego el gobierno provincial entregó 200 viviendas más, así como los títulos de las 529 parcelas del barrio, correspondientes a la totalidad de las mensuras de las 76 hectáreas. Hasta ese momento ante cualquier litigio vecinal debían concurrir a las dependencias judiciales, sito en la zona céntrica de la ciudad.

3. DERECHOS INDÍGENAS EN LA REPÚBLICA ARGENTINA ENMARCADOS EN UN CONTEXTO DE DIÁLOGO INTERCULTURAL Y EL RESPETO A LA IDENTIDAD DE DICHOS PUEBLOS

A partir de 1990 la República Argentina ingresó en un proceso de reforma de las normas en materia de derechos de los pueblos indígenas. Esto ha significado que la normativa existente se ha complementado con una gama de nuevos derechos, los cuales dieron participación en su origen, contenido y vigencia a los pueblos originarios.

El artículo 75 Inc. 17 de la Constitución Nacional Argentina les otorga rango constitucional a los derechos indígenas ya reconocidos —en leyes provinciales y nacionales—, y a su vez avanzó en el reconocimiento de otros. La intención de los constituyentes fue la de establecer derechos operativos en esta materia otorgando al congreso de la nación la facultad de:

1. Reconocer la preexistencia étnica y cultural de los pueblos indígenas argentinos.
2. Garantizar el respeto a su identidad y el derecho a una educación bilingüe e intercultural.
3. Reconocer la personería jurídica de sus comunidades y la posesión y propiedad comunitarias de las tierras que tradicionalmente ocupan.
4. Regular la entrega de otras aptas y suficientes para el desarrollo humano.
5. Ninguna de ellas será enajenable, transmisible ni susceptible de gravámenes o embargos.

3.1. Jerarquía constitucional de los tratados internacionales sobre derechos humanos y declaración de la preexistencia étnica y cultural de las comunidades en el art. 75 inc. 17 de la Constitución Nacional

La constitución de la Nación Argentina reformada en 1994 establece innovadoras pautas de conductas y de relación entre el Estado argentino y los Pueblos indígenas, enmarcados en un contexto de diálogo intercultural basado en el respeto a la identidad de dichos Pueblos. Estos derechos les confieren a los individuos de estos pueblos la posibilidad de identificarse a sí mismo, aunque insertos en la comunidad nacional. Esta identificación debe ser respetada por los ciudadanos y por el Estado argentino. En ese sentido se sostiene que "El respeto a la identidad de los Pueblos indígenas debe traducirse en normas que interpreten y reconozcan las particulares formas indígenas de entender el mundo en que habitamos y las expectativas que genera en esos pueblos la pertenencia al conjunto para, de esta manera, establecer un marco de previsibilidad de las acciones positivas del estado y de las acciones de conflicto" ((Altabe et al. 1996 pág. 80).

El nuevo texto constitucional se refiere a la preexistencia étnica y cultural de los pueblos indígenas antes del nacimiento del Estado Nacional, reconocida por los legisladores al momento de redactar la carta magna. El carácter nacional de los conjuntos étnicos indígenas fue reconocido por el Derecho Indiano, lo cual se encuentra contenido entre los tratados celebrados entre la Corona española y los pueblos indígenas durante la época colonial. Se reconocía que los indios, antes de la llegada de los españoles, eran dueños de la tierra: los españoles solo ocuparon América en razón de propagar la fe católica. El reconocimiento a la identidad cultural de los Pueblos indígenas como integrantes de la nación ha existido desde hace mucho si tenemos en cuenta que las proclamas revolucionarias de 1810, las actas de la Asamblea del año 1813 y a Declaración de la Independencia de 1816 fueron publicadas en algunas lenguas indígenas que se hablaban en el territorio del antiguo Virreinato (Altabe et al. 1996).

Los pactos preexistentes sobre los que se funda el preámbulo de la constitución reconocen explícitamente algunos tratados de paz que se llevaron a cabo entre el Estado y los Pueblos Indígenas. Los pueblos indígenas como conjunto de familias se reconocen como indígenas y que desciende de poblaciones que habitaban en el territorio argentino en la época de la conquista y la colonización. Por tanto, reconoce el carácter nacional de los grupos sociales indígenas, el conjunto de todas las culturas y el sentido de pertenencia de esos pueblos, el cual existía previamente a la existencia del Estado Nacional, de las fronteras y del actual orden jurídico. Es así que le atribuye al poder legislativo la facultad de garantizar el respeto a dicha identidad, lo que también implica un reconocimiento en forma constitucional de la misma con una alta eficacia jurídica. El poder legislativo se compromete por imperio de esta norma suprema a garantizar el respeto por cada una de las tradiciones culturales —sistemas de comunicación, valores y significados— preexistentes al Estado nacional, lo cual involucra el respeto inclusive al sistema normativo —incluyendo instituciones y sistemas jurídicos que aún no consten en forma escrita— de cada una de estas culturas. Cuando la Constitución Nacional hace mención a la palabra "comunidad" reconoce la preexistencia de un orden jurídico anterior a la colonización española.

Con respecto a la posesión de las tierras por parte de los pueblos indígenas, la Constitución le impone la obligación al Estado de atender a las necesidades presentes y futuras de los indígenas con respecto a sus tierras; y a su vez dicha Carta Magna le reconoce derechos a la posesión y propiedad de la tierra que tradicionalmente ocupan. En ese sentido "los Pueblos Indígenas tienen con estas tierras un vínculo histórico, religioso y espiritual que posee relevancia para su identidad cultural y étnica". Esta nueva forma de propiedad debe ser definida respetando la identidad y atendiendo la preexistencia étnica y cultural de los indígenas. (Altabe et al 1996, pág. 88)

El Estado reconoce a la comunidad indígena como una persona jurídica susceptible de adquirir derechos y contraer obligaciones. El reconocimiento debe ir en consonancia con el respeto a los mecanismos de representación y de toma de decisiones de cada uno de estos pueblos. Es considerada una persona jurídica diferente a las existentes en el código civil y comercial y en leyes complementarias —sociedades, mutuales, cooperativas, etc.— y que se conforman según sus pautas de organización tradicional.

El desarrollo humano establecido en nuestra carta magna debe ser analizada en virtud al reconocimiento de la identidad cultural y pluriétnica de los Pueblos indígenas, y no solamente debe mirárselo desde el lado económico, productivo y mercantil. "La Constitución Nacional establece que el desarrollo humano remite al proceso de realización humana en el marco de una economía sostenible y autónoma que solo los pueblos indígenas, en ejercicio de su autodeterminación, pueden definir y caracterizar" (Altabe et al., 1996, pág. 91).

Esta nueva normativa por parte del Estado Nacional y las provincias no solo debe reconocer necesariamente los derechos inherentes a los pueblos indígenas, sino que además debe efectivizar estos derechos mediante mecanismos que permitan la participación directa de los interesados. Cualquier medida que tome el Estado, debe ser en respeto total y absoluto de la identidad étnica y cultural de los pueblos, preexistentes a la existencia del Estado moderno nacional. En el caso de la República Argentina, el reconocimiento y defensa de los derechos de los pueblos indígenas y la Declaración Americana de Derechos Humanos de los Pueblos Indígenas.

4. ACCESO A LA JUSTICIA

El derecho de acceso a la justicia es abundantemente reconocido e insuficientemente satisfecho. La persistencia de la brecha existente entre su declaración como uno de los derechos humanos fundamentales e incluso su reconocimiento en tratados internacionales y leyes de distinta jerarquía y su actualización efectiva, esto es como un hecho concreto, revela tanto la dificultad de su concreción, como la renovada importancia de su tratamiento teórico y empírico (Capelletti y Garth, 1996). A ello cabe agregar que "El debate en torno al acceso a la justicia se justifica allí donde haya alguna forma de injusticia para alguna persona o grupos de personas, cualquiera sea el tipo o intensidad de la misma" (Lista,2010, p13). También cuando nuevos logros en dicho acceso, abren otros desafíos. El acceso a la justicia se ubica en la intersección entre, el derecho y las prácticas judiciales y profesionales, por un lado, y las estructuras y relaciones sociales, por el otro. Es en tal intersección en la que el acceso y la justicia se implican y articulan. De manera conflictiva y en tensión, el sistema jurídico refleja y reproduce distintas formas de desigualdad social y se constituye en parte integrante de los conflictos sociopolíticos que se generan a partir de distintas formas de desigualdad. El debate sobre el derecho a la justicia vincula las tensiones que se manifiestan entre los campos social, político y jurídico y el campo del poder. (Bourdieu,1990). "Ya no se discute que el acceso a la justicia constituye un derecho humano esencial. Resulta entonces imprescindible terminar, de una vez y para siempre, con las restricciones que lo dificultan" (Botassi, 2012, pág. 38).

En sentido amplio el acceso a la justicia no solamente se refiere al acceso al sistema judicial, sino también a toda aquella forma, vía administrativa, prejudicial, que los estados tomen como una medida de garantía de debido proceso para que las personas puedan interponer cualquier tipo de denuncia, reclamo o queja en materia de derechos. Los tribunales verifican la vulneración de ciertos derechos, ya sea porque no se alcanzan ciertos mínimos, o porque las políticas no son adecuadas y razonables para realizar el derecho en cuestión, o porque son discriminatorias, pero no reemplazan a las autoridades políticas en la fijación de las políticas reparatorias. Desde una mirada socio jurídica se estudia el acceso en términos de confrontación entre la igualdad jurídica-formal y la desigualdad socioeconómica. Los problemas que se deben sortear para alcanzar la justicia varían de acuerdo a la posición socio-económica del propio destinatario de justicia. Los ciudadanos no se encuentran en igualdad de condiciones económicas, culturales y sociales por lo que las herramientas y los medios disponibles varían en los diferentes sectores de la población. El derecho, tal como lo concebimos, fue —y sigue siendo— pensado para aquellos quienes tenían —y aún hoy tienen— acceso a los bienes.

Como sostienen algunos autores, entre ellos Gargarella (2005), el derecho resulta ser, en la práctica, un derecho que fue ideado para un destinatario bien claro: una elite, masculina, blanca, católica y con amplio acceso a los bienes. Estas afirmaciones nos indican un dato que no podemos pasar por alto: las instituciones a través de las cuales el Derecho se expresa, fueron delineadas de acuerdo a los intereses de quienes tuvieron el poder para crearlas. De ello es fácil colegir que las herramientas que el ordenamiento brinda, terminan siendo en muchos casos inapropiadas para resolver los intereses de los que no fueron tenidos en cuenta para su creación, esto es, los excluidos de esos mismos bienes. No sólo se trata de una cuestión de falta de medios, sino que entran en juego otros factores, lo que Cappelletti y Garth llamaron el acceso a una justicia eficaz y el desconocimiento del derecho (además del acceso formal). El acceso a la justicia puede ser considerado como un hecho social, entendido tal como "el vínculo entre los individuos como ciudadanos y el sistema judicial, para la defensa de sus derechos legalmente reconocidos, partiendo de suponer que dicho acceso no es igualitario y de admitir que es un derecho legalmente consagrado por el principio de igualdad ante la ley" (Lista y Begala 2000: 252).

Desde esta perspectiva el 'acceso' es un hecho que actualiza el derecho formalmente reconocido. En esta circunstancia es donde se torna particularmente problemático ya que se vislumbra que las posibilidades no son iguales para todos los individuos por la desigual distribución de recursos: para hacer políticas públicas se hace imprescindible contar con información estadística, sino nos basaríamos en supuestos, y no en datos empíricos que den cuenta de la realidad que se busca cambiar o transformar. Este estándar obliga al Estado a producir información, a difundirla y no privar a ninguna persona del acceso a la información. Permitir la participación social si bien como metodología ha sido ampliamente recomendada, tanto desde los ámbitos académicos, como por parte de organismos de cooperación para el desarrollo, en la práctica pocas veces se ha logrado efectivizar.

Larrandart (1992) señala que el acceso a la justicia incluye el acceso al sistema judicial o al mecanismo institucional competente para atender el reclamo; el acceso a un buen servicio de justicia que brinde un pronunciamiento judicial o administrativo justo en un tiempo prudencial; y por último, el conocimiento de los derechos por parte de los ciudadanos y de los medios para poder ejercerlos. En ese sentido se puede sostener que "El acceso a la justicia para ejercer los derechos y defender las libertades es el principal derecho —el más importante de los derechos humanos— en un sistema legal, moderno e igualitario, que tenga por objeto garantizar y no simplemente proclamar, los derechos de todas y todos" (Almirón, 2008:1). Es común utilizar los términos acceso a la justicia y acceso a justicia como sinónimos, pero existe una clara distinción entre ellos.

El acceso a la justicia implica el acceso a la jurisdicción, a las estructuras judiciales. Ya se habla de proceso judicial, de instancias judiciales y alude al derecho que tiene toda persona de poder acceder a los órganos jurisdiccionales reclamando el reconocimiento de los derechos tutelados por el ordenamiento jurídico, mediante un debido proceso legal y constitucional.

"El acceso a la justicia, en general, debería tener un alcance, en términos de cobertura, pero también en calidad y eficacia, que pueda resolver conflictos de toda naturaleza en forma justa, equitativa y pronta. Significa que todas las personas, con independencia de su sexo, origen nacional o étnico y condiciones económicas, sociales y culturales, tengan la posibilidad real de llevar cualquier conflicto de intereses, sea individual o grupal, ante el sistema de administración de justicia y de obtener su justa y pronta resolución por tribunales autónomos e Sin embargo, a pesar de contar con una vasta normativa nacional como internacional de protección de los derechos humanos de pueblos indígenas, continúan existiendo barreras u obstáculos que dificultan el acceso a la justicia de los integrantes de comunidades indígenas, situación que se agrava aún más por pertenecer a un grupo de mayor vulnerabilidad y no obstante, y a pesar de estos avances, la demanda ciudadana de estos segmentos sociales encuentra en el ámbito de los tribunales serias dificultades." (IIDH, 2010:62).

4.1. El acceso a la justicia como derecho humano fundamental

Los Estados tienen la obligación de asegurar a sus habitantes el ejercicio y la protección de sus derechos humanos, como así también garantizarles la restitución y reparación cuando los mismos sean violados. Esa obligación puede incluso dar origen a una responsabilidad internacional.

Por ello, los Estados asumen la obligación de crear una estructura institucional de manera de garantizar a los habitantes una administración de justicia eficiente.

Si bien existen recursos para el reclamo de la violación de derechos humanos, ello no significa que todo reclamo tenga que ser acogido favorablemente, sino que ante una denuncia el Estado debe asegurar que ésta será tratada cumpliendo los estándares de un debido proceso.

Algunos autores aducen que "El debido proceso es un derecho humano abierto de naturaleza procesal y alcances generales, que busca resolver en forma justa las controversias que se presentan ante las autoridades judiciales, con la finalidad de proteger a las personas y asegurar la justicia. Esta última, a su vez, es una fuente de la cual emana un conjunto de derechos procesales que no se agotan en la norma, sino de la interpretación que se haga de la misma en casos concretos." (Landa Arroyo & Ferrer Mac-Gregor, 2013:30).

Es decir que toda persona al acceder a la jurisdicción tiene derecho a que se le garantice un debido proceso, y dicha garantía no sólo les corresponde a las víctimas sino también a los demandados o imputados, cuando se trate de causas penales, y su aplicación se extiende a todos los fueros posibles: familia, civil, laboral, comercial, etc.

Así, el Estado por medio de sus instituciones despliega su poder sancionatorio cuando los habitantes sufren violación de sus derechos humanos fundamentales. Sin embargo, el ejercicio de ese poder se sujeta a estándares que necesariamente deben asegurar la garantía de un debido proceso.

4.2. El derecho de acceso a la justicia: a los procesos judiciales y administrativos

El acceso a la justicia está consagrado en numerosos instrumentos internacionales, pero se encuentra plasmado fundamentalmente en: la Declaración Universal de Derechos Humanos (arts. 8 y 10); la Declaración Americana de Derechos y Deberes del Hombre (art. XVIII); el Pacto Internacional de Derechos Civiles y Políticos (PIDCP) en sus arts. 2, 3 y 15; la Convención Americana sobre Derechos Humanos (CADH) arts. 8 y 25 y el Convenio Europeo de Derechos Humanos (art. 6).

El derecho de acceso a la justicia se entiende como un derecho que tiene su origen en los arts. 8 y 25 de la Convención Americana sobre Derechos Humanos (en adelante, CADH). Ambos artículos imponen a los

Estados mecanismos tendientes a la protección de los derechos humanos en el ámbito interno, fortaleciendo de esta manera la justicia constitucional del Estado.

4.3. El acceso a la justicia como tutela judicial efectiva

El acceso a la justicia como derecho humano fundamental, aparte de garantizar el ejercicio de otros derechos por parte de los habitantes, se relaciona con un conjunto de derechos humanos. De todos ellos, el que adquiere fundamental importancia es el derecho a la tutela judicial efectiva, que se encuentra consagrado en el art. XVIII de la Declaración Americana de los Derecho y Deberes del Hombre, art. 8 de la Convención Americana sobre Derechos Humanos, art. 10 de la Declaración Universal de Derechos Humanos y art. 14 del Pacto Internacional de Derechos Civiles y Políticos.

El art. 10 de la Declaración Universal de Derechos Humanos plasma la importancia de este derecho, al disponer que: "Toda persona tiene derecho, en condiciones de plena igualdad, a ser oída públicamente y con justicia por un tribunal independiente e imparcial, para la determinación de sus derechos y obligaciones o para el examen de cualquier acusación contra ella en materia penal".

Derecho que reconoce que "El derecho a la tutela jurisdiccional efectiva implica, en esencia, la posibilidad real de acceder, en condiciones de igualdad, a un órgano jurisdiccional dotado de independencia e imparcialidad y cuya competencia haya sido establecida con anterioridad por la ley, facultado para pronunciarse con base en el Derecho y mediante un procedimiento que asegure ciertas garantías procesales, sobre las obligaciones civiles o de otro carácter de una persona, o sobre una acusación penal formulada en su contra" (Casal, 2005: 25).

Por consiguiente, los efectos del derecho en análisis se manifiestan en tres etapas diferentes: "... primero, en el acceso a la justicia; segundo, una vez en ella, que sea posible la defensa y obtener solución en un plazo razonable, y tercero, una vez dictada la sentencia, la plena efectividad de sus pronunciamientos. Acceso a la jurisdicción, proceso debido y eficacia de la sentencia" (González Pérez, 1989: 43-44).

En esta línea de reconocimiento y defensa de los derechos humanos, "el problema no consiste en saber cuáles y cuántos son los derechos ...sino más bien saber cuál es la forma más segura de garantizarlos, para impedir que, a pesar de las solemnes declaraciones, se los viole constantemente..." (Bobbio, 1992:30).

En este contexto, el Poder Judicial se convierte en el basamento primordial en lo que respecta a la tutela de los derechos, ya que es en este ámbito donde se tramita y resuelve su efectiva defensa. De ahí que, es "en el campo de la administración de Justicia, donde se define la vigencia de los derechos fundamentales en las sociedades contemporáneas, donde se prueba si las libertades y garantías enunciadas en los diferentes instrumentos de derecho internacional tienen o no aplicación real al interior de las comunidades humanas." (Méndez, 2000:17).

Es así que la administración de justicia adquiere un papel de relevancia, ya que comprende los mecanismos jurisdiccionales de resolución de conflictos entre particulares y entre éstos y el Estado, dentro de un Estado democrático de Derecho, donde deben respetarse las garantías del debido proceso legal como así también todos los derechos humanos que se encuentran vigentes.

Sin embargo, muchas veces diversas cuestiones geográficas, económicas, institucionales, psicológicas, etc. Se convierten en barreras que dificultan el acceso de los habitantes al sistema jurisdiccional a fin de hacer valer sus derechos.

El derecho de acceso a la justicia intenta que esos obstáculos puedan ser superados para que las personas puedan acceder a la jurisdicción para la tutela de sus derechos.

4.4. El acceso a la justicia de personas en condiciones de vulnerabilidad

Entre acceso a la justicia, derechos humanos y Estado de Derecho existe una íntima relación donde las acciones deben orientarse a lograr que personas o grupos en situación de vulnerabilidad puedan recibir un trato equitativo. Si el acceso a la justicia en general presenta problemas, éstos se acentúan aún más cuando se trata de personas en condiciones de vulnerabilidad.

Durante la XIV Cumbre Judicial Iberoamericana llevada a cabo en Brasilia, República Federativa del Brasil, del 4 al 6 de marzo de 2008, se elaboraron unas Reglas Básicas referidas al acceso a la justicia de las personas que se encuentran en condición de vulnerabilidad. Dichas reglas desarrollan los principios que fueran recogidos en la "Carta de Derechos de las Personas ante la Justicia en el Espacio Judicial Iberoamericano" (Cancún 2002), y de manera específica los que comprenden la parte bajo el título "Una justicia que protege a los más débiles" (apartados 23 a 34).

En la República Argentina, la Corte Suprema de Justicia de la Nación (en adelante, CSJN) adhirió las directrices de las Reglas de Brasilia a través de la Acordada N°5/2009 y en igual sentido lo hizo la Procuración General de la Nación a través de la Resolución PGN N°58/09.

Tienen como objetivo: garantizar las condiciones de acceso efectivo a la justicia de las personas en condición de vulnerabilidad, sin discriminación alguna, englobando el conjunto de políticas, medidas, facilidades y apoyos que permitan a dichas personas el pleno goce de los servicios del sistema judicial (Regla 1).

La importancia de estas Reglas radica en su función operativa para la administración de justicia, ya que contienen recomendaciones dirigidas a los órganos públicos y para quienes se desempeñan en el sistema judicial. Aportan herramientas específicas y prácticas a aplicar en la función diaria de los operadores judiciales.

Las Reglas de Brasilia, en la regla número 3, incluye un concepto de las personas en situación de vulnerabilidad: "Se consideran en condición de vulnerabilidad aquellas personas que, por razón de su edad, género, estado físico o mental, o por circunstancias sociales, económicas, étnicas y/o culturales, encuentran especiales dificultades para ejercitar con plenitud ante el sistema de justicia los derechos reconocidos por el ordenamiento jurídico".

Siguiendo esta definición, algunas constantes de causales de vulnerabilidad están dadas por: la edad, la discapacidad, la pertenencia a comunidades indígenas o a minorías, la victimización, la migración y el desplazamiento interno, la pobreza, el género, pertenencia a una minoría, la privación de libertad.

5. MECANISMOS ALTERNATIVOS DE RESOLUCIÓN DE LOS CONFLICTOS IMPLEMENTADOS EN LA PROVINCIA DE FORMOSA

El acceso a justicia es el derecho que tiene una persona a obtener la resolución de un conflicto en un tiempo oportuno pero que no necesariamente demanda la apertura de una instancia judicial, sino que abarca diversas formas de resoluciones alternativas de conflictos como los sistemas de mediación, negociación, conciliación, defensa del consumidor, subsecretaría de trabajo, oficinas de atención al ciudadano y casas de justicia etc.

Las demandas ciudadanas de los segmentos sociales como las comunidades indígenas no siempre son resueltas por el sistema jurídico estatal, ya que el mismo afronta su propia "crisis" al no brindar respuestas a los reclamos de la ciudadanía en su conjunto sumado al tiempo y costo de los procesos judiciales y la "desconfianza" social hacia los operadores del derecho (jueces, abogados etc.), entre otros factores, se han conjugado en las últimas décadas cuestionando seriamente la "funcionalidad" del sistema jurídico estatal. Es por ello que, frente a esta situación, es necesario analizar la implementación de nuevos mecanismos de resolución de los conflictos, que no siempre puede resolver el rígido sistema jurídico instituido por el Estado-Nación. (Birgin H y Gherard, N).

Siguiendo los lineamientos de las 100 Reglas de Brasilia a fines del año 2011, en uno de los salones de la escuela 335, el presidente del Superior Tribunal de Justicia, Dr., Ariel Gustavo Coll mantuvo un encuentro con dirigentes y pobladores del barrio Namqom, quienes plantearon en ejercicio del derecho a la participación amplia en los asuntos que involucran a los Pueblos indígena. Derecho reconocido por la Constitución, quienes en uso de la facultad de consultar y participar en la elaboración, decisión, ejecución y control de cualquier actividad estatal en territorio indígena la necesidad de habilitar una Delegación vecinal en el barrio con el objetivo de facilitar el acceso a justicia.

La creación de las mencionadas Delegaciones Vecinales como dependencias judiciales fueron creadas mediante Acta Acordada No 2. 0 5 9 del día veinticinco de junio de mil novecientos noventa y siete para funcionar en las cabeceras de cada circunscripción judicial, y con asiento en los distintos barrios.

El sustento constitucional de las Delegaciones Vecinales, se encuentra en el Art. 169 de la Constitución de la Provincia de Formosa, norma fundamental que confiere atribuciones al Superior Tribunal de Justicia de la Provincia, para crear Juzgados de Paz y las Delegaciones Vecinales, son precisamente "delegaciones" de los Juzgados de Paz, creadas para cumplir parte de las funciones de estos, en lugares donde el Superior Tribunal de Justicia considere necesario en orden a la densidad poblacional, cantidad y complejidad de asuntos en trámite, vinculados a la materia.

5.1. La habilitación de la Delegación Vecinal N° 6 del barrio Namqom consolidó la firme y sostenida política de garantizar el acceso a la Justicia

El 5 de marzo del año 2012 comenzó a funcionar en el barrio aborigen Namqom de la ciudad de Formosa la Delegación Vecinal, la habilitación de esta dependencia constituyó un importante avance en materia de acceso a la Justicia por parte de la comunidad Qom, destacándose que es una de las primeras dependencias judiciales del país que se inserta en el seno de una comunidad de pueblos originarios. (Diario La Mañana. Formosa.)

Las Delegaciones Vecinales responden a la política que viene implementando el máximo órgano judicial de la Provincia tendiente a hacer efectiva la garantía constitucional de acceso a la Justicia, habilitando dependencias que, con personal calificado, puedan atender cuestiones de menor complejidad, pero de crecimiento sostenido.

Dependen funcionalmente de un Juzgado de Paz, pero tienen la autonomía suficiente para resolver pequeños conflictos vecinales mediante el acercamiento de las partes, en audiencias orales a las que se accede gratuitamente, cumpliendo también funciones de certificación de firmas, de domicilio, exposiciones de hechos que las partes realicen en salvaguarda de sus derechos, autorizaciones y asesoramiento legal y/o administrativo en cuestiones extrajudiciales que sean materia de consulta.

Hasta tanto se obtenga un lugar propio, la delegación Namqom funciona en un espacio cedido por la escuela primaria 335 del mismo barrio, tratándose de una conjunción inédita entre el Poder Judicial y el sistema educativo provincial, que en la práctica sirve para difundir entre la comunidad educativa de este establecimiento, las bondades y ventajas de la dependencia judicial.

El presidente del Máximo Tribunal, Ariel Gustavo Coll, manifestó en esa oportunidad el profundo agradecimiento del máximo tribunal provincial a la directora de la Escuela 335, Elvira Cardozo por la excelente predisposición demostrada desde un comienzo para albergar en un sector de la escuela a la flamante dependencia judicial, destacando que acciones como estas facilitan la concreción de un emprendimiento y permiten optimizar los recursos del Estado para brindar un eficiente servicio a la comunidad. La habilitación de esta delegación vecinal constituyó un hecho de singular trascendencia, porque por un lado, consolidó la firme y sostenida política de garantizar el libre acceso a la Justicia que distingue al Superior Tribunal, y por otro lado, el hecho de situarse en el barrio Namqom habla a las claras de la decidida pretensión de lograr una genuina inserción de integrantes de pueblos originarios a través, en este caso, de un servicio de Justicia de enorme utilidad para los pobladores de esa comunidad.

Si bien la delegación vecinal cumple con el objetivo del art. 5 de la ley N°426/84 denominada "Ley Integral del Aborigen" elaborada en base a la cultura de las tres etnias existentes (Vichí, Toba —Qom— y Pilagá) en cuanto facilita el acceso a la justicia y establece que "en los procesos en que los aborígenes sean parte los jueces tendrán también en cuenta sus usos y costumbres, a cuyo efecto podrán solicitar informes al Instituto de Comunidades Aborígenes. El beneficio de la duda favorecerá al aborigen atendiendo a su estado cultural, cuando correspondiere.

Que la reglamentación que regula el funcionamiento de las Delegaciones Vecinales establece como forma alternativa de resolver los conflictos suscitados en la comunidad, la Conciliación sin embargo se advierte la necesidad de la creación de una oficina de mediación intercultural dirigida por una persona de la comunidad a fin de facilitar la comunicación debido a la tradición bilingüe y eminentemente oral que los distingue, fomentar la cohesión social y promover la autonomía e inserción social de estas minorías.

Actualmente el vecino se presenta ante la delegación, planteando en forma verbal su reclamo ante el responsable de esa institución, un abogado "blanco". El mismo se registra mediante ficha. El agente judicial cita a las partes a una audiencia conforme el artículo 17 del Reglamento para la Justicia de Paz. Audiencia que se señalará dentro del término de cinco días. Esta audiencia es a los efectos conciliatorios, debiendo intentarse que las partes arriben a un acuerdo. El agente deberá fijar, si existiesen pedidos, no menos de cuatro (4) audiencias conciliatorias diarias; las que no podrán exceder de cuarenta (40) minutos cada una. Se deberán instrumentar mediante acta firmada por las partes. De arribarse a un acuerdo, inmediatamente se remiten las actuaciones al juez que corresponda para su homologación. Recibidas las actuaciones por el Juez de Paz, este deberá de inmediato y si correspondiere, proceder a su homologación, mediante sentencia que tendrá acción ejecutiva.

5.2. Necesidad de la implementación Mediación intercultural: contribución a mejorar las condiciones de acceso a justicia de las personas en condición de vulnerabilidad

Sin embargo, surge la necesidad de implementar la mediación intercultural impulsada por las 100 Reglas de Brasilia que fomentan las formas alternativas de resolución de conflictos en aquellos supuestos en los que resulte apropiado, tanto antes del inicio del proceso como durante la tramitación del mismo. La mediación, la conciliación, el arbitraje y otros medios que no impliquen la resolución del conflicto por un tribunal, pueden contribuir a mejorar las condiciones de acceso a la justicia de determinados grupos de personas en condición de vulnerabilidad, así como a descongestionar el funcionamiento de los servicios formales de justicia.

En todo caso, antes de iniciar la utilización de una forma alternativa en un conflicto concreto, se tomarán en consideración las circunstancias particulares de cada una de las personas afectadas, especialmente si se encuentran en alguna de las condiciones o situaciones de vulnerabilidad contempladas en estas Reglas. Se fomentará la capacitación de los mediadores, árbitros y otras personas que intervengan en la resolución del conflicto. (Birgin H y Gherard, N).

Se deberá promover la difusión de la existencia y características de estos medios entre los grupos de población que resulten sus potenciales usuarios cuando la ley permita su utilización. Cualquier persona vulnerable que participe en la resolución de un conflicto mediante cualquiera de estos medios deberá ser informada, con carácter previo, sobre su contenido, forma y efectos.

Se adoptarán medidas específicas que permitan la participación de las personas en condición de vulnerabilidad en el mecanismo elegido de Resolución Alternativa de Conflictos, tales como la asistencia de profesionales, participación de intérpretes, o la intervención de la autoridad parental para los menores de edad cuando sea necesaria.

La actividad de la resolución alternativa de conflictos debe llevarse a cabo en un ambiente seguro y adecuado a las circunstancias de las personas que participen. Con fundamento en los instrumentos internacionales en la materia, resulta conveniente estimular las formas propias de justicia en la resolución de conflictos surgidos en el ámbito de la comunidad indígena, así como propiciar la armonización de los sistemas de administración de justicia estatal e indígena basada en el principio de respeto mutuo y de conformidad con las normas internacionales de derechos humanos. Además, serán de aplicación las restantes medidas previstas en las citadas Reglas en aquellos supuestos de resolución de conflictos fuera de la comunidad indígena por parte del sistema de administración de justicia estatal, donde resulta asimismo conveniente abordar los temas relativos al peritaje cultural y al derecho a expresarse en el propio idioma. (Birgin H y Gherard, N).

La mediación intercultural es "...un recurso que pretende contribuir a una mejor comunicación, relación e integración entre personas o grupos presentes en un territorio y pertenecientes a una o varias culturas. Supone la intervención imparcial de una tercera parte, en el desarrollo de una negociación entre otras dos, que puede intervenir en las discusiones, hacer sugerencias o propuestas e incluso formular recomendaciones con vistas a un acuerdo. En este sentido, es importante resaltar que el mediador intercultural tampoco tiene el poder de decisión, sino que son las partes las que toman las decisiones. Es simplemente un asistente al servicio de las partes en litigio y son ellas las únicas que pueden resolverlo. (Pérez González Normely)

En consecuencia, la labor del mediador/a intercultural abarca tres aspectos fundamentales: facilita la comunicación, fomenta la cohesión social y promueve la autonomía e inserción social de estas minorías.

En cuanto a la necesidad de facilitar la comunicación el idioma adquiere gran importancia en ese lugar en el que conviven personas bilingües: su lengua materna es la perteneciente a su etnia y es predominantemente oral y su segunda lengua es el castellano, que empiezan a aprender formalmente a los seis o siete años en la escuela.

Es decir, el diálogo intercultural se lleva a cabo con unos sujetos que no son simplemente «exóticos» por ser aborígenes, sino que pertenecen a un ambiente cultural y político complejo, configuran una sociedad civil. Lo hace en cuanto que la sociedad civil es el terreno de los conflictos y los antagonismos de diferente orden, respecto de los cuales el Estado trabaja organizando y administrando respuestas, o desde los cuales se movilizan y organizan fuerzas sociales y culturales con un sentido político, es decir: dirigiéndose hacia la conquista del poder político o bien identificando los objetos socioculturales en torno a los cuales se disputa. (Huergo, J, Morawicki K y Ferreyra, L).

Las culturas nunca son el reducto de una identidad esencial, sustancial u originaria; siempre son híbridas; en mayor o menor medida son la resultante dinámica de diferentes pliegues intertextuales y multitemporales (Piccini, 2000). Desde esa situación aparecen y se hacen visibles en la escena pública de la sociedad civil. Pero el diferencial radical proveniente de la globalización y la sociedad mediatizada, hace que se produzcan saltos en las formas de hibridación y en los modos de visibilidad pública de los conflictos culturales y políticos.

Las culturas aborígenes no son sólo asediadas por esta nueva y compleja situación, sino que algunos de sus elementos, prácticas y productos son cooptados y devueltos como objetos culturales —o de consumo— en el dinamismo global/local. Pero también ese dinamismo ha hecho posible la visibilidad de sus gramáticas de sentido y de los antagonismos que las constituyen. Es decir, ni culturas devenidas en meros productos de mercado, ni subsumidas y disueltas en la mediatización; sino culturas refiguradas pero intervinientes en las pugnas que se producen en distintas esferas públicas y en el terreno de la sociedad civil. (Huergo, J, Morawicki K y Ferreyra, L).

Esta mediación intercultural debe fomentar la cohesión social orientada hacia la consecución del reconocimiento del otro, ponerse en el zapato del otro y en el acercamiento de las partes, la comunicación y comprensión mutua, el aprendizaje y desarrollo de la convivencia, la regulación de conflictos y la adecuación institucional, entre actores sociales o etnos culturalmente diferenciados. Toda vez que los miembros de la comunidad indígenas tobas —qom— se resisten a acudir a los tribunales cuando sienten lesionados sus derechos, situación que se agrava en la población anciana y en las mujeres de mediana edad que no han asistido a establecimientos educativos como así también cuando sienten que sus creencias no son correctamente interpretadas en cuanto la afectación psíquica y la alteración emocional que conlleva.

5.3. Caso: Luisa y Rosaura

Entrevistados algunos miembros de la comunidad del barrio Namqom manifestaron que en esa comunidad mucho de los conflictos vecinales se originan a raíz de la creencia en algo superior unidos a las fuertes convicciones religiosas. Los qom creen mucho en cuestiones malignas con poderes envuelta en ese halo de misterio que generan efectos psicológicos y sociales que se traducen en el miedo. Recuerdan el caso resonante de Luisa y Rosaura ocurrido en la comunidad, caso en el que debió intervenir el responsable de la delegación vecinal por tratarse del robo de unas ropas de bebé. Quien según los expositores no comprendía la gravedad del conflicto porque es "abogado y blanco". Fue necesario solicitar la intervención de un líder religiosos para resolver el conflicto generado debido a la solicitud de conciliación de una mujer qom que sólo hablaba la lengua originaria de su etnia, fue asistida por un personal del juzgado que pertenece a dicha comunidad actuando como interprete.

Se transcribe el testimonio: recuerdo un caso que ocurrió en nuestra comunidad con una mujer qom, llamada Luisa (ella hablaba únicamente su lengua), quien fue desesperada a la dependencia judicial a solicitar ayuda al delegado vecinal, quien no logró dimensionar la magnitud de la situación y entonces pidió a su asistente, que era miembro de la comunidad actuara de interprete. Luisa lloraba desesperadamente y comenzó a relatar en su lengua que estaba muy afligida porque Rosaura, la ex esposa de mi marido, entró al patio de mi casa, yo la vi cuando robó la ropa de mi bebé de la cuerda de las ropas tendidas. Seguramente me quiere hacer un daño a mí y al bebé. Por favor señor le pido que me ayude, tengo mucho miedo que me haga algún paye, un mal y que mi hijo se muera. Ayúdeme no sé qué hacer, alguien podría hacer magia contra mí y mi familia. Siento que estamos en peligro, ya no doy más no como ni duermo. El delegado le pregunto si fue a la comisaría a denunciar el robo. Luisa aclaró no señor yo necesito que Ud., recupere las ropitas de mi hijo lo antes posible para que no me haga daño a mí ni a mi bebé, no quiero que vaya presa. Sólo quiero que la cite y por favor pídale a la policía que la traiga y devuelva las ropitas antes que sea muy tarde. El delegado intentó explicar a Luisa que la magia no existe y menos aún podría hacer algún daño al bebé. Luisa al darse cuenta que el delegado no la entendía la situación pidió dar intervención al pastor, porque el ya conoce otros casos de payé y maldad que hicieron con ropas. Por favor mi niño se va a morir. Luego se reunieron el delegado vecinal y el pastor, que es bilingüe con Luisa. El pastor habló con luisa y su esposo preguntó si notaron o habían visto algo extraño en la casa después del robo. Luisa contestó que había observado algunas cosas fuera de lugar y escuchó ruidos raros, que los perros aullaban por la noche y tuvo pesadillas, que no podía dormir de la angustia. El Pastor sugirió preventivamente "limpiar" la casa y a toda la familia de los malos espíritus, mezclando agua con vinagre y ruda. También pasaran por la iglesia para ver cómo protegerlo contra este mal. Solicitó al ex esposo hablara con Rosaura y el respondió sería conveniente que la cite la autoridad sino ella no va a venir ni va devolver las ropitas. Media hora después ingresa Rosaura, quien fue acompañada de la policía y sus parientes que esperaban en los alrededores (es una costumbre arraigada en ellos el acompañamiento en circunstancias difíciles). Rosaura reconoció sí señor pastor yo tengo las ropitas del bebé. Lo agarré porque mi hijo pequeño no tiene abrigo y ahora no tengo dinero para comprarle, no pude vender mis artesanías esta semana por la lluvia y el frío. Yo soy creyente (perteneciente a la iglesia evangélica) y nunca haría ningún daño al bebe de la señora. Jamás me imaginé que ella iba a reaccionar de esta forma, entre al patio de esa casa porque es la única que conozco en esta comunidad. El pastor manifestó comprensión frente al hecho ocurrido, pero aclaró la necesidad de entender que con su actitud causó una gran preocupación y ansiedad en la madre del bebé. Me gustaría que entienda lo que sintió Luisa para arreglar este mal entendido de una manera justa para las dos. Rosaura devolvió las ropas del bebé y se disculpó por haber tomado algo ajeno. El pastor peticionó a ambas se comprometan a respetarse para evitar este tipo de problemas. Luisa agradeció la intervención del pastor por proteger a ella y a su familia de la magia.

En este testimonio se observa la importancia de comprender la cultura, creencias y convicciones de la comunidad, comprensión que permitió al pastor brindar la contención espiritual y emocional para ayudar a Luisa.

6. CONCLUSIÓN

Existe una marcada deficiencia cultural y estructural que dificulta la aplicación de una justicia ajustada a favor de grupos vulnerables que se encuentran excluidos y muchas veces hasta invisibilizados como lo son los integrantes de pueblos indígenas. Los defensores de la implementación de la mediación intercultural dentro de la comunidad qom, sostienen que es necesario interpelar al servicio de justicia en tanto prestadora de servicios públicos para implementar como un anexo a la delegación vecinal una oficina de mediación intercultural para restablecer los derechos vulnerados de los pueblos aborígenes y promover el acceso a justicia que signifique el respeto por su cultura e identidad comunitaria. A pesar de los avances normativos que se han producido en materia de protección de derechos de los pueblos indígenas, aún hoy se pueden advertir situaciones de vulnerabilidad en que se encuentran.

El horizonte nos habla de sujetos que en su libre determinación optan por conformar un espacio común de convivencia, respetuoso de sus identidades, pero a la vez capaz de generar un espacio compartido a partir de un diálogo intercultural entre iguales. Es necesario garantizar la protección de los derechos culturales en las prácticas de la mediación incluyendo a la comunidad, ampliando sus derechos de ciudadanía. Al convivir en una sociedad multicultural se espera que el Estado provea políticas y prácticas institucionalizadas en las que se refleje el reconocimiento de la diversidad y su inclusión social (Paz, 2007) de tal forma que podamos sostener que la Justicia en Argentina ha comenzado a transitar esos caminos.

7. BIBLIOGRÁFIA

ALCALÁ, M.S. (2018). "Hacia un sistema plurijurídico, enclave, con los tratados internacionales de derechos humanos", en J.G. (coord.), Derecho Constitucional Indígena. Territorios, Contexto, Resistencia, Argentina, pág. 30.

ALMIRÓN, E. (2008). Cuestiones de género y acceso al Sistema de Justicia. Foro Interamericano de Mujeres contra la Corrupción. Fundación mujeres en igualdad MEI. Buenos Aires, Argentina.

ALTABE, R., BRAUNSTEIN, J., y GONZALES, J.A. (1996) Relaciones de la Sociedad Argentina de Antropología. Derechos indígenas en la Argentina: Reflexiones sobre conceptos y lineamientos generales contenidos en el art. 75 inciso 17 de la Constitución Nacional. 21,77-101. http://sedici.unlp.edu.ar/bitstream/handle/10915/25013/Documento_completo__.-%20Altabe%20et%20al%20ocr.pdf?sequence=1&isAllowed=

BERIZONCE, R. (1987). Efectivo acceso a la justicia. Librería Editora Platense S.R.L. La Plata.-Birgin, H. y Kohen, B. (2006). Acceso a la justicia como garantía de igualdad: Instituciones, actores y experiencias comparadas. Editorial Biblos, Buenos Aires.-Bolívar, L. (2000) Justicia y acceso. Problemas y soluciones. XVII Curso Interdisciplinario de Derechos Humanos, Centro de Derechos Humanos de la Universidad Católica Andrés Bello, Caracas.

BOBBIO, N. (1992). A era dos Direitos, Río de Janeiro: Campus IIDH (2010). Manual autoformativo sobre acceso a la justicia y derechos económicos, sociales y culturales. Módulo III. El Acceso a la Justicia de los Derechos Económicos, Sociales y Culturales. Costa Rica: Edisa

BOTASSI, C. (2012) El acceso a la justicia en el proceso administrativo bonaerense. Revista Derecho y Ciencias Sociales Nº 6. Instituto de Cultura Jurídica y Maestría en Sociología Jurídica. FCJyS. UNLP.

BOUEIRI, S. (2003). Una aproximación socio jurídica del acceso a la justicia. Revista Cenipec 22 Venezuela.

CAPPELLETTI, M. (1981) Acceso a la Justicia: Conclusiones de un Proyecto Internacional de Investigación Jurídico Sociológico (traducido por Juan Carlos Hitters). Revista Jurisprudencia Argentina III, Buenos Aires. 66

CAPELLETTI, M. y GARTH B. (1996), El acceso a la justicia: la tendencia en el movimiento mundial para hacer efectivos los derechos. Fondo de Cultura Económica.

CASAL, J.M. (2005). Derechos humanos, equidad y acceso a la justicia. Caracas, Venezuela. Instituto Latinoamericano de Investigaciones Sociales. Comité de los Derechos del Niño (2009), Observación General N°11, Los niños indígenas y sus derechos en virtud de la Convención sobre los Derechos del Niño.CRC/C/GC/11, 12 de febrero de 2009.

Diario La Nación. Recuperado https://www.lanacion.com.ar/sociedad/la-reserva-aborigen-que-ya-es-un-barrio-mas-de-formosa-nid313529/La reserva aborigen que ya es un barrio más de Formosa. Un asentamiento indígena muy particular. Diario la nacion. 18 de junio de 2001

Diario La Mañana. Formosa.https://www.treslineas.com.ar/namqom-tendra-delegacion-vecinal-n…

GARCÍA VERITÁ, G.L. (2019). "El Acceso a la Justicia y el Derecho de los NNA Indígenas", en H. M. (coord). A 30 años de la convención sobre los derechos del niño. EDIAR, págs. 1095-1112.

GIANUZZI, Elisa. El miedo en la "otredad": mito y cultura popular en el noroeste argentino. Cuadernos Interculturales, vol. 10, núm. 18, 2012, págs. 77-111. Universidad de Playa Ancha. Viña del Mar, Chile

GONZÁLEZ PÉREZ, J. (1989). El derecho a la tutela jurisdiccional. Madrid: Civitas.

HUERGO, Jorge Kevin, MORAWICKI, Kevin y FERREYRA, Lourdes. La Plata (Argentina) Los medios, las identidades y el espacio de comunicación. Una experiencia de radio comunitaria con aborígenes wichi.

LANDA ARROYO, C., & FERRER MAC-GREGOR, E. (2013). Acceso a la justicia y debido proceso de los pueblos y comunidades indígenas a la luz de la jurisprudencia de la Corte Interamericana de Derechos Humanos. Advocatus (029), 27-46.

LARRANDART, L. (1992). "Acceso a la Justicia y tutela de los derechos ciudadanos", en Sistema Penal Argentino. Buenos Aires, ad-hoc

MÉNDEZ, J.E. (2000). El acceso a la Justicia, un enfoque desde los derechos humanos. IIDH, BID, Acceso a la Justicia y Equidad. Estudio en siete países de América Latina. Costa Rica. Ministerio Público de la Defensa (2010). Acceso a la Justicia de los Pueblos Indígenas. Bs. As.

MOTTA, Leo citando a GARCÍA, Rubén Emilio, publicación del diario El Territorio. Posadas. Misiones, Argentina. Recuperado https://misiones.italiani.it/una-practica-cultural-milenaria-entre-la-stregheria-y-el-paye/ Una práctica cultural milenaria, entre la stregheria y el payé/

PÉREZ GONZÁLEZ Normely Interculturalidad ¿un ámbito de la mediación? Localización: Portularia: Revista de Trabajo Social, ISSN 1578-0236, Vol. 7, 1-2, 2007 (Ejemplar dedicado a: Mediación e intervención social), págs. 107-122. Idioma: español

Reglas de Brasilia sobre Acceso a la Justicia de las Personas en Condición de Vulnerabilidad. 2008 Ministerio Público de la Defensa Defensoría General de la Nación recuperado de www.mpd.gov.ar Callao 970-CP 1023, Ciudad de Buenos Aires.Universidad Central de Venezuela (UCV). Universidad Carlos III de Madrid

Reglas de Brasilia sobre Acceso a la Justicia de las Personas en Condición de Vulnerabilidad (2008). XIV Cumbre Judicial Iberoamericana. Exposición de motivos. Disponible en https://www.acnur.org/fileadmin/Documentos/BDL/2009/7037.pdf (15/11/2021)

RODRÍGUEZ, Graciela Beatriz y MARTÍNEZ, Rubén Alejandro. La práctica de los derechos humanos a través de las instancias de mediación. Universidad Nacional de Rosario. Comisión: 7 "Los Derechos Humanos y las respuestas frente a las discriminaciones". gbrodrig@fhumyar.unr.edu.ar, rmartinez.fder@gmail.com

TOLA, Florencia. Doctora en Antropología Social y Etnografía. UBA-EHESS Una vivienda de barro como señal de ocupación. RELATOS/Pueblos Indígenas.

VIOTTI Nicolás. Deshaciendo daños. Representaciones. Disponible en: http://www.redalyc.org/articulo.oa?id=14802507

Estrategias para la gestión de conflictos entre las partes

MARÍA ISABEL MONTAÑEZ JUAN
Universitat de València

1. INTRODUCCIÓN

María (70 años) y Julia (45 años) son madre e hija. Ambas tienen una buena relación, especialmente porque comparten muchas cosas: por ejemplo, les gusta ir a caminar, ver películas de thriller... pero, lo que más les gusta, es preparar juntas la comida de Navidad. Cada año son ellas dos quienes preparan esa comida tan especial para toda la familia. En su caso, el menú se compone de sopa rellena, lechona asada y, de postre, un surtido de turrones.

Este año, durante el mes de noviembre Julia realiza un taller de cocina en el que aprende a elaborar recetas tradicionales y de vanguardia con la idea de renovar el menú navideño. María no sabe que su hija está haciendo este curso porque Julia quiere que sea una sorpresa, así le puede preparar a su madre los platos que más le gusten con la idea de convencerla para cambiar el menú de Navidad.

Unas semanas antes de Navidad, Julia invita a comer a María a casa para presentarle su nueva idea de menú navideño. María disfruta de la comida y le expresa a su hija que el menú está exquisito. En este momento, Julia aprovecha la ocasión para decirle a su madre que quiere renovar el menú de Navidad con estos nuevos platos. La expresión facial de María cambia por completo: su cara de alegría y orgullo se transforma en enfado y tristeza, y empieza a responder a su hija de forma agresiva y más cortante que un buen cuchillo afilado... El conflicto está servido.

Conflictos como el que acabamos de leer son muy habituales en el intercambio social y forman parte de las relaciones humanas. Por ello, como sociedad debemos normalizar el hecho de que existan conflictos y entrenarnos para ser capaces de dirigir nuestros esfuerzos en el manejo del conflicto, es decir, comprender su naturaleza, ser conscientes de cómo se está produciendo la espiral del conflicto y utilizar la estrategia más adecuada en cada situación.

El estudio del conflicto es clave para la Psicología social. La Psicología social es "el estudio científico de los efectos que ejercen los procesos sociales y cognitivos sobre el modo en que los individuos perciben, influyen y se relacionan unos con otros" (Smith y Mackie, 1997, pág. 3). Esta definición nos indica que el intercambio social es uno de los objetos centrales de estudio de la Psicología social y, el conflicto, es inherente a la interacción humana.

Pero ¿qué es y cómo se estudia el conflicto desde la Psicología social?

La respuesta a esta pregunta la encontramos en los manuales de Psicología social. En ellos vemos como el conflicto se aborda desde la perspectiva del llamado "conflicto de intereses". Si retomamos el ejemplo de María y Julia, los intereses que las enfrentan son diferentes. En primer lugar, Julia desea renovar el menú navideño porque está cansada de comer siempre lo mismo y le ilusiona sorprender al resto de la familia. Por su parte, María está interesada en seguir con la tradición familiar y no modificar nada del menú.

Una gran cantidad de situaciones como la de María y Julia son lo que desde la Psicología social se ha llamado "interdependencia social", es decir, situaciones en las que los resultados de cada persona (grupos o comunidades) dependen de lo que hagan las otras personas (grupos o comunidades). Las situaciones de interdependencia social ocurren en un continuo. En un extremo están las situaciones de "ausencia total de correspondencia" en las que la interdependencia es negativa, de modo que los intereses de una de las partes se contradicen con los de la otra parte (lo que es bueno para una de las partes, es negativo para la otra). En el otro extremo están las situaciones de "correspondencia total de intereses" en las que la interdependencia es positiva, de modo que los intereses de una de las partes benefician también a la otra parte (lo que es bueno para una de las partes, es bueno para la otra).

En la vida cotidiana la mayoría de las situaciones son intermedias, esto es, ni los intereses de las partes son exactamente los mismos, ni están en completa oposición. En aquellos casos en los que no hay correspondencia total de intereses hablamos de la existencia de un "conflicto de intereses". El conflicto puede variar en magnitud hasta llegar a su máxima expresión (la ausencia total de correspondencia: uno gana, otro pierde). En definitiva, el conflicto de intereses sería una incompatibilidad percibida entre acciones, metas u objetivos de las partes implicadas.

La Psicología social ha dedicado una gran cantidad de esfuerzos a analizar los conflictos de intereses entre las partes. Ha analizado los conflictos de intereses entre personas, los llamados "conflictos interpersonales" así como los conflictos de intereses entre grupos, denominados "conflictos intergrupales". Las conclusiones de estos últimos se han extendido a los conflictos entre comunidades.

Desde esta concepción, el presente capítulo centra su atención en las estrategias de gestión de los conflictos de intereses entre las partes. Para ello, se empieza definiendo qué es el conflicto, qué tipos de conflicto conocemos y cuáles son las principales fuentes del conflicto. A continuación, se describen dos aspectos fundamentales que influyen en el proceso de la escalada del conflicto. Específicamente, se analiza el impacto que tienen la comunicación y los estados del YO del análisis transaccional en la escalada del conflicto. Seguidamente, se explican las principales estrategias de resolución del conflicto como sería la negociación, y se expondrán los cuatro principios y los siete elementos del método de negociación Harvard. Finalmente, se resaltan las principales conclusiones.

2. DEFINICIÓN, TIPOS Y FUENTES DEL CONFLICTO

La especie humana es social (aprendemos, nos reconocemos, nos identificamos y nos comparamos con los demás), no por gusto, sino por necesidad. Las personas nos necesitamos para sobrevivir a la vez que precisamos defender nuestra individualidad y supervivencia. De este modo, nuestra historia como especie podría explicarse en base a dos fenómenos esenciales: la comunicación y el conflicto. Las habilidades comunicativas son fundamentales para la gestión de conflictos y, pese a mencionar algunos elementos importantes de la comunicación, este capítulo está centrado en el conflicto.

El conflicto es inherente al hecho de convivir, es algo natural y forma parte de las relaciones humanas. Por ello, normalicemos el hecho de que existen discrepancias. Los conflictos no son en sí mismos negativos si se plantean formas de solución adecuadas. Por ejemplo, no nos resultará difícil imaginar a un bebé humano pegando o gritando en una guardería. Simplemente pretende conseguir inmediatamente todo lo que quiere. Lo realmente perjudicial es no hacerle ver la parte negativa de pegar y consentir que consiga lo que quiere pegando o gritando.

Pero ¿qué es el conflicto? Fernández-Ríos, Rascado y Rico (2000) clasificaron en cuatro grupos una gran diversidad de definiciones de conflicto en función de la perspectiva en que se fundamentan. Un grupo de definiciones se basan en las condiciones previas que dan lugar al conflicto; otras se centran en los estados afectivos de las partes implicadas en el conflicto; un tercer grupo de definiciones se basan en las percepciones y los procesos cognitivos de las partes; y otras en los aspectos comportamentales durante la relación de conflicto. Desde la Psicología social nos centramos en el llamado "conflicto de intereses". Así, definimos el conflicto como "la percepción de la incompatibilidad de los objetivos: lo que desea una parte es considerado por la otra parte perjudicial para sus intereses" (Smith y Mackie, *op. cit.*, pág. 600). Según esta perspectiva, para que un conflicto exista debe ser percibido por las partes involucradas.

Es relativamente fácil entender el concepto de conflicto si tenemos presente la definición que acabamos de analizar. Ahora bien, la cosa se complica cuando analizamos la realidad social y nos percatamos de la existencia de diferentes tipos de conflicto. En este capítulo vamos a explicar cuatro tipos de conflicto.

En primer lugar, están los conflictos que se basan en su funcionalidad. El criterio que distingue estos conflictos es el rendimiento del grupo. Así, aquel conflicto que sustenta las metas del grupo y mejora su desempeño es el llamado conflicto funcional (ej., un debate entre miembros de un equipo de trabajo sobre la manera más eficiente de mejorar la producción). En cambio, aquel conflicto que dificulta el desempeño del grupo se conoce como conflicto disfuncional (ej., una fuerte lucha personal por el control dentro de un equipo que lo distrae de su tarea principal).

En segundo lugar, otro tipo de conflictos son los conflictos orientados a la identidad (también conocidos como relacionales). Son conflictos difíciles de gestionar ya que, en muchas ocasiones, deterioran e incluso rompen las relaciones sociales (ej., desacuerdos sobre valores, normas personales y familiares, o acerca de determinados gustos personales). En cambio, los conflictos orientados a la tarea suelen ser más fáciles de gestionar que los conflictos relacionales y su buena gestión tiende a ser positiva para las partes, alcanzando una mejora/innovación en las tareas (ej., discusiones sobre el reparto de los recursos disponibles, sobre los procedimientos a seguir, o sobre la interpretación de hechos concretos).

En tercer lugar, encontramos los conflictos clasificados en función de si se han o no personalizado. En este sentido, el conflicto percibido resulta cuando una o más de las partes percibe la incompatibilidad de intereses sin que se haya personalizado el conflicto (ej., Julia es consciente de que tiene una diferencia de opinión con María con relación a la renovación del menú navideño, pero Julia no siente ansiedad ni tensión por ello, de forma que la conducta de Julia no tiene consecuencias negativas para María). Sin embargo, el conflicto de sentimiento surge cuando los individuos se involucran emocionalmente de manera que el conflicto se ha personalizado y crea ansiedad, frustración y hostilidad.

Finalmente, tenemos los conflictos que se basan en las ganancias o pérdidas de las partes. Por un lado, están los conflictos de suma cero (o conflicto cero, competición) que son aquellos conflictos en los que lo que una parte gana es igual a lo que pierde la otra parte (solución ganar-perder). Por ejemplo, imaginemos que hay una vacante de promoción interna en una empresa en la que se han inscrito varias personas. Al tratarse de una sola vacante ésta no se puede repartir, será sólo para una de ellas, por tanto, la única solución posible implica ganar-perder. Por otro lado, encontramos los conflictos de suma no cero (o conflicto total no cero, conflicto de motivos variados) que son aquellos conflictos en los que los recursos por los que se compite se pueden repartir de forma que permite soluciones ganar-ganar. Por ejemplo, un parte amistoso en un accidente de coche. Cuando ocurre un accidente de coche (generalmente no grave), muchos conductores/as optan por rellenar un parte amistoso, en el que, pese a señalar a una persona como culpable y la otra como víctima, lo que hacen es llegar a un acuerdo. El culpable pierde dinero, pero podría perder mucho más. Ambos se ahorran trámites, juicios, investigación policial, etc. La mayoría de los conflictos son de suma no cero, aunque en ocasiones se resuelvan como si se tratara de conflictos de suma cero.

¿Cuáles son las fuentes del conflicto? La principal fuente de conflicto es la competitividad, es decir, una forma de interdependencia en la que una de las partes obtiene los recursos a causa de las pérdidas de la otra parte (Smith y Mackie, *op. cit.*). Según la teoría realista del conflicto, la competitividad es más probable cuando los recursos por los que se compiten son escasos y valiosos (Campbell, 1965; Levine y Campbell, 1972; Sherif, 1966).

Para que el grupo propio consiga alcanzar la meta, es necesario que el otro grupo no la alcance. En este caso, surge el conflicto con una clara orientación competitiva hacia el otro grupo, es decir, actitudes negativas como el etnocentrismo (evaluación de las características del otro grupo como más negativas que las del propio grupo). En cambio, con el propio grupo surgen conductas solidarias, mayores niveles de identificación entre miembros y/o favoritismo endogrupal (tendencia a evaluar al propio grupo o a sus miembros más favorablemente que a un grupo al que no se pertenece o a sus miembros).

Sin embargo, más allá de la competición por los recursos materiales, la interdependencia social también puede causar conflictos cuando la competitividad se establece por bienes sociales como el respeto, la estima, tener la razón, etc. (Katz, 1965; Tajfel y Turner, 1979). Además, según Tajfel y Turner (*op. cit.*) el conflicto y la hostilidad entre dos grupos pueden surgir antes de que haya una competición por los recursos materiales. Estos autores desarrollaron la teoría de la identidad social que sostiene la idea de que la mera pertenencia a un grupo y los aspectos emocionales y valorativos asociados a esa pertenencia son suficientes para que surjan conflictos intergrupales.

Otra explicación de la génesis del conflicto intergrupal la encontramos en la teoría de la privación relativa. Esta teoría afirma la existencia de conflictos a pesar de la abundancia de recursos materiales y de respeto. Se basa en la idea de que las personas nos comparamos unas con otras (comparación social) y en esa comparación subjetiva podemos tener la creencia de que los demás (individuos o grupos) están mejor que nosotros (Bernstein y Crosby, 1980; Stouffer et al., 1949).

Finalmente, los conflictos pueden originarse por determinadas variables personales. ¿Hemos conocido a alguien que nos haya disgustado de inmediato? Hay personalidades confrontadas que con alta probabilidad van a interactuar llegando a situaciones conflictivas. Las diferencias de valores entre los individuos (ej., prejuicios, diferentes criterios sobre la justicia, la moral…) también pueden generar conflictos; o determinadas personalidades como individuos altamente autoritarios y dogmáticos o individuos con baja autoestima.

3. LA COMUNICACIÓN Y LA ESCALADA DEL CONFLICTO

Una vez encendida la llama del conflicto, esta se extiende rápidamente. Los propios procesos cognitivos y sociales, que son los responsables de las conductas sociales que realizamos, tienden a intensificar y propagar el conflicto. Las personas conocemos la verdadera solución para resolver los conflictos: el diálogo.

No obstante, la solución no siempre es así de fácil. De hecho, las causas principales de la escalada del conflicto son una comunicación e interacción social defectuosas entre las partes. Es decir, cuando decimos que un conflicto va "de mal en peor" suele ser porque hay escasa comunicación y porque las interacciones entre ambas partes son negativas. Por tanto, comunicación e interacción deficientes son dos ingredientes que lo único que hacen es empeorar las cosas.

La comunicación podría definirse como "el conjunto de procesos físicos y psicológicos mediante los cuales se efectúa la operación de relacionar a una (o varias) persona(s) —el emisor— con una (o varias) persona(s) —el receptor—, con el objeto de alcanzar determinados objetivos" (Anzieu, 1971, pág. 105). La comunicación es el instrumento básico de nuestra socialización. No obstante, para comunicarnos e interactuar con las demás personas de una manera constructiva, es decir, que ayude a resolver los conflictos y no a perpetuarlos, necesitamos entrenar nuestras habilidades sociales.

Las habilidades sociales se definen como "el conjunto de conductas emitidas por un individuo en un contexto interpersonal que expresa los sentimientos, actitudes, deseos, opiniones o derechos de ese individuo de un modo adecuado a la situación, respetando esas conductas en los demás, y que generalmente resuelve los problemas inmediatos de la situación mientras minimiza la probabilidad de futuros problemas" (Caballo, 2007, pág. 6).

Las respuestas individuales ante los conflictos dependen en gran medida del estilo de respuesta en habilidades sociales de cada persona. Existen tres estilos principales: el estilo agresivo, el pasivo y el asertivo. Estos estilos pueden mezclarse (por ejemplo, el estilo pasivo-agresivo). Veamos las diferencias entre estos tres estilos:

El estilo agresivo supone la defensa de los propios pensamientos, derechos, intereses u opiniones de una forma inapropiada e impositiva, sin tener en cuenta los intereses de las demás personas. La agresión verbal incluye ofensas verbales, amenazas e insultos tales como: "Cuidado...", "Debes estar bromeando..." o "¿Qué te has creído?". La agresión no verbal suele componerse de mirada fija, voz alta, habla fluida y rápida, enfrentamiento, postura intimidatoria, gestos de amenaza, etc. El estilo agresivo trae consigo continuos conflictos.

El estilo pasivo implica la transgresión de los propios derechos, cediendo a los intereses u opiniones de las demás personas sin tener en cuenta los intereses propios. Las características de este estilo son sumisión, concesión, resignación, silencio, frustración y resentimiento. El componente verbal de la pasividad incluye expresiones como: "Quizás…", "Me pregunto si…", "Eh, bueno, solo si tú quieres…" etc. La pasividad no verbal se caracteriza por la mirada hacia abajo, voz baja, evitación de la situación, postura hundida, entre otros. Una persona que utiliza un estilo pasivo lo que quiere es evitar conflictos porque cree que así evitará los problemas. No obstante, este patrón de conducta genera miedo y hace de la ansiedad su compañera de vida.

El estilo asertivo se entiende como "la habilidad personal que nos permite expresar sentimientos, opiniones y pensamientos, en el momento oportuno, de la forma adecuada y sin negar ni desconsiderar los derechos de los demás. Es decir, nos referimos a una forma para interactuar efectivamente en cualquier situación que permite a la persona ser directa, honesta y expresiva" (Llacuna y Pujol, 2004, pág. 146). La actitud asertiva se caracteriza por el uso del diálogo, los acuerdos, la empatía, la conciliación y el consenso. El componente verbal asertivo incluye el uso de frases como: "Pienso, siento, quiero…", "¿qué piensas?", "¿Qué te parece?", "¿Cómo podemos resolverlo", etc. El componente no verbal de la conducta asertiva se caracteriza por un contacto ocular directo, nivel de voz conversacional, habla fluida, gestos firmes, mensajes en primera persona (i.e., yo o nosotros), verbalizaciones positivas, etc. La asertividad no implica siempre la ausencia de conflicto entre las partes, pero su objetivo es gestionar la situación conflictiva de forma que potencie los resultados favorables y minimice los desfavorables.

El uso del estilo asertivo en la comunicación es uno de los factores clave para la resolución de los conflictos e, incluso, es un remedio muy eficaz para prevenirlos. En cambio, el comportamiento fundamentado en el estilo agresivo o pasivo es frecuentemente la génesis de los conflictos y suponen un impedimento para conseguir una solución al conflicto satisfactoria.

No podemos finalizar este apartado sin antes explicar una de las teorías ampliamente utilizadas para comprender la comunicación y las relaciones interpersonales. Se trata del análisis transaccional (Berne, 1975). Esta teoría y método de psicoterapia analiza las transacciones sociales como base para entender el comportamiento humano. De esta forma se ofrece a la persona una explicación de porqué tiene una conducta determinada y se le enseña a solucionar los conflictos derivados de dicho comportamiento. Concretamente, al comunicador/a se le enseña a modificar sus estados del YO.

Según esta teoría, nuestra personalidad consta de tres estados del YO: el PADRE-MADRE, el ADULTO/A y el NIÑO/A. Cada individuo, dependiendo de la situación, puede identificarse en un tipo u otro estado, de forma que cambia su manera de pensar, sentir y actuar en función del estado en el que se encuentre. Así, unos elementos importantes que intervienen en nuestra comunicación son nuestros estados paternos, adultos e infantiles que, como es de esperar, durante un conflicto siguen activados y nos influyen en nuestra comunicación e interacción social.

En el estado *Madre-Padre,* las personas tienden a pensar, sentir y comportarse de manera similar a una figura importante de su infancia (madre, padre, abuelos/as, tíos/as...), de modo que ha interiorizado su forma de ser. Durante un conflicto, si las partes (o al menos una de ellas) abordan la situación desde este estado, es más probable que actúen de alguna de las siguientes formas: protectora, controladora, dominante, evaluativa, crítica, exigente, etc.

En el estado *Niño/a,* las personas suelen pensar, sentir y actuar de forma parecida a cómo lo hacían en distintos momentos de su infancia. En este caso, las personas dominadas por el estado infantil durante una situación de conflicto van a abordarlo desde la impulsividad ("lo quiero ya"), la inmadurez y la intensidad emocional.

En el estado *Adulto/a,* las personas tienden a pensar, sentir y comportarse en función de las capacidades y conocimientos que han ido adquiriendo con la experiencia. Así, en una situación de conflicto, las partes que lo aborden desde el estado de adulto/a lo harán de forma lógica y racional (por ejemplo, "Lo que ahora conviene es", "Me gustaría..."), con un modo de sentir más estable. En este estado es cuando una persona está en plenas capacidades para hacer uso de un estilo asertivo y lograr resolver los conflictos de forma exitosa.

Si tomamos como base el ejemplo que hemos presentado en la introducción de este capítulo, podemos plantear distintos escenarios para comprender los tres estados del YO:

Escenario 1:

Supongamos que María le responde a Julia lo siguiente: "De ninguna manera, yo soy tu madre y mientras viva haremos el menú navideño tradicional, como lo hemos hecho siempre. Es el mejor menú de Navidad que se puede hacer, así que hazme caso porque yo sé más que tú". En este ejemplo vemos como María ha actuado desde el estado del YO padre-madre.

Escenario 2:

Imaginemos ahora que María le dice a Julia: "¡NO! Quiero el menú de Navidad como siempre (llorando intensamente) … Dime ahora que no lo vas a cambiar… No podré comer mi menú navideño nunca más…. (sollozando)". En esta situación, María se encuentra en el estado del YO niño/a.

Escenario 3:

Consideremos, finalmente, que María le contesta a Julia: "Comprendo tu punto de vista ya que llevamos muchos años con el mismo menú navideño y es normal que tengas ganas de innovar. A mí me gustaría seguir con el mismo menú pero si te parece bien a ti, podríamos incluir alguna de tus ideas para innovar un poco y ver cómo queda. Agradeceré que lo pienses y lleguemos a una solución en la que las dos estemos satisfechas". En este último escenario, vemos que María aborda el conflicto desde el YO adulto/a.

Una vez analizados los estados del YO que presenta el análisis transaccional, observamos como esta teoría nos proporciona herramientas para poder ofrecer alternativas a los conflictos que surgen durante las relaciones interpersonales. Primero, nos aporta el conocimiento para discernir en qué estado del YO nos encontramos. Segundo, mientras los estados padre-madre y niño/a son menos aconsejables en una situación conflictiva, el estado adulto/a es el idóneo para resolver conflictos.

En definitiva, el análisis transaccional es una teoría psicológica de la personalidad que nos puede ayudar a frenar la escalada del conflicto y a su resolución. Esto es posible gracias a que esta teoría ayuda a comprender la razón de nuestros pensamientos, sentimientos y conductas y nos enseña cómo redirigirlos para fomentar relaciones interpersonales positivas.

4. LA RESOLUCIÓN DEL CONFLICTO

Como ya hemos adelantado a lo largo del capítulo, los conflictos no son en sí mismos negativos, sino que lo verdaderamente negativo es la forma en la que se abordan dichos conflictos. De hecho, muchas veces las soluciones que se adoptan contribuyen más a perpetuar los conflictos que a resolverlos. En la mayoría de los casos, esto ocurre por la falta de estrategias para afrontarlos. Así, en este apartado vamos a abordar uno de los aspectos más importantes para la gestión del conflicto: *las estrategias para la resolución de conflictos.*

En primer lugar, vamos a describir los diferentes tipos de comportamientos que se pueden dar ante un conflicto y veremos que la negociación es una de las estrategias más útiles a la hora de resolver conflictos.

En segundo lugar, vamos a explicar una de las estrategias más eficaces de negociación: "El método Harvard de la negociación" (Fisher, Ury y Patton, 2002). Este método parte de la idea de que se pueden satisfacer los intereses de ambas partes de modo que todas las partes salgan ganando.

No obstante, antes de plantear las diferentes estrategias de resolución de conflictos, explicaremos dos asuntos fundamentales que deben analizarse para decidir de qué forma gestionar un conflicto: los aspectos contextuales y la experiencia del conflicto.

Cuando hablamos de los aspectos contextuales del conflicto nos referimos a la interdependencia de las metas, el nivel de tensión entre las partes y el tipo de conflicto. Así, para gestionar un conflicto de forma constructiva es necesario buscar la interdependencia positiva de las metas, esto es, hay que averigua la forma en que los intereses de una de las partes benefician también a la otra parte (en el caso de María y Julia, elaborar juntas el menú navideño y que este salga bien son intereses beneficiosos para ambas).

Además, los niveles de tensión iniciales entre las partes deben ser bajos, e intermedios en su desarrollo. Es importante tener en cuenta que la enemistad entre las partes o las experiencias previas de fracaso pueden incrementar los niveles de tensión (como María y Julia tienen una buena relación y lo que más les gusta hacer juntas es la situación que ha entrado en conflicto, es decir, preparar juntas la comida de Navidad, partimos de una situación con niveles de tensión bajos).

El tipo de conflicto es determinante para el éxito o fracaso de la gestión del conflicto. Si no conocemos a qué tipo de conflicto nos estamos enfrentando es más probable fracasar en su resolución. Por ejemplo, si el conflicto es relacional, es decir, se producen problemas en la relación social entre las partes (ej., desacuerdo sobre determinados gustos personales, sobre valores, etc.), es necesario reducirlo tan pronto como aparezca. En cambio, si el conflicto es de tarea (discusiones sobre el reparto de tareas, procedimientos, etc.), pueden ser positivos para ambas partes si se llega a un acuerdo.

Otro asunto importante es la experiencia del conflicto, esto es, cómo vive cada parte la situación conflictiva. Así, el conflicto produce en las personas implicadas diferentes emociones, cogniciones y motivaciones. Las emociones asociadas a un conflicto pueden ser muy diversas y afectar al comportamiento de las personas y los resultados finales (por ejemplo, si María siente ira por la propuesta de Julia, su conducta tenderá a ser agresiva de forma que dificulte la situación).

Muy relacionado con esto se encuentran las cogniciones (nuestros pensamientos), que también afectarán al comportamiento y las emociones de las partes. El conflicto puede ser interpretado y valorado de muy diversas maneras por las partes que lo integran. Así, algunas personas pueden percibir el conflicto como una situación negativa, donde solo caben las pérdidas para ambas partes, mientras que otras personas lo pueden percibir como una oportunidad para obtener beneficios o mejorar la situación actual (en el caso, puede que María piense que renovar el menú navideño hará que el resto de miembros de la familia se disgusten; mientras que Julia es probable que piense que el nuevo menú hará que los miembros de la familia estén contentos con el cambio).

Finalmente, las personas también pueden tener diferentes motivaciones acerca de cómo les gustaría que fueran los resultados del conflicto. Algunas personas se esforzarán en conseguir resultados positivos para ambas partes porque lo que desean es mantener una buena relación con la otra parte. Otras, por ejemplo, preferirán que ambas partes pierdan porque su motivación es que la otra parte no gane, independientemente de si ellas ganan o no (imaginemos nuevamente a María, es posible que su motivación sea seguir con las costumbres familiares).

Una vez analizados estos aspectos, a continuación, vamos a desarrollar las diferentes estrategias para la gestión de conflictos entre las partes.

4.1. Estrategias de resolución de conflictos

El objetivo que las partes deben tratar de alcanzar no es únicamente resolver el conflicto sino encontrar la mejor solución posible, esto es, que ninguna parte perciba que el otro ha recibido una ventaja injusta. Sólo de este modo el conflicto será un conflicto funcional (recordemos que el conflicto funcional es aquel en que su resolución supone una evolución positiva para las partes).

En este sentido, para conseguir una solución positiva es imprescindible que se den dos condiciones. La primera de ellas es aumentar el contacto entre las partes. En el ejemplo de María y Julia es altamente probable que después de la situación conflictiva reduzcan su contacto temporalmente, y es que el conflicto tiende a separar a las partes. Esto es contraproducente porque se refuerzan las percepciones parciales, es decir, si María y Julia se distancian durante los días siguientes al conflicto es más probable que compartan su experiencia del conflicto con otras personas ajenas al mismo que refuercen sus puntos de vista e, incluso, que ellas mismas alimenten sus pensamientos de forma que refuercen sus posturas. Siguiendo las recomendaciones teóricas, el contacto más efectivo es aquel que reúne a las partes en igualdad de condiciones para trabajar hacia un objetivo común (Sherif, Harvey, White, Hood, y Sherif, 1961; Worchel, Andreoli, y Folger, 1977).

La segunda condición se basa en reducir las amenazas. Para ello, hay una serie de recomendaciones. La recomendación más simple consiste en que una de las partes dé el primer paso, tome la iniciativa y se acerque a la otra parte de forma amistosa. De esta manera se puede conseguir reducir parte de la tensión. Esta parte invita a la otra a realizar un movimiento recíproco, pero no lo exige en ningún momento. Los pasos repetidos deberían empezar a superar la desconfianza inicial y reducir las amenazas.

Cuando dos o más partes entran en conflicto de intereses, cada una de las partes puede adoptar diferentes estrategias. En este capítulo vamos a explicar las posturas ante el conflicto de los autores Thomas y Kilmann (1974) por ser uno de los modelos de estrategias de resolución de conflictos más completos y ampliamente utilizados. Según estos autores, las personas podemos utilizar hasta cinco estrategias para resolver los conflictos. Estas estrategias se clasifican en base a la importancia que se les da a dos factores: los intereses propios y los intereses de la otra parte. Precisamente, muchos de los conflictos sociales aparecen porque las partes buscan satisfacer el interés propio en detrimento del interés colectivo.

La primera estrategia, *la evitación o pasividad*, tiene lugar cuando una de las partes en conflicto no tiene en cuenta ni sus intereses propios ni los intereses de la otra parte. En esta situación, los conflictos se niegan, encubren o reprimen. Las partes permanecen en temas superficiales, sin abordar los orígenes del problema. A veces es porque el asunto no es importante y, otras veces ocurre porque se percibe que si se hace algo hay más probabilidades de aumentar los problemas que de solucionarlos. El resultado es *yo pierdo-tú pierdes*. Imaginemos por un momento que somos Julia: nos encanta cocinar cada año con nuestra madre la comida de Navidad, pero estamos cansadas de que siempre sea el mismo menú. Aunque estamos muy ilusionadas con los nuevos platos que hemos aprendido, como sabemos que es posible que nuestra madre se enfade, decidimos no decirle nada sobre nuestra idea de renovar el menú, pero ponemos una excusa y el día de Navidad no vamos a cocinar ni a comer con ella. En esta situación que acabamos de describir, Julia está utilizando la estrategia de evitación del conflicto.

La segunda estrategia, *la dominación o agresión*, ocurre cuando una de las partes trata de satisfacer sus intereses propios sin tener en cuenta los intereses de la otra parte. Esta estrategia se utiliza cuando han de decidirse asuntos vitales y ambos consideran que tienen razón, cuando la ganancia de una parte supone la pérdida de la otra, cuando hay que abordar temas importantes que requieren acciones impopulares o cuando es fundamental una acción rápida y decidida. El resultado es *yo gano-tú pierdes*. Por ejemplo, en esta ocasión Julia le impone a María el nuevo menú de Navidad utilizando la amenaza (si no hacemos este menú no voy a venir a la comida de Navidad).

La tercera estrategia, *la adecuación o complacencia*, es lo opuesto a la dominación, por tanto, tiene lugar cuando una de las partes trata de satisfacer los intereses de la otra parte sin tener en cuenta sus intereses propios. Esta estrategia tiende a utilizarse si se da prioridad a la cohesión y a la relación más que al objeto de interés, cuando el tema es más importante para la otra parte o cuando uno/a descubre que está equivocado/a. El resultado es *yo pierdo-tú ganas*. Ahora imaginemos que Julia, al ver la reacción de María, decide darle totalmente la razón a su madre de forma que el menú navideño queda exactamente igual que estaba.

La cuarta estrategia, *la integración o cooperación*, es lo opuesto a la evitación, así que ocurre cuando se tienen en cuenta tanto los intereses propios como los intereses de la otra parte. Se discuten las opiniones, se equilibran y se formulan de nuevo, logrando una solución que satisface a todas las partes. La integración suele usarse cuando el objetivo consiste en aprender, cuando ambas partes se necesitan para conseguir resultados positivos, o cuando se quiere lograr la aceptación de los acuerdos. El resultado es *yo gano-tú ganas*. Pongamos por caso que Julia y María cooperan y se dan cuenta de que lo más importante es disfrutar cocinando juntas. Así que ponen en común las opiniones y logran una solución que satisface a ambas: mantener el menú de siempre, pero elaborar los platos modificando algunos ingredientes para que incluya alguna novedad.

Por último, la quinta estrategia, *el compromiso o negociación*, es un estilo intermedio de forma que se tienen en cuenta tanto los intereses propios como los intereses de la otra parte, pero ambos en menor medida que la integración. El objetivo es encontrar una solución al problema que satisfaga a ambas partes. Esta postura se toma para conseguir soluciones temporales en temas complejos o soluciones difíciles ante la presión de tiempo. También en el caso de que alguna de las partes persiga objetivos excluyentes. El resultado es *todos/as perdemos algo-todos/as ganamos algo*. Por ejemplo, supongamos que Julia y María escuchan los intereses de cada una y llegan a un acuerdo que consiste en modificar el primer plato y el postre, pero mantener la lechona asada porque es el plato con mayor importancia y significado para María.

De todas estas estrategias, la negociación es sin duda la estrategia más estudiada y que más interés suscita especialmente en el mundo de los negocios. Ahora bien, la negociación es aplicable a muchas situaciones, desde negociar con tu pareja qué vas a cenar, hasta negociaciones entre países para poner fin a una guerra. La negociación es el encuentro cara a cara entre las partes en conflicto de forma que cada parte hace concesiones hasta que se alcanza un acuerdo.

Para desarrollar una buena negociación, es conveniente atender las siguientes cuatro etapas:

La primera etapa consiste en recabar toda la información posible relacionada con el tema, esto es, la historia del conflicto, las características de las partes implicadas, la exploración de las necesidades propias y las de la otra parte y el establecimiento y la planificación de los objetivos. Una vez recogida toda la información hay que analizarla y decidir la estrategia a seguir. Con ello, se aconseja determinar la mejor alternativa para un acuerdo negociado (BATNA) para cada una de las partes, es decir, el valor mínimo aceptable.

La segunda etapa se basa en crear un clima de confianza. Para ello, se recomienda: iniciar contactos con todas las partes implicadas; evidenciar honradez en las actuaciones; percibir la intención de la otra parte; definir los temas, cuestiones o problemas y elaborar una agenda o plan de actuación; y si es posible intentar un preacuerdo para la aceptación del consenso final.

La tercera etapa se sustenta en escuchar a todas las partes. En este punto nuestra aliada es la asertividad, que nos permitirá descubrir, sin desvelar, los intereses ocultos de las partes y podremos desarrollar opciones para llegar a un acuerdo que satisfaga a ambas partes.

En la cuarta y última etapa radica la negociación final, la consecución del acuerdo. Para garantizar el acuerdo se recomienda establecer en la medida de lo posible una garantía del acuerdo (por ejemplo, firmar un documento que describa el acuerdo alcanzado) y establecer una sanción para aquella parte que no cumpla el acuerdo.

4.2. El método Harvard de la negociación

El método Harvard de la negociación (Fisher, Ury y Patton, *op. cit.*) parte de la idea de que se pueden satisfacer los intereses de ambas partes de modo que todos salgan ganando, esto es, se trata de encontrar soluciones que posibiliten una ganancia mutua (un resultado "*ganar-ganar*"). Según los autores de este modelo, esto sólo puede darse cuando las partes colaboran y dejan de verse como adversarios.

Antes de las investigaciones llevadas a cabo en la Universidad de Harvard para desarrollar este método, básicamente se conocían dos estrategias de negociación: la negociación blanda y la dura. En la negociación blanda, la persona negociadora hace concesiones fácilmente para llegar a un acuerdo evitando el conflicto. En la negociación dura, la persona negociadora considera la situación como una lucha de voluntades y adopta una posición extrema para ganar.

El método Harvard de negociación propone una tercera vía en las negociaciones, la cual llaman "negociación basada en principios". Así, se han desarrollado cuatro principios:

El primer principio es "*separe a las personas del problema*":

Como sabemos, los humanos somos seres emocionales y las situaciones a las que nos enfrentamos nos generan sentimientos que conectan directamente con nuestros pensamientos y nuestras conductas. Así, en situaciones de conflicto con otras personas, no es de extrañar que generemos opiniones y sentimientos negativos hacia esa persona (enfado, rabia, rechazo...). Esto puede hacer que nos centremos más en atacar a la persona que al problema. Por ello, este primer principio sostiene que en la negociación se debe separar a la persona del problema y trabajar de forma conjunta con la otra parte para solucionar el conflicto.

El segundo principio es "*concéntrese en los intereses, no en las posiciones*":

En una negociación es habitual invertir las energías en compartir con la otra parte las posiciones diferentes, es decir, discutir por las opiniones contrarias que se tienen ante una situación. No obstante, detrás de estas posiciones hay unos intereses que se quieren satisfacer. Este método propone compartir los intereses por encima de las posiciones para poder encontrar soluciones que satisfagan a ambas partes. Además, si se le ofrece a la otra parte una solución que encaja con sus necesidades es más probable que sus posiciones cambien y aumente la cooperación durante la negociación.

El tercer principio es "*invente opciones en beneficio mutuo*":

Una vez entendidos los intereses de la otra parte es importante ofrecer soluciones que puedan beneficiar a ambas partes. Cuantas más alternativas positivas para las dos partes implicadas se ofrezcan, mayor probabilidad de conseguir un resultado exitoso.

El cuarto principio es "*insista en utilizar criterios objetivos*":

Este principio sugiere que siempre que se pueda, los resultados de la negociación deben basarse en criterios objetivos como, por ejemplo, criterios profesionales, acudir al valor de mercado, a un tercer experto que sea independiente, etc.

En base a estos cuatro principios se han desarrollado los siete elementos que regulan una negociación. Estos siete elementos se relacionan entre sí y proporcionan un marco analítico y conceptual importante para la obtención de acuerdos yo gano-tú ganas, que es el objetivo principal de este método.

El primer elemento hace referencia a la preparación de alternativas por si no se llega al acuerdo. Como cabe esperar, no todas las negociaciones terminan con un acuerdo, o bien se llega a un acuerdo precipitado a causa de la presión que ejerce la otra parte (por ejemplo, cuando dicen "tómalo o déjalo"). Por ello, debemos tener bien preparado lo que pueda suceder si "lo dejo". Es decir, ¿cuáles son mis alternativas y las de la otra parte? Si conocemos la respuesta a esta pregunta podremos valorar si estas son mejores o peores que las opciones de acuerdo. Debemos tener en cuenta que, si no somos capaces de elaborar una serie de opciones creativas y atractivas para la otra parte, de modo que podamos llegar a una "zona de acuerdo aceptable", la otra parte puede tener una alternativa externa a ese acuerdo. Por tanto, deberemos poder ofrecerles algo mejor, para obtener un acuerdo ventajoso y eficaz. Pero cuidado porque esa alternativa puede ser un arma de doble filo, porque si quien la ostenta somos nosotros podremos apretar a la otra parte, para ver si logramos alguna concesión más ventajosa.

El segundo elemento son los intereses y las posiciones. El interés es todo aquello que creemos que no podemos intercambiar con las otras partes. La posición es la actitud que se tiene acerca del tema a negociar. Un ejemplo de cómo se puede mejorar el resultado de una negociación es la metáfora de las naranjas que nos enseña la importancia de conocer realmente cuáles son los intereses de la otra parte.

El tercer elemento corresponde a las opciones. Después de saber cuáles son los intereses de cada una de las partes, se podrán generar varias opciones que beneficien a ambas partes. De hecho, un acuerdo es mejor si se incorpora la mejor de muchas opciones. Los puntos básicos para generar opciones son: por un lado, conocer muy bien los procesos de crear valor, reclamar valor y la elección de recrear. Por otro lado, separar el proceso de inventar y generar ideas de decisión, por ejemplo, realizando sesiones de "lluvia de ideas" con los equipos de negociación de ambas partes.

El cuarto elemento hace referencia a los criterios objetivos que se puedan utilizar para asegurar que el acuerdo al que se va a llegar sea justo para ambas partes.

El quinto elemento destaca la importancia de la relación personal. Separar el problema objeto de la negociación y la relación personal entre ambas partes es imprescindible para cuidar las relaciones sociales y dejar la puerta abierta a futuras negociaciones. Por tanto, para una buena relación no se aconseja mezclar problemas de relación personal con problemas esenciales de la negociación.

El sexto elemento es la comunicación. La manera de expresarse, tanto verbal como no verbal, va a influir tanto en el proceso como en el resultado de la negociación. Por eso, este método requiere ciertas habilidades comunicativas. Es necesario compartir información vital y, para ello, es muy hábil escuchar. Otra habilidad importante es la asertividad, pues podemos aplicarla para mostrar nuestra actitud colaboradora (por ejemplo decir "yo quiero", "¿qué quieres tú?", "¿cómo lo podemos hacer?"). En caso de no conocer a la otra parte y si el asunto es importante, vale la pena ir a conocer personalmente a la persona con la que luego deberemos negociar. Si ambas partes tienen en común un conocimiento personal positivo, hay mayor predicción de éxito para que la resolución sea funcional.

Finalmente, el séptimo elemento hace referencia a los compromisos. Los compromisos son planteamientos verbales o escritos que especifican el acuerdo alcanzado, es decir, lo que cada parte debe hacer o no hacer. Estos compromisos pueden crearse en el curso de una negociación. En general, un acuerdo será mejor en la medida en que las promesas tengan un planteamiento, una estructuración y se diseñen para que se conviertan en acuerdos duraderos, de fácil comprensión y comprobables.

5. CONCLUSIONES

El conflicto es inherente a las relaciones humanas y aprender estrategias para gestionarlo debería ser un objetivo prioritario para todas las personas, por el simple hecho de convivir.

Precisamente, en lugar de centrarnos inmediatamente en la eliminación del conflicto, quizá deberíamos dirigir más esfuerzos en el manejo del conflicto: comprender su naturaleza y ser conscientes de cómo se está produciendo la espiral del conflicto.

Entre los principales objetivos de la Psicología social ha estado establecer cuáles son las características personales, grupales o situacionales que facilitan la cooperación entre las partes en conflicto y cuáles son los factores que favorecen la competición o el individualismo.

Así, por ejemplo, ya hemos descubierto que tener experiencia previa de que la otra parte coopera en una situación de conflicto o el simple hecho de conocer personalmente a la otra parte son factores que favorecen la cooperación. En cambio, sentirse tratado/a de forma injusta por la otra parte, la escasez de recursos disponibles o la percepción errónea de la otra parte son factores que facilitan la competición o el individualismo.

El objetivo está claro: si conocemos qué factores facilitan la cooperación entre las partes y cuáles la competición o el individualismo, podremos invertir nuestros esfuerzos en impulsar al máximo los factores de cooperación e intentar reducir los que llevan a la competición o el individualismo, de forma que consigamos prevenir ciertos problemas sociales.

Además de conocer los factores que facilitan la cooperación, entrenar nuestras habilidades sociales, especialmente la asertividad, para comunicarnos e interactuar con las demás personas de forma constructiva es esencial para la prevención y manejo del conflicto. Muy ligado a esto, el análisis transaccional nos muestra que los estados del YO influyen en nuestra manera de comunicarnos en una situación conflictiva y que el estado adulto/a es el más idóneo para resolver los conflictos de manera asertiva.

Con relación a las estrategias de resolución de conflictos, la integración (yo gano-tú ganas) y la negociación (todos/as perdemos algo-todos/as ganamos algo) son las estrategias más favorables para resolver situaciones de conflicto entre las partes. Específicamente para la estrategia de negociación, el método Harvard de la negociación constituye un elemento práctico de gran valor para aquellas personas que quieran desarrollar sus habilidades de negociación para encontrar soluciones que posibiliten una ganancia mutua.

Finalmente, recordemos que el conflicto puede ser muy útil si, en lugar de verlo como un problema, lo transformamos una oportunidad:

El conflicto permite probarse y enjuiciarse a sí mismo/a. Nos desafía para desarrollar respuestas y soluciones creativas. Nos ayuda a conocer importantes diferencias entre las personas. Nos ayuda a establecer una identidad personal y puede aumentar la cohesión en los grupos.

Al fin y al cabo, el conflicto está en la raíz del cambio personal y social.

6. BIBLIOGRAFÍA

ANZIEU, DIDIER, *La dinámica de los grupos pequeños*, Kapelusz, Buenos Aires 1971.

BERNE, ERIC, *What do you say after you say Hello?*, Corgi Books, London 1975.

BERNSTEIN, MORTY, CROSBY, FAYE, "An experimental examination of relative deprivation theory", *Journal of Experimental Social Psychology*, núm. 16/1980.

CABALLO, VICENTE E., *Manual de evaluación y entrenamiento de las habilidades sociales*, Siglo XXI de España Editores S. A., Madrid 2007.

CAMPBELL, DONALD, "Ethnocentric and other altruistic motives", AAVV (Ed. LEVINE, DONALD), *Nebraska symposium on motivation*, University of Nebraska Press, Lincoln 1965 (págs. 283-312).

FERNÁNDEZ RÍOS, MANUEL, RASCADO, PALOMA, RICO, RAMÓN, "De la confrontación y el conflicto hacia nuevos modelos de relaciones laborales", AAVV (Coor. GUILLÉN GESTOSO, CARLOS, GUIL BOZAL, ROCÍO), *Psicología del trabajo para las relaciones laborales*, McGraw-Hill, Madrid 2000 (págs. 329-355).

FISHER, ROGER, URY, WILLIAM, PATTON, BRUCE, *Obtenga el sí: El arte de negociar sin ceder*, Gestión 2000, Barcelona, 2002.

KATZ, DANIEL, "Nationalism and strategies of international conflict resolution", AAVV (Ed. KELMAN, HERBERT C.), *International behavior: A social-psychological analysis*, Holt, Rinehart, Winston, New York 1965.

LLACUNA MORERA, JAUME, PUJOL FRANCO, LAURA, "La conducta asertiva como habilidad social", *INSHT NTP*, 667/2004.

LEVINE, ROBERT A., CAMPBELL, DONALD, *Ethnocentrism: Theories of conflict, ethnic attitudes and group behavior*, Wiley, New York 1972.

SHERIF, MUZAFER, HARVEY, O. J., WHITE, B. JACK, HOOD, WILLIAM R., SHERIF, CAROLYN W., *Intergroup conflict and cooperation: The Robbers Cave experiment*, University of Oklahoma Press/Book Exchange, Oklahoma 1961.

SHERIF, MUZAFER, *In common predicament: Social psychology of intergroup conflict and cooperation*, Houghton Mifflin, Boston 1966.

SMITH, ELIOT R., MACKIE, DIANE M., *Psicología Social*, Editorial médica panamericana, Madrid 1997.

STOUFFER, SAMUEL A., SUCHMAN, EDWARD A., DEVINNEY, LELAND C., STAR, SHIRLEY A., WILLIAMS, ROBIN M. JR., *The American soldier: Adjustment during army life*, Princeton University Press, Princeton 1949.

TAJFEL, HENRI, TURNER, JOHN, "An integrative theory of intergroup conflict", AAVV (Ed., AUSTIN, WILLIAM G., WORCHEL, STEPHEN), *The social psychology of intergroup relations*, Brooks/Cole, Monterey 1979.

THOMAS, KENNETH W., & KILMANN, RALPH H., *Thomas-Kilmann conflict mode instrument*, Xicom, a subsidiary of CPP, Inc., California 1974.

WORCHEL, STEPHEN, ANDREOLI, VIRGINIA A., FOLGER, ROBERT, "Intergroup co-operation and intergroup attraction: the effect of previous interaction and outcome of combined effort", *Journal of Experimental Social Psychology*, núm. 13/1977.

La búsqueda de la justicia en el conflicto sanitario: más allá (o acá) del proceso penal

IRENE NADAL GÓMEZ
Profesora Titular Derecho Procesal UIB

1. INTRODUCCIÓN

El propósito de este trabajo es reflexionar brevemente sobre la gestión de los conflictos sanitarios fuera de los márgenes más tradicionales de la justicia penal. Las peculiaridades de este tipo de conflictos exigen abordarlos de manera específica, teniendo en cuenta los rasgos que lo caracterizan. De esta forma, se estará en condiciones de analizar adecuadamente otras formas de gestionarlos y de ponerlas en contexto con derechos tan importantes como el derecho a la tutela judicial efectiva y el *ius puniendi* del Estado.

La concepción actual de la impartición de justicia va más allá de la actividad estrictamente jurisdiccional realizada por órganos judiciales de manera que se exploran otros mecanismos para la participación ciudadana en esta labor y para una mayor eficiencia del servicio público de Justicia. La, de aprobarse, futura ley de eficiencia procesal profundiza en esa idea en el contexto de la jurisdicción civil y trata así de "democratizar" la justicia y convertir a los ciudadanos en los protagonistas en la resolución de sus conflictos de naturaleza privada[1].

Pero hay otros conflictos cuyos medios de resolución navegan desde la esfera privada, propia del derecho civil, hacia espacios con un carácter

---

1 Ver apartado I de la Exposición de Motivos del "Proyecto de Ley de medidas de eficiencia procesal del servicio público de Justicia" BOCG, 97-1, 22 abril 2022.

de derecho público mucho más marcado. Es el caso de los conflictos generados con ocasión del ejercicio de profesiones de riesgo. Abordar tales conflictos exige estudiar esta realidad desde diferentes perspectivas y a salir de su encuadre en categorías más convencionales, para proponer su resolución por otras instituciones que, aunque más novedosas gozan de un cierto desarrollo en la actualidad.

El estudio de los conflictos que se producen de estas realidades complejas y de gran importancia para la sociedad requiere de una cierta comprensión del contexto en el que surgen. Solo de esta forma pueden tratarse con solvencia los mecanismos más adecuados, por utilizar la terminología de la futura ley de eficiencia, para su resolución. Es cierto que en este trabajo no puede abordarse con toda profundidad el análisis de esta realidad, ni en lo relativo al conflicto como tampoco en los mecanismos para su resolución; pero sí se puede profundizar, siquiera de forma somera, en lo que tienen de peculiar aquellos conflictos y trazar algunas ideas sobre determinadas instituciones que se sitúan en los márgenes previos o posteriores de lo que sería el proceso judicial en sentido estricto.

De manera particular me referiré a los conflictos sanitarios, pero es necesario enmarcarlos en un contexto más general, que los incluya en la categoría de conflictos en profesiones de riesgo.

2. CARACTERÍSTICAS DE LOS CONFLICTOS EN PROFESIONES DE RIESGO

El ejercicio de la actividad profesional de determinados colectivos como pilotos, controladores, ingenieros y, por supuesto, personal sanitario, viene marcada en la actualidad, por un elemento común que consiste en la gestión del riesgo y que determina en gran medida su régimen jurídico[2]. El desarrollo tecnológico de la sociedad ha afectado a todos los ámbitos profesionales, pero de manera particular a los más especializados, entre los que se cuentan tales colectivos. Así, prácticas sanitarias que hasta hace

---

2 Como señala MARTÍNEZ LÓPEZ, FRANCISCO JOSÉ, "La gestión de riesgos sanitarios tiene su propia metodología y se aplica cada vez más para intentar disminuir el número de reclamaciones y demandas económicas como consecuencia de la utilización de los servicios sanitarios". En "La gestión de riesgos sanitarios y los derechos de los pacientes. La Ley 41/2002. Notas para un programa de gestión de riesgos", en *Revista de Administración sanitaria Siglo XXI*, Vol. 1. Núm. 3, págs. 487-512 (Julio 2003).

poco no serían asumibles, se acogen con normalidad a pesar del riesgo que pueden suponer para los pacientes. Lo mismo ocurre con otras actividades como las del transporte aéreo, ferroviario, las relacionadas con la energía o con la inteligencia artificial. La reducción de riesgos hasta niveles "asumibles" por la sociedad ha llevado a la normalización de tales actividades y a la consolidación de la denominada "sociedad del riesgo", en cuyo contexto se manejan conceptos como el de riesgo asumible, diligencia exigible y responsabilidad ante los resultados dañosos no esperados[3].

En el caso del ejercicio de las profesiones sanitarias, estas conllevan por su propia naturaleza la gestión de la salud de las personas. Ello implica que con su actividad profesional realizan actuaciones directas o indirectas que buscan como fin la mejora de la salud física y mental de los pacientes, pero que no tienen garantizado el resultado con lo que pueden conducir a un indeseado efecto dañoso[4].

La aceptación por la sociedad de la práctica médica, y en general de actividades profesionales o sociales que comportan un "riesgo" parte de la base de que dicha actividad se desarrollará con unos niveles de seguridad que reduzcan o impidan la posibilidad, la frecuencia o la intensidad de un evento dañoso. Pero es evidente que el evento dañoso no puede evitarse de forma absoluta. De hecho, es relativamente frecuente que se produzcan

---

[3] Ver en este sentido ORMAZABAL SÁNCHEZ, GUILLERMO, *Carga de la prueba y sociedad de riesgo*, Barcelona 2004. En particular señala este autor cómo "uno de los aspectos más característicos de la vida en las modernas sociedades industrializadas es el vertiginoso incremento y la omnipresencia del riesgo, entendido éste como amenaza a ciertos bienes, señaladamente la vida y la salud, provocada por el propio hombre y no por fuerzas o elementos naturales que escapan de su control. Sin exageración, se ha acuñado el término "sociedad de riesgo" para referirse a este fenómeno (...) presenta como rasgos definitorios un cambio básico del potencial de peligros, la gran complejidad organizativas de las relaciones de responsabilidad y el aumento de las sensaciones de falta de seuridad y de orientación". Ver *ob. cit.*, pág. 10.

[4] En efecto, el Tribunal Supremo viene reiterando en pronunciamientos en su mayor parte civiles, aunque también penales, que el deber exigible al sanitario lo es de medios y no de resultado, con lo que no se le puede reclamar por el hecho de no haber conseguido que el paciente mejorara con su actuación, ni siquiera cuando como consecuencia de esta su situación empeora (Cf. STS nº 4827/2007 de 19 junio). Ello requiere un análisis individualizado de la aplicación de la lex artis al caso concreto, con la que poder determinar si se ha producido una negligencia y que esta pueda dar lugar al nacimiento de una responsabilidad sancionable civil o penalmente.

situaciones de riesgo más o menos próximas que en algunas ocasiones conducirán a la producción de un resultado. El evento o suceso dañoso es, por tanto, algo a evitar y su mero acaecimiento significa, "a priori", que se ha traspasado la barrera de lo asumible[5].

Desde el punto de vista jurídico un hecho que produce un resultado dañoso puede resultar relevante por sí mismo, sin considerar la situación previa de riesgo creada, pero cuando no hay resultado tal situación pasa desapercibida y su consideración jurídica no es tan clara. Así, aunque el riesgo esté presente en todas estas actividades, no siempre tendrá consecuencias jurídicas y su determinación deberá tomar en consideración no sólo la producción del resultado, sino el resto de factores que lo rodearon. Cuando los sucesos o eventos dañosos están ligados a actividades sociales o profesionales que necesitan por su propia naturaleza gestionar el riesgo, entran en juego elementos singularizantes que, por lo demás, son comunes a otras profesiones de riesgo como las anteriormente señaladas. Así, cabe mencionar que, junto a la ya mencionada alta especialización, se trata de profesiones que suelen requerir una habilitación administrativa para su desempeño y que están fuertemente reguladas a través de normativas o de protocolos. A lo anterior habría que sumar que, en la actualidad, estas profesiones se ejercen en equipos, en el marco de sistemas humanos y técnicos, de manera que la actividad de un individuo está profundamente condicionada por el sistema en el que se desenvuelve. Todo ello pone de manifiesto que la mera visión individual del suceso resulta insuficiente, incluso para un ámbito tradicionalmente tan individualista como es el del derecho penal. El análisis del evento causante del daño, la determinación de la posible culpabilidad de un sujeto tras establecer el nexo causal y la imposición de una sanción no permite tener en cuenta otros efectos importantes y relacionados con la actividad en la que el evento se produjo. Se dan en torno al mismo un conjunto de rasgos y circunstancias que exigen un tratamiento que vaya más allá del eventual enjuiciamiento individual del hecho y el sujeto de la acción[6].

---

5 El concepto de riesgo asumible se maneja, por ejemplo, para definir el concepto de seguridad en la operación aeronáutica. Así, la última versión del Anexo 19 al Convenio de Chicago de Aviación Civil (En adelante, Convenio de OACI), la define cómo: "Estado en el que los riesgos asociados a las actividades de aviación relativas a la operación de las aeronaves, o que apoyan directamente dicha operación, se reducen y controlan a un nivel aceptable".

6 En el documento titulado "Sistemas de registro y notificación de incidentes y efectos adversos", elaborado por JOAQUIM BAÑERES, ELISA CAVERO, LIDIA

Las consecuencias del evento dañoso y de la respuesta penal también deben ponerse en contexto con todo el sistema en el que interactúa el profesional, por las consecuencias futuras que pueda tener en el ejercicio de la profesión y el servicio que prestan en la sociedad. De la responsabilidad que se exija al profesional sanitario por un hecho dañoso concreto puede depender cual sea la práctica médica en actuaciones futuras, produciendo mayores costes al sistema sanitario en términos económicos, o incluso de salud, por la reticencia del profesional a realizar determinadas prácticas[7].

Ello refuerza la idea de que el suceso o incidente debe ser tomado en consideración por lo que significa para el sistema e incluso para la sociedad de una manera global y desde la perspectiva de la necesidad que antes apuntaba, de asegurar que los riesgos se mantengan dentro de lo asumible. Es aquí donde surge el concepto de seguridad, como valor jurídico que debe guiar la normativa y la actuación de los poderes públicos.

LÓPEZ, CAROLA ORREGO Y ROSA SUÑOL, y publicado por el Ministerio de Sanidad y Consumo, se propone lo siguiente: "como alternativa a un enfoque basado fundamentalmente en la persona como principal fuente de los problemas de seguridad un enfoque sistémico, recordando que la aparición de los mismos depende, en gran medida, de múltiples factores contribuyentes relacionados con el sistema. Es frecuente encontrar después del análisis en profundidad de un problema de seguridad causas relacionadas por ejemplo con la comunicación, la ergonomía, la fatiga, la dotación de personal, la supervisión o la formación inadecuadas". Puede consultarse en:
https://www.sanidad.gob.es/organizacion/sns/planCalidadSNS/pdf/excelencia/opsc_sp3.pdf

7 Así lo recoge ALONSO SOLER, LUIS, "La culpa en el ámbito de la responsabilidad civil médica. Estado jurisprudencial y modalidades de presentación", en Revista de Calidad Asistencial. 2005; 20(4) págs. 223-227. En particular pág. 223. Como bien recoge este autor, que el paciente piense que tiene derecho a la curación provoca que cuando tal resultado no se produce se genere una litigiosidad que termina por crear lo que se ha denominado medicina defensiva. Esta forma de "practicar" la medicina que busca proteger al sanitario de cualquier responsabilidad conlleva efectos perjudiciales ya que "provoca enormes gastos a la medicina pública, dilata, respecto del enfermo, la diagnosis y, por tanto, su tratamiento, y limita al profesional con relación a técnicas novedosas, complejas o arriesgadas de las que se tiende a huir, con lo que este tipo de ejercicio acaba contraponiéndose a la medicina eficaz y corre el riesgo incluso de ser generadora, en sus extremos y cuando menos desde un punto de vista teórico, de responsabilidades".

3. LA SEGURIDAD Y SU APLICACIÓN AL ÁMBITO SANITARIO

El término seguridad aparece en diversos contextos jurídicos y sociológicos no siempre relacionados con el riesgo. Así, la seguridad jurídica se recoge en el artículo 9.3 de la CE como un derecho constitucional que obliga al legislador a perseguir la claridad normativa[8]. También aparece el concepto de seguridad en otros ámbitos del derecho que tienen relación directa con algún tipo de seguridad. Así, en la normativa de consumo se busca la seguridad del consumidor a la hora de relacionarse con el empresario y de consumir los productos que están a su disposición. En la normativa que regula los medios de transportes también aparece como elemento esencial la seguridad, que persigue que la operación concreta se desarrolle de forma segura y se consiga garantizar de esta forma la preservación de la integridad física de los pasajeros.

En el contexto sanitario la seguridad también es un valor esencial que ha sido objeto de estudios y estrategias estatales dirigidos a garantizar la seguridad del paciente en el sistema nacional de seguridad social.

El documento de la Estrategia Nacional de Seguridad del Paciente del Sistema Nacional de Salud (en adelante ENSP) refleja un concepto que es esencial para entender el tratamiento completo que requiere la producción de un hecho dañoso. Se trata del concepto de "cultura de seguridad"[9]. Este concepto no es exclusivo del ámbito sanitario, sino que se ha fraguado en el contexto común de las profesiones de "riesgo" como mecanismo para garantizar la máxima seguridad para los destinatarios del servicio, a la vez que proporciona un trato justo para los profesionales que deben gestionar el riesgo que conlleva el ejercicio habitual de su profesión[10]. Tal búsqueda

---

8 Entre muchas otras la Sentencia del Tribunal Constitucional 46/1990, de 15 de marzo.

9 Puede consultarse el documento con la ENSP 2015-2020 en la siguiente página web: https://seguridaddelpaciente.sanidad.gob.es/docs/Estrategia_Seguridad_del_Paciente_2015-2020.pdf Este documento recoge en su pág. 100 una definición de cultura de seguridad y que es la siguiente: "La cultura de la seguridad de una organización es el producto de los valores, actitudes, percepciones, competencias y patrones de conducta de individuos y grupos que determinan el compromiso, así como su estilo y habilidad respecto a la salud de la organización y la gestión de la seguridad".

10 Ver en este sentido el considerando (36) del Reglamento (UE) nº 376/2014 del Parlamento Europeo y del Consejo de 3 de abril de 2014 relativo a la notificación de sucesos en la aviación civil, que modifica el Reglamento (UE) no 996/2010 del Parlamento Europeo y del Consejo, y por el que se derogan la

de la seguridad pretende conseguirse mediante el análisis riguroso de los eventos producidos, de manera que puedan conocerse sus causas y evitar su reiteración futura. Esta es la forma en la que la cultura de seguridad garantiza la consecución de sus objetivos.

Como puede observarse, este mecanismo es de carácter reactivo ya que basándose en hechos que ya se han producido pretende evitar la producción de futuros daños. El ordenamiento reacciona a posteriori, cuando ya se ha producido el daño, y lo afronta desde los valores y mecanismos de defensa que rigen en el ordenamiento jurídico: producción de un hecho dañoso y nacimiento de una responsabilidad que debe afrontar el autor del hecho. En tal contexto, la sanción civil y la penal tienen una doble finalidad: reparar el daño causado y desincentivar que el hecho vuelva a repetirse.

Sin embargo, no siempre la sanción consigue evitar que el hecho dañoso vuelva a repetirse. La actividad punitiva sobre el autor no resulta muy efectiva desde el punto de vista de la seguridad proactiva. En el caso de los hechos tipificados como delitos, el efecto disuasorio del derecho penal es, cuando menos, limitado. Y esta limitación es especialmente patente en el caso de las acciones imprudentes, esto es, de hechos con resultado dañoso que no se realizaron con el concurso de la voluntad del actor.

Una respuesta exclusivamente punitiva del Estado en el caso de errores o acciones imprudentes en el marco del ejercicio de profesiones de riesgo es insuficiente para cumplir con los fines disuasorios y, sobre todo, produce otros efectos perversos que no solo no contribuyen a mejorar la seguridad, sino que la empeoran. La actuación sancionadora provoca a su vez la respuesta defensiva, que lleva a acciones concretas como la llamada medicina defensiva, y a la falta de colaboración de los profesionales en la investigación de sucesos e incidentes[11].

Directiva 2003/42/CE del Parlamento Europeo y del Consejo y los Reglamentos (CE) no 1321/2007 y (CE) no 1330/2007 de la Comisión.

11 Este es el peligro que se expone en el documento "Recomendaciones para el análisis de incidentes de seguridad del paciente con daño (eventos adversos) Cuestiones metodológicas y legales" (2021) Publicado por el Ministerio de Sanidad: "Si, ante cada actuación, el profesional siente amenazada su seguridad jurídica y cuestionadas sus decisiones clínicas, es decir si aumenta su inseguridad, se corre el riesgo de que aumenten las prácticas orientadas a la medicina defensiva que suponen el aumento de procedimientos de escaso valor, lo que añadiría nuevos riesgos para el paciente". Pág. 13.

Resulta así que, la gestión del conflicto en las profesiones de riesgo y la aplicación del derecho sancionador afecta a la seguridad como bien necesitado de protección para los usuarios inmediatos y futuros. Con ello parece que la seguridad y la justicia se encuentran enfrentados cuando se trata de profesiones de riesgo y, sin embargo, ninguna de ellas puede eliminar a la otra, sino que deben encontrar formas de convivir que permitan gestionar el riesgo, garantizar la seguridad y dar un adecuado tratamiento a los conflictos.

Se trata, entonces de que el tratamiento jurídico sea capaz de dar respuesta a la necesidad de gestionar el riesgo mediante las disposiciones que se adopten en el ámbito sanitario, o de la profesión que se trate; a la vez que se garantiza la seguridad para los usuarios, y se da un tratamiento adecuado a los conflictos que se produzcan en su seno[12].

En esta línea, desde hace años se viene potenciando un enfoque del análisis de los sucesos producidos en el ámbito del ejercicio de la profesión sanitaria que permita conocer sus causas y factores contribuyentes, y formular recomendaciones que se plasmen en protocolos o reglas de actuación que eviten accidentes futuros.

Esta técnica ha demostrado ser mucho más efectiva para mejorar la seguridad y prevenir nuevos sucesos en el futuro. Con su progresiva implantación se ha producido en el contexto de estas profesiones una evolución hacia la llamada seguridad proactiva, que no espera a que se produzcan sucesos para analizarlos y hacer propuestas de mejoras, sino que se adelanta y propone medidas para que aquellos no lleguen nunca a producirse.

El suceso se convierte entonces en el elemento central, tanto desde el punto de vista de técnico como jurídico. Y es central no sólo por su importancia, sino por la posición que este ocupa en relación a las actuaciones técnicas y jurídicas de las que es objeto.

Así, se actúa para prevenir el suceso, incidente o accidente con herramientas técnicas y jurídicas. Pero incluso cuando el suceso se ha producido, y según sea la gravedad del mismo, este puede ser tratado mediante tales herramientas que llevan a evitar su reiteración futura, a garantizar

12 Esto es lo que se ha hecho en algunos países europeos como Dinamarca o Italia a través de sus Leyes de Seguridad del Paciente, donde se ha dado un tratamiento penal y procesal a esta problemática, según se refleja en el documento de Recomendaciones antes señalado (pág. 13). También en Estados Unidos ha sido el origen de las llamadas *Apologies Laws* a las que luego me referiré.

que el profesional implicado será tratado de una forma justa, a la vez que si hay víctimas afectadas se les ofrezca la correspondiente tutela jurídica de sus derechos, junto con mecanismos de justicia restaurativa.

4. HERRAMIENTAS TÉCNICAS PARA LA IMPLEMENTACIÓN DE LAS MEJORAS EN SEGURIDAD: LOS SISTEMAS DE REGISTRO DE EVENTOS ADVERSOS

Para estar en condiciones de entender los instrumentos jurídicos que son exigidos en el ámbito sanitario, con vías de mejorar la seguridad y evitar futuros sucesos, debe hacerse una breve referencia a las herramientas técnicas empleadas para la mejora de la seguridad en el ámbito sanitario.

En concreto, el Ministerio de Sanidad y Consumo, publicó un informe sobre el Sistema de Registro y Notificación de Incidentes y Eventos Adversos (en adelante SRyNIEA) en el que se explicaba en qué consistía dicho Sistema, qué influencia tenía sobre la seguridad y sus consecuencias legales[13].

De este informe interesa destacar varios aspectos. Así la definición de "evento adverso" es importante para saber a qué nos referimos. En el informe se le define como: "una lesión relacionada con la asistencia sanitaria" e incluye el diagnóstico, tratamiento, utilización de sistemas y equipamientos. En este concepto, más que la enfermedad del paciente en sí o sus complicaciones importa la acción del sanitario, en tanto que provoca la enfermedad o la agrava pudiendo incluso provocarle la muerte. Precisamente en función de dicho resultado se distingue entre eventos adversos graves y leves. A su vez, se distingue el concepto de error, que afecta a la naturaleza de la acción del sanitario, en cuanto se refiere al hecho de no realizar la acción como se planteó, o a la utilización de un plan equivocado para lograr un objetivo.

A partir de aquí se diferencia entre el evento adverso prevenible, que se refiere a aquel efecto adverso que se puede atribuir a un error, entendido este conforme a la definición anterior, y el incidente, que en palabras del informe antes citado consiste en: "acción u omisión que podría haber dañado al paciente, pero no lo dañó como consecuencia del azar, la preven-

---

13 Puede consultarse en https://www.sanidad.gob.es/organizacion/sns/planCalidadSNS/pdf/excelencia/opsc_sp3.pdf

ción o la mitigación de la misma. Se podría decir que un incidente es indistinguible de un evento adverso en todo excepto en el resultado, es decir, en la presencia de lesiones en el paciente producto de la atención sanitaria".

La importancia del análisis de los incidentes radica en que por cada evento adverso grave hay treinta leves y 300 incidentes. De esta forma, si reducimos los incidentes podremos a su vez, reducir también los eventos leves y graves. El aprendizaje basado en el estudio de los incidentes se muestra como elemento esencial para evitar la producción de eventos adversos[14].

Pero para que puedan evitarse tales incidentes deben conocerse, algo que puede resultar difícil, puesto que no se han producido resultados y, además, no basta con sólo conocer su existencia, sino que es necesario recopilar la mayor información posible sobre ellos. Solo de esta forma podrán ser objeto de análisis y tomarse medidas eficaces para evitar futuros efectos adversos. Se incide en la cultura de la información o del reporte, como medio para mejorar la cultura de seguridad.

Es importante poner de manifiesto en este momento algunos conceptos técnicos que después tendrán relevancia sobre los conceptos jurídicos que ya he apuntado anteriormente, para el tratamiento en el mundo del derecho de los eventos dañosos. Así, los estudios de carácter técnico sobre la seguridad en el ámbito laboral han puesto de manifiesto como esta se ve afectada por múltiples causas y rara vez los problemas en este ámbito son fruto exclusivo de un fallo humano. Si llevamos este dato al ámbito de la responsabilidad, se produce un cambio en el enfoque que pasa de la culpabilización individual del profesional a una visión sistémica del efecto adverso, que viene causado por múltiples factores[15].

Por lo tanto, la investigación y estudio de tales incidentes y efectos adversos implica llevar a cabo una labor de análisis profunda que abarque, no solo la acción individual del profesional sanitario, sino ir más allá y examinar las condiciones latentes del sistema que permitieron el surgimiento de esa acción insegura.

---

14 Según se recoge en la Estrategia de Seguridad del Paciente del Sistema Nacional de Salud, los efectos adversos evitables rondan entre el 34% y el 59%. (Documento de la ESPSNS, pág. 20).

15 Cf. "Sistemas de Registro y Notificación de incidentes y efectos adversos" https://www.sanidad.gob.es/organizacion/sns/planCalidadSNS/pdf/excelencia/opsc_sp3.pdf pág. 15.

Con esta finalidad nacen en profesiones expuestas a efectos adversos o accidentes los sistemas de gestión de riesgos que integran una serie de acciones. De entre ellos interesa destacar el que consiste en identificar los problemas de seguridad y aprender de ellos mediante sistemas de registro y notificación de carácter obligatorio o voluntario. Tales registros permiten la detección de riesgos y la prevención de los efectos adversos mediante el análisis de los casos que se han reportado al sistema. En el ámbito sanitario, el estudio sobre Sistemas de registro y notificación de incidentes y efectos adversos indica que "los sistemas de registro sirven para recopilar información tanto de eventos adversos como de incidentes y permiten aprender de los fallos que se detectan"[16].

Aunque esta no es la única estrategia o acción que se sigue para la mejora de la seguridad en el ámbito sanitario, sin duda es una de la que tiene mayor relevancia y de las que se ha probado como más útil para la prevención de accidentes o efectos adversos graves.

Por ello, se ha promovido la creación de sistemas de registros de efectos adversos que pueden tener carácter obligatorio o bien ser voluntarios. Los primeros se enfocan más a los supuestos en los que se han producido daños graves, con la finalidad de evitar que se repitan en el futuro y de cubrir la respuesta institucional a estos incidentes. Los segundos son los que tienen más impacto en la mejora de la cultura de seguridad, porque informan de eventos antes de que estos sean graves, ya que detectan pequeños riesgos o fallos que podrían haber conducido a la producción de efectos adversos graves[17].

En definitiva, la existencia de sistemas de registro de efectos adversos, ya sean obligatorios o voluntarios, ayuda a construir la cultura de seguridad de una organización. Ello es el fruto de dos factores, por un lado, los reportes nutren de información acerca de las debilidades, fallos y errores del sistema, que de otra forma no serían detectados; mientras que el análisis

---

16 https://www.sanidad.gob.es/organizacion/sns/planCalidadSNS/pdf/excelencia/opsc_sp3.pdf pág. 21.

17 Según el estudio antes señalado ambos sistemas producen efectos positivos en la mejora de la seguridad, pero los voluntarios son los que se valoran más a tales fines (p. 20). A nivel europeo, quizás la norma que mejor regula los sistemas de reporte y su régimen jurídico de protección es el citado Reglamento 376/2014 sobre notificación de sucesos en la aviación civil. En ella se distingue entre los sistemas obligatorios y los voluntarios, entendiendo que son estos últimos los que más favorecen la cultura de seguridad y que deben ser objeto de una protección reforzada.

de dicha información permite adoptar medidas preventivas o establecer nuevos protocolos que reduzcan los riesgos en el futuro.

Sin embargo, a pesar de que se conoce la conveniencia de implantar sistemas de registro de incidentes, en la práctica es difícil crear una cultura de notificación, especialmente por lo que se refiere a las de carácter voluntario. Son varios los factores que dificultan la implantación de estos sistemas, pero uno de los principales, sin duda, es la reticencia del profesional a informar de hechos que pudieran acarrearle una responsabilidad. Es lo que el informe señala como el miedo a las acciones disciplinarias y sanciones que, si bien es solo uno de los ocho factores allí identificados, no deja de tener un peso importante[18].

5. CONFLICTO JURÍDICO Y CONFLICTO INTERPERSONAL

La situación descrita en los párrafos anteriores pone de manifiesto la existencia de un doble conflicto, el provocado entre la necesidad de mantener y mejorar la seguridad asistencial mediante la obtención de información del personal sanitario y la responsabilidad jurídica derivada de su actuación, por un lado, y por otro el conflicto surgido entre el personal sanitario y el paciente afectado por el evento adverso.

El tratamiento de ambos conflictos se ha realizado desde perspectivas separadas tradicionalmente, especialmente cuando se ha abordado desde el ámbito jurídico. Determinar el tipo de responsabilidad derivada del efecto adverso o incidente, civil o penal y satisfacer la sanción impuesta,

---

[18] Este miedo a las sanciones o represalias hacia el informante es también el que justifica la reciente ley 2/2023, de 20 de febrero, reguladora de la protección de las personas que informen sobre infracciones normativas y de lucha contra la corrupción (BOE num 44, de 21 de febrero de 2023). Sin embargo, el objeto de las informaciones o reportes no son tanto los incidentes, errores o fallos del sistema en los que el informante está directamente implicado, sino que es la denuncia de infracciones penales o administrativas graves o muy graves, y dotar al sujeto que informa de una protección frente a represalias de naturaleza laboral, en el seno de su empresa u organización, por el hecho de reportar. La finalidad del reporte en este caso no es investigar para conocer las causas y mejorar la seguridad, sino denunciar vulneraciones de normas para que se impongan a los denunciados las correspondientes sanciones penales o administrativas a la vez que se corrige la situación ilegal denunciada. Aunque ambos sistemas de reporte pueden tener puntos en común, y sin duda, en ambas se protege al informante, las diferencias en su objeto y concepción creo que han quedado claras.

según sea la naturaleza de la misma, ha sido la prioridad en el ámbito del derecho. En cambio, el primer tipo de conflictos ha sido prácticamente obviado por los ordenamientos jurídicos, salvo algunas excepciones como es el caso del Reglamento 376/2014 de notificación de incidentes de aviación civil; e incluso en esos casos su transcendencia en la normativa interna de los países ha sido escasa.

Las víctimas de los eventos dañosos y el propio Estado han impulsado la resolución del segundo tipo de conflictos y además lo han hecho con una perspectiva primordialmente jurisdiccional, esto es, en el marco de un proceso judicial civil o penal. Sin embargo, el impulso de los mecanismos alternativos de resolución de conflictos ha propiciado que se fomenten otro tipo de procedimientos que sirvan para dar solución a las necesidades de los sujetos implicados en el conflicto. Es en este ámbito donde ha surgido y se ha desarrollado la mediación sanitaria.

A través de este tipo de mediación se implica a los sujetos en la propia resolución del conflicto. La intervención del mediador va dirigida a ayudar a los sujetos a que puedan llegar a una solución aceptable para ambos. Con carácter general, en el ámbito sanitario pueden producirse distintos tipos de conflictos, pero al que ahora me refiero es a aquel provocado por una actuación del sanitario que causa un daño en el paciente, y que debe tener en cuenta las consecuencias legales del evento. Se trata de los conflictos legales-asistenciales.

Pero el primero de estos conflictos se produce en un ámbito puramente jurídico y entre sujetos desiguales: por un lado, estaría el interés del Estado en mejorar la seguridad a través de la obtención de información y su análisis, y por otro ese interés del informante en evitar las consecuencias negativas que la información que proporciona al sistema, y de las que él es la única o la principal fuente, le puedan acarrear.

Este tipo de conflictos es el que condiciona la efectividad de los sistemas de reporte de incidencias diseñados para avanzar en la seguridad proactiva. Su solución pasa no solo por una consideración abstracta del régimen de protección de la información sino también y, sobre todo, de la protección del informante[19].

---

19 La protección de la información suele realizarse a través de medidas cómo dotarla de un régimen de confidencialidad, y un sistema de anonimización o desidentificación que permite garantizar que no se difundirá ningún dato o que cuando se haga será de forma que no se pueda conectar con su autor. En cambio, las medidas de protección del informante pasan por la regulación de su eventual

Este último aspecto conecta los dos tipos de conflictos ya que la necesidad de protección del informante es especialmente fuerte cuando el suceso que se reporta ha causado un daño, o ha estado próximo a provocarlo. Es ahí donde se plantea con mayor intensidad cómo y en qué medida debe protegerse al informante y si debe pesar más el interés del Estado en la mejora de la seguridad o la realización de la justicia para satisfacer los legítimos intereses de la víctima y del propio Estado en la realización del derecho.

Este último sería un tercer tipo de conflicto derivado de los dos conflictos primarios antes señalados y para su resolución, la vía de la mediación no es suficiente. La decisión de cómo y cuándo debe protegerse al informante y quizás evitarle el proceso judicial en aquellos casos en los que se diera un conflicto asistencial-legal no puede dejarse en manos de los sujetos implicados, de manera particular. La dimensión pública del conflicto y sus repercusiones para la seguridad jurídica, y la propia eficacia de los sistemas de reporte, requiere que las medidas se adopten de forma previa y generalizada de forma que sean visibles para todos los afectados, puedan adecuar sus conductas y perciban desde sus diferentes perspectivas que están siendo tratados de forma justa.

Entramos así en un terreno especialmente arenoso en el que cuesta avanzar. El conflicto es observado desde las diferentes perspectivas de la justicia, en las que tienen una especial relevancia tanto el derecho a la Justicia de la víctima, la llamada Cultura Justa, en sus posibles manifestaciones previas o coetánea al proceso penal, y la Justicia Restaurativa y el papel que esta puede desempeñar de forma también coetánea o posterior al mismo. No se trata de analizar aquí con profundidad estas instituciones, sino trazar unas líneas sobre cómo ambas figuras jurídicas pueden ayudar a dar un adecuado tratamiento tanto a los profesionales en ámbitos de riesgo, especialmente a quienes ejercen la profesión sanitaria, como a las "víctimas" reales o potenciales de sus actuaciones, a la vez que se fomenta la seguridad del paciente mediante los sistemas de reporte de eventos.

---

responsabilidad en el plano del derecho sustantivo y con medidas procesales. Así se distingue en el Reglamento 376/2014 de notificación de incidentes en aviación civil en sus artículos 15 y 16, dedicados respectivamente a la protección de la información y a la del informante. En el documento de Recomendaciones al ya me he referido también se hace esta doble distinción, al recomendar tanto el anonimato de las personas informantes como la regulación de la responsabilidad derivada de sus acciones una vez han sido objeto de un reporte (pág. 13).

Hablar de Justicia penal se refiere indudablemente a todo el sistema penal; desde la configuración del delito en su sentido más amplio y el sistema de penas, hasta la implantación de un sistema judicial que permita de manera adecuada y garantista su imposición cuando sea necesario. Este es el marco convencional en el que el sistema penal se mueve dentro de su zona de confort, con sus categorías ya establecidas, aunque estas puedan evolucionar en sus concepciones teóricas y mejorar (o no) desde el punto de vista técnico.

Cuando hablamos de cultura justa y de justicia restaurativa sacamos al sistema de dicha zona y lo sometemos a estrés, con la búsqueda de soluciones a problemas que el marco de estudio tradicional no es capaz de resolver. O al menos, no es capaz de hacerlo de manera adecuada. Así, la cultura justa entronca con el derecho punitivo, su propia finalidad y razón de ser, enfocado hacia aquello que se persigue con la sanción. Su implantación está orientada a la seguridad de los destinatarios de las acciones que son objeto de juicio, pero también y sobre todo a los autores de las mismas, que son merecedores de un trato justo en una suerte de círculo virtuoso por el cual, el sujeto tratado justamente actuará en el futuro de manera que evitará las acciones que puedan dañar o poner en peligro a los destinatarios de aquellas.

Por su parte, la justicia restaurativa, no ya alternativa sino complementaria del proceso penal permite cumplir con otras finalidades de verdadera reparación de las víctimas y recuperación del victimario que proporciona en definitiva una solución al conflicto.

6. LA PROTECCIÓN DEL INFORMANTE Y LA PREVENCIÓN DEL CONFLICTO

Para llegar a algunas conclusiones sobre las relaciones entre tales ámbitos de la Justicia considero oportuno volver al conflicto inicial, el que se produce entre la necesidad de obtener información mediante los sistemas de reporte para su análisis y la elaboración de propuestas de mejora para la seguridad, y la posible responsabilidad del informante.

Como ya he apuntado, el conflicto entre cultura de seguridad y las consecuencias desfavorables para el informante se ha abordado, que no resuelto, en ámbitos como el del derecho aeronáutico con la proclamación del derecho a la protección del informante. A su vez, como he señalado antes, la protección del informante se ha situado dentro del concepto de cultura justa al que me he referido anteriormente y que se sitúa en la antesala del derecho penal.

6.1. El concepto e implementación de la cultura justa

El concepto de cultura justa nace en el entorno del derecho anglosajón o common law, con la búsqueda de un trato justo hacia los profesionales de primera línea que están expuestos a la comisión de errores honestos y para los que la respuesta punitiva se muestra insuficiente e incluso desaconsejable. La cultura justa surge además como concepto sociológico y sufre para su positivización en el ordenamiento jurídico concreto.

La conexión entre la cultura justa y la protección del informante encuentra sentido en tanto que si lo que se reporta es la comisión de un error honesto, cometido en el ejercicio de esa profesión de gestión de riesgos en primera línea, debería evitarse una respuesta punitiva del Estado. De ahí que este, si quiere ser coherente con tal principio deba establecer mecanismos concretos que saquen al informante del ámbito penal.

En este punto, para entender la posibilidad de establecer tales mecanismos y valorar su eficacia, hay que recordar que tanto en sistemas de derecho civil, como en los de derecho anglosajón, la respuesta punitiva del Estado, con la imposición de cualquier sanción debe pasar por un proceso justo[20].

El proceso se articula, así, como una herramienta necesaria e imprescindible del derecho punitivo, con el que se garantiza que la sanción impuesta es justa, porque se ha impuesto a través de un proceso justo.

A partir de aquí, la articulación del proceso penal difiere en ambas tradiciones jurídicas en cuanto a un aspecto esencial: la decisión sobre el ejercicio de la acusación. Este elemento al que ahora me referiré, tiene especial relevancia cuando se trata de hablar de la cultura justa y en su articulación en los ordenamientos internos.

---

20 En nuestro ordenamiento ello se debe al principio de legalidad penal del art.25 de la Constitución Española, e incluye tanto la legalidad material (arts. 1 y 2 Código penal) como la legalidad procesal o garantía constitucional (art. 3.1 y 3.2 Código penal y art.1 LECrim). También es aplicable el art. 6 del Convenio europeo para la protección de los derechos humanos y de las libertades fundamentales (BOE 243, 10 octubre 1919), que contempla el derecho a un proceso justo.

Decidir si se ejercita la acusación y, por consiguiente, se da inicio al proceso penal, en los sistemas penales anglosajones recae en la figura del Fiscal. Este tiene un importante margen de maniobra para decidir si ejercita la acusación ante el juez penal o si considera que la respuesta penal no es adecuada. Esta potestad, aunque más o menos reglada en función de los concretos ordenamientos, dota de gran flexibilidad a los sistemas de common law para aplicar los principios de cultura justa, en tanto que le permite decidir si acusa o no haciendo un juicio inicial sobre la actuación del profesional y si su actuación sería, o no, aceptable.

En el ámbito sanitario, si bien no se ha hecho referencia expresa a dicho principio, hay países que han implantado medidas legales para proteger a los informantes. Así en los territorios noroccidentales de Canadá, de tradición anglosajona se han implantado desde 2013 la denominada "Apologies Act" que es una forma jurídica de dar respuesta a la necesidad que tiene el paciente que ha sufrido el daño de que se le reconozca su sufrimiento, a la vez que se le da a la organización la oportunidad de realizar mejoras estableciendo los fundamentos para una relación más favorable entre ambas partes. Entre los motivos que impulsaron estas normas resulta de gran interés comprobar cómo su origen fue una propuesta que se hizo llegar al legislador para que adoptara medidas que liberaran de responsabilidad al sanitario que pidiera disculpas al paciente al que había causado daños, a través de un procedimiento que se regulaba allí[21].

El fundamento de esta medida se basaba en 3 factores. Primero, evitar los procedimientos judiciales; segundo, animar a que las disputas se resuelvan de manera temprana y efectiva desde el punto de vista de los costes; tercero y último, animar el diálogo natural, abierto y directo entre las personas que tienen un conflicto, de manera que se ayude al sanitario a asumir la responsabilidad por sus acciones a través de este acto moral y humano de pedir disculpas.

Como puede apreciarse, el planteamiento de esta normativa relacionaba claramente la comunicación de las disculpas por los sanitarios con el reconocimiento de un error, la prevención de que esta comunicación pudiera servir para exigir cualquier tipo de responsabilidad, prohibiendo

---

21 Ver en este sentido STUART MCLENNAN MBHL, LEIGH E. RICH PHD, ROBERT D. T. TRUOG MD, "Apologies in medicine: Legal protection is not enough", CMAJ, Marzo 17, 2015, 187 (5). Si bien estos autores son críticos con los resultados efectivos de estas leyes por sí mismas, resulta interesante la lectura del artículo para comprender la finalidad y efectos de este tipo de normas.

incluso su utilización como prueba en un proceso judicial y su orientación tanto a la mejora de los procedimientos de la institución, como a la restauración del conflicto con el paciente[22].

Sin duda, este es un ejemplo significativo, aunque no el único de cómo se ha abordado la problemática en el derecho anglosajón.

En cambio, en los sistemas de derecho civil el ejercicio de la acusación es necesario para aquellos supuestos en los que se aprecian indicios de la comisión del delito y la persecución del mismo no está limitada a la denuncia o querella de la víctima. Esta diferencia en los sistemas procesales penales tiene gran importancia a la hora de determinar las herramientas jurídicas que concretan los principios de cultura justa en el ordenamiento jurídico concreto.

Con carácter general, el inicio de un proceso penal en ordenamientos como el español, no depende tanto de la voluntad de la víctima, ni del acusador público, sino de la existencia de hechos que pudieran ser calificados como delito en nuestro ordenamiento penal. Es una de las manifestaciones del principio de legalidad penal y procesal al que hacía referencia antes. Esto significa que, cometidos los hechos con apariencia de delito debe iniciarse una investigación procesal que lleve, en su caso, a celebrarse un proceso ante los órganos judiciales con todas las garantías y que acabe con la imposición de la sanción mediante la sentencia.

Cabe preguntarse entonces cuál podría ser el lugar de la cultura justa en nuestro ordenamiento, y cuáles serían las herramientas más adecuadas

---

22 En este sentido, el precepto de la British Columbia Apology Act 2006 establece: "*Effect of apology on liability*
2(1) An apology made by or on behalf of a person in connection with any matter
(a) does not constitute an express or implied admission of fault or liability by the person in connection with that matter,
(b) does not constitute an acknowledgement of liability in relation to that matter for the purposes of section 24 of the Limitation Act,
(c) does not, despite any wording to the contrary in any contract of insurance and despite any other enactment, void, impair or otherwise affect any insurance coverage that is available, or that would, but for the apology, be available, to the person in connection with that matter, and
(d) must not be taken into account in any determination of fault or liability in connection with that matter.
2(2) Despite any other enactment, evidence of an apology made by or on behalf of a person in connection with any matter is not admissible in any court as evidence of the fault or liability of the person in connection with that matter".

para su aplicación en orden a la protección de los sanitarios y otros profesionales que informen sobre eventos adversos.

Debido a la configuración de nuestro sistema procesal penal al que me acabo de referir, la primera labor que debe afrontarse en ordenamientos continentales o de derecho civil es la de definir substantivamente qué conductas, o en qué supuestos determinadas conductas deben conducir necesariamente al inicio del proceso penal, es decir, hacer una revisión de la tipificación penal de estas conductas. La implementación de la cultura justa no puede hacerse en nuestros sistemas desde el ámbito exclusivamente procedimental, judicial, sino que debe ir ligado a la delimitación del supuesto de hecho de la norma penal.

El planteamiento debe ser, pues, previo y abordarse a nivel legislativo, tal y como se está haciendo en Suiza[23]. El legislador debe plantearse qué debe ser necesariamente objeto de un proceso penal ya que, en tales casos, cuando se conozca la producción de los hechos típicos habrá de iniciarse el procedimiento de instrucción y en su caso, abrirse juicio oral que termine con sentencia.

Así, el legislador debe afrontar la definición de las conductas punibles en el difícil terreno de la imprudencia y distinguir cuando esta puede o no ser punible. No es esta una labor nueva para el legislador que ya ha abordado dicha definición de forma muy tangible y objetiva en determinados delitos, como es el caso de la conducción temeraria. Pero en el caso de los delitos relacionados con la sociedad del riesgo y las acciones de profesionales que trabajan con el riesgo, esta labor es muy sensible ya que la producción de incidentes causantes de riesgo y un cierto grado de error puede formar parte de la cotidianeidad de su trabajo. No obstante, esta primera vía debería ser exquisita ya que cierra totalmente la vía penal a los pacientes afectados por los eventos adversos y puede minar su percepción de la Justicia, como he señalado antes, sin llegar por tanto a solucionar el conflicto.

Otro grupo de herramientas que puede utilizar el legislador son las que se engarzan no ya con el derecho sustantivo penal, sino con los mecanismos procesales propios del proceso penal.

Principalmente me refiero a dos: la introducción del principio de oportunidad y la exención del deber de testificar.

---

23 Ver en este sentido WYLER MARTIN, "Aviation calls for Just Culture principles in Swiss Law" en: https://www.martin-wyler.ch/en/blog/detail/aviatik-fordert-just-culture-prinzipien-imschweizer-recht/

El principio de oportunidad permite la flexibilización del principio de legalidad penal antes enunciado a través de diferentes vías. Así, la posibilidad de que la víctima sea la única legitimada para el ejercicio de la acción penal le permite decidir sobre el inicio del proceso penal respecto de conductas que pudieran presentarse como delictivas (delitos privados y semipúblicos). O bien, permite sobreseer el proceso en delitos leves en los casos de oportunidad reglada, o que las partes pongan fin al proceso a través de un acuerdo de conformidad, siempre que este se ajuste a la legalidad tras el control judicial al que se somete. También se considera que la justicia restaurativa puede tener vínculos con el principio de oportunidad en tanto que sirve a los intereses particulares de la víctima y al fin público de prevención[24].

La cultura justa pone el énfasis en que la persecución de las conductas reportadas por los informantes a través de los sistemas de registros de incidentes debe definirse con base en el grado de negligencia o dolo atribuible a la misma. Se está pensando en eventos adversos o incidentes en los que, o bien no hay resultados dañosos, o bien estos han requerido de la colaboración del profesional que ha informado sobre los errores que habría cometido y que habrían conducido a dichos resultados.

Ya hemos visto como en otros ordenamientos, el reporte junto con la disculpa, que incluye otro elemento muy relacionado con el principio de oportunidad, la justicia restaurativa, impide el nacimiento de responsabilidad e incluso se prohibe la utilización de cualquier información desvelada por el sanitario como prueba en el proceso.

En nuestro ordenamiento, también debe ser el legislador el que arbitre instrumentos específicos para modular el principio de legalidad penal en estas profesiones.

Una concreta iniciativa ha sido la que se propone en las "Recomendaciones para el análisis de incidentes de seguridad del paciente con daño (eventos adversos) Cuestiones metodológicas y legales" (2021) Publicado por el Ministerio de Sanidad. Este informe sugiere algunos cambios normativos que serían necesarios para establecer un marco de seguridad jurídica a quienes notifican y participan en el análisis del incidente de seguridad con daño.

---

24 Ver SAN CRISTÓBAL REALES, SUSANA, "El principio de oportunidad, justicia restaurativa y mediación en el proceso penal. Perspectivas de futuro", *Revista General de Derecho Procesal* 56 (2022) pág. 3.

Este informe parte de la posible utilización de la explicación dada al paciente sobre el evento adverso como indicio de criminalidad en un proceso penal. Se pone asimismo de manifiesto, el conflicto que la limitación de los medios probatorios puede provocar con el derecho a la tutela judicial efectiva del paciente (art. 24 CE), por lo que se requiere un análisis con cautela de las medidas a tomar. El único punto en el que parece haber un consenso tiene que ver con la participación del informante y quien participa en el análisis del reporte en el proceso penal y se concreta en torno al art. 417 LECrim y la exención del deber de testificar para aquellos miembros de las unidades de análisis de estos eventos, junto a las que ya existen para otros profesionales en el marco del deber de secreto.

6.2. La justicia restaurativa

Esa otra zona limítrofe en la que se sitúa la gestión del conflicto entre el derecho a la Justicia de las víctimas y la necesidad de obtener información que mejore la seguridad, es la de la justicia restaurativa.

El concepto de justicia restaurativa no tiene un significado unívoco, sino que pude ser entendida de diferentes formas, teniendo en cuenta principalmente su relación con el proceso judicial. Más allá de si la justicia restaurativa debe ser entendida como alternativa o como sustitutiva del proceso penal, lo cierto es que su punto de partida es el reconocimiento de unos hechos que han causado un daño a una víctima que adopta un papel activo en la obtención de reparación.

La necesidad de un proceso reparador va más allá del proceso penal. De hecho, son dos procesos que no están necesariamente unidos. Hay una parte importante de la reparación que un proceso penal, inmerso en un sistema retributivo de Justicia y que ha de respetar el derecho de defensa y la presunción de inocencia del acusado, no puede solucionar fácilmente. Sólo cuando el acusado acepta su culpabilidad y, por tanto, "ejercita" su derecho de defensa renunciando a "defenderse", es cuando se pueden incluir mecanismos de justicia restaurativa en el proceso penal. Estaríamos pensando en consecuencias relativas a la pena o en la fase de ejecución de la condena que se activaría previo reconocimiento de la responsabilidad del autor y la realización de actuaciones concretas restaurativas, como sería pedir perdón o reparar a la víctima en su sentido más amplio.

La justicia restaurativa, en cuanto reparadora de conflictos, no es un acto único sino un proceso. DEKKER concibe la cultura justa también como justicia restaurativa, porque permite al victimario reconocer un error no intencionado y del que no es el "único responsable", y el daño causado, integrarlo en su experiencia y ser a la vez partícipe tanto de las mejoras que puedan evitar estos errores en el futuro, como del proceso de sanación de la víctima. Todo este proceso se refleja en muchos de sus trabajos, pero es especialmente interesante su Restorative Just Culture Checklist, que incluye todos esos pasos[25].

En nuestro sistema jurídico, la justicia restaurativa se ha orientado más hacia la denominada mediación penal, que todavía carece de una regulación detallada y algún otro mecanismo que permita el encuentro entre víctima y victimario con leves reflejos penológicos y penitenciarios. Además, está estrechamente ligada a la tipificación penal, como no podría ser de otro modo por el principio de legalidad.

Sin embargo, pensar que la tipificación del error, por un lado, y que el proceso penal predominante sobre una investigación técnica independiente ayudará a la seguridad y mejorará la justicia de las víctimas no parece que se adecue a la realidad. Dekker en su trabajo sobre Just Culture, pone de manifiesto la necesidad de buscar el equilibrio entre seguridad y responsabilidad, y la criminalización del error no ayuda a ninguno de estos dos fines en realidad. El responsable actuará para no ser responsable, utilizando todos los medios que el ordenamiento le dé para no ser encontrado culpable y no participando en ninguna investigación de seguridad, cuando su resultado pueda utilizarse contra él[26]. La víctima tendrá así más difícil saber la verdad y poder perdonar, a la vez que recibir lo que en justicia le pertenezca y, además, quedará más expuesto a futuros errores en tanto que no mejora la seguridad[27].

---

25 https://www.safetydifferently.com/wpcontent/uploads/2018/12/Restorative-JustCultureChecklist-1.pdf

26 Sobre la victimizacion del sanitario puede verse DEKKER, SIDNEY, "Prosecuting professional mistake: Secondary victimization and a research agenda for criminology", en International Journal of Criminal Justice Sciences (IJCJS)-Official Journal of the South Asian Society of Criminology and Victimology (SASCV). ISSN: 0973-5089. January-June, Vol. 4 (1):60–78.

27 Sobre estas ideas puede verse DEKKER, SIDNEY, *Restorative Just Culture in practice (2022)*, y KAUR, MANNAT & DE BOER, ROBERT & OATES, AMANDA & RAFFERTY, JOE & DEKKER, SIDNEY. (2019). "Restorative Just Culture: a Study of the Practical and Economic Effects of Implementing Restorative Justice in an NHS Trust. *MATEC Web of Conferences. 273.* A modo de conclusión confirman lo siguiente: "Some important goals of restorative justice, however, have already been achieved, including moral engagement of stakeholders, reintegration of the caregivers into his or her community of practice, emotional healing of those affected by the incident, and, ultimately, organizational learning and improvement".

7. UN NUEVO MARCO DE JUSTICIA EN LA GESTIÓN DE CONFLICTOS SANITARIOS: UNA REFLEXION FINAL

En los párrafos anteriores se han delimitado los conflictos que genera la gestión sanitaria. La puesta en peligro de la salud o la integridad física del paciente genera un conflicto concreto con el sanitario, pero a la vez, la gestión del conflicto puede a su vez generar también un conflicto con la seguridad futura y la capacidad de mejorar el sistema.

La solución a estos conflictos requiere de un esfuerzo del legislador por introducir tanto esos mecanismos de cultura justa que permitan una delimitación de los tipos penales que sean justos y que no sean reflejo de un concepto meramente retribucionista de la justicia. Este concepto para el caso de los posibles ilícitos imprudentes, que no sean totalmente atribuibles al sujeto y que no conlleven una mejora de la seguridad futura, no cumple con un concepto de Justicia amplio que permita a los profesionales comprometerse con la mejora de la organización, no practicar una medicina defensiva, implicarse en la mejora del paciente y reconocer el error cuando este se haya producido. Para la víctima, conocer que fue un error, que se le pida perdon, puede suponer el inicio de un camino más humano, integrador y restaurador de la justicia de lo que ningún proceso penal podrá hacerlo nunca[28].

8. BIBLIOGRAFÍA

ALONSO SOLER, LUIS, "La culpa en el ámbito de la responsabilidad civil médica. Estado jurisprudencial y modalidades de presentación", en *Revista de Calidad Asistencial.* 2005; 20(4) págs. 223-227

DEKKER, SIDNEY, "Prosecuting professional mistake: Secondary victimization and a research agenda for criminology", en *International Journal of Criminal Justice Sciences (IJCJS)-Official Journal of the South Asian Society of Criminology and Victimology (SASCV).* ISSN: 0973-5089. January-June, Vol. 4 (1): 60-78.

---

[28] En este sentido, son significativas las palabras de una víctima recientemente en un testimonio en el que, tras haber conseguido una importante indemnización, expresaba lo siguiente: "Me da igual el perdón, sinceramente, pero me hubiera gustado que me hubiera dicho no fue a posta lo que sucedió, que fue una negligencia. No sé si hubiera podido perdonarles, porque sé que ellos sabían lo que estaba pasando, y no hicieron nada por evitar lo que finalmente pasó". (https://www.encastillalamancha.es/justicia-y-tribunalescat/negligencia-en-valdepenas-cambiaria-la-indemnizacion-por-la-salud-de-mi-hija/).

DEKKER, SIDNEY, Restorative Just Culture in practice (2022)

JOAQUIM BAÑERES, ELISA CAVERO, LIDIA LÓPEZ, CAROLA ORREGO Y ROSA SUÑOL, "Sistemas de registro y notificación de incidentes y efectos adversos", Ministerio de Sanidad y Consumo

https://www.sanidad.gob.es/organizacion/sns/planCalidadSNS/pdf/excelencia/opsc_sp3.pdf

KAUR, MANNAT & DE BOER, ROBERT & OATES, AMANDA & RAFFERTY, JOE & DEKKER, SIDNEY (2019). "Restorative Just Culture: a Study of the Practical and Economic Effects of Implementing Restorative Justice in an NHS Trust". MATEC Web of Conferences. 273.

MARTÍNEZ LÓPEZ, FRANCISCO JOSÉ, "La gestión de riesgos sanitarios y los derechos de los pacientes. La Ley 41/2002. Notas para un programa de gestión de riesgos", en *Revista de Administración sanitaria Siglo XXI, Vol. 1.* Núm. 3. páginas 487-512 (Julio 2003).

ORMAZABAL SANCHEZ, GUILLERMO, *Carga de la prueba y sociedad de riesgo,* Barcelona 2004.

SAN CRISTOBAL REALES, SUSANA, "El principio de oportunidad, justicia restaurativa y mediación en el proceso penal. Perspectivas de futuro", en *Revista General de Derecho Procesal* 56 (2022).

STUART MCLENNAN MBHL, LEIGH E. RICH PHD, ROBERT D. T. TRUOG MD, "Apologies in medicine: Legal protection is not enough", CMAJ, Marzo 17, 2015, 187 (5)

WYLER MARTIN, "Aviation calls for Just Culture principles in Swiss Law" en: https://www.martin-wyler.ch/en/blog/detail/aviatik-fordert-just-culture-prinzipien-im-schweizer-recht/

Mediación en casos medioambientales

RAQUEL CASTILLEJO MANZANARES
Catedrática de Derecho procesal USC
Letrada de Formación Continua de la Escuela Judicial

1. MEDIACIÓN ADMINISTRATIVA

1.1. El legislador y la mediación administrativa

Es ya habitual en la justicia la abrumadora litigiosidad y el tremendo atasco de asuntos, lo que desemboca inevitablemente en una justicia tardía. Esto es una de las razones que provoca que el legislador proponga sistemas alternativos de solución de conflictos y, en concreto, la mediación.

Como es sabido, la mediación, el arbitraje y la conciliación son medios tradicionales, también en nuestro ordenamiento jurídico, para resolver controversias. La mediación se distingue de los otros medios en que, en ella, dos o más partes intentan voluntariamente alcanzar por sí mismas un acuerdo con la intervención de un mediador, configurado como un tercero neutral que promueve una resolución equitativa entre las partes, permitiendo el mantenimiento de las relaciones subyacentes y conservando el control sobre el final del conflicto.

Si nos planteamos la posibilidad de mediar con la Administración Pública, la desventaja es evidente al tener ésta reconocida legalmente una serie de potestades exorbitantes, que incluso le permiten acciones coercitivas y ejecutorias de sus propias decisiones, pasando por encima de la voluntad de los particulares que se relacionan con ella.

Este panorama induce a pensar que, tal vez, a la Administración no le parezca conveniente, ni mucho menos necesario recurrir a un tercero, ajeno no sólo al conflicto concreto de que se trate, sino al propio funcionamiento y dinámica interna administrativa, para solucionar el problema.

De hecho, a día de hoy no existe una ley que aborde la mediación en el ámbito administrativo, a diferencia de lo que ocurre en el ámbito civil y mercantil (cuya regulación por Ley 5/2012, de 6 de julio, de Mediación en asuntos civiles y mercantiles, excluye expresamente de su ámbito de aplicación la mediación con las Administraciones Públicas; artículo 2.2.b). Sin embargo, lo cierto y verdad es que en la actualidad se derivan a mediación asuntos administrativos de variada índole, porque realmente las normas administrativas no lo prohíben. Antes, al contrario, la mediación se prevé expresamente en la Ley 39/2015, de procedimiento administrativo común, cuyo artículo 112.2 dispone que "*las leyes pueden sustituir los recursos de alzada y de reposición, en supuestos o ámbitos sectoriales determinados, por procedimientos de mediación*". Así bien, según este precepto, las leyes podrán sustituir el recurso de alzada, en supuestos o ámbitos sectoriales determinados, y cuando la especificidad de la materia así lo justifique, por otros procedimientos de impugnación, reclamación, conciliación, mediación y arbitraje, ante órganos colegiados o Comisiones específicas no sometidas a instrucciones jerárquicas, con respeto a los principios, garantías y plazos que la citada Ley reconoce a las personas y a los interesados en todo procedimiento administrativo. En las mismas condiciones, el recurso de reposición podrá ser sustituido por dichos procedimientos, respetando su carácter potestativo para el interesado.

No obstante, el reconocimiento de la mediación que aquí se efectúa aparece limitado a lo que dispongan las leyes en orden a combatir un acto administrativo previamente dictado y desfavorable para el interesado, pues la posibilidad de contemplar la mediación —según el precepto— se circunscribe a los momentos procedimentales en los que la Administración ya ha decidido e impuesto la solución, su solución, que podrá ser combatida vía recursos administrativos o vía mediación, y en todo caso en ella se partirá del previo ejercicio de potestades administrativas.

Existen además materias específicas en las que el legislador también reconoce la mediación; así, en materia de función pública, el artículo 45 del Real Decreto Legislativo 30/2015 (TREBEP) establece que para la solución extrajudicial de conflictos colectivos derivados de la aplicación o interpretación de Pactos o Acuerdos alcanzados con los representantes de los empleados públicos se puedan derivar a mediación todas las materias excepto aquellas sobre las que exista una reserva de ley.

Ya de forma más genérica, la Ley de procedimiento administrativo no hace mención específica al procedimiento de mediación, pero sí nos ofrece la posibilidad de terminar convencionalmente los procedimientos administrativos al señalar, en su artículo 86, que "*Las Administraciones Públicas podrán celebrar acuerdos, pactos, convenios o contratos con personas tanto de Derecho público como privado, siempre que no sean contrarios al ordenamiento jurídico ni versen sobre materias no susceptibles de transacción y tengan por objeto satisfacer el interés público que tienen encomendado, con el alcance, efectos y régimen jurídico específico que, en su caso, prevea la disposición que lo regule, pudiendo tales actos tener la consideración de finalizadores de los procedimientos administrativos o insertarse en los mismos con carácter previo, vinculante o no, a la resolución que les ponga fin*". En estos casos, la mediación es un método adecuado para intentar llegar a estos acuerdos o pactos.

Además, se ha añadido una regulación específica para la terminación convencional de los procedimientos de responsabilidad patrimonial en el artículo 86.5 de la Ley de procedimiento administrativo común, señalando que el acuerdo alcanzado entre las partes deberá fijar la cuantía y modo de indemnización de acuerdo con los criterios que para calcularla y abonarla establece el artículo 34 de la Ley de Régimen Jurídico del Sector Público.

1.2. Problemas que suscita la mediación administrativa

La aplicación de la mediación en el ámbito administrativo no está exenta de dificultades. Sobre la base de ese concepto genérico, la mediación administrativa tiene por objeto conflictos en los que una de las partes es una Administración pública. Hay, por tanto, inicialmente, una pretensión de efectividad de las normas de Derecho administrativo, ya que no nos referimos a los supuestos en los que la Administración se sujeta al derecho privado sino a aquellos casos, la inmensa mayoría, en los que actúa revestida de *imperium*.

La primera objeción deriva, en consecuencia, de la naturaleza indisponible del ejercicio de potestades administrativas y del sometimiento pleno a la ley y al Derecho que han de regir su actuación. El principio de legalidad que impone a la Administración el artículo 103 de la Constitución impediría, en un plano axiológico, toda alternativa negociada o soluciones alcanzadas por la vía del diálogo con los propios administrados. Soluciones que, además, no excluirían, por definición, intereses estrictamente privados.

A pesar de esta evidencia, hay razones que impulsan de modo creciente el desarrollo de la mediación administrativa. Por una parte, porque se conecta con una nueva concepción del principio de objetividad del artículo 103 CE y con los conceptos de buena administración, transparencia y buen gobierno. Además, y según el art. 41 de la Carta de Derechos Fundamentales de la Unión Europea, el poder acudir a mediación es una exigencia derivada del derecho que tienen los/as ciudadanos/as a "una Buena Administración", posibilitándose así el dar cumplimiento a los objetivos de transparencia, buen gobierno, eficiencia, mejor gestión de los recursos públicos, mejor atención y respuesta al ciudadano/a.

Por otra, con un aluvión de procesos contenciosos que derivan de una práctica administrativa no siempre coherente y transparente. Junto al uso abusivo del silencio administrativo negativo, justificado por la Administración en una imposibilidad material de resolver expresamente en plazo sobre todas las solicitudes y reclamaciones que se le presentan, se da una cierta perversión del sistema de recursos administrativos, construcción técnica de gran perfección que la práctica diaria de las administraciones ha terminado por convertir en muchos casos en un mecanismo inoperante y formal que se utiliza para poder agotar la vía administrativa.

La intervención puramente proforma del superior jerárquico en la resolución de los recursos de alzada, la falta de motivación, el incumplimiento de los plazos en reclamaciones sobre asuntos urgentes para el ciudadano, la lentitud de la tramitación... son casos palmarios de una mala praxis que ha saturado los juzgados y tribunales contencioso-administrativos poniendo en riesgo el principio de la «*razonable duración del proceso*» y, en ocasiones, la propia efectividad de la tutela judicial. En esa práctica administrativa potencialmente conflictiva hay que incluir la vía de hecho, o la proliferación de entidades instrumentales que dificultan la efectividad de las garantías del propio Derecho administrativo.

Por su parte, la mediación también tiene ventajas para el ciudadano. Así según la Guía de preguntas y respuestas sobre la mediación y las Administraciones Públicas del Ilustre Colegio de Abogados de Madrid: a. Facilita el diálogo y comunicación con la Administración; b. Garantiza el derecho de audiencia; c. Otorga protagonismo a las partes del conflicto; d. Posibilita una mayor igualdad entre las partes del conflicto, gracias a la actuación del/de la mediador/a especializado/a, permitiendo alcanzar un mayor equilibrio entre los derechos e intereses públicos y privados en juego; e. El/la mediador/a debe garantizar a las partes que van a ser tratadas a lo largo de todo el proceso con dignidad e igualdad; f. Permite al ciudadano participar activamente en la gestión y decisión de sus asuntos, pues son las propias partes las que deciden cómo poner término al conflicto, con la ayuda del mediador, sin que la solución venga impuesta por un tercero, como ocurre en la vía judicial; f. La mediación ofrece la posibilidad de valorar el conflicto y su contexto a diferencia de lo que ocurre en la vía judicial, donde las partes verán limitada su intervención a los términos concretos en que el conflicto haya sido planteado; g. Ayuda a preservar la confidencialidad en la resolución de los conflictos, frente al carácter público del proceso judicial; h. Constituye una forma de justicia más amable y cercana; e i. Se caracteriza por su flexibilidad frente al carácter rígido del procedimiento judicial.

2. MEDIACIÓN INTRAJUDICIAL

En el plano judicial, si bien la Ley 29/1998, de 13 de julio, reguladora de la Jurisdicción Contencioso-Administrativa (LJCA) no contiene una mención expresa a la mediación, sí habla de la posibilidad de llegar a acuerdos en el seno del proceso judicial.

Es el artículo 77 LJCA[1] el que nos sirve para introducir la mediación y fórmulas autocompositivas de solución de controversias. De él cabe extraer:

1.- El acudir a mediación es fruto de la derivación que podrá realizar el Juez o Tribunal ya sea de oficio o a instancia de parte. Se trata de que, una vez derivadas las partes al procedimiento de mediación, éstas asistan a una sesión informativa.

Si es alguna de las partes quien lo insta, podrá hacerlo mediante otrosí en los escritos de demanda o contestación.

2.- Dice el artículo 77 que el sometimiento por el Juez o Tribunal a las partes de la posibilidad de llegar a un acuerdo ha de operarse tras el trámite de alegaciones, esto es, tras la formulación de la demanda y su contestación, y hasta la declaración de concluso para sentencia.

Así fue como ocurrió en el procedimiento acaecido en las Palmas de Gran Canaria, resuelto por el Juzgado de lo Contencioso Administrativo número 3 en auto de 7 de noviembre de 2017. Se interpuso por la entidad Club Lanzarote S.A recurso contencioso-administrativo dirigido contra el Decreto 17/16, dictado por el Consejo Insular de Aguas de Lanzarote, por el que se desestiman las alegaciones de su representada y se declara la extinción y revocación de la autorización otorgada mediante Decreto 66/04.

---

1 Según el Auto del Pleno de la Sala de lo Contencioso-administrativo del Tribunal Superior de Justicia de Galicia de 8 de febrero de 2019, el artículo 77 de la Ley de la Jurisdicción Contenciosa admite implícitamente la mediación.

Una vez admitido a trámite, las partes solicitaron que el procedimiento se derivara al proyecto de mediación puesto en marcha en el Juzgado, en virtud del Convenio Marco de colaboración suscrito por el CGPJ, la Fundación Valsaín, la Comunidad Autónoma de Canarias y el Iltre. Colegio de abogados de Las Palmas.

Celebradas las sesiones informativas y de mediación, por el mediador designado por las partes, se presentó escrito adjuntando acta final de mediación, de la que se desprendía que las partes habían alcanzado un acuerdo.

Es por ello que se recoge en el auto como fundamentos de derecho que "*Primero.- Según la Base 14 del Proyecto de Mediación, si las partes llegaran a un acuerdo que implique la desaparición de la controversia, el Juez dictará Auto declarando terminado el procedimiento, siempre que lo acordado no fuera manifiestamente contrario al ordenamiento jurídico ni lesivo del interés público o de terceros, circunstancias que no concurren en este caso.*

Segundo.- Por tanto, mediante esta resolución procede aprobar el acuerdo al que han llegado las partes conforme a su derecho de disposición sobre el objeto de este proceso, según lo dispuesto en el art. 77 LJCA. Si el acuerdo fuera incumplido esta resolución será título ejecutivo a los efectos previstos en los artículos 517 y ss de la LEC".

Por todo lo cual resuelve "*homologar el acuerdo alcanzado entre la entidad Club Lanzarote, S.A. con el Consejo Insular de Aguas de Lanzarote, con el contenido transcrito en los Antecedentes de Hecho de esta resolución, con las consecuencias, si fuera incumplido, previstas en el Fundamento Jurídico de este Auto*".

Quizá el mejor momento de derivar a mediación fuere tras la fase de conclusiones, pues recordemos que, aunque el artículo 65.1 LJCA fija que "*En el acto de la vista o en el escrito de conclusiones no podrán plantearse cuestiones que no hayan sido suscitadas en los escritos de demanda o contestación*"; se prevén dos excepciones, una de ellas la recogida en el artículo 65.3 LJCA, según el cual "*la sentencia formule pronunciamiento concreto sobre la existencia y cuantía de los daños y perjuicios de cuyo resarcimiento se trate, si constasen ya probados en autos*".

Para interpretar este precepto el Tribunal Supremo en sentencia de 3 de junio de 2020, haciendo repaso de otras de sus sentencias, fija como doctrina jurisprudencial que:

1. En el escrito de conclusiones, por lo general, no se pueden alterar o complementar las pretensiones —la de nulidad y otras de plena jurisdicción—.

2. Ello no impide las alegaciones de refutación de las efectuadas por la parte contraria —en la contestación a la demanda o en el escrito de conclusiones de la actora—, según sus respectivas posiciones.

3. La prohibición del art. 65.1 LJCA no afecta a alegaciones o razonamientos complementarios o de refuerzo de los esgrimidos en los escritos de demanda y contestación.
4. No es inoportuno, en el trámite de conclusiones o en otro momento procesal incluso posterior, recordar al Tribunal sentenciador su propia doctrina dictada en casos semejantes o la existencia de sentencias anteriores que pueden afectar al enjuiciamiento del asunto.
5. En ningún caso está prohibido por el artículo 65.1 LJCA efectuar indicaciones o consideraciones jurídicas que, para el tribunal que ha de fallar el asunto, constituyen una facultad y deber de oficio, insoslayable por aplicación del principio *iura novit curia.*

Por lo tanto, resulta posible concretar las pretensiones en momento posterior a la fase de alegaciones. Pero, además, y sin perjuicio de todo lo hasta aquí expuesto, el propio Tribunal Supremo ha reconocido expresamente la posibilidad de mediación en fase de recurso[2].

Pero también cabe que el procedimiento de mediación tenga lugar en sede de procedimiento de ejecución, como resuelve claramente el Auto del Pleno de la Sala de lo Contencioso-administrativo del Tribunal Superior de Justicia de Galicia de 8 de febrero de 2019. Se trató de un supuesto en el que se trataba de ejecutar una sentencia dictada en diciembre de 2001, siendo demandantes unos particulares, y demandado el Ayuntamiento de la coruña, actuando como codemandada la Comunidad de Propietarios del Edificio Conde de Fenosa.

Recayó sentencia el 20 de diciembre de 2001 en recurso contencioso-administrativo interpuesto contra acuerdo de 10 de noviembre de 1997 del Ayuntamiento de La Coruña por el que se otorga licencia para la rehabilitación de un inmueble para para ser destinado a viviendas y locales comerciales. En la sentencia se estima el recurso y se anula el acuerdo recurrido, siendo confirmada por la STS de 28 de junio de 2006. Ante las dificultades de ejecución por ser un edificio utilizado y habilitado, se entiende como solución la mediación. En ella de manera concisa, según resume SORIANO[3], se logra salvar de la piqueta a un edificio emblemático de la ciudad, que habitado, tendría dificultades sin cuento para ser derribado, ya que el

---

2 Auto de 7 de abril de 2003.

3 SORIANO, J.E., "Solución extrajudicial de conflictos y ejecución de sentencias contenciosoadministrativas. La mediación…", *Revista Aranzadi de Uranismo y Edificación,* número 44/2020, parte Jurisprudencia. Comentarios, BIB 2020/9433.

realojo en condiciones semejantes sería una carga enorme para las arcas municipales. Ello además del reconocimiento de una compensación a los comuneros del edificio, y la modificación puntual del plan para legalizarlo, y esas interesantes obligaciones de modificación del Plan Urbano, junto con la asunción de un exigible Código de Conducta con el indicado *deterrent effect*, constituyen los acuerdos[4].

Al llevarse a cabo un procedimiento de mediación en sede de ejecución de sentencia, no se está contrariando lo previsto en el artículo 105.1 LJCA, según el cual "*No podrá suspenderse el cumplimiento ni declararse la inejecución total o parcial del fallo*". Así es porque como se manifiesta en el Auto del Pleno "*El objeto, contenido y finalidad de los acuerdos alcanzados entre las partes se sitúa en otro plano, el de la determinación de los concretos medios y formas a través de los cuales se va a ejecutar la sentencia, como cumplimiento de sustitución o equivalente, con la finalidad de preservar el bien jurídico último objeto de tutela en este tipo de procedimientos, articulando una determinada fórmula para conseguir el restablecimiento de la legalidad urbanística*".

---

4 Tras la mediación, los acuerdos obtenidos son:
Los acuerdos convenidos entre el Ayuntamiento de A Coruña y la parte recurrente (particulares)
a. Reconocimiento público por parte del Ayuntamiento de A Coruña de la responsabilidad de dicha Corporación Municipal respecto de la anulación de la licencia correspondiente a la rehabilitación del Antiguo Edificio de Fenosa.
b. Adopción de un Protocolo de Buenas Prácticas urbanísticas por parte del Ayuntamiento de A Coruña, cuya finalidad consiste en evitar que un caso como el Antiguo Edifico de Fenosa se vuelva a producir.
c. Construcción de un edificio de viviendas de Protección Oficial por parte del Ayuntamiento de A Coruña.
d. Indemnización de los daños personales de índole moral causados a la parte recurrente.
e. Renuncia de acciones por la parte recurrente.
Los acuerdos convenidos entre el Ayuntamiento de A Coruña y la Comunidad de Propietarios del Antiguo Edificio de Fenosa.
a. Sustitución de la ejecución in natura de la sentencia, evitándose el derribo del edificio del Antiguo Edificio de Fenosa.
b. Reconocimiento público por parte del Ayuntamiento de A Coruña de la responsabilidad de dicha corporación municipal respecto de la anulación de la licencia correspondiente a la rehabilitación del Antiguo Edificio de Fenosa.
c. Modificación del planeamiento urbanístico de A Coruña para incluir el Antiguo Edificio de Fenosa como "edificio singular".
d. Adopción de un Protocolo de Buenas Prácticas Urbanísticas por parte del Ayuntamiento de A Coruña, cuya finalidad consiste en evitar que un caso como el del Antiguo Edificio de Fenosa se Vuelva a producir.
e. Bases para la compensación a los propietarios del Antiguo Edificio de Fenosa.

Lo que no cabe es que el acuerdo obtenido en la mediación sea un desistimiento o renuncia a cambio de obtener una compensación, pues en este caso no se podría homologar por el juez al ir en contra de lo prevenido en el precepto citado.

Para que el acuerdo se convierta en título ejecutivo, se hace preciso que se dicte un auto que homologue el acuerdo.

3.- Los conflictos sobre los que será posible llegar a un acuerdo han de versar sobre materias susceptibles de transacción, y en particular cuando el pleito verse sobre reclamación de cantidad, lo que nos permite afirmar que la mediación es un campo abonado para la resolución de litigios en materia de responsabilidad patrimonial de las Administraciones Públicas, si bien no es el único.

Por lo general, y según la Guía práctica de la mediación intrajudicial del Consejo General del Poder Judicial (Protocolo de mediación contencioso administrativa), serán susceptibles de mediación las materias en las que se permite la terminación convencional del procedimiento administrativo, aquellas en las que se prevé la mediación como sustitutiva de los recursos administrativos y todas aquellas en las que la Administración ejercite potestades discrecionales, destacando además la mediación para la fijación de hechos controvertidos en las potestades regladas o que son presupuesto de aplicación de normas jurídicas.

En efecto, en ella se diferencia entre ámbito formal y material de la mediación. Con el primero se alude a la naturaleza de la actividad administrativa, desde cuya perspectiva considera mediables: a. Los supuestos en que el ordenamiento jurídico permite la transacción; b. Los supuestos en que el ordenamiento jurídico admite la terminación convencional del procedimiento administrativo; c. Los supuestos para los cuales el ordenamiento jurídico prevea procedimientos compositivos impugnatorios y sustitutivos de la vía del recurso administrativo; d. El ejercicio de potestades discrecionales de la Administración; y e. La fijación de hechos controvertidos en las potestades regladas, o que son presupuesto de aplicación de normas jurídicas[5].

---

[5] Según GAMERO CASADO, E., "Iniciativas de mediación intrajudicial en el contencioso-administrativo", *Revista española de Derecho Administrativo,* núm. 198/2019, parte Crónica, Editorial Civitas, S.A., Pamplona, 2018, "La delimitación es, en cierto sentido, clásica, y obedece a los campos que tradicionalmente se reconocen a la mediación (y al resto de fórmulas alternativas de resolución de conflictos), aunque se añade el último ámbito, relativo a la determinación de los hechos en los supuestos de ejercicio de potestades regla-

De otro lado, también debe admitirse la mediación en la llamada discrecionalidad administrativa técnica, que tan solo es discrecionalidad en sentido impropio. En efecto, las valoraciones de carácter técnico disfrutan de un margen de interpretación que da cabida a la mediación. Por ejemplo, en instrumentos de control ambiental es posible que los técnicos de ambas partes —Administración y promotor— cambien impresiones, de tal manera que, si haya una calificación ambiental desfavorable, analicen las eventuales medidas correctoras en un diálogo articulado por un mediador, buscando una solución que, sin desatender el interés general subyacente, desbloquee el conflicto con la reconsideración de las medidas a adoptar: frente a una opción A), plasmada en el proyecto inicial y que resulta contraria a los valores ambientales, a la que se opone la opción B), planteada por los especialistas de la Administración y puede ser técnica o económicamente inviable, podría encontrarse una solución C), que no desatienda ninguno de los intereses en presencia, sino que resulte una alternativa pactada a las dos opciones anteriores, en las que todas las partes salen ganando. El juez se ve abocado a la dicotomía A-B, en tanto que la mediación abre el asunto a la opción C, que sería la que mejor satisficiese y armonizara los intereses en presencia[6].

4.- Para que la Administración Pública demandada pueda aceptar el sometimiento de la cuestión litigiosa a mediación, es necesario que confiera autorización en tal sentido a su representante procesal, a su Letrado. Este no puede unilateralmente vincular a su Administración Pública, sino que precisa autorización del órgano de gobierno correspondiente, que además debería autorizar ulteriormente el acuerdo en su caso alcanzado. En cualquier caso, quien acude a mediación es una decisión que deberá adoptar la Administración Pública en cada momento o bien plasmarla en la reglamentación propia de sus servicios jurídicos.

5.- Existe una limitación que en todo caso deberá ser respetada: que lo acordado no sea manifiestamente contrario al ordenamiento jurídico ni lesivo del interés público o de terceros. Y esta valoración es de la competencia exclusiva del órgano jurisdiccional que conoce del litigio, cuyos razonamientos habrá de plasmar en el auto que le ponga fin.

---

das, lo cual es un matiz sumamente interesante frente a la genérica exclusión de la mediación de lo relativo a potestades regladas in toto y sin matices".

6 GAMERO CASADO, E., *Idem*.

Es por ello, que debiere preverse como requisito en una futura regulación, que los mediadores llamados a intervenir en esta clase de procesos posean conocimientos, no sólo propios de las habilidades y técnicas de solución de conflictos, sino también jurídicos que les permitan apreciar la conformidad a derecho del acuerdo alcanzado, orientando a las partes en el camino correcto.

A nivel interno, la Administración Pública que alcance acuerdo en las sesiones de mediación, deberá considerar el mismo como una especie de pre-acuerdo de necesario sometimiento a informe por su servicio jurídico y posterior aprobación gubernativa, antes de que dicho acuerdo sea sometido al órgano jurisdiccional.

En la actualidad, se están desarrollando algunas experiencias piloto de mediación intrajudicial[7], destacando:

---

[7] En Andalucía a través del Convenio entre el CGPJ y la Consejería de Justicia e Interior desde 2017, así como entre el CGPJ y el Defensor del Pueblo Andaluz y Defensor del Menor de Andalucía para fomentar la mediación en el ámbito de los conflictos con la Administración de Justicia desde 2021, o entre el CGPJ y la Consejería de Turismo, Regeneración, Justicia y Administración Local de la Comunidad Autónoma de Andalucía para el impulso, promoción y divulgación de la mediación en el 2022.
En Aragón, el Convenio marco de colaboración para la promoción de la mediación intrajudicial, entre el CGPJ y la Comunidad Autónoma de Aragón, desde 2016.
En Asturias el Convenio de colaboración para la promoción de la mediación entre el Consejo General del Poder Judicial y el Principado de Asturias desde el 2016, aprobándose en el 2022 el Convenio entre el Consejo General del Poder Judicial y la Administración del Principado de Asturias, a través de la Consejería de la Presidencia, para la promoción de la mediación intrajudicial.
En Canarias en el 2015 el Convenio de Colaboración entre el Consejo General del Poder Judicial y la Comunidad Autónoma de Canarias para el impulso de la mediación y métodos alternativos de resolución de conflictos. Firmándose en 2021 el Convenio marco de cooperación entre el CGPJ y la Administración Pública de la Comunidad Autónoma de Canarias en materia de promoción de la mediación intra judicial.
En Cantabria el Convenio marco de colaboración entre el CGPJ y el Gobierno de Cantabria en materia de mediación desde 2015.
En Castilla y León el Convenio entre el CGPJ y el Ayuntamiento de Burgos para el impulso de la mediación contencioso-administrativa en la ciudad de Burgos en 2020.
En Cataluña el Acuerdo de colaboración para la promoción de la mediación, entre el CGPJ y la Generalitat de Catalunya.

- El 30 de abril de 2013 el CGPJ suscribió un Convenio marco con la Fundación Valsaín que posibilita la mediación en este orden jurisdiccional. El mismo día, se firmó igualmente el Acuerdo vinculado al Convenio marco de colaboración entre la Fundación Valsaín y el CGPJ para el desarrollo del proyecto piloto de mediación intrajudicial en la jurisdicción contencioso-administrativa de la CA de Canarias
- El Juzgado número 1 de Badajoz, sobre la base que ofrece el art. 77 LRJCA, instauró métodos de resolución transaccional de conflictos, alcanzando más de 200 acuerdos en temas de responsabilidad patrimonial y derecho sancionador con Administraciones locales.
- El Tribunal Superior de Justicia de Murcia lleva a cabo un proyecto "*Unidad de mediación intrajudicial de Murcia: un modelo para incorporar la mediación a la carta de servicios de la Administración de Justicia*".

3. MEDIACIÓN ADMINISTRATIVA EN MEDIOAMBIENTE

3.1. Variedad de conflictos ambientales

Dentro de los conflictos en general, los ambientales serán aquellos en que la calidad de vida o el uso de los recursos naturales suponen un telón de fondo en el enfrentamiento de las partes. Aquellos en que las posicio-

---

En la Comunidad Valenciana el Convenio entre el CGPJ y el Colegio de Abogados de Valencia para aplicar la mediación en el ámbito de los conflictos con la Administración Pública en 2017 y el Convenio entre el CGPJ y el Colegio de Abogados de Alicante para aplicar la mediación intrajudicial en el ámbito de los conflictos con la Administración Pública en 2019.

En Galicia el Convenio entre el Consejo General del Poder Judicial y Vicepresidencia Primera y Consellería de Presidencia, Justicia y Turismo de la Xunta de Galicia para la promoción de la mediación y de otras alternativas para la resolución de conflictos en 2021.

En Madrid el convenio entre el CGPJ y el Colegio de Abogados de Madrid para aplicar la mediación en el ámbito de los conflictos con la Administración Pública desde 2017

En Navarra el Convenio de Colaboración entre el CGPJ y el Gobierno de Navarra en materia de promoción de la mediación intrajudicial en 2021.

En País Vasco el Convenio de colaboración entre el CGPJ y la Administración General de la Comunidad Autónoma de Euskadi en materia de mediación intrajudicial en 2021.

nes estén relacionadas con actividades potencialmente contaminantes o molestas, así como a la gestión de recursos naturales, y en los que muchos de los intereses están basados en cuestiones referidas al espacio vital o la conservación de la naturaleza, sin perjuicio de que en muchas ocasiones las necesidades de las partes puedan estar orientadas también a otros perfiles sociales o psicológicos.

Se trata, en definitiva, de un tipo particular de conflicto social donde la problemática en disputa tiene que ver con la calidad de vida de las personas o las condiciones ambientales.

El conflicto ambiental adopta muy diversas formas y pueden diferenciarse situaciones en que las partes mantienen una relación igual (entre vecinos) o desigual (entre vecinos y una industria molesta), aquellas en las que interviene la Administración (local, autonómica o estatal) o las que se dan entre sujetos privados y, por último, las que se refieren a cuestiones de calidad de vida o a la gestión sostenible de recursos naturales.

Algunos ejemplos de medición ambiental:

- Ubicación para el establecimiento de una central nuclear.
- Construir una nueva instalación de residuos tóxicos.
- Cambiar el emplazamiento de un vertedero o incineradora.
- Conflictos por la propiedad de la tierra.
- Desacuerdos entre una comunidad y un organismo gubernamental acerca de la aprobación de un determinado plan o programa.
- Planificación urbanística.
- Estructura del crecimiento urbano.
- Instalación de nuevas industrias.
- Conflictos transfronterizos por el reparto del agua.

Así, cuando dos vecinos disputan por la convivencia en la que uno de ellos produce una gran dosis de ruido, están disputando por la calidad de vida, ya que uno de ellos siente que no puede disfrutar de la tranquilidad de su hogar frente a inmisiones del exterior.

En otras ocasiones estamos ante propietarios de terrenos o viviendas que se enfrentan a las emisiones contaminantes o molestias de industrias, sin que se pueda demostrar la superación de los límites legales y acudir por tanto a las vías de sanción administrativa o penal.

También nos podemos encontrar los conflictos entre regantes o usuarios del agua que suponen a su vez una tensión por la gestión de un recurso limitado, y en ocasiones el reparto de tal recurso se torna complejo por los intereses enfrentados.

Provocan problemas la ubicación de un vertedero de residuos peligrosos en una u otra población o la de una gran infraestructura en uno u otro barrio genera un conflicto ambiental de grandes proporciones que complicar la decisión de la Administración que debe resolver sobre su definitiva implantación. O aquellos otros surgidos a raíz de la creación o gestión de un espacio natural protegido frente a la que hay diversas posturas provenientes de propietarios, usuarios, asociaciones de defensa de la naturaleza, promotores de actividades...

Los conflictos vecinales o de ámbito comunitario en lo ambiental suceden en una proporción menor que los conflictos macro o supralocales, en los que están implicados intereses supraindividuales o difusos.

Hay otro tipo de conflictos que se sitúan en torno a decisiones ambientales de gran complejidad técnica y social, por ejemplo, la instalación de una central térmica o el diseño de un espacio natural protegido. En estas decisiones, que toma la Administración, existe un gran número de intereses contrapuestos y una gran tensión social que ni se ven resueltos con una decisión autoritaria exenta de negociación entre las partes, ni se solucionan con un futuro proceso judicial largo, complejo y donde una de las partes pretende imponer a las otras su criterio o simplemente anular la decisión administrativa sin solucionar realmente la controversia de fondo.

3.2. Dificultad de mediar en conflictos ambientales

Realmente se trata de procesos muy complejos por varias razones:

a. Son conflictos que entrañan asuntos escondidos entre las partes (posición individual/posición como grupo)

b. Relación extensiva y continua entre las partes.

c. Sus elementos y ramificaciones pueden ser económicos, sociales, culturales, científicos, políticos y/o netamente ambientales (interdisciplinariedad).

d. Requieren en varios casos mucha información.

e. El proceso en gran número de ocasiones se desarrolla en el ámbito público.

f. El conflicto resulta de distintos valores, percepciones o significados que los actores otorgan a acciones o circunstancias que afectan o pueden afectar al medio ambiente.

g. En determinados supuestos afectan a actores que no están presentes... las generaciones futuras.

h. Suelen presentar un alto grado de incertidumbre, ya que es difícil predecir los impactos ambientales de las acciones propuestas, o la información necesaria para estimularlos no está disponible.

i. Requieren un entendimiento del contexto, una visualización del problema desde varias perspectivas y una exploración de las posibilidades.

j. Su resolución es un proceso continuo: a medida que se avanza hacia los cambios positivos, se encuentran nuevos desafíos y nueva información.

En concreto, el conflicto ambiental puede estar centrado en:

a. Diferentes posibilidades o interpretaciones de la información.

b. Intereses contrapuestos, que requieren procedimientos de negociación formal.

c. Valores/percepciones contrapuestas.

d. Resolver cuestiones filosóficas o éticas.

Al ser tan diferentes los conflictos ambientales, cabe distinguir entre los que hay posiciones e intereses negociables, como son los elementos materiales del conflicto, así el poder económico, político, propiedad, territorio. Por otro lado, los que se caracterizan porque sus necesidades no son negociables, así los elementos identitarios, emocionales, espirituales, ideológicos, divergencias perceptivas subjetivas, etc...

En estos casos podremos acudir a la mediación administrativa, que ya ha sido objeto de una Recomendación por parte de la Comisión Europea, basada en acercar la Administración al público en la solución de controversias y buscar una forma más rápida, económica y duradera de solventar conflictos entre ciudadanos y Administraciones. Si bien esta mediación tendrá características propias en materia ambiental.

A la Administración no sólo le interesa, sino que constituye una exigencia derivada del derecho que tienen los/as ciudadanos/as a "*una buena administración*" recogido en el artículo 41 de la carta de los derechos fundamentales de la Unión Europea y que posibilita dar cumplimiento a los objetivos de transparencia, buen gobierno, eficiencia, mejor gestión de los recursos públicos, mejor atención y respuesta al/la ciudadano/a.

Para la práctica de la mediación ambiental no existe ninguna norma reguladora en el marco normativo vigente ni ningún protocolo para aplicar a los diferentes conflictos que puedan surgir. Lo único que tenemos a este respecto es el Libro Blanco de la mediación en Cataluña, en la que se referencia la existencia de dos modalidades, por un lado, la referente a la programación y planificación ambientales, en las que se utiliza la mediación preventiva y, por otro, la modalidad correctora o resolutiva, cuando ya ha surgido el conflicto.

Bien, por lo tanto, cabe el uso de la mediación previa a la decisión de la autoridad pública, gestionando de forma cooperativa el conflicto a fin de que sirva de alternativa a la decisión tecnocrática seguida de un proceso en la jurisdicción contencioso-administrativa. Estos procedimientos participativos no sustituyen al proceso decisorio ni a la Administración, sino que sirven para preparar la decisión que en última instancia tomará la autoridad pública.

En el marco del proceso administrativo también cabe la mediación, siendo susceptible en cualquier momento de la primera instancia, en fase de recurso o en ejecución.

En principio cabría la mediación en todo tipo de conflicto, salvo e aquellas materias que afecten directamente a los derechos fundamentales de las personas, fueran contrarias al orden público o perjudicasen intereses de terceros.

En el resto de las materias se haría necesario un análisis previo de la naturaleza y circunstancias del conflicto, así como de las partes para evaluar la idoneidad de acudir a mediación. En estos supuestos, los órganos judiciales pueden derivar a mediación los asuntos que estimen oportunos, previo análisis de su viabilidad, atendiendo a las circunstancias del caso concreto, bien de oficio o a instancia de parte.

4. MEDIACIÓN PENAL EN CONFLICTOS AMBIENTALES

4.1. Amplitud de la legitimación en el proceso penal

La mayor parte de las infracciones contempladas en el Capítulo del Código Penal dedicado al medio ambiente son también infracciones administrativas. No es solo un incidente técnico, sino que es fruto necesario de un presupuesto técnico, la unidad del derecho ambiental, en el que es la aparición de un aumento del injusto material por la creación de peligro, lo que da paso al delito.

Pues bien, partamos de hacer un recordatorio sobre la legitimación para comparecer ante la jurisdicción penal, pues incide de forma fundamental en los conflictos penales ambientales, o más bien, en el procedimiento de mediación de los mismos.

La legitimación corresponde a cualquier ciudadano, quien podrá denunciar, más no por eso será parte en el proceso que pudiese abrir de ser atendida la denuncia.

Para constituirse en parte se requiere que los ciudadanos o/y las asociaciones ecologistas o de cualquier otra clase, interpongan querella, ejercitando así la acción popular, la cual presupone que quien la insta no es perjudicado por el delito. Ante la jurisdicción contenciosa-administrativa, esa legitimación no se ha declarado de modo general para todo tipo de conflictos o daños ambientales, sino que sólo se ha permitido en concretas materias, como la caza, energía nuclear o patrimonio histórico-artístico.

Por último, quien demuestre daños en su persona o bienes causados por una conducta que a su vez sea tipificable como delito contra los recursos naturales o el medio ambiente, podrá ejercer la acción penal como perjudicado.

En el caso concreto de los delitos medioambientales, la tutela del bien jurídico medio ambiente constituye un deber de los Estados que deben de ocuparse de protegerlo y de perseguir y sancionar a los que lo dañen. Por lo tanto, la situación normal viene caracterizada por una actuación de la Administración espontánea o reclamada por los ciudadanos, que también pueden reclamar a la Administración no sólo que vele por el ambiente, sino también que proceda a restaurarlo o repararlo cuando se dañe.

Eso es coherente con que el bien jurídico ambiente nunca puede ser considerado como objeto de un derecho subjetivo individual, y eso equivale a decir que un derecho social constitucional no puede ser suficiente para fundamentar la condición de perjudicado en el proceso penal, pues de admitirse esa subjetivación se desvirtuaría el bien mismo.

En todo caso, la posibilidad de daños personales, en salud o patrimonio, obliga a admitir el perjuicio directo en delitos ambientales, y ello deriva inevitablemente en admitir la presencia de particulares como potenciales beneficiarios de la reparación que se acuerde en la sentencia.

4.2. Bien jurídico protegido en medio ambiente

En materia medioambiental el derecho penal no puede pretender utilizar las fórmulas de incriminación que sirven para la protección de otros bienes jurídicos, como pueda ser la propiedad o la vida.

Ni el medio ambiente es un bien jurídico semejante a cualquier otro: es genérico, impreciso, omnipresente, polimórfico como objeto, de difícil concreción como deseo social y cultural, que enfrenta intereses que a su vez se traducen en interpretaciones diferentes de su valor y respeto, y, sobre todo, en muchos lugares y momentos puede llegar a generar violentísimos conflictos de intereses. Pero a su vez, el medio ambiente no se puede destruir o suprimir, sino deteriorar cualquiera de los elementos que lo componen, poniendo en peligro la salud humana o animal o la flora.

En este contexto, los delitos contra el medio ambiente se encuadran como delitos de peligro, los que no son sino uno de los resultados que arroja la imparable expansión del derecho penal, que ha legitimado la intervención penal ante una sociedad de riesgo en la que los bienes jurídico-penales han dejado de ser solo individuales para convertirse en colectivos, e incluso difusos o generales. Así bien, en la actualidad los delitos de carácter colectivo se regulan tipificados como delitos de peligro[8].

En esta tipología de delitos, la intervención del Derecho penal se adelanta a fases previas de la efectiva lesión del bien jurídico, adquiriendo así un carácter preventivo. Como dice GÓMEZ PAVÓN, "*un delito de peligro... supone siempre un adelantamiento de las barreras de protección penal, no esperar a la lesión o destrucción del bien jurídico*".

Realmente el Código Penal no contempla una definición de lo que sea peligro, pero podemos entender que son aquellos en los que no se exige en el tipo una lesión o menoscabo del bien jurídico, sino que basta para su consumación una simple puesta en peligro del miso, de manera que se produce un adelantamiento de la protección del bien a fases anteriores a las de su efectiva lesión. Ese adelantamiento de la intervención del Dere-

---

8 RODAS MONSALVE, J.C., *Protección penal y medio ambiente*, PPU, Barcelona, 1993, págs. 240 a 241, se refiere al concepto de peligro como un juicio valorativo caracterizado por un juicio material-objetivo, ya que tiene una base material que determina su existencia y que constituye el bien jurídico y, dentro de ese juicio material, por un juicio de posibilidad: la vinculación entre la conducta y el resultado negativamente valorado.

cho Penal será mayor o menor dependiendo de la intensidad de esa puesta en peligro[9].

Siguiendo a RODIGUEZ MEDINA[10], cabe destacar como elementos básicos para que una situación pueda ser considerada penalmente peligrosa, por un lado, la posibilidad o probabilidad de la producción de un resultado, y por otro, el carácter dañoso o lesivo de ese resultado para algún bien objeto de protección jurídica.

Los delitos de peligro, a su vez, pueden diferenciar los de peligro concreto, que son "*delitos de resultado, donde éste consiste básicamente en la producción de una situación de peligro para el bien jurídico protegido que ha de ser constatado por el juez en el caso concreto*"[11]. En otras palabras, son aquellos que "*el peligro del bien jurídico es un elemento del tipo; de modo que el delito queda sólo consumado cuando se ha producido realmente el peligro del bien jurídico*"[12].

Mientras los delitos de peligro abstracto son "*delitos de mera actividad; se consuman con la realización de la conducta supuestamente peligrosa, por eso el juez no tiene que entrar a valorar si la ebriedad del conductor puso o no en peligro la vida de tal o cual transeúnte para entender consumado el tipo*"[13]. El peligro, por tanto, no es un elemento del tipo legal, sino que es la *ratio essendi* del precepto, quedando consumado el delito, aunque en el caso concreto no se haya producido un peligro del bien jurídico protegido.

Así y según la STS de 16 de mayo de 2001 "*El delito tipificado en el art. 368 CP es de los llamados de riesgo o peligro abstracto, de consumación anticipada, en los que el logro de la finalidad última de sus autores cae fuera del perfeccionamiento consumativo tipificado, por cuya razón no caben las formas imperfectas, salvo muy especiales excepciones*". O la sentencia del Tribunal Supremo de 15 de diciem-

---

9 GÓMEZ PAVÓN, P., *El delito de conducción bajo la influencia de bebidas alcohólicas, drogas tóxicas o estupefacientes y análisis del art. 383 CP*, 4ª ed., Bosch, Barcelona, 2010, pág. 124.

10 RODRÍGUEZ MEDINA, M., "Problemática de los delitos de peligro abstracto. Especial consideración de los delitos contra el medio ambiente", *Revista Aranzadi de Derecho y proceso penal*, número 38/2015, parte Análisis Doctrinal, Editorial Aranzadi, S.A.U., Cizur Menor, 2015.

11 DE LA CUESTA AGUADO, P., *Causalidad en los delitos contra el medio ambiente*, 2ª ed, Tiran lo Blanch, Valencia, 1999, pág. 113.

12 CEREZO MIR, J., *Curso de Derecho penal español. Parte general II. Teoría jurídica del delito*, 6ª ed., Tecnos, Madrid, 2002, pág. 111.

13 BERDUGO GÓMEZ DE LA TORRE, I., *Curso de Derecho Penal. Parte General*, Experiencia, Barcelona, 2010, pág. 2015.

bre de 2000, según lo cual *"lo decisivo es el carácter peligroso de la sustancia administrada y no el peligro real creado con ella para la salud pública"*.

Pues bien, como decíamos, los delitos contra el medio ambiente son delitos de peligro, y en este sentido el Tribunal Supremo, en sentencia de 2 de marzo de 2012 dice "*La técnica más adecuada de protección del medio ambiente frente a las transgresiones más graves, que puedan constituir infracciones penales, es la de los delitos de peligro, pues la propia naturaleza del bien jurídico "medio ambiente" y la importancia de su protección exige adelantarla antes de que se ocasiones la lesión*"[14].

También se refiere a ellos en su sentencia de 26 de abril de 2002, según la cual *"En tal sentido, es clara la improcedencia del motivo, puesto que la descripción narrativa del relato sobre el que se asienta el pronunciamiento de la Audiencia es de sobra bastante e idónea para alcanzar su conclusión condenatoria, por lo que al concreto delito de incendio se refiere, en la tipi9ficación prevista en el art. 351 del Código Penal.*

En efecto, el referido precepto requiere como elementos necesarios para su comisión, en la descripción típica que introduce innovadoramente el vigente Código respecto de la figura del incendio contenida en los textos penales que le preceden, los siguientes: a) la acción de prender fuego a una cosa, sea propia o ajena; y b) el que ese fuego provocado ocasione un peligro para la vida o la integridad física de las personas.

Estamos, por tanto, ante un delito que la Jurisprudencia, contra la opinión de una parte de la doctrina científica, unánimemente considera de peligro abstracto, siendo el bien jurídico tradicionalmente protegido tanto el patrimonio como la protección de la vida e integridad personal, ya de personas concretas como potenciales.

---

14 La Audiencia Provincial de Córdoba en sentencia de 18 de enero de 1995, los considera como delitos de peligro abstracto por entender que es lo más adecuado para la protección del bien jurídico del medio ambiente. Para ello argumenta que "*Sin perjuicio de que se pueda estimar más deseable, de "lege ferenda", por razones de eficacia de la protección penal del ambiente el empleo de la técnica del peligro abstracto y así un sector doctrinal lo destaca con varios argumentos: a) reducir la arbitrariedad judicial para determinar si en concreto se ha puesto en una situación de peligro o algún concreto bien; b) facultar la labor del juzgador en la aplicación de la norma no requiriéndose conocimientos técnicos para comprobar la creación de peligro, bastando comprobar que se ha producido al situación de peligro descrita en la norma; c) se elimina el factor azar en el nacimiento de la responsabilidad penal pues no depende de que se haya puesto en peligro o no un determinado bien sino que basta que se haya causado la situación peligrosa que prevé la norma; d) es preferible en aquellas conductas que afecten a intereses colectivos y que se reiteran o repiten siendo imposible la individualización de las actuaciones que lo lesionan; y e) permite superar el escollo dela prueba del nexo causal entre la conducta y la situación de peligro concreto*".

Tratándose así mismo de infracción no de mera actividad sino de resultado porque es el resultado de la acción, la producción del incendio, lo que la convierte en peligrosa o, en todo caso, de peligro abstracto en el que "... el incendio es el medio generador de un peligro".

Carácter abstracto que incluso se habría visto acentuado en el Código Penal de 1995, con el artículo 351, «... en la medida que se prevé una atenuación de la pena cuando la entidad del peligro sea menor.

Delito de peligro en todo caso, por tanto, cuyo resultado material, la producción del incendio, ha de completarse con la generación de un riesgo, al que la propia descripción típica se refiere como «peligro para la vida o integridad física de las personas», poniendo hoy un énfasis mayor que en los Textos punitivos precedentes en el bien jurídico personal digno de protección, al tiempo que significativamente se desplaza desde el Capítulo referente a los «Delitos contra la Propiedad al de los «Delitos contra la Seguridad Colectiva».

Desde hace más de cien años este Tribunal, en un paradigmático ejemplo de perseverancia doctrinal, viene afirmando que la consumación, en esta infracción, se alcanza en el momento en que el fuego prende en el objeto, aun cuando éste no sea destruido, es decir, con la simple causación del incendio mismo pero, eso sí, siempre que su autor conozca la presencia en el lugar de una o varias personas sujetas al peligro de las consecuencias de ese fuego que origina, según se desprende de la literalidad del precepto vigente que exige, como vimos, la necesaria causación de un peligro efectivo para las personas.

Pues ya se decía, incluso aplicando los preceptos configuradores del delito de incendio en el, que «... aunque no se puede dudar de que el delito de incendio tiene la naturaleza jurídica de los llamados delitos de peligro, tampoco cabe olvidar que a diferencia de lo que ocurre con los delitos puramente formales, su consumación o realización no debe entenderse producida con absoluto automatismo, sino que en ellos se requiere un mínimo de intencionalidad provocadora del peligro, bien a través de un dolo directo, bien a través de un dolo eventual, máxime en los casos en que ese peligro se entienda de gran trascendencia y se sancione en consecuencia».

La generación de ese riesgo, abstracto al no requerirse la concreción de la persona puesta en peligro, debe ser por consiguiente también querida por quien provoca el fuego, en el momento mismo de la ejecución de la acción de prenderlo. Esta intencionalidad, de otra parte, podrá integrarse como dolo directo o, cuando menos, eventual si la creación del peligro se presenta como probable y se consiente su acaecimiento".

Surge la duda de cómo afrontar una respuesta restaurativa en la persecución de estos hechos delictivos, y se duda de sí podría en estos supuestos hablarse igualmente de mediación penal. La complejidad se halla en la delimitación subjetiva plural, compleja y diversa, que en ciertos casos obstaculiza el desarrollo de la mediación. Y estos obstáculos se acentúan más si cabe en los denominados delitos de peligro abstractos, en los que surge el concepto de víctima innominada o colectiva, que comporta a priori ciertos obstáculos a la hora de considerar la mediación, como medio que exige, entre otras cosas, dos posiciones, siendo una de ellas la de la víctima, que se basa en el diálogo y la comunicación. Aun cuando no es imposible, evidentemente es más que compleja la viabilidad de estos supuestos.

En efecto, en los delitos de peligro abstracto no existe víctima concreta, sancionándose en ellos la realización de la acción prohibida por considerar que, en sí misma, constituye una conducta reprobable. Evidentemente, la inexistencia de víctima concreta nos lleva a pensar que no es un supuesto en el que queda la mediación penal[15].

No obstante, considero que en estos casos no es imprescindible la singularización de la víctima, dado que es posible referirnos a víctima simbólica o víctima por subrogación, asumiendo por ley que determinadas personas jurídicas pueden ejercer esa función en el lado de las víctimas, tales como asociaciones en defensa del medio ambiente. Asumirían la representación y defensa de los intereses colectivos e intereses difusos de los afectados por los delitos de peligro.

Lo importante realmente aquí es la obtención de la responsabilidad del victimario respecto de las conductas infractoras. Pero, si identificamos la víctima con personas físicas y los daños con los estrictamente evaluables, se rechaza el uso de la mediación en delitos con víctimas colectivas o supraindividuales como los delitos medioambientales, pese a las amplias posibilidades reparadoras que pueden presentar.

No obstante, en estos delitos sin víctimas concretas por ser delitos de riesgo que provocan un peligro abstracto e indeterminado es factible que se puedan provocar dos vías para facilitar la voluntad de reparación del agresor:

La primera sería facilitar que el agresor se responsabilizara de sus actos delictivos cometidos ante víctimas simbólicas que representan a la comunidad, como por ejemplo las asociaciones de afectados.

---

15 Vid. SIGUENZA LÓPEZ, J., "Mediación y fin del proceso penal", *Revista Aranzadi Doctrinal*, núm. 7/2021, parte Legislación. Doctrina, Editorial Aranzadi, S.A.U, Cizur Menor, 2021.

Y, la segunda, a través de encuentros de reconciliación o prestación de servicios a la comunidad caracterizados por su interés social. La importancia de desarrollar esta vía reside en no perjudicar a quienes cometen delitos contra intereses generales que manifiestan la voluntad de resarcir el daño producido.

El protagonismo de las partes y la voluntad de reparar aconsejan evitar la elaboración de listados cerrados de delitos mediables y optar por valorar la idoneidad de las partes en cualquier tipo de delito, siendo las ventajas más destacadas su carácter necesariamente voluntario y que se valore el esfuerzo para tener en cuenta la capacidad individual de restaurar el daño causado[16].

Una solución para la viabilidad de la mediación o de cualquier otra solución restaurativa en los delitos con víctimas colectivas o anónimas es atender a las víctimas simbólicas o víctimas por subrogación; con ello; los daños producidos a personas individuales que directa o indirectamente sufren las consecuencias de las conductas delictivas se podrían canalizar a través de asociaciones o entidades. Esta solución permitiría rescatarles de la invisibilidad en la que quedan bajo el anonimato de la víctima colectiva.

Los delitos de peligro abstracto en general encajan mal con la mediación por las dificultades para determinar la concreción de las víctimas que se hayan podido ver perjudicadas por el delito. De esta forma, los inconve-

---

16 Según BARONA VILAR, S., *Mediación penal. Fundamento, fines y régimen jurídico*, Tirant lo Blanch, 2011, "hay que evitar caer en las generalidades o principios absolutos que no caben ni deben tener cabida en mediación penal. Si bien en los delitos de peligro es más dudosa la templabilidad de la mediación penal por la menor efectividad en la función restaurativa, hay que matizar a la hora de considerar estos delitos de peligro y habrá que concretar en atención a la diversa tipología y gravedad de los hechos, dado que entre ellos puede tanto hacerse referencia a los delitos contra la salud pública, como a los atentatorios al medio ambiente, delitos de enaltecimiento del terrorismo o de la violencia, entre otros. Así, por ejemplo, en el caso de los delitos contra la salud pública y en especial los referidos a la drogodependencia existen manifestaciones claras en el derecho comparado que permiten afirmar el importante papel que se desempeña por la mediación penal, al ser ésta un instrumento de tutela penal funcionando con cierta experiencia, y encontramos precisamente que en los supuestos de los drogodependientes la mediación puede servir esencialmente para cumplir, amén de las demás funciones, fundamentalmente resaltar la posible función de resocialización del delincuente; lo que no es óbice, a su vez, a que en países muy similares a nuestro sistema jurídico, como sucede con Alemania, excluyeron el procedimiento de mediación para aquellos casos de delitos in víctimas individualizadas".

nientes ya señalados que dificultan que los delitos con víctimas colectivas puedan ser objeto de procesos de mediación, pueden derivarse de las limitaciones basadas exclusivamente en tipologías delictivas y de la complejidad de identificar el daño y el sufrimiento en las conductas delictivas que afectan a la colectividad.

Por ello, si las limitaciones abandonan al tipo de delito como referencia, pasando a fijarse en los propios requisitos de la Justicia restaurativa y la estimación de los daños se canaliza hacia entidades o asociaciones a través de la víctima por subrogación, los obstáculos para admitir que la mediación pueda llevarse a cabo en delitos colectivos pueden despejarse, facilitando que se haga un mayor uso de instrumentos restaurativos que resultan útiles y eficaces para la resolución de conflictos al enfrentarse el infractor a entidades que representan a las víctimas para responsabilizarse del daño causado.

Una cualidad especial de los delitos colectivos es precisamente la magnitud y, a su vez, imprecisión de los daños producidos, lo que además de producir en muchos casos la imposibilidad de hacer frente a la reparación, si se limita a los contenidos dinerarios, olvida que en los delitos colectivos también subyacen daños individuales. De esta forma, delitos colectivos como los que atentan al medio ambiente conllevan una referencia implícita a bienes individuales directamente relacionados con los seres humanos como la vida e integridad de las personas, la salud o la calidad de vida respectivamente.

El hecho de que en los delitos colectivos el sujeto pasivo sea la sociedad en su conjunto o la colectividad, significa que su titularidad no puede atribuirse a individuos concretos, pero no que se trate de intereses indefinidos o abstractos, en la medida en que se pueden identificar intereses específicos en concretos colectivos, de esta manera en los delitos contra el medio ambiente puede haber territorios o zonas especialmente afectadas, o en los delitos contra la seguridad vial y en delitos contra la salud pública puede haber colectivos específicos de afectados por sus consecuencias; de hecho, que en el proceso se permita la acción particular por asociaciones o entidades, así lo confirma.

De esta manera, entidades en defensa del medio ambiente, asociaciones de víctimas de accedentes de tráfico o de tratamiento a personas drogodependientes pueden ser interlocutores válidos para un diálogo restaurativo dirigido a obtener la responsabilidad del daño producido y la voluntad de repararlo, al actuar todas ellas como víctimas simbólicas que representan a personas afectadas o sensibilizadas por las adicciones a las drogas, los accidentes de tráfico o los daños medioambientales.

Ejemplo de este reconocimiento de víctimas por representación se recoge en la sentencia de la Audiencia Nacional de 21 de marzo de 2017, en un delito de enaltecimiento del terrorismo que valoró positivamente la petición de perdón y las muestras de arrepentimiento que el condenado ofreció tanto a los familiares de la víctima como a la asociación de víctimas, como organización representativa del colectivo afectado.

Determinados los interlocutores que pueden llevar a cabo instrumentos restaurativos en los delitos colectivos, el siguiente elemento a determinar son los contenidos de la reparación, siendo esencial no plantearla en términos dinerarios estrictos, sino valorar las amplias posibilidades que presenta la reparación simbólica por los efectos preventivos que despliega. Esto serviría para aquellos casos en los que el infractor es insolvente o el daño colectivo es difícil de evaluar, lo que permite recurrir a las obligaciones de dar, hacer, o no hacer propias de la reparación del daño. Lo contrario daría lugar a una reparación selectiva y discriminatoria que dejaría fuera a las personas sin recursos económicos y a las que atentan a intereses colectivos, cuando existen otras vías alternativas de reparación siempre que el responsable del delito lleve a cabo conductas activas en esta dirección.

La reparación colectiva implica que el concepto de víctima se extienda a víctimas de delitos similares o incluso a potenciales o futuras víctimas, este es el sentido de aceptar como tal la colaboración en las tareas de regeneración o la asistencia a talleres de educación y protección medioambiental.

Ejemplo de todas estas posibilidades se puede encontrar en la aplicación de la atenuante genérica de reparación del daño como la SAP Valencia 195/2000 de 20 de junio que la aprecia en un delito de conducción bajo la influencia de alcohol, en el que pese a tratarse de un delito de peligro abstracto sin causación de daños concretos, se valora la colaboración del condenado en un centro con pacientes tetrapléjicos por accidentes de tráfico, e incluso su propia recuperación tras el internamiento en un centro de desintoxicación, bajo el argumento de que la finalidad de la pena no es solo el castigo, sino la recuperación social del infractor.

En el ámbito de la persona jurídica como sujeto pasivo del delito, la SAP Valladolid 149/2012 de 30 de abril, suscribió un acuerdo de mediación penal del Servicio de Castilla-León, en el que el responsable de un delito de estafa cuyo perjudicado era el Ayuntamiento reconocía los hechos y el perjuicio moral ocasionado a la citada Corporación, comprometiéndose a realizar gratuitamente las obras de acondicionamiento de una calle, para apreciar la atenuante de reparación muy cualificada por el reconocimiento de los hechos y la voluntad de reparar el daño.

5. BIBLIOGRAFÍA

BARONA VILAR, S., *Mediación penal. Fundamento, fines y régimen jurídico,* Tirant lo Blanch, 2011.

BERDUGO GÓMEZ DE LA TORRE, I., *Curso de Derecho Penal. Parte General,* Experiencia, Barcelona, 2010, pág. 2015.

CEREZO MIR, J., *Curso de Derecho penal español. Parte general II. Teoría jurídica del delito,* 6ª ed., Tecnos, Madrid, 2002.

DE LA CUESTA AGUADO, P., *Causalidad en los delitos contra el medio ambiente,* 2ª ed, Tiran lo Blanch, Valencia, 1999

GAMERO CASADO, E., "Iniciativas de mediación intrajudicial en el contencioso-administrativo", *Revista española de Derecho Administrativo,* núm. 198/2019, parte Crónica, Editorial Civitas, S.A., Pamplona, 2018

GÓMEZ PAVÓN, P., *El delito de conducción bajo la influencia de bebidas alcohólicas, drogas tóxicas o estupefacientes y análisis del art. 383 CP,* 4ª ed., Bosch, Barcelona, 2010.

RODAS MONSALVE, J.C., *Protección penal y medio ambiente,* PPU, Barcelona, 1993.

RODRÍGUEZ MEDINA, M., "Problemática de los delitos de peligro abstracto. Especial consideración de los delitos contra el medio ambiente", *Revista Aranzadi de Derecho y proceso penal,* número 38/2015, parte Análisis Doctrinal, Editorial Aranzadi, S.A.U., Cizur Menor, 2015.

SIGUENZA LÓPEZ, J., "Mediación y fin del proceso penal", *Revista Aranzadi Doctrinal,* núm. 7/2021, parte Legislación. Doctrina, Editorial Aranzadi, S.A.U, Cizur Menor, 2021.

SORIANO, J.E., "Solución extrajudicial de conflictos y ejecución de sentencias contencioso-administrativas. La mediación...", *Revista Aranzadi de Uranismo y Edificación,* número 44/2020, parte Jurisprudencia. Comentarios, BIB 2020/9433.

La gestión de conflictos en los ayuntamientos

CATALINA LLULL RIERA

Mediadora. Coordinadora Mediación Intra judicial civil y social Mallorca

1. INTRODUCCIÓN

De repente, a veces, sin saber muy bien cómo, el conflicto surge con una facilidad extraordinaria fruto de ese compartir, de ese convivir y a través, muchas veces de una comunicación errónea o poco eficiente.

La comunicación, esa maravillosa posibilidad humana de transmisión de emociones y pensamientos; manera personalísima de entender y compartir la vida con los demás. Ante un mismo hecho neutro, la multiplicación espontánea de interpretaciones y maneras de transmitir una misma realidad. Y con ello, todas las consecuencias posibles.

Con la Mediación y la cultura que la envuelve, se nos muestra un mundo con un potencial imponente, una manera de hacer que tiene unas posibilidades, una riqueza y una flexibilidad idóneas, para conseguir responder a una serie de necesidades sociales que se van manifestando en nuestro entorno. Municipios, ciudades, barrios, vecindario, en definitiva, espacios compartidos de realidades cambiantes, que tienen necesariamente que convivir, adaptarse y crecer, como no y por qué no, a través del conflicto.

En estos municipios y ciudades la persona ciudadana es conocedora directa de las necesidades que se crean con la convivencia. Por ello, es partícipe necesaria en la detección, resolución y cobertura de las mismas. Para que haya seguridad y convivencia pacífica, es necesaria la cooperación de todas las personas que participan de esa convivencia.

Freedom House[1], un centro de estudios independiente con sede en Washington que analiza la evolución de los sistemas políticos en el mundo, observa el sostenido deterioro de la libertad y la democracia en el mundo en la última década. Según sus parámetros el número de países que ha sufrido una involución, supera con creces los que mejoran. La crisis económica, los cambios sociales, las nuevas tecnologías, la migración poblacional, son un desafío en la gestión institucional que crea la ineludible necesidad de ser explicada, comunicada, a la ciudadanía para que se haga partícipe en el proceso mismo de gestión. La convivencia real, si no quiere ser una mera coexistencia, tendrá que asumir la conflictividad natural inherente a toda interrelación social, laboral, cultural y política.

Los gobiernos municipales, los ayuntamientos, como entidades más cercanas al ciudadano tienen la oportunidad de facilitar la corresponsabilización en la convivencia, en la gestión de los naturales conflictos que surgen de ella. Sin unas prácticas políticas que sean coherentes con ese proceso, difícilmente se impulsará una cultura cívica que permita la convivencia basada en el respeto de derechos y deberes.

El presente trabajo pretende a través de una revisión conceptual de palabras clave, concluir en la importancia de que los ayuntamientos, como entidades más cercanas a la ciudadanía, posibiliten y sean motor y acompañamiento en una gestión eficiente de los conflictos por parte de la persona ciudadana.

2. APROXIMACIÓN TEÓRICA Y CONCEPTUAL

2.1. La persona ciudadana

El concepto de persona ciudadana aparece en las primeras sociedades sedentarias regidas por unos códigos donde se recogen obligaciones y derechos políticos, civiles y sociales, confiriendo a un individuo la condición de "ciudadano".

Aristóteles, en su libro III sobre La Política, aborda la ciudadanía como el sentido de pertenencia a esos derechos. Sin embargo, diferenciaba entre quién es ciudadano, que sería el que participa de manera estable en el po-

---

1 https://freedomhouse.org/es/article/nuevo-informe-el-deterioro-global-de-la-democracia-se-ha-acelerado

der de decisión colectiva, en el poder político y quién se llama ciudadano, que sería todo aquel que sea capaz de ser tal.

Por otra parte, la ciudad en el mundo antiguo respondía a una concepción simbólica del espacio, propia del pensamiento mágico y religioso. La ciudad para Platón es un espacio para la vida social y la espiritual y debe estar encaminada a elevar a los hombres a la virtud. Aristóteles acentúa el carácter político de la ciudad y la define como un conjunto de ciudadanos[2] (Valdés,1988.156). La ciudad no es, en realidad, un espacio físico determinado, sino un conjunto de hombres libres ejerciendo en común sus libertades públicas, siendo el espacio un aspecto secundario.

El sentido de ciudadano romano se modifica en la Edad Media cuando los filósofos iusnaturalistas sugieren que la libertad individual, no depende de la pertenencia a una comunidad, al contrario, la antecede y la condiciona. Esta idea surge después de la Declaración de los Derechos y Libertades Fundamentales del Hombre[3].

Así ciudadano responde a una colectividad, a una pertenencia a una comunidad que hace iguales a los hombres libres, gracias a esos derechos.

En el siglo XX el ensayista Ortega y Gasset (Madrid 1883-1955) recupera la distinción entre naturaleza y ciudad a la manera de los cásicos griegos, poniendo el acento en la ciudad política. Ciudad como ciudadanía.

Para José C. Cano Zárate, ser ciudadano sería tener desarrollado el sentido de identidad y el de pertenencia a un lugar dónde se interactúa socialmente con responsabilidad, derechos y obligaciones[4]. Así la ciudadanía ac-

---

2 ARISTÓTELES. Política. Libro III. Pág. 156. Gredos, Madrid 1988. GARCÍA VALDÉS, MANUEL.

3 El 10 de diciembre de 1948 la Asamblea General de las Naciones Unidas aprobó y proclamó la declaración de los Derechos y Libertades Fundamentales. En su art. 2, dicha Declaración reza: "Toda persona tiene los derechos y libertades proclamados en esta Declaración, sin distinción alguna de raza, color, sexo, idioma, religión, opinión política o de cualquier otra índole, origen nacional o social, posición económica, nacimiento o cualquier otra condición.
Además, no se hará distinción alguna fundada en la condición política, jurídica o internacional del país o territorio de cuya jurisdicción depende una persona, tanto si se trata de un país independiente, como de un territorio bajo administración fiduciaria, no autónomo o sometido a cualquier otra limitación de soberanía."

4 CANO ZÁRATE, JOSÉ C. Ciudadanía, participemos activamente. SEP, INEA, México 2007.

tiva puede considerarse como el ejercicio de un ciudadano de sus derechos y responsabilidades de una forma equilibrada.

En nuestros días el concepto de persona ciudadana tiene más reconocida su acepción jurídica, convirtiéndose en sujeto de derechos. Al mismo tiempo, las circunstancias actuales, migraciones, mercados sin territorio y sin fronteras, crisis económica, etc. difuminan de algún modo el concepto de pertenencia, provocando una búsqueda identitaria en nuestro espacio más próximo, el de la comunidad, de la ciudad, pueblo, etc.

Como personas ciudadanas, conocemos los servicios que podemos disfrutar, pero en muchas ocasiones, no existe la corresponsabilidad consciente en el mantenimiento de esos derechos o servicios. Vivimos la confusión de cómo debe comportarse una persona ciudadana. Así podemos quejarnos de que la ciudad está sucia, pero no somos conscientes, no reflexionamos sobre el porqué lo está y cuesta tanto mantenerla limpia.

La sociedad requiere, además de una legislación que debe ser cumplida, de ciudadanos dispuestos a colaborar por el mantenimiento de la paz social, por el interés común. Hoy en día, parece como si ese interés común correspondiera únicamente a los poderes políticos con los que el ciudadano siente desafección. Hay una falta de compromiso en la construcción social y respecto del sentido de pertenencia a la ciudad, perdiéndose en el camino la cohesión social.

Las cuestiones ligadas a las personas ciudadanas en su comportamiento, en su desarrollo de la convivencia en las ciudades, ha sido inherente al crecimiento de las mismas, con sus diferencias de percepción según lugares y períodos. Actualmente en nuestra sociedad se da un crecimiento del individualismo, del consumismo, crece una sociedad del espectáculo inmediato, que tiene una concepción del "estado del bienestar", basado en los derechos conocidos, pero no en las corresponsabilidades que ello conlleva.

> "En una sociedad plural y diversa, cuyo valor fundamental es el de las libertades individuales en un marco de equidad, lo único que puede cohesionar moralmente a los individuos es un conjunto de deberes que les obligue a vivir juntos respetándose mutuamente y procurando que los derechos de cada uno no sean vulnerados[5].

Formar a futuros personas ciudadanas es tarea de la educación. En los políticos recae un plus de responsabilidad en la manera de comportarse

---

5 CAMPS CERVERA, VICTORIA. "Fundación democrática y Gobierno local", *Revista democrática y gobierno local*, nº 22, pág. 5.

como ciudadanos. Impulsar y potenciar formas de resolver situaciones de convivencia, alternativas a las coercitivas o sancionadoras pecuniarias, es también tarea de la administración pública. Facilitar y corresponsabilizarse de todo ello nos corresponde a todos y todas, las personas ciudadanas.

2.2. La convivencia

Convivencia es la acción de vivir en compañía de otro u otros. En una concepción más amplia se vincula, la convivencia, a la coexistencia pacífica y armoniosa de grupos humanos en un mismo espacio. Parecería así que la aparición natural de conflictos en la convivencia, sería contradictoria en definición. El hecho mismo de la convivencia supone conflicto y más aún en nuestra sociedad compleja y diversa. Entendemos por tanto que la conflictividad y la armonía en la convivencia, no son conceptos excluyentes.

Convivir abarca tanto vivir en compañía como la relación entre quienes conviven. Es por tanto vivir en buena armonía con los demás. Ello inevitablemente supone la interrelación de variables, de origen, pensamiento, cultura, valores, religió. La búsqueda de la convivencia hace que estas múltiples perspectivas se pongan en común buscando acuerdos que aporten armonía al día a día, en el grupo, colectivo, barrio, ciudad. Por tanto, el conflicto mismo adquiere un sentido positivo en la medida que posibilita esa adaptación dinámica.

Concluimos pues que una buena convivencia no pasa por la ausencia de conflictos, es como gestionamos esos conflictos lo que determinará que las consecuencias sean constructivas o no.

Es necesario, para que haya convivencia, que se cree una conciencia de que el espacio es de todos, un espacio compartido, donde se tiene que tener en cuenta las necesidades de todas las personas que lo comparten. Tiene que haber un sentimiento de pertenencia al espacio y al grupo, creado por vínculos de amistad, compañía, respeto, etc.

Sin embargo, vivimos en una sociedad donde en un "clic" podemos intercambiar ideas, información, nos comunicamos y nos relacionamos. Los espacios relacionales son diversos y confusos en sus límites y fronteras.

La convivencia en las ciudades está directamente relacionada con la convivencia que cada persona ciudadana desarrolla en su ámbito más cercano o privado. En ese hacer individual las normas de convivencia son reglas de funcionamiento que marcan unos límites comunes entre aquello que es aceptable y lo que no lo es.

Existen por otra parte, unas normas implícitas en todos los grupos humanos. Gran parte de la convivencia se rige por rutinas no escritas. En la actualidad, en una realidad tan diversa y cambiante se nos requiere de una flexibilidad en el convivir, lo que conseguimos cuando aceptamos con respeto, rutinas diferentes a las conocidas.

Cuando un comportamiento negativo arraiga en el grupo a través de una de estas normas implícitas o rutinas, es necesario que se haga explícita para poder regular la situación de forma clara. Esta regulación debe realizarse de forma positiva, es decir con miras de futuro, analizando los normales errores que se producen, para fomentar la reparación del daño y la reconciliación de las personas, de manera que se invierta en prevención desde el aprendizaje y la corresponsabilización.

De todas formas, "las mejores normas son las que se basan en el sentido común y facilitan la convivencia, no la entorpecen"[6].

Convivencia, ciudad como ciudadanía y como espacio público, son conceptos que conectan a través del ciudadano y de cómo vivamos como tales. Vecino, transeúnte, inmigrante, personas en definitiva que coinciden y desarrollan parte de su existencia en compañía de otros en un lugar determinado. Este concepto determina el fluir de nuestras relaciones, de nuestra convivencia con las demás personas.

En este punto tenemos que, la convivencia es un ideal social que es cambiante y dinámico. Nada tiene que ver la convivencia en las primeras ciudades, con la que se desarrolla en las actuales. Y ni que decir cabe, que la cultura urbana de las grandes ciudades o metrópolis difiere mucho de otras de menor tamaño. Existen ciudades como conjuntos de personas con las que no se tiene relación alguna, donde desconocidos se encuentran de forma rutinaria, paseando, haciendo deporte o actividades de ocio. En estos lugares la convivencia es entendida de diferente manera, siendo aceptable un cierto equilibrio entre relaciones diversas y diferentes conceptos o formas de convivencia.

Con ello creo importante diferenciar, entre coexistencia, entendida como coincidencia en un lugar y tiempo determinado y convivencia, que supone además una relación armónica.

En los lugares donde más se convive, los barrios, los "vecinos de toda la vida" desarrollan un sentimiento de pertenencia muy arraigado, lo que

---

6 BOQUÉ, CARMEN. *El bienestar en las aulas, herramientas para la acción tutorial* (2). Prevención de conductas negativas y construcción de la cultura de la paz. Pág. 11.

hace que adquieran un cierto sentido de propiedad respecto al mismo y que hablen en términos de "nosotros los del barrio", frente a "los otros", todos aquellos que supongan algo diferente, cultura, religión, etc. que son percibidos como una amenaza.

Estas diferentes maneras de vivir el espacio del barrio, que cohabitan o coexisten, alcanza incluso a las generaciones más jóvenes del barrio, para los que éste puede tener connotaciones meramente de "zona de paso".

Siguiendo a Carlos Giménez[7] las reacciones son diversas en el cambio evolutivo del propio barrio, pudiendo dividirse de la siguiente manera:

- Aquellos casos en los se coexiste, existen las divergencias, pero de alguna manera se espera que no vayan a más.
- Aquellos casos en los que se coexiste sin crear vínculos, apenas existe comunicación, se entiende que es gente diferente, nueva que hay aguantar.
- Situaciones en las que los conflictos latentes escalan o se hacen evidentes, se da una comunicación errónea con críticas a esas personas diferentes, nuevas en el barrio; crece la desconfianza, sensación de inseguridad, agresividad.
- Casos en los que se normalizan las diferentes situaciones entre las personas del barrio, fruto de relaciones activas en las que se comparte espacios.

Por tanto, vemos que la convivencia es conflicto, necesario como forma de conocimiento y debate de la diversidad social y cultural. Positivo para que el resultado sea una convivencia aceptada y pacífica. Necesitamos ciudadanos y ciudadanas con habilidades de conversación, de negociación, de corresponsabilidad en la gestión de sus conflictos para que esa fórmula de convivencia fructifique.

2.3. El conflicto

Vivimos en una sociedad en constante cambio. Cambia el modelo de salud puesto que vivimos más años, cambia el modelo de familia, cambia el ritmo. Vivimos deprisa, los trabajos son temporales, las nuevas tecnologías

---

7 GIMÉNEZ ROMERO, CARLOS. *El impulso de la convivencia ciudadana e intercultural en los barrios europeos. Marco conceptual y metodológico.* Red Cien, 2016. Pág. 12.

nos permiten tener información al minuto y compartirla. Se diluyen las fronteras, se estimula el consumo constante, aumenta la población en las ciudades y desaparece en el campo, etc. Todos los cambios que hacen que la sociedad se mueva, requieren de la mismas una adaptación, que es fuente de conflicto natural y que se consigue, precisamente, a través de este.

Cómo fenómeno natural, no todos reaccionamos ante el conflicto de igual manera, unos lo hacen de forma agresiva, otros de forma pasiva, otros buscan acuerdos. Cada persona es única, producto de su socialización en familia, en cuyo contexto aprende valores y modos de interacción que traslada a sus diferentes relaciones, influyendo así en la convivencia social.

En esta línea de pensamiento, se comprende el conflicto como una especie de relación social, que genera un implicación personal y social en cuanto desarrollo y transformación de relaciones. En consecuencia, no hay una mirada negativa hacia las controversias, sino que son entendidas como oportunidades que posibilitan el crecimiento de vínculos sociales. Esa concepción cambia la dinámica y posibilita la corresponsabilización.

En un contexto pues, de complejidad y diversidad social, de diferentes ideas y perspectivas, el conflicto en positivo, conectado en un ámbito de democracia, es generador de un espacio que permite que los máximos puntos de vista sean considerados en la toma de decisiones, en un debate pacífico de diálogo y comunicación eficiente.

Ello nos lleva a que, en la convivencia de las personas ciudadanas, los conflictos pueden ser incorporados a los valores colectivos, conflictos entendidos como debate constante y pacífico de negociación, asistido por el respeto mutuo.

Esa conciencia de que las diferencias son normales y que por tanto es necesario dialogar, comunicarse para obtener acuerdos que satisfagan en mejor medida las necesidades de las partes, tiene la ventaja básica de que el conflicto se vive como una oportunidad para el diálogo, en el que se conoce y se reconoce el criterio ajeno en beneficio mutuo. Se gana así en acuerdos creativos, se ahorra tiempo y aumenta la colaboración, el respeto, la confianza y la tolerancia, preservando así las relaciones.

En un conflicto todos tienen algo que decir, todos tienen algo que escuchar, que decidir y acordar. No podemos ver, por tanto, el conflicto como algo aislado de sus fuentes (posiciones, intereses, necesidades), las opciones de relación entre las partes, el tipo de comunicación (los procesos interpretativos de información) que existe entre las mismas y en consecuencia los posibles compromisos y las alternativas a la solución acordada.

En todo ello, el camino fundamental para el aprendizaje de la gestión de la convivencia, es la comunicación pacífica y eficiente. La convivencia se manifiesta en procesos de comunicación.

2.4. La comunicación

La mayor parte de la doctrina que estudia el conflicto coincide en que un gran número de conflictos se generan por distorsiones en la comunicación. Como afirma WALTZLAWICK[8] toda conducta es comunicación y por tanto influye sobre la conducta de los demás. Incluso el silencio es entendido con un valor de mensaje.

Así entendemos que, para el proceso de comunicación, cada persona va adquiriendo a lo largo de su vida, actitudes, valores, habilidades, etc. que permiten interpretar los valores y las actitudes de las demás personas desde el propio aprendizaje. Se entiende que las personas ciudadanas en el convivir diario conectamos con los demás siguiendo unos patrones, unas normas comunes adquiridas. Pero tenemos una percepción propia, a pesar de que captemos la información de la misma manera, el mismo canal y mismo entorno o contexto.

Esta percepción particular tiene múltiples influencias. Cada persona va adquiriendo a lo largo de la vida, actitudes, valores, habilidades, etc. que nos permiten interpretar los valores, las actitudes de los demás desde los propios aprendidos.

Todo ello nos lleva a que, en situaciones de conflicto debemos reconsiderar nuestras percepciones en la comunicación, para no poner barreras que impidan obtener la información lo más conscientemente posible. Ello nos lleva a la necesidad de toda persona de adquirir las habilidades sociales básicas para obtener esa comunicación eficaz, habilidades como la empatía, la escucha activa, la asertividad, etc.

---

8 WALTZLAWICK, PAUL, BEAVIN, J., JACKSON, D.D. *Teoría de la comunicación humana*, 2002.
Los autores distinguen 5 axiomas: 1.- Es imposible no comunicar.2.- Toda comunicación tiene un contenido y un nivel de relación. 3.- Hay una puntuación, acción-reacción, cada uno interpreta su acción como reacción al comportamiento del otro. 4.- La comunicación es digital, referida al contenido y analógica, referida a la relación expresada por el lenguaje no verbal. 5. - La comunicación diferente en relaciones de simetría o de complementariedad.

Todas las personas comunicamos de forma personal desde nuestras vivencias, desde nuestro estado de ánimo del momento, desde la manera propia de interpretar. Nuestras habilidades, sentimientos, entorno social, cultura, intereses, son elementos que hacen que comuniquemos de forma diferente.

Cuando una comunicación es eficaz, es cuando el mensaje es interpretado, por quién lo recibe, en los mismos términos que pretende la persona que lo emitió. Esa eficacia puede ser alterada a veces, por ejemplo, por la no coincidencia entre el lenguaje verbal y el no verbal o por la interpretación errónea, atendiendo a esa diversidad en el entender, provocando una confusión, tal vez un conflicto.

3. LA GESTIÓN EFICIENTE DE CONFLICTOS. LA MEDIACIÓN

En un sentido teórico, la mediación es una figura más de resolución de conflictos, junto como el arbitraje, la negociación y otras, reconocidas por las Naciones Unidas. Se habla en un sentido amplio de los ADR, Alternative Dispute Resolution, también denominados MESC o MASC, Métodos Extrajudiciales o Alternativos de Resolución de Conflictos o MARC, Moyans Alternatifs de Resolution de Conflicts[9].

Conocemos el impulso de estas formas de gestión que se realiza desde la Comunidad Europea y desde el propio Estado Español y también desde el mundo jurídico[10].

---

9 Tuvieron su origen en los EEUU y se denominaron ADR (Alternative Disputes Resolution), si bien en la actualidad se ha perdido el sentido de alternativos a los Tribunales, para actuar en ocasiones de forma complementaria al ordenamiento jurídico, cambiando su denominación, Adequated Dispute Resolution, pero no sus siglas, ADR.

10 Tratado fundacional de la Unión Europea, Roma 25 de marzo 1957
Ley Modelo de la Comisión de las Naciones Unidas para el derecho Mercantil Internacional sobre Conciliación Comercial Internacional, 2002, art.13.
Directiva 2008/52/CE del Parlamento Europeo y del Consejo de 21 de mayo de 2008.
España. Ley 5/2012 de 6 de julio de Mediación en asuntos civiles y mercantiles
Decreto 980/2013
Plan estratégico de Modernización de la Justicia 2009-2012
Ley 4/2015 de 27 de abril del Estatuto de la víctima del delito.

Vemos que las posibilidades de gestión de los conflictos, diferentes al proceso judicial, son diversas y también que se encuentran regladas y reguladas aportando seguridad y eficacia en el propio proceso de gestión.

Los sistemas autocompositivos[11] de resolución de conflictos, como la mediación, tienen una clara función cívica, al permitir a las personas gestionar sus conflictos a través del diálogo y la escucha pacífica, fomentando habilidades, durante el proceso de gestión, que tienen efectos más allá de la finalización de la misma, con la prevención de futuras controversias. Ello se observa en su propia definición y en las características o principios por las que se rige.

La mediación como sistema autocompositivo de resolución de conflictos, puede ser entendido como un proceso basado en la comunicación, mediante el cual una tercera o terceras personas, sin capacidad de decisión reconocida, ayudan a las partes implicadas en la gestión eficiente de la controversia[12].

Voluntariedad como corresponsabilidad, confidencialidad, flexibilidad; neutralidad e imparcialidad de la persona o personas mediadoras, competencia de las mismas; horizontalidad, principios de buena fe, reconocimiento y legitimidad mutua; capacidad para tomar decisiones y para comprometerse en los resultados; respeto al marco legal, etc. son fundamentos básicos de un proceso de gestión eficaz del conflicto a través de la mediación.

Puesto que es un proceso cooperativo de ganar-ganar, que procura el equilibrio entre las partes, la mediación como dice Inmaculada López[13] es preventiva de la exclusión y promotora de la inclusión. Se fomenta cons-

---

11 Distinguimos entre sistemas autocompositivos, en los que las propias partes inmersas en la controversia, son las que deciden sobre su resolución y los sistemas hetero compositivos en los que la decisión sobre la misma es tomada por una o varias terceras personas ajenas a la controversia.

12 Algunos autores aportan vectores a tener en cuenta.
– BUSH, B. y FOLGER, J. 1996. El proceso de mediación contiene un potencial de transformación de la persona originada en la generación de la revalorización y el reconocimiento personal.
– MORE, C.W. 1996. La mediación es la intervención en una disputa, de una tercera persona, aceptada, imparcial y neutral, que carece de poder autoritario de decisión, que ayuda a las partes a alcanzar una solución mutuamente aceptada.
– Para FOLGER y TAYLOR, 1997, la mediación es un proceso en el que las partes aíslan sistemáticamente, con la ayuda de una tercera o terceras personas neutrales, los puntos en disputa con el objetivo de encontrar alternativas y obtener un acuerdo que se ajuste a las necesidades de todas las partes.

13 VIANA ORTA, M.I., LÓPEZ FRANCÉS, I. *Revista de educación inclusiva*, 2015.

truir consensos o acuerdos a través de habilidades sociales como la empatía, escucha activa y respeto. Es lo que conocemos como cultura de la mediación.

Como afirma CARMEN BOQUÉ[14]: "depositar efectivamente la confianza en los protagonistas de un conflicto remueve las estructuras de poder que en otras instancias están en manos de alguien externo y no implicado, o simplemente de aquellos que lo retienen y consideran que no tienen por qué cederlo. En los procesos de mediación, el poder, como fuerza de presión, está de más. El mediador no obliga a los protagonistas, ni uno de ellos domina a los otros".

Los métodos no adversariales como la mediación, dejan una visión de respeto incluso cuando no se llega a un acuerdo, puesto que las conductas en el proceso si se cumplen las reglas, son ejemplares.

El diálogo que se crea con la mediación, necesariamente nos lleva al conocimiento de otras realidades, en un planteamiento que pasa de la confrontación a la colaboración para, desde el análisis y reflexión global y crítica del desacuerdo, llegar a la convivencia y aprovechamiento común de dichas realidades. Ello hace posible experimentar que los conflictos de valores e intereses forman parte de la convivencia, resolverlos de manera constructiva permite entender que lo diferente, como dice López Francés[15], no sea traducido en desigual, percibiéndonos a nosotros mismos como otro entre los otros, concibiendo a todos los seres humanos como únicos en sí mismo y diversos hacia los demás, celebrando la pluralidad como parte intrínseca de la realidad humana.

La sociedad, la convivencia en las ciudades es diversa, por lo que la adecuada gestión de esa diversidad se convierte en un reto estructural decisivo.

La mediación, ampliamente entendida es tremendamente útil para prevenir, regular, resolver y transformar la conflictividad latente y manifiesta, para facilitar la comunicación eficiente e impulsar la participación social y por ello debe ser fomentada desde las instituciones.

---

14 BOQUÉ, *Cultura de Mediación y cambio social*, 2003, pág. 119.

15 *Idem.*

4. LA GESTIÓN DE CONFLICTOS EN LOS AYUNTAMIENTOS

Un impulso que puede convertirse en relevante y efectivo es el que debe realizarse desde los ayuntamientos, con políticas locales que potencien la interrelación positiva entre sus miembros, tanto instituciones, como personas integrantes de la política, asociaciones, personas ciudadanas.

En los ayuntamientos, las instituciones más cercanas al ciudadano, se gestiona lo que es de todos. La responsabilidad es no sólo jurídica ante el ciudadano, sino también política. La confianza pues, está en la raíz del contrato democrático, de tal manera que la ejemplaridad de los políticos adquiere relevancia.

La importancia reside, en reconocer y potenciar el poder de los ayuntamientos y sus políticos en la generación de conductas cívicas, no únicamente mediante la promulgación de ordenanzas sino también con la necesidad inexcusable de un comportamiento dialogante y empático de sus políticos, en sus discursos, en sus apariciones públicas y en sus políticas que deben desarrollar el lenguaje, el comportamiento de la cultura de la paz y de la mediación.

En los últimos años son muchos los ayuntamientos que han debatido y aprobado ordenanzas de convivencia ciudadana. Estas, constituyen herramientas muy potentes en manos de los ayuntamientos para regular el correcto ejercicio de los derechos y deberes cívicos y que además trasladan a la sociedad la responsabilidad para que la convivencia se pueda desarrollar de una forma pacífica.

Así se puede crear un tejido ciudadano capaz de gestionar de forma pacífica, colaborativa y constructiva los conflictos sin acudir a los tribunales o ejercer la violencia. Se pasa de concebir al otro, vecino, familiar, socio… como amigo o enemigo, a considerarlo como sujeto respetable de sus opiniones y elecciones, aunque no los compartamos.

El compromiso por el interés púbico incumbe a representantes políticos y a las personas ciudadanas, cada uno dentro de su ámbito de responsabilidad. No hay convivencia propiamente dicha, sin ciudadanos conscientes de que tiene una función en ella.

La necesidad de arbitrar, gracias a la toma de decisiones, los diferentes intereses en conflicto, es una de las señas de identidad capital de la política, así como abordar el conflicto no como algo negativo y que hay que evitar, sino como una oportunidad para mejorar la convivencia.

Así cada vez más ayuntamientos incluyen programas de mediación comunitaria, con objeto de tratar conflictos de diversa índole, proporcionando espacios de diálogo y dando seguridad al proceso desde la seguridad institucional.

Para revitalizar algunos barrios degradados, el ayuntamiento de Bilbao[16], puso en marcha un proyecto de diagnóstico de la convivencia mediante entrevistas apreciativas a políticos/as, talleres de futuro con asociaciones, encuestas, etc. para detectar las necesidades de los vecinos y vecinas. A continuación, se desarrolló un Plan comunitario de actuación a través de Diálogos Apreciativos que permitió priorizar acciones[17].

Se ha podido comprobar que, si desde la estructura política a la hora de tomar decisiones se tiene en cuenta a la sociedad organizada y a la propia ciudadanía, el impacto positivo está garantizado, no sólo en cuanto a la participación, sino también en materia de responsabilización colectiva.

Este trabajo en los municipios se debe apoyar en los agentes sociales y también en personas mediadoras naturales que encontramos entre la ciudadanía, figuras identificativas, familiares, ya existentes y reconocibles, que realizan una función fundamental.

En otro orden de cosas, cuando en la comunidad surge un conflicto, una intervención temprana puede ayudar que este no escale o se polarice. El hecho de que la policía local sea quien, en muchos casos, reciba el primer contacto de los conflictos ciudadanos, le da una situación privilegia-

---

16 Web del Ayuntamiento de Bilbao https://www.bilbao.eus>Satellite>BIO_Noticia9/03/23

17 Los diálogos apreciativos son una metodología consistente en la búsqueda de lo mejor de las personas, la organización y su entorno, es decir, se concentra en el descubrimiento sistemático del núcleo de recursos y potencialidades, que se encuentran a partir de la indagación apreciativa de historias de éxito. Enfoca la intervención en la imaginación e innovación colectiva a partir de lo mejor de la organización/barrio/entorno, núcleo vital y no de sus carencias o déficits.
https://gestionapreciativa.wordpress.com>2011/06/06. Siguiendo a Alicia Aradilla los Diálogos Apreciativos (DA) son un método grupal de desarrollo y cambio organizacional, creado originalmente en el Departamento de Comportamiento Organizacional de la Weatherhead School of Management de Case Western Reserve University (CASE), por David Cooperrider, Ronald Fry, Suresh Srivastra, entre otros. Los Diálogos Apreciativos ofrecen un cambio desde la visión tradicional de búsqueda e identificación de deficiencias, hacia una basada en las fortalezas.
Los Diálogos Apreciativos consiguen la toma de conciencia y el reconocimiento de las personas, de los factores de éxito existentes en ellos o en la organización.

da para determinar en primera instancia los supuestos susceptibles de ser derivados a un servicio de mediación o de asistencia social u otro de que disponga el ayuntamiento para dar solución al problema.

La figura del agente de policía proyecta en sí misma una imagen de autoridad, alejándose de la neutralidad. Es obvio que la policía vela por el orden público y normalmente en espacios también públicos, lo que afecta a la confidencialidad.

Es fundamental una adaptación e impulso de nuevas labores de la policía local o municipal en materia de facilitación de procesos de gestión pacífica de conflictos, para determinar en el poco tiempo de que se dispone cuando se acude a una llamada, de qué tipo de conflicto se trata y comunicar de forma adecuada la derivación que se va a realizar a otros departamentos o instituciones.

Con la implementación de Servicios de Gestión de conflictos, además se podrían gestionar eficientemente situaciones, como por ejemplo en el caso que deban realizarse obras de infraestructuras, para mejorar los servicios comunes. Importancia fundamental, en estos casos, será el diagnóstico inicial de la convivencia que se desarrolla en la zona, barrio, edificio, etc. estableciéndose los puntos débiles que pueden provocar enfrentamientos, pero también los puntos fuertes, que serán aprovechados como oportunidades para la cohesión, el diálogo y el acuerdo.

A partir de este diagnóstico se inicia el protocolo de actuación según el aspecto de la convivencia a reforzar, consolidando el cambio de coexistencia a convivencia y evitando así que se convierta en hostilidad. Así se realiza un trabajo de prevención encaminando de forma positiva cuestiones que pueden torcerse.

Otra manera de actuar la tenemos en el ayuntamiento del Prat de Llobregat[18] a partir de pequeñas experiencias, desde 1996, fue promulgando unos decretos municipales que especificaban que, ante una sanción, cualquier persona del municipio tenía derecho a seguir un programa de mediación. Se comprobó que una cultura del diálogo, de paz, una cultura por parte de la administración con voluntad de que la gente pueda participar en la resolución de los conflictos y no sólo políticas de sanciones, tal vez no resuelve todos los problemas, pero mejor muchísimas situaciones.

---

18 https://www.elprat.cat/persones/convivencia-i-civisme/mediacio-reparadora

Esas políticas locales deben partir de tres líneas básicas:

a) Análisis permanente y aprendizaje de la conflictividad latente y manifiesta.

b) Impulso de sistemas alternativos de resolución pacífica de conflictos, mediación familiar, comunitaria, intercultural, etc.

c) Diseño y aplicación de protocolos de actuación que posibiliten reenfocar proyectos ya en marcha hacia la cultura de la convivencia pacífica y diseñar proyectos nuevos, en los ámbitos de formación, sensibilización, prevención, etc.

Por otra parte, la dependencia orgánica del servicio de gestión puede marcar el carácter del propio servicio y sus objetivos. Cada ayuntamiento es peculiar en este tema y depende en gran medida del compromiso del propio consistorio, del impulso que se quiera dar al servicio y de la tipología de conflictos que encontremos en cada zona. No parece conveniente igualar todos los conflictos a conflictos de convivencia de forma genérica. Educación, seguridad, sanidad, etc. tienen su tipología específica dentro de la prestación de servicios y deben ser tratados específicamente, por ello la importancia del diagnóstico o mapeo inicial para determinar cómo actuar.

Así podría vincularse el servicio al área de participación ciudadana, cuando se quiera conseguir una mejor y mayor participación para la creación de consensos en la aplicación o concreción de ciertas políticas municipales. Algunos ayuntamientos lo vinculan a Derechos civiles, Servicios sociales o incluso directamente a la Alcaldía.

Los objetivos específicos de los programas serían:

1. Un espacio institucional de resolución eficiente de conflictos.

2. Un servicio de profesionales que coordinan el programa y trabajan para que se instaure y asimile la cultura de la mediación, del acuerdo, de la participación en la población.

3. Sistemas de evaluación y seguimiento que posibilite mejoras de funcionamiento.

4. Actividades complementarias: jornadas, actos informativos y de difusión del servicio.

En definitiva, el programa de servicio público de mediación y acción comunitaria para la convivencia debe propiciar:

A) La prevención de conflictos

B) La comunicación y comprensión mutua con respeto a la pluralidad

C) El aprendizaje y desarrollo de la convivencia

D) La adquisición de habilidades que posibiliten la gestión y resolución de conflictos de corma constructiva, positiva y eficiente.

5. CONCLUSIONES

Necesitamos políticos, como personas ciudadanas, convencidas y practicantes de esta cultura, conscientes del ahorro en tiempo, dinero, conscientes del beneficio a medio y largo plazo. Necesitamos instituciones comprometidas que desarrollen buenas políticas de difusión e información.

Las autoridades y equipos municipales deben aprovechar sus actuaciones para fomentar públicamente, con su actitud y lenguaje y como ciudadanos y ciudadanas, esa manera de gestión de la convivencia junto con el necesario conocimiento de esa cultura y junto a la promulgación de ordenanzas que la activen, en motor institucional seguro de gestión de un futuro pacífico, dialogante e integrador.

Se pueden aprovechar las políticas municipales, educativas, culturales, etc. para fomentar la interrelación positiva, creando un efecto extensivo de comunicación efectiva, posibilitando foros y espacios donde puedan adquirirse las habilidades necesarias de gestión positiva de las diferencias.

Podemos detectar los diferentes niveles de consciencia y convivencia ciudadana para diseñar eficientemente estrategias y prácticas de la mediación y mejorar a través de un constante y correcto reciclaje y actualización de los servicios.

Podemos maximizar los servicios ya existentes en los ayuntamientos ofreciendo una colaboración transversal, un trabajo en red que potencie las posibilidades de asistencia a la persona ciudadana.

Podemos normalizar el conflicto y aprender a verlo como una oportunidad de cambio, mejora y crecimiento.

Podemos aprender a difundir la filosofía restaurativa y sus efectos, aprender acerca de la comunicación no violenta, escucha activa y empatía, desplegar recursos propios de asertividad y resiliencia, etc.

Es factible que la mediación pueda sumir un protagonismo activo en la gestión de los conflictos en la sociedad, mediante herramientas que contribuyan a la consolidación de una convivencia preparada, consciente, pacífica y universal.

6. BIBLIOGRAFÍA

BUSH B., FOLGER JOSEPH P., *La promesa de la mediación.* Granica, 1996.

BOQUÉ I TORREMOREL, M.ª DEL CARMEN, *Cultura de mediación y cambio social,* 2003.

BOQUÉ I TORREMOREL, M.ª DEL CARMEN, *El bienestar en las aulas, herramientas para la acción tutorial* (2), Prevención de conductas negativas y construcción de la cultura de la paz.

Web del Ayuntamiento de Bilbao, https://WWW.bilbao.eus>Satellite>BIO_Noticias 09/03/23

CAMPS CERVERA, VICTORIA, "Revista democrática y gobierno local" nº 22 *Fundación democrática y gobierno local,* 2013.

CANO ZÁRATE, JOSÉ C., *Ciudadanía. Participemos activamente,* SEP, INEA, México 2007.

VII Conferencia Internacional Foro Mundial de Mediación, Ponencias de Expertos en Mediación, 2012, Valencia.

DURÁN, M.A. y HERNÁNDEZ, PEZZI, *La ciudad Compartida,* Madrid 2007, Consejo Superior de Colegios de Arquitectos.

https://www.elprat.cat/persones/convivencia-i-civisme/mediacio-reparadora. 09/03/23

FOLBERG, J. TAYLOR, A., *Mediación. Resolución de conflictos sin litigio.* Grupo Noriega Editores, México, España, 1996.

GARCÍA VALDÉS, MANUEL, *Aristóteles. Política,* libro III. Gredos, Madrid 1988.

GARCÍA, B.J., JIMÉNEZ, F.O., GONZÁLEZ, B.M.ªB., GRUND, P.M.ªV., LARA, S.B. *Mediación en la práctica. Manual de implantación de un servicio de mediación escolar.* Programa ARCE. Ministerio de Educación Cultura y Deporte.

GIMÉNEZ ROMERO, CARLOS, *El impulso de la convivencia ciudadana e intercultural en los barrios europeos, Marco conceptual y metodológico,* Red Cien, https://www.dida.cat>get_file 23/04/23

JIMÉNEZ ASENSIO, RAFAEL, *Convivir en la ciudad,* Fundación Democrática y gobierno local, Bilbao 2011

LEDERACH, J.P., *La regulación del conflicto social, un enfoque práctico,* Mennonite Central Committee, Akron, Pa. Y 1986.

LEDERACH, J.P., *Construyendo la paz, Reconciliación Sostenible en sociedades Divididas,* Bilbao: Bakeaz, 1998

MANZANO, M.ªC., TORRES E., CARLOS, *La negociación una alternativa en la solución de conflictos.*

MACHIONI, M., *Comunidad, Participación y Desarrollo. Teoría y metodología de la intervención comunitaria.* Editorial Popular Madrid 1999.

Mediación, Escuelas, Herramientas, Técnicas, Guizateka, https://wwwfundacionguizagune.net>uploads

MOORE, C.W., El proceso de mediación, Métodos prácticos para la resolución de conflictos, Ediciones Granica, 2010.

MUNNÉ, Mª, PROKOPLJEVIC, M., LLORENS, T., AMORÓS, M., SERRANO, X., ROS, M., CALS, M., CANYAMERES, M., *Mediación ciudadana y comunitaria. Llibre blanc de la mediació a Catalunya.*

PUNTES, S., MUNNÉ, M., *Los servicios de mediación Comunitaria. Propuestas de actuación,* Diputación de Barcelona, 2005

https://freedomhouse.org/es/article/nuevo-informe-el-deterioro-global-de-la-democracia-se-ha-acelerado

Programa Provincial de Mediación Comunitaria y Convivencia de la Diputación de Sevilla, https://www.dipusevilla.es>mediación-y-convivencia 23/04/23

REDORTA, J., *Hacia un mundo deseado: cambio social y conflicto.* Milenio 2011.

REDORTA, J., *Cómo analizar los conflictos: la tipología de los conflictos como herramienta de mediación,* Paidós, Barcelona, 2004.

TOLEDO, F.MªT., *La mediación en la Policía.*

URY, W., *Supere el no. Como negociar con personas que adoptan posiciones inflexibles.* Gestión 2000.

VALLS RIUS, A., VILLAGRASA, C., *La mediación familiar, una nueva vía para gestionar los conflictos familiares.*

VIANA ORTA, M.ªI., LÓPEZ, F.I., "Aportaciones de la mediación escolar a la igualdad y a la inclusión social". *Revista de educación inclusiva,* 2015.

WATZLAWICK, P., BEAVIN, J., JACKSON, D.D., *Teoría de la comunicación humana, Interacciones, patologías y paradojas,* Herder, Barcelona 1981

https://gestionapreciativa.wordpress.com>

Acceso a justicia y métodos alternativos de solución del conflicto (M.A.S.C.) de la mano de los facilitadores judiciales

CLAUDIA ALEJANDRA SUSANA PIESKE
Mgter. en Magistratura judicial
Ex jueza Poder Judicial de Formosa, Argentina

1. INTRODUCCIÓN

Para entender la encomiable labor social que desarrollan las y los Facilitadores Judiciales —en adelante FJ— en América Latina ante un posible conflicto entre las personas de la comunidad de la cual forman parte, necesariamente debemos comenzar por abordar el tema del acceso a justicia. "Acceso a Justicia entendido desde un concepto amplio, como un derecho esencial que tiene que asegurar el Estado a todo ciudadano y ciudadana garantizándole un acceso a justicia de manera real y efectiva. Toda vez que ello implica reconocer un derecho humano fundamental, como lo ha sostenido en diversos fallos la Suprema Corte de Justicia de la República Argentina. En función de lo dicho, dentro del abanico de soluciones alternativas de disputas las políticas judiciales tendientes a garantizar el acceso a justicia de las poblaciones más vulnerables se centran en ofrecer a la ciudadanía una variedad de métodos de resolución alternativa de conflictos, aplicando aquí los medios adecuados de solución del conflicto, en adelante M.A.S.C., con el objeto de que los propios afectados con la participación de la figura del FJ encuentren vías de solución de disputas sin necesidad de recurrir e ingresar a la apertura de un proceso judicial, que por lo general es largo, complejo y costoso.

Por tal razón el presente trabajo se titula: *"Acceso a Justicia y Método Alternativo de Solución del Conflicto de la Mano de los Facilitadores Judiciales"*; intentando de algún modo contribuir a su difusión y asimismo exponer mi respeto y admiración por la labor que desarrollan éstos hombres y mujeres que sin recibir ninguna prestación económica a cambio, más que la sola motivación del compromiso social que sienten para con su comunidad, dedican varias horas de su vida para atender las consultas, quejas y controversias de sus vecinos. Para lo cual aplican las técnicas y métodos de los MASC e intervienen en las disputas de baja intensidad generadas dentro de su comunidad, evitando la mayoría de las veces la escalada del conflicto y hallando el camino hacia la pacificación social.

Tal servicio judicial comunitario, como lo veremos en detalle más adelante, ha generado un cambio social y cultural positivo dentro de las poblaciones que aplican el Programa de Facilitadores Judiciales en su sistema de justicia, logrando por un lado mejorar la calidad de vida de los pobladores y por otro lado un mayor compromiso comunitario. Partiendo de la base que la participación e involucramiento de cada uno respecto de los problemas comunes y conflictos que se suscitan a partir de la vida social debe ser atendido y solucionado pacíficamente. Cabe señalar que el Programa Interamericano de Facilitadores Judiciales, nace como un programa insignia de la Organización de Estados Americanos (O.E.A.) para ser aplicado precisamente a poblaciones alejadas de los centros urbanos, por lo general —rurales— sin acceso inmediato a las instituciones del gobierno, esto es, a las comunidades más vulnerables y relegadas (de menores ingresos, pueblos originarios, mujeres en situación de riesgo, menores víctimas de violencia y maltrato) garantizándoles el acceso a justicia. Como sintetiza literalmente el slogan del programa; *"Más derechos para más gente", Más justicia para más gente"*. El Programa Interamericano de Facilitadores Judiciales de la OEA mejora el acceso a la justicia para millones de ciudadanos de las Américas, estando presente en ocho (8) país de América, atendiendo aproximadamente en la actualidad a más de 6.3 millones de personas de este continente. Que, tal como lo explica el Coordinador del Programa, Pedro Vuskovic; al referirse a los FJ; "El servicio de facilitadores judiciales es un puente entre las instituciones de justicia y la población"[1].

---

1 https://www.oas.org/es/centro_noticias/comunicado_prensa.asp?sCodigo=C-046/16

2. ACCESO A JUSTICIA. CONCEPTO

Cuando abordamos el tema de ACCESO A JUSTICIA cabe entenderse como un concepto más amplio que ACCESO A LA JUSTICIA, más allá de que no es pacífica esta disquisición y aunque no todos le otorgan esa diferenciación cualitativa y cuantitativa. Pues en bastas ocasiones lo abarcativo del concepto lo da el contenido enumerado por el propio autor. Así podemos verlo en el trabajo publicado en el sitio oficial de la CIDH; "La garantía de Acceso a la Justicia: Aportes Empíricos y Conceptuales"[2], se otorga la misma envergadura al término al hacer referencia a la política judicial impartida en México en el año 2008 señalando que; "la Suprema Corte de Justicia de la Nación emprendió un programa de actividades para introducir la perspectiva de género en sus ámbitos jurisdiccional y administrativo como una de las estrategias necesarias para cumplir con las obligaciones constitucionales derivadas del principio de igualdad y del derecho a la no discriminación. Entre los objetivos de dicho programa, se encuentra la reducción de los obstáculos para *acceder a la justicia* por parte de las mujeres y los grupos menos aventajados, el cuestionamiento de la supuesta neutralidad de las normas, y la visibilización de los impactos diferenciados que la interpretación de las leyes tiene en los hombres y en las mujeres". "La coordinación general del programa de equidad de género del poder judicial de la Federación de México trabaja para promover la equidad en el *acceso a la justicia.* Entre sus objetivos, se propone incentivar la interpretación de las leyes conforme a los principios de igualdad y no discriminación y transversalizar la perspectiva de género en el aparato administrativo del poder judicial Federal. El *acceso a la justicia,* sus alcances y estrategias se encuentran en el centro de las áreas en las que trabaja la coordinación general, no sólo por las diferencias de género que se presentan, sino por los efectos que las barreras para su ejercicio tienen en la población en general". Y así a lo largo de todo el documento se utiliza el concepto de *acceso a la justicia* para referir a los programas de política judicial que aplica el Poder Judicial de México.

Ya lo reconocía el profesor Lugaro Marabotto (ex ministro de la Corte Suprema de Uruguay) en cuanto a la variabilidad y comprensión del término de acceso a la justicia; "Naturalmente, el concepto de *acceso* no ha sido siempre el mismo; ha variado conforme a las ideas imperantes en cada de-

2 BIRGEN HAYDÉE, GHERARDI NATALIA, (coordinadoras), "La garantía de Acceso a la Justicia: Aportes Empíricos y Conceptuales". Colec. "género, derecho y justicia" no. 6 https://www.corteidh.or.cr/tablas/28920.pdf CIDH, 28920.pdf

terminada época del desarrollo de la humanidad. Y puede advertirse que existe una relación entre la evolución del concepto de acción y el sentido que tiene el proceso, por un lado, y el del propio acceso a la justicia, por el otro. Ello muestra una vez más la vinculación de las ideologías o las ideas filosóficas reinantes en una época y el propio concepto de proceso"[3].

2.1. *Acceso a justicia en la República Argentina*

En Argentina sin embargo cuando se alude al *acceso a justicia*, en contraposición del término acceso a "*la justicia*" —por definición se refiere al servicio brindado por los tribunales— que es más acotado y limitativo. El ACCESO A JUSTICIA abarca mucho más que ello, implica garantizar desde el Estado al individuo el acceso a las instituciones y/o medios gubernamentales para evitar la vulneración de sus derechos, en función de comprender un DERECHO HUMANO que debe ser cumplido y respetado. De este modo es un derecho de todos los habitantes de la Nación y, en verdad, un medio de fortalecimiento de la administración de Justicia y de la misma democracia como sistema de gobierno. La Constitución Nacional contiene preceptos sobre el Acceso a Justicia (arts. 14 y 18)[4], establece garantías que exceden las cuestiones referidas al debido proceso sustantivo. Ergo, dada su importancia en la vida de los ciudadanos es necesario que, desde el propio Estado se adopten políticas y acciones tendientes a facilitar el acceso a justicia desde todos los ángulos posibles.

El Poder Judicial de la Nación Argentina a fin de hacer realidad y poner en práctica el *acceso a justicia* en todo el territorio nacional, en el entendimiento que las políticas judiciales tendientes a garantizar el acceso a justicia de las poblaciones más vulnerables se centran en ofrecer a la ciudadanía una variedad de métodos de resolución alternativa de conflictos con el objeto de que los propios afectados puedan encontrar vías de solución de disputas sin necesidad de que ello implique la apertura de un proceso judicial, que por lo general es largo y costoso[5].

---

[3] LUGARO MARABOTTO, JORGE A. "Un derecho humano esencial: el acceso a la justicia". *Biblioteca jurídica virtual del Instituto de Investigaciones Jurídicas de la UNAM* https://cejamericas.org/wp-content/uploads/2020/09/116AccesoalajusticiayDDHH.pdf

[4] http://servicios.infoleg.gob.ar/infolegInternet/anexos/0-4999/804/norma.htm

[5] https://www.cnaj.gob.ar/cnaj/institucional

De este modo, en cumplimiento de los objetivos contenidos en el Plan de Políticas de Estado del Poder Judicial y de las conclusiones alcanzadas en la Segunda Conferencia Nacional de Jueces, realizada ese mismo año; ha creado en el mes de septiembre de 2007, a través de la acordada 37/07 de la Corte Suprema de Justicia de la Nación, la Comisión Nacional de Acceso a Justicia. Dicha Comisión, integrada por magistrados y funcionarios del Poder Judicial tiene por objetivo promover e incentivar el acceso a justicia a través de métodos alternativos de resolución de controversias, disminuir la litigiosidad judicial y optimizar el servicio de Justicia que se brinda a los ciudadanos en todo el territorio argentino. Interpretándose que el concepto de "*Acceso a justicia*" es más amplio que el de "acceso a la justicia" ya que incluye una gran variedad de soluciones alternativas de disputas.

El desafío de brindar al ciudadano el "Acceso a Justicia" exige nuestro máximo esfuerzo y el trabajo coordinado de jueces y funcionarios a fin de lograr de las diversas áreas judiciales eficiencia y eficacia a la altura de los requerimientos. Para ello se han delineado distintas acciones de modo de atender de la manera más temprana y oportuna cualquier tipo de problemática y establecer redes de atención integral dentro y fuera del ámbito jurisdiccional propiamente dicho. De tal modo, podemos decir que el Acceso a Justicia es el principio esencial de todo sistema jurídico e implica no solamente que los ciudadanos puedan ejercer sus derechos, sino, además, que sus conflictos sean atendidos adecuada y oportunamente. Es un derecho fundamental en una sociedad democrática y es un deber del Estado asegurarlo.

2.2. Acceso a Justicia es un Derecho Humano

Afirmamos que el acceso a justicia es un derecho humano ya que toda persona debe tener asegurado el acceso a que se respeten sus derechos esenciales en igualdad de condiciones cuando éstos son vulnerados sea por parte de un tercero o del mismo Estado y en ello creo que la mayoría de las sociedades civilizadas de occidente hemos evolucionado para entenderlo desde una concepción amplia y no restringida. Siendo reconocido cada vez más en tratados y pactos internacionales sobre derechos de las personas; ej.: La Declaración Americana de los Derechos y Deberes del Hombre; La Declaración Universal de Derechos Humanos; La Convención Americana sobre Derechos Humanos; Las 100 Reglas de Brasilia; La Convención Belem do Pará, entre otros.

3. MÉTODOS ALTERNATIVOS DE SOLUCIÓN DEL CONFLICTO (M.A.S.C.)

Desde México hasta Argentina la mayoría de los países latinoamericanos atienden con preocupación la necesidad de asegurar un *acceso a justicia* real y efectivo. No sólo porque se trata de un derecho humano como ya hemos visto sino porque existe una vasta franja de la población de éstos países que viven en situación de marginalidad y exclusión por una serie de factores diversos —que excede su análisis en esta oportunidad— más que señalar en forma general, abarca desde lo económico hasta lo cultural y que debido a los lugares de asentamiento geográficamente no tienen o es muy difícil el acceso a las instituciones básicas del Estado.

Con acierto se ha sostenido que "El efectivo acceso a la justicia está lejos de ser una realidad para un significativo universo de personas y, por lo tanto, las discusiones vinculadas con las formas y estrategias en que éste pueda mejorarse interesan y deben involucrar, en general, a toda la sociedad. Sin embargo, las mujeres, entre otros grupos desaventajados, enfrentan dificultades particulares cuyas especificidades deben ser atendidas"[6], tales como la violencia de género.

Paralelamente, como todo grupo humano que interactúa socialmente generan en su comunidad acciones positivas y negativas, dentro de éstas últimas y es la que aquí nos interesa abordar, existen conflictos de intereses por competencia, por lucha de poder, por diversidad de género, violencia doméstica, entre otros. Lo que conlleva a la búsqueda de una "autoridad" para solucionar y pacificar el conflicto a través del método más adecuado posible. Y, cuando me refiero a la autoridad no necesariamente debemos pensar en la autoridad institucional (magistrado, funcionario, policía) sino a ese controlador social ejercido por parte de quién la propia comunidad reconoce con dotes y cualidades de autoridad, que interviene en el conflicto como tercero imparcial ayudándolos a destrabar el mismo. Siendo este tercer sujeto el que promueve el acuerdo autodeterminado —algunas veces sugerido— conciliación o mediación.

Recordemos que, dentro de los MASC, la Mediación como tal tiene raíces históricas y culturales antiquísimas. Tal como ahora la conocemos, se puede afirmar que es producto de una adaptación actualizada de la forma de pacificación social que ya existía en épocas pasadas en la cultura orien-

---

6 HAYDÉE, GHERARDI NATALI, ob. cit. https://www.corteidh.or.cr/tablas/28920.pdf

tal. Se señala que China, desde la antigüedad aplica la mediación como un recurso básico en la resolución de los desacuerdos. Igualmente, la cultura nipona adopta de antaño esta forma y al día de hoy instruyen a sus niños en los establecimientos escolares técnicas de mediación como método de solución pacífica del conflicto pues ello forma parte de su filosofía de vida.

Conceptualmente la mediación es el proceso voluntario por el cual un tercero neutral, mediador, facilita la comunicación entre dos o más personas para que logren llevar adelante una negociación colaborativa con el objeto de zanjar el conflicto que los enfrenta (con el menor costo de tiempo y desgaste emocional) y llegar a un acuerdo satisfactorio para todos los participantes.

Cabe recordar que la resolución a través del acuerdo de las partes, o incluso el arbitraje, se remontan a una época anterior a la del proceso. Sin embargo, si nos centramos en el Estado de Derecho moderno, habremos de acudir a las corrientes de pensamiento jurídico originadas en los años 70 en Estados Unidos, si bien en el tiempo ya existían prácticas de mediación en los tribunales de Canadá, Estados Unidos, Japón y países del norte de Europa[7].

El postulado de igualdad ante la ley es uno de los principios más significativos para las sociedades liberales modernas. Al mismo tiempo, también es un principio frecuentemente violado. La confrontación entre las expectativas que surgen de la ley —teóricamente aplicable por igual a toda la ciudadanía, que puede recurrir a los tribunales de justicia para hacer valer sus derechos— y las dificultades que se desprenden de las condiciones reales de acceso a los tribunales y de la supuesta defensa de esos derechos, genera una impostergable preocupación por el acceso a la justicia respecto de grandes colectivos de personas en nuestra sociedad y especialmente en América Latina por las causales citadas[8]. En función de ello se hace necesario dar una solución a esta franja poblacional y desde lo pragmático munirse de una estructura sencilla pero no por eso menos efectiva que cumpla efectivamente con la función de control social brindando el acceso a justicia. Entendiendo de mi parte que los MASC son la herramienta que —hasta el momento— mejor pueden satisfacer esta demanda social con la

---

7 Vid. GARTH, B. G. Y CAPPELLETTI. M., "Access to Justice: The Newest Wave in te Wordlwide Movement to Make Rights Effective", *Buffalo Law Review* (1978) cit. en HELENA SOLETO y MARCO FANDIÑO. *Manual de Mediación Civil* p. 11. Centro de Estudios de Justicia de las Américas, CEJA. 2017.

8 FUCITO, FELIPE (2003) pág. 287.

participación de un tercero a través de la figura del mediador, conciliador o facilitador judicial, según sea la figura que resulte más adecuada al conflicto en ciernes que debe abordar.

Al efecto traigo a colación lo expuesto en el año 76 por el juez Burger, ex presidente de la Corte Suprema de Estados Unidos cuando se organizó la "Conferencia nacional sobre las causas de insatisfacción popular con la Justicia", dicho magistrado al dirigir la conferencia adelantó que probablemente habría "otros mecanismos y procedimientos mejor adaptados para satisfacer las necesidades de los individuos" refiriéndose concretamente a mecanismos flexibles para las reclamaciones menores, así como el arbitraje y a mecanismos más adecuados para los conflictos de familia ("Debemos estudiar si podemos gestionar estas cuestiones de gran sensibilidad e intimidad fuera de la formal y potencialmente traumática atmósfera de los tribunales")[9].

Soleto y Fandiño; al abordar el "Origen de los MASC: La Adecuación del Método de Resolución de Conflictos" citan al profesor Sander describir el modelo de Justicia que se ha convertido en el paradigma del siglo XXI en los países avanzados, el tribunal multipuertas. Dicho catedrático apunta que en tiempos anteriores la policía, la familia, la escuela, la iglesia ocupaban un espacio de resolución de conflictos que han dejado vacante, la complejidad de la sociedad moderna y su problemática, el crecimiento del gobierno a todos los niveles y las expectativas que se han creado, entre otros determina una presión sobre la Administración de Justicia[10].

4. ORGANIZACIÓN DE ESTADOS AMERICANOS (O.E.A.) Y EL PROGRAMA INTERAMERICANO DE FACILITADORES JUDICIALES

El Programa de Facilitadores es uno de los programas de la Organización de Estados Americanos dedicado a la justicia a fin de hacer realidad el "acceso a justicia para más gente, más derechos para más gente". Se inició en el año 2007 teniendo como país de origen y aplicación de dicho programa, Nicaragua.

---

9 BURGER, W.E. Agenda for 2000 A.D. -Need for Systematic Anticipation, Conferencia Inaugural de la Conferencia Pound en Saint Paul, Minnesota, 7 de abril de 1976, pág. 26 y ss.

10 SOLETO, HELENA Y FANDIÑO MARCO, *Ob, cit.*, págs. 12-13.

4.1. ¿Qué es un Facilitador Judicial y cuál es su rol?

Es un líder comunitario que colabora voluntariamente en la resolución de conflictos de baja intensidad entre vecinos y vecinas. Su rol es informar, orientar y asesorar en la realización de trámites administrativos y legales a los vecinos de su comunidad. Actúan como enlace entre el Poder Judicial y una comunidad específica que le ha elegido y designado para procurar, dentro de ésta, el genuino y eficiente cumplimiento del derecho de acceso a la justicia, fomentar la gestión y resolución de conflictos y procurar un ambiente de paz y armonía que favorezca la cohesión social, cultural, económica, familiar e institucional. En palabras del Dr. Luis Almagro Lemes, Secretario General de la OEA, "Los Facilitadores Judiciales son líderes comunitarios que atienden los conflictos sociales de menor intensidad alejadas de los grandes núcleos urbanos y sirven como enlace entre los Poderes Judiciales y la comunidad"[11].

4.2. Origen de los Facilitadores Judiciales. Antecedentes

El Programa de Facilitadores Judiciales nace en Nicaragua, en el marco de los Acuerdos de Paz a finales de los años 90. Nicaragua atravesó por dos décadas de conflicto interno incesable; como consecuencia, muchos grupos en situación de vulnerabilidad se encontraban fuera del alcance del Estado y de sus instituciones, especialmente de las encargadas de la provisión de justicia. Viendo esto, la SG/OEA trabajó conjuntamente con el Gobierno nicaragüense para llenar esos vacíos institucionales, generar confianza en el Estado como ente encargado de la impartición de la justicia y, finalmente, como una manera de involucrar a las comunidades en la resolución pacífica de sus propias problemáticas. Así, se crea el primer Servicio de Facilitadores Judiciales[12].

Al inicio del año 2000 las características principales de las áreas rurales del país —Nicaragua— en particular las ubicadas en la región Central, Norte y Atlántica reflejaban un alto grado de aislamiento, inseguridad, débil presencia institucional del Estado, prevalecía de altos niveles de violencia, impunidad y una constante amenaza a la estabilidad social y política motivada por la extrema pobreza. Con base a esta realidad nace el Programa Acceso a la Administración de Justicia en zonas rurales, conocido

---

[11] https://pifj-oea.org/

[12] https://pifj-oea.org/acerca/

como Programa de Facilitadores Judiciales Rurales (FJR). El objetivo fue reforzar el *acceso a justicia* de los ciudadanos que habitan las áreas rurales más aisladas de Nicaragua. Dicho servicio tiene cobertura de alcance nacional y es administrado por el Poder Judicial con la asistencia económica de fondos nicaragüenses. Para lo cual la Corte Suprema de Justicia de dicho país firmó un convenio de cooperación con la Organización de los Estados Americanos en marzo del año 2003, con el objetivo de reforzar el *acceso de la justicia* y a fortalecer mecanismos de prevención y resolución alterna de conflictos como vía de mantener el equilibrio social y convivencia armónica. La base legal se fundamenta en el Reglamento de Facilitadores; que reza: "Que de acuerdo a lo dispuesto en el art. 57 segundo párrafo del C.P.Penal ….es facultad de la Corte Suprema de Justicia organizar el funcionamiento de los Facilitadores de Justicia en zonas rurales y conforme el art. 423 del mismo cuerpo legal los Facilitadores Judiciales Rurales constituyen un Personal Auxiliar al servicio de la Administración de Justicia"[13].

La ciudadanía potencialmente beneficiada por este programa comprende la población rural de 127 municipios, esto es, más de 500.000 habitantes tienen acceso a los servicios de los FJR.

Se afirma que "El servicio nacional de justicia es un poderoso mecanismo de participación ciudadana como acción y prevención a la justicia.

Como mecanismo de acceso; los FJ han permitido que más de 15.000 casos hayan sido atendidos por los jueces locales, asimismo los han orientado a resolver más de 4.000 casos".

Como mecanismo de prevención; los FJ brindaron asesoramiento en 15.000 casos aproximadamente, acompañaron a pobladores y realizaron gestiones en un número poco mayor a 8.000. Asimismo, han logrado resolver de forma pacífica y armoniosa mediaciones previas y extrajudiciales, aproximadamente en 18.000 casos. Además, aplican el programa y trabajan con 110 jueces indígenas o Whita en las Regiones Autónomas Norte y Sur, compatibilizando y armonizando el derecho positivo con el derecho indígena.

Se destaca que, si bien las mujeres representan el 21 % de la red, los problemas asociados a mujeres resueltos por los y las FJ representan el 60% de los mismos. Tal ha sido el grado de satisfacción y éxito del programa que; Del seno de las facilitadoras, una ha sido nominada para el premio Nobel

---

13 http://oas.org/DIL/esp/facilitadores_judiciales_nicaragua_objetivo_antecedentes.htm

de la Paz en reconocimiento a la labor que realizan[14]. Resumiendo, los componentes que nutren el programa: Promoción, formación, operación, apoyo material, extensión, sostenibilidad y apoyo a los jueces indígenas o Wihta.

A más de veinte años de su inicio, el PIFJ/OEA se ha convertido en un estandarte de inclusión y una herramienta efectiva para garantizar los derechos de las comunidades, logrando transitar de un programa inicialmente auspiciado por la OEA, a nueve servicios institucionalizados, establecidos y consolidados dentro de la estructura de los Poderes Judiciales de los ocho países beneficiarios del Programa[15].

4.3. Países de América que incorporaron a su sistema judicial el Programa de Facilitadores Judiciales

Actualmente hoy el Programa de Facilitadores Judiciales de la OEA incluye ocho países de la región participantes; está presente en (Guatemala, El Salvador, Honduras, Nicaragua, Costa Rica, Panamá, Paraguay y Argentina), incluye 13.300 facilitadores y atiende a aproximadamente 6,3 millones de personas en las Américas.

Dicho programa de FJ cuenta con el apoyo de los Países Bajos, España, Italia, Suecia y el sector privado, España, Italia, Suecia y Holanda, países Observadores Permanentes ante la OEA, son socios del Programa y contribuyen a su funcionamiento.

El objetivo principal del programa es reforzar el acceso a la justicia del ciudadano que habita en áreas rurales más aisladas, estableciendo un servicio con cobertura nacional, administrado por el poder judicial correspondiente. Allí donde está siendo aplicado, el servicio se ha traducido en la realización de miles de mediaciones, gestiones y asesoramientos, lo que ha contribuido a una significativa reducción de la conflictividad y del índice de delitos. A ello se agrega la labor de difusión de la cultura jurídica entre la población a la que alcanza el programa. Además, como se señala desde la OEA, el Programa ha contribuido a la gobernabilidad democrática mejorando los niveles de acceso a la justicia y la reducción de la pobreza a través de un mecanismo de participación para ejercer la ciudadanía sustantiva

---

14 http://oas.org/DIL/esp/facilitadores_judiciales_nicaragua_objetivo_antecedentes.htm

15 https://pifj-oea.org/acerca/

en materia de acceso a la justicia. El asentamiento de un servicio de facilitadores judiciales en países con especiales barreras de acceso a la justicia y pobreza ayuda a elevar la cohesión social de poblaciones marginadas y a mejorar el desempeño de los órganos nacionales de administración de justicia[16].

Conforme la Hoja informativa expuesta en la página oficial de la OEA, los datos estadísticos y conclusiones que arroja dicho programa son los siguientes;

- El Programa Interamericano de Facilitadores Judiciales de la OEA mejora el acceso a la justicia para millones de ciudadanos de las Américas. Los facilitadores son líderes elegidos por sus comunidades y entrenados por el Programa que actúan como mediadores y conciliadores y alivian la carga de trabajo y los costos de la justicia ordinaria. Los facilitadores resuelven muchos casos más rápidamente y a menor costo que la vía judicial. Los facilitadores judiciales colaboran sin salario, en sus tiempos libres. Sus labores incluyen apoyar a las autoridades operadoras de justicia en los tramites que estas les encarguen, servir como mecanismo de transmisión de situaciones o casos, aconsejar o asesorar a las personas sobre la ley y procesos administrativos, acompañar a miembros de la comunidad en trámites, realizan conciliaciones en las materias que la Ley les permite y contribuyen a la creación de una cultura cívico jurídica. Auxilian a los jueces locales en trámites, y difunden leyes y normas cívico-jurídicas en la población. Realizan mediaciones en los casos que la ley permite, y remiten a las autoridades correspondientes los casos que no son de su competencia. En 2015 se documentaron más de 34.000 mediaciones del PIFJ. En 2011, el Programa recibió el premio internacional "justicia innovadora" —otorgado por el consorcio holandés Innovating Justice-Platform for Rules of Law Solutions— entre cientos de iniciativas de acceso a justicia a nivel mundial[17].

---

16 https://www.oas.org/es/centro_noticias/comunicado_prensa.asp?sCodigo=C-388/12

17 https://www.oas.org/es/centro_noticias/comunicado_prensa.asp?sCodigo=D-007/16:

4.4. Costos y Beneficios del acceso a justicia a través de los Facilitadores Judiciales

Resulta necesario destacar que los facilitadores judiciales no solamente mejoran el acceso a la justicia, sino que además lo hacen a bajo costo. Esa es la conclusión de un nuevo estudio elaborado por consultores con el apoyo de los órganos judiciales de Centroamérica, las universidades públicas y el PIFJ/OEA. El Estudio de Impacto Económico de las víctimas en la resolución de conflictos en Centroamérica revela que por cada dólar que gasta una víctima que acude a un facilitador, 290 dólares son gastados por los que acuden a un proceso judicial[18]. Es de ver que los beneficios no sólo comprenden la cuestión económica sino también el tiempo, factor sumamente apreciado en esta era de la tecnología donde todo es inmediato, ya que, tal como lo refieren los propios FJ y los ciudadanos que accedieron a justicia resolviendo su conflicto mediante la intervención de los FJ, elogian este factor. Según el mismo estudio, los que acuden a un facilitador también logran resoluciones en menos tiempo. “El tiempo que demora una resolución de un caso por vía judicial es al menos cien veces mayor en comparación con la mediación hecha por un facilitador judicial, demorando algunos casos más de dos años para obtener una sentencia, en comparación con un día en el que se lleva a cabo la mediación de un facilitador”, destaca el documento.

5. FACILITADORES JUDICIALES EN ARGENTINA

Para una cabal comprensión del tema principiaré señalando que Argentina es un país de grandes extensiones territoriales con baja densidad poblacional en la mayoría de sus áreas geográficas. Para tener magnitud de lo señalado cuando refiero a “grandes extensiones”, es porque la superficie territorial Argentina “se caracteriza por poseer una de las mayores superficies de la Tierra, ocupando el octavo lugar a nivel mundial, el cuarto en el continente americano (luego de Canadá, Estados Unidos de América y la República Federativa de Brasil) y el segundo entre los países latinoamericanos. Según el Instituto Geográfico Nacional, la extensión de las tierras emergidas alcanza los 3.761.274 km2 incluyendo los ámbitos terrestres, cuya soberanía es reclamada por el Estado nacional[19].

---

18 https://www.oas.org/documents/spa/press/estudio-de-impacto_2016_02_24.pd

19 https://www.argentina.gob.ar/pais/territorio/extension

La población de la República Argentina, según el resultado preliminar o provisional del censo realizado el miércoles 18 de mayo de 2022, asciende a 46.044.703 habitantes por km2[20]. Con lo cual es de ver que resulta, sino difícil, muy complejo cumplir con la obligación estatal de brindar una cobertura integral de acceso a justicia a toda la población, especialmente la alejada de los centros urbanos. De modo que ante la necesidad de dar cumplimiento al mandato establecido —desde el origen mismo de nuestro país— por el preámbulo de la Constitución Nacional, las autoridades constituyentes al momento de la organización nacional del país (1853) establecieron entre otras obligaciones básicas: "*afianzar la justicia*"[21]. Obligación que se refuerza en la actualidad como Estado democrático y republicano. En tal sentido cabe resaltar que Argentina detenta una larga trayectoria internacional adhiriendo y suscribiendo Tratados y Pactos Internacionales sobre administración de justicia y acceso a justicia con el afán de garantizar este derecho a todo los hombres y mujeres que habiten el suelo argentino. Así desde el año 1.948 viene marcando este lineamiento, suscribiendo la "Declaración Americana de los Derechos y Deberes del Hombre", el "Pacto Internacional de Derechos Civiles y Políticos"(1966); la «Convención Americana sobre Derechos Humanos» ("Pacto de San José de Costa Rica"); la "Convención sobre la eliminación de todas las formas de discriminación contra la Mujer" (1979); la Convención sobre los Derechos del Niño" (1989); la "Convención Interamericana para Prevenir, Sancionar y Erradicar la Violencia contra la Mujer, conocida como "Convención de Belém Do Pará" (1994); la Convención sobre los Derechos de las personas con discapacidad" (2006); los "Principios de Yogyakarta" (2006); las "100 Reglas de Brasilia" (2008), que consagran los estándares básicos para garantizar el acceso a justicia de las personas en condiciones de vulnerabilidad. Como se aprecia, todo este bloque normativo cuyo fin primordial es asegurar y garantizar desde el Estado el respeto de los derechos a todo ser humano sin importar su condición de nacional o extranjero, social, de género o capacidad sino simplemente por su condición de persona humana. No resulta ocioso agregar a fin de comprender la significativa importancia que tiene para el Estado Argentino el cumplimiento de los tratados

---

20 https://es.wikipedia.org/wiki/Demograf%C3%ADa_de_Argentina. "Argentina es un país con baja densidad de población (16,5 hab/km^2), muy concentrada en el Área Metropolitana de Buenos Aires (AMBA) donde reside un 29% de la población total, mayoritariamente urbana, un 92% al 2011.

21 http://www.saij.gob.ar/nacional-constitucion-nacion-argentina-lnn0002665-1853-05-01/123456789-0abc-defg-g56-62000ncanyel

internacionales, desde que normativamente incorporó con la reforma de 1994 de la Constitución Nacional, el bloque constitucional supranacional, elevando la jerarquía de los tratados por encima del derecho interno. Así el Constituyente estableció en el art. 75 inc. 22 que; "*Corresponde al Congreso...Aprobar o desechar tratados concluidos con las demás naciones y con las organizaciones internacionales y los concordatos con la Santa Sede. Los tratados y concordatos tienen jerarquía superior a las leyes*"[22]. Sobre ello, el Dr. Juan Carlos Hitters[23], al referirse a los tratados nos enseña que la reforma de la CN de 1994; "Puntualizó que estos documentos tienen jerarquía superior a las leyes. Mas en paralelo enumeró una serie de instrumentos sobre 'Derechos Humanos' (aquí está uno de sus puntos vertebrales) otorgándole jerarquía constitucional, esto es, un escalón superior al de los Tratados "comunes". Pero además en su segunda parte dio el paso fundamental al traer a nuestro ámbito doméstico el derecho internacional de los derechos humanos. Se le dio vigencia entonces por una vía constitucional privilegiada a los Convenios y tratados sobre Derechos Humanos, fenómeno global que para el jurista Mauro Cappelletti ha sido uno de los movimientos mundiales más importantes en el ámbito de la política internacional, de la última mitad del siglo pasado[24].

Más recientemente dentro de los lineamientos de su política judicial la Corte Suprema de Justicia introduce la administración de justicia con perspectiva de género a fin de atender los reclamos y demanda del colectivo de mujeres, capacitando a sus cuadros conforme ésta perspectiva. Así desde 2009, la Oficina de la Mujer (OM), dependiente de la Corte Suprema impulsa la incorporación de la perspectiva de género en el Poder Judicial.

También desde el Ministerio de las Mujeres, Género y Diversidad del Poder Ejecutivo Nacional se trabaja para revertir preconceptos y prejuicios heredados de una sociedad netamente patriarcal. "De este modo, se busca impulsar la modificación de aspectos estructurales de los sistemas de justi-

---

[22] http://servicios.infoleg.gob.ar/infolegInternet/anexos/0-4999/804/norma.htm#:~:text=a%20nueva%20elecci%C3%B3n.-,22.,jerarqu%C3%ADa%20superior%20a%20las%20leyes.

[23] Convencional Constituyente y Vicepresidente Primero de la Comisión de Redacción (Reforma de la Constitución Nacional de 1994). Doctor en Ciencias Jurídicas y Sociales (UNLP) y Profesor Emérito (UNLP). Ministro de la Suprema Corte de Justicia de la Provincia de Buenos Aires.

[24] HITTERS, JUAN CARLOS, "La reforma de la constitución Argentina de 1994 y los tratados sobre Derechos Humanos a 20 años de su vigencia". *Revista Anales de la Facultad de Ciencias Jurídicas y Sociales*. U.N.L.p. 2014 págs. 1 y 2.

cia actuales que han demostrado ser ineficaces para atender y dar respuesta a las necesidades de grupos históricamente oprimidos, reproduciendo la violencia y la discriminación a través de prácticas burocráticas androcéntricas. Más que garantizar a las mujeres y LGBTI+ el acceso efectivo a la justicia, la intervención judicial ha funcionado, en general, como un engranaje del sistema patriarcal. En este sentido, la perspectiva de género para el diseño e implementación de políticas públicas, entre ellas, las vinculadas a la organización judicial y el servicio de justicia, se inserta en un marco conceptual y metodológico centrado en las normas del derecho internacional de los derechos humanos, que se orienta a la promoción y protección de estos derechos. De este modo, se constituye en una categoría analítica y política que permite analizar el impacto diferencial que tienen las prácticas sociales en las vidas y, por lo tanto, en el acceso efectivo a derechos de las mujeres y LGBTI+. Las transformaciones de las administraciones de justicia deben apuntar, entre otras cuestiones, a construir un sistema capaz de gestionar los conflictos de quienes sufren diferentes tipos de violencia y resolverlos, desde una perspectiva de derechos humanos y de género. Para cumplir este rol, les operadores de justicia deben estar comprometides con la defensa de los derechos humanos y ser capaces de identificar las causas estructurales de la violencia contra las mujeres y LGBTI+ por motivo de género"[25].

5.1. Provincias argentinas que incorporaron los Facilitadores Judiciales a su sistema judicial

Cabe explicar a los fines de un mejor entendimiento en cuanto a su aplicabilidad, la estructura jurisdiccional y organizativa del Poder Judicial Argentino, el cual acorde al sistema de gobierno establecido en el art. 1° de la C.N. es federal[26]. Por tanto tenemos el Poder Judicial de la Nación, cuyo órgano máximo y de última instancia recursiva es la Suprema Corte de Justicia de la Nación, la cual con los tribunales inferiores con competencia y jurisdicción federal en cada una de las 23 provincias más un distrito federal (Ciudad Autónoma de Buenos Aires-CABA) ejercen sus atribuciones

[25] https://www.argentina.gob.ar/sites/default/files/2021/03/administracion_de_justicia_y_perspectiva_de_genero_31-3.pdf

[26] Artículo 1°.- La Nación Argentina adopta para su gobierno la forma representativa republicana federal, según la establece la presente Constitución.

conforme a los arts. 116 y 117 de la C.N[27]. En las provincias, tenemos los Poderes Judiciales Provinciales, los cuales tienen competencia y jurisdicción respecto de cada una de las provincias. Esto así, por cuanto al momento de la organización política de la República Argentina se estableció normativamente en el art. 5 de la C.N., que cada provincia dictará su propia Constitución bajo el sistema de gobierno establecido en la C.N., esto es, representativo y republicano y debe asegurar la administración de justicia. Asimismo, la autonomía provincial se halla plasmada expresamente en otros artículos de la C.N., 121 y 122 reforzando el aseguramiento de su poder para determinar su organización política e institucional, siempre en forma concordante con la Constitución Nacional. Dado que la competencia provincial es residual, y comprende a todas las funciones del poder que no hayan sido delegadas expresamente al Gobierno Nacional. Por ende, corresponde a cada provincia, en virtud de su autonomía política, crear sus propias instituciones y elegir sus autoridades. En resumen, su poder claramente se sintetiza tal como reza la norma; *"Las provincias conservan todo el poder no delegado por esta Constitución al Gobierno federal... "*.

Es así que dentro de esas facultades los gobiernos de provincia se hallan habilitados para determinar sus políticas públicas, administrar su sistema de justicia, suscribir acuerdos con organismos internacionales, entre otras atribuciones. De este modo a través del Poder Judicial de cada provincia, las cortes provinciales, cuya cabeza es el Superior Tribunal de Justicia (STJ), y conforme a las atribuciones de Superintendencia que detentan establecen la política judicial correspondiente para asegurar una administración de justicia más eficiente y necesaria según la realidad imperante en cada jurisdicción. Sentado lo expuesto, tenemos que, con el objetivo de asegurar el acceso a justicia, los Poderes Judiciales de las provincias de Corrientes, Formosa y recientemente Córdoba han celebrado el convenio marco del servicio de facilitadores judiciales con la OEA, incorporando dentro de su sistema de justicia como un servicio más para materializar y fortalecer el acceso a justicia de la población más vulnerable.

Provincia de Corrientes: La provincia de Corrientes, fue la primera provincia de Argentina en implementar el Servicio Nacional de Facilitadores Judiciales, en 2011. El 11 de agosto de ese año se firmó el Acuerdo de Cooperación entre la Secretaría General de la OEA (SG/OEA) y el Superior Tribunal de Justicia de la Provincia de Corrientes y en noviembre se inició la implementación del Servicio de Facilitadores Judiciales en la provincia.

---

27 http://servicios.infoleg.gob.ar/infolegInternet/anexos/0-4999/804/norma.htm

Provincia de Formosa: El Poder Judicial de la provincia de Formosa implementó el Servicio Nacional de Facilitadores Judiciales el 18 de agosto de 2017 mediante la firma del Acuerdo de Cooperación entre "La Secretaría General de la Organización de los Estados Americanos y el Superior Tribunal de Justicia de la Provincias de Formosa".

Provincia de Córdoba: El Poder Judicial de la Provincia de Córdoba firmó el acuerdo de implementación del Servicio Nacional de Facilitadores Judiciales el 27 de octubre de 2021. El Servicio busca prevenir conflictos por medio de la promoción de una cultura de resolución pacífica de las controversias, así como, eventualmente, orientar a los usuarios para acceder a los órganos del sistema de justicia. Provincia de Formosa y los Facilitadores Judiciales[28].

6. FORMOSA Y LOS FACILITADORES JUDICIALES

La Provincia de Formosa a través del Poder Judicial dentro de sus facultades de política judicial y con el objetivo de garantizar el acceso a justicia a toda la población, especialmente la más vulnerable implementó el Servicio Provincial de Facilitadores Judiciales el 18 de agosto de 2017; por Acuerdo de Cooperación entra la Secretaría General de la O.E.A. y el Superior Tribunal de Justicia mediante Acuerdos no 2956/17 y 3054/20.-

6.1. Organización del Servicio Provincial de Facilitadores Judiciales

Conforme lo expuesto, el Servicio Provincial de Facilitadores Judiciales (en adelante, SPFJ) actúa dentro de la órbita del Poder Judicial bajo la supervisión y dependencia de un Ministro de la Corte provincial, quien es Ministro Coordinador de la Justicia de Paz. Asimismo, la Inspectoría de Justicia de Paz depende del ministro señalado teniendo a su cargo el SPFJ y actúa a través de la Oficina Coordinadora del Servicio de Facilitadores Judiciales. Dicha oficina es el órgano específico encargado de impulsar y dar las directivas al SPFJ, y las que recomiende el Ministro Coordinador de la Justicia de Paz.

La Oficina Coordinadora del Servicio de Facilitadores Judiciales es quien toma las decisiones estratégicas sobre el SPFJ y supervisa e inspecciona todo lo relativo al mismo. Elabora y sugiere los programas de forma-

---

[28] https://pifj-oea.org/paises/#Argentina

ción de los Facilitadores Judiciales. Promueve y evalúa el funcionamiento de las distintas áreas que colaboran con el SPFJ. Recepciona los informes mensuales remitidos por los jueces de paz. Sistematiza el avance del SPFJ y recibe los resultados de las actividades relacionadas al servicio. Opera como enlace de difusión de tales resultados con la Dirección de Ceremonial y Prensa. Aprueba con conocimiento del Ministro Coordinador cada actividad relacionada al SPFJ, realizada por los jueces de paz, demás funcionarios y asesores técnicos de la OEA. En resumen, es la instancia de coordinación operativa con el Programa Interamericano de Facilitadores Judiciales de la Organización de Estados Americanos, y el Poder Judicial de la Provincia de Formosa. El SPFJ actúa además en forma coordinada con otras instancias que componen el Poder Judicial.

6.2. Características del Servicio Provincial de Facilitadores Judiciales

Es un servicio cuyo objetivo principal es facilitar al ciudadano el acceso a la justicia. Se inició por la 1ra. circunscripción judicial y luego se extendió a la 2da. circunscripción judicial abarcando gran parte del territorio de la Provincia. Aquí, previo a determinar su característica vale detenerme sobre la realidad sociodemográfica de la provincia para comprender la significativa labor que implica contar con el SPFJ. Así debo señalar que la provincia de Formosa tiene un territorio que abarca un total de 72.066 km.2, los que se extienden en su mayoría de Este a Oeste, y de la misma manera se asienta la población; la cual es de 606.041 habitantes —de acuerdo al último Censo 2022—[29]. Concentrándose la mayor parte de la población en los conglomerados urbanos del este y centro de la provincia existiendo una marcada desproporción poblacional con el resto del territorio provincial. Así lo muestra un estudio de la CEPAL: "Las brechas estructurales de desarrollo en la provincia de Formosa" señalando que; originariamente las actividades productivas de la provincia estuvieron prácticamente acotadas al sector primario de la ganadería y a mediados del siglo XX con la expansión del cultivo del algodón....en la zona noreste. Esta incipiente producción se dio en un marco de profundas disparidades en la existencia de infraestructura productiva y social, las cuales reforzaron la construcción de un patrón socio-demográfico en el que el rasgo característico fue la tendencia a la concentración de la población en las zonas relativamente más

---

29 https://www.argentina.gob.ar/formosa#:~:text=Capital%3A%20Formosa.,606.041%20habitantes%20(Censo%202022).

desarrolladas. Como consecuencia del perfil productivo que adquiere cada una de estas regiones, se observan también rasgos socio-demográficos que, entre otras cuestiones, incluyen niveles diferenciales de concentración de la población". Las regiones del centro y este de la provincia son las más desarrolladas en términos productivos. Eso mismo hizo que se generaran desiguales posibilidades de acceso de la población a la salud, a la educación y a la infraestructura (entre otras cuestiones) se traducen en condiciones de vida, indicadores de pobreza y niveles de ingreso también diferentes[30]. En términos demográficos, la provincia se caracteriza por un elevado nivel de concentración de la población en torno a la ciudad de Formosa, situada en el departamento del mismo nombre. Otros departamentos del este de la provincia también son importantes en este sentido, pero todos ellos constituyen asiento de poblaciones mucho menores que la ciudad capital. Entre los dos últimos relevamientos censales, la cantidad de habitantes de la provincia creció significativamente. La densidad demográfica es inferior a la media nacional y se constituye como la más reducida en el Noreste argentino. La presencia de comunidades de pueblos indígenas en Formosa es mayor que en el promedio nacional, lo cual coloca a esta provincia entre las tres con mayor relevancia de esas poblaciones en el Norte Grande. Por su parte, los inmigrantes representan el 4% del total de los pobladores formoseños y provienen fundamentalmente de países limítrofes[31]. Dicha información da cuenta de la necesidad de contar con un programa o servicio que permita dar cumplimiento y asegurar el acceso a justicia de este sector de la población que vive desperdigado en zonas rurales de la provincia, alejado de los centros urbanos y por ende de los organismos de gobierno e instituciones.

Sentado lo expuesto, las características del Servicio Provincial de Facilitadores Judiciales se resumen en estos puntos: Siguiendo el patrón del PIFJ, está centrado en poblaciones en condición de vulnerabilidad para garantizar el derecho de acceso a la justicia. No actúan de oficio, sino exclusivamente a requerimiento de los vecinos de su comunidad, colonia o jurisdicción. Potencia habilidades de mediación comunitaria, diálogo social. Incrementa la motivación y el compromiso institucional. Se desarrollada en forma gratuita y voluntaria. Difunden conocimiento sobre los derechos y mecanismos para defenderlos y hacerlos efectivos entre la población.

---

30 CEPAL, *ob. cit.* CEP, pág. 19 https://repositorio.cepal.org/bitstream/handle/11362/44461/1/S1801001_es.pdf

31 CEPAL, *ob. cit.* CEP, pág. 22.

6.3. Concepto y rol del Facilitador Judicial según el Reglamento del SPFJ

Es un líder de su comunidad que voluntariamente y gratuitamente participa en el Programa del Servicio de Facilitadores Judiciales, cuya función principal es la de actuar como enlace entre la ciudadanía y el Poder Judicial para colaborar con un genuino y eficiente acceso a la justicia, promover una cultura de paz y fortalecer mecanismos de prevención y resolución alternativa de conflictos como vía para mantener la convivencia pacífica entre los miembros de la comunidad. Su rol consiste en desarrollar una actividad social voluntaria, sin remuneración alguna; no recibe contraprestaciones, ni beneficios del Estado, ni pagos o beneficios de las partes. Su función es ejercida exclusivamente en el ámbito geográfico de su localidad, colonia, aldea, comunidad, barrio, zona o comarca designada por el Juez de Paz. Ejerce sus funciones en su residencia o en cualquier espacio de su ámbito geográfico; no tiene una sede específica para realizar.

6.4. Normativa, modalidad y organigrama de la actividad del SPFJ

Todo el desarrollo del programa, las actividades y funciones de los FJ está regido conforme los objetivos y características establecidas en el Acuerdo de Cooperación suscripto entra la Secretaría General de la O.E.A. y el STJ a tal fin y la normativa determinada en el Reglamento del SPFJ creado al efecto. La actividad de los FJ se desarrolla en forma coordinada y bajo supervisión de los Jueces de Paz del lugar, quienes —como adelantara— actúan en éste área en interconexión con la Oficina Coordinadora del Servicio de Facilitadores Judiciales. La impronta principal del servicio es que se basa en la colaboración estrecha entre líderes comunitarios, voluntarios y no remunerados que actúan bajo la supervisión de los Jueces de Paz de cada jurisdicción, de la Inspectoría de justicia de paz del Poder Judicial y del Ministro que se designe para coordinar las actividades. Así, la prestación del servicio será ejecutada por medio de los juzgados de paz, sin crear un programa o unidades ad hoc de ejecución. También se impulsa la coordinación y trabajo conjunto con Operadores de Justicia de otros estamentos y con otras entidades en cada municipio, en función de fortalecer y motivar el trabajo voluntario de los FJ. Vale resaltar como característica esencial que, al igual que en el resto de los países que aplican este programa, el servicio prestado por los Facilitadores Judiciales es totalmente gratuito, no remunerativo, altruista, solidario, no genera contraprestación económica alguna, es decir, de carácter voluntario, ad honorem.

6.5. Forma de elección, requisitos, deberes y derechos de los FJ

La forma mediante la cual se elige un FJ tiene gran incidencia en el éxito del programa; pues son elegidos mediante asambleas populares por los vecinos de su comunidad, siendo de libre aceptación tal función. El nombramiento formal estará a cargo del juez de Paz dentro de la jurisdicción que corresponda. Esta forma democrática permite a los vecinos elegir a la persona que ellos consideran de mayor aptitud para el ejercicio de ese servicio, aptitud que se asienta en el grado de confianza y respeto que la persona goza entre los miembros de la comunidad. No sólo se circunscriben a quien detenta buena reputación sino también que reúna cualidades como la honestidad, empatía, solidaridad, responsabilidad, liderazgo. Sintetizando podemos afirmar que es la persona que califica como "un buen vecino o vecina". Ej.: Es quien brinda el consejo oportuno ante un dilema; que no escatima en brindar su ayuda para socorrer a un vecino o acompañarlo a realizar trámites ante las instituciones o gobierno, quien asiste a un enfermo; quien media para evitar un conflicto mayor, etc. En definitiva, los vecinos eligen a la persona que les genera mayor confianza y respeto en el sentido amplio de las palabras.

Requisitos: ser mayor de edad, de reconocida honorabilidad, buena conducta y no tener antecedentes penales o contravencionales. Ser un líder de su comunidad. No ejercer funciones como líder de representación política, gremial, ni ostentar cargos políticos u otros similares; no participar activamente en política y en el caso de estar afiliado a un Partido Político presentar la renuncia de dicha afiliación. Total disposición de trabajar voluntariamente sin requerir contraprestación ni beneficio alguno. Tener residencia en el lugar de por lo menos cinco años. No haber sido condenado por la comisión de delito o contravención. No estar prestando servicio activo militar, ni en las fuerzas de seguridad, tránsito u orden público del país, incluida la seguridad privada o al menos haberlo dejado un año antes de la función de FJ. No ejercer el cargo con fines políticos. Saber leer y escribir; de preferencia, tener un nivel de escolaridad primaria completa. Haber tomado juramento ante el juez de paz correspondiente.

Deberes y Derechos de los FJ: desarrollar las funciones conforme al Reglamento del Servicio de Facilitadores Judiciales de la Provincia de Formosa, dentro de la circunscripción territorial de su comunidad, barrio o colonia, e intervendrá en casos concretos conforme el inc. e) del Artículo 7. Informar mensualmente al juez de paz de su jurisdicción las actividades realizadas. Mantener relación y comunicación con los funcionarios judiciales y autoridades locales donde ejerce su función. Realizar las actividades guardando el debido respeto tanto a las autoridades locales como a los miembros de la comunidad. Mantener absoluta confidencialidad y reserva en los asuntos sometidos a su conocimiento. No efectuar ningún cobro, aceptar dinero, dádivas o regalos ni beneficios derivados de las funciones que desarrollen como Facilitadores Judiciales bajo pena de destitución. Asistir a las capacitaciones que se le brinde. No intervenir en aquellos casos que guarde relación de parentesco por consanguinidad o afinidad con algunas de las partes o algún conflicto de interés. No presidir asociaciones o cualquier otra clase de agrupación que afecte la imparcialidad de su gestión. Asimismo dentro de sus deberes se halla la capacitación; una vez elegidos, designados por la autoridad judicial y prestado el juramento ante el Juez de Paz de la jurisdicción donde residen, ejercer su servicio previa capacitación intensiva, la que es impartida por los jueces de paz, quienes tienen a su cargo —dentro de su jurisdicción— de convocarlos, dirigirlos, divulgar información, capacitarlos, dar seguimiento al programa, evaluar los servicios, atender las consultas de los FJ y supervisar su trabajo. Dicha capacitación es obligatoria y la reciben de manera periódica de acuerdo al plan de capacitación establecido utilizando preferentemente la metodología andragógica para desarrollar los contenidos. Posteriormente cada tres meses realizan encuentros de capacitación. Dentro de los derechos; ser reconocido como tal ante la comunidad a la que pertenecen. Ser atendidos y asesorados por los Jueces de Paz de su jurisdicción por cuestiones relativas a la función y gestión.

6.6. Actividades de los FJ

Entre las actividades más destacables realizan mediaciones y conciliaciones en las materias que la ley les permite y a su vez contribuyen a la creación de una cultura cívico jurídica, pues brindan información y asesoran respecto a los derechos que asisten a los ciudadanos. Auxilian a los jueces locales en trámites y difunden leyes y normas cívico-jurídicas en la población. Acompañan a las personas de mayor vulnerabilidad (ancianos, analfabetos, personas con capacidad disminuida) en la realización de trámites administrativos en general. Ej.; inscripción de hijos, solicitud de beneficios por discapacidad, pensión o jubilación a las personas de la tercera edad, etc. Actualmente la provincia cuenta con 70 Facilitadores Judiciales, entre los cuales se han designado facilitadores judiciales de los pueblos originarios ya que una basta parte de la población del centro y oeste de la provincia está conformada por los pueblos originarios. A raíz de ello y cumplimentando una verdadera integración e inclusión real se incorporó señalética en el juzgado de paz en los idiomas wichi y guaraní a fin de informar a la población indígena respecto a los trámites judiciales y sobre los derechos que los asisten, materializando el acceso a justicia.

Cabe resaltar que la labor realizada voluntariamente por los FJ alivia la carga de trabajo de los tribunales, quienes utilizan activamente el servicio de los FJ, generándose una interacción de comunicación e información, facilitando la resolución de casos (siempre que no excedan la competencia de éstos) entre los FJ y los Jueces de Paz.

6.7. Entrevistas a las Facilitadoras Judiciales y Jueza de Paz

Del trabajo de campo realizado a través de las entrevistas mantenidas con las FJ; pude extraer con la significación que amerita, el compromiso, la voluntad y la valentía de estas mujeres FJ al prestar diariamente toda su capacidad y empatía al cumplir con el SPFJ, sirviendo y ayudando al otro, aún a desmedro de su propio interés y sin recibir contraprestación alguna más que el mero reconocimiento. Ergo, su transcripción resulta necesaria a fin de reflejarlo[32].

Entrevista a la F.J. Gabina Irala quien señaló; *"Yo comencé mas o menos hace 4 años con esta labor de realizar la tarea de ser un puente entre la Comunidad y el Poder Judicial. Las personas de éste pueblo, Tatané, acuden a mí ante dudas y generalmente esas dudas son llevadas hasta la Jueza de Paz"*. P. Cómo conoció el programa de FJ y tomar la decisión de actuar como tal? R. *Recibimos la visita de la Dra. Oviedo junto con su equipo del P. Judicial, se hizo una convocatoria en el pueblo, donde el pueblo fue el que decidió quienes iban a ser sus representantes ante el P.Judicial como FJ.* P.: En qué consiste ese puente para que la gente acuda a la justicia o decida solucionar el conflicto de otra manera? R.: *Generalmente ésta comunidad está un poco alejada de lo que es la tarea del P. Judicial, por desconocimiento tal vez, entonces nuestra tarea es tratar de llegar hasta esa persona con la información necesaria de cómo se puede resolver tal o cual situación y evitar muchas veces conflictos más graves entre vecinos.* P.: ¿Ustedes actúan como mediadores judiciales? R.: *Mediadores entre lo que es el Juzgado, el vecino y mediadores entre vecinos. Muchas veces los conflictos se resuelven a nivel comunitario; no llegan hasta un juzgado y no hay a un proceso judicial digamos. Son problemas leves que se pueden solucionar hablando, haciendo una mediación.*

F.J. Noemí Oliva; P. ¿Hace cuánto tiempo estás desarrollando la tarea de FJ? ¿Que hacías antes, ahora actualmente y cuál es tu actividad aparte de cumplir

---

32 P. (pregunta). R . (respuesta).

la labor de FJ? R.: *Bueno, yo cumplo esta labor hace 4 años, desde el 2018 en la Colonia Banco Payaguá, llegué a la comunidad como profesora de matemáticas para empezar a trabajar en la escuela secundaria, hoy por hoy sigo con mi tarea de enseñar a los chicos y también comparto con el tiempo de FJ. Por la mañana a veces estoy atendiendo alguna consulta que tenga la gente, ayudando y a la tarde me encuentran en la escuela ayudando a los chicos. En Payaguá no tenemos instituciones que representen, ya sea al Juzgado de Paz u otro tipo de justicia digamos, pero sí está la institución policial.*

F.J. Hilda Villalba; P. ¿Hoy después de tu experiencia como FJ, aconsejas o recomendar a un vecino que se involucre y que acepte ser FJ en el caso que lo elijan? R.: *Sí totalmente, sí.* P.: A pesar de que sé que el programa, pues sé que es la base del programa, ¿no reciben una contraprestación en dinero? R.: *No.* P.: ¿Esa sola motivación de solidaridad y ayuda al vecino, es lo que te moviliza a vos? ¿Y cómo transmitirías a tu vecino a que acepte ser un FJ? R.: *Absolutamente. Yo siempre digo y decimos con mis hermanos en mi casa que nosotros tenemos esa esencia de mamá, de dar sin recibir nada a cambio. Y eso es lo que hace un Facilitador. Porqué, porque siente lo que le pasa a la otra parte y busca hacerle ver cuáles son sus derechos y cuáles son sus obligaciones. Porque generalmente en otros tiempos solamente se sabían las obligaciones, no sabíamos que teníamos derechos.*

F.J. Graciela E. García, vecina de los pueblos originarios del B° Namqom, de la ciudad de Formosa. Dijo: "*Nuestra función es como un nexo entre la justicia y la comunidad, de este modo nosotros garantizamos el acceso a justicia. Siempre la comunidad acude a nosotros en conflictos y tratamos de resolver hablando pacíficamente con el acompañamiento de las familias originarias. En nuestra cultura Qom el pilar fundamental es la mujer, por que la mujer es la que transmite todo sobre nuestra cultura, sobre las tradiciones, es la que guía digamos a los niños, a sus niños, a sus hijos. Trabajamos así en conjunto con el Juzgado de Paz n° 3, comunicamos directamente con ellos porque tenemos el celular, que es lo que estamos utilizando ahora. Nosotros somos lo que acompañamos a ellos en las cuestiones judiciales y ellos valoran mucho eso. Se valora mucho*". Seguidamente relató la experiencia de una mujer originaria y sus hijos menores, a quienes ayudó por una cuestión de violencia de género y actuó como nexo con las autoridades judiciales. Materializando el acceso a justicia.

Dra. Marisel Oviedo, Jueza de Paz de Herradura (localidad distante 42 km. de la ciudad de Formosa) lo recogido en la entrevista realizada es de tal contundencia, que me lleva a transcribir en forma literal; "*La implementación de este programa fue toda una revolución, para los pobladores, para los vecinos, para mí también. Desde el momento en que empezamos a trabajar fue creciendo el involucrarse de ellos con la problemática de los vecinos, sobre todo en las localidades más lejanas y acá en Herradura también... Se abrieron casos que no se hubieran conocido nunca sino fuera por la intervención de ellos*".

7. CONCLUSIONES

Para actuar con la honestidad intelectual que cada lector merece al consultar este trabajo de investigación, debo comenzar por confesar que una de las cuestiones que más impacto me produjo a lo largo de esta investigación y atrapó mi interés fue la motivación de estos hombres y mujeres al momento de aceptar su designación de FJ y poner toda su capacidad sin recibir ninguna contraprestación más que el "altruismo" de sus actos, entendido en el sentido literal del concepto. "Diligencia en procurar el bien ajeno aun a costa del propio"(según la RAE). El desprendimiento de lo propio para dar a los demás sin esperar nada a cambio. El compromiso por aportar desde su lugar y generar un cambio en la sociedad por un mundo más inclusivo, equitativo y justo para todos. Allí vino a mi memoria un antiguo libro (1936) sobre habilidades personales, del autor Dale Carnegie, titulado: "Cómo ganar amigos e influir sobre las personas"; quien señalaba que el reconocimiento es lo que todos los seres humanos buscamos de los demás. Según la teoría del psicólogo americano Abraham Maslow en su obra "Una teoría sobre la motivación humana" (1943) argumenta que todas nuestras acciones están dirigidas a satisfacer ciertas necesidades. Asimismo, señala que existe una jerarquía de necesidades humanas, que graficada en la famosa "Pirámide de Maslow, ubica al reconocimiento en el cuarto nivel de las necesidades humanas. Desde la filosofía no solamente se ha debatido si estas pulsiones son egoístas o altruistas en su esencia, sino que también se ha planteado la pregunta: ¿cómo podemos ayudar? ¿cómo podemos hacer el bien por estas personas que vemos sufrir? Para algunas personas el peso de estas preguntas es tal que dedican toda su vida a tratar de hacer la mayor cantidad de bien posible, y no solamente se preocupan por llevar a cabo acciones altruistas, sino que también se preocupan por hacerlo del modo más eficaz posible. Motivados por el deseo egoísta de reconocimiento social o por una preocupación genuina por los demás, los altruistas eficaces deciden que la manera de vivir una vida ética es haciendo, literalmente, todo el bien que puedan hacer, y se preocupan por aprovechar cualquier oportunidad por mejorar el bienestar ajeno[33].

Teniendo ello presente y lejos de entrar en el debate si la conducta altruista obedece a una necesidad humana del reconocimiento o a una con-

---

[33] LLORENÇ SOLER SAMPOL, "*Altruismo y Empatía*", Trabajo de Fin de Grado, Any académic 2019-20, Universidad de las Islas Baleares, Facultad de Filosofía y Letras. Págs. 3 y 4. https://dspace.uib.es/xmlui/bitstream/handle/11201/154670/Soler_Sampol_Llorens.pdf

ducta egoísta *per se*, lo cierto es que la desafiante tarea de Facilitador/a Judicial con las complejidades a las que deben enfrentarse diariamente; desde la ayuda en trasladar una persona que necesita asistencia social, aconsejar o asesorar en casos de violencia de género hasta mediar por conflictos entre vecinos, no es tarea sencilla. Destinar tiempo de su propia vida personal, familiar para disponerlo en ayuda a otros sin recibir contraprestación alguna más que el "agradecimiento"; es un acto humano de altísima generosidad digno de resaltar y cuya única motivación es el reconocimiento del compromiso con su comunidad. Por lo que, desde este lugar intento destacar que se visualice y difunda la loable tarea que realizan los FJ permitiendo la pacificación social de una comunidad y afianzar el acceso a justicia, tal como manda el Preámbulo de la Constitución Argentina. Acceso a justicia de una basta parte de la población que antes de la existencia del SPFJ no sólo no tenían acceso al reconocimiento de derechos que habían sido avasallados, sino que ni siquiera acudían a reclamar o denunciar debido a que desconocían la existencia de tales facultades y/o prerrogativas a su favor.

La otra parte importante de mi atención se focalizó en observar y verificar el real *acceso a justicia* que se produjo sin necesidad de contar con grandes estructuras edilicias ni importantes erogaciones económicas. Se logró poner en marcha un programa revolucionario en el acceso a justicia con la participación de personas legas; quienes mediante una capacitación permanente recibida por parte de las autoridades del Poder Judicial han diseminado el conocimiento de derechos básicos de los ciudadanos generando un compromiso con su comunidad. Han logrado mediante la información brindada a los vecinos concientizar sobre la necesidad de participar dentro de aquella, involucrarse por el bien común y revalorizarlos en su dignidad de personas, acercando el derecho a la gente para revertir las injusticias que padecen. Para todas estas mujeres que cumplen el servicio de Facilitadoras Judiciales vaya mi reconocimiento y agradecimiento por la encomiable labor que realizan fortaleciendo día a día un mayor acceso a justicia. Muchas Gracias; Sras. Gabina Irala, Graciela E. García, Noemí Oliva, Hilda Villalba; y en su nombre a todos los Facilitadores Judiciales.

8. BIBLIOGRAFÍA

BIRGIN, HAYDEÉ; GHERARDI, NATALIA (coordinadoras) *La garantía de Acceso a la Justicia: Aportes Empíricos y Conceptuales*. Colec. "género, derecho y justicia" no. 6. CIDH, https://bibliotecacorteidh.winkel.la/la-garantía-de-acceso-a-la-justicia-aportes-empíricos-y-conceptuales-birgin-haydeé

BURGER, W.E. Agenda for 2000 A.D. -Need for Systematic Anticipation, Conferencia Inaugural de la Conferencia Pound en Saint Paul, Minnesota, 7 de abril de 1976.

CEPAL, "*Territorio y desarrollo en la Argentina: las brechas estructurales de desarrollo en la provincia de Formosa*", *Documentos de Proyectos* (LC/TS.2019/12), Santiago, Comisión Económica para América Latina y el Caribe (CEPAL), 2018.

FUCITO, FELIPE (2003).

HITTERS, JUAN CARLOS, *La reforma de la constitución Argentina de 1994 y los tratados sobre Derechos Humanos a 20 años de su vigencia.* Revista Anales de la Facultad de Ciencias Jurídicas y Sociales. U.N.L. p. 2014.

SOLETO, HELENA-FANDIÑO MARCO, *Manual de Mediación Civil.* Colección: Sistema Adversarial Civil. Centro de Estudios de Justicia de las Américas, CEJA. 2017.

LLORENÇ SOLER SAMPOL, "*Altruismo y Empatía*", Trabajo fin de grado, Any acadèmic 2019-20, Universidad de las Islas Baleares, Facultad de Filosofía y Letras.

En torno al ámbito subjetivo y objetivo de la mediación sanitaria: ¿qué conflictos deben/pueden ser objeto de la mediación sanitaria?

MARÍA ISABEL MONTSERRAT SÁNCHEZ-ESCRIBANO
Profesora Contratada Doctora de Derecho Penal Universidad de las Islas Baleares

1. Introducción. 2. Datos estadísticos sobre el número de casos y las causas que dan origen a conflictos (quejas y reclamaciones) en el contexto sanitario. 2.1. Datos del Estudio Nacional sobre los Efectos Adversos ligados a la Hospitalización. 2.2. Estrategia nacional para la seguridad del paciente del sistema nacional de salud para el período 2015-2020. 2.3. Datos recogidos en las memorias anuales de la asociación el defensor del paciente. 3. Delimitación del ámbito subjetivo de la mediación sanitaria: La relación asistencial. 3.1. Personal sanitario en función asistencial. 3.1.1. Concepto de personal sanitario. 3.1.2. Noción de asistencia sanitaria: Especial referencia a la función asistencial y la función de gestión del personal sanitario. 3.2. El paciente, su familia y el usuario de servicios sanitarios. 3.3. La figura del mediador sanitario ¿es necesario o conveniente que sea un médico. 4. Ámbito objetivo de la mediación sanitaria no judicial: mediación sanitaria vs. mediación organizacional o laboral en el ámbito sanitario. 4.1. Conflictos objeto de mediación sanitaria. 4.1.1. Problemas de comunicación médico-paciente. 4.1.2. Decisiones de tratamiento. 4.1.3. Gestión de quejas y reclamaciones. 4.1.4. Decisiones relacionadas con el fin de la vida. 4.2. Conflictos objeto de mediación organizacional o laboral en el ámbito sanitario: ¿Mediación institucional o mediación mixta? 5. La mediación en las reclamaciones sanitarias judiciales. 6. A modo de conclusión: En especial, ventajas e inconvenientes de la mediación sanitaria. 7. Bibliografía

1. INTRODUCCIÓN

Es innegable que el conflicto es inherente a toda relación humana y que, a la vez, la preservación de la salud es una de las mayores preocupaciones de nuestra sociedad. Es por ello que no le resulta a nadie extraño que el espacio donde se unen ambas cosas (salud y persona) sea una fuente inagotable de conflictos. Son muchos y diversos, pues, los conflictos que se producen en el ámbito sanitario. La compleja naturaleza del propio Sistema Nacional de Salud —*este se basa en un sistema público, dependiente de las Administraciones Públicas, que a la vez permite el ejercicio privado de la medicina, de lo que resulta una lógica interrelación entre sanidad pública y privada*[1]—, unida

[1] Como indica ALVENTOSA DEL RÍO esta complejidad se deriva en gran parte de la organización del propio sistema de salud, pues el art. 41 de la CE establece un

a la difícil situación que viven todos los días los profesionales de este ámbito —*nuestro sistema se encuentra completamente colapsado a consecuencia de la falta de recursos y de profesionales sanitarios, especialmente en las zonas rurales y en los hospitales comarcales*[2]— conduce de forma natural a la existencia de un elevado número de conflictos.

Ni duda cabe de que la gestión de estos conflictos surgidos en el ámbito sanitario debería realizarse de la forma más eficaz y eficiente posible, sobre todo teniendo en cuenta la especial sensibilidad del contexto en el que se producen: de un lado, una persona que en incontables ocasiones está pasando «por una situación difícil»; de otro, un profesional que está ejerciendo un duro trabajo en un sistema falto de recursos y de plazas de trabajo. Esta «difícil situación» y el padecimiento físico y psíquico que en muchas ocasiones lleva aparejada, hace que optemos o bien por olvidar, o bien por acudir a un proceso judicial cuando las consecuencias han sido muy graves.

Sin embargo, no somos conscientes de que multitud de los conflictos que se producen en el ámbito sanitario podrían obtener solución a través de los medios de resolución de conflictos alternativos al procedimiento judicial, especialmente a través de la mediación sanitaria. De entrada, para presentarla en este trabajo, diremos que es un subgénero de mediación en el que una tercera persona, llamada mediador, ayuda a las partes en conflicto a través del diálogo y el encuentro a llegar a un acuerdo mutuo que satisfaga las necesidades y preocupaciones de todas las partes involucradas.

La mediación sanitaria puede convertirse, bien usada, en una herramienta eficaz para resolver multitud de conflictos que se producen en el ámbito de la atención sanitaria. Será, sin duda, más rápida que un proceso judicial, tendrá más en cuenta las preferencias de las partes, mejorará a calidad de la atención al paciente —ya que un conflicto puede desgastar al personal sanitario (lo que afectará a su rendimiento, a la eficiencia asistencial que este proporciona y, en general, al funcionamiento de la institución

sistema público de Seguridad Social para todos los ciudadanos, que en muchas ocasiones se interrelaciona con la sanidad privada. Veáse ALVENTOSA DEL RÍO, J, "La mediación sanitaria en la legislación de las comunidades autónomas", en IDIBE, 2016, accesible en: https://idibe.org/cuestiones-de-interes-juridico/la-mediacion-sanitaria-en-la-legislacion-de-lascomunidades-autonomas/

2 Memoria Anual de la Asociación El Defensor del Paciente, año 2022, accesible en: https://www.negligenciasmedicas.com/wp-content/uploads/2017/10/MEMORIA-2022-definitivotodo.pdf, pág. 4.

sanitaria)— y disminuirá la inseguridad y la afectación personal que sufre el paciente que no se siente comprendido o bien atendido.

En nuestro país, esta práctica se ha incorporado de forma más tardía que en otros países, pero ya existen servicios de mediación en numerosos hospitales españoles. El desarrollo de la mediación sanitaria se ha producido, por tanto, desde la práctica social, a través de iniciativas principalmente privadas o de proyectos subvencionados[3]. La acción mediadora de muchos de estos hospitales se ciñe específicamente a los casos de mediación intercultural, con la finalidad de fomentar el acceso del colectivo inmigrante a los servicios de salud públicos, apoyando su integración y facilitando la adhesión y el seguimiento de los tratamientos[4]. Quizá este sea el motivo por el que a la institución de la mediación sanitaria le queda todavía camino por recorrer y son muchos todavía los interrogantes que se plantean al respecto.

Este trabajo pretende abordar y definir la mediación sanitaria desde la perspectiva del conflicto en el contexto sanitario y de cómo este puede solucionarse a través de la mediación. Para ello, se analizarán qué tipo de conflictos se producen en el ámbito sanitario y, tras ello, cuál debe ser el marco subjetivo (¿qué sujetos pueden acudir a un procedimiento de mediación sanitaria?) y objetivo (¿qué conflictos pueden ser objeto de mediación sanitaria?) de la mediación sanitaria, todo ello centrado en un enfoque lo más cercano posible a la realidad. A este efecto, se presenta una visión bastante restrictiva de lo que tiene que ser el objeto de la mediación sanitaria. A través de ella se pretende hacer de la mediación un mecanismo accesible, humano, de encuentro y centrado en la reparación, reconduciendo a otros caminos aquellos conflictos cuya resolución podrían suponer el colapso de los equipos de mediación y, con ello, la paralización ineficaz del servicio. Veamos, pues, todas estas ideas.

---

3 ALVENTOSA DEL RÍO, J. y COBAS COBIELLA, Mª. E., "La mediación como resolución extrajudicial de conflictos: marco jurídico de su aplicación al ámbito sanitario", CEFLegal: *Revista práctica de derecho. Comentarios y casos prácticos,* nº. 193, 2017, págs. 47-86, pág. 50.

4 Véase PUYOL GIL, L. y MARTÍN GALACHO, R., "La acción mediadora en el hospital ramón y cajal. intervención con población inmigrante en el programa "nuevos ciudadanos, nuevos pacientes", *Revista de Mediación,* nº 5, 2010, págs. 22 a 25, pág. 22. Véase también VALVERDE JIMÉNEZ, M., "Mediación intercultural en el ámbito sanitario de la Región de Murcia", *Enfermería global,* nº 12(29), 2013, págs. 383-390.

2. DATOS ESTADÍSTICOS SOBRE EL NÚMERO DE CASOS Y LAS CAUSAS QUE DAN ORIGEN A CONFLICTOS (QUEJAS Y RECLAMACIONES) EN EL CONTEXTO SANITARIO

Acercarnos a la realidad sanitaria implica, de entrada, conocer qué conflictos se producen en el ámbito de la salud y cuáles han sido los motivos que los causan. En incontables ocasiones, estos se materializan en quejas y reclamaciones presentadas por los pacientes o sus familias tras padecer lo que en este ámbito se conoce como efectos o incidentes adversos, esto es, complicaciones involuntarias que tienen lugar durante la atención en salud y que pueden conducir a la muerte, la incapacidad o al deterioro en el estado de salud del paciente, así como a una prolongación de la estancia hospitalaria en caso de ingreso[5].

Tanto a nivel internacional como nacional se han elaborado multitud de estudios destinados a conocer cuáles son los incidentes adversos que pueden producirse en el contexto sanitario y a determinar las causas que los originan, ello con la finalidad de evitar o corregir las prácticas sanitarias desencadenantes. En este trabajo se tendrán en cuenta dos de estos estudios, de corte nacional: por una parte, el Estúdio Nacional sobre los Efectos Adversos ligados a la Hospitalización (por contracción y en adelante ENEAS), una de las fuentes más citadas a la hora de conocer información sobre efectos adversos[6] (aunque la fecha de realización (2005) es algo remota); por otra, la Estrategia de Seguridad del Paciente del Sistema Nacional de Salud para el período 2015-2020[7], aprobada por el Ministerio de Sanidad, Servicios Sociales e Igualdad con la finalidad de establecer objetivos y recomendaciones orientados a minimizar los riesgos asistenciales y reducir el daño asociado a la asistencia sanitaria[8].

---

[5] FUENTES, E., "La revelación del efecto adverso en la práctica médica", *Revista CONAMED*, vol. 7, nº. Extra 3 (Edición especial), 2002 (Ejemplar dedicado a: La comunicación humana y la relación médico-paciente), págs. 21 a 22, pág. 21.

[6] Estudio Nacional de Efectos Adversos ligados a la Hospitalización (ENEAS) del Ministerio de Sanidad, 2005, accesible en: https://www.sanidad.gob.es/organizacion/sns/planCalidadSNS/pdf/excelencia/opsc_sp2.pdf

[7] Estrategia de Seguridad del Paciente del Sistema Nacional de Salud para el periodo 2015-2020 del Ministerio de Sanidad, Servicios Sociales e Igualdad, accesible en: https://www.sefac.org/sites/default/files/sefac2010/private/documentos_sefac/documentos/Estrategia%20Seguridad%20del%20Paciente%202015-2020.pdf

[8] Estrategia de Seguridad del Paciente del Sistema Nacional de Salud, *op. cit.*, pág. 22.

Asimismo, teniendo en cuenta que los efectos adversos no son la única causa posible de quejas y reclamaciones por parte de los pacientes o sus familias, también se examinarán las memorias anuales que publica la Asociación El Defensor del Paciente, que recogen, además de otros extremos, datos estadísticos reales sobre las quejas y reclamaciones interpuestas ante la Asociación a día de hoy.

2.1. Datos del Estudio Nacional sobre los Efectos Adversos ligados a la Hospitalización

El primer texto que resulta, por tanto, de interés es el ENEAS. Para realizar el ENEAS se utilizó una muestra de 5.624 pacientes con hospitalización superior a superior a 24 horas de 24 hospitales españoles. Los resultados del estudio fueron que, de todos los pacientes ingresados, se detectaron un total de 1.063 con efectos adversos, de los cuales un 9,3% (525/5.624) estuvieron relacionados con la asistencia sanitaria y 8,4% (473/5.624) relacionados directamente con la asistencia hospitalaria (excluidos los de atención primaria, consultas externas y ocasionados en otro hospital)[9]. Además, el informe indica que el 17,7% de los pacientes acumuló más de un efecto adverso y que, del total de los 473 pacientes con efectos adversos relacionados con la hospitalización, el 22,2% (105) la causa fue el propio ingreso hospitalario[10].

De una forma muy completa, el ENEAS clasifica en 8 grupos las causas del efecto adverso[11]: los relacionados con el diagnóstico o pruebas diagnósticas, que incluyen desde errores o retrasos en el diagnóstico, errores en la identificación del paciente o en las etiquetas de las pruebas extraídas al mismo; relacionados con la deficiente valoración del estado general del paciente o una demora excesiva de la atención; relacionados con la monitorización del paciente o los cuidados que necesita; relacionados con infecciones nosocomiales; relacionados con procedimientos incorrectos o mala praxis en intervenciones quirúrgicas; relacionados con medicamentos o balance hídrico; relacionados con maniobras de reanimación; y un apartado dedicado a otros efectos, tales como la caída causal de un paciente vulnerable o la deficiente información, entre otros.

---

9 ENEAS, *op. cit.*, pág. 5.

10 ENEAS, *op. cit.*, pág. 5.

11 ENEAS, *op. cit.*, págs. 26 y 27.

2.2. Estrategia nacional para la seguridad del paciente del sistema nacional de salud para el período 2015-2020

En segundo lugar, nos referiremos a la Estrategia de Seguridad del Paciente del Sistema Nacional de Salud para el período 2015-2020. Este estudio toma como punto de referencia para elaborar sus recomendaciones no solo el ENEAS, sino otros estudios que han aportado información útil en el ámbito asistencial del Sistema Nacional de Salud, concretamente el Estudio de Eventos Adversos de Atención Primaria (APEAS), el Estudio de Eventos Adversos en Residencias y Centros Asistenciales Sociosanitarios (EARCAS), el Informe Seguridad y Riesgo del Enfermo Crítico (SYREC), y el estudio Efectos Adversos en Urgencias (EVADUR). De especial utilidad resulta la siguiente tabla, que el estudio recoge a modo de recapitulación de los informes que se han realizado en nuestro país sobre los efectos adversos en los diferentes ámbitos asistenciales:

Estudio	Año recogida datos	Tipo de estudio	Ámbito	EA total (%pacientes)	EA más frecuentes	%EA prevenibles
ENEAS[15]	2005	Cohortes históricas	24 Hospitales	9,3%	Medicación (37,4%), IAAS (25,3%) Procedimientos (25%).	50%
APEAS[26]	2007	Prevalencia	48 Centros AP	10,11‰	Medicación (47,8%) Peor curso evolutivo de la enfermedad de base (19,9%) Procedimientos (10,6%).	70%
EARCAS[27]	2010- 2011	Cualitativo	Residencias y centros sociosanitarios	--	Cuidados, Medicación IAAS.	---
SYREC[28]	2007	Cohortes prospectivo	79 UCI/ 76 Hospitales	33,1%	Cuidados (26%) IAAS (24%) Medicación (12%)	60%
EVADUR[29]	2009	Prospectivo	21 Servicios de Urgencias	7,2%	Proceso de atención (46,2%), Medicación (24,1%) y Procedimientos (11,7%).	70%

- ENEAS: Estudio Nacional de Eventos Adversos relacionados con la hospitalización. - APEAS: Estudio de Eventos Adversos en Atención Primaria.
- EARCAS: Eventos Adversos en Residencias y Centros Asistenciales Sociosanitarios. - SYREC: Seguridad y Riesgo en el Enfermo Crítico.
- EVADUR: Eventos Adversos en Urgencias. - EA: Evento adverso. – IAAS: Infecciones asociadas con atención sanitaria

2.3. Datos recogidos en las memorias anuales de la Asociación El Defensor del Paciente

En tercer y último lugar nos referiremos a las memorias anuales de la Asociación El Defensor del Paciente. Lo primero que estas destacan es el notable incremento de las quejas y reclamaciones recibidas en los últimos años. Así, la Memoria correspondiente al año 2022[12] indica que este año se han recibido un total de 13.611 casos (455 más que en 2021), de los cuales 699 han sido con resultado de muerte (71 más que en 2021)[13]. Concretamente, en el año 2021[14], la asociación registró un total de 13.156 quejas por presuntas negligencias médicas relacionadas con la sanidad pública o privada, una cifra que suponía 2.647 denuncias más que el año 2020 (un 25% más), pero que no superó los 13.454 casos que se recibieron en 2019 (un año antes de la COVID-19)[15]. De entre ellas, un total 628 reclamaciones estaban relacionadas con casos con resultado de muerte, lo que se traduce en 100 más que en 2020 y 129 menos que en el año anterior a la irrupción de la pandemia[16]. Las Memorias presentan, asimismo, una tabla de la evolución del número de casos recibidos por El Defensor del Paciente durante los últimos 10 años:

---

12 Memoria Anual de la Asociación El Defensor del Paciente, año 2022, accesible en: https://www.negligenciasmedicas.com/wp-content/uploads/2017/10/MEMORIA-2022-definitivotodo.pdf

13 Memoria Anual 2022, *op. cit.*, pág. 1.

14 Memoria Anual de la Asociación El Defensor del Paciente, año 2021, accesible en: https://www.negligenciasmedicas.com/wp-content/uploads/2017/10/DEFENSOR-DELPACIENTE-MEMORIA-2021.pdf

15 Memoria Anual, 2021, *op. cit.*, pág. 1.

16 Memoria Anual, 2021, *op. cit.*, pág. 1.

Conforme a los datos recogidos como posibles causas de dichas denuncias, se afirma que los casos más habituales se han producido por mala praxis: la principal razón se debe al error de diagnóstico y la pérdida de oportunidad terapéutica, pero también intervenciones mal realizadas, altas precipitadas, atención deficiente, personas que se sometieron a una intervención de cirugía plástica, reparadora y estética, con resultado insatisfactorio, nacimientos de bebés con discapacidad o fallecimiento de bebés nada más nacer, retraso de la llegada de la ambulancia al domicilio, fallecimientos por infección hospitalaria, discapacidad en pacientes después de intervención quirúrgica, quemaduras y otros en depilación láser, contagiados por hepatitis C, y haber sido dadas de alta sin estar en condiciones óptimas para poder ir a trabajar[17].

3. DELIMITACIÓN DEL ÁMBITO SUBJETIVO DE LA MEDIACIÓN SANITARIA: LA RELACIÓN ASISTENCIAL

Antes de hacer referencia a qué clase de conflictos puede aplicarse la mediación sanitaria (ámbito objetivo), debemos delimitar el conjunto de sujetos que pueden intervenir en esta (ámbito subjetivo). Desde esta perspectiva, la primera premisa de la que partiremos tiene que ver con que esta se producirá en el marco de un conflicto surgido en el ámbito de la prestación de un servicio de salud y que, por tanto, tendrá como protagonistas, de un lado, al personal sanitario y, de otro, al paciente.

Visto lo anterior, cabe decir que, a nuestro juicio, deben quedar fuera del ámbito de la mediación sanitaria aquellos conflictos en los que se pierde el carácter de encuentro y reparación entre las partes, tales como los producidos entre la compañía aseguradora y el asegurado/beneficiario de un seguro, o los derivados de aspectos relacionados con la publicidad sanitaria, por ejemplo[18]. Esta exclusión no obsta a que este género de conflictos no puedan ser objeto de resolución por otra vía distinta de resolución extrajudicial de conflictos, pero, aunque en cierta medida enraízan en un contexto sanitario, no se producen propiamente en el entorno de la prestación asistencial sanitaria.

---

17 Memoria Anual, 2022, *op. cit.*, pág. 26.

18 Así CAYÓN DE LAS CUEVAS, J., "Resolución extrajudicial de conflictos sanitarios: manifestaciones jurídico-positivas y posibilidades de futuro», *Mediación, arbitraje y resolución extrajudicial de conflictos en el siglo XXI*, vol. 2 (Arbitraje y resolución extrajudicial de conflictos), Reus, págs. 293 a 330, pág. 287.

En consecuencia, consideramos que tan solo deben considerarse como partes intervinientes en la mediación sanitaria al personal sanitario y a los pacientes[19]. Además, a nuestro entender, incluso esta idea debe ser matizada, porque, como se verá, creemos que no todo el personal sanitario habrá de quedar englobado en el ámbito subjetivo de este tipo de mediación, ni tampoco serán únicamente los pacientes quienes siempre intervengan en el procedimiento. Veamos uno y otro caso.

3.1. Personal sanitario en función asistencial

En primer lugar, de las dos partes que participan en el procedimiento de mediación sanitaria, encontraremos siempre a un miembro del personal de un centro sanitario[20]. Pero, como se ha indicado, no todo conflicto con el personal del centro podrá, o, mejor dicho, deberá quedar incardinado en el ámbito de la mediación sanitaria. Profundicemos en esta idea.

3.1.1. Concepto de personal sanitario

Lo primero que debemos hacer en este caso es definir qué debe entenderse por personal sanitario. En sentido estricto, personal sanitario es aquel que ejerce una profesión sanitaria. Precisamente, a regular cuáles son las profesiones sanitarias se dedica la Ley 44/2003, de 21 de noviembre, de ordenación de las profesiones sanitaria. El artículo 2 de esta norma establece que ejercen una profesión sanitaria las personas *cuya formación pregraduada o especializada se dirige especí*fica y fundamentalmente a dotar a los interesados de los conocimientos, habilidades y actitudes propias de la atención de salud, y que están organizadas en colegios profesionales. Conforme a esta definición, la nota que caracteriza al personal sanitario es el desempeño de las funciones relacionadas con la atención de la salud, pero el precepto no especifica qué servicios de un centro sanitario deben quedar englobados en este concepto. Tan solo establece una limitación: deben

---

19 A favor, ALVENTOSA DEL RÍO, J. y COBAS COBIELLA, Mª. E., La mediación como… *op. cit.*, pág. 50.

20 La definición de centro sanitario la encontramos en el artículo 3 de la Ley 41/2002, de 14 de noviembre, básica reguladora de la autonomía del paciente y de derechos y obligaciones en materia de información y documentación clínica: *el conjunto organizado de profesionales, instalaciones y medios técnicos que realiza actividades y presta servicios para cuidar la salud de los pacientes y usuarios.*

estar organizadas en colegios profesionales (una limitación que debe vincularse más al ámbito organizativo que al que nos ocupa). Desde esta perspectiva, son multitud las profesiones susceptibles de quedar englobadas en el marco de la mediación. De hecho, la propia Ley establece una amplia enumeración ejemplificativa de las mismas[21].

3.1.2. Noción de asistencia sanitaria: Especial referencia a la función asistencial y la función de gestión del personal sanitario

Por otra parte, las funciones del personal sanitario aparecen enumeradas en artículo 4.3 de la Ley 44/2003, de 21 de noviembre: asistencial, investigación, docencia, de gestión clínica, de prevención y de información y educación sanitarias. De entre ellas, las que tienen una relación directa con la atención en salud son dos: la función asistencial y la función de gestión de un centro sanitario y, a su vez, solo la primera tiene como objetivo proporcionar asistencia sanitaria y cuidados de salud a los pacientes: la función asistencial del personal sanitario engloba todo aquello relacionado con la prestación preventiva, diagnóstica, terapéutica o rehabilitadora que tiene por objeto promover, mantener o restablecer la salud de las personas[22]. Esta labor incluye el conjunto de informaciones, cuidados, intervenciones y tratamientos médicos y farmacéuticos que reciben las personas enfermas por parte de los profesionales sanitarios[23].

---

21 El apartado 2 de dicho precepto hace mención expresa a los Licenciados en Medicina, en Farmacia, en Odontología y en Veterinaria, los Diplomados en Enfermería, en Fisioterapia, en Terapia Ocupacional, en Podología, en Óptica y Optometría, en Logopedia y en Nutrición Humana. También a quienes ostentan los títulos de Técnico Superior en Anatomía Patológica y Citología, en Dietética, en Documentación Sanitaria, en Higiene Bucodental, en Imagen para el Diagnóstico, en Laboratorio de Diagnóstico Clínico, en Ortoprotésica, en Prótesis Dentales, en Radioterapia, en Salud Ambiental y en Audioprótesis. E, igualmente, a quienes ostentan los títulos de Técnico en Cuidados Auxiliares de Enfermería y en Farmacia. Además, conforme a la Ley 10/1986, de 17 de marzo, sobre Odontólogos y otros profesionales relacionados con la salud dental, tienen carácter de profesión sanitaria la de protésico dental y la de higienista dental.

22 Definición de atención sanitaria, referenciada desde asistencia sanitaria. Diccionario panhispánico del español jurídico, accesible en: https://dpej.rae.es/lema/atención-sanitaria

23 BELTRÁN AGUIRRE, J. L., "Concepto de asistencia sanitaria", *Enciclopedia de bioderecho y bioética,* Cátedra de Derecho y Genoma Humano dirigida por ROMEO CASABONA, C. Mª., accesible en: https://enciclopedia-bioderecho.

Si atendemos a la naturaleza de los conflictos que se pueden producir en el entorno de la atención sanitaria, resulta plenamente acorde restringir el ámbito subjetivo de la mediación sanitaria a aquellos que tengan lugar en el marco de la función asistencial al paciente, dejando al margen las controversias que puedan producirse con el centro o con su personal[24]. Así pues, a los efectos de este estudio debemos diferenciar dos categorías de personal sanitario, cuyo criterio diferenciador está relacionado con el carácter asistencial o no asistencial de la función ejercida.

Para determinar los miembros del personal adscritos a una función puramente asistencial, resulta de especial interés el Real Decreto 184/2015, de 13 de marzo, por el que se regula el catálogo homogéneo de equivalencias de las categorías profesionales del personal estatutario de los servicios de salud y el procedimiento de su actualización[25]. El anexo de este reglamento divide al personal que trabaja en el Sistema Nacional de Salud en dos categorías: una primera, relativa al personal sanitario, en el que engloba distintas categorías profesionales cuyo cometido es asistencial, y, una segunda, distinta a la primera, a la que califica como personal de gestión y de servicios y al amparo de la cual recoge todas aquellas profesiones relacionadas con la administración y las distintas prestaciones que ofrecen los distintos centros sanitarios.

3.2. El paciente, su familia y el usuario de servicios sanitarios

Así como desde la perspectiva del personal sanitario serán múltiples las opciones profesionales que nos podremos encontrar en un conflicto sanitario, al otro lado de la balanza de la mediación sanitaria, en el del particular, también podemos encontrar diferentes supuestos y a diferentes personas en función de la situación médico-sanitaria que se nos presente: a

---

com/voces/20#:~:text=—Según%20la%20Organización%20Mundial%20de,personas%20e%2C%20incluso%2C%20a%20la Además, los artículos 11 a 19 de la Ley 16/2003, de 28 de mayo, de cohesión y calidad del Sistema Nacional de Salud, establecen las prestaciones de asistencia sanitaria que comprende el catálogo de prestaciones del Sistema Nacional de Salud (SNS).

24 En un sentido similar, ALVENTOSA DEL RÍO, J. y COBAS COBIELLA, Mª. E., "Marco conceptual de la mediación sociosanitaria", *Ponencias de Expertos en Mediación. VIII Conferencia Internacional del Foro Mundial de mediación: Tiempo de mediación, liderazgo y acción para el cambio,* vol. II, Venezuela, 2012, págs. 198 a 204.

25 Puede consultarse el Anexo de la norma en: https://www.boe.es/buscar/act.php?id=BOE-A-2015-37173

un paciente, a su familia y a un usuario de servicios de salud. Es la normativa legal aplicable —la Ley 41/2002, de 14 de noviembre, básica reguladora de la autonomía del paciente y de derechos y obligaciones en materia de información y documentación clínica (en adelante, Ley de Autonomía del Paciente)— la que hace referencia a estos tres términos, por lo que en este caso será necesario igualmente delimitar de forma clara y precisa el marco de intervención que regirá su participación y el papel que ostentarán unos y otros en un procedimiento de mediación sanitaria.

1. Paciente. De entrada, la situación más habitual que nos encontraremos en un conflicto sanitario es aquella que se producirá en el seno de la relación médico-paciente. Por este motivo, la mediación sanitaria tendrá como primer y más importante protagonista al paciente que considera que ha recibido una inadecuada atención sanitaria. Aunque resulta de sobra conocido, no está de más recordar la definición de paciente, la cual se encuentra recogida en el artículo 3 de la Ley de Autonomía del Paciente, que lo define como *la persona que requiere asistencia sanitaria y está sometida a cuidados profesionales para el mantenimiento o recuperación de su salud.* Debemos entender como paciente a aquella persona que está sometida a cuidados profesionales por parte del personal sanitario para mantener o recobrar su salud.

2. Familia. Parece lógico pensar que la mediación sanitaria se enfocará especialmente en el paciente, dado que es la persona que recibe o va a recibir tratamiento médico. No obstante, en determinadas ocasiones este no tendrá la capacidad de tomar decisiones por sí mismo, bien porque su estado físico o psíquico no se lo permita, o bien porque sea menor de edad o haya sido judicialmente incapacitado para ello. En estos casos, el artículo 9.3 de la Ley de Autonomía del Paciente establece que el consentimiento lo prestará el representante legal o, en su defecto, las personas vinculadas a él por razones familiares o de hecho, lo anterior siempre, por supuesto, en favor del paciente y con respeto a su dignidad personal (apartado 7 del mismo artículo, primer inciso). Es en este escenario —y solo en este— en el que la familia puede formar parte en un procedimiento de mediación, pues, en otro caso, deberá ser el paciente quien intervenga o, si se trata de un problema de convivencia, el conflicto deberá someterse a mediación familiar y no sanitaria[26].

---

[26] Extramuros deben quedar, por tanto, los conflictos derivados de la convivencia hospitalaria, que son objeto propio de la mediación familiar. Sobre este tema, véase: MATAS SANCHO, M., "La mediación: ¿una actividad enfermera?", *Ágora de enfermería*, nº 11(4), 2007, págs. 1.188 a 1.190.

3. Usuario. Normalmente, en el contexto sanitario, solemos utilizar en un sentido amplio el término paciente para referirnos a aquella persona que se encuentra recibiendo tratamiento o cuidados por parte del personal sanitario. No obstante, la Ley de Autonomía del Paciente distingue de esta noción una segunda categoría, la de usuario, a quien también reconoce los mismos derechos y obligaciones que a los pacientes[27]. Define usuario como aquella *persona que utiliza los servicios sanitarios de educación y promoción de la salud, de prevención de enfermedades y de información sanitaria* (artículo 3).

Así, mientas que el término «paciente» hace alusión a aquella persona que está recibiendo atención médica a causa de una enfermedad o dolencia, la noción de «usuario» se utiliza para referir a aquellas personas que utilizan un servicio de atención médica sin la finalidad mencionada: por ejemplo, una consulta de rutina, una revisión de salud o para recibir consejos de prevención de enfermedades. La principal diferencia entre un paciente y un usuario radica, pues, en que el primero se encuentra en un proceso activo de tratamiento y cuidado de la salud, mientras que el segundo se encuentra en un proceso pasivo de uso de los servicios de salud.

Visto el carácter aparentemente más laxo del término usuario, la pregunta que surge ahora es si la mediación sanitaria debe extenderse también a los conflictos que puedan producirse entre personal sanitario y usuarios de los servicios de salud. La respuesta, en nuestra opinión, debe ser afirmativa, en la medida en que, como hemos visto, la mediación sanitaria tiene como finalidad contribuir a la mejora de la calidad de la asistencia sanitaria y un alto número de las quejas y reclamaciones se producen por parte de usuarios.

3.3. La figura del mediador sanitario ¿es necesario o conveniente que sea un sanitario?

Finalmente, aunque en este estudio no hemos ofrecido una noción amplia de mediación, pues la hemos dado por sabida[28], ni que decir tiene que

---

27 Artículo 1. Ámbito de aplicación.
La presente Ley tiene por objeto la regulación de los derechos y obligaciones de los pacientes, usuarios y profesionales, así como de los centros y servicios sanitarios, públicos y privados, en materia de autonomía del paciente y de información y documentación clínica.

28 Consagración legal de la misma encontramos en el artículo 1 de la Ley 5/2012, de 6 de julio, de mediación en asuntos civiles y mercantiles: *Se entiende por mediación aquel medio de solución de controversias, cualquiera que sea su denominación, en que dos o más partes intentan voluntariamente alcanzar por sí mismas un acuerdo con la intervención de un mediador.*

lo que convierte este instituto en tal es la intervención de un mediador. En nuestro país, la noción de mediador no está definida legalmente. De hecho, tan solo se ha aprobado un norma sobre mediación, la Ley 5/2012, de 6 de julio, de mediación en asuntos civiles y mercantiles, que se aplica a los a*suntos civiles o mercantiles, incluidos los conflictos transfronterizos, siempre que no afecten a derechos y obligaciones que no estén a disposición de las partes en virtud de la legislación aplicable* (artículo 2.1) y que excluye de su ámbito de aplicación la mediación penal, la mediación con las Administraciones públicas y la mediación laboral (artículo 2.3)[29]. En ninguno de estos últimos casos se ha aprobado normativa específica en la materia. En el campo de la mediación penal, la única referencia a este procedimiento de justicia restaurativa en el Derecho Penal de adultos la encontramos en el artículo 15 la Ley 4/2015, de 27 de abril, del Estatuto de la Víctima del Delito, y su normativa de desarrollo, el Real Decreto 1109/2015, de 11 de diciembre. Esta provisión es la que ha abierto la puerta a la mediación como mecanismo de justicia restaurativa aplicable en el ámbito del Derecho penal, aunque solo en el marco intrajudicial.

A pesar de la ausencia de una conceptuación legal de quién debe ser considerado mediador, lo cierto es que en el Título III "Estatuto del mediador" de la Ley 5/2012, de 6 de julio, podemos encontrar las notas caracterizadoras de esta figura: una persona imparcial y neutral con formación en mediación, que facilitará la comunicación entre las partes, velará porque dispongan de la información y el asesoramiento suficientes y desarrollará una conducta activa tendente a lograr el acercamiento entre estas, ello con el objetivo de ayudarlas a encontrar una solución mutuamente aceptable y satisfactoria. Por tanto, el mediador es un facilitador del diálogo entre las partes, que identificará sus intereses y les ayudará a explorar las distintas opciones de solución posibles, para escoger, de entre ellas, la que beneficie en mayor medida las necesidades de todas las partes involucradas.

La Ley condiciona el ejercicio de la mediación (artículo 10) a la suscripción de un seguro obligatorio de responsabilidad civil y a la necesidad de poseer una titulación universitaria, así como la acreditación de formación específica en mediación recibida de instituciones especializadas. Como se

---

[29] Esta norma se aprobó como consecuencia de la necesidad de transponer la Directiva 2008/52/CE del Parlamento Europeo y del Consejo, sobre ciertos aspectos de la mediación en asuntos civiles y mercantiles, la cual establece los principios y condiciones que deben cumplir los procesos de mediación en asuntos civiles y mercantiles en la Unión Europea.

ve, es un requisito que el mediador tenga una titulación universitaria, pero la norma no exige una titulación concreta, por lo que el ejercicio de la mediación queda abierto a cualquier titulado universitario que realice los correspondientes cursos de formación en la materia.

No es necesario, por tanto, que el mediador sea un abogado, un trabajador social o un psicólogo, por ejemplo. Sin embargo, como hemos visto, una de las funciones del mediador es el asesoramiento de las partes, ayudándoles a explorar las distintas soluciones posibles. Por este motivo, resulta en nuestra opinión esencial que, aparte de formación y experiencia en mediación y la resolución de conflictos —y todo lo que ello conlleva—, el mediador sanitario esté capacitado para trabajar en el contexto específico de la atención en salud, lo que presupone en este caso que tenga conocimientos sobre asistencia sanitaria. Esto nos lleva a plantear una doble posibilidad: por un lado, que el mediador sea un profesional sanitario, y, por otro, que sea un titulado en una profesión no sanitaria pero especializado en la materia. ¿Cuál de estas opciones es la mejor? Quizá la mejor solución sea formar un equipo ecléctico de personas.

4. ÁMBITO OBJETIVO DE LA MEDIACIÓN SANITARIA NO JUDICIAL: MEDIACIÓN SANITARIA VS. MEDIACIÓN ORGANIZACIONAL O LABORAL EN EL ÁMBITO SANITARIO

Desde el punto de vista objetivo, han sido diversas las clasificaciones que se han efectuado a los efectos de delimitar el ámbito de intervención de la mediación sanitaria. No obstante, los conflictos a los que a nuestro juicio hay que prestar atención en este contexto son los que se producen en dos escenarios concretos: por un lado, entre el propio personal sanitario o entre este y la institución sanitaria, en el marco de las relaciones interpersonales y jerárquicas derivadas de la relación laboral (algo propio de toda organización de trabajo); por otro lado, entre el personal sanitario o la institución sanitaria y los pacientes y/o sus familiares/acompañantes, como consecuencia de la relación asistencial, y también entre éstos últimos entre sí. Desde esta perspectiva, algún autor ha distinguido entre conflictos internos (los primeros) y conflictos externos (los segundos)[30].

---

30 Véase MOLA SANNA, B. e IGUAL AYERBE, B., "La gestión del conflicto en el ámbito de la salud", *Revista ROL de enfermería,* vol. 33, nº 2, 2010, págs. 18-27, pág. 19. Otros autores como CARNERO DE BLAS efectúan una clasificación más amplia y distinguen entre: profesionales, que son los conflictos por discrepancias en funciones, organiza-

La diferente naturaleza de estos conflictos hace que resulte adecuado establecer dos vías de canalización que atiendan a la misma y que sirvan para proporcionar una respuesta rápida y especializada en uno y otro caso. Así, en nuestra opinión, la institución de la mediación sanitaria debe ceñirse a los casos que se encuentran relacionados con la prestación asistencial que tiene lugar en un centro sanitario, esto es, los conflictos externos, producidos entre el personal sanitario y sus pacientes/familiares en el marco de la asistencia sanitaria. Por contra, para resolver los conflictos internos, que se producen entre el propio personal sanitario o entre este y el centro, deberá utilizarse la vía de la mediación organizacional o laboral[31].

4.1. Conflictos objeto de mediación sanitaria

La mediación sanitaria puede ser útil en la resolución de conflictos en una amplia variedad de situaciones en el ámbito sanitario, siempre y cuando estos afecten a derechos y obligaciones que estén a disposición de las partes[32]. Los aspectos controvertidos más relevantes que a nuestro juicio se pueden someter a mediación sanitaria son las siguientes.

---

ción y comunicación entre el personal sanitario, y la limitación de recursos físicos y temporales de la institución hospitalaria y la demanda asistencial realizada; sociales, derivados de la convivencia entre pacientes y familiares en situación de ingreso; asistenciales, derivados de la insuficiente o ineficaz comunicación entre los pacientes y el personal sanitario y administrativo, además de los producidos por la mala praxis médica; y legales, derivados del desconocimiento de la legalidad en determinados casos (maltrato, violación, incapaces, accidentes de tráfico, etc.), y la inseguridad que ello conlleva en las actuaciones clínicas con repercusiones de tipo legal. Véase CARNERO DE BLAS, Mª., "«Mediando en salud» Una propuesta de mediación sanitaria en hospitales", *Revista de Mediación*, nº 10, 2º semestre, 2012, págs. 13 a 18, pág. 16.

[31] NOVEL MARTÍ hace referencia en este ámbito a la mediación organizacional, que directamente relaciona con este tipo de instituciones con características propias. NOVEL MARTÍ, G., *Mediación organizacional: Desarrollando un modelo de éxito compartido*, Reus, 2010, pág. 62. Sobre mediación en el ámbito interno, véase: DE CASTRO ACUÑA IGLESIAS, N. Y PONTE GARCÍA, M., "La mediación como instrumento de resolución de conflictos interpersonales de carácter interno en las organizaciones sanitarias", *La mediación: nuevas realidades, nuevos retos. Análisis de los ámbitos civil y mercantil, penal y de menores, violencia de género, hipotecario y sanitario*, La Ley, 2013, págs. 613-640.

[32] Recuérdese lo que se ha indicado en relación con artículo 2.1 de la Ley 5/2012, de 6 de julio, de mediación en asuntos civiles y mercantiles, el cual establece que dicha ley es de aplicación a mediaciones en asuntos civiles y mercantiles *siempre que no afecten a derechos y obligaciones que no estén a disposición de las partes en virtud de la legislación aplicable.*

4.1.1. Problemas de comunicación médico-paciente

La comunicación entre el personal sanitario, especialmente el médico, y el paciente o los familiares de este es uno de los pilares fundamentales para la prestación de una adecuada atención sanitaria, así como para la adopción de las decisiones médicas más apropiadas en cada situación. Así, la Estrategia para la Seguridad del Paciente ha recomendado como práctica para mejorar la seguridad del paciente la de arbitrar una comunicación efectiva[33] y mejorar la información en diferentes ámbitos: la prescripción de medicamentos[34], cuando los pacientes han sufrido efectos adversos[35], en la información previa a los pacientes sobre los riesgos relacionados con los procedimientos que utilizan radiaciones ionizantes[36], o para lograr la participación activa de estos en las decisiones sobre la atención que van a recibir y los riesgos que conlleva su asistencia[37].

Como consecuencia de la falta de comunicación o información se pueden generar conflictos por una variedad de razones, aunque la mayor parte de ellos estarán especialmente relacionados con la atención al paciente, la información médica —el paciente puede sentir que esta es insuficiente o no es la adecuada—, la falta de respeto o la discriminación. Es en este momento donde las partes pueden llegar a un punto de no retorno y donde la mediación sanitaria puede actuar como un mecanismo preventivo de ulteriores conflictos y contribuir a mejorar la calidad de la atención médica, en tanto que ayudará a las partes a comunicarse de manera más efectiva, facilitará que la información sea más clara y precisa, mejorará la relación entre las partes y aumentará la confianza del paciente y su familia en la asistencia sanitaria.

4.1.2. Decisiones de tratamiento

Cuando un paciente presenta una afección médica, el personal médico suele recomendar un tratamiento basado en la mejor evidencia disponible y su experiencia profesional. Sin embargo, en algunos casos, los pacientes

---

33 Estrategia de Seguridad del Paciente del Sistema Nacional de Salud, *op. cit.*, pág. 85.

34 Estrategia de Seguridad del Paciente del Sistema Nacional de Salud, *op. cit.*, pág. 87.

35 Estrategia de Seguridad del Paciente del Sistema Nacional de Salud, *op. cit.*, pág. 96.

36 Ver apartado I de la Exposición de Motivos del "Proyecto de Ley de medidas de eficiencia procesal del servicio público de Justicia" BOCG, 97-1, 22 abril 2022.

37 Estrategia de Seguridad del Paciente del Sistema Nacional de Salud, *op. cit.*, pág. 101.

y sus familias pueden tener diferentes opiniones sobre el tratamiento que se debe seguir[38]. Por ejemplo, el paciente puede tener miedo a los efectos secundarios del tratamiento o preferir una opción de tratamiento menos invasiva, mientras que el personal médico puede pensar que debe seguir un tratamiento más agresivo.

En estas situaciones, puede surgir un conflicto entre el paciente y/o sus familiares, por un lado, y el personal médico, por el otro. La mediación sanitaria puede ayudar a las partes a resolver este conflicto y llegar a un acuerdo mutuo sobre el mejor curso de acción para el paciente[39]. Involucrar a un mediador profesional que se reúne con el paciente, su familia y el personal médico permite discutir las distintas opciones de tratamiento disponibles y los pros y los contras de cada una. Al llegar a un acuerdo mutuo, el paciente y su familia pueden estar más motivados para seguir el plan de tratamiento acordado. Además, el personal médico también se beneficia de la mediación, ya que puede ayudar a mejorar la comunicación con los pacientes y su familia.

4.1.3. Gestión de quejas y reclamaciones

Como se ha visto, es alto el número de quejas y reclamaciones que se realizan en el Sistema Nacional de Salud. Cuando un paciente o su familia presentan una queja o reclamación en el ámbito sanitario, puede haber un desacuerdo entre las partes sobre los hechos, las causas y las soluciones del problema. Estos desacuerdos pueden aumentar la tensión y el conflicto, y pueden dar lugar a un litigio que puede ser sumamente costoso y prolongado para las partes. En estos casos, la mediación sanitaria puede ser útil para resolver el problema antes de llegar a la vía judicial.

4.1.4. Decisiones relacionadas con el fin de la vida

El final de la vida es un tema delicado en el ámbito sanitario y a menudo puede generar conflictos entre los pacientes, sus familias y el personal

---

38 A favor, HERNÁNDEZ NAVARRO, J. C. y MUNUERA GÓMEZ Mª P., "Mediación: el camino de la resolución de conflictos", *Sanidad Militar*, nº 71 (1), 2015, págs. 52-56, pág. 55.

39 A favor, HERNÁNDEZ NAVARRO, J. C. y MUNUERA GÓMEZ Mª P., Mediacion: *op. cit.*, pág. 55. Véase MUNUERA GOMEZ Mª P., "Mediación, nueva estrategia de comunicacion", *Cuidados Paliativos. Revista Medicina Paliativa*, nº 10, 2003, págs. 8 a 11.

médico[40]. En algunos casos, los pacientes y sus familias pueden tener opiniones diferentes sobre las decisiones que se deben tomar en este difícil momento en torno a cuestiones como la retirada de tratamiento, el cuidado paliativo o la muerte digna.

En estas situaciones, el mediador puede ayudar a las partes a escucharse y entenderse mutuamente, a tomar decisiones informadas y respetuosas y a asegurarse de que las decisiones se tomen en el mejor interés del paciente, con respeto a sus derechos y necesidades y, especialmente, a las directrices éticas y a la normativa legal aplicables. Además, con este procedimiento, las partes pueden sentirse más cómodas y seguras con las decisiones que se tomen en torno al final de la vida, lo que puede ayudar a reducir el estrés y la ansiedad en estas situaciones difíciles.

4.2. Conflictos objeto de mediación organizacional o laboral en el ámbito sanitario: ¿Mediación institucional o mediación mixta?

Como hemos visto, la mediación sanitaria es una herramienta muy útil para la solución de los conflictos que surgen en el contexto de la asistencia sanitaria. No obstante, en el ámbito sanitario, surgirán también divergencias entre los propios profesionales de la salud y entre estos y el centro sanitario para el que trabajan, por motivos que pueden ser muy diversos, como desacuerdos entre empleados, disputas contractuales, conflictos entre departamentos, o cuestiones de discriminación y acoso laboral, entre otros. Desafortunadamente, esto es algo innato a cualquier organización.

Sin duda, la actuación inicial de toda institución sanitaria debe encauzarse a través de la formación y la prevención, con la implementación de medidas que fomenten la colaboración y el trabajo en equipo de los profesionales sanitarios. Esta idea, de hecho, aparece reflejada en la Estrategia para la Seguridad del Paciente, que recomienda como práctica y objetivo para mejorar la seguridad del paciente promover la comunicación efectiva entre los profesionales sanitarios[41], favorecer el trabajo en equipo en ciru-

---

40 HERNANDEZ NAVARRO, J. C. y MUNUERA GOMEZ Mª P., Mediacion: el camino... *op. cit.*, pág. 55. También véase, QUINTANA GARCÍA, A. y SÁNCHEZ MARTÍN, A. I., "La mediación y los derechos de las personas en el proceso de morir: rememorando la III Jornada de Mediación Sanitaria de AMM (24 de mayo 2011)", *Revista de mediación*, nº. 9, 2012, págs. 46 a 50.

41 Estrategia de Seguridad del Paciente del Sistema Nacional de Salud, *op. cit.*, pág. 85 y 94.

gías[42] e incrementar la transmisión de información en la transferencia de pacientes[43].

No obstante, cuando el conflicto se produce, dado que la naturaleza de este tipo de controversias es completamente diferente a la presentada en el apartado anterior, su resolución debe encauzarse a través de una mediación más especializada: la mediación organizacional o laboral[44]. La mediación organizacional o laboral se utiliza como medio de resolución de los conflictos que surgen en el contexto de una organización o institución en general. Los conflictos existentes en el contexto hospitalario van a coincidir en gran medida con los encontrados en otras organizaciones del trabajo en las que se requiere de un trabajo grupal, interdisciplinar, con sujetos sometidos a una jerarquía y con una importante responsabilidad.

A nuestro juicio, en estos casos la mediación organizacional o laboral es el instrumento perfecto para promover un ambiente más positivo y colaborativo para el personal de atención médica, y así evitar la judicialización de la actividad profesional médica[45]. Sin embargo, en este caso, el sometimiento del conflicto a un procedimiento de mediación se enfrenta a un importante handicap: la desconfianza por parte de los profesionales sanitarios, sobre todo en casos graves[46]. Es por ello que puede resultar de utilidad bien acudir a la mediación institucional, esto es, aquella que es ejercida

---

[42] Estrategia de Seguridad del Paciente del Sistema Nacional de Salud, *op. cit.*, pág. 91

[43] Estrategia de Seguridad del Paciente del Sistema Nacional de Salud, *op. cit.*, pág. 94.

[44] Sobre mediación laboral véanse, entre otros, CASAS BAAMONDE, Mª E., "La mediación laboral autónoma como alternativa al proceso", *Arbitraje, mediación y comisiones paritarias en la solución del conflicto de trabajo: I Congreso Universitario sobre Solución Autónoma de Conflictos Laborales*, 2015, págs. 59 a 95. GIL ALBURQUERQUE, R., "Concepto y técnica de la mediación en el conflicto laboral", *Mediación y resolución de conflictos: técnicas y ámbitos*, 2017, págs. 673 a 692. GUINDO MORALES, S., "La mediación laboral como procedimiento de solución extrajudicial", *La mediación como método para la resolución de conflicto*, 2017, págs. 477 a 493. LOREDO COLUNGA, M., "Implementación y funcionamiento de un servicio de mediación laboral", *La mediación en el ámbito jurídico-laboral: perspectiva administrativa y penal*, 2022, págs. 123 a 142.

[45] BELLIDO RODRÍGUEZ, M. C., PERIS SALAS, A., y TRILLES SOLVES, R., "La importancia de la mediación sanitaria en la prevención de litigiosidad por responsabilidad médica profesional", paper presentado en la *VIII Conferencia Internacional Foro Mundial de Mediación*, Valencia, 2012, págs. 148 a 153 y 191 a 195, pág. 193.

[46] MARTÍNEZ BENDAYÁN, I. y EVA BENDAYÁN, E., "Mediación mixta para la resolución de conflictos entre profesionales sanitarios", en *DS: Derecho y salud*, vol. 31, nº Extra 1, 2021, págs. 223 a 229, pág. 225.

por un organismo de mediación externo o, tal y como proponen MARTÍNEZ BENDAYÁN y BENDAYÁN, utilizar un equipo de mediación mixta, formado por mediadores del propio centro y mediadores externos[47].

5. LA MEDIACIÓN EN LAS RECLAMACIONES SANITARIAS JUDICIALES

A día de hoy son reiteradas las reclamaciones sanitarias que han derivado a la vía judicial. De hecho, tal y como afirman ALVENTOSA DEL RÍO y COBAS VIELLA, en los últimos tiempos se ha producido una excesiva judicialización de los conflictos en el ámbito sanitario por vulneración de los derechos de los pacientes, lo que ha provocado una reacción por parte de las instituciones sanitarias y de los profesionales sanitarios en lo que se ha dado en denominar la práctica de la medicina defensiva[48].

Los motivos que han llevado a los pacientes o a sus familias a acudir a la vía judicial se concretan en los siguientes: fallecimiento[49] o lesiones[50] al

47 MARTÍNEZ BENDAYÁN, I. y EVA BENDAYÁN, E., Mediación mixta... *op. cit.*, pág. 225.

48 ALVENTOSA DEL RÍO, J. y COBAS COBIELLA, Mª. E., La mediación como... *op. cit.*, pág. 63.

49 Este es el principal motivo aducido por la acusación particular en la STS (Sala de lo Civil, Sección1ª) núm. 77/2023 de 24 enero, en la que la mala praxis asistencial en una cesárea condujo al fallecimiento del bebé como consecuencia de una sección medular completa causada durante la práctica de dicha intervención. También en la STS (Sala de lo Civil, Sección1ª) núm. 545/2020 de 20 octubre, en la que, a causa de mala praxis durante el parto, un recién nacido sufrió un hematoma subgaleal gigante que le causó la muerte. Otro caso fue el de la STS (Sala de lo Civil, Sección1ª) núm. 503/2020 de 5 octubre, en el que se informó de cistoadenoma mucinoso y seromucinoso benignos, y, transcurrido el tiempo, se puso de manifiesto que dichos informes fueron erróneos cuando se constató la existencia de un tumor bordeline con un foco micro invasor, que no había sido debidamente detectado, lo que condicionó que la paciente no hubiera recibido el tratamiento pertinente, produciendo su fallecimiento.

50 Este es el caso de la STS (Sala de lo Penal, Sección1ª) núm. 169/2023 de 9 marzo, que castiga por un delito de lesiones por imprudencia profesional a un traumatólogo que realizó una operación artroscópica de la rodilla derecha cuando, en realidad, debería haberla realizado en la rodilla izquierda, ocasionando a la paciente lesiones consistentes en menisectomía parcial interna de la rodilla derecha que tardó en curar 153 días, restándole secuelas meniscales en la rodilla derecha operada de carácter leve. También la STS (Sala de lo Civil, Sección1ª)

paciente ocasionadas a causa de mala praxis médica, errores en el diagnóstico[51] o diagnóstico tardío[52], fallos en el consentimiento informado (la mayoría de las veces unidos a mala praxis)[53] y lo que podríamos denominar falta de la asistencia o de la atención médica adecuada[54].

---

núm. 597/2021 de 13 septiembre, por lesiones causadas a un recién nacido al que durante el parto se le causó una distocia de hombros, cuya mala resolución tuvo como consecuencia una lesión de plexo braquial, generadora de secuelas de carácter psicofísico y estético. Y la STS (Sala de lo Civil, Sección1ª) núm. 321/2019, de 5 de junio, en la que la mala praxis se centra en la falta de consentimiento informado de la cirugía maxilofacial, en el deficiente examen post-operatorio de la herida quirúrgica, y en la indebida actuación una vez detectada la insuficiencia respiratoria del paciente, actuación que le causó unos daños cerebrales irreversibles, siéndole reconocida una discapacidad de un 100%. En igual sentido, véase la STS (Sala de lo Civil, Sección1ª), sentencia núm. 354/2021 de 24 mayo, sobre lesiones sufridas como consecuencia de la intervención quirúrgica.

51 En STS (Sala de lo Civil, Sección1ª) núm. 358/2021 de 25 mayo, la paciente sufrió daños corporales a consecuencia de un error de diagnóstico (gastroenteritis aguda en lugar de un ictus hemorrágico) que supuso una demora en el tratamiento y le causó, como resultado lesivo, una minusvalía del 88%.

52 Flagrante es el caso de la STS (Sala de lo Civil, Sección1ª) núm. 84/2020 de 6 febrero, en el que se dio el alta a un neonato con una ictericia grado uno y tan solo de forma tardía se detectó que había nacido con una enfermedad transmitida por su padre, a causa de la cual el menor sufrió lesiones consistentes en una afectación lesional de los núcleos de la base y una parálisis cerebral infantil tipo tetraparesia distónica de predominio izquierdo, produciéndole un grado minusvalía del 46%.

53 En él se fundamenta especialmente la reclamación de la STS (Sala de lo Civil, Sección1ª), sentencia núm. 828/2021 de 30 noviembre, en la que a la demandante se le hizo firmar el consentimiento informado de una intervención de aumento de pecho de la que resultó asimetría mamaria con cicatrización inestética en ambas mamas varios días más tarde de la intervención, siendo que estos extremos aparecían como posibles riesgos derivados de la operación y no fue informada de ellos. Aunque también en la STS (Sala de lo Civil, Sección1ª), sentencia núm. 597/2021 de 13 septiembre, por lesiones causadas a un recién nacido en un parto instrumental, con utilización de ventosa obstétrica. En este caso, las reclamaciones suelen ir unidas a mala praxis médica en la mayoría de casos. Véase STS (Sala de lo Civil, Sección1ª), sentencia núm. 556/2019 de 22 octubre, sobre reclamación por una negligente actuación profesional concretada en la omisión del deber de información —falta de consentimiento informado— y en una mala praxis médica —mal manejo del parto— con resultado lesivo consistente en lesiones cerebrales al recién nacido a resultas de «asfixia perinatal".

54 Indicativa resulta la STS (Sala de lo Civil, Sección1ª) núm. 446/2019 de 18 julio, en la que el paciente fallece a causa de una infección nosocomial contraía en quirófano tras una intervención quirúrgica practicada.

Si se examina la práctica jurisprudencial, ya solo las sentencias del Tribunal Supremo de los últimos cinco años nos dan la idea de que los casos que llegan a la vía judicial son aquellos en los que el paciente ha fallecido, ha sufrido lesiones graves o padece una discapacidad permanente. Es por ello que los pacientes y sus familias ejercitan bien acciones de carácter civil, bien acciones de carácter penal[55] con la finalidad de obtener una compensación económica para hacer frente a los gastos médicos y a la pérdida de ingresos consecuentes a una mala praxis profesional.

En estos casos, la mediación puede ser el camino hacia la reparación, el entendimiento y la comprensión de lo ocurrido, dada la flexibilidad y adaptabilidad de este procedimiento a las necesidades de las partes. Sobre todo, porque en ellos no ha existido una mala praxis intencional, sino que la nota común más importante a todos estos supuestos es la concurrencia de imprudencia, esto es, la falta de la intención de ocasionar el daño al paciente, el cual es consecuencia de una infracción de la *lex artis* o de un deber de cuidado[56].

No obstante, las consecuencias económicas son tan graves que el paciente y su familia que el procedimiento de mediación puede no ser suficiente para abordar sus necesidades, ya que dicha indemnización por los daños ocasionados no se satisfará por parte del personal sanitario, sino por su compañía aseguradora, lo que supone que esto es algo que solo podrá determinarse judicialmente en caso de conflicto. Por consiguiente, estos supuestos pueden estar más allá del alcance de la mediación sanitaria como procedimiento extrajudicial de resolución de conflictos o como vía de sustitución del procedimiento judicial. En cualquier caso, la mediación puede ser una opción intrajudicial viable como medio de reparación personal a la víctima o a su familia. Recuérdese, además, que actualmente la mediación penal tan solo puede desarrollarse en el marco de un proceso penal.

---

55 La delimitación entre el ilícito de carácter civil y carácter penal radica en que mientras omisión del deber de cuidado nos conduciría a la vía penal, la vía civil debería quedar reservada cualquier argumentación objetiva o presuntiva de la culpa con carácter amplio, esto es, abarcando cualquier otro género de negligencia o imprudencia. En cualquier caso, cabe resaltar que la determinación de responsabilidad siempre llevará parejo un pronunciamiento sobre responsabilidad civil derivada del delito.

56 MUÑOZ CONDE, F., *Derecho Penal. Parte General*, Tirant lo Blanch, 2022, pág. 263 y ss.

6. A MODO DE CONCLUSIÓN: EN ESPECIAL, LAS VENTAJAS E INCONVENIENTES DE LA MEDIACIÓN SANITARIA

Con todo, cabe concluir que la mediación sanitaria es, sin duda, una herramienta adecuada para la resolución de conflictos sanitarios. Esta permite no solo la aportación de una solución eficiente y eficaz a este género de controversias[57], sino que especialmente posibilita acercar esta solución a las partes, haciéndola más humana y reparadora, algo que es sumamente importante en este contexto.

La implementación efectiva de la mediación sanitaria contribuirá a buscar soluciones alternativas que mejoren la relación entre las partes, ya que estas trabajarán juntas para encontrar soluciones mutuamente satisfactorias. Ello conducirá a sustituir la excesiva judicialización de los conflictos sanitarios y la práctica de la medicina defensiva[58] por una actitud proactiva tanto del personal sanitario como de los pacientes y sus familias.

Además, el hecho de no acudir a la vía judicial para resolver determinados conflictos ayudará a reducir el tiempo, el coste y el desgaste personal consecuente a todo litigio. Las partes obtendrán una solución más rápida, que puede durar semanas, incluso días, en comparación con el proceso judicial, que puede tardar años[59]; no requerirán de contratar abogados si no lo desean ni deberán hacer frente a los gastos asociados al procedimiento judicial; y obtendrán una solución personalizada y confidencial en un procedimiento en el que pueden expresar sus preocupaciones y necesidades.

La mediación trae consecuencias positivas no solo para el paciente o su familia, que obtendrá comprensión y reparación personal, sino que también contribuye a la integración y a la sanción de las posibles secuelas que pueda padecer el profesional sanitario, sobre todo ante el acaecimiento de un efecto adverso. Esto es puesto de manifiesto, de hecho, en la Estrategia de Seguridad del Paciente del Sistema Nacional de Salud, que reconoce que *[c]uando se produce un evento adverso, y especialmente cuando este ha producido un daño grave al paciente, los pacientes y sus familiares (víctimas principales) deben ser apoyados por la organización y recibir la información adecuada de las circunstancias acaecidas, así como de las consecuencias y de las acciones a desarrollar para responder a sus necesidades. A su vez, los profesionales sanitarios implicados en*

---

57 NOVEL MARTÍ, G., Mediación organizacional:... *op. cit.*, pág. 20.

58 ALVENTOSA DEL RÍO, J. y COBAS COBIELLA, Mª. E., La mediación como... *op. cit.*, pág. 63.

59 NOVEL MARTÍ, G., Mediación organizacional:... *op. cit.*, pág. 20.

el evento adverso (segundas víctimas) deben contar con el soporte institucional para poder informar abiertamente de lo sucedido y recibir apoyo para su integración en la labor asistencial sin secuelas. Las organizaciones sanitarias deberían de adoptar una actitud proactiva que se adelante a las situaciones de conflicto, contando con protocolos y procedimientos para responder adecuadamente a pacientes y profesionales cuando se produce un evento adverso grave, teniendo además en cuenta acciones para mantener o restablecer el prestigio de la organización (tercera víctima) y la confianza de los usuarios en la misma[60].

Todo ello redundará en una conclusión final fundamental: la notable mejora de la calidad de la asistencia sanitaria, finalidad a la que se están dirigiendo principalmente los estudios e informes realizados hoy en día en este ámbito[61]. Sin embargo, no todo serán ventajas, pues la mediación como proceso también tiene sus limitaciones:

No parece un medio adecuado para resolver toda clase de los conflictos, especialmente aquellos en los que bienes jurídicos como la vida, la integridad y la seguridad del paciente están en juego. Como hemos visto, las reclamaciones que derivan a la vía judicial tienen como cuestión de fondo el fallecimiento del paciente o la causación de lesiones por mala praxis médica. En estos casos, aunque la mediación puede ser un medio reparador para la víctima y/o su familia, lo cierto es que puede resultar difícil llegar a ciertos acuerdos, sobre todo los de tipo económico.

Lo anterior nos conduce a una segunda idea, y es que debemos ser conscientes de que en determinados casos podemos encontrarnos conflictos sin garantía de solución, en los que la mediación, como procedimiento voluntario y no coercitivo, no garantiza un acuerdo y, por tanto, puede no ser efectiva en todos los casos, pues son las partes las que deben estar dispuestas a llegar a un acuerdo mutuo

---

60 Estrategia de Seguridad del Paciente del Sistema Nacional de Salud, *op. cit.*, pág. 95.

61 Véanse, por ejemplo, entre muchos otros, CASTELLANO-ARROYO, M., "La calidad asistencial a los mayores", *Anales Real Academia Nacional de Medicina de España,* nº 137 (02), 2020, págs. 227 a 233. LIBRAN SAINZ DE BARANDA, G., "La calidad de la asistencia sanitaria", *Revista de administración sanitaria siglo XXI,* vol. 4, nº. 2, 2006, págs. 175 a 178. RUIZ GONZÁLEZ, Mª D. y ABARCA GARCÍA, Mª J., "La calidad de la asistencia sanitaria: situación actual y perspectivas de futuro", *Revista de Enfermería,* 1993, págs. 143 a 154. Informe la Calidad asistencial en la Unión Europea del Ministerio de Salud, 2005, accesible en: https://www.sanidad.gob.es/organizacion/sns/informeAnualSNS/docs/2005/Cap3CalidadAsistencialEuropa.pdf

Esto nos lleva también al hecho de que debe prestarse especial atención a los casos que se someten a mediación sanitaria: de un lado, porque es una inversión de tiempo del personal sanitario, ya que este debe participar en el procedimiento y sacar tiempo de sus responsabilidades asistenciales para ello; de otro, porque la elección de los conflictos debe realizarse de forma restrictiva, no cualquier discrepancia de opinión debe someterse a mediación, ya que corremos el riesgo de colapsar el servicio de mediación del hospital y con ello dar un paso atrás en muchas de las ventajas que hemos enumerado respecto de este instituto.

7. BIBLIOGRAFÍA

ALVENTOSA DEL RIO, J. y COBAS COBIELLA, Mª. E., "La mediación como resolución extrajudicial de conflictos: marco jurídico de su aplicación al ámbito sanitario", *CEFLegal: Revista práctica de derecho. Comentarios y casos prácticos*, nº. 193, 2017, págs. 47-86.

ALVENTOSA DEL RÍO, J. Y COBAS COBIELLA, Mª. E. "Marco conceptual de la mediacion sociosanitaria", *Ponencias de Expertos en Mediación. VIII Conferencia Internacional del Foro Mundial de mediación: Tiempo de mediación, liderazgo y acción para el cambio*, vol. II, Venezuela, 2012, págs. 198-204.

ARMADANS, I., ANEAS, A. Y SORIA, M.A., BOSCH, LL., "La mediación en el ámbito de la salud", *Medicina clínica*, 2009, nº. 133 (05), págs. 187 a 192.

BELTRÁN AGUIRRE, J. L., "Concepto de asistencia sanitaria", *Enciclopedia de bioderecho y bioética*, Cátedra de Derecho y Genoma Humano dirigida por ROMEO CASABONA, C. Mª., accesible en: https://enciclopedia-bioderecho.com/voces/20#:~:text=—Según%20la%20Organización%20Mundial%20de,personas%20e%2C%20incluso%2C%20a%20la

BELLIDO RODRIGUEZ, M. C., PERIS SALAS, A., y TRILLES SOLVES, R., "La importancia de la mediación sanitaria en la prevención de litigiosidad por responsabilidad médica profesional", paper presentado en la *VIII Conferencia Internacional Foro Mundial de Mediación*, Valencia, 2012, págs. 148 a 153 y 191 a 195.

CARNERO DE BLAS, Mª., "«Mediando en salud» Una propuesta de mediación sanitaria en hospitales", *Revista de Mediación*, nº. 10, 2o semestre, 2012, págs. 13 a 18.

CASAS BAAMONDE, Mª E., "La mediación laboral autónoma como alternativa al proceso", *Arbitraje, mediación y comisiones paritarias en la solución del conflicto de trabajo: I Congreso Universitario sobre Solución Autónoma de Conflictos Laborales*, 2015, págs. 59 a 95.

CASTELLANO-ARROYO, M., "La calidad asistencial a los mayores", *Anales de la Real Academia Nacional de Medicina de España*, nº 137 (02), 2020, págs. 227 a 233.

CAYÓN DE LAS CUEVAS, J., "Resolución extrajudicial de conflictos sanitarios: manifestaciones jurídico-positivas y posibilidades de futuro", *Mediación, arbitraje y resolu-*

ción extrajudicial de conflictos en el siglo XXI, vol. 2 (Arbitraje y resolución extrajudicial de conflictos), Reus, págs. 293 a 330, pág. 287.

DE CASTRO ACUÑA IGLESIAS, N. Y PONTE GARCÍA, M., "La mediación como instrumento de resolución de conflictos interpersonales de carácter interno en las organizaciones sanitarias", *La mediación: nuevas realidades, nuevos retos. Análisis de los ámbitos civil y mercantil, penal y de menores, violencia de género, hipotecario y sanitario*, La Ley, 2013, págs. 613-640.

Diccionario panhispánico del español jurídico, accesible en: https://dpej.rae.es/lema/atención-sanitaria

Estudio Nacional de Efectos Adversos ligados a la Hospitalización (ENEAS) del Ministerio de Sanidad, 2005, accesible en: https://www.sanidad.gob.es/organizacion/sns/planCalidadSNS/pdf/excelencia/opsc_sp2.pdf

Estrategia de Seguridad del Paciente del Sistema Nacional de Salud para el periodo 2015-2020 del Ministerio de Sanidad, Servicios Sociales e Igualdad, accesible en: https://www.sefac.org/sites/default/files/sefac2010/private/documentos_sefac/documentos/Estrategia%20Seguridad%20del%20Paciente%202015-2020.pdf

FUENTES, E., "La revelación del efecto adverso en la práctica médica", *Revista CONAMED*, vol. 7, nº. Extra 3 (Edición especial), 2002 (Ejemplar dedicado a: La comunicación humana y la relación médico-paciente), págs. 21 a 22.

GIL ALBURQUERQUE, R., "Concepto y técnica de la mediación en el conflicto laboral", *Mediación y resolución de conflictos: técnicas y ámbitos*, 2017, págs. 673 a 692.

GUINDO MORALES, S., "La mediación laboral como procedimiento de solución extrajudicial", *La mediación como método para la resolución de conflicto*, 2017, págs. 477 a 493.

GUIJARRO BERNAL, R. y ITURMENDI MORALES, G., "La reclamación patrimonial como instrumento de calidad y sostenibilidad del sistema sanitario: la mediación", *DS: Derecho y salud*, vol. 22, Extra 1, Ejemplar dedicado a XX Congreso "Derecho y Salud", 2011, págs. 181 a 188.

HERNÁNDEZ NAVARRO, J. C. y MUNUERA GÓMEZ Mª P., "Mediación: el camino de la resolución de conflictos", *Sanidad Militar*, nº 71 (1), 2015, págs. 52-56.

LIBRAN SAINZ DE BARANDA, G., La calidad de la asistencia sanitaria, en *Revista de administración sanitaria siglo XXI*, vol. 4, nº. 2, 2006, págs. 175 a 178.

Informe la Calidad asistencial en la Unión Europea del Ministerio de Salud, 2005, accesible en: https://www.sanidad.gob.es/organizacion/sns/informeAnualSNS/docs/2005/Cap3CalidadAsistencialEuropa.pdf

LOREDO COLUNGA, M., "Implementación y funcionamiento de un servicio de mediación laboral", *La mediación en el ámbito jurídico-laboral: perspectiva administrativa y penal*, 2022, págs. 123 a 142.

MUNUERA GÓMEZ Mª P., "Mediación, nueva estrategia de comunicación», *Cuidados Paliativos. Revista Medicina Paliativa*, nº 10, 2003, págs. 8 a 11.

MARTÍNEZ BENDAYÁN, I. y EVA BENDAYÁN, E., "Mediación mixta para la resolución de conflictos entre profesionales sanitarios", *DS: Derecho y salud*, vol. 31, nº Extra 1, 2021, págs. 223 a 229.

MATAS SANCHO, M., "La mediación: ¿una actividad enfermera?", *Ágora de enfermería*, nº 11(4), 2007, págs. 1.188 a 1.190.

NOVEL MARTÍ, G., *Mediación organizacional: Desarrollando un modelo de éxito compartido*, Reus, 2010.

NOVEL MARTÍ, G., *Mediación en salud: Un nuevo paradigma cultural en organizaciones que cuidan*, Reus, Madrid, 2012.

Memoria Anual de la Asociación El Defensor del Paciente, año 2022, accesible en: https://www.negligenciasmedicas.com/wp-content/uploads/2017/10/MEMORIA-2022-definitivo-todo.pdf

Memoria Anual de la Asociación El Defensor del Paciente, año 2021, accesible en: https://www.negligenciasmedicas.com/wp-content/uploads/2017/10/DEFENSOR-DEL-PACIENTE-MEMORIA-2021.pdf

MOLA SANNA, B. e IGUAL AYERBE, B., "La gestión del conflicto en el ámbito de la salud", *Revista ROL de enfermería*, vol. 33, nº 2, 2010, págs. 18-27.

MUÑOZ CONDE, F., *Derecho Penal. Parte General*, Tirant lo Blanch, 2022.

PUYOL GIL, L. y MARTÍN GALACHO, R., "La acción mediadora en el hospital ramon y cajal. intervención con población inmigrante en el programa "nuevos ciudadanos, nuevos pacientes", *Revista de Mediación*, nº 5, 2010, págs. 22 a 25.

QUINTANA GARCÍA, A. y SÁNCHEZ MARTÍN, A. I., "La mediación y los derechos de las personas en el proceso de morir: rememorando la III Jornada de Mediación Sanitaria de AMM (24 de mayo 2011)", *Revista de mediación*, nº. 9, 2012, págs. 46 a 50.

RUIZ GONZÁLEZ, Mª D. y ABARCA GARCÍA, Mª J., "La calidad de la asistencia sanitaria: situación actual y perspectivas de futuro", *Revista de Enfermería*, 1993, págs. 143 a 154.

VALVERDE JIMÉNEZ, M., "Mediación intercultural en el ámbito sanitario de la Región de Murcia", *Enfermería global*, nº 12(29), 2013, págs. 383-390.

V. MEDIACIÓN PENAL Y JUVENIL

Mediación penal en el sistema de Justicia penal de adultos. Una actualización descorazonadora

CRISTINA ALONSO SALGADO
Profesora Ayudante Doctora de Derecho Procesal Universidad de Santiago de Compostela

1. CON CARÁCTER PRELIMINAR

Analizar desde una perspectiva "filorestaurativa", la regulación de la mediación penal en el sistema de Justicia penal de adultos[1] resulta, hoy día, absolutamente desalentador. No comporta ello, objeción alguna en cuanto al instituto; únicamente revela cierto estado de desafección derivado de la divergencia entre tres polos: lo deseado; lo, en efecto, previsto; y lo aceptable desde una lógica garantista.

Quiere ello decir que, en líneas generales, la mediación penal sigue pareciéndonos un elemento de interés para nuestro vetusto proceso penal. El problema no radica tanto en el instituto o, desde una óptica general, en la Justicia restaurativa, como en su más que deficiente regulación. Así

---

1 Como es sabido, en menores la cuestión es bien distinta. Al respecto, *vid.*, RODRÍGUEZ ÁLVAREZ, ANA, "La mediación en el proceso penal de menores. Una perspectiva procesal", AAVV (Dr. CASTILLEJO MANZANARES, RAQUEL), *La mediación: nuevas realidades, nuevos retos: análisis en los ámbitos civil y mercantil, penal y de menores, violencia de género, hipotecario y sanitario,* La Ley, Madrid, 2013, págs. 397-422; VARELA GÓMEZ, BERNARDINO, "Mediación penal y procedimiento de menores", AAVV (Dr. CASTILLEJO MANZANARES, RAQUEL), *Nuevos debates en relación a la mediación penal, civil y mercantil,* Servicio de publicaciones e intercambio universitario de la Universidad de Santiago de Compostela, Santiago de Compostela, 2018, págs. 547-563; etc.

diseñada, así prevista, parece complicado que pueda satisfacer las altas expectativas que sobre la mediación penal se han depositado[2].

Hay motivos, no obstante, para la esperanza: obviamente su tímida incorporación en el año 2015, en nada compromete al Legislador en relación con los horizontes de una eventual reforma. Sobre ello reflexionaremos en las líneas que a continuación siguen.

2. UNA PROGRESIÓN ¿FAVORABLE?

Anticipada nuestra evaluación de partida sobre el estado de cosas en relación con la materia que ahora nos ocupa, corresponde ahora examinar algunas de las principales cuestiones de debate que han servido para fundamentar tan negativo diagnóstico. Para ello, basta con echar mano —acudiendo a lo evidente—, de la regulación que sobre la materia prevé la Ley 4/2015, de 27 de abril, del Estatuto de la víctima del delito. El contexto de origen de la Ley es de sobra conocido: el legislador español apremiado por las exigencias comunitarias, no podía postergar, de nuevo, el cumplimiento de lo inevitable. En efecto, la tendencia filorestaurativa es una realidad desde hace décadas, pero no es sino con el cambio de siglo cuando la orientación comienza a tomar cuerpo. Buen ejemplo de ello, fue la importantísima la Decisión Marco del Consejo, de 15 de marzo de 2001, relativa al estatuto de la víctima en el proceso penal. En su artículo 10 se disponía que: "*1. Los Estados miembros procurarán impulsar la mediación en las causas penales para las infracciones que a su juicio se presten a este tipo de medida. 2. Los Estados miembros velarán por que pueda tomarse en consideración todo acuerdo entre víctima e inculpado que se haya alcanzado con ocasión de la mediación en las causas penales*".

El objetivo no era hijo de un Dios menor, más aún si se repara en que el umbral temporal para su efectiva aplicación se situaba en el 22 de marzo de 2006 (artículo 17). La ambición que se infiere de la lectura combinada de ambas disposiciones no sirvió de acicate para la inmensa mayoría de los Estados[3] que optaron por dejar a la Decisión Marco dormir el sueño de los

---

2 Para el debate, véase, igualmente, en sentido crítico: ORDEÑANA GEZURAGA, IXUSKO, "De las penas y las glorias o sobre la situación de la mediación penal en el ordenamiento jurídico español", AAVV (Drs. PÉREZ MACHÍO, ANA ISABEL y DE LA CUESTA ARZAMENDI, JOSÉ LUÍS), Contra la política criminal de tolerancia cero, Thomson Reuters Aranzadi, Cizur Menor (Navarra), 2021, págs. 909-924.

3 Sin embargo, el Gobierno Español no cumplió con la señalada obligación, toda vez que pretendía acometerla con una reforma de la Ley de Enjuiciamiento Cri-

justos. A pesar de todo, el legislador comunitario no cejó en su empeño y redobló la apuesta por la referida tendencia internacional a través de la conocida Directiva 2012/29/UE del Parlamento Europeo y del Consejo, de 25 de octubre de 2012, por la que se establecen normas mínimas sobre los derechos, el apoyo y la protección de las víctimas de delitos, y por la que se sustituyó la Decisión Marco 2001/220/JAI del Consejo[4]. El resto de la historia es bien conocido: con la aprobación de la Ley 4/2015, se ha querido cumplir, en esta ocasión, en tiempo y forma, con nuestros compromisos comunitarios. Corresponde ahora examinar si el cumplimiento ha resultado, en efecto, ajustado al acreditado espíritu filorestaurativo de origen.

3. EL ESTATUTO DE LA VÍCTIMA DEL DELITO

Renovado y reformada esa voluntad mediadora, a decir verdad, fueron muchas las expectativas depositadas sobre la transposición de la Directiva al ordenamiento jurídico español. Y desde ya puede destacarse que buena parte de esas esperanzas eclosionaron, fundamentalmente en el artículo 15 del Estatuto. Veamos. Con arreglo al apartado 1 de la señalada disposición, para obtener una adecuada reparación material y moral de los perjuicios causados por la comisión del hecho delictivo, las víctimas podrán –en los términos que reglamentariamente se dispongan– acceder a servicios de justicia restaurativa, siempre que se satisfagan unas determinadas exigencias.

Alejándonos de la sistematización que efectúa la disposición, comenzaremos por subrayar un aspecto, sin duda, más que revelador[5]. En efecto,

---

minal que, finalmente, no llegó. *Vid.*, ALONSO SALGADO, CRISTINA, *La mediación en el proceso penal*, Tirant lo Blanch, Valencia, 2018, págs. 80-81.

4 De hecho, en los considerandos 65 y 67 de la Directiva se destaca: "*El objetivo de la presente Directiva es modificar y ampliar las disposiciones de la Directiva Marco 2001/220/ JAI (...) Dado que el objetivo de la presente Directiva, a saber, el establecimiento de normas mínimas sobre los derechos, el apoyo y la protección de las víctimas de delitos, no puede ser alcanzado por los Estados miembros, y, por consiguiente, debido a sus dimensiones y efectos potenciales, puede lograrse mejor a escala de la Unión, esta puede adoptar medidas, de acuerdo con el principio de subsidiariedad consagrado en el artículo 5 del Tratado de la Unión Europea. De conformidad con el principio de proporcionalidad enunciado en dicho artículo, la presente Directiva no excede de lo necesario para alcanzar ese objetivo*".

5 Las consideraciones en cuanto a las exigencias previstas en el referido artículo 15 se desarrollan en ALONSO SALGADO, CRISTINA, "Mediación penal sí, pero no así. Argumentos críticos en relación a su actual regulación en el proceso penal español", *Julgar Online*, 2021, págs. 5 y ss.

el apartado e) del artículo 15.1, efectúa un recordatorio en absoluto inocente: no se podrá acceder a los servicios de Justicia restaurativa cuando esté prohibida por Ley para el delito cometido. Es evidente que, tras esta obviedad, el legislador no hace sino anticipar una intención a través de la afirmación de una evidencia. Porque es simplemente evidente que no se puede mediar en un espacio de ilegalidad. Nos parece que esta es la única justificación de una formulación de esas características: a la vista del escaso marco prohibitorio previo y de que la Ley 4/2015 no detalla nuevas prohibiciones, cabe entender que el legislador, al incorporar un requisito que no le venía impuesto por la transposición de la Directiva, más que establecer un requisito, anticipa una intención: la de prohibir, en una eventual regulación, otros supuestos.

Cabe interpretar, asimismo, que el legislador opta por fortalecer la prohibición porque, a la luz de la realidad, la prohibición debe ser reforzada. Respalda esta lectura el hecho de que, con respecto a la prohibición referida a los supuestos de violencia de género, el punto 116 del capítulo "Perfeccionamiento de la asistencia, ayuda y protección a las víctimas" del Informe de la Subcomisión creada en el seno de la Comisión de Igualdad para un Pacto de Estado en materia de Violencia de Género subraye como medida: "*Reforzar en la legislación y en los protocolos que se aprueben y revisen, la absoluta prohibición de la mediación en los casos de violencia de género*"[6]. O más recientemente, la Ley Orgánica 10/2022, de 6 de septiembre, de garantía

---

De hecho, el lector puede encontrar versiones preliminares de este trabajo, además de en el señalado, AAVV (Drs. MARTÍN RÍOS, PILAR y PÉREZ MARÍN, MARÍA ÁNGELES) *La administración de justicia en España y en América*, Astigi, Sevilla, 2021.

6 Asimismo, nótese que la formulación también se haya prevista en el Documento refundido de medidas del Pacto de Estado en materia de Violencia de Género Congreso + Senado.

Defendimos en otro trabajo: "*Francamente, no compartimos el establecimiento del apriorismo conforme al que, en determinados delitos, el desequilibrio resulta consustancial a las propias partes, siempre y en todo caso, sin grados, sin niveles. No entendemos la reacción virulenta del Pacto de Estado que, consciente de que la prohibición ha sido sorteada con atajos del más diverso pelaje, busca eliminar una posibilidad imposible de ser eliminada. Podrá prohibirse la opción institucional, pero hay vida fuera de las instituciones. Perdemos en el camino, derechos, garantías y recursos. Haría bien el legislador en abandonar el dogma de fe y romper una lanza en favor de la herejía*", en ALONSO SALGADO, CRISTINA, "El Pacto de Estado contra la Violencia de Género (2017) y la justicia restaurativa", AAVV (Drs. FIGUERUELO BURRIEZA, ÁNGELA y DEL POZO PÉREZ, MARTA), *Retos actuales para la erradicación de la desigualdad y la violencia de género*, Tirant lo Blanch, Valencia, 2019, pág. 34.

integral de la libertad sexual que a través de su Disposición final duodécima modifica el apartado 1 del artículo 3 de la Ley 4/2015 para destacar "*En todo caso estará vedada la mediación y la conciliación en supuestos (entre otros) de violencia de género*".

Sin embargo, a nuestro juicio, la referida reafirmación no menoscaba nuestra interpretación, lo más que hace es complementarla: el legislador ha dejado clara su posición con respecto a uno de los principales caballos de batalla del debate sobre la regulación de la mediación en el sistema de Justicia penal español: el referido a su ámbito objetivo.

Continuando con los requisitos previstos, la segunda de las exigencias se articula sobre la idea de la seguridad de los servicios de Justicia restaurativa. Tal y como se encarga de subrayar el apartado d), la mediación no puede entrañar riesgo alguno para la seguridad de la víctima o peligro de que su desarrollo pueda generarle nuevos perjuicios morales o materiales[7].

La tercera de las exigencias es que el infractor haya prestado su consentimiento. No puede causar extrañeza este elemento, habida cuenta de la incuestionable naturaleza voluntaria de la mediación penal. Ello, no obstante, a la luz del *iter* legislativo del actual estatuto de la víctima, la alusión no resulta en absoluto baladí. Las dudas del (pre)legislador acreditan la pertinencia de la expresa alusión al consentimiento por parte del victimario. El Anteproyecto de Ley Orgánica del Estatuto de la víctima del delito de 24 de octubre de 2014, no sólo no exigía que el infractor hubiese prestado su consentimiento, sino que tampoco arbitraba la posibilidad de revocar la conformidad previamente prestada, posibilidad que sí se contemplaba para la víctima[8].

La progresión del referido *iter* se evidencia, asimismo, en el cuarto de los requisitos previstas en el referido artículo 15.1. Con arreglo a la misma, el victimario debe haber reconocido los hechos esenciales de los que deriva su responsabilidad. Así, frente a la exigencia del Anteproyecto de que el infractor reconociese "(...) *los hechos de los que deriva su responsabilidad y los perjuicios causados a la víctima*", la versión final del texto no asumió esta formulación porque, de acuerdo con el artículo 12.1.c) de la Direc-

---

7 "*En todo caso, la posible actuación de los servicios de justicia restaurativa quedará excluida cuando ello pueda conllevar algún riesgo para la seguridad de la víctima o pueda ser causa de cualquier otro perjuicio*" (Punto VI del Preámbulo de la Ley 4/2015).

8 En la actualidad, el artículo 15.3 de la Ley 4/2015 prevé: "*La víctima y el infractor podrán revocar su consentimiento para participar en el procedimiento de mediación en cualquier momento*".

tiva de 2012, en realidad, lo que se requería como condición mínima era el reconocimiento por el victimario de los elementos fácticos básicos del hecho[9]. Lo previsto por la Directiva no podía ser presentado como equivalente "(...) *al reconocimiento de los hechos del que habla el Anteproyecto y que, al no hacer distinción, podría entenderse que ha de recaer sobre la totalidad de los hechos, aunque no sean relevantes para su calificación jurídica*". Así se pronunció el informe al Anteproyecto del Consejo General del Poder Judicial, motivo éste por el que recomendó, con éxito, que la referencia se limitara al reconocimiento *supra* apuntado[10].

Finalmente, exige la Ley que la víctima haya prestado su consentimiento, "*después de haber recibido información exhaustiva e imparcial sobre su contenido, sus posibles resultados y los procedimientos existentes para hacer efectivo su cumplimiento*". Sorprende la determinación de la redacción del apartado b), pues, pudiendo recurrir a formulaciones genéricas, no vacila en indicar, exactamente, cuál es la información que, como mínimo, debe conocer la víctima antes de, en su caso, prestar consentimiento. Sorprende, porque el Estatuto nada apunta acerca del contenido, sus posibles resultados y los procedimientos existentes para hacer efectivo su cumplimiento: ¿instituto de la conformidad?; ¿atenuante de reparación?; etc. Pero, sobre todo, porque se exige que se le proporcione una información —que, insistimos, no identifica debidamente–, únicamente a una de las partes. La lógica, sin duda, debe imponerse: no quiere ello decir que no se le vaya a facilitar al victimario. Sin embargo, lo cierto es que del tenor no se infiere la obligatoriedad de que esa misma información por determinar, se le proporcione también al infractor.

No cabe duda de que el cúmulo de despropósitos con respecto al victimario[11] es de tal envergadura que no puede ser considerada como anecdótica. Evidencia, muy al contrario, una muy mejorable perspectiva restaurativa por parte del legislador.

---

9 Véase, ALONSO SALGADO, CRISTINA, "La justicia restaurativa en la reciente 'novación' del sistema de Justicia penal. Especial referencia a la Ley 4/2015, de 27 de abril, como encarnación de un despropósito", AAVV (Dr. NEIRA PENA, ANA), *Los desafíos de la justicia en la era post crisis*, Atelier, Barcelona, 2016.

10 Tal y como se establece "Informe del CGPJ al Anteproyecto de Ley Orgánica del Estatuto de las víctimas del delito", en http://www.poderjudicial.es/cgpj/es/Poder-Judicial/Consejo-General-del-Poder-Judicial/Actividad-del-CGPJ/Informes/Informe-al-Anteproyecto-de-Ley-Organica-del-Estatuto-de-las-Victimas-de l-delito, págs. 39-40, consulta a 10/02/2023.

11 Resueltos a última hora o pendiente de solución.

En otro orden de cosas, de conformidad con lo establecido en el artículo 15.2, la información volcada durante sus sesiones será confidencial. De este modo, no sólo no podrá ser revelada sin la conformidad de las partes, sino que, en buena lógica, los profesionales que intervengan en el procedimiento estarán sujetos a secreto profesional con respecto a lo conocido en el ejercicio de sus funciones. Con todo, ninguna reforma propone la Ley 4/2015 para dar cuerpo a una regulación específica que sirva para garantizar el señalado secreto profesional[12].

Estos son, fundamentalmente, los extremos de interés del Estatuto en cuanto a la mediación penal. El bagaje en la materia resulta a todas luces absolutamente paupérrimo. A la vista del marco de referencia, ni que decir tiene que su desarrollo a través del Real Decreto 1109/2015, de 11 de diciembre, por el que se desarrolla la Ley 4/2015, de 27 de abril, del Estatuto de la víctima del delito y se regulan las Oficinas de asistencia a las víctimas del delito, tampoco sirvió para satisfacer expectativa alguna al respecto. En efecto, el Real Decreto poco o nada relevante aporta a lo que ahora interesa[13].

Como es sabido, las Oficinas de asistencia a las víctimas del delito deberán proporcionarles información sobre alternativas de resolución de conflictos con aplicación, en su caso, de la mediación y de otras medidas de Justicia restaurativa (art. 19.19 RD 1109/2015), al menos, en la específica fase de información[14], así como en la fase de intervención, en la que se informará "(...) *sobre la posibilidad de acceder a justicia restaurativa y, en su caso, sobre la aplicación de las medidas de esta naturaleza que puedan adoptarse*" (art. 28 RD 1109/2015). De modo casi intuitivo sigue la pregunta: ¿en qué consiste esta información que debe ser facilitada? Habida cuenta de la más absoluta nada que describe la Ley, resulta evidente que las respuestas hay que buscarlas en el articulado del Real Decreto y, más en concreto, en el único artículo que el mismo dedica específicamente a la Justicia restaurativa y

---

12 ALONSO SALGADO, CRISTINA, "Mediación penal sí, pero no así. Argumentos críticos en relación a su actual regulación en el proceso penal español",... *op. cit.*, pág. 7.

13 ALONSO SALGADO, CRISTINA, "Mediación penal sí, pero no así. Argumentos críticos en relación a su actual regulación en el proceso penal español", AAVV (Drs. MARTÍN RÍOS, PILAR y PÉREZ MARÍN, MARÍA ÁNGELES) *La administración de justicia en España y en América*, Astigi, Sevilla, 2021, pág. 70.

14 De acuerdo con el artículo 27 del RD 1109/2015, en ella se hará alusión de los servicios de Justicia restaurativa disponibles en los casos en que sea legalmente posible.

a la mediación penal[15]. En efecto, dispone el artículo 37 que las Oficinas podrán llevar a cabo tres actuaciones en materia de Justicia restaurativa: podrán informar, en su caso, a la víctima de las diferentes medidas de Justicia restaurativa; proponer al órgano judicial la aplicación de la mediación penal cuando lo considere beneficioso para la víctima; así como realizar actuaciones de apoyo a los servicios de mediación extrajudicial. Con base en lo efectivamente dispuesto, estamos en condiciones de afirmar que las previsiones del RD 1109/2015 en relación al nuevo paradigma se circunscriben, en esencia, a apuntar los diferentes modos de facilitar información a las víctimas. Si bien se piensa, la conclusión no es en absoluto precipitada. Y ello porque, por un lado, más allá de esa función informativa, el Real Decreto no concreta en qué consisten esas "*actuaciones de apoyo a los servicios de mediación extrajudicial*"; además, por el otro, si bien es posible proponer casos al órgano jurisdiccional, ello se articula desde un muy restringido ángulo, en tanto que la formulación sólo parece factible en relación a la mediación, y no con respecto a otras metodologías propias del nuevo paradigma. A mayor abundamiento, conviene destacar la evidencia de una omisión más que reveladora: nada se apunta en la regulación acerca del procedimiento que debe ser seguido; ninguna indicación, pauta u orientación, ni siquiera en relación a los pasos fundamentales[16].

En conclusión: no se indica lo que por "*actuaciones de apoyo a los servicios de mediación extrajudicial*" deba ser considerado; las Oficinas, fundamentalmente, informan; y cuando se las habilita para proponer supuestos al órgano jurisdiccional, se circunscribe la posibilidad únicamente al instituto mediador.

4. CON EL CONCEPTO A VUELTAS

Más allá de lo indicado, cabe destacar, asimismo, un problema de orden mayor. Y es que el legislador identifica indebidamente —tanto de la Ley, como del Real Decreto—, la Justicia restaurativa y la mediación penal.

No es algo nuevo: la Directiva en su versión en español empleaba la expresión "Justicia reparadora" para hacer referencia a lo que no era sino

---

15 A decir verdad, sí hay referencias en la Exposición de Motivos.

16 ALONSO SALGADO, CRISTINA, "Mediación penal sí, pero no así. Argumentos críticos en relación a su actual regulación en el proceso penal español",... *op. cit.*, págs. 7 y ss.

"Justicia restaurativa". Aun cuando tiempo atrás la doctrina aludía a ambas indistintamente, hoy día, la cuestión conceptual-terminológica[17] ya estaba absolutamente clara[18]. La situación mejora con la transposición, pero únicamente en el plano estrictamente formal. Porque, si bien en la Directiva la referencia a la "Justicia reparadora", alude al mal denominado "cambio de paradigma"[19], la dicción del Estatuto identifica la "Justicia restaurativa" con la mediación penal. Se equivoca la parte y el todo. No tiene ello justificación alguna; la propia conceptualización de la Directiva niega la señalada identificación, toda vez que de la definición es posible colegir los aspectos básicos de configuración de una multiplicidad de metodologías restaurativas.

Siguiendo el sentido del Estatuto, el RD 1109/2015 comete el mismo error, siquiera, parcialmente. Cabe notar que –como se examinaba anteriormente–, si bien las Oficinas pueden informar a la víctima sobre las distintas metodologías restaurativas, a decir verdad, con la literalidad del artículo 37 en la mano, no pueden realizar actuaciones de apoyo a servicios que no sean de mediación extrajudicial, ni proponer al órgano judicial la aplicación de cualquier otra fórmula restaurativa –como un círculo, por ejemplo–, aun cuando se estime provechoso para la víctima[20].

En efecto, no hay justificación posible, máxime en atención al contexto de la aprobación tanto de la Estatuto, como del RD 1109/2015. Conviene

---

17 *Vid.*, CASTILLEJO MANZANARES, RAQUEL, "Estado de la mediación penal en España", *Revista General de Derecho Procesal*, número 49, 2019; BARONA VILAR, SILVIA, *Mediación penal: fundamento, fines y régimen jurídico*, Tirant lo Blanch, Valencia, 2011; GONZÁLEZ CANO, MARÍA ISABEL, *La mediación penal: hacia un modelo de ADR integrado en el sistema procesal penal: (fundamentos, principios, manifestaciones y perspectivas de futuro)*, Tirant lo Blanch, Valencia, 2015; etc.

18 Tal y como ya hemos apuntado en alguna otra ocasión: "(…) *en la versión en español de la Directiva no se emplea la palabra reparación. Resulta más que revelador el hecho de que si en algún momento se alude a tal idea es para referirse a la 'Justicia reparadora' como sinónimo mal empleado* (…) *de justicia 'restaurativa'. La imprecisión conceptual lleva a que lo que en la versión oficial en inglés es restorative Justice, en la versión oficial en español sea denominado 'Justicia reparadora', contando el idioma español en su haber, con el adjetivo 'restaurativo'. No se trata de una cuestión menor como hemos visto. No es pues, una cuestión terminológica, de mera traducción, sino por el contrario, se trata de una cuestión netamente conceptual*", en ALONSO SALGADO, CRISTINA, *La mediación en el proceso penal*, … *op. cit.*, pág. 83.

19 Del que la mediación penal es su buque insignia.

20 ALONSO SALGADO, CRISTINA, "Mediación penal sí, pero no así. Argumentos críticos en relación a su actual regulación en el proceso penal español", … *op. cit.*, pág. 9.

recordar que mientras la Comisión institucional —creada por Acuerdo de Consejo de Ministros de 2 de marzo de 2012— para la elaboración de una propuesta de texto articulado de Ley de Enjuiciamiento Criminal, mantiene con respecto a la conceptualización mediación-Justicia restaurativa un criterio más que riguroso en su propuesta de nuevo Código Procesal Penal (CPP), -aludiendo para ello, por cierto, a la Directiva-[21], cuando, en efecto, se transpone el texto comunitario, la Ley procede en el sentido que se viene de explicar[22]. Dicho de otro modo: es "(...) *el mismo Ministerio de Justicia —en la misma legislatura— el que promueve la incorporación de la mediación en la PNCPP* (...) *y el que la confunde con la Justicia restaurativa en la Ley. Así pues, en dos actuaciones relacionadas, con el criterio de un mismo Ministerio*[23], *efectuadas casi simultáneamente, se evidencia una actividad inconexa desarrollada de manera paralela, sin punto de convergencia a la vista*"[24].

5. EN CONCLUSIÓN

A estas alturas del desarrollo, creemos que es fácil entender el sentido de nuestro diagnóstico inicial. La cicatería de la regulación limita las opciones de la mediación penal en un contexto, por cierto, poco propicio. Y esa tibieza no puede ser atribuida a la Directiva de 2012 pues, como sabemos, no restringía tan rigurosamente el ámbito para la Justicia restaurativa, ni para su principal manifestación, la mediación penal. Ni la Directiva, ni la transposición, ni su posterior desarrollo han servido para proporcionar el impulso necesario para provocar un cambio cualitativo —real y efectivo— en la materia.

Habida cuenta de todo lo indicado, la regulación prevista está muy alejada de lo satisfactorio. Evidencia un nivel de caos conceptual y una falta de garantías realmente preocupante. Poco se apunta en cuanto a la información que se debe ofrecer y a las consecuencias de la mediación[25]; nada con

---

21 Exposición de Motivos del CPP (punto cuarto).

22 ALONSO SALGADO, CRISTINA, "Mediación penal sí, pero no así. Argumentos críticos en relación a su actual regulación en el proceso penal español", *op. cit.*, pág. 10

23 El Proyecto de Ley y la propuesta de nuevo CPP surgieron bajo el Ministerio de Alberto Ruíz-Gallardón Jiménez, aun cuando la aprobación del Estatuto tuvo lugar siendo Ministro de Justicia, Rafael Catalá Polo,

24 ALONSO SALGADO, CRISTINA, *La mediación en el proceso penal, ...op. cit.*, pág. 98.

25 Esta cuestión sí aparecía prevista en los artículos 143-146 del CPP, Proyecto éste más coetáneo al Estatuto de la víctima.

respecto a las fases[26]; nada en cuanto a los engarces procesales o sustantivos preferentes; nada sobre la formación que deben acreditar los facilitadores, el procedimiento que deben seguir; etc. En suma, nada que ver con la Ley de Asuntos Civiles y Mercantiles; nada que ver con las diferentes propuestas de LECRim de los últimos años[27].

Superados los negacionismos en relación a la conveniencia de la mediación para el sistema de Justicia penal de adultos, no se comprende la nada más absoluta a la que el legislador la condena. El panorama es desolador, porque la ausencia de una ordenación sistemática y completa implica que la metodología sigue implementándose "(…) *con base en protocolos, y en disposiciones legislativas aisladas y no coordinadas*"[28]. No se trata de una cuestión menor, más aún si consideramos todo lo que ello comporta: ¿y la seguridad jurídica?; ¿y el principio de igualdad?; etc.

En definitiva, la regulación vigente circunscribe su radio de acción, fundamentalmente, a afirmar la existencia de la mediación, pero sin desarrollar aquellas cuestiones imprescindibles para poder hacerla efectiva. Esta cicatería a la hora de regular la mediación penal, únicamente puede ser interpretada en el ánimo del legislador español de no incurrir en un nuevo incumplimiento de las exigencias comunitarias. Sólo así, es posible entender una regulación que –a la vista de lo que se viene de analizar– constituye auténtico despropósito[29].

---

26 Al respecto *vid.*, AAVV (Dr. RÍOS MARTÍN, JULIÁN CARLOS), *La mediación penal, penitenciaria y encuentros restaurativos: experiencias de diálogo en el sistema penal para la reducción de la violencia y el sufrimiento humano*, Universidad Pontificia Comillas, Madrid, 2016; VALIÑO CES, ALMUDENA, "Reflexiones acerca de la viabilidad de la mediación como método alternativo de resolución de conflictos en los centros penitenciarios españoles", *Ius et Praxis*, Volumen 26, número 2, 2020, págs. 219-231.

27 ALONSO SALGADO, CRISTINA, "Mediación penal sí, pero no así. Argumentos críticos en relación a su actual regulación en el proceso penal español", AAVV (Drs. MARTÍN RÍOS, PILAR y PÉREZ MARÍN, MARÍA ÁNGELES), *La administración de justicia en España y en América*, Astigi, Sevilla, 2021, págs. 74 y ss.

28 ORDEÑANA GEZURAGA, IXUSKO, "¿Hasta cuándo vamos a seguir así señor/a legislador/a? o sobre por qué ya no se puede defender la mediación penal en el marco jurídico vigente", AAVV (Dr. CASTILLEJO MANZANARES, RAQUEL), *El nuevo proceso penal sin Código Procesal Penal*, Atelier, Barcelona, 2018, págs. 504-508.

29 ALONSO SALGADO, CRISTINA, "Mediación penal sí, pero no así. Argumentos críticos en relación a su actual regulación en el proceso penal español",… *op. cit.*, págs. 11-12.

6. BIBLIOGRAFÍA

ALONSO SALGADO, CRISTINA, "El Pacto de Estado contra la Violencia de Género (2017) y la justicia restaurativa", AAVV (Drs. FIGUERUELO BURRIEZA, ÁNGELA y DEL POZO PÉREZ, MARTA), *Retos actuales para la erradicación de la desigualdad y la violencia de género,* Tirant lo Blanch, Valencia, 2019.

ALONSO SALGADO, CRISTINA, "La justicia restaurativa en la reciente 'novación' del sistema de Justicia penal. Especial referencia a la Ley 4/2015, de 27 de abril, como encarnación de un despropósito", AAVV (Dr. NEIRA PENA, ANA), *Los desafíos de la justicia en la era post crisis,* Atelier, Barcelona, 2016.

ALONSO SALGADO, CRISTINA, "Mediación penal sí, pero no así. Argumentos críticos en relación a su actual regulación en el proceso penal español", *Julgar Online,* 2021.

ALONSO SALGADO, CRISTINA, "Mediación penal sí, pero no así. Argumentos críticos en relación a su actual regulación en el proceso penal español", AAVV (Drs. MARTÍN RÍOS, PILAR y PÉREZ MARÍN, MARÍA ÁNGELES), *La administración de justicia en España y en América,* Astigi, Sevilla, 2021.

ALONSO SALGADO, CRISTINA, *La mediación en el proceso penal,* Tirant lo Blanch, Valencia, 2018.

BARONA VILAR, SILVIA, *Mediación penal: fundamento, fines y régimen jurídico,* Tirant lo Blanch, Valencia, 2011.

CASTILLEJO MANZANARES, RAQUEL, "Estado de la mediación penal en España", *Revista General de Derecho Procesal,* número 49, 2019.

GONZÁLEZ CANO, MARÍA ISABEL, *La mediación penal: hacia un modelo de ADR integrado en el sistema procesal penal: (fundamentos, principios, manifestaciones y perspectivas de futuro),* Tirant lo Blanch, Valencia, 2015.

ORDEÑANA GEZURAGA, IXUSKO, "¿Hasta cuándo vamos a seguir así señor/a legislador/a? o sobre por qué ya no se puede defender la mediación penal en el marco jurídico vigente", AAVV (Dr. CASTILLEJO MANZANARES, RAQUEL), *El nuevo proceso penal sin Código Procesal Penal,* Atelier, Barcelona, 2018.

ORDEÑANA GEZURAGA, IXUSKO, "De las penas y las glorias o sobre la situación de la mediación penal en el ordenamiento jurídico español", AAVV (Dr PÉREZ MACHÍO, ANA ISABEL y DE LA CUESTA ARZAMENDI, JOSÉ LUÍS), Contra la política criminal de tolerancia cero, Thomson Reuters Aranzadi, Cizur Menor (Navarra), 2021.

AAVV (Dr. RÍOS MARTÍN, JULIÁN CARLOS), *La mediación penal, penitenciaria y encuentros restaurativos: experiencias de diálogo en el sistema penal para la reducción de la violencia y el sufrimiento humano,* Universidad Pontificia Comillas, Madrid, 2016.

ÁLVAREZ, ANA, "La mediación en el proceso penal de menores. Una perspectiva procesal", AAVV (Dr. CASTILLEJO MANZANARES, RAQUEL), *La mediación: nuevas realidades, nuevos retos: análisis en los ámbitos civil y mercantil, penal y de menores, violencia de género, hipotecario y sanitario,* La Ley, Madrid, 2013

VALIÑO CES, ALMUDENA, "Reflexiones acerca de la viabilidad de la mediación como método alternativo de resolución de conflictos en los centros penitenciarios españoles", *Ius et Praxis,* Volumen 26, número 2, 2020, págs. 219-231.

VARELA GÓMEZ, BERNARDINO, "Mediación penal y procedimiento de menores", AAVV (Dr. CASTILLEJO MANZANARES, RAQUEL), *Nuevos debates en relación a la mediación penal, civil y mercantil,* Servicio de publicaciones e intercambio universitario de la Universidad de Santiago de Compostela, Santiago de Compostela, 2018.

El mediador penal. Una propuesta de futuro

EDUARDO R. LUNA ÁLVAREZ
Abogado Penalista-Profesor Asociado Universidad de las Islas Baleares

1. INTRODUCCIÓN

Es de justicia agradecer a la Dra. Arrom y al equipo organizador y científico del II CONGRESO INTERNACIONAL DE MEDIACION la oportunidad de abordar dentro de la mediación penal un tema tan importante y necesario como es la figura del mediador penal.

No es una novedad que el sistema penal, no solo en nuestro país, se encuentra sumido en una profunda crisis que sobre pasa lo material para ahondar en lo estético. La percepción que los ciudadanos tienen del sistema de justicia penal y de la eficacia de sus actos es realmente preocupante. El Consejo General del Poder Judicial ya en el año 1996, llevó a cabo un estudio sobre la percepción que los ciudadanos tenían de nuestra administración de justicia[1].

A lo largo del citado estudio que tomo el título de "libro blanco de la justicia" se identificaron una serie de problemas estructurales, organizativos y funcionales que entorpecían la buena marcha de la administración de justicia, poniendo de relieve la imperiosa necesidad de abordar una profunda reforma.

Entre los problemas detectados en la administración de justicia se encuentran la dilación de los procedimientos, que conlleva una evidente sensación de injusticia, propiciando que la experiencia del justiciable se convierta en una dura travesía por el desierto por lo que respecta a la víc-

---

1 CONSEJO GENRAL DEL PODER JUDICIAL, Libro blanco de la justicia, Consejo General del Poder Judicial, Madrid 1997, pág. 7 y ss.

tima. En parte por culpa de esas indeseables dilaciones, la administración lejos de ofrecer una respuesta directa, rápida y contundente que calme las ansias de justicia de la víctima, la relega a una posición de cuasi olvido procesal aumentando así esa sensación de abandono e injusticia.

Ante este escenario de insatisfacción y relegación del papel de la víctima a un plano meramente teórico, se descubre como solución eficaz (así ha sucedido en otros países) la instauración de la justicia restaurativa, cuyo mecanismo estrella es la mediación penal, un sistema que, por su novedad y escasa implantación, nos ofrece una fantástica oportunidad de mejora de nuestro sistema penal[2].

Así pues, se apertura la posibilidad de instaurar un sistema de mediación penal perfectamente estructurado, delimitado y orientado hacia un sistema de justicia restaurativa. Consideramos que la mediación en el ámbito penal podría convertirse en un instrumento posibilitador de los cambios que nuestra sociedad demanda, creemos que la mediación penal puede ser esa pieza clave que permita colmar los intereses de la víctima y los del victimario, aportando humanización al sistema penal[3].

Al frente de este mecanismo de justicia restaurativa debe estar un profesional, tercero imparcial y facilitador con las herramientas necesarias para llevar a buen término tan importante empresa.

El mediador penal adquiere un papel importantísimo en el procedimiento de mediación penal. De él dependerá la salvaguarda de la seguridad de la víctima que acude esperanzada a este mecanismo de justicia restaurativa, donde se la debe posicionar en un absoluto papel protagonista pues no cabe duda de que la mediación tiene como uno de sus objetivos principales alcanzar las más altas cotas de satisfacción moral en la víctima. Como decíamos papel crucial el del mediador penal, en tanto que se configura como un profesional facilitador e imparcial que tiene encomendada una función capital en lo que se refiere a información, desarrollo y buena marcha de la mediación. De entre estos cometido destaca uno de los pi-

---

2 BARONA VILAR, SILVIA. "Mediación penal: un instrumento para la tutela penal". *Revista del poder judicial.* N.° 94, 2012, ALONSO SALGADO, CRISTINA. *La mediación en el proceso penal.* Tirant lo Blanch, Valencia. 201, págs. 11 y ss.

3 ORDEÑANA GEZURAGA, IXUSKO "Mediación penal, la alternativa jurisdiccional que funciona", Congreso de Estudios Vascos 2012; *Gizarte Aurrerapen Iraunkorrerako Berrikuntza, Innovación para el Prograos Social Sostenible, XVII Congreso de Estudios Vascos,* 2013. CASTILLEJO MANZANARES, RAQUEL. "Estado de la mediación penal en España", *Revista General de Derecho Procesal,* N°. 47, 2019.

lares fundamentales de los que el mediador será responsable, esto es, la prohibición del desequilibrio entre las partes[4].

Como paso previo, y antes de abordar la trascendental figura del mediador penal es de obligada referencia una sucinta mención a la regulación de la mediación penal en nuestro país.

2. APROXIMACIÓN A LA MEDIACIÓN PENAL

Bajo nuestro punto de vista, la mediacion penal es un sistema instrumental y accesorio respecto del proceso penal, que pretende alcanzar las máximas cotas de reparación del daño tanto material como moral para la víctima. Tal objetivo se alcanzará mediante un encuentro de diálogo aceptado por víctima y victimario, supervisado por un mediador, tercero facilitador e imparcial, que velará en todo momento por el respeto de la confidencialidad de las declaraciones vertidas en los diferentes encuentros realizados y por la seguridad de los mismos, preservando a la víctima de cualquier daño que la exposición al victimario le pudiera ocasionar.

Cuando hablamos de mediación penal en España, debemos decir sin ruborizarnos que nos encontramos ante una minimalista regulación y aplicación de la mediación penal. Quiero recordar, como mencionaba la Dra. Arrom en su discurso de apertura del Congreso, que recoge este libro, que apenas aparece regulado en algunos preceptos dispersos como en el artículo 84.1.1 del Código Penal[5], en la Ley Orgánica del Poder Judicial en su artículo 87 ter[6] y en el artículo 44.5 de la Ley Orgánica de Medidas de Protección Integral Contra la Violencia de Género[7], curiosamente en estos

---

4 ARROM LOSCOS, ROSA, *Aproximación a la mediación penal; líneas rojas: Violencia de género y mediación penal, ¿un reto de futuro?,* Civitas-Thomson Reuters, Navarra, 2019, págs. 11-15.

5 Artículo 84. Ley Orgánica 10/1995, de 23 de noviembre, del Código Penal. "*1. El juez o tribunal también podrá condicionar la suspensión de la ejecución de la pena al cumplimiento de alguna o algunas de las siguientes prestaciones o medidas: 1.ª El cumplimiento del acuerdo alcanzado por las partes en virtud de mediación*".

6 Artículo 87 ter. Ley Orgánica 6/1985, de 1 de julio, del Poder Judicial. (*...)5. En todos estos casos está vedada la mediación*".

7 Mediante el cual se adiciona un artículo 87 ter en la Ley Orgánica 6/1985, de 1 de julio, del Poder Judicial comentado anteriormente que específicamente prohíbe la mediación penal en todos los casos relativos a la violencia de género.

dos últimos preceptos, para prohibirla[8] y, también de forma general, en el artículo 15 del Estatuto de la víctima del delito[9], sin delimitarla, definirla ni regularla de forma alguna.

---

8 Muchos autores entre los que me encuentro han abogado por una apertura de la mediación en los delitos cometidos en sede de violencia de género, siempre y cuando la víctima tenga las herramientas necesarias para abordar con garantías el mecanismo de mediación penal.
En este sentido, CASTILLEJO MANZANARES, RAQUEL, TORRADO TARRIO, CRISTINA y ALONSO SALGADO, C. "Mediación en violencia de género", en *Revista de Mediación,* N.º 7. 2001. pág. 44. GUARDIOLA LAGO, M.J. "La víctima de violencia de género en el sistema de justicia y la prohibición de la mediación pena", *Revista General de Derecho Penal,* N.º 12. 2009. VILLACAMPA ESTIARTE, C., "Justicia restaurativa en supuestos de violencia de género en España: situación actual y propuesta político-criminal", *Política Criminal,* N.º 29. 2020, ALVÁREZ SUÁREZ, L., "La mediación penal y su prohibición en supuestos de violencia de género: modelo español", *Revista Brasileira de Direito Processial Penal.* N.º 2. 2019, LARRAURI PIJOAN, E. "Justicia Restauradora y Violencia Doméstica", AA. VV (SOROETA LICERAS, J.) *Los Derechos Humanos de la mujer.* Cursos de Derechos Humanos de Donostia-San Sebastián, Volumen VIII, Universidad del País Vasco. Bilbao. 2007, GALLARDO GARCÍA, R.M. "El objeto de la mediación penal: especial referencia al ámbito familiar", AA. VV (ÁLVAREZ ALARCÓN, A. GARCÍA MOLINA, P.) *Mediación y Derecho.* Aranzadi. España. 2020, págs. 474 y ss. Los argumentos a favor de la prohibición se basan fundamentalmente en el desequilibrio entre las partes y en el peligro que puede suponer, lo que ellos consideran, la reprivatización del conflicto. MARTÍNEZ GARCÍA, E. "Mediación penal y violencia de género: ¿Es posible y/o adecuada su aplicación?" AA. VV (ORDEÑANA GEZURAGA, I. Coord. ETXEBARRIA ESTANKONA, K.) *Los juzgados de violencia sobre la mujer: tercera edición de las Jornadas Justicia con Ojos de Mujer,* 2012. págs. 233-254.

9 Artículo 15. Ley 4/2015, de 27 de abril, del Estatuto de la víctima del delito. "*Servicios de justicia restaurativa. 1. Las víctimas podrán acceder a servicios de justicia restaurativa, en los términos que reglamentariamente se determinen, con la finalidad de obtener una adecuada reparación material y moral de los perjuicios derivados del delito, cuando se cumplan los siguientes requisitos: a) el infractor haya reconocido los hechos esenciales de los que deriva su responsabilidad; b) la víctima haya prestado su consentimiento, después de haber recibido información exhaustiva e imparcial sobre su contenido, sus posibles resultados y los procedimientos existentes para hacer efectivo su cumplimiento; c) el infractor haya prestado su consentimiento; d) el procedimiento de mediación no entrañe un riesgo para la seguridad de la víctima, ni exista el peligro de que su desarrollo pueda causar nuevos perjuicios materiales o morales para la víctima; y e) no esté prohibida por la ley para el delito cometido. 2. Los debates desarrollados dentro del procedimiento de mediación serán confidenciales y no podrán ser difundidos sin el consentimiento de ambas partes. Los mediadores y otros profesionales que participen en el procedimiento de mediación estarán sujetos a secreto profesional con relación a los hechos y manifestaciones de que hubieran tenido conocimiento en el ejercicio de su función. 3. La víctima y el infractor podrán revocar su consentimiento para*

El legislador sigue perdiendo oportunidades para acometer una profunda y sesuda regulación de la mediación penal, muestras no faltan. En efecto normativas tan recientes y novedosas como las englobadas en el plan de justicia 2030, han perdido esa "*oportunidad de oro*" para regular aspectos esenciales de la mediación penal.

Si bien alguna de esas normativas, como el Proyecto de Ley de Eficiencia Procesal del Servicio Público de Justicia, el Proyecto de Ley de Eficiencia Organizativa del Servicio Público de Justicia y el Proyecto de Ley de Eficiencia Digital del Servicio Público de Justicia hacen una sucinta referencia a los medios adecuados de solución de controversias (MASC) nada se desarrolla ni se regula en lo que respecta a la mediación penal. Es cierto y debemos señalar como interesante el cambio de nomenclatura que pasa de los ADR (alternative dispute resolution) a los MASC (medios alternativos de resolución de controversias) Como viene siendo habitual en nuestro legislador no pierde la ocasión de acometer reformas estructurales y de importante calado. (Dicho sea, desde la ironía)

Con estos escasos mimbres, es imposible formar una cesta mediadora en el ámbito penal y difícilmente, en consecuencia, podemos hablar de la figura del mediador penal porque sencillamente no está regulada.

Pero, por otra parte, esa ausencia de regulación nos da la oportunidad de imaginar, debatir y proponer como podría configurarse un estatuto jurídico del mediador penal, en incluso una futura ley de mediación penal.

Esa tarea, al menos su aproximación y encuadre, será la que abordemos en las próximas páginas de este capítulo, siendo nuestro objetivo humilde, plantear, en líneas generales, los elementos que, quizás, cabría tener en cuenta, para dotar de las herramientas necesarias que va a precisar para abordar tan importante tarea.

Acométenos, pues, dicha tarea desde el marco que nos ofrece esta obra, un espacio académico y científico de reflexión que seguro nos va a permitir avanzar hacia una realidad en lo que a mediación penal se refiere, más concretamente del estatuto por lo que respecta al mediador penal, como una propuesta de futuro.

---

participar en el procedimiento de mediación en cualquier momento". MUERZA ESPARZA, JULIO "El estatuto de la víctima del delito", *Actualidad jurídica Aranzadi*, n.º 891. 2014, MAGRO SERVET, VICENTE, "El nuevo estatuto de la víctima en el proceso penal", *Diario La Ley*, N.º 7495, 2010.

Como paso previo y para centrar el tema, debo referirme a varios aspectos: la instrumentalidad de la mediación penal, el objetivo de la mediación penal, el clima que debe reinar en la mediación penal, la línea roja del desequilibrio entre las partes y, por último y más importante, el crucial papel que protagonizará el futuro mediador penal.

Considero que la mediación en el ámbito penal se debe configurar como un mecanismo instrumental del proceso penal; en contra de otras opiniones que lo encuadran como un sistema alternativo de resolución de conflictos.

La manera más habitual de incoar el procedimiento de mediación penal será por la petición de las propias partes, la remisión al ámbito de la mediación penal por parte del Juez o del Ministerio Fiscal, o, posteriormente, en el ámbito de la ejecución de sentencia. Todas las indicadas opciones deben ser entendidas en el seno del proceso penal correspondiente, configurándose, de esta forma, como un instrumento eminentemente intraprocesal.

En consecuencia, nos encontramos ante un mecanismo en el que su *hábitat natural* se encuadra dentro de los márgenes de un proceso, en este caso, del proceso penal; por lo tanto, en este contexto dicho mediador al realizar su trabajo en el seno de un sistema intraprocesal. Constatada esa instrumentalidad de la mediación a la que hacíamos referencia, y por lo que respecta a la figura profesional del mediador penal, consideramos que se debe configurar como una especie de operador jurídico con todo lo que ello puede conllevar.

En consonancia con lo expuesto, y avanzando al respecto de lo que abordaremos en cuanto al mediador penal, consideramos que debería regularse su figura, como decíamos, teniendo en cuenta que se convierte en un operador jurídico[10], siendo por ello que su regulación debe contemplar las formas de acceso y formación para la profesión de mediador penal, corolario de lo anterior, se evidencia como necesaria una formación básica y complementaria especializada para desarrollar la importante función que tendrá asignada; aspectos que abordaremos en apartados sucesivos.

---

10 Pese a no ser lógicamente un profesional encargado de la función jurisdiccional, ya que este ámbito queda únicamente reservado según el artículo 117.3 del CE a los Jueces y Magistrados.

3. EL OBJETIVO DE LA MEDIACIÓN PENAL

En cuanto al objetivo de la mediación penal, y siempre desde una perspectiva introductoria, debemos hacer dos matizaciones: En primer lugar, la mediación penal nace con el objetivo de alcanzar las mayores cotas de retribución y reparación del daño ocasionado a la víctima, parafraseando al Tribunal Supremo a la "tan olvidada víctima"[11], empoderándola y atendiendo a sus intereses restaurativos que se verán resarcidos, gracias a otorgarle el posicionamiento que siempre debería haber tenido en el seno del proceso penal, a saber, el papel protagonista. Y, en consecuencia, humanizando el sistema penal. En segundo lugar, la mediación penal tiene un objetivo de prevención especial, el cual debe partir, necesariamente, del sincero arrepentimiento del victimario, el cual, a partir de la toma de conciencia por este del daño causado, así como de su voluntad de contribuir a reparar en todo lo posible a la víctima, aceptando someterse a un procedimiento de mediación. De ser así, se abonan, como decimos, fines de prevención especial, pues raro será que el victimario vuelva a cometer hechos similares, tras la señalada toma de conciencia.

Por lo señalado en el apartado anterior y abordados estos dos aspectos fundamentales necesarios para encuadrar el tema que abordamos en este capítulo, a modo de resumen, podemos concluir ya en este punto que:

1. La mediación penal es un sistema instrumental, en el que su hábitat natural queda acogido en los márgenes de un proceso penal.

2. El objetivo de la mediación es resarcir a la víctima, sobre todo moralmente y, cumplir con un fin de prevención especial.

Pero para que esto último sea posible, es necesario propiciar un clima concreto que debe reinar en el seno de la mediación penal.

Este clima debe estar propiciado por la sumisión voluntaria de las partes, igualmente, se debe concertar en un ambiente seguro para la víctima; espacio seguro al frente del cual se hallará un profesional, tercero imparcial y facilitador, bajo la figura importantísima del mediador penal.

---

11 *STS 993/2004, 22 septiembre. ECLI:ES:TS: 2019:993, "No importa que el acusado este o no arrepentido, lo determinante es reparar en la medida de lo posible el daño ocasionado a la tan olvidada victima" … "El acusado arrepentido o no, si en el supuesto que nos atañe hubiese puesto a disposición de la ofendida las indemnizaciones interesadas, habría podido beneficiarse de la atenuación, insistimos eminentemente objetiva".*

Un profesional con una relevancia de un calado importantísimo, que tiene como función esencial favorecer el diálogo con el objetivo de, por una parte, que sea resarcido el daño moral ocasionado en la víctima y, por otro, la interiorización por parte del victimario del daño causado, cumpliendo así con el principio rector del proceso penal en cuanto a la resocialización y reeducación del victimario mandato constitucional que regula el conocido artículo 25.1 de nuestra Carta Magna.

Para que ello ocurra el victimario debe reconocer su participación en el hecho delictivo objeto de la mediación y el daño causado a la víctima, asumiendo el compromiso de abordar la mediación desde el sincero arrepentimiento y con el decidido propósito de reparar el señalado daño causado[12].

Para el desarrollo de esta labor, para propiciar este clima y proteger a la víctima, es determinante la figura del mediador, en tanto es un profesional que asume un papel capital en dicho procedimiento, pues es el guardián de las sesiones de mediación, el garante de la seguridad de la víctima y la persona encargada de que no se produzca un desequilibrio entre las partes.

En lo que respecta al desequilibrio entre las partes, debemos destacar que por el mero hecho de la propia comisión de un hecho delictivo se genera un desequilibrio entre la víctima y el victimario que sitúa a la primera en una posición de inferioridad con respecto a la segunda.

La desigualdad moral que se genera es evidente, esa desigualdad, sumada a la propia tipología de la víctima, la puede convertir en una víctima especialmente vulnerable.

La línea roja del desequilibrio entre las partes debe erigirse como un muro infranqueable durante todo el procedimiento, protección que debe mantenerse durante toda la sustanciación de la mediación, pero que especialmente debe tenerse en cuenta en dos momentos clave.

En primer lugar, al dar inicio al procedimiento de mediación, ya sea por solicitud de las partes o por remisión del órgano judicial. En esa primera fase, el desequilibrio debe, de existir, ser apreciado de oficio, o, lógicamente a instancia de alguna de las partes. De acontecer el citado desequilibrio,

---

12 Evidentemente deberán de darse el resto de los requisitos que contempla el EVD para el acceso a la mediación, incluido como no puede ser de otra manera la sumisión voluntaria de las partes.

el órgano judicial competente deberá denegar el acceso del asunto a mediación penal, argumentando y motivando en la protección de la víctima como fin superior de la mediación penal.

En segundo lugar, también puede producirse ese desequilibrio de forma sobrevenida una vez iniciadas las sesiones de mediación; en ese supuesto, debe activarse el deber de vigilancia del mediador penal, pues recordemos que consideramos que el mediador penal es el garante de la seguridad de la víctima y, por tanto, el profesional designado al efecto para velar por la misma durante todo el procedimiento. El meritado deber de vigilancia al que aludimos, en lo que a la igualdad de partes se refiere, debe persistir durante todo el procedimiento de mediación, no siendo suficiente su observancia únicamente en los estadios iniciales del procedimiento. El mediador en consecuencia debe estar vigilante durante toda la sustanciación de la mediación penal, con un claro objetivo, impedir que se produzca ese indeseado peligro.

La protección de la víctima es un pilar fundamental de la mediación penal. La prohibición relativa a que la víctima vuelva a convertirse en víctima al encontrarse con el victimario no puede ser desatendida. De hecho, el mediador debe poner fin a la mediación si esto ocurre. De ahí la mencionada línea roja en el desequilibrio a la que aludimos en párrafos anteriores.

Y así ocurrirá cuando la víctima, o bien por no tener las herramientas necesarias, o bien por no estar psicológicamente preparada, no pueda enfrentarse a un diálogo con su victimario, porque ese acercamiento le pueda generar un daño nuevo al revivir el hecho delictivo soportado.

Esta situación, por cuanto tiene que ver de forma inmediata con la prohibición de desequilibrio entre víctima y victimario, afectaría de manera mediata a la seguridad de la víctima, pues acceder a una mediación en estas condiciones podría generar un nuevo daño a aquella.

El peligro para la víctima también puede surgir por circunstancias ajenas a su situación personal y emocional y que tienen que ver, ahora, con la disposición con la que accede el victimario al espacio de encuentro dialogado.

Esto sucederá cuando el victimario, una vez sujeto a mediación penal, pudiera cometer nuevos ilícitos, o sin cometer ilícitos ocasionar daños psicológicos en la víctima que acudiese a la mediación.

En este caso, una vez más, el papel del mediador es decisivo, debiendo ordenar, de forma inmediata, el fin de la mediación, sin perjuicio de las demás actuaciones que correspondiera adoptar por su parte; por ejemplo, notificar al órgano judicial la comisión de un nuevo hecho delictivo en el seno de la mediación.

Consideremos que no podemos depositar en las espaldas del mediador tan pesada carga, nada más y nada menos que nombrarle garante de la seguridad de la víctima, sin dotarle de un verdadero estatuto profesional, es por ello por lo que abogamos por la profesionalización y regulación legal de la actividad del mediador penal.

4. LA IMPORTANTE FIGURA DEL MEDIADOR

En nuestro país la figura del mediador se encuentra escasamente regulada en la Ley 5/2012, de 6 de julio, de mediación en asuntos civiles y mercantiles, en adelante LMACM[13].

Concretamente en el título III de la citada normativa bajo la rubrica "Estatuto del mediador" se establecen las condiciones para ejercer de mediador, según el artículo 11:

"Pueden ser mediadores las personas naturales que se hallen en pleno ejercicio de sus derechos civiles, siempre que no se lo impida la legislación a la que puedan estar sometidos en el ejercicio de su profesión" de esta forma se apertura la profesión de mediador de una forma genérica, salvo en los casos que por razón de incompatibilidad dicha función colisione con la normativa propia de algunas profesiones.

En lo que se refiere a la formación necesaria para el ejercicio de la profesión el citado cuerpo legal establece la posibilidad de ejercer como mediador a las personas que estén en posesión de un título oficial universitario o incluso un título de formación profesional, así como una formación específica para ejercer como mediador penal. Si bien este requisito podría ofrecer cierta garantía cualitativa en cuanto a la formación adicional del mediador es cierto que nada se indica en cuanto a la duración, habilitación o incluso ramas del conocimiento que pudieran dar acceso a la citada profesión. Consideramos que, por la propia tipología del proceso penal, los

---

13 ALONSO SALGADO, CRISTINA. *Comentarios a la Ley 5/2012, de mediación en asuntos civiles y mercantiles,* AA. VV (Coord./Dir. RODRÍGUEZ ÁLVAREZ, ANA. CASTILLEJO MANZANARES, RAQUEL) Tirant lo Blanch. Valencia, 2013, págs. 32 y ss. FERNÁNDEZ CANALES, CARMEN. *Mediación en asuntos civiles y mercantiles: comentarios a la Ley 5/2012* AA. VV (Dir. GARCÍA VILLALUENGA, LETICIA. ROGEL VIDE, CARLOS) Reus, 2012, págs. 80 y ss.

intereses en juego y la indudable injerencia en los derechos fundamentales tanto de víctimas como de victimarios, la formación del mediador penal debe ser más rigurosa y especifica.

La LMACM continúa de forma genérica y sin una regulación concreta abordando aspectos como la calidad de la mediación o la actuación el mediador.

Concretamente, el artículo 13 del citado cuerpo legal aborda en tan solo cinco puntos la actuación del mediador, requiriéndole que facilite información a las partes, que desarrolle una conducta activa tendente a lograr el acercamiento de los mediados, y ofreciéndole la posibilidad de renunciar a la mediación cuando concurra cualquier circunstancia que afecte a su imparcialidad. Si bien es cierto que consideramos acertada dicha regulación entendemos que es necesario un análisis más profundo debiendo establecerse los concretos supuestos de abstención y recusación cuando de mediación penal se trate.

La responsabilidad del mediador regulada de manera esquemática en el artículo 14 cierra este resumido marco normativo que bajo nuestro punto de vista deja huérfanos de regulación aspectos muy importantes, máxime cuando pretendemos dotar al señalado profesional de un verdadero estatuto jurídico, en este caso al mediador penal.

Esta normativa nos puede servir como punto de partida para establecer la figura de este profesional, los elementos que comportan su ámbito de actuación y sus funciones. Lógicamente, al abordar los ámbitos civil y mercantil la Ley 5/2012 nada dice sobre el mediador penal; así, no solo no se menciona al mediador penal en el apartado destinado al estatuto del mediador anteriormente desarrollado, sino que el propio artículo 2 del citado cuerpo normativo excluye directamente a la mediación penal del ámbito de la ley.

En consecuencia, queda abonado el terreno para un análisis de la figura del mediador penal, planteando el encaje que éste podría tener en el seno del proceso penal[14].

---

14 Como decimos dejando una puerta abierta a una futura regulación de la mediación en el ámbito penal, varios autores han abordado la figura profesional del mediador desde la perspectiva de su ámbito de competencia. BOQUÉ TORREMORELL, MARÍA DEL CARMEN, "La mediación como disciplina y como profesión: El perfil competencial del mediador", AA. VV (Coord./Dir. TORRADO TARRÍO, CRISTINA. CASTILLEJO MANZANARES, RAQUEL), *La mediación: nuevas realida-*

Nuestro objetivo no es tanto el análisis de la figura[15], sino más bien su posible regulación.

En consonancia con lo expuesto anteriormente, debemos reiterar que el mediador, pese a no ser lógicamente un profesional encargado de la función jurisdiccional, ya que este ámbito queda únicamente reservado según lo establecido en el artículo 117.3 del CE a los Jueces y Magistrados, consideramos que se convierten en una especie de operador jurídico, siendo por ello que su regulación, en cuanto al acceso a la profesión se trata, debe ser más estricta que la figura del mediador en asuntos civiles y mercantiles.

En cuanto a la posibilidad de que personas jurídicas puedan acceder a la función de mediación, aspecto que contempla la LMACM, aceptando esta posibilidad estableciendo una obligación de designar a una persona natural que deberá reunir los requisitos previos establecidos.

En lo que respecta al ámbito penal, consideramos que no debe existir dicha habilitación, sino que, por el contrario, con el objetivo de asegurar la imparcialidad y la independencia del mediador, la función de mediación penal debería estar únicamente destinada a personas naturales que ejerzan dicha función de forma profesional, exclusiva e independiente.

En este sentido, podría plantearse la cuestión del posible escenario en el que un mando, directivo o responsable de la persona jurídica encargada de la mediación pudiera tener un interés directo o indirecto en alguno de los casos que se mediaran bajo el seno de su organización, pudiendo sentir la tentación de dar instrucciones en uno u otro sentido al mediador subordinado encargado del asunto. Siendo así, y establecida una evidente relación jerárquica, se quebraría el principio de imparcialidad e independencia que debe proteger al mediador penal. Por no mencionar que al

---

des, nuevos retos: análisis en los ámbitos civil y mercantil, penal y de menores, violencia de género, hipotecario y sanitario. Wolters Kluwer. España. 2013, págs. 41-100.

GARCÍA VILLALUENGA, LETICIA, "La profesionalidad del mediador"; *Trabajo social hoy.* N.º Extra-1, 2005. NAVAS PAÚS, EMILIO. "La formación del mediador Mediación" AA.VV. (Coord./Dir. BROWN, KEVIN. RAYÓN BALLESTEROS, MARÍA CONCEPCIÓN), *Mediación. Experiencias desde España y alrededor del mundo.* UCM. España. 2016, págs. 201-208.

15 MARTÍNEZ CAMPS, MARIA DEL MAR. *El mediador en el proceso. Cuestiones prácticas para la aplicación de la mediación penal.* Tirant lo Blanch, Valencia, 2016, págs. 236-247.

PETZOLD RODRÍGUEZ, MARIA. "Algunas consideraciones sobre la labor del mediador penal" *Frónesis: Revista de filosofía jurídica, social y política,* Vol. 15, N.º 3, 2008.

producirse dicha perversión de la esencia de la mediación esta se traduciría en una pérdida de transparencia y seguridad jurídica, dañando gravemente los fines de la mediación.

Con el objetivo de atajar este tipo de situaciones y no propiciar una suerte de dependencia jerárquica que pudiera influir directa o indirectamente en el mediador, consideramos que la figura del mediador penal debe ser asumida por un profesional independiente y autónomo.

En lo que respecta a la formación necesaria del futuro mediador penal, sin perjuicio de profundizar en este aspecto en páginas sucesivas, consideramos que, en dicho ámbito, encontrándonos no ante un mecanismo alternativo de resolución de conflictos, sino ante un verdadero mecanismo instrumental del proceso penal, el mediador deberá tener una concreta formación y especialización que sin duda debe profundizar en las disciplinas jurídicas como base de su formación.

Entendemos que esta profesionalización y especialización del mediador penal que defendemos tiene su encaje normativo en el artículo 4 de la Directiva 2008/52 CE del Parlamento Europeo y del consejo, de 21 de mayo de 2008, donde se establece que: *"1. Los Estados miembros fomentarán, de la forma que consideren conveniente, la elaboración de códigos de conducta voluntarios y la adhesión de los mediadores y las organizaciones que presten servicios de mediación a dichos códigos, así como otros mecanismos efectivos de control de calidad referentes a la prestación de servicios de mediación. 2. Los Estados miembros fomentarán la formación inicial y continua de mediadores para garantizar que la mediación se lleve a cabo de forma eficaz, imparcial y competente en relación con las partes"*[16].

En este sentido, y coincidiendo con la LMACM, entendemos que el organismo encargado de regular la mediación penal debe ser el Ministerio de Justicia y las administraciones públicas competentes, quienes deberán velar porque el mediador penal pueda acceder a una formación continua y mantenga, en todo momento, unos estándares éticos y deontológicos suficientes con el objetivo de dotar de calidad y autorregulación a la mediación penal.

Enmarcada la importancia del mediador penal y reconocido su carácter de operador jurídico, entendemos que para ejercer en España como mediador en el ámbito penal se deberán cumplir, entre otros, los siguientes requisitos:

---

[16] DIRECTIVA 2008/52/CE del Parlamento Europeo y del Consejo de 21 de mayo de 2008, sobre ciertos aspectos de la mediación en asuntos civiles y mercantiles https://www.boe.es/doue/2008/136/L00003-00008.pdf.

1. Tener la nacionalidad española.
2. Ser mayor de edad.
3. No tener la edad de jubilación ni alcanzarla en los dos siguientes años de la presentación de la instancia.
4. Hallarse en pleno ejercicio de sus derechos civiles
5. Carecer de antecedentes penales de ningún tipo
6. No encontrarse investigado, encausado o acusado por la comisión de un delito doloso.
7. El mediador deberá estar en posesión de título oficial universitario de Derecho, Trabajo Social, Psicología o Criminología y contar con formación específica para ejercer la mediación, que se adquirirá mediante la realización de un curso de experto universitario o máster en mediación penal, impartidos por instituciones debidamente acreditadas y que tendrán validez para el ejercicio de la actividad mediadora en cualquier parte del territorio nacional.
8. El mediador deberá suscribir un seguro profesional que cubra la responsabilidad civil derivada de su actuación.

En lo que respecta al control de la mediación penal, consideramos que debe recaer en el Ministerio de Justicia y las Administraciones competentes la tarea de fomentar, supervisar e inspeccionar los servicios de mediación, debiendo respetar en todo momento la confidencialidad de las actuaciones, así como la imparcialidad e independencia de los mediadores penales.

Para concluir con este apartado, una futura regulación de la mediación penal debería contemplar la incompatibilidad que pudiera existir en cuanto a la función profesional de la mediación penal. Entendemos que esta importante función es incompatible con el desempeño de forma simultánea de cualquier trabajo o labor relacionado con el ámbito de la administración de justicia, especialmente es incompatible con el ejercicio de la procura, la abogacía, el ministerio fiscal, juez o magistrado.

5. ABSTENCIÓN, RECUSACIÓN E IMPARCIALIDAD DEL MEDIADOR PENAL

Facilitar la comunicación entre las partes es un deber fundamental del mediador penal, de la misma forma que debe velar porque las mismas dispongan de toda la información necesaria. Para garantizar este acceso a la información, pilar fundamental de la mediación, las partes pueden acudir también a sus respectivos letrados, quienes tienen a su vez la obligación de facilitar, ampliar y aclarar cuanta información sea precisa.

Corolario de lo anterior, la participación de los letrados en el seno de la mediación penal se debe circunscribir a facilitar la pertinente información y también a emitir su parecer profesional una vez alcanzado el acuerdo de mediación y, quizás de forma previa, a formalizar el mismo. Una participación directa de los letrados de las partes en el procedimiento de mediación consideramos que pervertiría la propia esencia de la mediación penal.

La figura del mediador se configura como la de un tercero imparcial, facilitador, ajeno al conflicto que deber mantener una conducta activa, aséptica y tendente a logar el acercamiento, respetando, en todo momento, las posiciones de las partes y velando por que no se produzca el indeseado desequilibrio entre ellas.

Sin duda, se deben establecer mecanismos para que el mediador pueda renunciar a la mediación, siempre que concurran causas que lo justifiquen.

En páginas anteriores ya apuntábamos hacia esa posibilidad, centrando el escenario en los casos en los que pudiera concurrir alguna causa de abstención o recusación, situaciones que bien podrían coincidir con las reguladas en las normativas de profesionales jurídicos como jueces, magistrados o fiscales[17].

Para centrar la analogía entre los casos de abstención y recusación de operadores jurídicos reales como los señalados anteriormente con la figura del mediador penal, debemos poner el acento en los casos en los que el mediador como tercero, imparcial, facilitador y operador jurídico intraproceso, al ser llamado a conocer de un asunto de mediación penal, debería apartarse del conocimiento del citado procedimiento por tener alguna relación con las partes que en el intervienen.

---

17 Sobre el estudio de esta institución han profundizado en el tema: DOIG DÍAZ, YOLANDA, "Título IV. De la abstención y la recusación". AAVV. (Coord./Dir. ASENCIO MELLADO, JOSÉ MARÍA. FUENTES SORIANO, OLGA), *Ley de enjuiciamiento civil comentada y con jurisprudencia*, La Ley, Madrid, 2013, págs. 339-404; BACHMAIER WINTER, LORENA "La abstención y la recusación en la LEC 1/2000", *Tribunales de justicia: Revista española de derecho procesal*, N.° 5, 2000; SANTOS VIJANDE, JESÚS MARÍA, "Abstención y recusación de jueces y magistrados", *La Ley: Revista jurídica española de doctrina, jurisprudencia y bibliografía*. N.° 1, 1999.

Sentado lo anterior, las causas que podrían delimitar la recusación de un mediador son, bajo nuestro punto de vista, las causas coincidentes con las expresadas en el artículo 23 y 24 Ley 40/2015, de 1 de octubre, de Régimen Jurídico del Sector Público que a continuación reproducimos: *"1. Las autoridades y el personal al servicio de las Administraciones en quienes se den algunas de las circunstancias señaladas en el apartado siguiente se abstendrán de intervenir en el procedimiento y lo comunicarán a su superior inmediato, quien resolverá lo procedente.*

2. Son motivos de abstención los siguientes:

a) Tener interés personal en el asunto de que se trate o en otro en cuya resolución pudiera influir la de aquél; ser administrador de sociedad o entidad interesada, o tener cuestión litigiosa pendiente con algún interesado.

b) Tener un vínculo matrimonial o situación de hecho asimilable y el parentesco de consanguinidad dentro del cuarto grado o de afinidad dentro del segundo, con cualquiera de los interesados, con los administradores de entidades o sociedades interesadas y también con los asesores, representantes legales o mandatarios que intervengan en el procedimiento, así como compartir despacho profesional o estar asociado con éstos para el asesoramiento, la representación o el mandato.

c) Tener amistad íntima o enemistad manifiesta con alguna de las personas mencionadas en el apartado anterior.

d) Haber intervenido como perito o como testigo en el procedimiento de que se trate.

e) Tener relación de servicio con persona natural o jurídica interesada directamente en el asunto, o haberle prestado en los dos últimos años servicios profesionales de cualquier tipo y en cualquier circunstancia o lugar.

3. Los órganos jerárquicamente superiores a quien se encuentre en alguna de las circunstancias señaladas en el punto anterior podrán ordenarle que se abstengan de toda intervención en el expediente.

4. La actuación de autoridades y personal al servicio de las Administraciones Públicas en los que concurran motivos de abstención no implicará, necesariamente, y en todo caso, la invalidez de los actos en que hayan intervenido.

5. La no abstención en los casos en que concurra alguna de esas circunstancias dará lugar a la responsabilidad que proceda"

Por su parte la LMACM en su artículo 24 en lo que respecta a la recusación dispone lo siguiente: "*1. En los casos previstos en el artículo anterior, podrá promoverse recusación por los interesados en cualquier momento de la tramitación del procedimiento.*

2. La recusación se planteará por escrito en el que se expresará la causa o causas en que se funda.

3. En el día siguiente el recusado manifestará a su inmediato superior si se da o no en él la causa alegada. En el primer caso, si el superior aprecia la concurrencia de la causa de recusación, acordará su sustitución acto seguido.

4. Si el recusado niega la causa de recusación, el superior resolverá en el plazo de tres días, previos los informes y comprobaciones que considere oportunos.

5. Contra las resoluciones adoptadas en esta materia no cabrá recurso, sin perjuicio de la posibilidad de alegar la recusación al interponer el recurso que proceda contra el acto que ponga fin al procedimiento".

A mayor abundamiento, consideramos que el mediador penal deberá también abandonar la mediación cuando considere que concurre cualquier circunstancia que pueda afectar a su independencia y sobre todo a su imparcialidad, tanto en su vertiente objetiva como subjetiva. Debe hacerse esta distinción, habida cuenta del ámbito en el que transcurre la mediación penal, lo delicado y sensible de los asuntos que en ella se van a tratar. En consecuencia, la sociedad debe mantener la confianza en los mecanismos de justicia, máxime cuando de justicia restaurativa se trata, es por ello por lo que debemos exigir a la mediación penal las cotas más altas de transparencia, integridad y confianza.

La relevancia de la imparcialidad es indiscutible, pero también lo es la apariencia de imparcialidad, en palabras del Tribunal Supremo[18]: "... *La relevancia de la apariencia de imparcialidad está justificada porque lo que está en juego es la confianza que en una sociedad democrática los Tribunales deben inspirar a los ciudadanos. De forma que es posible que, aun no estando ante una causa expresamente tipificada en el artículo 219 LOPJ como de abstención o recusación, estemos ante una situación de apariencia de una falta de imparcialidad objetiva muy similar a la que informa las causas contempladas en el citado artículo 219 LOPJ. Así lo ha considerado este Tribunal Supremo en varias ocasiones. En los AATS, Sala del Artículo 61 de la LOPJ, de 3 de diciembre de 2002 y 2 de marzo de 2005, se tuvo en cuenta esa situación indiciaria de falta de imparcialidad objetiva. Como se declaró en dichos autos, la doctrina del Tribunal Constitucional y los Textos internacionales*

---

18 Auto de la Sala 1ª del Tribunal Supremo, de 24 de junio de 2014, FD 2º, Ponente Excmo. Sr. D. Ignacio Sancho Gargallo, ECLI:ES:TS:2014:5339A.

(el artículo 6.1 del Convenio para la Protección de Derechos Humanos y Libertades Fundamentales de Roma, de4 de noviembre de 1950, ratificado por España a través del Instrumento de fecha 26 de septiembre de 1979; el artículo 10 de la Declaración Universal de Derechos Humanos, de 10 de diciembre de 1948, el artículo 14.1 del Pacto Internacional de Derechos Civiles y Políticos, de 19 de diciembre de 1966), exigen garantizar la confianza de los ciudadanos en su Administración de Justicia, a través del principio de imparcialidad objetiva y aparente...”

En consecuencia, y por todo lo expuesto anteriormente el mediador penal debería ver regulada su actividad profesional, debiendo dicha regulación contener un mandato especifico en pro de la defensa de la legalidad, del ordenamiento jurídico y concretando, como uno de los aspectos fundamentales de la función del mediador su deber de desarrollar una conducta activa tendente a facilitar el acercamiento y el dialogo entre las partes desde la imparcialidad e independencia.

Así pues, en lo que se refiere a la comentada obligación de abstención, consideramos que también será necesario establecer que el mediador podrá renunciar al proceso de mediación siempre que vea comprometida su independencia, siendo que deberá entregar un acta a las partes en las que conste su renuncia y los motivos esgrimidos para acordarla.

Será necesario, por otra parte, regular los concretos supuestos que exijan del mediador la obligación de abandonar el procedimiento o no iniciarlo, en este sentido cabria establecer, por ejemplo:

A) El mediador deberá abandonar la mediación cuando vea comprometida su independencia o imparcialidad, o abstenerse de iniciarla por los mismos motivos.

En todo caso, al afectar a la seguridad de la víctima, deberá abandonar la mediación iniciada:

1) Cuando exista desequilibrio entre las partes.
2) Cuando se produzca riesgo de victimización secundaria.
3) Cuando se cometa por cualquiera de las partes un hecho delictivo durante las sesiones de mediación.
4) Cuando el mediador considere desde la sana critica, la experiencia y la independencia que una de las partes está instrumentalizando la mediación.
5) Cuando cualquiera de las partes no respete las normas establecidas por el mediador.

B) Antes del inicio de las sesiones de mediación, el mediador deberá comunicar cualquier circunstancia personal o profesional que pueda afectar a su imparcialidad o generar un conflicto entre las partes, en todo caso debería renunciar a la mediación cuando concurran cualquiera de las siguientes circunstancias:

1) Cualquier tipo de relación personal o contractual con una de las partes[19].

2) Cualquier interés directo o indirecto en el resultado de la mediación.

3) Si el mediador ha actuado con anterioridad a favor de una de las partes en cualquier circunstancia, con excepción de la mediación. En tal caso, el mediador solo podrá aceptar el encargo de mediación cuando pueda asegurar su total imparcialidad y siempre y cuando las partes lo consientan, dicho consentimiento deberá constar en el acta de inicio de sesiones.

El deber de revelar cualquier tipo de información que comprometa la imparcialidad o independencia del mediador subsiste durante todo el procedimiento de mediación.

En consecuencia, una regulación del tipo que proponemos podría dotar de cierta seguridad jurídica no solo al mediador, sino también a las partes en lo que a independencia, transparencia y credibilidad se refiere, con respecto a la importante posición que ostenta el mediador penal.

Así las cosas, el mediador designado deberá, comunicar de forma inmediata si concurre alguna circunstancia que pueda generar alguna duda sobre su imparcialidad. Durante el proceso, en caso de sucederse esta circunstancia de forma sobrevenida, la deberá poner en conocimiento de las partes. De la misma forma que si los mediables tiene fundadas sospechas sobre la relación que el mediador penal pudiere tener con alguna de las partes podrán estos solicitar de este las explicaciones oportunas.

---

19 Es indudable que, para alcanzar las máximas cotas de satisfacción en lo que al procedimiento de mediación penal se trata por parte de víctima y victimario, el mediador debe respetar durante todo el proceso el principio de imparcialidad y su independencia, para ello es crucial que el mediador no tenga permitido establecer con las partes relaciones personales o profesionales de ningún tipo.

Pudiendo ser recusado si concurre cualquier tipo de circunstancia que arroje dudas sobre su imparcialidad o su independencia. Salvando lógicamente aquellas actuaciones que tengan porque encerrar una pérdida de imparcialidad objetiva, tal y como, por ejemplo, que el mediador haya participado anteriormente en sesiones de mediación penal con las partes.

Por lo que se refiere al procedimiento de recusación del mediador penal, en caso de concurrir alguno de los supuestos de abstención y no fuese ello alegado por el mediador, cualquiera de las partes, sus abogados o representantes legales, podrían instar la recusación del mediador ante el servicio de mediación correspondiente.

Para iniciar dicho procedimiento se debería presentar escrito al respecto, ante la oficina del servicio de mediación al que el mediador deberá estar adscrito. La petición de recusación formalizada mediante dicho escrito, debería ser motivada firmada por la parte que lo proponga. Dicha petición, una vez tramitada, sería aconsejable que fuera resuelta por el director de la oficina del servicio de mediación en un plazo máximo de 10 días.

6. IMPOSIBILIDAD SOBREVENIDA PARA EL EJERCICIO DE LAS FUNCIONES DE MEDIADOR PENAL

Un futuro estatuto del mediador penal, entre muchos otros aspectos, debería contener una regulación específica para el caso de que, por circunstancias sobrevenidas, el mediador no pudiere hacer frente a los asuntos incoados en el seno de la mediación. En consecuencia, cuando el mediador se viera inmerso en una circunstancia que impidiere el ejercicio efectivo de sus funciones, debería cesar en su cargo mediante renuncia comunicada inmediatamente a las partes y al órgano judicial competente.

Presentada la renuncia por parte del mediador, el asunto pasaría al mediador sustituto. En caso de que el mediador sustituto no pudiere hacerse cargo de la mediación, se designaría otro profesional mediante el turno de reparto que corresponda.

Hacíamos referencia al mediador sustituto, puntualizando ahora que el organismo encargado de la gestión de la mediación penal deberá designar un mediador titular y un mediador sustituto en el acta que acuerde la incoación de la mediación, con el objetivo prever situaciones de renuncia, abstención, recusación o imposibilidad sobrevenida del propio mediador.

Con esta regulación que proponemos, a modo de ejemplo, se daría respuesta a los casos de imposibilidad sobrevenida, estableciendo la necesidad de contar con un mediador sustituto que, en el menor tiempo posible, podría asumir el asunto con el objetivo de no dañar a las partes sujetas a mediación. Los retrasos en la administración de justicia son uno de los factores más determinantes en lo que a percepción de injusticia se refiere; de ahí la necesidad de dotar de herramientas normativas ágiles y hábiles con el fin de mitigar esa indeseada percepción de injusticia, reforzando la sensación de confianza.

7. EL DEBER DE CONFIDENCIALIDAD EN EL MEDIADOR PENAL

La confidencialidad es un aspecto que bajo nuestro punto de vista está íntimamente relacionado con la confianza y esa confianza, que impera en la imparcialidad subjetiva anteriormente abordada, cobra mayor fuerza si cabe en el seno de un procedimiento donde se debe garantizar que la información allí tratada quedará salvaguardada de miradas e intereses ajenos a las partes.

La confidencialidad debe extenderse como un manto protector en la mediación penal y en lo que respecta al mediador éste no podrá relevar ningún aspecto que le haya sido confiado durante las sesiones de mediación, lógicamente nos referimos a aspectos que tengan que ver con el objeto de la mediación. Realizamos esta puntualización, ya que consideramos que no todo lo que ocurre en el seno de la mediación goza de una protección confidencial absoluta, nos referimos concretamente al caso en el que el mediador tiene conocimiento de un hecho delictivo nuevo o de circunstancias ajenas al proceso de mediación, en ese caso, deberá ponerlas en conocimiento de la autoridad judicial encargada del asunto.

Por lo que respecta al deber de confidencialidad de los hechos y circunstancias de las que deriven la mediación, el deber de confidencialidad permanece a lo largo de todo el procedimiento de mediación. A mayor abundamiento, consideramos que debe persistir una vez concluida ésta, sin que, en ningún caso, salvo autorización de las partes, el mediador pueda revelar aspectos o circunstancias que ha conocido por su participación en la mediación penal.

De la misma forma, el mediador, como operador jurídico, deberá responsabilizarse por las acciones u omisiones que lleve a cabo durante la función de mediación penal. En consecuencia, el mediador deberá cumplir con el encargo de mediación fielmente bajo su leal saber y entender, respondiendo llegado el caso, por los daños y perjuicios que ocasione a las partes. Por ello deberá tener suscrito un seguro de responsabilidad civil que pueda responder de las eventuales consecuencias económicas de sus actos frente a terceros.

Al configurar la figura del mediador en el hábitat de un proceso penal, entendemos que le debe ser aplicable plenamente lo dispuesto en el artículo 24 del Código Penal[20], en consecuencia, con el citado precepto, en su actividad como mediador penal podrían imputarse de concurrir, los delitos relativos a la autoridad o funcionario público. Dotando así de un plus de exigencia a la importante labor del mediador penal.

Este encaje consideramos que es posible a tenor de lo dispuesto en el citado artículo 24 del Código Penal, que en este sentido establece que: *"1. A los efectos penales se reputará autoridad al que por sí solo o como miembro de alguna corporación, tribunal u órgano colegiado tenga mando o ejerza jurisdicción propia. En todo caso, tendrán la consideración de autoridad los miembros del Congreso de los Diputados, del Senado, de las Asambleas Legislativas de las Comunidades Autónomas y del Parlamento Europeo. Se reputará también autoridad a los funcionarios del Ministerio Fiscal.*

2. Se considerará funcionario público todo el que por disposición inmediata de la Ley o por elección o por nombramiento de autoridad competente participe en el ejercicio de funciones públicas".

Corolario de lo anterior, el mediador de concurrir en su conducta los elementos del tipo podría tener responsabilidad en el ámbito de su función profesional por delitos relativos a cohecho (artículo 419 a 427 del CP); malversación de caudales públicos (artículo 423 a 435 del CP); infidelidad en la custodia de documentos (artículo 413 del CP) y violación de secretos (artículos 414 a 418 del CP), entre otros.

---

20 RAMON RIBAS, EDUARDO, "La derogación jurisprudencial del artículo 24.2 CP (concepto de funcionario público)", *Estudios penales y criminológicos.* N.° 34. 2014 *"El artículo 24.2 del Código Penal define el concepto de funcionario público a efectos penales. Elemento nuclear de dicho concepto es la participación en el ejercicio de funciones públicas. Tanta trascendencia ha adquirido el concepto función pública que frecuentemente se olvida que no es el único requisito para ser adjetivado, a efectos penales, funcionario público. El problema radica en el hecho de soslayar la primera exigencia introducida por el artículo 24 CP para considerar funcionario público a una persona, esto es, la existencia de un título habilitante. A su necesaria concurrencia se refiere reiteradamente el Tribunal Supremo al afirmar que son dos los elementos necesarios: el título y la función. Esta reiteración no ha impedido, sin embargo, ignorar la concurrencia del mentado título mediante la adopción, por razones de justicia, de un concepto material de nombramiento que ignora la sumisión al principio de legalidad e invade competencias del legislador".*

Esta vía de responsabilidad penal viene a reforzar la obligación que debe existir en el seno de la mediación penal en lo que se refiere a la diligencia y profesionalidad de los mediadores. Consideramos que la incoación de la mediación penal obliga a los mediadores y, en su caso, a la institución de mediación, a cumplir fielmente los principios y deberes de la mediación penal. En caso de actuación dolosa, imprudente o temeraria por parte del mediador o de la institución estos podrían incurrir en las infracciones señaladas anteriormente.

No obstante, una futura legislación y regulación de la figura del mediador debería contener un concreto régimen disciplinario detallando las conductas que, no siendo delictivas, podrían conllevar una sanción para este profesional.

8. DERECHOS DEL MEDIADOR PENAL

En cuanto a los derechos del mediador, pese a no existir en la regulación un apartado específico a los derechos de este profesional, consideramos que debe establecerse un contrapunto a las obligaciones tan severas que hemos determinado con anterioridad. Así pues, debemos dotar de un atractivo elenco de derechos a la figura del mediador penal, entre los deberes que deben presidir la profesión se encuentran, bajo nuestro punto de vista, los relativos a:

a) Poder realizar su función con independencia, libertad, dignidad e integridad; Recibir una remuneración justa, acorde a su formación experiencia y responsabilidad;

b) Emplear la denominación profesional de mediador penal únicamente a los profesionales habilitados al efecto;

c) Obtener el reconocimiento, incentivos y menciones que por el desempeño de su cargo le sean concedidos;

d) Contar con la colaboración de los órganos judiciales y administrativos en el ejercicio de sus funciones;

e) Un trato considerado y respetuoso como operador jurídico;

f) La formación continua en su profesión;

g) Recabar el amparo del órgano judicial cuando su dignidad, independencia, honor o libertad se encuentre en peligro.

Este catálogo de derechos, sin ánimo taxativo, consideramos que debe formar parte de una futura regulación en cuanto al mediador penal se refiere. La práctica y la experiencia nos ayudarán a ampliar y especificar los derechos y deberes que deben presidir tan importante profesión.

La figura del mediador penal debe ser objeto de una concreta, específica y extensa regulación en cuanto a sus derechos, deberes y obligaciones, abordando aspectos como el acceso a la profesión, estudios y formación necesaria, regulando también aspectos como los motivos de abstención y recusación, régimen disciplinario y dependencia tanto orgánica como funcional del mediador penal.

De esta forma, acometiendo una profunda regulación de esta figura, se podrá dotar a este profesional de la importancia que tiene su labor dentro del procedimiento de mediación penal, creando un verdadero estatuto jurídico del mediador.

9. CONCLUSION

Permitan que, para concluir, me remita a mis propias palabras plasmadas en la tesis doctoral sobre mediación penal depositada y defendida en la Universidad de las Islas Baleares[21], trabajo que tendrá su reflejo en forma de monografía en próximas fechas. *"El sistema procesal penal se encuentra sumido en una profunda crisis, nuestro sistema penal padece una serie de problemas estructurales que han convertido a la justicia en un mecanismo anquilosado, lento, apático, deshumanizado y represivo. Un leviatán que tiene como único objetivo aplicar en los casos en los que la ley lo permite y, cuando así quede acreditado, un castigo al victimario.*

Nuestros tribunales, especialmente el Tribunal Supremo, ha sido consciente y así lo ha plasmado en sus resoluciones que la víctima en el proceso penal ha quedado relevada a un papel meramente testimonial, en palabras del alto Tribunal, se ha referido a aquélla como la "tan olvidada víctima".

Ante esa situación, la normativa internacional, y por transposición nuestra propia normativa, ha establecido una serie de mecanismos para devolver a la víctima del delito el papel protagonista que nunca debió haber perdido. Un paso crucial para

---

21 LUNA ÁLVAREZ, EDUARDO RAFAEL, *Análisis crítico de la regulación y aplicación de la mediación penal en el ordenamiento jurídico español y propuesta de mejora lege ferenda*, Tesis doctoral. Universidad de las Islas Baleares, Baleares, 2022, Pág. 331.

que ésta recupere su papel central en el proceso es dotarla de las herramientas necesarias para que reciba una verdadera justicia, una justicia restaurativa que tenga como objetivo principal resarcir el daño que se le ha ocasionado.

Ante tal reto, la mediación penal se alza como la mejor solución para, por un lado, retribuir a la víctima, empoderándola y otorgándole "ex novo" un papel protagonista en el proceso, y por otro, ofrecer al victimario la oportunidad de pedir perdón a la señalada víctima y redimirse por el delito cometido. De alcanzarse dichos objetivos, no solo la víctima recibiría los beneficios de la justicia restaurativa, en nuestro caso de la mediación penal, también resultaría beneficiada la sociedad en general, pues un sujeto que ha tomado conciencia del daño que ha causado, difícil será que vuelva a realizar actos de la misma naturaleza.

Los poderes públicos no pueden mantenerse ajenos a la realidad social y deben evolucionar a medida que avanza la sociedad. En ordenamientos de otros países la mediación penal es una realidad que tiene múltiples ventajas, entre otras, descongestionar y agilizar la justicia. Este es otro de los motivos por los que implantar la mediación penal resulta adecuado en nuestro país".

Para abordar tan importante labor, debemos contar con profesionales formados, comprometidos y dotados de herramientas hábiles e idóneas para acometer tan hercúlea tarea. Recordemos que depositamos en el mediador penal la importante responsabilidad de ser ese profesional, tercero imparcial y facilitador, que, velando por la seguridad de la víctima, pueda ayudarla a alcanzar la justicia restaurativa tan ansiada, devolviéndole mediante el mecanismo de la mediación el papel protagonista que siempre debió haber tenido.

10. BIBLIOGRAFÍA

ALONSO SALGADO, CRISTINA, "Comentarios a la Ley 5/2012, de mediación en asuntos civiles y mercantiles", AA. VV (Coord./Dir. RODRÍGUEZ ÁLVAREZ, ANA. CASTILLEJO MANZANARES, RAQUEL) Tirant lo Blanch. Valencia, 2013, págs. 32 y ss.

ALONSO SALGADO, CRISTINA, *La mediación en el proceso penal.* Tirant lo Blanch, Valencia. 201.

ALVÁREZ SUÁREZ, L., "La mediación penal y su prohibición en supuestos de violencia de género: modelo español", *Revista Brasileira de Direito Processial Penal.* N.° 2. 2019

ARROM LOSCOS, ROSA, *Aproximación a la mediación penal; líneas rojas: Violencia de género y mediación penal, ¿un reto de futuro?*, Civitas-Thomson Reuters, Navarra, 2019.

BACHMAIER WINTER, LORENA "La abstención y la recusación en la LEC 1/2000" Tribunales de justicia: *Revista española de derecho procesal,* N.° 5, 2000

BARONA VILAR, SILVIA. "Mediación penal: un instrumento para la tutela penal". *Revista del poder judicial.* N.º 94, 2012

BOQUÉ TORREMORELL, MARÍA DEL CARMEN "La mediación como disciplina y como profesión: El perfil competencial del mediador" AA. VV (Coord./Dir. TORRADO TARRÍO, CRISTINA. CASTILLEJO MANZANARES, RAQUEL) *La mediación: nuevas realidades, nuevos retos: análisis en los ámbitos civil y mercantil, penal y de menores, violencia de género, hipotecario y sanitario.* Wolters Kluwer. España. 2013, págs. 41-100.

CASTILLEJO MANZANARES, RAQUEL. "Estado de la mediación penal en España" *Revista General de Derecho Procesal,* Nº. 47, 2019

CASTILLEJO MANZANARES, RAQUEL. TORRADO TARRIO, CRISTINA y ALONSO SALGADO, C. "Mediación en violencia de género", en *Revista de Mediación,* N.º 7. 2001. pág. 44

CONSEJO GENRAL DEL PODER JUDICIAL, *Libro blanco de la justicia,* Consejo General del Poder Judicial, Madrid, 1997.

DOIG DÍAZ, YOLANDA. "Título IV. De la abstención y la recusación". AAVV. (Coord./ Dir. ASENCIO MELLADO, JOSÉ MARÍA. FUENTES SORIANO, OLGA) *Ley de enjuiciamiento civil comentada y con jurisprudencia,* 2013, La Ley, Madrid, págs. 339-404

FERNÁNDEZ CANALES, CARMEN. Mediación en asuntos civiles y mercantiles: comentarios a la Ley 5/2012 AA. VV (Dir. GARCÍA VILLALUENGA, LETICIA. ROGEL VIDE, CARLOS) Reus, 2012, págs. 80 y ss.

GALLARDO GARCÍA, R.M. "El objeto de la mediación penal: especial referencia al ámbito familiar", AA. VV (ÁLVAREZ ALARCÓN, A. GARCÍA MOLINA, P.) *Mediación y Derecho.* Aranzadi. España. 2020, págs. 474 y ss.

GARCÍA VILLALUENGA, LETICIA. "La profesionalidad del mediador". *Trabajo social hoy.* N.º Extra-1, 2005

GUARDIOLA LAGO, M.J. "La víctima de violencia de género en el sistema de justicia y la prohibición de la mediación pena". *Revista General de Derecho Penal,* N.º 12. 2009

LARRAURI PIJOAN, E. "Justicia Restauradora y Violencia Doméstica", AA. VV (SOROETA LICERAS, J.) *Los Derechos Humanos de la mujer.* Cursos de Derechos Humanos de Donostia-San Sebastián, Volumen VIII, Universidad del País Vasco. Bilbao. 2007

LUNA ÁLVAREZ, EDUARDO RAFAEL. *Análisis crítico de la regulación y aplicación de la mediación penal en el ordenamiento jurídico español y propuesta de mejora lege ferenda,* Tesis doctoral. Universidad de las Islas Baleares, Baleares, 2022.

MAGRO SERVET, VICENTE. "El nuevo estatuto de la víctima en el proceso penal" *Diario La Ley,* N.º 7495, 2010

MARTÍNEZ CAMPS, MARIA DEL MAR. *El mediador en el proceso. Cuestiones prácticas para la aplicación de la mediación penal.* Tirant lo Blanch, Valencia, 2016, págs. 236-247

MARTÍNEZ GARCÍA, E. "Mediación penal y violencia de género: ¿Es posible y/o adecuada su aplicación?" AA. VV (ORDEÑANA GEZURAGA, I. Coord. ETXEBARRIA ESTANKONA, K.) *Los juzgados de violencia sobre la mujer: tercera edición de las Jornadas Justicia con Ojos de Mujer.* Celebradas en la Facultad de Derecho de la Universidad del País Vasco-Euskal Herriko Unibertsitatea, 2012. págs. 233-254

MUERZA ESPARZA, J. JULIO "El estatuto de la víctima del delito" *Actualidad jurídica Aranzadi,* n.º 891. 2014

NAVAS PAÚS, EMILIO. "La formación del mediador Mediación" AA.VV. (Coord./Dir. J. BROWN, KEVIN. RAYÓN BALLESTEROS, MARÍA CONCEPCIÓN) *Mediación. Experiencias desde España y alrededor del mundo.* UCM. España. 2016, págs. 201-208

ORDEÑANA GEZURAGA, IXUSKO "Mediación penal, la alternativa jurisdiccional que funciona", *Gizarte Aurrerapen Iraunkorrerako Berrikuntza, Innovación para el Prograos Social Sostenible, XVII Congreso de Estudios Vascos,* 2013.

PETZOLD RODRÍGUEZ, MARIA. "Algunas consideraciones sobre la labor del mediador penal", *Frónesis: Revista de filosofía jurídica, social y política,* Vol. 15, N.º 3, 2008

RAMON RIBAS, EDUARDO, "La derogación jurisprudencial del artículo 24.2 CP (concepto de funcionario público)" *Estudios penales y criminológicos.* N.º 34. 2014

SANTOS VIJANDE, JESÚS MARÍA "Abstención y recusación de jueces y magistrados", *La Ley: Revista jurídica española de doctrina, jurisprudencia y bibliografía.* N.º 1, 1999

VILLACAMPA ESTIARTE, C., "Justicia restaurativa en supuestos de violencia de género en España: situación actual y propuesta político-criminal". *Política Criminal,* N.º 29. 2020

Mediación y otras alternativas al proceso judicial con menores. Límites jurídicos para su aplicación. Especial referencia a la responsabilidad penal del menor

JOSÉ DÍAZ CAPPA

Fiscal Delegado de la Sección de Menores Fiscalía de Les Illes Balears

Profesor Asociado de Derecho Penal UIB.

1. PLANTEAMIENTO GENERAL. MEDIACIÓN FAMILIAR, ESCOLAR Y PENAL

El concepto de mediación que manejaré será amplio y comprensivo de cualesquiera prácticas que supongan una posible solución consensuada, consentida y efectiva de un conflicto, sin una necesaria respuesta judicial como solución única, partiendo de la necesidad de fomentar e implementar todas las posibles alternativas para la recuperación social de los menores que cometan hechos delictivos, pero con cumplimiento de las necesarias dosis de legalidad, eficacia y supervisión de todo proceso de actuación con un menor, sea cual fuere su circunstancia y la coyuntura aplicable. Destacaré pues, en estas breves líneas, aquellos matices jurídicos que, precisamente, por la entidad del sujeto destinatario de la mediación —el menor— deberían ser observados para consolidar adecuadamente una estrategia formal mediadora con aquel y avanzando la idea de que proceso judicial e intervención mediadora no tienen por qué ser elementos antagónicos o incompatibles.

1.1. Mediación familiar, escolar y penal

Hay aspectos comunes a toda práctica mediadora que es necesario tener en cuenta para encontrar luego los aspectos definitorios de la mediación penal. Así, en una concepción genérica y común de mediación, podría definirse, siguiendo algunas principales normativas europeas al respecto[1], como *"…el proceso en el cual un tercero, el mediador, imparcial y neutral, asiste a las partes en la negociación sobre las cuestiones objeto del conflicto, con vista a la obtención de acuerdos comunes"*, o *"todo proceso, sea cual sea su nombre o denominación, en que dos o más partes en un litigio son asistidas por un tercero para alcanzar un acuerdo sobre la resolución del litigio, independientemente de si el proceso es iniciado por las partes, sugerido u ordenado por un órgano jurisdiccional, o prescrito por el Derecho nacional de un Estado miembro"*, lo cual, centrado posteriormente en las diferentes variantes citadas, revertiría en los campos de posible actuación, y así: el referido a la resolución de los conflictos familiares en tanto haya menores implicados; el referido a la resolución de los conflictos de convivencia en al ámbito escolar, con excepción de aquellos que puedan revestir carácter penal, y sin perjuicio de su compatibilidad con el régimen disciplinario; y el referido a la aplicación de la normativa penal específica sobre menores[2], como método de administración del reproche social de la conducta al menor infractor, al margen de la imposición de una medida judicial.

Rasgos comunes de toda mediación son: que debe responder al principio de *rogación*, esto es, que se solicite por quienes puedan verse implicados o sus representantes válidos; que exige, normalmente, un *poder de*

---

1 Recomendación R (98) 1, del Comité de Ministros a los Estados miembros sobre la Mediación Familiar, de 21 de enero de 1998; Propuesta de Directiva del Parlamento Europeo y del Consejo de Ministros sobre ciertos aspectos de la mediación en los asuntos civiles y mercantiles [2004/0251 (COD)]. O la Recomendación CM/Rec (2018)8 del Comité de Ministros a los Estados miembros en materia de justicia restaurativa penal.

2 LO 5/00 de 12 de enero y RD 1774/04 de 30 de julio, que se desarrollarán más adelante.

disposición sobre *la materia* a mediar, pues no todo contenido (conflicto) es susceptible de mediación (en su concepto formal, y no ético); que es un *mecanismo extrajudicial de resolución de conflictos*, lo que no supone que deba ser marginado de cualquier matiz legal o normativo, pues extrajudicialidad o "poco formal" no significa extralegalidad; que es un *proceso voluntario*, lo que significa tener en cuenta la capacidad de los intervinientes para someterse, válidamente y de forma no viciada o condicionada, al mismo; que es un *proceso personalísimo e inmediato* y, por tanto, *directamente relacionado con la intimidad personal* en el que la confidencialidad y el principio general de reserva de las actuaciones con menores deben ser tenidos especialmente en cuenta (ya sean víctimas o victimarios); que tiene carácter *no vinculante*, lo que no significa ajeno a consecuencias o al margen de protocolos; y que también es un proceso con un *ineludible interés público*, pues, tratándose de menores, supone una implicación del Estado más allá de la simple consideración de un conflicto entre partes privadas, lo cual, conlleva, necesariamente, a la obligada intervención, en algunos casos, de ciertas instituciones de carácter público, como el Ministerio Fiscal (MF), las entidades públicas de protección de menores o ciertas autoridades educativas, puesto que los caracteres generales de la mediación no son transmisibles, sin más, a todo proyecto de acercamiento consensuado entre partes en conflicto cuando alguna de ellas es menor o el resultado de la misma le va a afectar de forma necesaria.

Es necesario también distinguir la mediación con menores de cualquier otra figura parecida, como la *transacción*, que tiene fuerza de cosa juzgada y permite el uso de la vía de apremio para su cumplimiento; el *arbitraje*, en cuanto concede al árbitro capacidad decisoria; el *asesoramiento técnico*, en cuanto implica realización del contenido de una actividad profesional; las *terapias*, que suponen un tratamiento y su seguimiento; las *pericias*, que son informes emanados de expertos; la *conciliación*, en cuanto implique ausencia de altruismo; o la *negociación*, que supone una actividad entre partes sin intervención de tercero. Tampoco debemos confundirlas con otras actuaciones externas no formales que, sin embargo, puedan luego servir para poder decidir sobre la continuación o no de un proceso penal contra un menor[3].

---

3 Así, por ejemplo, las posibilidades correctoras en el ámbito familiar o educativo que permitan luego desistir de la persecución judicial del conflicto conforme al art. 18 LORPM.

Las diferencias enunciadas no son simplemente metódicas, porque la capacidad de compromiso y el valor del mismo por parte de los menores, así como el nivel de exigencia de aquel, responden a parámetros distintos a las fórmulas de consenso entre adultos. Con ello podemos avanzar además los tres pilares básicos de la configuración de todo método mediador: *¿quién?, ¿qué? y ¿cómo?* Así se podría hablar de:

Límites subjetivos: ¿Quién? Relativos a los sujetos del conflicto, tanto a los directamente implicados —edad; capacidad de intervención en el proceso mediador; válida configuración o consideración del consentimiento prestado; intervención, en su caso, de sus representantes legales; etc.—, como a otros posibles intervinientes, fundamentalmente los mediadores o agentes mediadores, como parte imprescindible, por un lado, o a otros contingentes al proceso como los profesores, el centro escolar o la Administración, por otro.

Límites objetivos: ¿Qué? Referidos, fundamentalmente, al poder de disponibilidad de la materia a someter a mediación y a la selección del objeto (conflicto) en atención al interés público ínsito en la misma.

Límites ejecutivos: ¿Cómo? Referidos al grado de obligatoriedad y posibilidades de exigencia del compromiso y a su valor como tal.

2. PLANTEAMIENTO DEL TEMA RESPECTO DE LA MEDIACIÓN FAMILIAR

2.1. El conflicto familiar. Mediación **con** *menores y para menores*

La mayoría de definiciones de mediación familiar parten normalmente de un concepto de conflicto proyectado en el ámbito de las relaciones matrimoniales o de pareja, y susceptible de generar acuerdos para los adultos sobre las consecuencias del fin de las relaciones, poniendo a menudo en un segundo plano la posición de los menores de edad[4], a los que se relega con términos como "interesados", "receptores" o "beneficiarios" de los acuerdos entre adultos y no como partes reales, y únicas a veces, de un conflicto familiar mediable. Sin duda, esto refleja la necesidad de observar ciertos límites normativos cuando se habla, en general, de *mediación con menores*, diferenciándola de la *mediación para menores*. Ello trae a colación lo

[4] Que pueden ser también los "actores" principales del conflicto de pareja.

comentado después sobre la prestación del consentimiento[5] de un menor para comprometerse en un proceso mediador.

De lo acabado de exponer resultan dos posiciones del menor en el proceso mediador. Por un lado, como receptor indirecto del resultado de la mediación, lo que podríamos denominar *"beneficiario de la mediación"*, que surge de la evaluación de los límites del proceso mediador derivados de la existencia de menores destinatarios del posible consenso entre adultos; y, por otro lado, el concepto de menor como verdadera *parte del proceso mediador* por su directa relación con el objeto del mismo. Ello resulta del concepto amplio de conflicto familiar (objeto de la mediación) que manejamos, y que determina la necesidad de evaluar la capacidad concreta de un menor para adquirir y desarrollar eficazmente tal posibilidad (a modo de derecho propio).

2.2. Capacidad del menor sujeto de la mediación familiar

La consideración de la edad y de la capacidad como factor de *madurez*, aparece también como trascendental. En todos aquellos casos en que se precise la *voluntad* del menor, debe ésta distinguirse del *consentimiento*, pues este supone una manifestación concreta y expresa de permisibilidad para la ejecución de un acto específico o para su sometimiento al mismo, mientras que aquella supone una afirmación o reafirmación de la disponibilidad del menor para el desarrollo de una actuación dilatada en el tiempo y que implica la continuidad de actos concretos o de sus consecuencias. Es necesario, pues, considerar la *capacidad jurídica* del menor, esto es, su capacidad para ser titular de derechos inherentes a la persona; y su *capacidad de obrar*, esto es, su aptitud para ejercitarlos, debiendo tener en cuenta que el art. 2.2 de la L.O. 1/96, de Protección Jurídica del Menor, dispone que *"las limitaciones a la capacidad de obrar de los menores se interpretarán de forma restrictiva"* y que el art. 9 de la misma norma viene a recoger un principio general de audiencia al menor, al establecer que *"el menor tiene derecho a ser oído, tanto en el ámbito familiar como en cualquier procedimiento administrativo o judicial en que esté directamente implicado y que conduzca a una decisión que afecte a su esfera personal, familiar o social"*. Aunque tales consideraciones puedan parecer ajenas a la mediación, no lo son, pues apuntan a la necesaria consideración previa por el agente mediador de, por un lado, las posibilidades reales de sometimiento del menor al proceso mediador, y, por otro, de la

---

5 Consentimiento informado, sin duda.

consistencia y no condicionamiento de la voluntariedad del sometimiento del menor al proceso y de la real comprensión por este, tanto de su contenido como de sus objetivos, esto es, la valoración de lo que podría denominarse su *capacidad natural*, entendida como posibilidad real de toma de decisiones plenamente consentidas, válidas y no condicionadas, evitando convertir la *mediación* en *mediatización*.

El agente mediador también deberá examinar si es necesario complementar esa capacidad del menor con la *representación legal*. En este sentido es necesario recordar, con el Tribunal Constitucional[6], que "*los menores de edad son titulares plenos de sus derechos fundamentales…sin que el ejercicio de los mismos y la facultad de disponer sobre ellos, se abandonen por entero a lo que al respecto puedan decidir aquellos que tengan atribuida su guarda y custodia…cuya incidencia sobre el disfrute del menor de sus derechos fundamentales se modulará en función de la madurez del niño y los distintos estadios en que la legislación gradúa su capacidad de obrar*". Debe recordarse, asimismo, que para los casos de desacuerdo entre menores y sus representantes legales, los derechos y libertades de unos y otros deben ser ponderados teniendo siempre presente el *interés superior del menor* (lo que no es sinónimo de único o exclusivo), y que existen vías de resolución judicial de estos conflictos con intervención del Ministerio Fiscal[7]. Es cierto que el ejercicio de la patria potestad[8] debe hacerse siempre, como se dispone en el Código Civil, en beneficio de los hijos y de acuerdo con su personalidad, comprendiendo la obligación de representar a aquellos, pero ello no significa que dicha representación sea ilimitada, pues se exceptúan, entre otros, "*los actos relativos a derechos de la personalidad u otros que el hijo, de acuerdo con las Leyes y con sus condiciones de madurez, pueda realizar por sí mismo*"[9].

2.3. Naturaleza contractual de la mediación familiar

Otra importante cuestión jurídica, no sólo semántica, y con derivaciones distintas según nos refiramos a la mediación familiar o a otras posibles mediaciones con menores, es la naturaleza contractual de la primera de acuerdo con las diferentes disposiciones normativas que la regulan. Este

---

6 STC 141/2000, de 29 de mayo.

7 *Vide* arts. 162.2º y 163 y concordantes del C.C.

8 Ténganse en cuenta también las consecuencias de la emancipación y otras habilitaciones legales.

9 Art. 162.1º del Código Civil.

aspecto hace suponer inicialmente la imposibilidad de que los menores no emancipados tengan la capacidad necesaria para llevarla a cabo, pues, con carácter general, el art. 1263 del C.C. dispone que los menores no emancipados no pueden prestar el consentimiento necesario para la celebración de los contratos, y, sin embargo esto choca plenamente con otros aspectos, como la propia definición general de mediación contenida en la normativa europea *ut supra* citada, que no confiere necesariamente a la mediación un carácter contractual, y que, sobre todo, busca con la misma el encuentro no contencioso y el acercamiento entre personas para la solución de determinados problemas de naturaleza familiar y social, normalmente resolubles en vía conciliadora. Por otro lado ello tendría cierto carácter discriminatorio con otras formas de mediación, como la escolar, así como con el hecho de que los menores tengan capacidad jurídica suficiente en muchos casos para impetrar el auxilio judicial por sí mismos[10] solicitando una respuesta judicial a un conflicto[11], siéndoles impedido, sin embargo, en base al criterio formal de una necesaria forma como contrato, el acceso a una solución familiar consensuada mediante un proceso mediador, siquiera sea con la supervisión de otras personas o instituciones de hecho o de derecho. Finalmente, también sería discriminatorio con las posibilidades reales de mediación del menor infractor en el ámbito de la LORPM. Se hace necesario, pues, ampliar el campo de intervención del menor con capacidad suficiente como parte real del supuesto mediable, y no solo para su simple audiencia.

2.4. Mediación familiar con menores e "interés público"

Ese "interés público" supone la necesaria implicación de determinados organismos (Fiscalía o entidades públicas, entre otros), y surge del mero hecho de existir un menor implicado, directa o indirectamente, en un proceso mediador. El referido interés público al que nos referimos no es baladí, y supone indicar que la existencia de menores en el seno del conflicto a resolver debe determinar la previsión de ciertos límites de actuación en el desarrollo del proceso mediador, tanto para las posibles partes intervinientes como para el agente mediador, puesto que todo aquello que por sí mismo afecta al interés público puede suponer quedar extramuros del carácter dispositivo de las partes.

---

10 *Vide* por ej. Art. 158 del C.C. o arts. 6 y 7 de la LEC.

11 Que puede ser un conflicto familiar también.

2.5. *Consideraciones finales respecto de la mediación familiar*

La existencia de menores implicados en un proceso mediador con mayores de edad en un conflicto familiar, o la posibilidad real de que menores de edad puedan iniciar un proceso mediador como partes directas en un conflicto susceptible de pronunciamiento judicial, supone una situación especial del régimen mediador, con unos límites y consecuencias que resumidamente supondrían, en primer lugar, la posible consideración del menor como sujeto principal de la relación mediadora en los supuestos de conflicto familiar; en segundo término, la consideración de la emancipación en el mismo sentido; en tercer lugar, la especial consideración de los derechos de los menores receptores del consenso entre mayores sujetos de una mediación familiar, y los límites de maniobra del agente mediador en relación con ello; en cuarto lugar, la consideración de los límites derivados del interés público y, como consecuencia de ello, el planteamiento de la necesidad de intervención o control de determinadas instituciones como el MF o las entidades públicas competentes en materia de protección de menores; y, finalmente, la consideración de los límites posteriores derivados de la no ejecución de lo resuelto o las derivadas de un hipotético incumplimiento, sobre todo, cuando ello puede ocurrir por la voluntad o ausencia de voluntad de los menores partícipes. Esto es, el qué, quién y cómo del proceso mediador, a que nos venimos refiriendo.

3. PLANTEAMIENTO EN LA MEDIACIÓN ESCOLAR. CONSIDERACIONES PREVIAS

La ausencia de una regulación común y exhaustiva en este ámbito obliga a ser más explícito en algunos de los puntos. La quiebra de la convivencia y el fenómeno de la violencia en los centros educativos se ha convertido en objeto de gran preocupación general, haciéndose necesario arbitrar mecanismos que permitan la eventual solución de los diferentes conflictos que en el ámbito escolar se producen, ya sean espontáneamente generados en y por dicho ambiente, ya sean trasladados a ese campo por ser un lugar más de manifestación de otros conflictos que ya forman parte de la dinámica social al margen de la escuela, pero que encuentran en ésta un importante sustrato para su sustento, mantenimiento y proliferación. Tal mediación escolar, asimismo, se ampara, principalmente, en aspectos y parámetros educativos, psicológicos, sociológicos e incluso terapéuticos, pero —y tal es también la base central de este trabajo— no puede ser ajena a ciertas dosis de conformación jurídica, que permitan, no ya dotarla de contenido o de adverar su idoneidad, sino asegurar la viabilidad práctica de su puesta en marcha, aplicabilidad y ejecución.

En primer lugar, y para un mejor encuadre relacional entre mediación escolar y Ministerio Fiscal, debe tenerse en cuenta que éste último, como Institución básica del Estado[12] en cuanto a la materia de protección y defensa de menores en general se refiere, no puede quedar al margen del tema, como pieza fundamental del rompecabezas multidisciplinar y del carácter colaborador que debe servir de pilar para la resolución de estos conflictos, y debe ser concebido y conocido como una Institución cercana, de apoyo a la posible solución del problema, ya sea mediante el ejercicio de las múltiples funciones legales que en la materia tiene encomendadas, como impetrando o exigiendo, en su caso, el auxilio judicial o administrativo necesario para su logro. Se trata, pues, de buscar la sincronización y adecuación de los derechos de los diferentes intervinientes a los límites de su capacidad de intervención y/o decisión sobre el conflicto a resolver y sobre su exigibilidad o no, ante la eventual obtención de un resultado común acordado y aceptado o sobre la valoración del cumplimiento de los compromisos mediadores preventivos previamente asumidos, y, a la vez, se trata de hacer observar que el proceso mediador no es sólo una representación metódica de técnicas de resolución de conflictos, sino que también, y en tanto supone una intervención sobre personas, responde a unas fórmulas jurídicas de necesaria observancia o atención, sobre todo para el agente mediador.

3.1. Generalidades. El conflicto escolar. Concepto de mediación escolar

Partiendo del concepto base de mediación referido al inicio del presente trabajo, la *mediación escolar* podría definirse como un método técnico y complejo de resolución de conflictos entre personas determinadas o determinables, aplicable, con carácter voluntario y a través de otra/s persona/s con aptitud acreditada y carácter neutral, a un contexto escolar válido y a un objeto previamente seleccionado, y dirigido a la resolución de aquellos y/o a la prevención individual y general de conductas similares.

Los mecanismos preventivos, frente a los represivos, tienen la ventaja inicial de permitir el desarrollo de la comunicación y la cooperación en el

---

12 Véanse el art. 124 de la CE; art. 3 de la Ley 50/81 de 30 de diciembre, del EOMF; la L.O. 1/96, de 15 de enero, de Protección Jurídica del Menor; las previsiones normativas de la L.O. 5/2000, de 12 de enero, Responsabilidad Penal de los Menores y Real Decreto 1774/04, de 30 de julio.

ámbito escolar y fomentar las habilidades y técnicas sociales de resolución de los problemas, no sólo en el campo escolar sino en el social y familiar tangenciales al mismo[13]. Por ello, como insistiré, no se debe relacionar el derecho penal de menores con los meros mecanismos represivos. Al menos, no se debe fomentar tal radical simetría. Las actuaciones mediadoras en este ámbito, como refleja la Exposición de Motivos de la L.O. 5/00 (LORPM), gozan de la misma naturaleza *sancionadora-educativa* que otros mecanismos de solución que se incluyen en el referido texto legal.

De nuevo, el trabajo multidisciplinar es imprescindible, pero no concebido a modo de jerarquía piramidal con otras instituciones, sino en respuesta paralela dentro de cada ámbito competencial, sin intentar excluir ninguno de ellos, y sin olvidar la obligación de poner en conocimiento de las autoridades correspondientes (fiscalía), todos aquellos hechos cometidos por menores que tengan caracteres delictivos, sin perjuicio de la posible actuación paralela en el ámbito educativo que pueda, posteriormente, y atendiendo a la entidad delictiva y circunstancias del menor, procurar una respuesta legal de la Fiscalía en relación con la continuación o no del proceso penal. En este sentido, la mayoría de los métodos y programas de mediación escolar tienden a prevenir las conductas violentas procurando mecanismos mínimos para conseguir las pautas y habilidades necesarias para su eventual solución al margen de la agresividad o de la violencia, pero no tienden a la erradicación de la causa del acaecer violento, que, en muchas ocasiones, puede incluso ser más trascendente que éste. Como veremos, pues, cuando el posible objeto de la mediación escolar son conductas violentas —ya se denomine *acoso escolar*, o se trate de conductas aisladas (a veces denominadas "micro-violencia")— la actividad mediadora pasa por varios filtros: la necesaria intervención de determinadas instituciones estatales y autonómicas y la aplicación de unas reglas predeterminadas; la posible compatibilidad de las mismas con otras soluciones mediadas ajenas a la referida institucionalización, en defecto o como complemento de la misma; la prevalencia de lo preventivo sobre lo represivo, sin perjuicio de la intervención concreta sobre el sujeto activo por el hecho cometido; la

---

13 La Ley Orgánica 2/2006, de 3 de Mayo, de Educación, establece, como uno de los principios básicos del sistema educativo español, *"la educación para la prevención de conflictos y para la resolución pacífica de los mismos, así como la no violencia en todos los ámbitos de la vida personal, familiar y social"* (art. 1 letra k), y, como objetivo, *"la educación en el ejercicio de la tolerancia y de la libertad dentro de los principios democráticos de convivencia, así como en la prevención de conflictos y la resolución pacífica de los mismos"* (art. 2 letra c).

consideración del carácter multidisciplinar de la intervención, dentro de cada ámbito competencial, no a modo excluyente o jerárquico, sino de necesaria puesta en conocimiento para la evaluación de la situación y la determinación de la necesidad o no de intervención real en cada campo; y la compatibilización y diferenciación de la mediación escolar y el régimen disciplinario de los centros educativos.

3.2. Sujetos de la mediación escolar. Sujetos en conflicto y sujetos del conflicto. Características del agente mediador

Inicialmente podríamos distinguir entre los sujetos *en* conflicto, esto es, aquellos cuya conflictividad pretende ser mediada; y los sujetos *del* conflicto, esto es, aquellos que participan, en cualquier modo, en el proceso mediador, al margen de los protagonistas. Centrando el tema en los supuestos de mediación escolar, los sujetos del conflicto serían aquellos directamente implicados en el mismo, normalmente, menores de edad, y ya sea en conflicto con otros menores o con otros miembros de la comunidad educativa (profesores). En una consideración previa de las partes en conflicto, la *mediación interpares,* siendo todos menores, sugiere el equilibrio real y jurídico de las voluntades en juego; sin embargo, la actuación mediadora entre diferentes (alumno-adulto), puede suponer una situación de indefensión no sólo teórica, sino también real, en el desarrollo y resolución del proceso, que puede afectar, fundamentalmente, al grado de validez del consentimiento prestado por el menor para el compromiso, habiéndose de evitar que la voluntad del adulto pueda prevalecer sobre la del menor a la hora de aceptar el compromiso mediador. La edad, como criterio biológico, debe servir para la consideración por el agente mediador de la conveniencia o no de la aplicación del proceso mediador, y deberá ser un dato considerado atendiendo a todos los sujetos en conflicto, pues, de ser elemento distorsionante en alguno de ellos, afectaría a la consideración global positiva de la intervención mediadora y a la eficacia real de la misma. Al margen de los anteriores, existen otros intervinientes en el proceso mediador que forman parte necesaria del mismo: los *mediadores o agentes mediadores (o facilitadores).* La primera cuestión a plantear sería quién es o puede ser mediador escolar. En los diversos referentes legales en materia de mediación en general y sobre todo de mediación familiar, suele ser común la exigencia de una cierta habilitación legal y preparación a modo de consideración de la capacidad y profesionalidad —que no profesionalización o profesionalismo—, para el ejercicio de este tipo de funciones. No se trata de obviar la capacidad innata de cualquier persona para poder consensuar partes en conflicto, pero sí de hacer ver que la mediación escolar no es simplemente un complejo teórico sino un instrumento práctico real no ajeno a la consideración de ciertos formalismos, entre ellos la delimitación, siquiera sea *a priori*, de la capacidad para llevar a cabo de forma eficaz el proceso mediador. Por tanto, no toda persona es susceptible de ser considerada mediadora, del mismo modo que ninguna debe excluirse inicialmente. No se trata, en modo alguno, de profesionalizar, sino de adverar la capacitación para el desempeño de la labor de mediación. Asimismo, y dentro de este contexto, habría que distinguir los supuestos de *especialización expresa*, para la solución de un conflicto determinado, y de *especialización tácita*, dirigidos a la capacidad para la formación en la solución, esto es, a la especialización formativa en mecanismos mediadores de resolución de conflictos escolares. Entre los criterios de selección se deberían también incluir parámetros que sirvieran para concretar la conveniencia de que la referida mediación fuera *plural* (varios mediadores) o *singular* (un solo mediador), y, dentro de la primera, si tal mediación plural debe ser *compleja* (mediadores de diferente ámbito) o *simple* (mediadores del mismo ámbito), así como cuáles podrían ser los factores fundamentales para determinar si, en el proceso mediador, deben intervenir otros posibles agentes externos. En cuanto a la posible *intervención de otros agentes* en el proceso, como podrían ser los educadores, el centro escolar o la administración educativa, indicar simplemente que, sin perjuicio de las responsabilidades de orden económico que para las mismas pudieran derivarse y que pudieran determinar la necesidad de consenso, su participación concreta en el proceso mediador será contingente, adecuándose su eventual intervención a la consideración de la necesidad o pertinencia de la misma. Estos otros intervinientes, sin duda, pueden tener un papel importante en el aspecto *formativo* de la mediación, esto es, aquel en el que, al margen de la prevención y de la alternativa a la sanción, busca, con la mediación, dejar la impronta en los sujetos en conflicto de las alternativas no violentas de solución.

3.3. El objeto de la mediación escolar

Esto es, la concreción del conflicto susceptible de mediación. En el ámbito escolar deben diferenciarse todas aquellas conductas meramente disruptivas o asociales o puramente indisciplinarías, que pueden encontrar amparo en la actividad mediadora sin demasiada oposición, de aquellas otras que constituyen el principal problema al *transitar a violentas o agresivas*, ya sean aisladamente consideradas (p. ej. agresiones...) o, conjuntamente, con afectación de la integridad moral y psíquica del que las sufre (p. ej.

bullying), pues esto supondrá un proceso previo de selección del objeto de la actividad mediadora que no puede ser ajeno al mediador ni puede ser sólo decisión de éste. La discriminación de las conductas verdaderamente delictivas y su diferencia con las simplemente disruptivas o las disfunciones educativas, así como la determinación de la posible causa del conflicto, especialmente en los casos de conductas susceptibles de infracción penal, supone nada menos que concretar la posible indisponibilidad del objeto que se deriva del interés público de los sujetos y elementos en juego, sin que el agente mediador pueda ser quien defina y decida, unilateralmente, el carácter penal o no de una determinada conducta, aunque sea solo para evitar en ocasiones un tratamiento equivocado de roles en que el ofendido aparezca como ofensor, o viceversa.

Así pues, entre los diferentes supuestos que pueden ser susceptibles de mediación escolar se pueden encontrar conductas que impliquen algún tipo de infracción penal. Ahora bien, cuando este tipo de conductas repercuten en la necesaria aplicación de la L.O. 5/2000 (LORPM) ello no significa que la actuación mediadora esté ausente en modo alguno, pues es precisamente dicha norma la que contiene numerosas fórmulas de lo que se denominan supuestos de *"terminación extrajudicial del proceso"*[14], que reconocen el uso de acciones mediadoras y conciliadoras como suficientes para la consideración del reproche social de la conducta delictiva del menor. Lo que ocurre es que llegado el caso de someter a la consideración mediadora las conductas violentas acaecidas en el ámbito escolar, es necesaria la intervención de determinados órganos e instituciones que la propia norma determina, y así, el Ministerio Fiscal, los Equipos Técnicos, los Juzgados de Menores, o la Administración competente para la ejecución de las medidas o de la actividad mediadora, o incluso, de ser menor de catorce años[15] el presunto responsable, la intervención de la entidad pública competente en materia de protección de menores. Ello no significa que otras actuaciones mediadoras vean acotadas sus posibilidades de intervención[16], pero sí que estarán supeditadas a que así se haya determinado como fórmula de terminación correcta del proceso de exigencia de responsabilidad penal

---

14 Arts. 18, 19 y 27.4 de la LORPM, entre otros.

15 Art. 3 LORPM.

16 Véanse Manual de Justicia Restaurativa de UN https://www.unodc.org/documents/justice-and-prisonreform/Manual_sobre_programas_de_justicia_restaurativa.pdf y el Modelo de Protocolo para la práctica de la Justicia Juvenil Restaurativa en los Ministerios Públicos de la AIAMP https://eurosocial.eu/wpcontent/uploads/2021/09/Herramienta_63_4.pdf

del menor, ya sea por sí mismo o como contenido de la sanción (medida) impuesta a aquel. Del mismo modo, nada impedirá que otras actividades mediadoras voluntariamente consentidas por los sujetos en conflicto puedan llevarse a cabo simultánea o sucesivamente, pero, eso sí, teniendo en consideración que el objeto de este proceso mediador ya no es de libre disposición por los mismos, en cuanto no es evitable el encuentro con las instituciones mencionadas y con lo que las mismas puedan acordar o decidir. El tantas veces aludido "interés público" se encuentra en el trasfondo de la materia, y aquí es doble, por un lado, por los propios sujetos implicados: menores; y, por otro, por el objeto que les vincula: las conductas susceptibles de inclusión en responsabilidad penal.

3.4. Consideraciones finales respecto de la mediación escolar

De lo expuesto, se podría concluir brevemente que: la mediación escolar mantiene, con la mediación en general, algunos aspectos comunes, como el carácter voluntario, pero se diferencia de aquella en otros muchos —como la capacidad de los sujetos o el interés público del objeto—, que la convierten no en una especie del género mediación, sino en un género de mediación en sí misma; que la mediación escolar supone una intervención metodológica técnica que no puede ser ajena a ciertos rigores jurídicos, tanto en lo relativo a los sujetos intervinientes como en lo referente a su objeto y a sus posibilidades de realización efectiva; que respecto de los sujetos deben considerarse, especialmente, su capacidad real y jurídica, tanto para someterse al proceso mediador como para comprender su alcance, evitando todo posible condicionamiento; que se hace necesaria la regulación legal de la figura del mediador escolar para la consideración previa de las aptitudes necesarias para el desempeño de esta actividad y el alcance, contenido y requisitos de tal figura; que en relación con el objeto de la intervención mediadora, debe considerarse la especialidad de los supuestos de violencia en el ámbito escolar o su naturaleza delictiva, en cuanto repercuten en la necesaria intervención de determinadas instituciones públicas, y con el fin de determinar la posible aplicación de otros mecanismos mediadores y su compatibilidad con los legalmente indicados para tales supuestos; que la voluntariedad del compromiso del menor para aceptar el proceso mediador, y su mantenimiento, se convierte en la pieza angular sobre la que se sustenta la posible aplicación práctica de los resultados obtenidos; que en materia de mediación escolar, también el Ministerio Fiscal debe ser institución básica, en función de los cometidos constitucionales y legales que se le encomiendan tanto en materia de reforma como de protección de menores.

4. PLANTEAMIENTO DE LA CUESTIÓN EN RELACIÓN CON LA "MEDIACIÓN PENAL". FÓRMULAS DE TERMINACIÓN EXTRAJUDICIAL DEL CONFLICTO

4.1. Regulación normativa básica

La mediación penal con menores de edad plantea menos problemas de falta de concreción debido a la detallada regulación contenida, fundamentalmente, en el art. 19 de la L.O. 5/2000[17] y en el art. 5 del RD 1774/04, de 30 de Julio[18].

---

17 El Artículo 19 de la LO 5/00, de 13 de enero: *"Sobreseimiento del expediente por conciliación o reparación entre menor y la víctima"* dispone: *1.También podrá el Ministerio Fiscal desistir de la continuación del expediente, atendiendo a la gravedad y circunstancias de los hechos y del menor, de modo particular a la falta de violencia o intimidación graves en la comisión de los hechos, y a la circunstancia de que además el menor se haya conciliado con la víctima o haya asumido el compromiso de reparar el daño causado a la víctima o al perjudicado por el delito, o se haya comprometido a cumplir la actividad educativa propuesta por el equipo técnico en su informe. El desistimiento en la continuación del expediente sólo será posible cuando el hecho imputado al menor constituya delito menos grave o falta. 2. A efectos de lo dispuesto en el apartado anterior, se entenderá producida la conciliación cuando el menor reconozca el daño causado y se disculpe ante la víctima, y ésta acepte sus disculpas, y se entenderá por reparación el compromiso asumido por el menor con la víctima o perjudicado de realizar determinadas acciones en beneficio de aquellos o de la comunidad, seguido de su realización efectiva. Todo ello sin perjuicio del acuerdo al que hayan llegado las partes en relación con la responsabilidad civil. Cuando la medida sea consecuencia de la comisión de alguno de los delitos tipificados en los Capítulos I y II del Título VIII del Código Penal, o estén relacionados con la violencia de género, no tendrá efecto de conciliación, a menos que la víctima lo solicite expresamente y que el menor, además, haya realizado la medida accesoria de educación sexual y de educación para la igualdad. 3.El correspondiente equipo técnico realizará las funciones de mediación entre el menor y la víctima o perjudicado, a los efectos indicados en los apartados anteriores, e informará al Ministerio Fiscal de los compromisos adquiridos y de su grado de cumplimiento. 4.Una vez producida la conciliación o cumplidos los compromisos de reparación asumidos con la víctima o perjudicado por el delito o falta cometido, o cuando una u otros no pudieran llevarse a efecto por causas ajenas a la voluntad del menor, el Ministerio Fiscal dará por concluida la instrucción y solicitará del Juez el sobreseimiento y archivo de las actuaciones, con remisión de lo actuado. 5.En el caso de que el menor no cumpliera la reparación o la actividad educativa acordada, el Ministerio Fiscal continuará la tramitación del expediente. 6.En los casos en los que la víctima del delito o falta fuere menor de edad o incapaz, el compromiso al que se refiere el presente artículo habrá de ser asumido por el representante legal de la misma, con la aprobación del Juez de Menores.*

18 No olvidemos tampoco los contenidos de los arts. 18 LORPM (desistimiento por corrección en el ámbito educativo o familiar); art. 27.4, en cuanto a las posibilidades de no continuación del procedimiento penal por suficiente reproche con actuaciones ya practicadas o por el tiempo transcurrido que hace innecesaria ya

No se deben confundir estas actuaciones mediadoras legales con cualesquiera otras actuaciones sociales, policiales, técnicas o profesionales que, al margen del proceso formal legal, puedan servir para la consecución de un efecto positivo para la investigación de un proceso penal por un hecho delictivo, o para fundamentar después la decisión de mediar. Se trata pues de tener en cuenta que las soluciones extrajudiciales en el ámbito de los procesos penales de menores no son nunca ajenas al propio proceso penal[19] sino que, o bien se llevan a cabo como parte del mismo con suspensión de otros aspectos más gravosos, o bien sirven para tenerlas posteriormente en cuenta a la hora de configurar o no la necesidad de la continuación de aquel. En este punto no se puede hablar con carácter absoluto de alternativas a la resolución judicial de conflictos sino de alternativas para la evitación final de la resolución judicial del conflicto, lo cual nunca puede ocurrir al margen del proceso.

Además de lo expuesto, es evidente que existen múltiples conceptos y fórmulas jurídicas plenamente relacionables con la justicia restaurativa en general y que se cumplen en la legislación española con bastante rigor. Así, por ejemplo, la *despenalización de delitos leves*; el *principio de oportunidad*; la *no penalización de delitos por razón de la condición personal* (véase, por ej. art. 183 *quater* CP); las *medidas extrajudiciales* durante todo el proceso; las *fórmulas jurídicas que permiten poner fin a un procedimiento* ya iniciado formalmente sin necesidad de sentencia, como la conciliación, la reparación directa o indirecta, la suspensión del proceso, los juicios de *conformidad* o los *beneficios procesales* del reconocimiento de hechos, entre otros muchos.

Dicho esto, la especificidad del tema que nos ocupa impide el desarrollo de la mediación penal con menores en profundidad[20], por lo que

una intervención con el menor; o las posibilidades de conciliación posterior a sentencia (art. 51 LORPM). Véase también el Protocolo para la práctica de la Justicia Juvenil Restaurativa de la AIAMP que dice que los programas de justicia restaurativa se pueden utilizar en cualquier etapa del sistema de justicia penal, a reserva de lo dispuesto en la legislación nacional.

19 En el Modelo de Protocolo para la práctica de la Justicia Juvenil Restaurativa en los Ministerios Públicos de la AIAMP se expone "*Que es posible emplear vías alternativas de solución de las controversias que afecten a los niños, pero es preciso regular con especial cuidado la aplicación de estos medios alternativos para que no se alteren o disminuyan los derechos de aquéllos*".

20 Más información en: https://josediazcappa.com/2022/10/18/mediacion-y-otras-alternativas-al-proceso-judicial-con-menores-limites-juridicos-para-su-aplicacion-especial-referencia-a-la-responsabilidad-penal-del-menor/

me ocuparé, fundamentalmente, de los siguientes principales puntos de discusión:

4.2. Algunas especificaciones de la mediación penal

Como he destacado, una de las principales características de la mediación penal es que el conflicto viene configurado por la presunta existencia de una infracción penal, y esto implica, a su vez, una doble consideración no menos importante: por una lado, que en cuanto presunción, todavía no ha surgido una verdadera causa por la que el menor deba someterse a proceso alguno, ni siquiera de carácter menos gravoso como la mediación; y por otro, que en el ámbito de la L.O. 5/00, el hecho mismo de la aceptación, sometimiento y desarrollo de la mediación, puede suponer un adelanto de actos del menor, que, de otro modo, no hubiera estado obligado a cumplir sino tras la existencia de una sentencia condenatoria firme, pues, también a diferencia de otros procesos mediadores, la mediación penal no consiste sólo en la búsqueda del acercamiento asertivo de las partes en conflicto sino, también, en el cumplimiento efectivo de determinadas acciones por parte del menor. Como consecuencia de ello, y sin perjuicio de tener que concurrir los requisitos formales previstos en el art. 19 de la LO 5/00 para poder iniciar el proceso mediador, lo cual no es objeto de discusión, el hecho de la existencia de un posible ulterior proceso penal tendente a la sentencia no puede ser usado como mecanismo de "presión" para "forzar" un proceso mediador, pues el carácter voluntario a su sometimiento no desaparece en la mediación penal. En la misma dirección, pero en sentido contrario, tampoco debe admitirse la mediación penal cuando la misma es aceptada por el menor solo para intentar evitar un posterior proceso penal más gravoso, pues también desaparecería otro de los principales objetivos de la mediación: su carácter no condicionado. Por lo tanto, no se deben confundir *recomendación* y *condicionamiento,* ni *mediación* con *mediatización.*

También a diferencia de otros mecanismos de mediación, el consenso entre las partes y la total disponibilidad sobre los términos y el desarrollo de la misma, no es tal, pues, al estar condicionada por el hecho penal, la ley permite su culminación positiva incluso sin la participación de una de las partes (víctima o perjudicado) si se entiende que la oposición de ésta carece de justificación, circunstancia que, sin embargo, haría inviable la obtención de un consenso válido en un supuesto de mediación familiar, por ejemplo. La legislación penal en este sentido distingue bien entre la reparación directa y la indirecta, admitiendo como válida tanto la que procura fundamentalmente la satisfacción del interés personal de la víctima como la que, aún sin la participación de esta[21], procura y consigue la satisfacción del interés social mediante el sólo reproche formal y aceptado del menor infractor. No debemos olvidar, en modo alguno, que no encontramos, a diferencia de otros supuestos de mediación, en el ámbito del Derecho Público y no del Derecho Privado.

Además, debemos recordar que, en relación con la determinación de una de las partes intervinientes, la condición de víctima y perjudicado deben ser coincidentes. Sólo el directamente afectado por los hechos delictivos puede posteriormente ser parte en el hipotético proceso mediador que se llevara a cabo. Otros perjudicados o afectados, sin perjuicio de los compromisos particulares que se pudieran admitir al respecto, no pueden ser considerados válidos a efectos de la correcta formación del proceso mediador. Tal formación puede venir condicionada también por la disparidad de partes, ya que puede ocurrir que haya múltiples partes en conflicto en atención al número de menores infractores y/o de víctimas o perjudicados. Ello tampoco es baladí. Pensemos en que, por un mismo delito cometido por un menor contra varios perjudicados, el consenso puede ser posible con unos sí y otros no, o que, por el contrario, siendo varios menores infractores, no todos acepten el consenso. En ambos casos se plantearán cuestiones jurídicas de diferente calado, como la necesidad o no de continuar el proceso penal o la posible discriminación de continuarlo para unos menores sí y otros no. Ello pone de manifiesto que, en los supuestos de mediación penal, las posibilidades plurales de intervención interfieren, necesariamente, en la toma de decisión sobre el contexto mediador.

4.3. Capacidad del menor como sujeto de la mediación penal

Las dificultades que jurídicamente existen en los supuestos de mediación familiar y escolar respecto de la capacidad del menor para comprometerse al proceso mediador desaparecen en la mediación penal. Todo *menor infractor* que se encuentre en la franja legal para ello puede admitir el compromiso sin necesidad, inicialmente, de una previa valoración general

---

21 El art. 19.4 de la LO 5/00 dispone que "*Una vez producida la conciliación o cumplidos los compromisos de reparación asumidos con la víctima o perjudicado por el delito o falta cometido,* o cuando una u otros no pudieran llevarse a efecto por causas ajenas a la voluntad del menor, el Ministerio Fiscal dará por concluida la instrucción y solicitará del Juez el sobreseimiento y archivo de las actuaciones, con remisión de lo actuado". Entre esas causas ajenas se encontraría también la no aceptación sin causa por parte del perjudicado, del proceso mediador.

de su capacidad, con independencia de la que se pueda realizar por los profesionales sobre su participación concreta en un supuesto específico. En relación con el *menor víctima/perjudicado,* sin embargo, la propia L.O. 5/00 determina que "*en los casos en los que la víctima del delito o falta fuere menor de edad o incapaz, el compromiso al que se refiere el presente artículo habrá de ser asumido por el representante legal de la misma, con la aprobación del Juez de Menores*". En relación con esto se dan por reproducidos los comentarios efectuados *ut supra* respecto de la capacidad del menor, de los límites a la representación legal y respecto de la posibilidad de conflictos de intereses entre el menor víctima/perjudicado y sus representantes legales. De especial importancia también, referir en este apartado las posibilidades mediadoras que se deduzcan en materia de protección respecto de los menores de 14 años exentos de responsabilidad penal[22], y la necesaria especial consideración de la aplicación de tales soluciones extrajudiciales a los mayores de edad que cometieron hechos delictivos cuando eran menores, pero se ven en la edad adulta sometidos a la posible respuesta penal.

4.4. Conciliación y reparación como fórmulas de mediación

El concepto de mediación que se maneja en el campo penal permite, desde la fórmula más sencilla de disculpa y aceptación entre las partes, hasta la más elaborada actuación concreta del menor mediante la realización de actuaciones en beneficio de la propia víctima o perjudicado o de la comunidad en general, e, incluso, la realización de ciertas actuaciones[23] como prestaciones de servicios o tareas, no muy diferentes a veces de las

---

22 Art. 3 LORPM. Régimen de los menores de catorce años. "*Cuando el autor de los hechos mencionados en los artículos anteriores sea menor de catorce años, no se le exigirá responsabilidad con arreglo a la presente Ley, sino que se le aplicará lo dispuesto en las normas sobre protección de menores previstas en el Código Civil y demás disposiciones vigentes. El Ministerio Fiscal deberá remitir a la entidad pública de protección de menores testimonio de los particulares que considere precisos respecto al menor, a fin de valorar su situación, y dicha entidad habrá de promover las medidas de protección adecuadas a las circunstancias de aquél conforme a lo dispuesto en la Ley Orgánica 1/1996, de 15 de enero*".

23 El art. 19.2 de la LO 5/00, cuando establece que "*A efectos de lo dispuesto en el apartado anterior, se entenderá producida la conciliación cuando el menor reconozca el daño causado y se disculpe ante la víctima, y ésta acepte sus disculpas, y se entenderá por reparación el compromiso asumido por el menor con la víctima o perjudicado de realizar determinadas acciones en beneficio de aquéllos o de la comunidad, seguido de su realización efectiva. Todo ello sin perjuicio del acuerdo al que hayan llegado las partes en relación con la responsabilidad civil*".

que tendría que llevar a cabo de serle impuesta en una sentencia condenatoria, lo cual podría provocar a veces una colisión con el principio de "*ne bis in idem*"[24].

La especialidad de la mediación penal a que venimos refiriéndonos podría incluso permitir considerar como tales otros supuestos contenidos en la L.O. 5/00, como los del art. 27.4 que dispone que "*asimismo podrá el equipo técnico proponer en su informe la conveniencia de no continuar la tramitación del expediente en interés del menor, por haber sido expresado suficientemente el reproche al mismo a través de los trámites ya practicados, o por considerar inadecuada para el interés del menor cualquier intervención, dado el tiempo transcurrido desde la comisión de los hechos*", si se reunieran los requisitos previstos en el artículo 19.1 de la misma norma.

4.5. Objeto del conflicto

El objeto del conflicto viene muy claramente determinado por el hecho delictivo, y más en concreto "*...cuando el hecho imputado al menor constituya delito menos grave o falta*" (hoy delito leve) y en atención, "*...de modo particular a la falta de violencia o intimidación graves en la comisión de los hechos*".

Sin embargo, y esto es la práctica habitual, el objetivo —que no el objeto—, se desplaza inadecuadamente hacia la posible responsabilidad civil derivada del hecho delictivo, quedando las posibilidades de aceptación del mismo por la víctima/perjudicado sometidas inadecuadamente al condicionante previo del abono de las indemnizaciones que se pudieran derivar de la infracción penal. Sin perjuicio de que la satisfacción económica del perjudicado tiene trascendental importancia, el dejar al albur de la misma el compromiso mediador puede suponer desvirtuar totalmente el proceso[25], tanto si ello llega a hacerse efectivo (pues en estos casos se relativiza lo importante, que es el hecho delictivo), como si no se llega a hacer compensación económica alguna en ese momento, pues, en este caso, la negativa

---

[24] Del mismo modo podríamos preguntarnos qué consideración jurídica habría que darle a la manifestación de un menor infractor que, en un proceso de mediación, reconoce los hechos delictivos que se imputan, y que, sin embargo, posteriormente, debe verse sometido al proceso penal por incumplir el compromiso mediador adquirido.

[25] El artículo 19.2 *in fine* dispone que "*Todo ello sin perjuicio del acuerdo al que hayan llegado las partes en relación con la responsabilidad civil*".

se convierte en condicionante o medio de presión para un compromiso que tiene como premisa básica una voluntad de consenso ajena al ámbito puramente económico, en la búsqueda del interés del menor. Se trata, sin duda, de un esfuerzo añadido para la víctima/perjudicado, pero es necesario hacer ver que el compromiso que se adquiere con su participación en el proceso de mediación es en beneficio del menor infractor, y que ello no empece ni elimina sus posibilidades legales de obtención de la oportuna compensación indemnizatoria, pero no es el momento de la mediación el más adecuado para ello, ni es la finalidad del mismo.

Del mismo modo debe hacerse ver al menor infractor pues otra cosa supondría hacerle creer al mismo que la mediación no es sino sólo un proceso en el que se compromete a pagar al perjudicado una determinada cantidad, que luego no cumplirá y que, además, a los que verdaderamente estará comprometiendo es a sus padres o representantes legales, o, incluso, a otros posibles responsables civiles solidarios y subsidiarios, que, en modo alguno han participado de ese consenso y que además, no podrán verse obligados inicialmente a un pago por el que no han sido formalmente condenados al no derivar de una sentencia que advere la premisa previa necesaria para la existencia de responsabilidad civil *ex delicto*, que es, obviamente, el propio delito.

4.6. Cumplimiento de la mediación

En relación con este aspecto, también el texto aparece claro en cuanto a las consecuencias del cumplimiento o incumplimiento del mismo en los nº 4 y 5 del artículo 19 cuando establece que "*una vez producida la conciliación o cumplidos los compromisos de reparación asumidos con la víctima o perjudicado por el delito o falta cometido, o cuando una u otros no pudieran llevarse a efecto por causas ajenas a la voluntad del menor, el Ministerio Fiscal dará por concluida la instrucción y solicitará del Juez el sobreseimiento y archivo de las actuaciones...*" y que "*en el caso de que el menor no cumpliera la reparación o la actividad educativa acordada, el Ministerio Fiscal continuará la tramitación del expediente*". Asimismo, el art. 5.1. letra f) del Reglamento dispone que "*no siendo posible la conciliación o la reparación directa o social, o cuando el equipo técnico lo considere más adecuado al interés del menor, propondrá a este la realización de tareas socioeducativas o la prestación de servicios en beneficio de la comunidad*".

4.7. Posibilidades conciliadoras y delitos contra la libertad e indemnidad sexual y violencia de género y violencia doméstica

El párrafo segundo del artículo 19.2 de la LORPM, modificado por la L.O. 10/22 de 6 de septiembre, de garantía integral de la libertad sexual, limita ahora las posibilidades de aceptación individual de un compromiso mediador del menor en estos casos, al exponer que: *"cuando la medida sea consecuencia de la comisión de alguno de los delitos tipificados en los Capítulos I y II del Título VIII del Código Penal, o estén relacionados con la violencia de género, no tendrá efecto de conciliación, a menos que la víctima lo solicite expresamente y que el menor, además, haya realizado la medida accesoria de educación sexual y de educación para la igualdad"*.

4.8. Otros posibles intervinientes

La concreción de los profesionales intervinientes como agentes mediadores en cada momento del proceso es lo suficientemente detallada como para dejar márgenes de duda, como se ha expuesto, aunque podemos hacer algunas puntualizaciones sobre la hipotética intervención de otros posibles agentes:

En relación con el abogado del menor y de la acusación particular, el artículo 5.1 a) del Reglamento dispone que: *"si el Ministerio Fiscal, a la vista de las circunstancias concurrentes o a instancia del letrado del menor, apreciara la posibilidad de desistir de la continuación del expediente, solicitará del equipo técnico informe sobre la conveniencia de adoptar la solución extrajudicial más adecuada al interés del menor y al de la víctima"*. En primer lugar, pues, es necesario concordar la posibilidad de que el letrado del menor inste la posibilidad de inicio de un proceso de mediación. Debemos entender, por otro lado, que tal posibilidad debe concederse también al letrado de la acusación particular a la vista del elenco de facultades que se disponen para la misma en el art. 25 de la LO 5/00, y del hecho fundamental de estar representando, precisamente, al perjudicado por el hecho delictivo, parte esencial del proceso mediador. Del mismo modo, cuando el artículo 5.1 letra b) del mismo texto legal establece que *"recibida la solicitud por el equipo técnico, citará a su presencia al menor, a sus representantes legales y a su letrado defensor"*, se está haciendo constar la necesaria participación del letrado en la inicial fase del proceso mediador, si bien, teniendo en cuenta que sus funciones no deben perder su normal consideración de asesoramiento jurídico ni sustituir la voluntariedad y el compromiso de las partes al sometimiento o participación en la mediación, ni debe extenderse al desarrollo del proceso mediador en sentido estricto.

Todo ello, sin perjuicio de la preceptiva audiencia del letrado conforme al art. 5.1. c) inciso primero del Reglamento. Del mismo modo, en relación con una hipotética intervención del letrado de la acusación particular[26].

En relación con los llamados *policías tutores o referentes*, y sin perjuicio de las múltiples funciones propias de estos agentes locales y del constante buen hacer de los mismos en materia de menores, así como los positivos resultados de algunas labores intermediadoras (no confundibles con mediaciones legales) con menores y familias, se debe evitar concebir a dichos agentes de la autoridad como especialmente investidos de competencias para poder obtener soluciones legales consensuadas en conflictos en los que se encuentran involucrados menores edad, y, sobre todo, hay que evitar la consideración de la existencia de una hipotética habilitación legal para poder exigir a un menor el cumplimiento de actividades como compensación particular o social tras la comisión de un presunto delito, pues, tales competencias pasan siempre por la aplicación de la normas de la L.O. 5/00 y la necesaria intervención de los profesionales que la misma indica para la adecuación a derecho de un hipotético proceso mediador. Así, cuando el art. 53.1. letra i) de la LO 2/86 de 13 de marzo, de Fuerzas y Cuerpos de Seguridad del Estado dispone, respecto de las funciones de la Policía Local, que entre las funciones de sus agentes está la de *"cooperar en la resolución de los conflictos privados cuando sean requeridos para ello"*, no se está refiriendo, en modo alguno, a una atribución legal para la gestión definitiva de conflictos que, aún en su vertiente consensuada, está reservada su promoción, desarrollo y ejecución, a otros profesionales e instituciones.

4.9. Momento de la conciliación como supuesto de mediación

Mencionar por el momento que, en primer lugar, hay que concebir la conciliación como algo ajeno a la búsqueda de eliminación de situaciones

---

[26] En este sentido, el artículo 5.1 letras d) y e), mencionan que: *"El equipo técnico se pondrá en contacto con la víctima para que manifieste su conformidad o disconformidad a participar en un procedimiento de mediación, ya sea a través de comparecencia personal ante el equipo técnico, ya sea por cualquier otro medio que permita dejar constancia". "Si la víctima fuese menor de edad o incapaz, este consentimiento deberá ser confirmado por sus representantes legales y ser puesto en conocimiento del juez de menores competente", "Si la víctima se mostrase conforme a participar en la mediación, el equipo técnico citará a ambos a un encuentro para concretar los acuerdos de conciliación o reparación. No obstante, la conciliación y la reparación también podrán llevarse a cabo sin encuentro, a petición de la víctima, por cualquier otro medio que permita dejar constancia de los acuerdos".*

más comprometidas para el menor, y, en segundo lugar, que aquella puede darse, como dice el art. 51.3 de la LORPM y el art. 5.3 del Reglamento, en momentos posteriores, y así dice aquel que: *"la conciliación del menor con la víctima, en cualquier momento en que se produzca el acuerdo entre ambos a que se refiere el artículo 19 de la presente Ley, podrá dejar sin efecto la medida impuesta cuando el Juez, a propuesta del Ministerio Fiscal o del letrado del menor y oídos el equipo técnico y la representación de la entidad pública de protección o reforma de menores, juzgue que dicho acto y el tiempo de duración de la medida ya cumplido expresan suficientemente el reproche que merecen los hechos cometidos por el menor;* y dispone el art. 5.3 del Reglamento que "*lo dispuesto en este artículo podrá ser aplicable al procedimiento de mediación previsto en el artículo 51.2 de la L.O. 5/2000,..., sin perjuicio de la competencia de la entidad pública y de lo dispuesto en el artículo 15 de este reglamento. Las referencias al equipo técnico hechas en este artículo se entenderán efectuadas a la entidad pública cuando...dicha entidad realice las funciones de mediación*". Finalmente, el art. 15 del mismo texto legal prescribe que: *"si durante la ejecución de la medida el menor manifestara su voluntad de conciliarse con la víctima o perjudicado, o de repararles por el daño causado, la entidad pública informará al juzgado de menores y al Ministerio Fiscal de dicha circunstancia, realizará las funciones de mediación correspondientes entre el menor y la víctima e informará de los compromisos adquiridos y de su grado de cumplimiento al juez y al Ministerio Fiscal, a los efectos de lo dispuesto en el artículo 51.2 de la Ley Orgánica 5/2000,... Si la víctima fuera menor, deberá recabarse autorización del juez de menores..."*

4.10. Ejecución del compromiso

La intervención mediadora, como he venido apuntando, viene siempre condicionada por su carácter voluntario, y así pues, la negación posterior del consentimiento, el rechazo tácito o expreso al compromiso o al proceso mediador en cualquier momento, vendrá condicionado por la no obligatoriedad de los acuerdos o soluciones avanzados o de las pautas ya adquiridas, lo que tampoco ha de suponer pues, responsabilidad alguna ante tales omisiones. Tal circunstancia, sin embargo, no concurre en los supuestos de aplicación de la ley penal del menor, en la que, la no realización del compromiso adquirido puede suponer la continuidad del proceso sancionador, aunque, no necesariamente para la imposición de una medida coercitiva, sino en la búsqueda de la alternativa más favorable al interés superior del menor.

También hay que apuntar que, siendo la voluntariedad del compromiso pieza clave de la actividad mediadora, la misma no debe estar condicionada a ningún otro aspecto que pueda devenir en una inadecuada aceptación de la misma, y, por tanto, de su resultado. Se trataría pues de evitar la *mediatización* en el proceso mediador. Es decir, el proceso mediador debe buscar un compromiso no interesado, una verdadera funcionalidad práctica del mismo ajena a la evitación de otras posibles alternativas. El proceso mediador no debe ser usado como condición para la evitación de otros procesos más gravosos, quizás, para el menor, como el disciplinario o el penal en sentido estricto.

4.11. Consideraciones finales respecto de la mediación penal con menores

Podríamos considerar las siguientes conclusiones al respecto:

Las fórmulas mediadoras de terminación extrajudicial de un proceso penal por delito seguido contra un menor se encuentran reguladas y definidas en la LORPM y su Reglamento, y suponen siempre una alternativa a su resolución por sentencia que no excluye, sin embargo, que la decisión final sobre su eficacia o no deba realizarse en la fase correspondiente del propio proceso penal. Extrajudicial no significa extraprocesal. Nunca se debe perder de vista que el conflicto (el objeto de la mediación) en los casos de responsabilidad penal nace de la comisión de un hecho delictivo.

Ello supone también la necesidad de no confundir las actuaciones mediadoras legales contenidas en la legislación sobre responsabilidad penal del menor con cualesquiera otras actuaciones que puedan tener como finalidad la consecución de un efecto positivo para la resolución y para la investigación de un proceso penal por un hecho delictivo, sin perjuicio de su atención y evaluación para la toma de decisión final.

En estos procesos debe tenerse muy en cuenta no vulnerar la presunción de inocencia del menor y evitar al "mediatización" del proceso mediador.

La capacidad de compromiso y sometimiento a este tipo de recursos alternativos no está limitada por la minoría de edad, siempre ajustada a la edad penal exigida. En el caso de menor víctima/perjudicado, sin embargo, la propia L.O. 5/00 determina que "*...el compromiso al que se refiere el presente artículo habrá de ser asumido por el representante legal de la misma, con la aprobación del Juez de Menores*". En este sentido, es necesario también evaluar la eficacia de la actuación mediadora en los casos de mayores de edad procesados por delitos cometidos cuando eran menores.

Recordar la necesidad del contexto procesal citado también cuando se trate de menores de 14 años, exentos de responsabilidad penal, y respecto de las actuaciones a seguir por la entidad pública conforme al art. 3 de la LORPM.

En los procesos mediadores penales con menores, el interés público supone un factor de necesaria intervención institucional específica, siendo la sociedad en general una virtual parte del proceso conciliador que permitiría su finalización positiva incluso ante negativas injustificadas de la víctima o perjudicados (reparaciones directas e indirectas). Ese interés público supone, pues, varias consideraciones: se trata de una mediación con una parte indefinida (la sociedad); supone la intervención obligatoria de instituciones y agentes mediadores previamente establecidos; y tiene, asimismo, un marcado carácter reglado.

Es trascendental en esta materia la implementación de actuaciones mediadoras con menores víctimas de delitos cometidos también con menores[27].

Que en los casos de delitos contra la libertad sexual o violencia de género *"...no tendrá efecto de conciliación, a menos que la víctima lo solicite expresamente y que el menor, además, haya realizado la medida accesoria de educación sexual y de educación para la igualdad"*.

Las consecuencias económicas del proceso penal no pueden ser la base ni la finalidad del proceso mediador, sin perjuicio de la incidencia que pueda tener en el resultado final del mismo.

Los operadores intervinientes en el proceso de mediación han de ser siempre los específicamente habilitados para ello.

---

27 En este contexto, el OIJJ lanza el proyecto 'Implementar la justicia restaurativa para niños víctimas' (JUST/2015/RDAP/AG/VICT/9344).

La mediación que pudo haber sido y no fue[1]

ROSA ARROM LOSCOS
Catedrática de Escuela Universitaria de la Universidad de las Islas Baleares

1. INTRODUCCIÓN

Es para mí un gran honor poder compartir este espacio de reflexión y de debate con ilustres compañeros tanto de Universidades españolas como extrajeras, así como con diversos y excelentes profesionales del mundo del Derecho, destacando el plus de riqueza que siempre supone y aporta el señalado factor de internacionalidad con el que cuenta este evento. Así, estas jornadas reflejan el común empeño, como decía en mis palabras de presentación del Congreso, en un mismo propósito, a saber, la apuesta decidida por los valores de la cultura de paz y del acuerdo, por la mayor humanización de la Justicia en los distintos ámbitos en los que se pueden proyectar; de un lado, la Justicia Colaborativa y, de otro, la Restaurativa. Nos hallamos, pues, ante un reto que exige el impulso de un modelo de Justicia más eficaz y eficiente y en el que, además, el factor humano gana peso específico.

En lo que a mi intervención respecta, la misma obviamente se sitúa en el ámbito de la Justicia Restaurativa, por cuanto la mediación penal es especie del género más amplio de aquélla, con el anhelo de servir, aunque sea en pequeña medida y desde una experiencia real y personal, al acercamiento de un mecanismo, el de la mediación penal, que tanto tiene que decir y aportar a una sociedad que apuesta por cultura de paz, por los valores que de la misma emanan, lo que conduce, ciertamente, a la mayor humanización de la Justicia y, sin duda, al impulso y fortalecimiento del derecho a la tutela judicial efectiva consagrado en el art. 24 de nuestra Constitución.

---

1 La intervención plasmada en las páginas siguientes, se incluyó en la categoría de experiencias reales de mediación.

Sí quiero recalcar desde este momento que, a día de hoy, la mediación penal en España en el enjuiciamiento de adultos, a diferencia de lo que sucede en el ámbito civil, no sustituye, en modo alguno, al proceso penal. Así, tiene respecto del mismo un carácter instrumental y accesorio, no suponiendo una renuncia del Estado respecto de lo que ha venido denominándose el monopolio en relación al ejercicio del ius puniendi. En otras palabras, el derecho a la imposición de la pena, se encuentra en las manos exclusivas del Estado, con prohibición absoluta de auto tutela. Por tanto, cometido un acto criminal deberá iniciarse el proceso penal correspondiente con independencia de que exista un acuerdo reparador, con determinados efectos sobre el proceso a resultas de un procedimiento de mediación, presentes los requisitos para su adopción a tenor del art. 15 del Estatuto de las Víctimas del Delito.

Dicho lo cual, comienzo señalando que, si bien mi intervención se ubica en el apartado de experiencias reales de mediación, matizo indicando que, más bien, el objetivo de mi intervención es trasladarles, sustentada en un relato, una experiencia personal de "no mediación" y una reflexión acerca de lo que podría haber sido y no fue y como, a consecuencia de mi personal proceso de reparación, llegué "de una forma natural" a la mediación penal.

Quiero, en los próximos minutos, compartir con Uds, un "viaje" que confieso me ha llevado a tener más intuiciones que certezas, un viaje que parte del dolor de una pérdida, pero que, al mismo tiempo, me ha regalado y, permítanme la expresión coloquial, "darle la vuelta al calcetín", transformar el sufrimiento, que sin duda paraliza, en una actitud proactiva para incorporarme a una senda iniciada por muchos otros y otras hace años, la marcada por la Justicia Restaurativa, dentro de la cual se sitúa, como he señalado, la mediación penal.

La mediación penal nos habla del potencial extraordinario de un mecanismo que conecta con la parte más luminosa del ser humano, nacida, en no pocas ocasiones de las sombras, del tránsito por nuestra particular "noche oscura del alma". De la mediación penal brota un potencial que nos habla, en definitiva, de esa capacidad maravillosa del ser humano de transformar el plomo en oro cuando somos capaces de conectar con nuestro Yo más profundo, con la esencia de nuestra humanidad.

2. EL RELATO

El mío no es, por desgracia, un relato extraordinario muchas familias han pasado y pasarán por una experiencia similar a la vivida por nosotros hace ya algunos años. Y, como cualquier relato, el mío tiene un comienzo que se sitúa algo antes del 26 de diciembre de 2003, día que marcó un antes y después en mi vida.

Pero empecemos por el principio. Muy brevemente, indico algunas cuestiones previas que ayudarán a situar mejor mi relato. Soy docente vocacional, consciente del privilegio que ha sido poder desarrollar mi actividad como profesora en la UIB, afrontando cada nuevo curso con la misma ilusión con la que empecé hace más de 30 años. Desde la perspectiva investigadora, mi interés inicialmente se dirigió al proceso civil (de hecho, mi tesis doctoral, dirigida por mi querida maestra, la Dra Isabel Tapia Fernández, lo fue en este ámbito); si bien, con la entrada en vigor de la LO 5/2000, LORPM, mi actividad viró hacia el proceso penal, lo que sin duda marcaría y facilitaría mi "llegada" a la mediación penal.

Pues bien, me hallaba desarrollando estas tareas cuándo el 26 de diciembre de 2003 ocurrió en mi familia un hecho de extraordinaria gravedad, la muerte de mi hermano Jaime a manos de un conductor homicida. Se le esperaba en casa de mi hermana Margarita a comer el día de la segunda fiesta de Navidad y simplemente nunca llegó. El día anterior me había despedido de él, en la siempre divertida comida de Navidad, un beso, un gran, gran abrazo y un hasta mañana, Jaime. Jaime había recién estrenado unos espléndidos 42 años.

A partir de ahí, la pérdida absoluta, el desgarro, la gran pena de no haber podido estar a su lado hasta que el último soplo de vida hubiera abandonado su cuerpo, de no haber podido sujetar, fuerte, muy fuerte, su mano, la añoranza infinita del hermano que me había acompañado, siempre, desde que mis ojos se abrieron por primera vez a la vida, y el inicio de un proceso interior de reconstrucción frente a la devastación que se provoca en nuestro interior cuando un ser amado no es arrancado, en nuestro caso, con violencia.

Sin duda, lo que nos pasó fue el detonante para que se abriera en mi interior un proceso de reflexión profunda sobre el sufrimiento humano en general y, en especial, sobre el sufrimiento que generan los actos de unos seres humanos sobre otros en su máxima expresión de gravedad, esto es, cuando esos hechos merecen reproche penal, configurándose como delitos, tanto más cuando acaban con la vida de otro ser humano.

Como cualquier persona que sufre un hecho criminal de esta naturaleza, un tiempo después de la muerte de Jaime inicié, como he indicado, mi personal proceso de reparación que duró varios años.

En ese tiempo de reflexión profunda, una parte muy importante de la misma se cimentó, de forma esencial, sobre cuatro ejes que, como los cuatro puntos cardinales, orientaron mi proceso de búsqueda: el legado de mi hermano, el ejemplo de mis padres, mi experiencia en el proceso penal que se sustanció como consecuencia de los hechos acaecidos y Antonio, la persona que segó la vida de Jaime.

El legado de Jaime:

A los dos días de su muerte, la vida nos tenía preparado un gran regalo. Mi hermana Carmen, haciendo copias de los muchos escritos y relatos que nos dejó mi hermano, encontró uno que estaba escribiendo, iniciado apenas un par de semanas antes de su partida y guardado por última vez, apenas una hora antes de su fallecimiento. En dicho escrito se recogían, con gran belleza y humor, los "estatutos fundacionales" de la que llamó "La casa de todos", una finca que mis padres le donaron en vida, la tierra que nos vio crecer a los cinco hermanos entre risas, juegos y flores de almendro. Literalmente, en esos divertidos estatutos, que comenzaban con unas preciosas y emocionantes palabras de gratitud hacia sus mayores, Jaime inauguraba la casa, refiriéndose a ella como un espacio de encuentro, de diálogo, de entendimiento y de acogimiento para todas las personas que quisieran visitarla. Y esa idea, la de generar y apostar por espacios de encuentro, desde la nueva mirada que me aportaba la pérdida de Jaime, resonaba en mi interior como una pieza que estaba destinada a encajar en un puzle que, sin duda, formaba parte, así lo intuía, de mi personal proceso de sanación.

El legado de mis padres:

He sido educada por mis padres en la cultura de paz, cierto es que no tenemos las mismas creencias, pero sí comparto con ellos los valores que emanan de dichas creencias y que me han sido transmitidos. Esto hizo posible, ha sido uno más de sus grandes regalos, que ni en mi corazón, ni en el de mi familia, cupieran, tras lo sucedido, el odio o los sentimientos de venganza; tal vez porque al principio todo lo ocupaba una infinita añoranza y la gran pena por la pérdida y, algo más tarde, el inmenso amor por él que perdura intacto.

Buena prueba de estos valores a los que he aludido, expresión de la cultura de paz, es que mi padre hasta los 91 años desarrolló, junto con un grupo de compañeros y amigos, tareas de voluntariado en el ámbito del acompañamiento de presos en la cárcel de Palma de Mallorca.

Y en este contexto deseo relatar, dentro de este segundo eje, un hecho de significada relevancia que también ha sido guía en mi proceso de búsqueda.

Uno de los compañeros y amigos de mi padre del grupo de voluntarios al que pertenecía un día le dijo que tenía que comentarle algo que había sucedido. Se encontraron y le dijo:

– Tomeu, no sé si lo que te voy a contar te va a gustar, pero creo que, como amigo tuyo, debo contártelo. El otro día, en la celebración de la Eucaristía en la prisión, el hombre que mató a tu hijo se sentó a mi lado, y cuando llegó el momento de dar la Paz, se la di…

Ante esta revelación, se hizo el silencio durante unos segundos, los que necesitó mi padre para contestar al decir:

– De acuerdo, pues si vuelve a sentarse algún día a tu lado, cuando le des la Paz, dásela, por favor, también en mi nombre.

Mi padre con estas palabras, siendo perjudicado directo de las acciones de Antonio, había elegido un camino que le conduciría, más tarde o más temprano, a su sanación, estaba en la posición personal idónea, si así lo hubiera deseado y hubiera sido posible, para participar en un procedimiento de mediación penal.

El proceso penal

Apostar por la mediación penal y los valores intrínsecos a la misma, no supone, como he indicado, renunciar al proceso penal español. Prueba de ello es que, ya lo sabemos, la mediación penal en nuestro país, a diferencia de la mediación civil, no es una alternativa al proceso, sino un mecanismo instrumental y accesorio respecto del señalado proceso penal.

A raíz de la personación de mis padres en el proceso penal correspondiente, tuve la oportunidad de reflexionar sobre lo que el mismo ofrece a las víctimas y el espacio que las mismas en él ocupan. De mi familia fui la elegida para testificar, asistimos al juicio y se dictó sentencia por la que Antonio entró en prisión. El final del juicio fue percibido por la familia como un alivio, había terminado el periplo procesal, si bien, salvo en lo tocante a mi declaración, no existió ninguna posibilidad más de participación por nuestra parte como víctimas (sí, obviamente desde la posición de acusación particular a través de nuestro letrado), siendo, como se ha señalado repetidamente por la doctrina, meros "convidados de piedra". Y, tal vez, deba ser así y ese espacio, el que otorga el proceso penal, no sea el idóneo para algo diferente, de ahí la necesidad de que exista otro en el que dotar a la víctima del protagonismo que merece.

Muchas veces he imaginado cómo habría sido una eventual mediación con Antonio, qué habría aportado a ambas partes este mecanismo que no aportó el proceso, a ello destinaré el último punto de mi intervención.

Sí, desearía recalcar en este momento que la mediación penal, es un camino en doble sentido, pero en ambos voluntario, como no podría ser de otro modo.

Ciertamente, cada víctima recorre su personal camino y proceso de duelo en el que, de forma absolutamente respetable, puede no caber ni concebirse por parte de ésta el encuentro con la persona que tanto daño le ha causado. Por otro lado, no todos los victimarios llevan a cabo ese proceso de toma de conciencia y de arrepentimiento sincero, tampoco para ellos es la mediación penal. De hecho, para evitar que un victimario no arrepentido instrumentalizase la mediación para conseguir un beneficio, nuestro ordenamiento jurídico impide que del acuerdo reparador alcanzado con la mediación se derive algún beneficio "extra" más allá del que se obtendría por el victimario dentro del propio proceso penal, por ejemplo, por aplicación de la atenuante de reparación del daño.

Pero ahora es el momento de referirme al cuarto punto cardinal al que he aludido, Antonio.

Antonio, haciendo uso del trámite de la última palabra, pidió perdón a la familia. Supimos que era un hombre con una vida totalmente desestructurada, repudiado por la familia y con problemas de adicción al alcohol.

En este punto, las palabras que resonaban entre mis pensamientos eran:

"Las consecuencias de nuestros actos, las consecuencias de nuestros actos…"

Con toda seguridad Antonio sabía lo que había hecho ¿pero el proceso consiguió que realmente tomara conciencia de las consecuencias, de todo el daño, y subrayo todo, generado por sus actos? La respuesta es, creo que no.

Cuando pienso en esta cuestión me viene siempre la imagen de Antonio lanzando una piedra al centro de un lago. La piedra es la vida de Jaime que se perdió sin remedió, desapareciendo velozmente, a plomo, entre los misterios del Universo. Pero cuando lanzamos un objeto al agua, no sólo se produce el evidente efecto directo e inmediato anteriormente descrito, también se producen perturbaciones derivadas de ese acto inicial a modo de ondas concéntricas alrededor del mismo, de las que tal vez no somos tan conscientes.

La piedra se hundió a plomo en el lago, a consecuencia de ese acto inicial de Antonio, como a plomo y sin más posibilidad, ni remedio, se perdió la vida de Jaime, el principal damnificado, y a partir de ahí diversas perturbaciones:

La familia que pierde al hijo, al hermano, al nieto que era soporte y alegría de una abuela casi centenaria y un niño, Artur, que venía de una guerra, con unos inmensos ojos azules y unas manos encallecidas, impropias de su edad, que hablaban del horror de la tragedia vivida, que pierde, como literalmente me dijo cuándo le abracé el día de los hechos, a su segundo padre; pues Jaime lo acogió amorosa y responsablemente en su vida, velando, en todo momento, por su formación integral física, intelectual y moral como el más diligente padre de familia, tal y como se reconoció, y pudimos comprobar emocionados, al leer la sentencia que se dictó en primera instancia.

Unos alumnos, que inundaron la Iglesia el día del funeral, y de los que recibimos más de trescientas cartas, perdieron a Mr Ball, así llamaban cariñosamente a su profesor de inglés, pues Jaime se paseaba entre los bancos con una pequeña pelota para mantener la atención de sus alumnos, atentos siempre a su participación en clase para responder a alguna cuestión cuando Mr Ball les lanzaba la pelota.

Un equipo educativo, el de IES Emili Darder, del que siempre recibimos su afecto y acompañamiento, pierden a un compañero. En el patio del Instituto, en el lugar en el que Jaime llegaba con la moto, con Artur de paquete, se sembró un olivo centenario monumento vivo, hermoso donde los haya, en el que una inscripción en una losa de piedra reza "Jaume Arrom, sempre amb nosaltres", "Jaime Arrom, siempre con nostros". Pierden, pues, también, sus compañeros, sus amigos y pierde la sociedad al truncarse la vida de uno de sus miembros en un momento de plenitud, pues se pierde un ser en búsqueda constante del conocimiento, comprometido con los valores de justicia y de solidaridad, siendo una de sus señas de identidad la de apostar siempre por generar espacios de diálogo y de entendimiento entre personas de distintas creencias y sensibilidades, implicado al 200% con la formación de la juventud, con sus alumnos, en definitiva, una hombre dispuesto siempre a dar y a entregar a los demás lo mejor de si mismo.

Al amparo de estos cuatro ejes, el camino estaba trazado, siendo que el 2016 fue un año crucial en ese "viaje", pues fui conocedora de la organización por la Universidad de Santiago de Compostela de un Congreso sobre mediación penal, Congreso en el que tuve la oportunidad de escuchar la magnífica ponencia sobre mediación penal a cargo de un mediador de reconocido prestigio, profesor de derecho procesal de la Universidad del País Vasco, el Dr Ixusko Ordeñana, hoy querido amigo. No puedo decir, sino que su intervención, aunque yo ya había empezado a transitar entre los entresijos de la mediación penal, fue para mí inspiradora. Las piezas encajaron definitivamente al escuchar las explicaciones del ponente con relación a la mecánica y resultados de la mediación penal en casos reales y en materias altamente sensibles; vi con claridad el camino. Así, tomé mayor conciencia del posible alcance del señalado mecanismo, de su proyección, potencial y beneficios, reafirmándome en que una sociedad que apueste por la mediación penal avanza hacia mayores cotas de reparación de las víctimas y consecución de fines de prevención especial, así como a una mayor humanización de la Justicia.

En efecto, como he indicado, en el mecanismo de la mediación penal encajaban a la perfección los cuatro puntos cardinales o ejes que habían orientado mi proceso interior de búsqueda:

- primer eje: generar espacios de encuentro en los que víctima, y también victimario, fueran protagonistas (asistidos siempre, por supuesto por el mediador, tercero imparcial y facilitador);
- segundo eje: apostar por la posibilidad de que la víctima decidiera, tras ese diálogo con el victimario en búsqueda de respuestas, optar por el perdón y su poder de sanación;
- tercer eje: complementar el proceso penal, coadyuvando al fin superior de reparación, sobre todo moral de las víctimas y a los fines de prevención especial, pues, quien toma conciencia del daño causado, raro será que vuelva a cometer hechos de igual o similar naturaleza.
- cuarto eje: respecto del victimario, impulsar la toma conciencia acerca de todas las consecuencias de nuestros actos, tomando las riendas de nuestra vida, posibilitando que, de forma proactiva, se repare al máximo el daño causado, abonando fines de prevención especial.

Llegamos al último punto de mi intervención.

3. LA MEDIACIÓN QUE PUDO HABER SIDO Y NO FUE

Como he adelantado, a lo largo de estos años, me sorprendo en ocasiones pensando en si habría sido posible y recomendable en nuestro caso una mediación, el encuentro humano en el que la misma se resume, partiendo de la voluntad de ambas partes de participar en la misma. Tengo parte de las respuestas y algún que otro interrogante que me atreveré a contestar.

Hace apenas un par de meses, un día que me hallaba paseando y disfrutando de los 94 de mi padre quise preguntarle si, de haber existido la posibilidad de una mediación, habría querido tener un encuentro con Antonio. La respuesta fue un rotundo "sí". No puedo decir que me sorprendiera, él ya había elegido el camino del poder sanador del perdón, si bien, indudablemente, la mediación con Antonio habría supuesto un paso más, una exposición directa a la persona que tanto daño le había causado, a pesar de lo cual la respuesta de mi padre fue clara. Respecto de la otra parte, Antonio, solo sabemos que pidió perdón, pero no sabemos, si, de haber existido la posibilidad, habría accedido al encuentro. Pero partir de esta afirmación no nos impide pensar, en el caso de que Antonio hubiera accedido, qué beneficios se habrían podido derivar de ese encuentro dialogado para víctima y victimario si la mediación penal hubiera fluido con éxito.

Respecto de mi familia, de mis padres, si así lo hubieran deseado, habrían tenido la oportunidad de actuar en un espacio en el que habrían sido protagonistas, habrían podido hacer preguntas y buscar respuestas a un nivel que no tiene cabida en un proceso penal, conocer las circunstancias personales de Antonio, lo que en definitiva la vida le había deparado como consecuencia de sus decisiones. Si en Antonio hubiera habido un sincero arrepentimiento, podrían haberlo percibido más allá de las de las 5 palabras que integraron la lacónica frase del trámite de la última palabra "pido perdón a la familia". Antonio podría haber expresado y mis padres podrían haber recibido su pesar y arrepentimiento en un entorno íntimo, frente a frente, mirándose a los ojos y, a su vez, en esas mismas condiciones, habrían podido trasladarle a Antonio su perdón, llegado el caso, impulsando su personal proceso de sanación.

Pero hay más, algo que entiendo como esencial. No sólo mis padres habrían podido preguntar, conocer las circunstancias de Antonio lo que les habría ayudado a situar lo sucedido que no a justificarlo, Antonio, si también lo hubiera deseado, habría conocido a nuestra familia, habría conocido, por boca de sus padres, a Jaime. De esta forma, podría haber tomado mayor conciencia de todas las perturbaciones generadas por ese acto inicial y devastador que acabó con la vida de un ciclista, hasta ese momento, anónimo para él. Y habría tenido la oportunidad de intentar reparar, más allá de lo económico, el daño generado, de sentirse perdonado, liberándose del sentimiento de culpa que paraliza y asfixia, para, de forma proactiva, asumir la responsabilidad sobre su vida y las consecuencias de sus actos a través del compromiso firme de reparación.

Lo anterior me lleva a pensar que, si Antonio se hubiera encontrado en ese momento personal, qué beneficioso habría sido para él, en fase de ejecución de pena privativa de libertad, el trabajo en clave de Justicia Restaurativa, asistido de profesionales que le ayudaran a progresar en ese proceso de autoconocimiento, de crecimiento y de responsabilización, contribuyendo al fin resocializador y educativo de las penas privativas de libertad a tenor del art. 25.2 CE.

Voy finalizando. En una sociedad dominada por las redes y los sistemas de IA, en la que muchos de nuestros niños juegan en plazas virtuales, ausentes las miradas y sonrisas cómplice de los compañeros de juegos, sustituidas éstas por un micrófono y una pantalla, generando deshumanización y, como alguien dijo de forma muy brillante, "la soledad de los hiper conectados", tengo la profunda convicción de que la mediación penal, en general la Justicia Restaurativa, conecta con la esencia de nuestra humanidad, con el poder de la palabra para generar espacios de encuentro, de diálogo y de entendimiento entre seres humanos, entre los que no debe haber más distancia que la indispensable para asegurar los derechos de las partes, el equilibrio y la seguridad de la víctima. Creo que, cuando, dándose las condiciones necesarias, una mediación fluye con éxito, algo extraordinario "se mueve" con ella, creo en el poder transformador de la mediación penal tanto para la víctima como para el victmario, en su capacidad de extraer luz de la oscuridad.

Existe en materia de mediación penal un evidente reto de futuro que pasa por la necesidad de que vea la luz una futura Ley de Mediación penal, más allá de la contemplada en la absolutamente insuficiente previsión del art. 15 del EVD y de algún otro precepto disperso en nuestro ordenamiento jurídico. En este sentido, la tesis del Dr Eduardo Luna Álvarez, de inminente publicación, titulada "Análisis crítico de la regulación y aplicación de la mediación penal en el ordenamiento jurídico español y propuesta de mejora *lege ferenda*" y que he tenido el honor de dirigir, aporta, como uno de sus valores esenciales, un punto de partida de lo que pudiera ser la futura normativa.

Subrayo para finalizar dos palabras...

Justicia, a través del Estado de Derecho y sus Tribunales en aplicación del art. 24 de la CE, consagrando el derecho de las víctimas a la tutela judicial efectiva el cual comprende, entre otras actuaciones, el derecho de aquéllas a la obtención del mayor grado posible de reparación del daño, lo que comporta el derecho, a su vez, de acceso a unos servicios de Justicia Restaurativa confiables y seguros.

Y *reparación,* resultado de un proceso íntimo donde los haya. Ese camino de sanación, frente a la devastación que, como un tsunami arrollador, produce un acto criminal cuando tiene, como en nuestro caso, la consecuencia de la pérdida de un ser querido se recorre y se afronta por cada ser humano de forma personal e intransferible, siendo que la mediación penal, como una ventana que se abre a la esperanza frente al sufrimiento, puede, si optamos por ella, coadyuvar y facilitar una sanación que es, sin duda, posible. Muchas gracias.

Experiencia real de mediación en Argentina: mediación juvenil en Argentina

JOSÉ LUÍS MONTOTO GUERREIRO
(Director) Abogado. Mediador
MARIANA TEJEDOR
Abogada. Mediadora
MARÍA NELLY FERBER
Abogada. Mediadora
ANALIA CHEME AVELLANEDA
Psicóloga
ESTELA GALEANO
Licenciada en Trabajo Social

La vieja teoría política se ha derrumbado.
El gobierno tiene que repensar las cosas
a fin de transformarse en un gobierno eficaz".
Peter Drucker[1].

1. INTRODUCCIÓN

El presentar un texto que sintetice: las actividades, las respuestas ante los cuestionamientos, la evaluación de resultados, y condiciones de desarrollo en una "experiencia que se está desarrollando", tiene limitaciones asociadas a lo provisorio de la situación, pero también creemos que allí

---

1 DRUCKER PETER. NAKAUCHI ISAO. "Tiempo de desafíos. Tiempo de reinvenciones". Pag. 285. Ed. Sudamericana. 1997

podríamos extraer una particular "riqueza" asociada la observación de la gestión operativa del proyecto.

A cierto tiempo vista, más de un año, se requiere un austero análisis de los objetivos iniciales y las acciones consecuentes, las reformulaciones generadas para lograr certeza en la reafirmación de los principios y garantías en todo el procedimiento.

No hemos de olvidar, que la incorporación o abandono de actividades —como la incorporación de los medios adecuados de transformación de conflictos, a modo implementación de políticas de estado— pasan por el tamiz de las atribuciones constitucionales (misión y función organizacional) y su relación con los demás poderes[2].

La propuesta de un cambio, con incorporación de una nueva tecnología (*techné*) de gestión en lo social[3], entendiendo como tal a "los medios adecuados de transformación de conflictos, como la mediación, las Conferencias y Círculos restaurativos, etc.", puede generar reformulaciones insospechadas, de carácter disruptivo en el contexto de las respuestas estatales al conflicto en su estado de judicialización, diferenciadora de la respuesta jurisdiccional adversarial.

Ello hace que norma jurídica, concebida por el discurso de la modernidad como síntesis de la VERDAD ÚNICA DE ESTADO y como ÚNICO PUNTO DE ABORDAJE DE LOS CONFLICTOS DEBE SER REVISADO EN SU "UNCIDAD", pues debe diferenciarse la respuesta lineal jurisdiccional adversarial, de la respuesta sistémica cooperativa/colaborativa que trasladan el centro de análisis en los tres componentes y espacios estructu-

---

2 Ello es así pues la generación de constelaciones de trabajo interpoderes, debe plantearse en especial en materia de políticas y derecho penal ya que, las prácticas cotidianas de un poder impactan en los demás, ya que las fuerzas de orden público, los gestores de instituciones de reclusión o de alojamiento/reinserción, la intervención de Jueces, Fiscales, Defensores de Oficio, como así también la atención de las víctimas, etc. dependen de diferentes áreas del Estado.

3 *E Cáceres Fdez.-Sanguino y otros* "La *techné y* la técnica moderna: Una aproximación teórica" *Cuaderno de Relaciones laborales* 2000, 16:99-132. ISSN 1131-8635. "La techné constituye el único modo de producción del que el ser humano es capaz. Frente al modo de producción de la naturaleza, la cual se autoproduce siempre del mismo modo (necesidad) y cuyo resultado final siempre es algo que no podría ser de otra manera; el hombre se enfrenta a una multiplicidad abierta de posibilidades en el orden de los objetos y de los modos como producirlos. Nada que salga de la mano del hombre lo hace de manera necesaria sino en un contexto donde la contingencia y la deliberación vuelven a aparecer".

rales del derecho: de la Burocracia (como potencial demostrativo de procedimientos regulativos) y la Violencia (como amenaza de fuerza física), a la Burocracia y Retórica (como forma de toma de decisiones, basada en la convicción y persuasión)[4], lo que se encuentra entre paréntesis nos pertenece.

Conceptos como justicia restaurativa o justicia terapéutica de múltiples significado político-globales, la tarea a realizar es bajarlas a lo cotidiano, con las dificultades que ello importa; primariamente la invariable, *resistencia a salir de la zona del confort de propios y ajenos*; brota allí, por primera vez (muchas veces solapadamente) el problema del entorno, del análisis de la condiciones de posibilidad para realizar la derivación de los tribunales, debe allí actuar con todos los operadores del sistema jurisdiccional informado y sorteando las dificultades que pudieran presentarse caso por caso.

Así entre tiempos y silencios, acciones y reacciones, desistimientos de víctimas u ofensores, hasta que aceptado por todos nos llevan al primer final acordado y cumplido, es el que hará reevaluar todas las nuevas acciones.

2. TRABAJO ESPECÍFICO EN LA GESTIÓN. SU FUNDAMENTO NORMATIVO

La actividad se inicia con la solicitud de autorización al Excmo. Superior Tribunal de Justicia de la Provincia de Misiones[5], en una causa en trámite por parte del Juez en lo Correccional y de Menores interviniente, para derivar el conflicto a mediación, por medio y con la anuencia del Centro Judicial de Mediación[6]: fundándose para ello en: la competencia otorgada

---

4 BOAVENTURA DE SOUSA SANTOS. *Sociología Jurídica Crítica. Para un nuevo sentido común den el derecho. Ed. Trotta*

5 Ley XII N°19 de Medios de Resolución alternativa de conflictos: ARTÍCULO 56.- Autoridad de Aplicación. Es autoridad de aplicación de la presente Ley el Superior Tribunal de Justicia de Misiones; el que tiene las siguientes atribuciones: a) fijar las políticas sobre la implementación, desarrollo y puesta en marcha de la mediación en el territorio provincial; ARTÍCULO 57.- Implementación. El procedimiento de mediación judicial será implementado en forma gradual conforme lo determine el Superior Tribunal de Justicia de Misiones, previa evaluación de la disponibilidad de personal y recursos técnicos, edilicios y presupuestarios.

6 Ley XII N°19 de Medios de Resolución alternativa de conflictos: ARTÍCULO 10.- Centro Judicial de Mediación. Créase el Centro Judicial de Mediación, en el ámbito del Superior Tribunal de Justicia de la Provincia de Misiones, que es el

al Centro Judicial de Mediación para actuar en casos de niños, niñas y adolescentes en conflicto con la ley penal[7].

Con fundamentos en: la Acordada N°14/11, dictada por el Excmo. Superior Tribunal de Justicia, por la cual en su artículo PRIMERO: adhiere "a las "Reglas de Brasilia sobre Acceso a la Justicia de Personas en Condiciones de Vulnerabilidad", aprobadas por la Asamblea Plenaria de la XIV Edición de la Cumbre Judicial Iberoamericana, celebrada los días 4, 5 y 6 de marzo de 2008 en la ciudad de Brasilia —República Federativa de Brasil—, que —como anexo— forman parte de este Acuerdo. SEGUNDO: Instruir a los Tribunales y Juzgados Inferiores de la Provincia a que adopten medidas activas y efectivas para su cumplimiento, las cuales deberán ser seguidas —en cuanto resulten procedentes— como guía en los asuntos a que se refieren".

El mencionado cuerpo internalizado de "Reglas Básicas relativas al acceso a la justicia de las personas que se encuentran en condición de vulnerabilidad"[8], dispone al establecer los destinatarios de las mismas[9], que todo niño, niña y adolescente debe ser objeto de una especial tutela por parte de los órganos del sistema de justicia en consideración a su desarrollo evolutivo. Así como las víctimas entendiendo por tales a "toda persona física que ha sufrido un daño ocasionado por una infracción penal, incluida tanto la lesión física o psíquica, como el sufrimiento moral y el perjuicio económico. El término víctima también podrá incluir, en su caso, a la familia inmediata o a las personas que están a cargo de la víctima directa"[10]. Y

---

organismo responsable de la instrumentación de la mediación en sede judicial; el Superior Tribunal de Justicia dictará la reglamentación necesaria para su funcionamiento.

7 Ley XII N°19 de Medios de Resolución alternativa de conflictos. ARTÍCULO 3.- Implementación. La mediación puede implementarse en los siguientes casos: g) causas derivadas del fuero penal en las que estén involucrados intereses de niños, niñas y adolescentes cuyo accionar se encuentre en conflicto con la ley penal y, en causas contravencionales.

8 Reglas de Acceso a la Justicia de las Personas en Condición de Vulnerabilidad han sido aprobadas por la XIV Cumbre Judicial Iberoamericana, que ha tenido lugar en Brasilia durante los días 4 a 6 de marzo de 2008. Exposición de motivos. Enlace vigente el 29 de abril de 2023. Agencia de Naciones Unidas para los refugiados, base de datos documental en español. https://www.acnur.org/fileadmin/Documentos/BDL/2009/7037.pdf

9 Idem referencia anterior. Sección 2ª. Beneficiarios de las Reglas: 2. Edad.

10 Idem referencia anterior. Sección 2ª.- Beneficiarios de las Reglas: 5.- Victimización

en los casos trabajados se acumula, a más de lo expuesto la vulnerabilidad establecida en el punto 7.- Pobreza[11], en al menos uno de actores.

Todo lo expuesto en concordancia con Sección 4ª. Donde se dispone que: "Se revisarán las reglas de procedimiento para facilitar el acceso de las personas en condición de vulnerabilidad, adoptando aquellas medidas de organización y de gestión judicial que resulten conducentes a tal fin"[12].

Completa lo expuesto la "Sección 5a.- Medios alternativos de resolución de conflictos 1.- Formas alternativas y personas en condición de vulnerabilidad. Se impulsarán las formas alternativas de resolución de conflictos en aquellos supuestos en los que resulte apropiado, tanto antes del inicio del proceso como durante la tramitación del mismo. *La mediación,* la conciliación, el arbitraje y otros medios que no impliquen la resolución del conflicto por un tribunal, pueden contribuir a mejorar las condiciones de acceso a la justicia de determinados grupos de personas en condición de vulnerabilidad, así como a descongestionar el funcionamiento de los servicios formales de justicia"[13].

Ahora bien, aprobado por el Superior Tribunal de Justicia, se da inicio al proceso de mediación propiamente dicho en sede del Centro Judicial de Mediación, con las garantías establecidas en la Ley XII N°19 (Artículo 5 y concordantes), entrevistándose a las partes a los efectos de prestar su consentimiento informado, de fundamental importancia pues es el momento en que realiza el primer contacto entre partes y los mediadores, donde con las pautas establecidas en el formulario correspondiente se chequean las condiciones de posibilidad para que se efectivice el proceso, y se tomen las decisiones necesarias para efectivizar la logística necesaria ya que se realizan en el lugar de residencia o con cercanía al mismo, con traslado de los mediadores y asegurándose la asistencia jurídica gratuita a todas las partes, con presencialidad real o virtual (Acordada 62/2020-De Mediación con el uso de Tecnología de la Información y Comunicación, destinada a Usuarios del Servicio en la Provincia de Misiones)[14]

---

11 Idem referencia anterior. Sección 2ª.- Beneficiarios de las Reglas: 7.- Pobreza.

12 Idem referencia anterior. Sección 4ª.- Revisión de los procedimientos y los requisitos procesales como forma de facilitar el acceso a la justicia.

13 Idem referencia anterior. Sección 5ª.

14 Centro Judicial de Mediación. Legislación. Enlace consultado 29 de abril de 2023. https://cejume.jusmisiones.gov.ar/index.php/organizacion/legislacion

Aceptada por las partes y los terceros estratégicos, padres, referentes de confianza y de la comunidad que así fuera necesario conforme al caso, todo plasmdo en informes que se incorporan al legajo se designan por parte de la Dirección del Centro Judicial de Mediación, los mediadores intervinientes, fijándose fecha de reunión conjunta o privadas. Se comunican a todos los actores y a sus abogados y se cubren las necesidades logísticas de traslados en móviles del Poder Judicial de integrantes del mismo (mediadores, Defensores Oficiales, etc.) al sitio establecido para la reunión. Cabe aclarar que los lugares no pertenecen al Poder Judicial, suelen ser salones de uso comunitario, cuya autorización de uso se gestiona previamente.

Efectivizadas las reuniones, y de tener como resultado un Acuerdo en el mismo (de consistir en actividades de servicios a la comunidad en entidades Públicas o Privadas, u otro tipo de acciones por parte de cualquier interviniente) se ofrece el "Servicio de Acompañamiento y Detección Temprana de Incidencias", prestado por el Centro Judicial de Mediación; que tiene como "OBJETIVOS: *a)* Brindar un servicio de contención, acompañamiento, evaluación y detección temprana de incidencias, a quienes se encuentren transitando una situación de cambio, adaptación y aprendizaje a nuevas maneras de comunicarse, producto de un acuerdo arribado en el marco de una mediación; *b)* Valorizar los beneficios del acuerdo, base de las nuevas formas vinculación construidas por las partes; *c)* Analizar el impacto de las acciones prescriptas en los puntos a) y b) y proponer al Director nuevas medidas que viabilicen la sustentabilidad del acuerdo, en el marco de la voluntariedad"[15].

Dadas las necesidades que faciliten el cumplimiento de las actividades mencionadas se crea la RED DE INSTITUCIONES para colaborar como terceros estratégicos en situaciones que así lo requieran. A tales fines se realizarán, con las mismas reuniones de sensibilización y/o capacitación[16].

Cabe aclarar que firmado el Acuerdo se comunica inmediatamente al Juzgado derivante para su homologación y se informa periódicamente el estado de desarrollo del mismo, conforme a las constancias emitidas por las instituciones donde se presta el servicio comunitario.

---

15 Resolución N°80/2022 emanada de la Dirección del Centro Judicial de Mediación. Registro de Resoluciones del Centro Judicial de Mediación Poder Judicial de la Provincia de Misiones. Argentina. Establece: 1) Denominación. 2) Objetivos. 3) Destinatarios del Servicio. 4) Tiempo de la Intervención. 5) De la intervención. 6) Red de Instituciones. 7) De forma.

16 Idem referencia anterior. Artículo Seis.

Finalizado se comunica el efectivo cumplimiento de lo acordad por todas las partes al Juzgado y el Juez, previa vista al Ministerio Público Fiscal, dicta sentencia, en base al acuerdo oportunamente homologado. Con esta comunicación al Juzgado derivante finaliza la actividad del Centro Judicial de Mediación, realizándose un informe que ser remite al Superior Tribunal de Justicia de la Provincia de Misiones. República Argentina.

3. CASOS A Y B

Dentro del Centro Judicial de Mediación (Ce.Ju.M.e), los Legajos se inician con un Formulario, que se llama Formulario 1 de Derivación, en el que consta: El Juzgado de Origen, la carátula del Expediente, los Datos personales y de contacto del Requirente y del Requerido y sus Abogados, y nada más. Nosotros no tenemos acceso al Expediente Judicial y arrancamos de cero.

En los casos que presentamos en este trabajo, que a los fines didácticos denominaremos casos A y B, ambos sobre robo calificado; la mediación fue pedida por la Defensoría Oficial que asiste al imputado; con lo cual, cuando hablamos de Requirente nos vamos a estar refiriendo al Imputado o Victimario en el proceso penal y cuando hablamos de Requerido, nos referimos a la Víctima o Damnificado. Si bien, una vez que se amplíe la implementación, cualquiera de los dos podría solicitar ir a mediación.

Como en toda mediación, continúa con la Entrevista Preliminar Obligatoria; como es un proceso voluntario, esta Entrevista tiene como objetivo explicar a las personas de qué se trata la mediación, sus ventajas y limitaciones, para que una vez informados, manifiesten si quieren (o no) participar del proceso.

Dentro de la organización interna del Ce.Ju.Me., las Invitaciones o Notificaciones, las realiza habitualmente personal civil que es propio del Ce.Ju. Me.; pero tanto en el caso A como en el B, nos dirigimos las Mediadoras hasta los domicilios particulares de los Requirentes para realizar las Entrevistas. Porque al ser un proceso nuevo, desconocido para ellos, vimos fundamental generar Confianza en el proceso y en la persona del Mediador.

En el caso A, respecto a la Entrevista realizada al Requirente, éste Aceptó participar en Reuniones Privadas, es decir por separado ó caucus y, además, en modalidad Presencial. Tenía desconfianza en la modalidad Virtual y manifestaba que «no quería ir preso».

Respecto del Requerido, aquí nos parece destacable esto de cómo percibe cada uno el conflicto y qué es lo que llega al Expediente Judicial. "Todos somos diferentes, tenemos historias y experiencias a lo largo de la vida que han moldeado nuestra escala de valores y definen el modo en que percibimos y pensamos las cosas. Por ello, las soluciones que son buenas o viables para nosotros, probablemente no lo sean para los demás. En un conflicto en el que interviene un tercero neutral no hay dos escalas de valores o modos de opinar en juego, hay tres: los de las partes y del mediador/conciliador" expresa Gustavo Fariña en "El poder transformador de la mediación y la conciliación" desarrollada en sede judicial-Revista de Mediación, 2015, 8, 2, e2. Con más razón en los casos que se tramitan por vía judicial. Aquí, la víctima directa nos cuenta que para él la cuestión ya estaba cerrada, después del hecho él lo esperó al Requirente a la salida del Colegio y se pelearon; nos decía que ya había pasado mucho tiempo, que actualmente trabajaba todo el día y por eso no aceptó participar. Luego, su padre, que era quien había realizado la denuncia, nos dijo que ellos (Requirente y Requerido-víctima directa) se volvieron a encontrar en la cancha de fútbol del Barrio y hasta jugaron juntos. Él sí aceptó participar, en Reuniones Conjuntas Presenciales.

También, en este caso, se invitó al Presidente de la Comisión vecinal, como Representante de los intereses de la comunidad, quien también manifestó mucho interés en el proceso, aceptó participar en Reuniones Conjuntas Presenciales; aunque finalmente no pudo asistir por motivos de salud. Lo mencionamos porque podría ser una opción en procesos futuros. "Todo el esfuerzo de construcción de una telaraña requiere un gran compromiso con la innovación y la flexibilidad. El resultado final y el proceso de creación del resultado final se caracterizan por la capacidad de adaptación a entornos cambiantes, entornos en continua modificación y que permiten intrusiones inesperadas. Por lo tanto, nunca se puede pensar en una telaraña como algo permanente, fijo o rígido. La genialidad de la araña está en su habilidad para adaptar, redefinir y rehacer su red de conexiones dentro de las realidades que se le presentan en un determinado espacio"[17], conforme John Paul Lederach.

Como todos querían participar en forma presencial, tuvimos que gestionar una oficina que nos facilitó la Municipalidad del lugar, donde el Ce.Ju. Me. no tiene sede física.

---

17 JOHN PAUL LEDERACH "La imaginación moral", pág 167.

En el caso B, los Requirentes eran tres, de los cuales aceptaron participar dos; y la Requerida, al momento en que la llamamos (porque reside en Buenos Aires a 1.000 km de Misiones y la tuvimos que contactar por teléfono) nos decía «es la primera vez que alguien me llama». Ella ya había sido víctima de cuatro robos, en uno de ellos habiendo sido drogada previamente. "Estoy convencido de que las audiencias de conciliación pueden ser el espacio adecuado para que la gente pueda sentir que recupera voz, que lo que tiene para decir es importante y que hay alguien en representación del Estado a quien le interesa su situación", señala asimismo Gustavo Fariña.

Tanto en el caso A como en el caso B, los Requeridos fueron asistidos por Abogados del Servicio Pro-bono, gratuito, que gestionamos desde el Ce.Ju.Me.

Luego de realizadas las entrevistas en el CASO A pudimos observar la importancia de convocar a la mamá del requirente a la mesa de mediación, se consulta con él de esta posibilidad y aceptando, se la invita a participar utilizando la figura del tercero estratégico, como aquella persona que si bien no es parte del proceso en este caso sería un referente afectivo, mas teniendo en cuenta la edad del joven, y como se detalla en el respectivo "Protocolo de Mediación Penal Juvenil Restaurativa y Acuerdos Restaurativos", la importancia de que puedan intervenir ciertas partes, en un proceso de mediación, más en estos casos donde las partes son adolescentes y se encuentran en conflicto con la ley penal.

La mediación se organiza en la modalidad de reuniones privadas mixtas, encontrándonos en forma presencial las mediadoras, el requirente y su mamá y de manera virtual la Defensora oficial que se domicilia en otra ciudad.

Lo que queremos destacar del caso A como hubo un cambio en la persona del requirente, ya que al comenzar la reunión notamos que al joven le costaba poder expresarse, estaba muy nervioso, con una actitud retraída. Comenzamos con preguntas abiertas para poder conocerlo, y notamos cierto pesimismo en su futuro ya sea en poder hablar de concretar algún estudio como así también en lo laboral, manifestando su intención de irse de la ciudad por no ver posibilidades a futuro.

También manifestó que el no iba a pedir disculpas de ningún tipo, no mostrando arrepentimiento por lo sucedido. La Abogada Defensora le explico de la importancia de la mediación para él, porque de llegar a un acuerdo el proceso judicial finalizaría, como se menciona en la Teoría del Conflicto y la importancia de su conocimiento para el ejercicio de la profesión de abogado, los métodos RAD no reemplazan ni pretenden reemplazar la labor judicial, sino se trata de instituir un sistema coordinado, anexado e intraprocesal de mediación, para utilizar este procedimiento en consideración a las circunstancias del caso particular, todo ello en aras de mejorar en forma concertada el "acceso a la justicia", entendido como acceso a una solución justa.

Se trabajo en la posibilidad de que realice alguna propuesta que este a su alcance, pero no hubo respuesta, esperando ver qué se hablaba en la reunión con la otra parte.

Cuando se realiza la reunión privada mixta, en este caso fue con el papá del requerido, porque como se mencionó anteriormente su hijo (víctima) no aceptó participar cuando se realizó la entrevista personal, pero si su papá quien fue el denunciante en el momento del hecho, por ser su hijo menor de edad, nos había mencionado no estar en condiciones de poder pagar un abogado para la reunión de mediación, por lo tanto se convocó a un abogado pro bono para que asista al Señor, quien se encontraba conectado virtualmente ya que no residía en la misma ciudad.

De esta reunión privada de mediación con la parte requerida surge la necesidad de resarcir el daño que se había realizado pero no hacia su hijo, si no que la reparación sea en beneficio a la sociedad, y como en este caso ambas partes eran del mismo barrio, el papá del requerido manifestó que antes de la reunión de mediación en un almuerzo familiar habían conversado de la posibilidad de que el requirente realice tareas comunitarias en una sala de primeros auxilios del barrio donde vivían, facilitando el teléfono de contacto de la persona que trabaja allí para poder comunicarnos con ellos y ver de la posibilidad de gestionar un acuerdo que efectivamente se pueda cumplir.

También se trabajó en la posibilidad de realizar una nueva reunión conjunta para poder conversar de esta propuesta y ver qué opinaba el requirente.

Cuando lo volvemos a convocar al joven a una segunda reunión de mediación de manera privada, lo llamativo fue el cambio de actitud de él desde que ingreso a la sala de reunión. Se lo notaba más relajado, nos contó que había conseguido un trabajo y que había averiguado para realizar un curso en una escuela nocturna. También manifestó la intención de poder hablar en una reunión conjunta con el papá del requerido ya que él quería pedirle disculpas por lo sucedido. Todos estos cambios de actitud fueron tomados en cuenta y la Abogada Defensora se lo hizo notar, él había cambiado, ya no hablaba de irse a vivir a otra ciudad.

Cuando se realiza la reunión de manera conjunta el joven le pide disculpas al papá del requerido por lo que había pasado, y es allí donde el padre de la víctima hace un reconocimiento a la madre del requirente diciendo que él valoraba todo lo que ella hacía por su hijo, que él también era padre y que quería darle una nueva oportunidad al chico porque ella como mamá también se lo merecía; haciendo referencia lo que Gustavo Fariña en la Revista de Mediación "El poder transformador de la mediación y la conciliación desarrollada en sede judicial" menciona como ventajas de la mediación y la posibilidad de acotar riesgos que importa la conciliación para no perder los aspectos transformadores. Una de las virtudes que posee la mediación y la conciliación es la autocomposición. Esto implica, a diferencia de otros métodos donde lo que prima es la decisión de un tercero respecto de la disputa (adjudicación), la posibilidad de que sean las propias partes quienes conversen y puedan encontrar la solución al problema si lo consideran oportuno. Esto implica devolverle el protagonismo del conflicto a las partes. Una sociedad democrática y madura implica ciudadanos responsables que puedan manejar las diferencias con los demás y con habilidades para poder expresar esas diferencias, aprender del conflicto y buscar soluciones minimizando la intervención de terceros que decidan, quitándoles la posibilidad a ellos de encontrar el equilibrio perdido en sus relaciones con los demás.

Luego de este pedido de disculpas y del reconocimiento realizado, es que se trabajo en la propuesta de Acuerdo que consistió en tareas de limpieza y de mantenimiento en una sala de primeros auxilios del barrio donde las partes viven, acordando que sería tres veces por semana por el transcurso de tres meses.

Nosotros lo que queremos destacar es lo que genero el proceso de mediación en la persona, ya que no solamente hablamos de poder concretar un acuerdo, si no los cambios que demostró este joven de una reunión a otra, creemos que eso se logra al poder confiar en el proceso.

En el caso B, también se trabajó en Reuniones Privadas Presenciales y luego se pasó a Conjuntas; llegando las partes a un Acuerdo de Reparación consistente en realización de tareas comunitarias. Lo que nos interesa destacar en este caso es cómo el espacio sirvió a la víctima para darse cuenta de que necesitaba hacer terapia para sobrellevar el stress postraumático que le había producido el otro robo, que no era el hecho de nuestra mediación.

4. SERVICIO DE ACOMPAÑAMIENTO Y DETECCIÓN TEMPRANA DE INCIDENCIAS DEL CENTRO JUDICIAL DE MEDIACIÓN DE LA PROVINCIA DE MISIONES

Teniendo en cuenta que, para el Centro Judicial de Mediación de la Provincia de Misiones, el proceso de mediación no finaliza con la firma de un Acuerdo, en los casos que se llegara al mismo, sino que también es importante seguir acompañando el proceso transformativo que se inició con la Mediación.

En el año 2009 se creó e implementó por medio de la Resolución N°1/09 el Servicio de "Servicio de contención, seguimiento, evaluación y detección temprana de incidencias" con el objetivo de brindar la mejor prestación del servicio, efectuando el control de calidad posterior a la firma del convenio por parte de los participantes en una mediación. De esta manera, la tarea no concluye con la mera firma del convenio, sino que continúa con el acompañamiento integral a los participantes.

Con el transcurrir del tiempo de ejecución de este proceso y evaluando el impacto positivo del mismo dentro del proceso de mediación y fundado en el interés de este Centro Judicial de Mediación de continuar perfeccionando el proceso a partir la experiencia ya iniciada, se implementa a través de la Res 04/2011 el Servicio interdisciplinario de contención, seguimiento, evaluación y detección temprana de incidencias.

Durante el transcurso de todos estos últimos años, se advierte la necesidad de actualizar la normativa hasta ahora vigente teniendo presente los nuevos límites jurisdiccionales, competencias y actividades desarrolladas por el Centro, por lo cual la Dirección establece como designación, teniendo presente la restructuración del servicio establecido en Resolución N°1/09 y creado por Resolución N°04/2011 dependiente de la Dirección, el "Servicio de Acompañamiento y Detección Temprana de Incidencias"

Siendo algunos de sus objetivos fundamentales: Brindar contención, acompañamiento, evaluación y detección temprana de incidencias, a quienes se encuentren transitando una situación de cambio, adaptación y aprendizaje a nuevas maneras de comunicarse, producto de un acuerdo arribado en el marco de una mediación; valorizando los beneficios del acuerdo, base de las nuevas formas vinculación construidas por las partes.

Consideramos de radical importancia para la mejor prestación del servicio, la evaluación del impacto del proceso, la calidad del mismo y el nivel de cumplimiento de las responsabilidades asumidas por cada una de las partes posterior a la firma del acuerdo por medio de tal acompañamiento poniendo en evidencia el compromiso Institucional con la actividad desarrollada.

Se entiende que la adaptación progresiva a una nueva forma de comunicación y relación requiere un periodo de tiempo que transcurre desde la firma del mismo hasta aproximadamente tres (3) meses en líneas generales.

Pudiendo ser modificados en los casos que así lo ameriten (por solicitud de las partes y/o recomendación del mediador), la modalidad —telefónica, por mensajes, presencial, etc. o en el plazo indicado.

El objetivo no es solo acompañar en ejecución asistida del Acuerdo arribado, sino también la Detección Temprana de Incidencias lo cual implica la toma de decisiones y realización de acciones preventivas de los potenciales futuros conflictos derivados de la ejecución del mismo, actuándose proactivamente en lo que se refiere a los posibles inconvenientes no previsibles en el momento de la firma, que puedan obstaculizar con su ejecución.

El servicio es ofrecido por los mediadores intervinientes al finalizar la Mediación. En este contexto las partes asumen la responsabilidad de generar las condiciones necesarias para que el Área realice los contactos necesarios, por el tiempo determinado en ese momento y hasta la finalización del proceso, quedando formalmente habilitada para cada una de ellas, la posibilidad de comunicar al Centro, de situaciones o acontecimientos asociados al acuerdo.

5. CÓMO LLEGAN LOS CASOS AL SERVICIO DE ACOMPAÑAMIENTO Y DETECCIÓN TEMPRANA DE INCIDENCIAS

Una vez arribado a un acuerdo y si las partes aceptan participar del proceso de *Acompañamiento y Detección Temprana de Incidencias*, el área se aboca a brindar la contención, el acompañamiento y también invita a evaluar no solo el proceso por el cual acaba de transitar sino también a una autoevaluación de su rol como participantes de ese proceso y construcción del acuerdo.

Se entiende que quienes se encuentren transitando una situación de cambio, adaptación y aprendizaje de nuevas maneras de comunicarse, necesitan sentirse acompañados en ese camino.

Cabe destacar que desde el Área se apunta constantemente a valorizar los beneficios de un acuerdo como base fundamental de las nuevas formas de vinculación que van construyendo las partes.

6. QUIENES SON LOS DESTINATARIOS DE ESTE PROCESO

Todas aquellas personas que hayan participado en un Acuerdo de mediación. El servicio se brindará a quienes, conocida la propuesta, acepten participar voluntariamente, del mismo. Los mediadores que participan en la mediación, informan de este servicio, con precisión a las partes para que los mismos tengan la posibilidad de aceptar participar o no del mismo, asumiendo la responsabilidad y el compromiso que dicho proceso implica, así también la participación de terceros estratégicos o coadyuvantes. Para Entelman los terceros imparciales pueden estar absorbidos por el conflicto o pueden no estar implicados directamente en él, pero pueden participar en su resolución; de la misma manera, pueden ofrecerse para colaborar con las partes o bien, ser requeridos por ellas. Existen los terceros que intervienen por solicitud o decisión de un sistema normativo mayor[18].

7. INICIO DEL PROCESO

1. Una vez firmado el acuerdo de mediación, en el mismo acto las partes aceptan participar de este proceso.

2. El área "Servicio de Acompañamiento y Detección Temprana de Incidencias" registrará el legajo y agendan las fechas de los llamados. Las comunicaciones se realizarán una vez por mes durante tres meses. Salvo otro criterio de la mediadora o a solicitud de las partes, que se lleve a cabo con distinta periodicidad, debidamente justificado.

7.1. Primer llamado

1. Este primer llamado es fundamental que se realice en tiempo y forma para lograr la confianza, la empatía y además que las partes se sientan reconocidos institucionalmente, es importante, además, pasado un mes, para lograr un "*feedback*" acerca del proceso por el cual pasaron.

7.2. Segundo llamado

En esta etapa ya es posible detectar y trabajar en conjunto con las partes en darse cuenta si van incorporando pequeños aprendizajes de otras formas de comunicación entre las partes.

---

18 Remo F. Entelman, "Teoría de Conflictos" Ed Gedisa 2002. Pág. 137.

7.3. Tercer llamado

En esta etapa final del proceso ya es posible visualizar si los efectos de la mediación realmente aparecen, si las partes han podido incorporar las herramientas brindadas en su paso por la mediación.

8. FIN DEL PROCESO

Una vez finalizado el Proceso de Acompañamiento, Evaluación y Detección Temprana de Incidencias se realiza una evaluación con las partes y se deja abierta la posibilidad de siempre que las partes así lo desean para modificar situaciones derivadas en el cumplimiento. Así también de no ser necesario, las partes pueden dar por finalizado el mismo de común acuerdo. Fecho, se remite para su homologación jurisdiccional.

9. DE CÓMO SE INSERTAN LOS CASOS DE MEDIACIÓN PENAL JUVENIL AL PROCESO DE ACOMPAÑAMIENTO, EVALUACIÓN Y DETECCIÓN TEMPRANA DE INCIDENCIAS

Para comprender acabadamente este proceso, es importante tener en cuenta cómo entendemos el acompañamiento en el marco de mediación penal juvenil. Interpretando que es un proceso que sostiene a las partes en su camino de autodeterminación. También se asimila como una forma de "tutoría", que como tal es conocido desde hace mucho tiempo. Erhard Meueler (1988), dice que "quien se deja acompañar sabe a dónde quiere ir, aunque haya pausas y rodeos".

Consideramos que, al aceptar voluntariamente participar de este proceso, en el marco de los Art. 645 y 647 *"in fine"* del Código Civil y Comercial de la República Argentina, los progenitores, el referente referenciado por el menor o el mismo adolescente en conflicto con la ley penal, desean un cambio, desean nuevas formas de relacionarse con su comunidad y entienden que el acompañamiento puede prevenir los potenciales futuros conflictos derivados de la ejecución del acuerdo.

La idea es que se actúe proactivamente en lo que se refiere a posibles inconvenientes no previsibles a la firma, que puedan conspirar con su ejecución. El acompañamiento también es un elemento indirecto de observación sobre las acciones que deben realizar todos los participantes a partir del acuerdo. El acompañar a los jóvenes en este nuevo transitar hace énfasis en el desarrollo de su seguridad, confianza y mejoramiento de su autoestima. Aquí se pone en práctica, la enseñanza de los métodos de empatía y comunicación para que, tanto el acompañante como el acompañado aprendan a conocer con mayor precisión, las interacciones personales más adecuadas para desarrollar su trabajo

Luego de la firma del acuerdo el legajo pasa al área del "Servicio de acompañamiento y detección temprana de incidencias". Utilizamos como herramienta una guía de preguntas disparadoras que nos facilita el trabajo de indagar, explorar y también supervisar el cumplimiento del acuerdo. Esta herramienta favorece la tarea de sistematización de este proceso que se encuentra en permanente evaluación en esta etapa: "¿Cómo te has sentido dentro del proceso de mediación? ¿Te sentiste escuchado? ¿Ahora que ya tomaste la decisión de realizar estas tareas dentro de la mediación, sentís mayor confianza en tu capacidad para tomar decisiones?, ¿te parece valioso la mediación como instancia de recomenzar otras formas de relacionamiento con el entorno, progenitores, pares, referentes, autoridades, civiles, etc? ¿Cómo estás cumpliendo lo que acordaste el día de la mediación? ¿Te resulta fácil cumplirlo, tuviste algún obstáculo? ¿cómo te estás sintiendo dentro de la institución donde cumplís las tareas que asumiste?"

Estas preguntas apuntan a generar confianza en el joven para que pueda expresarse y contar su experiencia. *En el caso 1:* expuesto, adolescente que cometió el delito de robo calificado: él asumió el compromiso de realizar tareas de jardinería en una institución de salud de su propia comunidad.

El primer mes cumplió con esas tareas, fue en el horario estipulado y la misma institución certificó su presencia. Cabe señalar que las tareas de acompañar estos procesos se ven muchas veces, obstaculizadas por los escasos medios tecnológicos de comunicación con que cuentan las partes. En este caso el joven no tenía teléfono, y la madre no respondía los llamados. Por eso fue fundamental el vínculo logrado con la institución, porque la responsable de la institución fue la que nos alertó que en el segundo mes el joven dejó de cumplir su compromiso y que por ese motivo no podían certificar su presencia.

El equipo del servicio de acompañamiento junto a las mediadoras deciden convocarlo para una revisión del acuerdo, se agenda una fecha y se le notifica por oficio, en el domicilio, que se realizará una nueva reunión de mediación para revisar el acuerdo.

El joven se presenta en la reunión, mantiene una reunión privada con su defensora y una reunión conjunta con las mediadoras. Él cuenta allí que había estado enfermo y que por eso dejó de cumplir su compromiso y que retomaría sus tareas, pero que en esta oportunidad quería hacerlo en más horas y más días por semana para poder terminar con las horas que le faltaban.

Así fue que, al concluir la etapa de acompañamiento, la institución certificó las horas que faltaban de acuerdo al compromiso asumido por el Requirente en el acuerdo que había firmado, con la víctima.

Si bien en el caso 1 nuestra fortaleza fue la institución que recibió al joven para que pueda desarrollar allí las tareas a las cuales se había comprometido, en el caso 2 nuestro gran escollo es la institución, porque no logra encontrar su rol dentro de estas prácticas.

En estos casos llevados a cabo en el Centro Judicial de Mediación, la Justicia Restaurativa o Reparadora también supone un sistema alternativo de conflictos y los fuimos desarrollando mediante el proceso de Mediación, concediendo a las partes implicadas, la posibilidad de un encuentro dialogado por un tercero o en otros casos, la comunidad como destinataria y protagonista del conflicto, junto con las partes implicadas, donde participan de procesos restaurativos con la intención de retribuir a la víctima del daño ocasionado, pero haciéndolo partícipe al infractor de su resolución y facilitando su integración a la comunidad. Esta nueva forma de justicia devuelve a las partes el protagonismo perdido siendo los principales artífices en la composición de sus conflictos y no poniendo el acento en la punibilidad del hecho[19].

El nuevo paradigma de la justicia restaurativa atraviesa transversalmente en todos los ámbitos de las personas configurando de esta manera una visión sistémica y global intentando restaurar a la víctima, al infractor y a la comunidad a la situación anterior partiendo de una concepción del delito como "*ruptura de las relaciones humanas y sociales más allá de la infracción de la ley que se produce*"[20]. Plantea, además la posibilidad de intervenir buscando soluciones a través del pacto, el consenso, el arreglo y la composición, siendo las partes las responsables de asumir realmente el compromiso.

---

19 Justicia Restaurativa y un Modelo Integrador de Justicia Penal-Pág 1239-Revista de Derecho UNED, núm. 16, 2015.

20 Justicia Restaurativa y un Modelo Integrador de Justicia Penal-Pág 1241-Revista de Derecho UNED, núm. 16, 2015.

10. CONCLUSIÓN

Es importante entenderse al acuerdo, como un espacio de generación de confianza, en el marco de un proceso histórico de conductas que sostuvieron la vida del conflicto, del que se sale con la adaptación progresiva de las conductas a una nueva forma de relación que desconocemos, pero en el que las partes perciben que el Poder Judicial en general y el Centro en particular, da una especial importancia al acuerdo y su efectiva transformación en acciones de todos los participantes, no concluyendo con la mera firma del acuerdo sino que es fundamental el acompañamiento observado y ejecución asistida del mismo intentando prevenir potenciales o futuros conflictos derivados de su ejecución, actuándose proactivamente en lo que se refiere a posibles situaciones cambiantes o impredecibles al momento de la firma del convenio, que pudieren conspirar con su ejecución

Resultando para todos los participantes y para el Juzgado una herramienta adecuada para el cumplimiento efectivo de los objetivos individuales y colectivos de transformar el conflicto en paz con una acción eficiente y eficaz de acceso a la paz para todos.

VI. MEDIACIÓN PENITENCIARIA

Mediación penal y penitenciaria. Nuevos tiempos, nuevos retos, mismos objetivos[1]

IXUSKO ORDEÑANA GEZURAGA
Profesor titular Derecho Procesal UPV/EHU

1. INTRODUCCIÓN: CINCO CUESTIONES A RESPONDER PARA EL ANÁLISIS DEL PRESENTE Y FUTURO DE LA MEDIACIÓN PENAL PENITENCIARIA EN NUESTRO ORDENAMIENTO JURÍDICO

Recogen estas líneas los elementos principales de la ponencia que presentamos en el *II Congreso internacional de formación teórico-práctica en materia de mediación civil, mercantil, penal, penitenciaria e institucional,* celebrado en la Universidad de las Islas Baleares el 20 y 21 de octubre de 2022. Como dijimos entonces, no podemos iniciar nuestro capítulo de otra forma que no sea agradeciendo a Rosa Arrom Loscos, Catedrática de la Escuela Universitaria de Derecho procesal de la mentada universidad la iniciativa de organizar uno de los eventos científicos que está llamado a ser referente en la materia en España. Nuestra experiencia de más de dos décadas en la investigación de los mecanismos alternativos de resolución de conflictos —*Alternative Dispute Resolution,* en el entorno anglosajón—, en general, y de

---

1 Trabajo realizado en el marco del proyecto del Ministerio de Ciencia e Innovación "Ejes de la justicia en tiempos de cambio" (IP: Sonia Calaza López, PID2020-113083GB-100) y del Grupo Consolidado de Investigación del Sistema Universitario Vasco (grupo A, excelencia) "Derechos Fundamentales y Unión Europea. Retos actuales y futuros en la tutela de los derechos" (IP: Juan Ignacio Ugartemendia Eceizabarrena, IT 1455-22)

la mediación penal, en particular, nos lleva a defender que eventos como aquél del que trae causa esta publicación son muy necesarios, en nuestro ordenamiento jurídico, para normalizar la vía extrajudicial de resolución de conflictos. También, y especialmente, en el ámbito penal. Son fuente de progreso y de mejora, en cuanto ayudan a expandir, en la sociedad española, las bondades de las formas dialogadas y pacíficas de resolución de conflictos, mejorando notablemente nuestro ordenamiento jurídico.

Igual que hicimos en nuestra ponencia del Congreso, en estas líneas queremos reflexionar en torno a la mediación penal penitenciaria, la que nos atrevemos a calificar como "la hermana pobre de la mediación penal", pues si ésta se caracteriza, en nuestro ordenamiento jurídico, por la falta de ordenación sistemática, completa y garantista, a pesar de todas sus bondades[2], otro tanto y más podemos decir de su modalidad penitenciaria. Concretamente, como rezaba el título de nuestra ponencia —ahora capítulo de este libro—, queremos mostrar la situación en la que se encuentra la mediación penal penitenciaria en el siglo XXI, en el que la justicia restaurativa está llamada a mejorar la justicia penal clásica que bebe del modelo retributivo, también en los establecimientos penitenciarios. Ello con un objetivo claro: hacer una justicia penal más humana y eficiente —palabra, de moda, en el marco del Plan Justicia 2030[3]—, en general, respecto a cualquier persona condenada, y respecto a las personas que se encuentran en prisión, en aras de satisfacer las necesidades de las personas directamente afectadas (víctima y victimaria) y de toda la sociedad.

---

2 En este sentido, ORDEÑANA GEZURAGA, IXUSKO, "¿Hasta cuándo vamos a seguir así señor/a legislador/a? o sobre por qué ya no se puede defender la mediación penal en el marco jurídico vigente", AAVV (Dra. CASTILLEJO MANZANARES, RAQUEL, Coor. ALONSO SALGADO, CRISTINA), *El nuevo proceso penal sin Código Procesal Penal*, Atelier, Barcelona 2019, págs. 499-510.

3 En su contexto, la configuración de la justicia como servicio público pone al justiciable que acude, en ejercicio de su derecho a la tutela judicial efectiva (art. 24 Constitución Española —en adelante, CE—), a los tribunales de justicia, en el centro del sistema al tiempo que permite su análisis o valoración en términos económicos o de *eficiencia*. Así, a la luz de la nueva concepción, la ciudadanía no requiere únicamente la tutela judicial efectiva, sino también una tutela judicial eficiente; la administrativización de la concepción de la justicia exige que ésta atienda a las demandas de la ciudadanía, ofreciendo una justicia de calidad y rápida. Obviamente, en el ámbito penal, la calidad de la justicia se ha de anudar con la satisfacción de las necesidades de las personas afectadas (víctima y victimaria) y toda la sociedad.

En este contexto, creemos que la mediación penal penitenciaria debe responder a su futuro y a las cuestiones que surjan en él, en el escenario carcelario español, conforme a los elementos básicos que aparecen en su configuración. Consideramos firmemente que las bondades que caracterizan este instrumento de resolución de conflictos están llamadas a mejorar el sistema carcelario español. Para acreditarlo, tal y como hicimos en la ponencia de la que trae causa este capítulo, buscado la claridad y concisión de las ideas, vamos a responder a cinco preguntas. Aunque pudiera parecer asistemático, para mostrar la importancia de la institución que nos ocupa, vamos, en primer lugar, a cuestionarnos por qué es necesaria en nuestro ordenamiento jurídico. Acreditado el interés de reforzar esta técnica extrajudicial en el ámbito carcelario, ahondaremos en su configuración (¿Cómo entendemos la mediación penal penitenciaria en España?). Totalmente anudado, en la senda para mostrar las fortalezas de la mediación penal penitenciaria, tenemos que ahondar en sus modalidades (¿Cuáles son los tipos de mediación penal penitenciaria que existen?), pues de todas ellas se derivan sus bondades y todas ellas deben reforzarse, en nuestro ordenamiento jurídico. Tras enseñar éstas, sin embargo, en un análisis *lege data*, es esencial que reparemos en los obstáculos que existen en el sistema jurídico-penal español para el pleno desarrollo e implementación de la mediación penal penitenciaria (¿Con qué dificultades se encuentra la mediación penal penitenciaria en nuestro ordenamiento jurídico?). En este punto de la investigación, plenamente convencidos de que este instrumento extrajudicial puede humanizar nuestras cárceles al tiempo que puede ser herramienta fundamental para que la pena privativa de libertad sea ciertamente resocializadora y reeducadora, conforme a su fin constitucional (art. 25 CE), satisfaciendo no solo las necesidades de las personas directamente afectadas (víctima y victimaria), sino de toda la sociedad, culminaremos reparando en la forma de reforzarla *lege ferenda* (¿Cómo se puede reforzar la mediación penal penitenciaria en España?).

2. ¿POR QUÉ SE NECESITA LA MEDIACIÓN PENAL PENITENCIARIA EN NUESTRO ORDENAMIENTO JURÍDICO?

En el marco del *II Congreso internacional de formación teórico-práctica en materia de mediación civil, mercantil, penal, penitenciaria e institucional*, celebrado, en la Universidad de las Islas Baleares, el 20 y 21 de octubre de 2022, y que pretendió mostrar la realidad de los mecanismos extrajurisdiccionales, en nuestro ordenamiento jurídico, poniendo especial énfasis en sus potencialidades, centrando nuestra intervención en la mediación penal penitenciaria, es necesario explicar, en primer lugar, por qué resulta necesaria en nuestro sistema jurídico-penal.

Al respecto, el punto de partida, a nuestro juicio, ha de ser el diagnóstico de nuestro sistema penitenciario, gestionado, como sabemos, por tres Administraciones: la central, la vasca y la catalana. Como la ordenación básica para las tres es la misma (CE, Ley Orgánica 1/1979, de 26 de septiembre, General Penitenciaria —en adelante, LOGP— y Real Decreto 190/1996, de 9 de febrero, por el que se aprueba el Reglamento Penitenciario —en adelante, RP—), todo lo que vamos a apuntar, a continuación, se puede aplicar, en general, a los tres territorios señalados, que abarcan a todo el Estado.

Conviene recordar, en primer lugar, que el vigente sistema penitenciario español, al abrigo de la CE (art. 25.2), y desarrollado, principalmente, en la LOGP y el RP, persigue la reinserción social de la persona privada de libertad tras un juicio justo, es decir, busca preparar al hombre o a la mujer encarcelado/a para la vuelta a la sociedad, cuando sea el momento para ello, identificado éste a priori con la situación en la que aquél/la esté rehabilitada y resocializada. Es clave, al efecto, la individualización del tratamiento carcelario[4] y la intervención de la Junta de Tratamiento. Queda claro así el objetivo de la pena de prisión y del lugar en el que ésta se cumple.

El problema, no obstante, reside en que se duda sobre la eficacia del sistema penitenciario, desconfianza fundada, especialmente, en el cumplimiento de los fines de la pena de prisión. Es más, se considera el fracaso de ésta —abarcando no únicamente, al ámbito carcelario, sino también al ámbito de la instrucción y enjuiciamiento del delito, que impone la pena privativa de libertad— el origen de la Justicia Restaurativa. Así, la doctrina es casi unánime en explicar que es la crisis en torno al concepto y logro de la resocialización de las personas privadas de libertad el origen de la Justicia Restaurativa[5]. En este sentido, ciertamente, nos parece que reconocer el fracaso penitenciario es aceptar el fracaso de todo el sistema jurídico-

4 Ahondamos en la configuración y características del Programa Individualizado del Tratamiento (PIT), ORDEÑANA GEZURAGA, IXUSKO, *Tratamiento judicial de los hombres violentos de género: análisis "lege data" y propuestas de mejora "lege ferenda"*, J.M. Bosch Editor, Barcelona 2022, págs. 161-162.

5 En general, formidablemente, sobre este paradigma de justicia, identificando el género (la propia justicia restaurativa) y la especie (la mediación penal en cuanto técnica restaurativa), ARANDA JURADO, MAR, *Justicia Restaurativa y mediación penal en España*, Universidad Católica de Valencia San Vicente Mártir, Valencia 2018.

penal, pues la cárcel no es más que el último paso de una senda que persigue hacer justicia en aplicación del *ius puniendi.* A mayor abundancia, con todo, parece que los establecimientos penitenciarios y, por ende, el sistema penal español no satisface a ninguna de las personas afectadas por el hecho delictivo, ni a la víctima, ni a la victimaria, ni tampoco a la sociedad[6].

Ciertamente, la víctima del delito, no se siente reparada, tras la actuación o intervención del sistema penal, en general, y tras la imposición de la pena privativa de libertad, en particular, echando, especialmente, en falta, su reparación moral.

Del mismo modo, la persona penada, lejos de reducarse y resocializarse, sufre la denominada "victimización terciaria", fruto de la violencia "institucional" del sistema penitenciario, que termina también victimizando a la persona delincuente. Al respecto, ¿cuántas veces hemos escuchado eso de que "la cárcel es la escuela de la delincuencia"?[7]

Por último, la sociedad tampoco percibe la eficacia del sistema penitenciario. Se alude, al respecto, especialmente, a la reincidencia de las personas penadas, que se lee como el fracaso más estrepitoso de la pena privativa de libertad y de nuestro sistema carcelario. Del mismo modo, se apela al alto coste del sistema carcelario español.

La suma de estos tres elementos (insatisfacción de la víctima, de la persona victimaria y del conjunto de la sociedad) nos hace postular claramente la necesidad de un cambio de paradigma en el cumplimiento de las penas de prisión a través de las técnicas de justicia restaurativa y, en concreto, de la mediación penal penitenciaria.

3. ¿QUÉ ENTENDEMOS POR MEDIACIÓN PENAL PENITENCIARIA?

De lo más general a lo concreto, en primer lugar, debemos identificar la mediación penal penitenciaria como especie del género concreto (me-

---

6 Describimos la situación, con apoyo doctrinal, ORDEÑANA GEZURAGA, IXUSKO, "Penal mediation service in a Basque urban local court", *Oñati socio-legal series,* núm. 9/2011.

7 Contundente, al respecto, LANDROVE DÍAZ, GERARDO, "La victimización del delincuente", AAVV (Dres. BERISTAIN IPIÑA, ANTONIO, DE LA CUESTA ARZAMENDI, JOSÉ LUIS), *Victimología: VIII Cursos de Verano en San Sebastián,* Universidad del País Vasco-Euskal Herriko Unibertsitatea, Leioa 1990, págs. 149-158.

diación penal). Más certeramente, aludiendo al género principal (mediación), estaríamos ante la especie de la especie. Luego, no es desacertado considerar la mediación penal penitenciaria como subespecie de mediación, entendiendo esta técnica como uno de los posibles instrumentos de resolución extrajudicial del conflicto jurídico, aplicable a cualquier parcela del ordenamiento jurídico (civil y mercantil, penal, administrativo y laboral) ubicada en el contexto de lo que en el entorno anglosajón se viene denominando *Alternative Dispute Resolution* (ADR)[8] y que nosotros postulamos como parte del sistema estatal de resolución de conflictos[9]. Sin perjuicio de que, actualmente, el Plan de Justicia 2030 ha puesto los Medios Adecuados de Solución de Conflictos (conocidos como MASC) en primera fila de la ciencia jurídico-procesal y del debate público[10], nosotros llevamos años diciendo que están llamados a complementar la vía judicial, contagiando el sistema de resolución de conflictos español de sus bondades[11]. Al respecto, postulamos que la ciudanía debe poder elegir, en libertad, conforme a sus circunstancias y necesidades, la técnica de resolución de conflictos que pretende utilizar para solventar su disputa (un MASC o la propia jurisdicción), y el Estado ofrecer esta posibilidad. Una es la principal línea roja que configuramos: en cuanto se trata de hacer justicia, las técnicas extrajudiciales deben estar siempre controladas y auxiliadas por el Poder Judicial. Debe ser así en todas las parcelas del ordenamiento jurídico y, también, en el penal, caracterizado por el monopolio judicial del *ius puniendi.* Conforme a nuestra teoría proclamamos la evolución de la parcela del Derecho que tradicionalmente se ha llamado *Derecho procesal,*

---

8 Sobre este movimiento mundial, su génesis y evolución, incidiendo en las técnicas concretas y en las críticas que se le hace, con abundante soporte doctrinal, ORDEÑANA GEZURAGA, IXUSKO, *Análisis crítico de arbitraje laboral y su entorno en el ordenamiento jurídico español,* Civitas, Madrid 2009.

9 Con argumentación abundante, ORDEÑANA GEZURAGA, IXUSKO, "Bienvenidos arbitraje comercial y de inversiones y resto de mecanismos extrajurisdiccionales al Derecho jurisdiccional diversificado, rama del Derecho que ordena la solución de los conflictos jurídicos", *Arbitraje: revista de arbitraje comercial y de inversiones,* núm. 3/2017.

10 Crítica y constructiva, CALAZA LÓPEZ, SONIA, "Ya llegan los medios adecuados de solución de controversias en vía no jurisdiccional: cuanta más desjudicialización, mejor", *Actualidad civil,* núm. 6/2022.

11 Por ejemplo, en relación al arbitraje de consumo, pero aplicable a cualquier técnica extrajurisdiccional, sirviendo la argumentación presentada respecto a aquél, para cualquier mecanismo ADR, ORDEÑANA GEZURAGA, IXUSKO, "El arbitraje de consumo electrónico… eficaz gracias a la jurisdicción", *Diario La Ley,* núm. 7243/2009.

más tarde *Derecho jurisdiccional*, para reconfigurarla como *Derecho jurisdiccional diversificado*[12].

Menos formalmente, y presentando un diagnóstico de su situación, en nuestro ordenamiento jurídico, partiendo de que la propia mediación penal tiene una regulación escasa y poca aplicación, a pesar de sus fortalezas[13], y de que la situación *lege data* es peor, aún, en su modalidad penitenciaria, identificamos ésta, como decíamos, como "la hermana pobre" de aquella. Sin perjuicio de ello, identificadas como especie y subespecie, en la mediación penal penitenciaria aparecen las mismas características que en aquella, adaptadas a la fase (ejecución en prisión) y al establecimiento penitenciario. De ahí que sea necesaria una referencia genérica a la mediación penal.

En el actual contexto de crisis del sistema penal vigente, ante las taras que muestran el Derecho sustantivo penal y el Derecho jurisdiccional penal en la resolución del conflicto penal[14], en la búsqueda de alternativas que satisfagan más y mejor a la sociedad, a la persona delincuente y a la propia víctima, la mediación penal se presenta, a nuestro juicio, como la mejor opción. Prescindiendo de definiciones ajenas, entendemos por mediación penal el mecanismo en el que las partes del conflicto penal, persona infractora y víctima, protagonizan la resolución de aquél con la ayuda de un tercero imparcial, antes, durante o después del proceso penal; apoyándose, al efecto, en el diálogo y entendimiento recíproco, dando voz a la víctima y responsabilizando a la persona delincuente, al tiempo que se ofrece a esta última la oportunidad de reparar el daño causado a aquélla, contribuyendo así a la mejora del sistema jurisdiccional o entramada judicial penal[15].

---

12 Nuestra teoría, sucintamente, ORDEÑANA GEZURAGA, IXUSKO, "Sobre la mejora de la justicia o su concepción en el marco del derecho jurisdiccional diversificado", AAVV (Dres. CACHON CADENAS, MANUEL JESÚS, FRANCO ARIAS, JUSTO), *Derecho y proceso: liber Amicorum del profesor Francisco Ramos Méndez*, Vol. 3, Atelier, Barcelona 2018, págs. 1771-1796.

13 Vid., al respecto, la primera nota a pie de página de este capítulo.

14 Como decíamos, se remarca que la pena, especialmente la privativa de libertad, no cumple adecuadamente ninguna de las funciones que se le reconocen (retributiva y de prevención general y especial). Se detectan abundantes debilidades, igualmente, en el enjuiciamiento de los tipos penales ante los Tribunales de Justicia. Con todo, parece que el sistema penal español no satisface ni al delincuente, ni a la sociedad ni a la propia víctima, especialmente olvidada. Describimos la situación, con apoyo doctrinal, ORDEÑANA GEZURAGA, IXUSKO, "Penal mediation service in a Basque urban local court", *op. cit.*

15 Presentamos esta definición, ORDEÑANA GEZURAGA, IXUSKO, *El estatuto jurídico de la víctima en el Derecho Jurisdiccional penal español*, Instituto Vasco de Adminis-

De esta definición de la mediación penal que proponemos, podemos inferir sucintamente sus características, interesándonos especialmente la última:

(1) Este instrumento de resolución del conflicto penal es expresión o especie de la justicia restaurativa o restauradora, que es un paradigma de justicia consensual y negociadora, que huye de la idea de justicia meramente retributiva[16].

(2) Estrechamente vinculado, y ahondando en su metodología, la mediación penal se basa en la libertad de las partes y en el diálogo y entendimiento recíproco como método para componer pacíficamente su controversia[17].

---

tración Pública, Oñati 2014, pág. 208. Entre otras definiciones que se han dado en España, nos gusta la de GONZÁLEZ CANO, MARÍA ISABEL, "La mediación penal en España", AAVV (Dra. BARONA VILAR, SILVIA), *La mediación penal para adultos. Una realidad en los ordenamientos jurídicos*, Tirant lo Blanch, Valencia 2009, pág. 25, "la mediación, como sistema de gestión de conflictos, se define, como aquel en que una parte neutral, con carácter técnico y en posesión de conocimientos adecuados, independiente de los actores institucionales del proceso penal, e imparcial, ayuda a dos o más personas implicadas en un delito o falta, en calidad de víctima e infractor, a comprender el origen del conflicto, sus causas y consecuencias, a confrontar sus puntos de vista y a elaborar acuerdos sobre el modo de reparación, tanto material como simbólica".

16 Explicamos los elementos principales de esta justicia restaurativa y la concepción del conflicto penal y de la persona del delincuente y de la víctima que conlleva, ahondando en el cambio de paradigma de la justicia retributiva (*retributive justice*) a la justicia restaurativa (*restaurative justice*), ORDEÑANA GEZURAGA, IXUSKO, "Mediación penal: la alternativa jurisdiccional que funciona", AAVV, *Innovación para el progreso social sostenible. XVII Congreso de Estudios Vasco, Eusko Ikaskuntza-Instituto de Estudios Vascos,* Vitoria-Gasteiz 2012, págs. 1937-1956. Muy clara sobre la relación mediación penal-justicia restaurativa, CASTILLEJO MANZANARES, RAQUEL, "Estado de la mediación penal en España", *Iuris Tantum: Revista del Instituto de Investigaciones Jurídicas,* núm. 29/2019. En la línea confrontando justicia retributiva-justicia restaurativa, PASCUAL DE RIQUELME HERRERO, MIGUEL, "Justicia retributiva vs Justicia Restaurativa: El movimiento hacia la Justicia Restaurativa", AAVV (Dres. SIGUENZA LOPEZ, JULIO, GARCÍA-ROSTÁN CALVÍN, GEMMAN, Coors. CASTILLO FELIPE, RAFAEL, TOMÁS TOMÁS, SALVADOR), *Estudios sobre mediación y arbitraje desde una perspectiva procesal,* Aranzadi Thomson Reuters, Cizur Menor 2017, págs. 219-238. Igualmente, con un tono crítico y con propuestas lege ferenda, SOLETO MUÑOZ, HELENA, "La Justicia Restaurativa frente a un sistema de Justicia Penal monocéntrico", *Temas para el debate,* núm. 296/2019.

17 Sólo las partes del conflicto penal concreto pueden optar por renunciar a "la solución vertical" o exclusivamente jurisdiccional de aquél, eligiendo una solución

(3) Es más, si en el proceso penal las partes son despojadas de su conflicto, quedando la gestión y arreglo de éste en manos exclusivas de los jueces y juezas, la mediación penal convierte a la víctima y al victimario, en protagonistas de su solución[18]. Es una técnica que da voz a la víctima, sacándola del letargo al que la ha sometido el modelo de justicia meramente retributiva[19], y que, al mismo tiempo, responsabiliza a la persona delincuente, ofreciéndole la oportunidad de reparar el daño causado a la primera[20]. Esencial resulta, asimismo, la intervención del tercero mediador,

---

horizontal del mismo. Esta opción requiere, lógicamente, que las partes únicamente pueden someterse a mediación penal conociendo (1) qué es, (2) cómo se desarrolla (sus fases), (3) sus consecuencias y (4) que, en cualquier momento, la pueden abandonar. Al mismo tiempo, el recurso a la mediación nunca puede significar el reconocimiento de la comisión de los hechos o la culpabilidad por una de las partes, porque ello supondría la infracción más grave de la presunción de inocencia. En este contexto, nunca se puede utilizar el término "proceso" para referirse a la tramitación de esta técnica, por ser éste exclusivo del Derecho jurisdiccional y responder al principio de dualidad de posiciones. Con rigor absoluto, nos tenemos que referir al "procedimiento" de mediación penal (tramitación sin dualidad de posiciones), que, a su vez, debe ser poco formalista, rápido y eficaz.

18 Ello permite que, a diferencia de lo que acontece en el proceso penal, los protagonistas del conflicto saquen y muestren sus sentimientos y emociones. Ellas deciden, en primer lugar, hacerse con los mandos de la resolución de su disputa, optando por el restablecimiento del diálogo roto por el delito, apostando por la comunicación y la interacción recíproca. En sus manos queda, en gran medida, a posteriori, también, la decisión de la forma de la tramitación (lugar, tiempo…) y, por último, su resultado. Lo enfatizamos, ORDEÑANA GEZURAGA, IXUSKO, "Where is the victim in Spanish Criminal procedure? A reflection on position of the victim in Spanish legal system", AAVV (Ed. IATED*), International Conference of Education, Research and Innovation,* IATED, Sevilla 2013, págs. 5666-5674.

19 Es, así, la mediación penal un instrumento que pone cara a la víctima en la sociedad, contribuyendo a que aquélla se sienta escuchada, comprendida, arropada y reparada. Lo remarcamos, ORDEÑANA GEZURAGA, IXUSKO, "La mediación penal: la oportunidad de dignificar a la víctima y de mejorar el proceso jurisdiccional penal. La experiencia del Servicio de Mediación Penal de Barakaldo (Bizkaia)", AAVV, *XV Congreso mundial de la sociedad internacional de criminología,* Thomson-Aranzadi, Cizur Menor 2008, págs. 685-686. En el mismo sentido, BARONA VILAR, SILVIA, "Mediación penal: un instrumento para la tutela penal", *Revista del Poder Judicial,* núm. 94/2012.

20 La mediación penal pone a la persona agresora en frente de la víctima, con el objetivo de que aquélla repare el daño causado al tiempo que se reasponsabiliza de la transgresión de las normas sociales y penales cometida, sintiendo el arrepentimiento e interiorizando su culpa y aquellas normas de convivencia que ha infringido, contribuyendo, de esta guisa, a la paz social de la comunidad. Con todo,

que actuando *intra partes*, de forma imparcial y confidencial, da nombre al mecanismo, ayudando a aquéllas a obtener un acuerdo[21].

4) Por último, y para nosotros en cuanto jurisdiccionalistas, fundamental, para terminar de analizar las características de la mediación penal, debemos fijarnos en la relación de ésta con la jurisdicción o Poder Judicial. Si bien aquélla es una técnica extrajurisdiccional, por su actuación en el ámbito de aplicación del *ius puniendi* del Estado, no se puede entender, de ninguna manera, fuera del marco de la jurisdicción y su función. Debemos traer a colación, en este sentido, el concepto de *Derecho jurisdiccional diversificado*, expuesto. Y, conforme a él, la mediación penal no puede pretender ni debe sustituir al proceso jurisdiccional; justo al contrario, debe erigirse en un instrumento para mejorar aquél, en el marco del *Derecho jurisdiccional diversificado*[22]. Se puede acudir a aquélla antes, durante o después del proceso penal, sin merma alguna del *ius puniendi* del Estado, ni de los derechos de los ciudadanos y ciudadanas[23], correspondiendo a los

---

la reparación a la víctima y a la sociedad, bien simbólica (el arrepentimiento y la petición de perdón), bien material (abonar una cantidad de dinero, realizar un servicio social, ...) es el centro del nuevo paradigma de justicia restauradora, en su cometido de ofrecer una alternativa no punitiva o minimizadora de la respuesta penal, introduciendo elementos educativos y preventivos de conductas delictivas futuras en el Derecho penal.

21 Su tarea consiste en hacer que las partes se escuchen y respeten; que conviertan los reproches en entendimientos. Dirige el procedimiento, ayudando, en definitiva, a obtener un acuerdo que satisfaga las necesidades de ambas conforme a los postulados de la justicia restaurativa. Ahonda en la figura, BARONA VILAR, SILVIA, "Mediación penal como pieza del sistema de tutela en el siglo XXI. Un paso más hacia la resocialización y la justicia restaurativa", *Revista de Derecho Penal*, núm. 26/2009.

22 Al respecto, entre muchos, BARALLAT LÓPEZ, JUAN, "La mediación en el ámbito penal", *Revista jurídica de Castilla y León*, núm. 29/2013, cuando enumera las ventajas de esta técnica (proporciona mayor protagonismo a la víctima e implica directamente al delincuente en la reparación integral del daño originado por el delito), apunta que "la mediación serviría de instrumento de agilización de un sistema penal atascado, pudiendo los tribunales concentrar sus esfuerzos en la investigación y enjuiciamiento de delitos más graves, para los que la mediación no fuera posible o conveniente".

23 No puede la mediación penal escapar en ningún caso de la legalidad (entendiendo por parte de ésta los derechos y garantías típicas de la vía jurisdiccional —imparcialidad del tercero, la presunción de inocencia, la igualdad y contradicción de las partes, ...—), sin perjuicio de que se apoye más en el principio de oportunidad que en el de necesidad.

jueces y juezas, previo acuerdo con el Ministerio Fiscal, derivar un caso a mediación, y recoger (o traducir) su resultado en el proceso penal, como sobreseimiento, conformidad o beneficio en la pena o en su ejecución. En este sentido, hablamos de la oficialidad de la mediación penal, que justifica el carácter de servicio público gratuito de la mediación penal en el marco del Derecho jurisdiccional diversificado[24].

Aplicados estos caracteres a la mediación penal penitenciaria, debemos predicar de la misma:

1) la libertad y el consenso como ejes, tanto para su inicio (para acudir a la técnica), como para su desarrollo (lo que es propiamente el procedimiento de mediación penal penitenciaria, tan flexible como lo acuerden las partes) y fin (sea con acuerdo o sin él);

2) el acuerdo en los hechos objeto de conflicto (el tipo delictivo castigado que ha llevado a una persona a la cárcel o los hechos sancionables, conforme al régimen disciplinario carcelario, en su caso), como punto de partida del diálogo restaurativo;

3) la obligatoria intervención de un tercero neutral (*third neutral*), que anima la negociación. Nosotros exigimos el perfil jurídico de esta persona, sin perjuicio que, en un órgano mediador colegiado o pluripersonal, puede estar acompañadoo acompañada de personas con otra formación (psicología, ...).

4) la confidencialidad del mecanismo y la consiguiente imposibilidad de emplear la información manejada en el desarrollo del mismo, en el proceso judicial o procedimiento administrativo sancionador, salvo acuerdo contrario de las partes;

5) y, como consecuencia del principio de oficialidad, la repercusión, en su caso, de su resultado, en un proceso judicial penal o administrativo sancionador.

---

24 Sobre el vínculo mediación-principio de oportunidad, DEL RÍO FERNÁNDEZ, LORENZO JESÚS, "El reto de la mediación penal: el principio de oportunidad", *La Ley: Revista jurídica española de doctrina, jurisprudencia y bibliografía*, núm. 3/2006. También, recientemente, GIMENO SENDRA, JOSÉ VICENTE, "El principio de oportunidad y la mediación penal", AAVV (Dres. CALAZA LÓPEZ, MARÍA SONIA, MUINELO COBO, JOSE CARLOS, ASENCIO MELLADO, JOSÉ MARÍA), *Postmodernidad y proceso europeo: la oportunidad como principio informador del proceso judicial*, Dykinson, Madrid 2020, págs. 237-256

Sin perjuicio de esta configuración de la mediación penal penitenciaria, con base en la normativa vigente (arts. 59 LOGP y 110 RP), debemos articular y aprehender aquélla como parte del tratamiento de la persona penada, pues persigue la reeducación y reinserción social de los/as penados/as, haciendo de éstos/estás personas con la intención y la capacidad de vivir respetando la ley penal, desarrollando en ellos/as una actitud de respeto a sí mismos y de responsabilidad individual y social con respecto a su familia, al prójimo y a la sociedad, en general. Contribuye, al tiempo, a desarrollar aptitudes en los/as internos/as, mejorando sus capacidades y compensando sus carencias, abordando aquellas problemáticas específicas que puedan haber influido en su comportamiento delictivo anterior o en la conducta sancionada disciplinariamente en prisión. Ayuda, asimismo, a potenciar y facilitar el contacto de las personas internas con el exterior, especialmente, la modalidad que llamamos mediación penal extrapenitenciaria, es decir, la mediación, entre víctima y persona penada[25].

Concluyendo, ciertamente consideramos que la técnica extrajudicial que nos ocupa es especialmente adecuada para mostrar y materializar el respeto hacia la víctima al tiempo que se restaura del daño causado, ambas finalidades específicas del tratamiento penitenciario. Es innegable, asimismo, su valor para la mejora de las relaciones de los/as encarcelados/as entre ellos/as y con los/as funcionarios/as. La mediación y, especialmente, el diálogo del que bebe y fomenta, además de abordar pacíficamente y con ventajas para todas las personas implicadas —y, por ende, para la sociedad—, los conflictos presentes, enseña a evitar futuros y a que estos sean de menor magnitud o potencia. No se puede prescindir, por último, de las bondades de este mecanismo para el mantenimiento y mejora, en su caso, de las relaciones personales y familiares del preso o presa, que, normalmente, se resienten cuando aquélla queda recluida en prisión.

4. ¿CUÁLES SON LAS MODALIDADES DE MEDIACIÓN PENAL PENITENCIARIA?

Para terminar de configurar la mediación penal penitenciaria, es esencial, distinguir sus modalidades o tipos, a los que hemos hecho referencia

---

25 Sobre la importancia del tratamiento para la reeducación y resocialización del penado o penada, CARO HERRERO, GABRIEL, "El tratamiento penitenciario como llave para la reeducación y reinserción social", *Gabilex: Revista del Gabinete Jurídico de Castilla-La Mancha*, núm. 26/2021.

de soslayo. Conforme a los conflictos jurídicos que solventa, y ubicándonos en la cárcel y en el concreto cumplimiento de una pena de prisión, debemos distinguir entre mediación penal extrapenitenciaria y mediación penal intrapenitenciaria[26].

Denominamos mediación penal extrapenitenciaria a la realizada entre la persona condenada en prisión y la víctima del delito que la ha llevado a la misma. Luego, el conflicto en torno al que gira es el delito ya probado en proceso penal y castigado en sentencia firme.

Esta modalidad de mediación penal penitenciaria ayuda, sin duda, a socializar a la persona delincuente al tiempo que le permite hablar con su víctima y repararla, en lo posible. Supone la posibilidad de exteriorizar, tanto su arrepentimiento, como la necesidad de perdón por la víctima. Contribuye, asimismo, a la mejora de la situación de la víctima, que puede conseguir una reparación simbólica y el equilibrio y bienestar que le hicieron perder el delito, obtenido, ahora, mediante el diálogo restaurativo con su victimario/a. En todo caso, es un elemento importante para evitar la victimización secundaria de aquél. Sin duda, de todo ello, también se beneficia la sociedad, que se siente más segura, especialmente, en la consideración de que el diálogo restaurativo evita conflictos jurídico-penales (delitos) futuros.

Debemos mostrar, igualmente, las taras o debilidades que presenta esta modalidad de mediación penal carcelaria. La principal deriva del momento en el que se produce el diálogo restaurativo: la fase de ejecución, luego, una vez la persona presa ya ha sido condenada, tras un proceso penal, con todas las garantías, en el que ha sido considerada culpable de un delito castigado con pena de prisión, habiéndose determinado, igualmente, su responsabilidad civil hacia para con la víctima. Esto hace que la persona encarcelada entienda que con su estancia en prisión ya está cumpliendo con sus obligaciones respecto a la víctima y la sociedad, lo que se puede convertir en un elemento que desanirma o desincentiva el diálogo restaurativo. Sin perjuicio de ello, cuando una persona presa solicita y/o accede a hablar con su víctima, una vez encarcelado/a, muestra un arrepentimiento y una necesidad de reparar fruto de la reflexión en su soledad carcelaria.

Del mismo modo, la víctima, una vez la persona que le ha causado el dolor, convirtiéndola en objeto de delito, está en prisión puede querer olvi-

---

26 Luego, es el hecho de que uno/a de los/as protagonistas del conflicto penal está en prisión, el que utilizamos para identificar esta subespecie de mediación y especie de mediación penal.

darse de ese capítulo de su vida, resultando más complicado que acceda al diálogo restaurativo. Sin perjuicio de ello, igual que ocurre con la persona delincuente, también puede tener la necesidad de comunicarse con aquélla, en aras de la búsqueda del equilibrio personal roto por el delito y de la superación del dolor que éste le causó.

Por tanto, es innegable que las condiciones en el entorno carcelario pueden ser adversas para el diálogo restaurativo, si bien, se puede producir, y más aún, puede obtener un resultado muy adecuado, que satisfaga a ambas partes.

Del mismo modo, y derivado de las circunstancias y momento en el que se produce (cuando una persona ya ha sido declarada culpable y está privada de libertad en un establecimiento penitenciario), conviene reconocer que la mediación penal penitenciaria, en aplicación al conflicto jurídico penal o delito que lleva a una persona en la cárcel, más que un mecanismo de resolución del mismo, es una forma pacífica o fructífera de gestionar la ejecución de la pena privativa de libertad que se está cumpliendo en establecimiento penitenciario. Igualmente, y en cuanto a sus efectos jurídicos, debemos admitir que, si bien para la víctima, es un instrumento para obtener su tranquilidad y equilibrio personal —es decir, de cultivar su ámbito más personal y/o anímico[27]—, en cumplimiento de la legalidad vigente, para la persona victimaria, que estando en cárcel accede a diálogar con su vícitma, esta mediación puede suponer una progresión en el tratamiento penitenciario, al considerarse un cambio de rasgos en su personalidad (arts. 65.2 y 72.4 LOGP)[28].

Somos partidarios de la utilización de esta modalidad de mediacion penal en todos los delitos, siempre que haya voluntariedad por ambas partes, y reconocimiento de los hechos, arrepentimiento y deseos de reparación a la vícitma por parte de la persona victimaria. No excluimos, por tanto, su aplicación a delitos tan graves y polémicos, al respecto, como el terrorismo o la violencia de género.

En relacion al terrorismo, mantenemos, en general, y conscientes de lo polémico de nuestro planteamiento, que la aplicación flexible de la ley, de la formalidad y coactividad jurisdiccional, profundizando en el entendi-

---

27 No más, pues la responsabilidad penal ya está dilucidada, y también, en su caso, la responsabilidad civil correspondiente.

28 Lógicamente, ello lo reconocerá, en su caso, la Junta de Tratamiento carcelaria correspondiente.

miento mutuo de los intereses contrapuestos, mediante el diálogo restaurativo, al tiempo que se averiguan las causas del conflicto, puede ayudar a transformar el pasado doloroso en una convivencia futura positiva, evitando controversias venideras o ulteriores. Sin duda, la realización de cesiones recíprocas puede ser más fructífera que la venganza. La última mira al pasado, las primeras al futuro. El diálogo trae paz o puede contribuir a ella; la confrontación casi siempre más sufrimiento y, normalmente, más conflicto[29]. Al respecto, es obligatoria la alusión a la "vía Nanclares" con los presos de ETA, la mediación penal extrapenitenciaria entre victimas del grupo terrorista y sus delincuentes. Hablamos, por tanto, como venimos diciendo, de un supuesto de "mejor" gestión de la pena privativa de libertad, pues se produce cuando los y las terroristas ya están condenados y cumpliendo su pena en prisión. Sin duda, su arrepentimiento y necesidad de reparación a la víctima es la mejor excusa para el diálogo democrático, para humanizar y descosificar a las víctimas, y para devolver a la sociedad española, rota por el terror y la violencia, su seguridad y tranquilidad[30].

Idéntica es nuestra postura en relación a la violencia de género. Conscientes de la prohibición legal al efecto[31], postulamos su utilización, también, en estos delitos, siempre que haya voluntad y libertad por ambas partes, especialmente por la víctima. Ciertamente, mantenemos que cuándo una mujer, preparada para el diálogo restaurativo, libremente, porque lo necesita, desea iniciarlo, ¿por qué no se lo vamos a permitir? No compartimos la prohibición legal general en tiempos en los que el empoderamiento de la mujer, no solo en la vida pública, sino, también, en la privada, es

---

29 En este sentido, ORDEÑANA GEZURAGA, IXUSKO, "Aportaciones de los mecanismos alternativos a la jurisdicción en la superación del conflicto vasco", AAVV (Dra ETXEBARRIA ESTANKONA, KATIXA), *Informe sobre la solución a la cuestión de las presas y presos de ETA*, Departamento de Justicia y Administración Pública Gobierno Vasco-Fundación Leizaola, Bilbao 2016, pág. 101

30 Realizan un relato conmovedor de la experiencia, AAVV (Coor. PASCUAL RODRÍGUEZ, ESTHER), *Los ojos del otro. Encuentros restaurativos entre víctimas y ex miembros de ETA*, Sal Terrae, Cantabria 2013.

31 Contenidas en el art. 87 ter, apartado 5, de la Ley Orgánica 6/1985, de 1 de julio, del Poder Judicial, que trae causa del art. 44 de la Ley Orgánica 1/2004, de 28 de diciembre de Medidas de Protección Integral contra la Violencia de Género. Sobre su justificación y debates correspondientes, al respecto, entre otros, VILAPLANA RUIZ, JAVIER, "Mediación y violencia de género", *Diario La Ley*, núm. 8340/2014. Clara, en contra de la mediación penal en la materia, RENEDO ARENAL, MARÍA AMPARO, "¿Mediación penal en violencia de género? No, gracias", *Revista europea de derechos fundamentales*, núm. 23/2014.

un clamor político y social[32]. Además, en el caso de la mediación penal penitenciaria, se daría el control de la Junta de Tratamiento, que debería de velar para que el deseo de diálogo del hombre violento condenado sea verdadero, protegiendo siempre a la mujer de una victimización secundaria. Del mismo modo, mantenemos que una mujer víctima de violencia de género que desea entablar diálogo restaurativo con su pareja o expareja debe superar el control psicológico que avala que está preparada, dispuesta y necesitada (en este orden) del mismo.

Nos fijamos ahora en la segunda modalidad de mediación penal penitenciaria, en aquélla que denominamos mediación penal intrapenitenciaria y que *lege data* se refiere al conflicto jurídico, con trascendencia sancionadora, surgido en prisión, bien entre dos personas condenadas, bien entre éstas y los/las funcionarios/as, por incumplimiento de la normativa disciplinaria.

Para entender esta modalidad conviene, en primer lugar, apuntar que, actualmente, se configura en un sentido restringido, en aplicación a la controversia carcelaria entendida como el conflicto disciplinario en el que incurre/n una persona presa o más. Explicaremos, a continuación, el contexto en el que se produce. Nosotros, no obstante, *lege ferenda* somos partidarios de su uso generalizado en cualquier conflicto producido en el establecimiento penitenciario que tiene como protagonista a una (o más) personas presas. Así, consideramos que en el proceso de obtener su resocializacion y reeducacion es esencial utilizar el diálogo para solventar sus diferencias, al tiempo que aprenden el valor del respeto al prójimo y a uno mismo, y los valores de la solución pacífica de las controversias. También, en ello haremos hincapié, reparando en las bondades derivadas, a nuestro juicio, de un uso expansivo de la mediación en el establecimiento penitenciario.

Partiendo de la realidad existente, como anunciábampos, *lege data*, la institución que nos ocupa se configura en un sentido restringido, en aplicación a la controversia carcelaria, entendida como el conflicto disciplinario en el que incurre/n una persona presa o más. Nos interesa su contexto, funcionamiento y legitimación.

---

32 En nuestra línea, muy clara y convincente, ARROM LOSCOS, ROSA, "Aproximación a la mediación penal, líneas rojas: Violencia de género y mediación penal, ¿un reto de futuro?", *La ley penal: revista de derecho penal, procesal y penitenciario*, núm. 135/2018. La misma autora, con más profusión, *Aproximación a la mediación penal; líneas rojas: Violencia de género y mediación penal, ¿un reto de futuro?*, Thomson Reuters-Civitas, Madrid 2019.

Para explicar la causa o etiología del conflicto carcelario disciplinario debemos apelar a su inevitabilidad. Al respecto, se describe el establecimiento penitenciario como una "institución total", que lejos de socializar a la persona penada, le desocializa y despersonaliza[33]. En ese contexto el conflicto es casi inevitable, en cuanto las personas presas conviven en un espacio cerrado, sin elegir sus compañías. Es más, el entorno potencia el conflicto, en una espiral de atmosfera negativa, caracterizado por la dinámica acción-reacción-acción[34]. Es innegable, al mismo tiempo, que ello convierte en difícil el empleo del diálogo para la solución de los conflictos, si bien no en imposible[35]. No obstante, igual que decíamos en relación a la mediación penal extrapenitenciaria, cuando se produce, despliega todas sus potencialidades[36].

Del mismo modo, es innegable que el tratamiento penitenciario, entendido como el conjunto de actividades directamente dirigidas al logro de la reeducación y reinserción social de los hombres y mujeres encarcelados (arts. 59 LOGP y 2 y 231.1 RP), requiere una convivencia segura y ordenada en las prisiones, y una relación de la misma índoles entre las personas presas y los funcionarios y funcionarias que les asisten. Este requisito, por su parte, legitima la existencia de un régimen disciplinario previsto y gestionado —siempre con control judicial— por la Administración penitenciaria, bien la estatal, la catalana o vasca. Al respecto, se tipifican una serie de conductas prohibidas, bien individuales, bien en la relación entre presos y/o presas, bien en relación a los funcionarios y funcionarias. Se establecen, al tiempo, las sanciones pertinentes[37].

---

33 GOFFMAN, ERVING, *Internados*, Amorrortu, Buenos Aires 2001, pág. 13, describe la cárcel como institución total, entendida ésta como "un lugar de residencia y trabajo, donde un gran número de individuos en igual situación, aislados de la sociedad por un período apreciable de tiempo, comparten en su encierro una rutina diaria, administrada formalmente".

34 Una radiografía excelente de la realidad carcelaria y de sus efectos en los presos y presas, MANZANOS BILBAO, CESAR, *Cárcel y marginación social*, Gakoa, Bilbao 1997.

35 Con nosotros, VIDONI GUIDONI, ODILLO, "Riparare il danno o punire? Le ambivalenze della giustizia riparativa in ámbito penitenciario", BALLONI, AUGUSTO, MOSCONI, GIUSEPPE,/PRIMA, FRANCO, *Cultura giuridica e attori della giustizia penale, Crimine e devianza*, Studi e Ricerche, Milán 2004, págs. 209 y ss.

36 Con nosotros, DE MARCOS MADRUGA, FLORENCIO, "La Justicia Restaurativa en la ejecución penitenciaria", *Revista de Derecho Penal y Criminología*, núm. 26/2021.

37 En general, sobre su configuración, SOLAR CALVO, MARÍA DEL PUERTO, "Régimen disciplinario en las cárceles: cuestiones que motivan su reforma", *Diario La*

Elemento eje del sistema disciplinario carcelario, la competencia de la Administración penitenciaria (estatal, catalana o vasca), al respecto, deriva de la relación de especial sujeción que vincula a los presos y presas con aquélla, que se encarga de su custodia[38]. No en vano, las cárceles son centros organizados, gestionados y financiados por las Administraciones mentadas.

El modelo disciplinario sancionador vigente, por su parte, se caracteriza por un marcado carácter retributivo, acompañando inevitable y directamente a la infracción disciplinaria la sanción, con nulo o escaso espacio para el diálogo en cuanto mecanismo de resolución del conflicto correspondiente[39]. Este tratamiento o abordaje del conflicto jurídico disciplinario hace que, en su caso, las partes se distancien más y que las controversias, lejos de disiparse, se enroquen e intensifiquen.

Cabe destacar, asimismo, la dureza del régimen sancionador vigente, que puede llegar a restringir derechos fundamentales (art. 75 RP). La existencia y aplicación del Fichero de Internos de Especial Seguimiento (FIES) avala esta afirmación[40].

Ley, núm. 7440/2010. Sobre la tramitación de las infracciones disciplinarias que dan lugar, en su caso, a las sanciones pertinentes, ESTEBAN DE LA FUENTE, JAVIER, "El régimen disciplinario en las cárceles: los principios fundamentales y el proceso que debe seguirse para la imposición de una sanción dentro del ámbito penitenciario", *Revista de derecho penal*, núm. 20/2012. También, antes, ASENCIO CANTISÁN, HERIBERTO, "El sistema de sanciones y el procedimiento para su imposición en la Legislación penitenciaria", *Eguzkilore: Cuaderno del Instituto Vasco de Criminología*, núm. 2/1989.

38 Sobre la actual configuración de esta relación de especial sujeción entre la persona apresada y la Administración, SOLAR CALVO, MARÍA DEL PUERTO, "Consecuencias penitenciarias de la relación de sujeción especial: por un necesario cambio de paradigma", *Anuario de derecho penal y ciencias penales*, Tomo 72/2019.

39 Sobre su funcionamiento general, CASTILLO BLANCO, FEDERICO A., "La potestad disciplinaria de la Administración penitenciaria", *Documentación administrativa*, núm. 282-283/2009.

40 En nuestro aval, ARRIBAS LÓPEZ, EUGENIO, "Fichero de internos de especial seguimiento (FIES) y régimen cerrado", *La ley penal: revista de derecho penal, procesal y penitenciario*, núm. 72/2010 y del mismo autor, "Fichero de internos de especial seguimiento (FIES): incidencia de la reforma del reglamento penitenciario y de la normativa administrativa interna posterior", *La ley penal: revista de derecho penal, procesal y penitenciario*, núm. 96-97/2012. Más recientemente, DE LAS HERAS PEÑA, IRENE, "Los ficheros de internos de especial seguimiento como mecanismos de restricción de los derechos fundamentales: Análisis desde una perspectiva jurídica y criminológica", *Revista Electrónica de Estudios Penales y de la Seguridad*, núm.

Los inconvenientes apuntados nos llevan a postular que *lege ferenda* el régimen disciplinario anudado indefectiblemente con la sanción debería utilizarse como última ratio, debiendo apostarse previamente, como cauce natural de resolución del conflicto disciplinario, por el diálogo alimentado por la mediación. Sería la forma real de contribuir a la resocialización y reeducación del preso o presa que comete una infracción disciplinaria. Nuestra propuesta no es descabellada, encontrando su fundamento legal en los arts. 255 y 256 RP, que permiten, respectivamente, la suspensión de la efectividad de las sanciones de aislamiento[41] y la reducción y revocación de las sanciones disciplinarias[42]

9/2021. Concretamente, se distinguen los siguientes: FIES 1 (Control Directo), FIES 2 (Delincuencia organizada), FIES 3 (Fuerzas de Seguridad y Funcionarios de IIPP), FIES 4 (Características especiales). Explica sus elementos básicos, CAROU-GARCÍA, SARA, "La controvertida historia del fichero de internos de especial seguimiento (FIES): desde su nacimiento hasta la actualidad", AAVV (Coor. GONZÁLEZ GARCÍA, ABEL, FERNÁNDEZ BERMEJO, DANIEL), *Cuestiones penitenciarias actuales: Criminología, Derecho y Práctica*, UDIMA, Madrid 2018, págs. 96 y 97.

41 "Art. 255 RP: Suspensión de la efectividad de las sanciones de aislamiento.
1. Al amparo de lo dispuesto en el artículo 43.2 de la Ley Orgánica General Penitenciaria, siempre que las circunstancias lo aconsejen, la Comisión Disciplinaria, de oficio o a propuesta de la Junta de Tratamiento, podrá acordar motivadamente la suspensión de la efectividad de las sanciones de aislamiento impuestas.
2. Si la Comisión Disciplinaria, en atención a los fines de reeducación y reinserción social o a las circunstancias personales del interno, no hubiese estimado oportuno levantar la suspensión de la efectividad durante el plazo de tres meses, de oficio o a solicitud del interno, aplicará la reducción de la sanción prevista en el apartado 1 del artículo siguiente. El tiempo de suspensión de la efectividad de la sanción de aislamiento se computará a efectos de cancelación de la sanción reducida.
3. La suspensión de la efectividad de las sanciones de aislamiento que hayan sido confirmadas total o parcialmente, directamente o en vía de recurso, por el Juez de Vigilancia requerirá la autorización de éste".

42 "Art. 256 RP: Reducción y revocación de sanciones.
1. Conforme a lo dispuesto en el artículo 42.6 de la Ley Orgánica General Penitenciaria, las sanciones impuestas y sus plazos de cancelación podrán reducirse, atendiendo a los fines de reeducación y de reinserción social, por decisión motivada de la Comisión Disciplinaria, de oficio o a propuesta de la Junta de Tratamiento. La reducción consistirá en la minoración de la gravedad de la sanción impuesta.
2. Cuando se advierta error en la aplicación de una sanción que no haya sido recurrida ante el Juez de Vigilancia, la Comisión Disciplinaria efectuará una nueva calificación de la infracción, siempre que no implique una sanción superior a la

Del mismo modo, en busca de fundamento normativo para nuestra propuesta de extensión de la mediación penal intrapenitenciaria, propugnamos el uso de ese mecanismo extrajudicial de resolución de conflictos y, en su caso, su resultado, como contexto en el que las personas penadas pueden demostrar o acreditar su buena conducta como requisito para obtener determinados regímenes de vida, incluida la libertad condicional (arts. 47.2 y 65.2 LOGP y 90.1 c) CP).

Para terminar con las modalidades de la mediación penal penitenciaria, retomamos una idea anunciada: postulamos *lege ferenda* la utilización de este mecanismo como sistema de gestión de todos los conflictos que surjan en el entorno penitenciario, más allá de su empleo para solventar los conflictos meramente disciplinarios[43]. Así, creemos que el diálogo con ayuda de una tercera persona, como forma de mutuo entendimiento, de arreglo pacífico del conflicto presente y fórmula de evitación del futuro, aporta a sus protagonistas unos valores que, en el caso de las personas presas, casan a la perfección con la resocialización y reeducación que persigue la pena privativa de libertad. Por ello, debería utilizarse la mediación en todo tipo de conflicto jurídico protagonizado por una persona presa (familiar, laboral….). Sería una forma, sin duda, de mejorar el tratamiento penitenciario y, en definitiva, de conseguir que la pena privativa de libertad cumpla sus funciones, con el beneficio consiguiente para la propia persona delincuente, su víctima y la sociedad. Contribuiría, al tiempo, a que las cárceles sean mejores, más seguras y ordenadas, en cuanto aseguraría una convivencia más pacífica dentro de las mismas. Ello porque el diálogo, con ayuda de un tercero, como forma de resolución de conflictos, contribuye a pacificar las relaciones de los presos y presas que conviven y chocan en una institución total como es el establecimiento penitenciario. Es, asimismo, pócima ideal para evitar conflictos futuros, disminuyendo la reincidencia y, por ende, reduciendo las intervenciones administrativas y judiciales[44].

---

impuesta, procediendo a su reducción o sustitución o, en caso de que no proceda sanción alguna, la revocará levantando inmediatamente el castigo y cancelará automáticamente su anotación.

3. La revocación o reducción de sanciones no podrá efectuarse sin autorización del Juez de Vigilancia".

43 En nuestro apoyo, ORTIZ GONZÁLEZ, ANGEL LUIS, "Mediación penal y penitenciaria: propuestas para el futuro", *Familia: revista de ciencias y orientación familiar,* núm. 36/2008.

44 Sobre sus bondades, RÍOS MARTÍN, JULIÁN CARLOS, "La mediación, instrumento de diálogo para la reducción de la violencia penal y penitenciaria", *La ley penal: revista de derecho penal, procesal y penitenciario,* núm. 44/2007.

5. ¿CON QUÉ DIFICULTADES SE ENCUENTRA LA MEDIACIÓN PENAL PENITENCIARIA EN NUESTRO ORDENAMIENTO JURÍDICO?

Las líneas anteriores muestran cristalinamente nuestra apuesta y convencimiento por la mediación penal penitenciaria en cuanto fórmula para extender las fortalezas de la justicia restaurativa desde la prisión a la sociedad (mediación penal extrapenitenciaria) y a la propia prisión, para terminar, recalando, otra vez, en toda la sociedad (mediación penal intrapenitenciaria). Sin embargo, la embajada no resulta fácil. Dos son, a nuestro juicio, los óbices a los que tiene que hacer frente la normalización de la mediación penal en el ámbito penitenciario, en cualquiera de sus modalidades. Por una parte, y como ya hemos aludido, en sendas ocasiones, la prisión no es *per se* un espacio que anima el diálogo. Por otro, elemento nuclear en un Estado de Derecho, como el nuestro (art. 1 CE), la normativa vigente, en materia de prisiones, no fomenta o impulsa la institución que nos ocupa. Desarrollamos ambas ideas, sin solución de continuidad.

Cierto es, como hemos apuntado, que los establecimientos penitenciarios, como lugar, espacio y realidad, por su rasgos y elementos configurativos, contexto que producen y consecuencias que anudan, no son el lugar para la reflexión, el diálogo sosegado y la expresión de la autonomía personal. ¿Cómo se va a potenciar el diálogo libre en y/o desde un lugar cerrado?[45] La situación es difícil de partida, pero, como hemos reiterado, no imposible.

A ello debemos sumar, otro elemento ya apuntado: la persona presa está en la cárcel tras un juicio justo y la aplicación estricta de la ley por una autoridad jurisdiccional. La prisión es la propia consecuencia de su acto socialmente tipificado y desviado, la conducta delictiva. Luego, la persona presa tiende a pensar que estando en la cárcel ya cumple su castigo, aquello que debe a la sociedad y a la propia víctima. Ello resulta desincentivador para la mediación penal, en cualquiera de sus modalidades. En la extrapenitenciaria, porque la persona delincuente puede considerar que nada debe a la víctima, pues está pagando su conducta antisocial con la privación de su libertad, máxima cualidad de la persona; en la intrapenitenciaria, porque la persona presa, en la cárcel, lejos de pensar en mejorar, para la futura convivencia social, está pensando en la supervivencia diaria

---

[45] En nuestro apoyo, CESANO, JOSÉ DANIEL, "De la crítica a la cárcel a la crítica de las alternativas", *Boletín Mexicano de Derecho Comparado,* núm. 108/2003.

en un entorno hostil e incómodo. Con todo, estamos ante un problema u óbice grave de partida, pero no insuperable, si se fomenta la mediación penal penitenciaria.

Relacionado con esta última idea, más fácil de atajar, es o podría ser, el segundo gran problema con el que se encuentra la mediación penal penitenciaria en nuestro ordenamiento jurídico: la falta de impuso normativo. Sin estar expresamente prevista en la normativa penitenciaria (LOGP y RP), cierto es que, a nuestro juicio, existen elementos que la facilitan. Así:

(1) la ordenación, en genérico, del tratamiento penitenciario y sus objetivos (arts. 59 LOGP y 110 RP)

(2) la posibilidad de valorar la mediación penal penitenciaria a los efectos de aprobar la suspensión de la ejecución del resto de la pena de prisión y la libertad condicional del penado (art. 90 CP),

(3) puede ser tenida en cuenta, incluso, para la obtención del indulto particular (art. 206.1 RP)[46]

(4) puede ser valorada en relación a los permisos de salidas (art. 47.2 LOGP) y otro tipo de beneficios o recompensas (comunicaciones especiales y extraordinarias adicionales; becas de estudio, donación de libros y otros instrumentos de participación en las actividades culturales y recreativas del centro; prioridad en la participación en salidas programadas para la realización de actividades culturales; reducciones de las sanciones impuestas;...) (art. 263 RP).

Sin perjuicio de ello, entendemos que la mediación penal es posible en el establecimiento penitenciario, extendiendo las bondades del modelo restaurativo al mismo, especialmente las relativas al empoderamiento y reconocimiento de la víctima. De ahí que postulamos la necesidad de recogerla expresamente en la normativa penitenciaria, luego, incidiremos en las líneas principales de esta ordenación *lege ferenda*, al analizar los elementos a abordar para fomentar la mediación penitenciaria en nuestro ordenamiento jurídico.

---

[46] Muy interesante, GARCÍA SAN MARTÍN, JERÓNIMO, *El indulto particular: tratamiento y control jurisdiccional*, Instituto Vasco de Derecho Procesal, Donostia-San Sebastián 2007. También, BECA FREI, JUAN PABLO, "Indulto particular: perfeccionamiento de una institución arcaica hacia la protección de derechos Fundamentales", *Estudios constitucionales: Revista del Centro de Estudios Constitucionales*, núm. 1/2013.

Al respecto, no cabe omitir que la Secretaría General de Instituciones Penitenciarias ha publicado dos documentos penitenciarios: *el Taller de Diálogos Restaurativos: Responsabilización y Reparación del Daño,* que incluye el material a utilizar por parte de cualquier entidad/profesional que desarrolle talleres de diálogos restaurativos en el contexto penitenciario y el documento *Encuentros restaurativos penitenciarios,* en el que se muestra la metodología a seguir en el caso de llevar a cabo un encuentro restaurativo penitenciario.

6. ¿CÓMO SE PUEDE REFORZAR LA MEDIACIÓN PENAL PENITENCIARIA EN ESPAÑA?

Advertidas las potencialidades de la mediación penal penitenciaria, para cerrar este trabajo, nos gustaría apuntar un decálogo de medidas que se deberían adoptar en nuestro ordenamiento jurídico a efectos de normalizarla como mecanismo pacífico de resolución de conflictos al tiempo que se extienden sus fortalezas por las cárceles españolas y por toda la sociedad española.

En primer lugar, entendemos importante *beber de la experiencia de otros Países,* legitimadas por sus autoridades y por instituciones internacionales nada sospechosas como la ONU o el Consejo de Europa. En este último sentido, el 11° Congreso de las Naciones Unidas sobre Prevención del delito y justicia penal, celebrado en Bangkok entre el 18 y 25 de abril del 2005, proclamó expresamente que "los programas y las políticas de Justicia Restaurativa no se limitan a las etapas previas al juicio y de sentencia del proceso de justicia penal. La Justicia Restaurativa puede contribuir a mejorar los resultados de la justicia penal a nivel correccional"[47].

Del mismo modo, y en el marco del Consejo de Europa, la Recomendación Rec (2006)2 del Comité de Ministros a los Estados miembros sobre las Reglas Penitenciarias Europeas, adoptada por el Comité de Ministros, el 11 de enero de 2006, reconoció que "los presos que lo deseen pueden partici-

---

[47] Incide en el mismo, ARANDA JURADO, MARÍA DEL MAR, "La promoción de la Justicia Restaurativa en materia penal por Naciones Unidas a través de sus congresos internacionales", *Revista Boliviana de Derecho,* núm. 27/2019.

par en un programa de Justicia Restaurativa y reparar las infracciones que han cometido" (apartado 113.7)[48].

Entre los programas internacionales más conocidos destacan Victim-Offender Reconciliatio Programs" (VORP, programas de reconciliación víctima-delincuente)[49], en los que con el auxilio de una persona facilitadora capacitada, víctima y persona victimaria intentan componer los conflictos producidos por el delito, mediante la mediación[50]; el "Sycamore Tree Project" (proyecto PAS)[51], el programa "Associacao de Protecao and Assistencia aos Condenados" brasileño (APAC)[52], que enfoca la labor en

---

48 Analiza estas reglas, en contraste con la situación penitenciaria española, TÉLLEZ AGUILERA, ABEL, *Las nuevas reglas penitenciarias del Consejo de Europa: (una lectura desde la experiencia española)*, Edisofer, Madrid 2006.

49 La primera experiencia de reconciliación víctima-delincuente (Victim Offender Mediation, VOM) se dio en Kitchener (Ontario), a principios de los 70, cuando un funcionario de libertad condicional de menores convenció a un juez para que dos jóvenes condenados por vandalismo se reunieran con sus víctimas y la comunidad. Tras la reunión, el juez impuso a ambos jóvenes que realizaran una restitución a las víctimas como condición para la obtención de la libertad condicional. Fue el origen de los que, después, se llamaron "Victim-Offender Reconciliation Programs" (VORP) (programas de reconciliación víctima-delincuente).

50 Son los abogados/as, los oficiales de libertad condicional, la policía o la propia institución penitenciaria los que pueden pedir la participación en este programa, y requiere que las personas victimarias estén dispuestos a asumir la responsabilidad de sus acciones, reunirse con la víctima y los facilitadores (mediadores). En los encuentros se habla del daño causado y de la forma de compensación (perdón, pago de la restitución o, incluso, participación en algún trabajo voluntario).

51 Que, utilizado en distintos ordenamientos jurídicos (Alemania, Australia, Gahamas, Bolívia, Colombia, Costa Rica, Inglaterra y Gales, Fiyi, Guam, Hungría, Italia, Kazajstán, Nueva Zelanda, Países Bajos, Irlanda del Norte, Palu, Filipinas, Ruanda, Escocia, Senegal, Islas Salomón, Sudáfrica y EE.UU.), desde 1998, promueve la asunción de responsabilidad y la empatía con las víctimas. Sin perjuicio de que tiene base religiosa, existe su variante laica. Se remarca que no pretende ser un programa de tratamiento, sino de construcción de conocimiento sobre el delito y sus consecuencias. Las evaluaciones externas han mostrado su eficacia.

52 Las comunidades restaurativas APAC de Brasil se identifican con establecimiento penitenciarios gestionados por una asociación, que no utiliza armas ni guardias, que son sustituidos por una disciplina férrea, basada en el trabajo, la espiritualidad, el mérito y la valoración humana. Las personas penadas (denominados "recuperandos"), trabajan con sus familias y con la de la víctima. El éxito de su método reduciendo la reincidencia hizo que el programa se redenominara "Comunidades de Restauración", adaptándose en otros países (América Latina, América del Norte, Europa e, incluso, el Pacífico).

la rehabilitación de los victimarios para ellos/as mismos/as, sus familias, sus víctimas y sus comunidades; el programa de Talleres AVP ("Prisiones Alternativas a la Violencia"), dirigidos por voluntariado capacitado y perteneciente a la comunidad y que trabaja, con personas penadas que acuden a los mismos voluntariamente, el respeto, la seguridad y las técnicas de resolución pacífica de conflictos[53]; el programa "Bridges to Life" (BTL)[54], que persigue reducir las tasas de reincidencia de los participantes y facilitar el proceso restaurador víctima-victimario[55]; el programa CONNECT y el programa REMEDI, de origen anglosajón, que trabajan la comunicación entre las personas víctima-victimario, la petición de disculpas y la prevención de la reincidencia[56]; el programa "Supporting Offenders through Restorative Inside"(SORI), que persigue aumentar la empatía hacia la víctima en los victimarios, al tiempo que les motiva para el cambio del comportamiento ofensivo y asumen responsabilidad personal por el daño causado[57]; el programa "Mediation y Justicia Restaurativa en la Prisión" (MEREPS), basado en la mediación penal[58]; y el programa "Restorative Justice Capacity Buil-

---

53 Se desarrolló en 1975 en EEUU, y de ahí se ha extendido a cárceles de todo el mundo. Se trabaja con ejercicios prácticos, entre los que destacan los juegos de rol, y su actuación es confidencial. Se sigue desarrollando en la actualidad con éxito.

54 Que se implementó en el centro Penitenciario Madrid IV, por la Confraternidad Carcelaria de España (CONCAES).

55 Con origen en EEUU, concretamente, en Houston, fue creado, en 1998, por la víctima del asesinato de su hermana, que persiguió procesar el dolor y reconvertirlo en un programa de justicia restaurativa para establecimientos penitenciarios. Muestra de su éxito, este programa se ha implantado en 163 prisiones de Houston, además de en otros 13 estados de la federación y 6 países de fuera. Se proporciona un entorno seguro y confidencial a la víctima y al victimario, enfatizando la composición y la empatía, en grupos pequeños.

56 Implementados en Gales, Irlanda del Norte, Australia y Nueva Zelanda, desde el año 2001, mientras el CONNECT utiliza una pluralidad de prácticas restaurativas, REMEDI se basa en la mediación.

57 También de origen anglosajón, concretamente, se ha llevado a cabo en 7 prisiones del Reino Unido y de Gales. El programa lo desarrolló la Capellanía de la prisión de Cardiff en 2005 y trabaja los principios de justicia restaurativa mediante talleres o cursos en base a las necesidades de las víctimas en 5 días, de forma intensiva.

58 Se llevó a cabo entre 2009 y 2012 en establecimientos penitenciarios de Hungría, Alemania y Reino Unido, con el aval y gestión del Forensee Research Group. Trabajan especialmente la responsabilización, la reparación, la reintegración y la rehabilitación.

ding" (NOMS), que se configura en torno al liderazgo, la participación y la comunicación víctima-victimario[59].

Sin incidir en ellos, por falta de espacio, nos parece más importante destacar que, en función de estas experiencias y su objetivos, los proyectos de Justicia Restaurativa en prisiones se han clasificado como aquéllos basados en (1) el fomento de la empatía con las víctimas;(2) la reparación del daño; (3) la mediación con víctimas, presos y presas, sus familias y la comunidad; (4) el refuerzo de los lazos entre la cárcel y la comunidad;(5) la resolución pacífica de conflictos en prisión y (6) la transformación completa de la prisión bajo parámetros restaurativos.

A nuestro juicio, todos estos objetivos, más o menos utópicos, deben inspirar la configuración e implementación de la mediación penal penitenciaria en el ordenamiento jurídico español.

En segundo lugar, entendemos necesaria la *apuesta firme del legislador patrio por este mecanismo.* A nuestro juicio, es suficiente, al efecto, con que la LOGP y el RP la reconozcan en sus dos modalidades y ordenen sus mínimos, que son los siguientes:

(1) la libertad como eje, en todo caso y, especialmente, para la víctima en la que hemos denominado mediación penal extrapenitenciaria. Esta misma libertad debe, en la medida de lo posible, posibilitar la elección del órgano mediador a las partes de la misma.

(2) la flexibilidad como pauta para elegir el lugar o lugares para el desarrollo de la mediación, para articular el procedimiento..., siempre con las limitaciones que supone que la/s persona/s condenada/s esté/n en prisión

(3) el vínculo entre esta mediación penal y el Poder Judicial. En su caso, también, con la Administración, especialmente en la modalidad intrapenitenciaria. Es lo que, en relación a la mediación penal, en general, denominamos principio de oficialidad.

(4) los efectos jurídicos de la misma.

En tercer lugar, en cuanto jurisdiccionalistas tenemos claro que la mediación penal penitenciaria se ha de enmarcar en lo que nosotros denominamos Derecho jurisdiccional diversificado, que no es más que el Derecho

---

[59] Se desarrolló entre los años 2012 y 2014, trabajando con los presos y presas durante las suspensiones de juicio a prueba (*probation*) y en las prisiones, con conferencias víctima-victimario.

procesal que abarca los Medios Adecuados de Resolución de Conflictos (MASC), como requiere el sistema de justicia de un Estado desarrollado. Es decir, la posibilidad de que se utilicen técnicas extrajudiciales, pero siempre con control y auxilio judicial, no en vano, la justicia, como valor esencial y social, debe ser avalado por el Poder Judicial en un Estado de Derecho.

Así, en el caso de la mediación extrapenitenciaria (la que se produce entre la persona delincuente condenada en prisión y la víctima de su delito) es esencial la participación del juez o jueza de vigilancia penitenciaria, no en vano, es este órgano jurisdiccional el que ha de realizar la valoración de las actividades desplegadas por el penado a la hora de la concesión de la libertad condicional (art. 90 CP). Del mismo modo, en cuanto los datos de la víctima son privados, es aquélla la autoridad que puede tener acceso a los mismos y, en su caso, facilitar el encuentro victimario-víctima.

Por su parte, en el caso de la mediación intrapenitenciaria, se reconoce el protagonismo de la Administración penitenciaria, encargada del procedimiento sancionador, sin perjuicio de que su actividad, también, está controlada por el Poder Judicial.

En cuarto lugar, consideramos elemento esencial para fomentar la mediación penal penitenciaria en nuestro ordenamiento jurídico *la formación en la materia.* Defendemos como esencial para la vigorización de la mediación penal penitenciaria la formación de los funcionarios y funcionarias de prisiones, en cuanto agentes cruciales para la expansión de la cultura restaurativa en los establecimientos penitenciarios. Ello sin perjuicio de que todos los implicados en el sistema penal (jueces y juezas, fiscales, policía...) también requieran formación, al respecto.

En quinto lugar, en la misma línea, aplaudimos, la figura del "consultor en justicia reparadora", creado en el año 2000, en Bélgica, en cuanto agente dinamizador de la mediación penal en prisión. A nuestro juicio, las Administraciones penitenciarias españolas (central, catalana y vasca) deberían pensar instaurar una figura similar en nuestras cárceles.

En sexto lugar, estimamos trascendental *la sensibilización de todos éstos y de la sociedad, en su conjunto, en la materia.* Conviene recordar, al respecto, que la mediación penal penitenciaria persigue beneficiar no solo a las partes en conflicto sino a toda la sociedad, expandiendo los beneficios del paradigma de la justicia restaurativa entre toda la ciudadanía.

En el mismo sentido, además, y en relación a la mediación penal extrapenitenciaria, sobra remarcar la importancia de que las víctimas libremente quieran participar en la técnica extrajudicial, para lo que es importante la labor previa de concienciación social en la materia.

En séptimo lugar, totalmente relacionado, las Administraciones penitenciarias (estatal, catalana y vasca) han de dedicar recursos materiales y personales suficientes a la mediación penal penitenciaria, condición eje a nuestro juicio para expandir el paradigma de justicia restaurativa desde los establecimientos penitenciarios a toda la sociedad. Ello requiere la dotación presupuestaria suficiente a la materia.

En octavo lugar, en relación al órgano mediador (*third neutral*), además de destacar su imprescindibilidad (no hay mediación sin órgano mediador), cabe apuntar que todo lo que se dispone y requiere para esta figura en relación a la mediación penal general o genérica sirve para la penitenciaria (así su imparcialidad, formación, confidencialidad, funciones, derechos y deberes,...)[60]

Como especificidad, en relación a la mediación penal penitenciaria cabe destacar que la/s persona/s que realizan esta función pueden ser ajenas al establecimiento penitenciario o personal del mismo, sin perjuicio de que el espacio en el que se produce (la cárcel), también, puede limitar su configuración y elección.

Versa el *noveno postulado* de nuestro decálogo de propuestas para mejorar la mediación penal penitenciaria en nuestro ordenamiento jurídico sobre su gestión. En este sentido, postulamos *la existencia de un servicio permanente de mediación penal penitenciaria en todos los establecimientos penitenciarios,* en cuanto órgano que gestione la mediación penal penitenciaria en cada una de sus modalidades.

Por último, *la décima y última propuesta* de nuestro decálogo se centra en el *el procedimiento de mediación penal penitenciaria.* En cuanto subespecie del género, el procedimiento de mediación penal penitenciario es similar al de la mediación penal (voluntariedad, flexibilidad, confidencialidad, fases, ...)[61].

Como particularidades, y en relación a la intrapenitenciaria, conviene destacar que, si bien las propias partes del conflicto pueden instar su inicio, es frecuente que, en el caso de penados/as incompatibles, sea el propio

---

[60] Muy completo, al respecto, BARONA VILAR, SILVIA, *Mediación penal: fundamento, fines y régimen jurídico,* Tirant lo Blanch, Valencia 2011.

[61] También, en general, BARONA VILAR, SILVIA, *Mediación penal: fundamento, fines y régimen jurídico, op. cit.*

centro penitenciario el que lo inste. Es más, actualmente, es la mediación la única posibilidad para superar una incompatibilidad.

Actualmente (*lege data*), cabe la mediación en el contexto de un procedimiento sancionador, antes de su inicio, ya iniciado o, incluso, tras su finalización y la intervención en el mismo permite que las personas implicadas puedan obtener beneficios penitenciarios como pueden ser (1) la suspensión de las sanciones impuestas por la participación en el conflicto, (2) la cancelación o reducción de las sanciones disciplinarias, (3) la no denegación de permisos o de comunicaciones y (4) la progresión de grado.

En relación al procedimiento de mediación extrapenitenciario (persona victimaria-victima), cabe remarcar especialmente que, por el momento penitenciario de cumplimiento de la pena o la naturaleza de la pena misma, y en relación a la persona condenada, ésta no persigue una finalidad utilitarista, pues su participación en esta técnica no le reporta beneficio en cuanto a su situación legal penal (ya está condenada y en prisión), si bien le puede ayudar en cuanto al régimen penitenciario (incluida, la obtención de la libertad condicional). Es clave, asimismo, la intervención del juez o jueza de vigilancia penitenciaria para poder acceder a la víctima.

7. BIBLIOGRAFÍA

AAVV (Coor. PASCUAL RODRÍGUEZ, ESTHER), *Los ojos del otro. Encuentros restaurativos entre víctimas y ex miembros de ETA*, Sal Terrae, Cantabria 2013.

ARANDA JURADO, MARÍA DEL MAR, *Justicia Restaurativa y mediación penal en España*, Universidad Católica de Valencia San Vicente Mártir, Valencia 2018.

ARANDA JURADO, MARÍA DEL MAR, "La promoción de la Justicia Restaurativa en materia penal por Naciones Unidas a través de sus congresos internacionales", *Revista Boliviana de Derecho*, núm. 27/2019.

ARRIBAS LÓPEZ, EUGENIO, "Fichero de internos de especial seguimiento (FIES) y régimen cerrado", *La ley penal: revista de derecho penal, procesal y penitenciario*, núm. 72/2010.

ARRIBAS LÓPEZ, EUGENIO, "Fichero de internos de especial seguimiento (FIES): incidencia de la reforma del reglamento penitenciario y de la normativa administrativa interna posterior", *La ley penal: revista de derecho penal, procesal y penitenciario*, núm. 96-97/2012.

ARROM LOSCOS, ROSA, "Aproximación a la mediación penal, líneas rojas: Violencia de género y mediación penal, ¿un reto de futuro?", *La ley penal: revista de derecho penal, procesal y penitenciario*, núm. 135/2018.

ARROM LOSCOS, ROSA, *Aproximación a la mediación penal; líneas rojas: Violencia de género y mediación penal, ¿un reto de futuro?*, Thomson Reuters-Civitas, Madrid 2019.

ASENCIO CANTISÁN, HERIBERTO, "El sistema de sanciones y el procedimiento para su imposición en la Legislación penitenciaria", *Eguzkilore: Cuaderno del Instituto Vasco de Criminología,* núm. 2/1989.

DE LAS HERAS PEÑA, IRENE, "Los ficheros de internos de especial seguimiento como mecanismos de restricción de los derechos fundamentales: Análisis desde una perspectiva jurídica y criminológica", *Revista Electrónica de Estudios Penales y de la Seguridad,* núm. 9/2021.

GOFFMAN, ERVING, *Internados,* Amorrortu, Buenos Aires 2001.

BARALLAT LÓPEZ, JUAN, "La mediación en el ámbito penal", *Revista jurídica de Castilla y León,* núm. 29/2013.

BARONA VILAR, SILVIA, "Mediación penal como pieza del sistema de tutela en el siglo XXI. Un paso más hacia la resocialización y la justicia restaurativa", *Revista de Derecho Penal,* núm. 26/2009.

BARONA VILAR, SILVIA, *Mediación penal: fundamento, fines y régimen jurídico,* Tirant lo Blanch, Valencia 2011.

BARONA VILAR, SILVIA, "Mediación penal: un instrumento para la tutela penal", *Revista del Poder Judicial,* núm. 94/2012.

BECA FREI, JUAN PABLO, "Indulto particular: perfeccionamiento de una institución arcaica hacia la protección de derechos Fundamentales", *Estudios constitucionales: Revista del Centro de Estudios Constitucionales,* núm. 1/2013.

CALAZA LÓPEZ, SONIA, "Ya llegan los medios adecuados de solución de controversias en vía no jurisdiccional: cuanta más desjudicialización, mejor", *Actualidad civil,* núm. 6/2022.

CARO HERRERO, GABRIEL, "El tratamiento penitenciario como llave para la reeducación y reinserción social", *Gabilex: Revista del Gabinete Jurídico de Castilla-La Mancha,* núm. 26/2021.

CAROU-GARCÍA, SARA, "La controvertida historia del fichero de internos de especial seguimiento (FIES): desde su nacimiento hasta la actualidad", AAVV (Coor. GONZÁLEZ GARCÍA, ABEL, FERNÁNDEZ BERMEJO, DANIEL), *Cuestiones penitenciarias actuales: Criminología, Derecho y Práctica,* UDIMA, Madrid 2018.

CASTILLEJO MANZANARES, RAQUEL, "Estado de la mediación penal en España", *Iuris Tantum: Revista del Instituto de Investigaciones Jurídicas,* núm. 29/2019.

CASTILLO BLANCO, FEDERICO A., "La potestad disciplinaria de la Administración penitenciaria", *Documentación administrativa,* núm. 282-283/2009.

CESANO, JOSÉ DANIEL, "De la crítica a la cárcel a la crítica de las alternativas", *Boletín Mexicano de Derecho Comparado,* núm. 108/2003.

DE MARCOS MADRUGA, FLORENCIO, "La Justicia Restaurativa en la ejecución penitenciaria", *Revista de Derecho Penal y Criminología,* núm. 26/2021.

DEL RÍO FERNÁNDEZ, LORENZO JESÚS, "El reto de la mediación penal: el principio de oportunidad", *La Ley: Revista jurídica española de doctrina, jurisprudencia y bibliografía,* núm. 3/2006.

ESTEBAN DE LA FUENTE, JAVIER, "El régimen disciplinario en las cárceles: los principios fundamentales y el proceso que debe seguirse para la imposición de una sanción dentro del ámbito penitenciario", *Revista de derecho penal*, núm. 20/2012.

GARCÍA SAN MARTÍN, JERÓNIMO, *El indulto particular: tratamiento y control jurisdiccional*, Instituto Vasco de Derecho Procesal, Donostia-San Sebastián 2007.

GIMENO SENDRA, JOSÉ VICENTE, "El principio de oportunidad y la mediación penal", AAVV (Dres. CALAZA LÓPEZ, MARÍA SONIA, MUINELO COBO, JOSE CARLOS, ASENCIO MELLADO, JOSÉ MARÍA), *Postmodernidad y proceso europeo: la oportunidad como principio informador del proceso judicial*, Dykinson, Madrid 2020.

GONZÁLEZ CANO, MARÍA ISABEL, "La mediación penal en España", AAVV (Dra. BARONA VILAR, SILVIA), *La mediación penal para adultos. Una realidad en los ordenamientos jurídicos*, Tirant lo Blanch, Valencia 2009.

LANDROVE DÍAZ, GERARDO, "La victimización del delincuente", AAVV (Dres. BERISTAIN IPIÑA, ANTONIO, DE LA CUESTA ARZAMENDI, JOSÉ LUIS), *Victimología: VIII Cursos de Verano en San Sebastián*, Universidad del País Vasco-Euskal Herriko Unibertsitatea, Leioa 1990.

MANZANOS BILBAO, CESAR, *Cárcel y marginación social*, Gakoa, Bilbao 1997.

ORDEÑANA GEZURAGA, IXUSKO, "La mediación penal: la oportunidad de dignificar a la víctima y de mejorar el proceso jurisdiccional penal. La experiencia del Servicio de Mediación Penal de Barakaldo (Bizkaia)", AAVV, *XV Congreso mundial de la sociedad internacional de criminología*, Thomson-Aranzadi, Cizur Menor 2008.

ORDEÑANA GEZURAGA, IXUSKO, *Análisis crítico de arbitraje laboral y su entorno en el ordenamiento jurídico español*, Civitas, Madrid 2009.

ORDEÑANA GEZURAGA, IXUSKO, "El arbitraje de consumo electrónico... eficaz gracias a la jurisdicción", *Diario La Ley*, núm. 7243/2009.

ORDEÑANA GEZURAGA, IXUSKO, "Penal mediation service in a Basque urban local court", *Oñati socio-legal series*, núm. 9/2011.

ORDEÑANA GEZURAGA, IXUSKO, "Mediación penal: la alternativa jurisdiccional que funciona", AAVV, *Innovación para el progreso social sostenible. XVII Congreso de Estudios Vasco, Eusko Ikaskuntza-Instituto de Estudios Vascos*, Vitoria-Gasteiz 2012.

ORDEÑANA GEZURAGA, IXUSKO, "Where is the victim in Spanish Criminal procedure? A reflection on position of the victim in Spanish legal system", AAVV (Ed. IATED), *International Conference of Education, Research and Innovation*, IATED, Sevilla 2013.

ORDEÑANA GEZURAGA, IXUSKO, *El estatuto jurídico de la víctima en el Derecho Jurisdiccional penal español*, Instituto Vasco de Administración Pública, Oñati 2014.

ORDEÑANA GEZURAGA, IXUSKO, "Aportaciones de los mecanismos alternativos a la jurisdicción en la superación del conflicto vasco", AAVV (Dra ETXEBARRIA ESTANKONA, KATIXA), *Informe sobre la solución a la cuestión de las presas y presos de ETA*, Departamento de Justicia y Administración Pública Gobierno Vasco-Fundación Leizaola, Bilbao 2016.

ORDEÑANA GEZURAGA, IXUSKO, "Bienvenidos arbitraje comercial y de inversiones y resto de mecanismos extrajurisdiccionales al Derecho jurisdiccional diversificado, rama del Derecho que ordena la solución de los conflictos jurídicos", *Arbitraje: revista de arbitraje comercial y de inversiones,* núm. 3/2017.

ORDEÑANA GEZURAGA, IXUSKO, "Sobre la mejora de la justicia o su concepción en el marco del derecho jurisdiccional diversificado", AAVV (Dres. CACHON CADENAS, MANUEL JESÚS, FRANCO ARIAS, JUSTO), *Derecho y proceso: liber Amicorum del profesor Francisco Ramos Méndez,* Vol. 3, Atelier, Barcelona 2018.

ORDEÑANA GEZURAGA, IXUSKO, "¿Hasta cuándo vamos a seguir así señor/a legislador/a? o sobre por qué ya no se puede defender la mediación penal en el marco jurídico vigente", AAVV (Dra. CASTILLEJO MANZANARES, RAQUEL, Coor. ALONSO SALGADO, CRISTINA), *El nuevo proceso penal sin Código Procesal Penal,* Atelier, Barcelona 2019.

ORDEÑANA GEZURAGA, IXUSKO, *Tratamiento judicial de los hombres violentos de género: análisis "lege data" y propuestas de mejora "lege ferenda"*, J.M. Bosch Editor, Barcelona 2022.

ORTIZ GONZÁLEZ, ANGEL LUIS, "Mediación penal y penitenciaria: propuestas para el futuro", *Familia: revista de ciencias y orientación familiar,* núm. 36/2008.

PASCUAL DE RIQUELME HERRERO, MIGUEL, "Justicia retributiva vs Justicia Restaurativa: El movimiento hacia la Justicia Restaurativa", AAVV (Dres. SIGUENZA LOPEZ, JULIO, GARCÍA-ROSTÁN CALVÍN, GEMMAN, Coors. CASTILLO FELIPE, RAFAEL, TOMÁS TOMÁS, SALVADOR), *Estudios sobre mediación y arbitraje desde una perspectiva procesal,* Aranzadi Thomson Reuters, Cizur Menor 2017.

RENEDO ARENAL, MARÍA AMPARO, "¿Mediación penal en violencia de género? No, gracias", *Revista europea de derechos fundamentales,* núm. 23/2014.

RÍOS MARTÍN, JULIÁN CARLOS, "La mediación, instrumento de diálogo para la reducción de la violencia penal y penitenciaria", *La ley penal: revista de derecho penal, procesal y penitenciario,* núm. 44/2007.

SOLAR CALVO, MARÍA DEL PUERTO, "Régimen disciplinario en las cárceles: cuestiones que motivan su reforma", *Diario La Ley,* núm. 7440/2010.

SOLAR CALVO, MARÍA DEL PUERTO, "Consecuencias penitenciarias de la relación de sujeción especial: por un necesario cambio de paradigma", *Anuario de derecho penal y ciencias penales,* Tomo 72/2019.

SOLETO MUÑOZ, HELENA, "La Justicia Restaurativa frente a un sistema de Justicia Penal monocéntrico", *Temas para el debate,* núm. 296/2019.

TÉLLEZ AGUILERA, ABEL, *Las nuevas reglas penitenciarias del Consejo de Europa: (una lectura desde la experiencia española),* Edisofer, Madrid 2006.

VIDONI GUIDONI, ODILLO, "Riparare il danno o punire? Le ambivalenze della giustizia riparativa in ámbito penitenciario", BALLONI, AUGUSTO, MOSCONI, GIUSEPPE, PRIMA, FRANCO, *Cultura giuridica e attori della giustizia penale, Crimine e devianza,* Studi e Ricerche, Milán 2004.

VILAPLANA RUIZ, JAVIER, "Mediación y violencia de género", *Diario La Ley,* núm. 8340/2014.

Mecanismos alternativos de solución de conflictos penales en Chile. Por una orientación restaurativa del delito

RAÚL CARNEVALI RODRÍGUEZ
Universidad de Talca, Chile

1. Introducción. 2. Particularidades del sistema restaurativo. Distinción con la justicia retributiva. 3. Responsabilización y reparación. 4. Propuestas a modo de *lege ferenda*. 5. Conclusiones 6. Bibliografía.

1. INTRODUCCIÓN

Quien primero experimenta la injusticia de un acto delictivo es la víctima. Sin duda, el ser despojada de un bien por un acto ilícito y sentirse menospreciada por otra persona, que la cosifica y le niega su calidad de ser humano digno de ser respetado, requiere de una respuesta que permita su restauración. En términos amplios, se requiere imponer la justicia. En consecuencia, cabe preguntarse cómo podemos responder justamente con el objeto de reparar la vivencia primera del acto injusto. Cuando estamos frente a un delito, como un hecho injusto, hay una víctima que debe ser atendida, pues es quien materialmente ha vivido tal injusticia[1].

Aun cuando se puede afirmar que el Estado pone a disposición de los ciudadanos toda una estructura organizativa establecida para resolver conflictos penales dentro del marco del sistema procesal penal de corte retributivo, el acento está dirigido, principalmente, en el castigo del autor, esto es, en la imposición de una pena. Dentro de este marco, la víctima no tiene un espacio mayor de reconocimiento, salvo simbólicamente cuando sanciona al autor. Es cierto que puede esgrimirse que el sistema también ofrece otros instrumentos para solucionar el conflicto, sin que sea necesario la punición del ofensor, como son las salidas alternativas, pero éstas, a

---

1 REYES MATE, MANUEL, "Tratado de la injusticia", Barcelona: Anthropos Editorial, 2011, pág. 298.

mi modo de ver y tal como se llevan a cabo en la práctica, no cumplen un propósito restaurativo y por ende, no atienden satisfactoriamente los intereses de la víctima. Es más, tampoco se hacen cargo de la responsabilización del autor. Estimo que todavía se las aprecia, fundamentalmente, como mecanismos de descongestión de la carga de trabajo de los intervinientes del sistema.

Atendido lo recién expuesto, cuando se habla de Justicia Restaurativa, esto es, brindarle al conflicto penal un enfoque restaurativo debemos centrarnos, principalmente, en tres pilares[2], a saber:

Restauración: que tiene como principal centro de atención a la víctima.

Reintegración: que se dirige, tanto al autor como a la víctima.

Responsabilización: que el autor enfrente las consecuencias de sus actos. Este punto me parece particularmente importante y voy a referirme más adelante.

Ahora bien, debemos tener presente que, en estricto rigor, el sistema retributivo se centra en la relación Estado y autor, en donde la víctima tiene un papel más bien secundario. Dicho en otros términos, el Estado a través del órgano persecutor se dirige a quien ha cuestionado al mandato de la ley. Por tanto, al sancionar al autor, se pretende, fundamentalmente, el restablecimiento de una norma que ha sido infringida por parte del ofensor. En este sentido, lo que se está haciendo es atender la dimensión vertical del delito. No obstante, surge la pregunta: ¿qué sucede con la dimensión horizontal? Y es que el delito no sólo es infracción de norma, también es expresión de cosificación de la víctima por parte del autor, quien le ha negado la calidad de persona. Esta última, también requiere ser restaurada. Estas ideas han sido magistralmente expuestas por el profesor Jesús M. Silva Sánchez en su obra *Malum Passionis,* donde se evidencia la necesidad de atender a la víctima, restaurándola de las heridas causadas por el delito, que muchas veces pueden ser más intensas desde una perspectiva emocional que física[3]. La pregunta que surge entonces, cómo podemos atender esta dimensión horizontal, si la pena no tiene como misión "curar" tales heridas.

---

2 VAN NESS, DANIEL W. y STRONG, KAREN HEETDERKS, "Restoring Justice: An Introduction to Restorative Justice", 5° edición, Elsevier, Waltham, MA, USA: Anderson Publishing, 2015, pág. 114.

3 SILVA SÁNCHEZ, JESÚS MARÍA, "Malum passionis. Mitigar el dolor del Derecho penal". Barcelona: Atelier, 2018, pág. 221.

2. PARTICULARIDADES DEL SISTEMA RESTAURATIVO. DISTINCIÓN CON LA JUSTICIA RETRIBUTIVA

A continuación, quisiera dar a conocer qué aspectos del sistema penal de corte retributivo dificultan este proceso restaurativo, incluso, no sólo respecto de la víctima, sino también del autor. Para luego, ofrecer mi posición frente a la Justicia Restaurativa y cómo debe entenderse la responsabilización del autor y la restauración de la víctima. Cuestiones estas últimas que también deberían ser consideradas dentro del marco de las salidas alternativas que ofrece el ordenamiento chileno.

Hoy existen serios cuestionamientos como para seguir sosteniendo que la pena se constituya como la principal respuesta frente al delito. No se pretende con esta afirmación admitir posturas de orden abolicionista, todo lo contrario, pero sí que debemos abrirnos a otras formas de solución de los conflictos penales, pero siempre dentro del sistema procesal. No cabe duda que instrumentos propios de la Justicia Restaurativa deben entenderse respaldados por la autoridad pública, siendo para ello fundamental que una resolución judicial refrende lo acordado en los encuentros restaurativos. De este modo, se ven satisfechas funciones estabilizadoras, tanto en un plano comunicativo como aflictivo, que también son las que se esperan de la pena.

Me parece difícil de rebatir que la pena lleva consigo efectos negativos ya no sólo para el autor –basta tener en consideración, su carácter estigmatizador y desocializador–, sino también respecto de la víctima. En efecto, la pena tiene un escaso o nulo contenido restaurador, salvo su reconocimiento simbólico de haber sido víctima de un delito. Lo anterior supone como una tarea prácticamente ineludible, preguntarse qué podemos hacer para ofrecer otras respuestas frente al delito. Por cierto, resultaría discutible pedir a la Justicia Restaurativa que uno de sus objetivos sea la disminución de las tasas de reincidencia, pero sí al menos, que a través de los encuentros restaurativos y la asunción de responsabilidad se puedan producir cambios en el ofensor, al reforzar valores compartidos con la víctima y la comunidad[4].

También cabe hacer presente, que dentro del sistema procesal de orden acusatorio pueden observarse algunos estímulos negativos que no se pue-

---

[4] WARD, TONY, FOX KATHRYN J. y GARBER, MELISSA, "Restorative justice, offender rehabilitation and desistance", en *Restorative Justice: An International Journal,* vol. 2, issue 1, 2014, pág. 38 y ss.

den desatender y creo que atentan a una real asunción de responsabilización por parte del autor.

Durante el desarrollo del juicio, el acusado puede sentirse desalentado a comprender las consecuencias de su acto, pues, se enfrenta al órgano persecutor del Estado como a su antagonista, al que debe procurar vencer[5]. Incluso, también para el acusado la víctima es su adversario, por cuanto el ofensor la individualiza como la responsable de su situación judicial –aprecia que su denuncia, por ejemplo, lo ha colocado en esta situación–. Es más, toda esta situación puede dar lugar a una suerte de negación de lo sucedido, que, en no pocos casos, su propio abogado defensor lo impulsa, dentro la estrategia que se está siguiendo. Precisamente, la actitud asumida por el acusado, como puede ser negar su responsabilidad en los hechos, causa un gran impacto emocional en la víctima, pues lo aprecia como un ocultamiento de la verdad, profundizando la distancia y generando rencor, no sólo respecto del propio hechor, sino también hacia la sociedad, pues, de algún modo, ha tolerado que el sistema procesal admita tales prácticas. Se puede afirmar que el sistema se construye sobre la base de dos actores principales: el Estado representado por el Ministerio Público y el acusado, existiendo ciertos procedimientos que se explican dentro de lo que es propio de un proceso penal. Con todo, no pueden obviarse estas consideraciones, más aún si en esta construcción del proceso, la víctima es prácticamente un actor muy secundario, y algunos casos, apreciada como un estorbo.

Es indudable que la pena expresa reproche o reprobación por el acto realizado, y que tal comunicación de censura también considera a la víctima —aunque de un modo más bien simbólico— y al causante, por cuanto al desaprobar a este último, se reconoce el daño que ha causado a aquélla[6]. Sin embargo, tales consideraciones acerca de la pena no impiden estimar que es posible también recurrir a otras respuestas, distintas al castigo penal, para formular tal desaprobación por lo realizado. En efecto, la expresión de reproche también es posible por otros medios. Es más, como se explicará, tales respuestas, como las provenientes de la Justicia Restaurativa, pueden tener igual o mayor eficacia disuasiva, amén de brindarle a la víctima un mayor reconocimiento y, por cierto, reparación. Y en este

---

5 WALGRAVE, LODE, "Restorative Justice, Self-interest and Responsible Citizenship", Cullompton, Devon: Willan Publishing, 2008, pág. 50.

6 VON HIRSCH, ANDREW, "Censurar y castigar", trad. Elena Larrauri, Madrid: Ed. Trotta, 1998, pág. 35.

sentido, las salidas alternativas tienen una gran capacidad de rendimiento, si le otorgamos el debido enfoque restaurativo.

La Justicia Restaurativa debe ser entendida como un proceso participativo y deliberativo, donde intervienen, principalmente, el autor, la víctima y, en algunos casos, otras personas como los familiares o miembros de la comunidad, quienes a través de encuentros pueden llegar a acuerdos satisfactorios que permita reparar los daños causados por el hecho delictivo. Se trata pues, de una relación de abajo hacia arriba —*bottom up*—, a diferencia de la Justicia Retributiva que es de arriba hacia abajo -*top down*-[7].

Se suele afirmar que el Estado no es "propietario" del conflicto y que, por el contrario, deben ser los propios involucrados en el mismo quienes también pueden buscar una respuesta[8]. En todo caso, estimo que esta afirmación hoy no debería interpretarse como una exclusión del Estado, sino como una búsqueda de otras respuestas distintas a la pena, en el que también interviene el Estado. Las tesis abolicionistas, como las de Hulsman[9] o Cristhie, dirigidas a una sustitución del penal por formas de solución privada, han ido perdiendo fuerza por lo que el discurso no va en la dirección de "sustituir" el sistema penal, sino más bien de "abrirlo" hacia otros mecanismos con contenidos restaurativos, y que brinden una especial atención a las víctimas[10].

---

7 ZEHR, HOWARD, "Retributive justice, restorative justice", en *New perspectives on crime justice,* Issue N° 4, 1985, pág. 2-18; BRAITHWAITE, JOHN, "Principles of Restorative Justice", AAVV (Ed. VON HIRSCH, ANDREW), *Restorative Justice and Criminal Justice,* Portland, Oregon: Hart Publishing, 2003, pág. 1-20.

8 Al respecto CHRISTIE, NILS, "Conflicts as Property", en *British Journal of Criminology,* Vol. 17, N° 1, 1977, págs. 1 y ss. Para BRAITHWAITE, JOHN, "Restorative Justice: Assessing Optimistic and Pessimistic Accounts", en *Crime and Justice: A Review of Research,* N° 25, 1999, pág. 5, este trabajo de Christie ha sido el más influyente en la tradición restaurativa. Para GARGARELLA, ROBERTO, "Castigar al prójimo", Buenos Aires: Siglo Veintiuno Editores, 2016, pág. 197 y ss, alternativas como la justicia restaurativa son más democráticas, pues promueven la elaboración de decisiones abiertas y horizontales, en contraste con un modelo vertical y jurídico-céntrico, propio de un sistema de pautas de sentencia.

9 HULSMA N, LOUK, "The abolitionist case: alternative crime policies", en *Israel law review,* Vol. 25, N° 3-4, 1991, págs. 681 y ss.

10 Así, SILVA SÁNCHEZ, JESÚS MARÍA, "Aproximación al Derecho penal contemporáneo", 2° ed. Montevideo-Buenos Aires: B de F, 2012, págs. 50-51; MARSHALL, S. E. y DUFF, ANTONY, "Criminalization and Sharing Wrongs", en *Canadian Journal of Law & Jurisprudence,* January, 1998, pág. 9.

Ciertamente, y en esto hay que ser claro, el que no se contemple un castigo como fundamento para la solución del conflicto no supone que sobre el autor no recaigan responsabilidades y obligaciones. Por cierto, hay una asunción de responsabilidad, la que debe entenderse como expresión de censura o reprobación a su comportamiento. En todo caso, sí cabe advertir que los procesos restaurativos también pueden tener lugar aun habiéndose aplicado una pena. Por ejemplo, en los casos de mediación penitenciaria, en donde los encuentros restaurativos pueden incidir para los otorgamientos de beneficios en los cumplimientos de penas privativas de libertad.

Es interesante tener presente, que formas autocompositivas de resolver conflictos y la restauración no son planteamientos recientes, pues, ya existían en el pasado, como así también, ha sido la aplicada por diversos pueblos aborígenes. No obstante, durante la Edad Media, y con el propósito de ir fortaleciendo el poder de los señores feudales y particularmente los del Rey, se comenzó a desplazar los intereses de la víctima y la solución "consensuada" del conflicto, por la imposición de un castigo por parte de la autoridad. Había un interés de fortalecer al Estado y, por tanto, era esencial hacer efectivo dicho poder. Por tal motivo, que los delitos comenzaron a ser considerados como un cuestionamiento al imperio de los señores y del Rey. El sistema en vez de centrarse en la víctima dirigió su atención en el autor, pues al cometer un delito "ofendía" a la autoridad. Con esta nueva estructura política, surgió una forma distinta de comprender el delito: relación entre gobernador y autor. La pena se podía comprender no sólo como una forma de reforzar el orden que ha sido cuestionado, sino también como disuasoria, es por lo que tenían que ser corporales, ya que además de humillar al autor, se buscaba que otros no osaran cuestionar el orden del Rey[11].

Estimo que hoy en día existe una general aceptación de los procesos restaurativos para alcanzar una solución del conflicto penal y que no se aprecia una mirada desconfiada hacia sus aportes, como sí existía en el pasado. En este sentido, han ido aumentando los ordenamientos nacionales que comprenden respuestas restaurativas. Es importante que éstas se incluyan dentro del sistema procesal, ya que reafirma su dimensión pública, no se

---

11 VAN NESS, DANIEL W. Y STRONG, KAREN HEETDERKS, "Restoring Justice: An Introduction to Restorative Justice", 5° edición, Elsevier, Waltham, MA, USA: Anderson Publishing, 2015, págs. 8-10; BARONA VILAR, SILVIA, "Proceso penal desde la historia. Desde su origen hasta la sociedad global del medio", Valencia: Tirant lo Blanch. 2017, págs. 85 y ss.

trata pues, de una solución entre privados donde se resarcen los daños, al modo que lo planteaban los abolicionistas. Sobre esto último es preciso ser claro, toda respuesta que procede de algún mecanismo propio de la Justicia Restaurativa se entiende que proviene de un pronunciamiento de la autoridad pública, pues existe una resolución judicial que la autoriza. El hecho que las condiciones que se imponen se logran dentro del sistema procesal penal, permiten cumplir con las dimensiones comunicativas y aflictivas que también se pueden esperarse de la pena. Asimismo, no debe olvidarse que el incumplimiento de lo acordado lleva consigo una consecuencia, a saber, que el autor del hecho quedará sometido a las reglas propias de la Justicia Retributiva. Todo se comprende reglado dentro de un proceso institucionalizado[12]. Esto último es muy importante, pues al estar frente a un delito, toda la comunidad está interesada en que brinde una respuesta.

3. RESPONSABILIZACIÓN Y REPARACIÓN

Cabe preguntarse qué parámetros se pueden establecer para la responsabilización del ofensor. Este es uno de los pilares de un proceso restaurativo, en donde estimo que se presentan una de las falencias de cómo se llevan a cabo las salidas alternativas, particularmente los Acuerdos Reparatorios. En efecto, no en pocos casos, el énfasis está más bien puesto en poner término rápidamente al proceso, más que atender si el ofensor ha comprendido el acto cometido y la responsabilidad que en él le ha cabido.

La responsabilización se puede apreciar desde dos perspectivas, a saber, una desde la perspectiva pasiva cuando se confronta al autor con las consecuencias de sus actos y la activa, cuando se reconoce el daño y se busca de qué forma repararlo.

Como se ha señalado precedentemente, si en la Justicia Restaurativa no se considera a la pena como la consecuencia para resolver el conflicto penal[13], la pregunta que surge entonces: ¿cómo debería ser la respuesta que proceda de estos mecanismos a fin de poder estimarla como una especie de equivalencia a la pena?

---

12 CARNEVALI, RAÚL, "Mecanismos alternativos de solución de conflictos en materia penal en Chile. Una propuesta *de lege ferenda*", en *Ius et Praxis,* Año 25, N° 1, 2019, pág. 415 y ss.

13 Aunque la pena pueda caber en otras instancias restaurativas, como en la mediación penitenciaria.

A este efecto, debe exigirse que la responsabilización que asume el ofensor debe entenderse también como una forma de censura a su comportamiento; es decir, debe valorarse que la respuesta que proviene de estos instrumentos restaurativos está íntimamente vinculada con su acto delictivo. Si bien, se alcanzó a través de un acuerdo, es importante hacer presente que es el Estado el que lo ha impuesto, a través de una resolución judicial. Por tanto, es importante destacar, como ya se ha señalado, que las funciones estabilizadoras, tanto comunicativas como y aflictivas —que también deben concurrir en la pena—, están presentes.

No cabe duda que la necesidad de censura puede expresarse de otras formas que no sean el castigo. Y es que los entornos restaurativos pueden comunicar la desaprobación y dar espacio para el arrepentimiento por parte del ofensor. Incluso, de mejor forma que los procedimientos sancionatorios tradicionales. En este sentido, no puede obviarse que buena parte de los ofensores sí están dispuestos a la comunicación y al encuentro si existe un entorno adecuado, lo que facilitaría sentir empatía por el sufrimiento de sus víctimas, tomar conciencia de su contribución al mismo, sentir culpa, permitiendo gestos restaurativos. Todo ello sin perjuicio, de que permitiría una mejor comprensión del significado de la norma que ha sido infringida.

Ahora bien, para una efectiva responsabilización del autor, es esencial entender que éste debe asumir una carga, es decir, debe existir una aflicción por lo que ha realizado y lo que ha significado para la víctima. Como afirma Duff, no serían suficientes las meras disculpas[14]. Es primordial que haya expresión de reconocimiento por lo realizado y además un compromiso de evitación en el futuro[15]. Así también, la asunción de una reparación que exprese arrepentimiento por lo hecho delictivo.

En lo que respecta a la reparación a la víctima, que es uno de los pilares fundamentales de todo mecanismo restaurativo, debe entenderse, para su legitimidad, que se desarrolla dentro de un proceso de diálogo y de encuentro[16]. Dicha reparación no sólo puede ser concebida sólo desde una

---

14 DUFF, ANTONY, "Restoration and Retribution", AAVV (Ed. VON HIRSCH, ANDREW), *Restorative Justice and Criminal Justice*, Portland Oregon: Hart Publishing, 2003, pág. 50.

15 FOLEY, TONY, "Developing Restorative Justice Jurisprudence. Rethinking Responses to Criminal Wrongdoing", Routledge: New York, 2014, pág. 86.

16 TAMARIT SUMALLA, JOSEP M., "La reparación y el apoyo a las víctimas" (Coor. TAMARIT SUMALLA, JOSEP M.*), El estatuto de las víctimas de delitos Comentarios a la Ley 4/2015*, Tirant lo Blanch, 2015, pág. 307 y ss.

perspectiva económica, sino que también puede ser emocional y simbólica, en cuanto a que la propia víctima vuelva a sentir confianza, reincorporándose en la comunidad. Para lograr esto último, la expresión de arrepentimiento por parte del ofensor es particularmente significativo, incluso para su salud mental. El encuentro entre ambos, centrados en el hecho delictivo, que ha sido la fuente del conflicto, dirigiéndose a buscar la superación del daño y la satisfacción de la víctima, en cuanto a su reparación, tiene efectos preventivos indudables.

Justamente, este encuentro al tener como punto central el hecho delictivo cometido, fundándose en que la participación de ambos es voluntaria, puede llegar a tener incluso, un efecto tan positivo desde la perspectiva restaurativa como la misma respuesta que se pueda alcanzar. En efecto, la restauración se puede lograr, tanto por el mismo encuentro de discusión y negociación entre la víctima y el autor, como por las medidas reparadoras que, en definitiva, se alcancen. Al respecto, es preciso tener presente que, para la efectividad de los encuentros, la discusión no puede centrarse sobre la licitud o no del hecho —invocar, por ejemplo, alguna causa de justificación o exculpación—. Tales cuestiones que pueden ser controversiales dentro de un juicio no pueden tener lugar en procesos cuyos objetivos son otros, a saber, la superación del conflicto a través de la reparación de la víctima.

En definitiva, si se pretende que las salidas alternativas tengan un efectivo enfoque restaurativo, resulta esencial tener presente la triada: responsabilización, restauración y reintegración.

4. PROPUESTAS A MODO DE *LEGE FERENDA*

Tal como pone en evidencia la experiencia comparada, es posible pensar en la instauración de un programa de justicia restaurativa[17].

Los presupuestos sobre los cuales se asientan estos mecanismos son plenamente justificables tratándose de los adultos, y que se expresan en la Resolución 2002/12 del Consejo Económico y Social de las Naciones Uni-

17 CUADRADO SALINAS, CARMEN, "La mediación: ¿una alternativa real al proceso penal?", en: *Revista Electrónica de Ciencia Penal y Criminología* (N° 17-01), 2015, págs. 8 y ss., quien distingue diversas formas de mediación que pueden ser introducidas en el ordenamiento jurídico.

das[18]. Nociones como reparación, responsablilización — se parte de que existen antecedentes para inculpar— y reintegración, que pueden ser valorados desde una perspectiva preventivo general y especial, se encuentran recogidos en los programas restaurativos.

Como ya se hizo presente en otro trabajo[19], dado que los propósitos que persiguen la justicia retributiva y la justicia restaurativa son diversos, no es posible imponer a esta última las mismas exigencias garantísticas de aquélla. En efecto, no puede dejarse de tener presente que la alta exigencia de la justicia retributiva se justifica por cuanto se puede llegar a privar de la libertad al imputado de un delito y condenarlo por largo tiempo. De allí pues el esfuerzo por introducir un alto rigor garantístico. Cuestión que debe observarse de manera distinta tratándose de la justicia restaurativa. Y es que no se requiere tal exigencia, pues lo que propone aquí es, esencialmente, la solución del conflicto y la reparación, no la imposición de un castigo penal. No se discute si se está frente a un hecho que el Estado debe probar que se trata de un delito, de manera que al desvirtuarse la presunción de inocencia autorizaría al juzgador para condenar[20]. En la esfera de la justicia restaurativa más que buscar la verdad de los hechos lo fundamental es que a través del encuentro entre el autor y la víctima —en un plano de igualdad— se alcance la reparación de esta última, que permita la reinserción y la inclusión de ambos en los términos expuestos precedentemente.

Por cierto, lo expuesto no supone que se dejen de considerar estándares mínimos, como son los de igualdad, información previa y participación voluntaria. Asimismo, la participación del imputado no puede significar reconocimiento de culpabilidad y no es posible emplear los antecedentes, en caso de que fracase la mediación, en el futuro procedimiento y eventual juicio[21].

---

18 Ver Consejo económico y social de las Naciones unidas, 2002. También véase Consejo de Europa sobre mediación en justicia penal. 1999.

19 CARNEVALI RODRÍGUEZ, RAÚL, "La justicia restaurativa como mecanismo de solución de conflictos. Su examen desde el derecho penal", *Justicia Juris,* núm. 1/2017, pág. 122 y ss.

20 GORDILLO SANTANA, LUIS, "Los principios constitucionales y las garantías penales en el marco del proceso de mediación penal", *Revista electrónica del Departamento de Derecho de la Universidad de la Rioja,* núm. 4/2006, pág. 116.

21 CUADRADO SALINAS, CARMEN, "La mediación: ¿una alternativa real al proceso penal?", en: *Revista Electrónica de Ciencia Penal y Criminología* (N°17-01), 2015, pág. 19.

Considerando lo anterior, es posible construir un modelo que puede instaurarse en nuestro sistema para atender ciertos casos, lo que no solo permitiría descongestionarlo —si bien no es el fin principal no es posible eludir que es uno de los objetivos—, sino que también brindaría un mensaje a la sociedad, de que existe una preocupación particular por la víctima, al tener esta la oportunidad de poder participar directamente en la solución del conflicto[22].

Respecto de los delitos que pueden comprenderse dentro del modelo en comento, me parece que solo pueden seleccionarse para ser mediados —entendiendo que la mediación es generalmente el mecanismo más utilizado— aquellos sobre los cuales no se ejerce violencia sobre las personas, como sucede en los delitos contra la vida, lesiones graves, algunas hipótesis de robos y de delitos sexuales[23]. Reconozco que es un tema discutible, pues también puede pensarse que debe quedar abierta la posibilidad que sean las propias partes las que decidan si quieren someterse o no a mediación. En rigor, los mecanismos alternativos lo que pretenden es abordar el conflicto que subyace en la comisión de un delito y ver cómo subsanar a las víctimas y reintegrarlas a la sociedad, al igual que al autor. Apreciado en estos términos, no debería restringirse el elenco de delitos. Empero, dada las particularidades de nuestra sociedad, tan proclive —como se subrayó *supra*— a estimar que solo la pena puede resolver un conflicto penal, me lleva a pensar que debe obrarse con mesura, restringiendo el catálogo solo a aquellos delitos que generan menor consternación social.

En lo que respecta la oportunidad procesal para poder recurrir a estos instrumentos, debe ir desde el inicio de la investigación hasta la dictación de la sentencia. Incluso, soy del parecer de ampliarlo al momento de su ejecución[24].

Para ser más claros, es posible distinguir tres momentos:

---

22 GONZÁLEZ CANO, MARÍA ISABEL, "La mediación penal en España", AAVV (Dir. BARONA, SILVIA), La mediación penal para adultos. Una realidad en los ordenamientos jurídicos, Valencia 2009, pág. 25.

23 GONZÁLEZ CANO, MARÍA ISABEL, "La mediación penal en España", AAVV (Dir. BARONA, SILVIA), La mediación penal para adultos. Una realidad en los ordenamientos jurídicos, Valencia 2009, pág. 40.

24 GONZÁLEZ CANO, MARÍA ISABEL, "La mediación penal en España", AAVV (Dir. BARONA, SILVIA), La mediación penal para adultos. Una realidad en los ordenamientos jurídicos, Valencia 2009, págs. 43 y ss.

a) Ingreso hasta antes de la audiencia de formalización. Etapa no judicializada.

b) Desde la formalización hasta la sentencia. Etapa judicializada.

c) Ejecución de la sentencia hasta su cumplimiento total. Etapa condenatoria.

Tratándose de la primera etapa, esto es, la prejudicializada, es posible comprenderlas dentro de los términos facultativos del fiscal. Ciertamente, es más rápida, pues no se requiere de una audiencia ante un juez, por lo que puede aplicarse, luego de que tenga lugar el proceso restaurativo, el principio de oportunidad[25].

Lo anterior permite enfrentar un problema de creciente preocupación por parte de la ciudadanía, como es la atención que se le presta a la víctima y el rol más activo que ésta puede tener, más allá de lo que propone el artículo 170 del Código procesal penal chileno[26]. En efecto, conforme al

---

25 FRANCÉS LECUMBERRI, PAZ, "El principio de oportunidad y la justicia restaurativa. Mediación, conciliación y reparación en la ley orgánica de responsabilidad penal del menor", InDret, núm. 4/2012, págs. 1 y ss.; CUADRADO SALINAS, CARMEN (2015) "La mediación: ¿una alternativa real al proceso penal?", Revista Electrónica de Ciencia Penal y Criminología, núm. 17-01/2015, pág. 9; GORDILLO SANTANA, LUIS, "Los principios constitucionales y las garantías penales en el marco del proceso de mediación penal", Revista electrónica del Departamento de Derecho de la Universidad de la Rioja, núm. 4/2006.pág. 97 y ss.; CASANOVAS, POMPEU. MAUGRE, JAUME y LAUROBA, MARIA ELENA "Libro blanco de la mediación en Cataluña", AAVV (Coor. CASANOVAS, POMPEU) Generalitat de Cataluyna, 2011.

26 Artículo 170: "Principio de oportunidad. Los fiscales del ministerio público podrán no iniciar la persecución penal o abandonar la ya iniciada cuando se tratare de un hecho que no comprometiere gravemente el interés público, a menos que la pena mínima asignada al delito excediere la de presidio o reclusión menores en su grado mínimo o que se tratare de un delito cometido por un funcionario público en el ejercicio de sus funciones.
El ejercicio de esta facultad se regulará mediante instrucciones generales dictadas por el Ministerio Público, con el objetivo de establecer un uso racional de la misma.
Para estos efectos, el fiscal deberá emitir una decisión motivada, la que comunicará al juez de garantía. Éste, a su vez, la notificará a los intervinientes, si los hubiere. Dentro de los diez días siguientes a la comunicación de la decisión del fiscal, el juez, de oficio o a petición de cualquiera de los intervinientes, podrá dejarla sin efecto cuando considerare que aquél ha excedido sus atribuciones en cuanto la pena mínima prevista para el hecho de que se tratare excediere la de presidio o

precepto en comento la víctima puede dentro de los diez días de tomada la decisión por parte del fiscal solicitar que se deje sin efecto si manifestare de cualquier modo su interés en el inicio o en la continuación de la persecución penal.

Se puede disponer que, si la víctima manifiesta su propósito de continuar, debe someterse a un proceso de mediación. Dado que queda entregado a la decisión del juez, éste puede determinar que para resolver las partes deberán sujetarse a una mediación. Si se logra un acuerdo se aplica el principio de oportunidad. En caso contrario, el juez resolverá si se continúa o no con la persecución penal. Lo anterior entrega un espacio para que la víctima y el autor puedan solucionar su conflicto y lograr la reparación y satisfacción de quien es víctima.

En lo que dice relación a la segunda etapa puede afirmarse que es la más frecuente en la práctica, y que la aplicación de procesos restaurativos se podría apreciar con la aplicación de las salidas alternativas, a saber, la suspensión condicional del procedimiento y los acuerdos reparatorios[27]. No obstante, como se afirmó precedentemente, no son propiamente programas de justicia restaurativa, por lo que se desaprovechan estas instancias para su aplicación. Me parece que respecto a los acuerdos reparatorios a

---

reclusión menores en su grado mínimo, o se tratare de un delito cometido por un funcionario público en el ejercicio de sus funciones. También la dejará sin efecto cuando, dentro del mismo plazo, la víctima manifestare de cualquier modo su interés en el inicio o en la continuación de la persecución penal.
La decisión que el juez emitiere en conformidad al inciso anterior obligará al fiscal a continuar con la persecución penal.
Una vez vencido el plazo señalado en el inciso tercero o rechazada por el juez la reclamación respectiva, los intervinientes contarán con un plazo de diez días para reclamar de la decisión del fiscal ante las autoridades del ministerio público.
Conociendo de esta reclamación, las autoridades del ministerio público deberán verificar si la decisión del fiscal se ajusta a las políticas generales del servicio y a las normas que hubieren sido dictadas al respecto. Transcurrido el plazo previsto en el inciso precedente sin que se hubiere formulado reclamación o rechazada ésta por parte de las autoridades del ministerio público, se entenderá extinguida la acción penal respecto del hecho de que se tratare.
La extinción de la acción penal de acuerdo a lo previsto en este artículo no perjudicará en modo alguno el derecho a perseguir por la vía civil las responsabilidades pecuniarias derivadas del mismo hecho".

27 GONZALEZ RAMÍREZ, ISABEL XIMENA y FUENTEALBA MARTÍNEZ, MARÍA SOLEDAD, "Mediación penal como mecanismo de justicia restaurativa en Chile", *Revista chilena de Derecho y Ciencia Política*, núm. 3/2013, págs. 175 y ss.

fin de darle un efectivo carácter restaurativo es imprescindible que los intervinientes se sometan a un proceso de mediación. Luego, de arribarse a un acuerdo, éste pueda refrendarse ante el juez. Asimismo, debe regularse el seguimiento del acuerdo, esto es, verificar si se está o no llevando a cabo el acuerdo alcanzado. Para ello deberá de disponerse de personal que permita verificarlo.

Por último, en lo que respecta a la tercera etapa, se puede establecer que durante el debate al que alude el artículo 343 inciso final del Código procesal penal chileno[28] y solo respecto de los delitos en los que procede el modelo, que el juez proponga a las partes someterse a mediación. En caso de alcanzarse un acuerdo y la víctima sea reparada, pueda suponer ya sea, una suspensión de la condena o una disminución de la pena. Así también, puede contemplarse la aplicación de alguna pena sustitutiva, especialmente útil sería el trabajo en beneficio de la comunidad. Lo anterior, es posible incluso durante el período de ejecución de la sentencia[29].

5. CONCLUSIONES

Aun cuando en Chile no existe aún una política pública consolidada dirigida a instaurar procedimientos propios de la Justicia restaurativa, sí puede afirmarse que se aprecia una mirada positiva en esta dirección[30]. En efecto, unido a las experiencias piloto donde se llevan a cabo procesos de

---

28 Artículo 343 inciso final, Código Procesal chileno: "En el caso de condena, el tribunal deberá resolver sobre las circunstancias modificatorias de responsabilidad penal en la misma oportunidad prevista en el inciso primero. No obstante, tratándose de circunstancias ajenas al hecho punible, y los demás factores relevantes para la determinación y cumplimiento de la pena, el tribunal abrirá debate sobre tales circunstancias y factores, inmediatamente después de pronunciada la decisión a que se refiere el inciso primero y en la misma audiencia. Para dichos efectos, el tribunal recibirá los antecedentes que hagan valer los intervinientes para fundamentar sus peticiones, dejando su resolución para la audiencia de lectura de sentencia".

29 Ver los art. 80 y ss. del Código penal español, en particular el Art. 84. Esta disposición señala que el juez o tribunal también podrá condicionar la suspensión de la ejecución de la pena al cumplimiento de alguna prestación, siendo una de ellas el cumplir el acuerdo alcanzado por las partes en virtud de mediación.

30 Sobre la materia, NAVARRO, IVÁN y DÍAZ, ALEJANDRA, "Informe sobre Experiencias Nacionales de Mediación Penal y Justicia Restaurativa en Chile",2015, pág. 5 y ss.

mediación penal a través de la Corporación de Asistencia Judicial, existe una reciente reforma a la ley de Responsabilidad Penal juvenil, donde se incorporan procedimientos de mediación. Por otro lado, la Fiscalía de Chile pretende impulsar estos mecanismos en todo el país.

No es posible negar que existe cierto escepticismo respecto de este tipo de modelos, pues estamos acostumbrados a que los conflictos penales se resuelvan sobre la base del antagonismo y que sea un tercero, el juez, el que lo haga. En este sentido, se presentan, como ya se expuso, consideraciones culturales y rasgos autoritarios no menores en nuestra sociedad. Por ello resulta tan importante exponer estos modelos y dar cuenta que existen otros mecanismos para resolver conflictos, construidos sobre la base del diálogo, el encuentro y la reparación.

Por último, es fundamental recalcar que estos procedimientos no se pueden concebir como alternativos o separados a la justicia penal tradicional, sino que complementarios e incorporados a ésta. De este modo, y siguiendo a Esquinas Valverde, pueden satisfacer de mejor forma los fines tanto de prevención general como especial que se esperan de todo sistema que procura la solución de conflictos penales, pues, en definitiva, es una autoridad pública la que autoriza el acuerdo. No se trata de una solución alcanzada por privados, sino que, por el contrario, es el Estado el que la respalda.

6. BIBLIOGRAFÍA

BARONA VILAR, SILVIA, *Proceso penal desde la historia. Desde su origen hasta la sociedad global del medio,* Tirant lo Blanch, Valencia 2017.

BRAITHWAITE, JOHN, "Restorative Justice: Assessing Optimistic and Pessimistic Accounts", en *Crime and Justice: A Review of Research,* núm. 25/1999.

BRAITHWAITE, JOHN, "Principles of Restorative Justice", AAVV (Ed. VON HIRSCH, ANDREW), *Restorative Justice and Criminal Justice,* Hart Publishing, Portland, Oregón, 2003.

CARNEVALI RODRÍGUEZ, RAÚL, "Mecanismos alternativos de solución de conflictos en materia penal en Chile. Una propuesta *de lege ferenda*", *Ius et Praxis,* núm. 1/2019.

CARNEVALI RODRÍGUEZ, RAÚL, "La justicia restaurativa como mecanismo de solución de conflictos. Su examen desde el derecho penal", *Justicia Juris,* núm. 1/2017.

CASANOVAS, POMPEU. MAUGRE, JAUME y LAUROBA, MARIA ELENA "Libro blanco de la mediación en Cataluña", AAVV (Coor. CASANOVAS, POMPEU) Generalitat de Cataluyna, 2011.

CHRISTIE, NILS, "Conflicts as Property", en *British Journal of Criminology,* Vol. 17, núm. 1/1977.

CUADRADO SALINAS, CARMEN, "La mediación: ¿una alternativa real al proceso penal?", Revista Electrónica de Ciencia Penal y Criminología, núm. 17-01/2015.

DUFF, ANTONY, "Restoration and Retribution", AAVV (Ed. VON HIRSCH, ANDREW), *Restorative Justice and Criminal Justice,* Hart Publishing, Portland Oregon 2003.

FOLEY, TONY, "Developing Restorative Justice Jurisprudence. Rethinking Responses to Criminal Wrongdoing", Routledge: New York, 2014.

FRANCÉS LECUMBERRI, PAZ, "El principio de oportunidad y la justicia restaurativa. Mediación, conciliación y reparación en la ley orgánica de responsabilidad penal del menor", *InDret,* núm. 4/2012

GARGARELLA, ROBERTO, "Castigar al prójimo", *Siglo Veintiuno Editores,* Buenos Aires, 2016.

GONZÁLEZ CANO, MARÍA ISABEL, "La mediación penal en España", AAVV (Dir. BARONA, SILVIA), *La mediación penal para adultos. Una realidad en los ordenamientos jurídicos,* Valencia 2009.

GONZALEZ RAMÍREZ, ISABEL XIMENA y FUENTEALBA MARTÍNEZ, MARÍA SOLEDAD, "Mediación penal como mecanismo de justicia restaurativa en Chile", *Revista chilena de Derecho y Ciencia Política,* núm. 3/2013.

GORDILLO SANTANA, LUIS, "Los principios constitucionales y las garantías penales en el marco del proceso de mediación penal", *Revista electrónica del Departamento de Derecho de la Universidad de la Rioja,* núm. 4/2006.

HULSMAN, LOUK, "The abolitionist case: alternative crime policies", en *Israel law review,* Vol. 25, núm. 3-4/1991.

MARSHALL, S. E. y DUFF, ANTONY, "Criminalization and Sharing Wrongs", *Canadian Journal of Law & Jurisprudence,* January,1998.

REYES MATE, MANUEL "Tratado de la injusticia", Barcelona: Anthropos Editorial, 2011.

SILVA SÁNCHEZ, JESÚS MARÍA, "Aproximación al Derecho penal contemporáneo", 2° ed. Montevideo-Buenos Aires: B de F, 2012.

SILVA SÁNCHEZ, JESÚS MARÍA, "Malum passionis". *Mitigar el dolor del Derecho penal.* Barcelona: Atelier, 2018.

TAMARIT SUMALLA, Josep M., "La reparación y el apoyo a las víctimas", AAVV (Coord. TAMARIT SUMALLA, JOSEP M*), El estatuto de las víctimas de delitos Comentarios a la Ley 4/2015,* Valencia, 2015.

VAN NESS, DANIEL W. y STRONG, KAREN HEETDERKS, "Restoring Justice: An Introduction to Restorative Justice", 5° edición, Elsevier, Waltham, MA, 2015.

VON HIRSCH, ANDREW, "Censurar y castigar", trad. Elena Larrauri, Madrid, 1998.

WALGRAVE, LODE, "Restorative Justice, Self-interest and Responsible Citizenship", Cullompton, Devon: Willan Publishing, 2008.

WARD, TONY, FOX, KATHRYN J. y GARBER, MELISSA, "Restorative justice, offender rehabilitation and desistance", en *Restorative Justice: An International Journal,* vol. 2, núm. 1/2014.

ZEHR, HOWARD, "Retributive justice, restorative justice", en *New perspectives on crime justice,* núm. 4/1985.

Diálogo y reparación del daño: la justicia restaurativa como herramienta para la reinserción social en prisión

PAULA GARCÍA SEGURA
Mediadora de la Asociación ¿hablamos?

1. ¿HABLAMOS? EL VALOR DE LA PALABRA

La Asociación ¿hablamos? somos una Asociación para la mediación penal, penitenciaria y gestión de la convivencia en la Comunidad Autónoma de Aragón. Nacimos en el año 2005 de la mano de varias personas que estaban trabajando en el mundo de la prisión, tanto con las personas presas como con sus familias. Somos una Asociación civil que tiene como objetivo ayudar a las personas presas, a sus familias y a las víctimas de estas personas, a través de la oportunidad que nos ofrece el diálogo para gestionar los conflictos de una manera diferente a la que estamos acostumbrados y, que pese a no ser la única y exclusiva herramienta de resolución de conflictos, es en nuestra sociedad, cada vez más necesario. Partimos del diálogo libre y voluntario para las partes, no podemos partir del mismo como una imposición, ya que lo impuesto no funciona. Se trata de una invitación a la víctima, al infractor y al conjunto de la sociedad para poder dialogar. Nosotros tan solo aportamos la herramienta de facilitación del diálogo en las vidas de las personas, pues ocurrieron muchas cosas antes, y ocurrirán muchas cosas después; nosotros estamos en el medio[1].

---

1 PIÑEYROA SIERRA, CARLOS, VALIMAÑA TORRES, SUSANA, MATEO MATEO MARTÍNEZ DE ALBORNOZ, ANA, *El valor de la palabra que nos humaniza. Seis años de Justicia Restaurativa en Aragón*, Asociación ¿hablamos?, Zaragoza 2011

Tomando como base el reconocimiento del "otro" como ser humano en todo momento del proceso, de las diferentes escuelas de mediación que a lo largo del camino han guiado y guían la labor mediadora y de las prácticas restaurativas, en la nuestra, ha cobrado especial relevancia el modelo transformador propuesto por BUSH Y FOLGER en su obra "La promesa de la mediación"[2]. El objetivo perseguido por este modelo no es alcanzar un acuerdo entre las partes como indicador de éxito del proceso (que también es importante), sino tal y como hemos señalado en párrafo anterior, y como desarrollaremos a continuación, que el proceso se convierta en una herramienta pedagógica, de aprendizaje para los sujetos que intervienen, en aras a lograr la asunción de la responsabilidad, identificación del dolor, uso de la palabra como herramienta y alternativa a la resolución del conflicto y generar, tanto individualmente como a nivel social, una transformación en sentido de paz y noviolencia[3].

Los efectos que el proceso busca causar en las personas son principalmente dos, por un lado, la revalorización (consistente en devolver a la persona su fuerza, autoestima y capacidad de hacer frente a su problema) y, por otro, el reconocimiento mutuo de la otra parte implicada. De tal manera, la transformación partirá del nivel individual logrando transformar el conflicto y las relaciones[4].

Si bien a continuación, en el Capítulo que nos concierne, vamos a ahondar en hablar, desde la experiencia práctica, de algunos de los mecanismos de Justicia Restaurativa en prisión, esto es, una vez ya se ha producido la infracción, debemos señalar que no son los únicos. También se reconocen como herramientas restaurativas posteriores a la infracción las conferencias de familia, restaurativas o de grupos de comunidad; los tratados de paz o círculos de sentencia; las reuniones de restauración; los círculos, programas de asistencia a la víctima, servicios comunitarios y asistencia a personas ex reclusas. Así como también, con carácter preventivo, previo a la

---

2 BARUCH BUSH, ROBERT A., FOLGER JOSEPH, P. *La promesa de la Mediación. Cómo afrontar el conflicto mediante la revalorización y el reconocimiento de los otros*, Editorial Granica, Barcelona 1996

3 PIÑEYROA SIERRA, C., VALIMAÑA TORRES, S., MATEO MARTINEZ DE ALBORNOZ, A. *op. cit.*

4 RONDON GARCIA, LUIS MIGUEL, *Bases para la mediación familiar.* Tirant Lo Blanch, Valencia 2012

infracción, podríamos encontrar mecanismos de conversaciones públicas, diálogos generativos, y diálogos apreciativos, entre otros[5].

Con el objetivo de garantizar la confidencialidad de todas las personas que han participado con nosotros en los procesos restaurativos que se van a utilizar a lo largo del capítulo para darles voz y poner en relieve la importancia de la práctica de estos mecanismos, los nombres de las personas implicadas serán ficticios, así como aquellos datos que pudieran comprometerla, serán suprimidos.

2. LA JUSTICIA RESTAURATIVA EN PRISIÓN

¿Qué es la Justicia Restaurativa? En la actualidad no existe una definición unánime, pese a contar con multitud de normativa tanto a nivel nacional como internacional que la incluyen entre su articulado, que habremos de conocer para saber los límites legales sobre los que podemos trabajar, como por ejemplo, las tipologías delictivas nos susceptibles de ser sometidas a un proceso de mediación, si existe alguna orden de alejamiento que impida la comunicación y aproximación entre las partes, etc[6]. Según Naciones Unidas, podemos entender la Justicia Restaurativa como un camino complementario o alternativo al sistema actual de justicia compuesto por programas basados en la participación activa de las personas involucradas y/o afectadas por el delito en la reparación del daño y sufrimiento causado, buscando también prevenir la repetición del mismo. También se considera un instrumento que ayuda a promover la tolerancia, la inclusión, el descubrimiento de la verdad y la expresión pacífica de resolución de conflictos, promoviendo prácticas comunitarias responsables[7]. Nosotros

---

5 Para más información sobre estos mecanismos, consultar: CONCLUSIONES I CONGRESO INTERNACIONAL JUSTICIA RESTAURATIVA Y MEDIACIÓN PENAL, Servicio de Mediación Penal de Castilla y León (Burgos), Burgos, 4 y 5 de marzo de 2010

6 Por ejemplo, la Ley 4/2015, de 27 de abril, del Estatuto de la víctima del delito, que en su artículo 3, sobre los derechos de la víctima, prevé que: "*En todo caso estará vedada la mediación y la conciliación en supuestos de violencia sexual y de violencia de género*".

7 UNITED NATIONS-OFFICE ON DRUG AND CRIME, *Handbook on restorative justice programmes,* Criminal Justice Handbook Series, New York, 2006. Traducción propia.

siguiendo la línea propuesta por GALTUNG[8], partiremos de las tres "R": reparación, reconciliación y resolución.

Para hablar de Justicia Restaurativa en prisión, comenzaremos hablando del contexto en el que se va a desarrollar la práctica, la prisión. Antes de comenzar la intervención, debemos conocer las particularidades del contexto en el que la misma se va a desarrollar, y más si cabe, en uno tan singular como lo es el penitenciario. Así, tomaremos como base tres elementos que, como mediadores, debemos conocer: la estructura de la convivencia, las personas participantes, y las relaciones establecidas en dicha estructura[9].

Sin negar la existencia de actuales dinámicas positivas desarrolladas en nuestros centros penitenciarios en pro de cumplir el mandato constitucional resocializador, tampoco podemos obviar el potencial efecto desocializador de la misma, entendida por algunos autores como "institución total"[10], caracterizada por el sometimiento a la autoridad, separación del medio social de procedencia y, entre otros, la regulación de todos los aspectos de la vida cotidiana, el privado de libertad entra en un proceso de despersonalización y desarraigo derivado de esa ruptura de vínculos sociales y familiares y adaptación a la cultura carcelaria. En definitiva, una situación de criminalización de la pobreza donde los sujetos han asumido su rol social de presos y/o delincuentes, como clase social[11].

Tampoco podemos obviar el perfil de las personas que acaban cumpliendo sus condenas en prisión. La mayoría de los estudios realizados en este sentido señalan un elevado porcentaje responde al perfil de personas vulnerables en situación de exclusión social, siendo en su mayoría varones menores de cuarenta años, con primer ingreso en prisión a edad temprana (antes de los treinta años), bajo nivel formativo y con frecuentes problemas de adicciones y salud mental[12], a tener en cuenta a la hora de adaptar las metodologías de trabajo a esta población.

---

8 GALTUNG JOHAN, *Tras la violencia, 3R: reconstrucción, reconciliación y resolución. Afrontando los efectos visibles e invisibles de la guerra y la violencia*, Belkeaz y Gernika Gorgoratuz, Red Gernika, 6, Bilbao 1998

9 CÁRITAS ESPAÑOLA, *La Realidad Penitenciaria de la Comunidad Autónoma de Aragón*, Cáritas Española, Madrid (2008)

10 FOCAULT, MICHAEL, *Vigilar y castigar*, Siglo XXI, Buenos Aires 1976; MANZANOS, CÉSAR, *Cárcel y marginación social*, Tercera Prensa S.A., San Sebastián 1991

11 CÁRITAS ESPAÑOLA, *op. cit.*

12 Sobre el perfil de las personas presas y la situación de exclusión social. CABRERA CABRERA, PEDRO JOSÉ, *"Cárcel y exclusión"*, *Revista del Ministerio de Trabajo y*

Es un principio básico para nosotros, entender que a través del diálogo y la comunidad podemos gestionar los delitos de una manera diferente. No nos interesa hablar de culpabilización, sino de responsabilización: que la persona sea consciente del daño producido, y que busque una forma de reparar ese daño. Pero ¿qué entendemos por daño?

Si bien los mecanismos de Justicia Restaurativa se suelen vincular por parte del ideal colectivo con "beneficios" penales y/o penitenciarios de reducción de condena o puesta en libertad, que generan en la sociedad una sensación de impunidad, muchas veces como consecuencia de la asociación negativa que se hace mediante los medios de comunicación social en relación a las noticias protagonizadas por las personas presas[13], esto no es así.

En primer lugar, porque nos encontramos en fase de ejecución de la pena, por lo que la Justicia Restaurativa en ámbito penitenciario, teniendo por objeto a personas sobre las que ha recaído Sentencia condenatoria firme, no va a poder suponer ningún beneficio de naturaleza puramente penal, en cuanto a circunstancia atenuante o causa de exención de responsabilidad penal por este motivo. En todo caso, podrá favorecer el acceso del interno a determinadas instituciones penitenciarias que facilitan la libertad del mismo (adelantamiento de la libertad condicional, concesión de permisos de salida, etc), pero no siendo su participación en estos procesos el único elemento necesario para poder acceder a estas instituciones, ya que habrán de comprobarse por parte de los profesionales del centro muchos requisitos más para ello[14].

Asuntos Sociales, núm. 35 (2002), págs. 83-120; GALLEGO DÍAZ, MANUEL, CABRERA CABRERA, PEDRO JOSÉ, RÍOS MARTÍN, JULIAN CARLOS, SEGOVIA BERNABÉ, JOSÉ LUIS, *Andar 1 km en línea recta: la cárcel del siglo XXI que vive el preso*, Universidad Ponitificia Comillas, Madrid 2010; RÍOS MARTÍN, JULIÁN CARLOS, CABRERA CABRERA, PEDRO JÓSE, M*il voces presas*, Universidad Pontificia Comillas, Madrid (1998)

13 GARCÍA ARÁN, MERCEDES, BOTELLA CORRAL, JOAN, REBOLLO VARGAS, RAFAEL, BUCELLS I LLÁDÓS, JOAN, PERES NETO, LUIZ, *Malas Noticias. Medios de comunicación, política criminal y garantías penales en España*, Tirant lo Blanch, Valencia 2008

14 Por ejemplo, la Ley Orgánica 7/2003, de 30 de junio, de medidas de reforma para el cumplimiento íntegro y efectivo de las penas, incluye como requisito del artículo 90, entre otros, la petición expresa de perdón a las víctimas por parte de los condenados por delitos de terrorismo para poder acceder a la libertad condicional junto con el resto de requisitos exigidos a nivel general, tales como encon-

En segundo lugar, porque éste no es el objetivo. Para la Asociación ¿hablamos?, la práctica restaurativa no es un fin en sí mismo, sino que tiene carácter instrumental. Que en un contexto donde el sujeto sufre un proceso de desresponsabilización, ésta constituya un vector de noviolencia que vuelve a poner en manos de la persona presa la responsabilidad para la gestión de su propio conflicto. Con independencia del resultado de la mediación o encuentro, habremos logrado el objetivo de la pedagogía activa, ya que el mensaje enviado a la persona presa es que dentro de una "institución total" ha sido capaz de tomar las riendas de su propia vida y tomar una iniciativa que ha dependido únicamente de él. Si ha sido capaz de llevar a cabo este proceso en un entorno como la prisión, qué no será capaz de hacer en libertad, si es empujado por ese mismo anhelo de controlar su vida, siendo un factor positivo para reducir el riesgo de reincidencia.

En este contexto, el peso de la intervención recae en que la persona que ha cometido un delito sea consciente de que ha cometido un daño, sí, pero que ese daño, entraña dolor, dolor del que muchas veces no se es consciente (más allá del daño físico: moral, psicológico), generalmente, mucho más difícil de reconocer que el propio daño. El Código Penal castiga conductas típicas, antijurídicas, culpables y punibles[15]. La mirada de nuestro sistema de justicia actual recae sobre la culpabilidad, y en base a esta, la condena. Pero la víctima no sólo sufre daños, también sufre dolor, consecuencia del daño, y como sociedad debemos poder ofrecerle sanarlo y abrir puertas a la oportunidad de que ésta pueda expresarlo. Pero esto solo es posible si en lugar de poner el foco en la culpabilidad penal y punitiva, ponemos el foco en la responsabilidad. La responsabilidad solo puede aparecer cuando hay percepción del dolor, dolor que sólo puede evidenciar la víctima, y que es lo que une a las dos partes, víctima y victimario, y les vuelve a humanizar. Por eso no es extraño que cuando un victimario escucha a la víctima puede llegar a decir "ahora que sé todo el dolor causado, no puedo pedir perdón"[16].

---

trarse clasificado en tercer grado penitenciario, haber extinguido las tres cuartas partes de la condena y haber observado buena conducta.

15 Nos remitimos a la Ley Orgánica 10/1995, de 23 de noviembre, del Código Penal. Durante todo su articulado hace referencia al "culpable". Como ejemplo ilustrativo tomamos el apartado 5° del artículo 21 del mismo cuerpo legal, por tener relación con la materia, que a tenor literal dice lo siguiente: *"La de haber procedido el culpable a reparar el daño ocasionado a la víctima, o disminuir sus efectos, en cualquier momento del procedimiento y con anterioridad a la celebración del acto del juicio oral".*

16 PIÑEYROA SIERRA, C., VALIMAÑA TORRES, S., MATEO MARTINEZ DE ALBORNOZ, A. *op. cit.*

Por último, el imprescindible papel de la sociedad. Acostumbrados a entregar el poder de castigo al Estado, para que sea éste quien ejerza la acción penal, pasamos a considerar el concepto de la Justicia Social. Ya no solo entendemos que el delito tiene causas individuales (soy yo quien decido delinquir), sino que también reconocemos el origen social del mismo. La sociedad está en el origen del delito y tiene que estar también presente en las consecuencias y reparación del mismo[17]. Introducir los mecanismos e instrumentos de diálogo es una responsabilidad de la sociedad civil que, en nuestro país ha sido introducido en nuestras prisiones a través de diferentes asociaciones que han trabajado en ello desde inicios de los años 2000, destacando[18]:

- Programas de mediación penitenciaria: consolidado en la actualidad en la mayor parte del territorio nacional como programa de "Resolución dialogada de conflictos", nace bajo el paraguas de la Asociación de Mediación para la Pacificación de Conflictos en el Centro Penitenciario Madrid III-Valdemoro;
- Encuentros restaurativos con condenados por delitos de terrorismo: a petición de internos condenados por estos delitos, durante los años 2011 y 2012, se llevó a cabo este programa con gran repercusión mediática y doctrinal en el Centro Penitenciario de Nanclares de Oca, constituyendo el germen de los actuales encuentros restaurativos;
- Círculos de diálogo: reconocen e introducen a la sociedad como parte protagonista, se desarrolló en España en el año 2014 en el Centro Penitenciario Madrid IV-Navalcarnero a manos de la Confraternidad Carcelaria de España (CONCAES) bajo el proyecto "Construyendo Puentes", ejecutado simultáneamente en otros seis países europeos. Ha continuado en nuestro país bajo una nueva versión del Proyecto Árbol Sicomoro.
- Talleres de diálogos restaurativos: intervención individual y grupal con personas condenadas tanto a pena privativa de libertad, como a penas de trabajos en beneficio de la comunidad.

---

17 CÁRITAS ESPAÑOLA, *op. cit.*

18 MACULAN, ELENA, "Más allá de la prisión, sanciones comunitarias, penas y medidas alternativas y justicia restaurativa". AAVV (Coor. FERNÁNDEZ BERMEJO, DANIEL), *Derecho Penitenciario,* Dynkinson, Madrid 2022, págs. 603-630

- Encuentros restaurativos: continuación voluntaria del Taller de Diálogos Restaurativos que permite un encuentro del penado con las víctimas directas o indirectas de su delito[19].

Nosotros, desde la Asociación ¿hablamos?, desde el año 2005, perseguimos introducir la Justicia Restaurativa en las prisiones de Aragón a través de distintos programas con distintos mecanismos, destacando tres líneas principales de acción, que desarrollaremos a continuación: la mediación penitenciaria, la gestión de conflictos y gestión de la convivencia en módulos de respeto, y los talleres de diálogos y encuentros restaurativos.

Con todos ellos aspiramos, como parte de la sociedad civil, bajo la corresponsabilidad colectiva, a transformar la justicia para hacerla más humana, más corresponsable con la sociedad y que, de alguna manera, aquellas personas que en algún momento de sus vidas se equivocaron llevando a cabo una conducta delictiva, puedan, en estos momentos, ser conscientes de ella, formen parte de la sociedad y se responsabilicen para mejorar su desempeño individual y su vida persona, para no volver a reincidir; así como una sociedad que acoge a esas personas y que es apoya para no dejarles solos en su responsabilidad, en esa oportunidad de no volver a delinquir.

3. JUSTICIA RESTAURATIVA COMO HERRAMIENTA PEDAGÓGICA ORIENTADA A LA REINSERCIÓN SOCIAL DEL PENADO

Los mecanismos de Justicia Restaurativa en prisión suponen una herramienta de empoderamiento. La mediación, así como los demás mecanismos de Justicia Restaurativa ofrece a los internos la opción de tomar una decisión libre en un contexto donde está todo pautado. Se trata de un mecanismo para hacer oposición a la desocialización y la deshumanización. La Administración ofrece la oportunidad para que el interno asuma su responsabilidad. Podemos hablar de estos mecanismos como medidas pedagógicas para la reinserción de los penados, pues se les otorga la posibilidad de tomar las riendas en una Institución total, donde generalmente es la propia Institución la que impone las reglas, sin posibilidad de elección por parte del interno. El objetivo es darles la oportunidad y devolver-

---

19 Estos dos últimos, editados por la Secretaría General de Instituciones Penitenciarias en sus Documentos Penitenciarios nº 23 y nº 24. Los desarrollaremos a lo largo del Capítulo.

les la capacidad de tomar decisiones como un proceso libre y voluntario (tal como hemos señalado anteriormente, no podemos hablar del diálogo como una imposición). Se trata de una herramienta de pedagogía activa, positiva para su crecimiento personal y de madurez que también incluye a la comunidad como beneficiaria del proceso desde dos perspectivas[20]:

1. Cuando el interno salga de prisión estará mejor preparado para tomar decisiones, reduciendo el riesgo de exposición de los mismos de la comunidad a ser víctimas,
2. Que la sociedad asuma su papel de corresponsabilidad, de una manera constructiva.

En función del contexto donde se produce el conflicto vamos a distinguir dos líneas de intervención: Resolución de conflictos entre internos: mediación penitenciaria y gestión de conflictos y de la convivencia en los módulos de respeto; Entre víctima y victimario: Diálogos y Encuentros Restaurativos

A continuación, vamos a dar voz a algunos de los internos e internas que han participado o están actualmente participando en estos programas, para que su experiencia nos sirva de ejemplo de por qué la Justicia Restaurativa funciona y puede ser una herramienta muy útil en el proceso de reinserción social del penado.

3.1. Mediación penitenciaria como mecanismo para resolver conflictos entre internos

Presente en muchos Centros Penitenciarios españoles, la mediación penitenciaria trata crear una estructura de diálogo dentro del establecimiento para dar respuesta a conflictos entre personas que se han agredido o han tenido algún tipo de problema dentro de prisión, y han sido declarados por la Institución Penitenciaria de "incompatibles" y que estas personas tengan la oportunidad de decidir cómo gestionar su conflicto[21].

---

20 PIÑEYROA SIERRA, C., VALIMAÑA TORRES, S., MATEO MARTINEZ DE ALBORNOZ, A. *op. cit.*

21 Si bien podríamos diferenciar dos sentidos de relaciones dentro de prisión, una entre desiguales (esto es, entre el interno y el funcionario, representando la figura de la autoridad) y otra entre iguales (entre los propios internos), nosotros nos vamos a ocupar aquí de la mediación que busca transformar las relaciones entre iguales. PIÑEYROA SIERRA, C., VALIMAÑA TORRES, S., MATEO MARTINEZ DE ALBORNOZ, A. *op. cit.*

Desde el año 2005 en muchas de las prisiones españolas se está llevando a cabo la labor de la mediación penitenciaria. En ¿hablamos? fuimos la cuarta comunidad autónoma en España, así como desde 2014, en algunos Centros Penitenciarios se ha puesto en marcha el "Programa de Resolución Dialogada de Conflictos", poniendo el foco en la reducción de la conflictividad y mejora de la convivencia en las prisiones, utilizando los procesos de mediación como herramienta[22].

Debemos recordar, como se ha mencionado anteriormente, la necesidad de conocer el contexto y adaptar la metodología a los sujetos que van a intervenir, y que nos encontramos en una "institución total"[23], donde las decisiones son tomadas por parte de la Administración. Para nosotros la oportunidad que ofrece la mediación en este contexto, como la posibilidad de tomar por sí (y que no sea la Institución quien lo haga) la decisión de acudir al diálogo para resolver su conflicto es de gran importancia y utilidad en base la resocialización del interno.

La Administración Penitenciaria, ante una situación de conflicto entre internos, declara a estos internos en conflicto de "incompatibles". La incompatibilidad supone que estos internos no pueden coincidir físicamente en el Centro Penitenciario, de forma que no pueden convivir en el mismo módulo ni pueden asistir a las mismas actividades (escuela, programas y talleres, ceremonias religiosas, etc.). Esto es determinante para la vida de los internos dentro de prisión, que, ya estando privados de libertad ambulatoria, ven su actividad todavía más limitada[24].

El procedimiento o fases de la mediación penitenciaria comienza con la solicitud, en nuestro caso, bien a instancia de la Administración (el propio Centro Penitenciario elabora periódicamente un listado de internos incompatibles que nos remite), o a instancia del propio interno. Una vez recibimos la solicitud, se realizan entrevistas individuales con cada una de las partes implicadas, para que tengan la oportunidad de expresar lo sucedido y sus sentimientos al respecto, así como recabar, en su caso, su conformidad y aceptación de la mediación (esto es, la aceptación de todos los principios y garantías que rigen la mediación). Tras estas entrevistas, en caso de que haya voluntad y deseo de llevar a cabo un encuentro por

---

22 Para más información, en la página web de Instituciones Penitenciarias, sobre Resolución dialogada de conflictos.

23 FOCAULT, MICHAEL, *op. cit.*

24 PIÑEYROA SIERRA, C., VALIMAÑA TORRES, S., MATEO MARTINEZ DE ALBORNOZ, A. *op. cit.*

ambas partes, y el equipo de mediación consideremos que la misma es oportuna (podemos encontrarnos con situaciones de problemas de salud mental que imposibilitan el diálogo, detección de voluntad más vengativa que reparadora, etc.) se procede a la solicitud al Centro Penitenciario de poder realizar el mismo. El encuentro es la última fase, consistiendo este en una sesión conjunta de las partes implicadas junto con el equipo mediador que ha participado también las sesiones individuales donde se abre la posibilidad de llegar a un acuerdo (existe un acuerdo marco con Instituciones Penitenciarias), en el que ambas partes declaran que han resuelto su conflicto y que han desaparecido las causas de incompatibilidad. En caso de que haya algún acuerdo más, se añadirá a ese acuerdo marco. Una vez firmado este por todas las partes implicadas (incluidos los mediadores que hayan intervenido), y recibida copia cada una de ellas, se hace llegar al responsable a estos efectos en el Centro Penitenciario, para que pueda valorar el acuerdo y, en su caso, quitar la incompatibilidad para que estas personas puedan volver a convivir. Aunque esta fase constituye la última a efectos de finalizar el proceso de mediación, el equipo mediador realizará, para comprobar el estado de los acuerdos, así como el estado de las partes implicadas, un seguimiento de los mismos[25].

Si bien la mediación penitenciaria es un recurso ofertado —en aquellos Centros Penitenciarios en los que se encuentra el programa— a todos los internos que deseen resolver a través del diálogo un conflicto, existen limitaciones, como es el caso de las mujeres. En la mayoría Centros Penitenciarios la población reclusa femenina es notablemente inferior a la masculina, por lo que la mayoría de las mediaciones penitenciarias se realizan con hombres. La consecuencia de ello es que, en muchos establecimientos penitenciarios, de todos los módulos del Centro Penitenciario, tan solo uno sea destinado a las mujeres. Cuando en los módulos residenciales de mujeres en los centros polivalentes surgen conflictos, no existe la posibilidad de poder separarlas en módulos distintos y tienen que continuar conviviendo juntas. Al no poder ser separadas físicamente, ante conflicto, no se les puede declarar incompatibles, por lo que sería no solo aconsejable, sino también necesario crear un sistema de mediación específico para la

---

[25] LOZANO MARTIN, ANTONIO M., NISTAL BURÓN, JAVIER, JIMÉNEZ BAUTISTA, FRANCISCO, *"Conflictos y mediación en las cárceles madrileñas"*, *Revista de Mediación*, núm. 13 (1) e2 (2020). Hemos tomado como referencia las fases propuestas por esta obra, adaptando las mismas a nuestra práctica.

realidad de las mujeres presas[26]. Sin embargo, esto no excluye la posibilidad de aprovechar el recurso de la mediación, ya no como herramienta de supresión de incompatibilidades, sino de mejora de la convivencia como es el caso que vamos a contar a continuación:

Voz 1*: dos mujeres, Ana y María, conviviendo en el mismo Módulo residencial de un Centro Penitenciario polivalente, no mantenían, hasta la fecha del conflicto, una relación problemática, según ambas manifestaron, incluso se ayudaban y apoyaban. Ana lo estaba pasando muy mal, no se encontraba bien anímicamente al estar pendiente del juicio y, además, sentía presión por el grupo (por el resto de mujeres del módulo). María tampoco se encontraba en su mejor momento, había recibido una mala noticia de un familiar del exterior, y no pasaba un buen día. El detonante de la discusión entre ambas es que una de ellas estaba ocupando el sitio que quería ocupar la otra. María agredió a Ana, la empujó, y le hizo arañazos (según manifestaron). Como consecuencia, una acaba aislamiento y la otra se queda en el módulo. Pero claro, son mujeres, hay un único módulo destinado a las mujeres, por lo que van a tener que volver a convivir juntas. Si el conflicto no se solucionaba, era muy probable que se volviera a repetir y/o se generara una situación desagradable de convivencia en el módulo.*

En las entrevistas individuales (se tuvieron que realizar varias), las dos aceptaron iniciar un proceso de mediación, ya que ambas reconocieron no estar pasando un buen momento personal y entendían la posición la una de la otra. Al llegar a la sesión conjunta de mediación, se dieron un abrazo (que se repitió al finalizar), se pidieron disculpas, que fueron aceptadas, y se llegó al acuerdo/compromiso de continuar apoyándose y ayudándose como lo hacían antes.

En el seguimiento posterior se comprobó que ambas asistían a escuela juntas, se apoyaban y no volvieron a tener problemas dentro del módulo.

La mediación penitenciaria muchas veces es aceptada de manera puramente utilitaria por los internos, tanto a nivel de consideración por parte de los profesionales del centro de "buena conducta", requisito previsto por el artículo 90.1c) del Código Penal, o el requisito de "no observar mala conducta", previsto por la Ley Orgánica General Penitenciaria en su artículo 47.2, apreciar conducta favorable, según el artículo 65.2 de la misma Ley, o buen comportamiento para la concesión de beneficios penitenciarios como el adelantamiento de la libertad condicional, la propuesta de

26 FERNÁNDEZ-CABALLERO, MARINA, DEL HIERRO, ESTER, ARCHILLA JUBERÍAS, MARTA, *"Mediación Penitenciaria. Una nueva propuesta para mediar en una cárcel de mujeres"*, *Revista de Mediación*, núm. 10 (2012)

indulto particular, la concesión de recompensas, la reducción de los plazos de cancelación de sanción con nota meritoria, previstos en el Reglamento Penitenciario (artículos 202.2, 205, 206 y 263 respectivamente)[27]. Sin embargo, se demuestra que la motivación de los internos, como norma general, va más allá de querer "quitar la incompatibilidad" y poder tener determinados destinos o poder realizar determinadas actividades que le eran denegadas y/o limitadas por este motivo. El objetivo no es eliminar la "incompatibilidad", sino como ya se ha mencionado ut supra, es el proceso transformador, darles la oportunidad de que puedan sentarse frente a la persona con la que están en conflicto, que se asuma por cada parte la responsabilidad de lo ocurrido y que existe una voluntad de "reparar" esa situación, de manera que el objetivo es la mejora de la convivencia. El que dentro de prisión se sea capaz de asumir esta decisión y hacer frente de esta manera a los conflictos (muchas veces a solicitud de los propios internos/as) significa que es una herramienta que van a adquirir, y que poseerán para gestionar los conflictos también una vez estén en libertad[28].

A continuación, se van a detallar situaciones que ponen de manifiesto cómo el diálogo dentro de prisión es capaz de enviar este mensaje de transformación. De cómo la mediación penitenciaria va más allá del conflicto generado en la propia prisión, sino que llega a restaurar relaciones del exterior, mejorando la convivencia tanto dentro como fuera de prisión.

Voz 2. *Dos hombres que viven en el mismo barrio de la misma ciudad, tenían problemas derivados de una compraventa de un coche. Ambos fueron condenados a cumplir pena en prisión por distintos motivos. Una vez en prisión, con motivo de ese conflicto que se había originado en la calle, y que generaba miedo en uno de los dos hombres, se decidió por parte del Centro Penitenciario, para prevenir conflictos dentro de prisión, declararles incompatibles. El proceso restaurativo que seguimos con ellos fue el siguiente: en primer lugar, se buscó rebajar el sentimiento de miedo e inseguridad de una de las partes, que se sentía amenazada por la otra; en segundo lugar, dada la delicadeza de la situación se prefirió comenzar con un contacto que no fuera físico, optando por la elaboración de cartas en las que cada uno de ellos expresaba al otro cuáles eran sus necesidades. En esta correspondencia, ambos reconocieron tener problemas en la calle, pero que no querían hacerse daño; por último, tras los compromisos que ambos adquirieron, derivados de las cartas sobre el conflicto*

---

27 LOZANO MARTIN, ANTONIO M., NISTAL BURÓN, JAVIER, JIMÉNEZ BAUTISTA, FRANCISCO, *op. cit.*

28 PIÑEYROA SIERRA, C., VALIMAÑA TORRES, S., MATEO MARTINEZ DE ALBORNOZ, A. *op. cit.*

de la compraventa del coche, se pudo llevar a cabo una mediación conjunta, ahora sí, con contacto físico, donde se aceptó el compromiso de las cartas y, finalmente, se dieron la mano.

La importancia de esta intervención recae en la relación preexistente entre ambas partes. En el exterior viven en el mismo barrio, por lo que era altamente probable que se volvieran a encontrar. La mediación fue una herramienta para poder resolver un conflicto que podía generar más conflictos tanto dentro de prisión como en la calle una vez ambos se encontraran en situación de libertad.

Otro ejemplo, es el de las mediaciones penitenciarias en conflictos que también frecuentes en la vida en libertad, y que aprender a gestionar estas situaciones, suponen una herramienta imprescindible en su reinserción, puesto que les otorga la capacidad de saber gestionar situaciones a las que es probable que tengan que enfrentarse cuando salgan de prisión como, por ejemplo, en el ámbito laboral. Aprender cómo resolver una situación en la que, si no se interviene, puede tener consecuencias negativas para ambas partes:

Voz 3. *Dos internos comparten destino de trabajo. Uno de ellos llevaba mucho tiempo en ese destino y el otro, más joven que el primero, se incorporó posteriormente. De esta relación de convivencia laboral, surgieron dificultades entre ellos, que según manifestaron eran las siguientes: el que lleva más tiempo, el más mayor, ejercía un poco de "padre" sobre el otro y le aconsejaba, pero, el más joven no quería consejos. Esto generó malestar personal entre ambos y este malestar personal se extendía al resto de compañeros de destino, creando un clima de trabajo tenso. Los dos quisieron mediar para tratar de mejorar tanto en el ámbito laboral como en el personal, esto es, tanto en el trabajo, como en su relación personal, reconociendo las dos partes un problema de falta de comunicación entre ambos Los acuerdos a los que se llegaron fueron: 1°. Antes de tomar decisiones unilateralmente, hablarlo entre los dos; 2°. Respetar que cada uno tiene una forma de ver la vida y que las dos son correctas; 3°. Para atajar el malestar que les generaba que cuando uno de ellos se sentía mal, lo iba a hablar con otro compañero ("mira lo que me ha hecho este"; "mira lo que me ha hecho este otro"), acordaron cortar con esto de raíz, porque luego les llegaba información por parte de terceras personas y aumentaba más el malestar entre ambos. No eran solo problemas de trabajo, sino también personales. Es frecuente que, en casi todos los ámbitos de la vida, donde compartes espacios y tiempos con otras personas, no te lleves bien o no te entiendas con un compañero, un vecino, un familiar... y esto, sumado a problemas de comunicación, que terminan afectando al clima en el que esa relación se desarrolla. Se llegó a plantear el sacar de ese destino a uno de los dos, pero como ambos eran buenos profesionales, se decidió darles la oportunidad de una mediación, oportunidad que ambos aceptaron, pese a no tener causas de incompatibilidad ni conflictos graves entre ambos.*

Y, en otros casos, el tener la capacidad de enfrentarse a resolver su propio conflicto a través de la mediación, también sirve para ser consciente de las situaciones, causas y motivos que suelen generar conflictos y poder trabajar en ello, para evitar su reiteración. Se trataría de un mecanismo de prevención de futuras conductas conflictivas.

Voz 4. *Dos hombres, uno joven y otro más mayor. El joven acaba de ingresar en prisión y, también por un problema de sitio en el módulo, le da un puñetazo al más mayor. Tras el paso de varios meses, el mayor decide que quiere perdonar al chico joven, porque entiende que acaba de entrar en prisión y que él cuando era más joven era igual. El chico joven, por su parte, reconoce tener un bajo control de impulsos y que estos impulsos ya le habían traído muchos problemas en la calle. Por ello, tras la pelea y la posterior mediación, solicitó participar en el programa de control de impulsos ofertado dentro del Centro Penitenciario.*

Nuestra conclusión es que la mediación penitenciaria demuestra ser una herramienta preventiva, porque las soluciones a las que se llega son fruto de un acuerdo voluntario, no punitivo, por lo que no se generan resentimientos ni miedos, y eso es imprescindible para mejorar la convivencia, tanto dentro, como fuera de prisión[29].

3.2. Módulos de Respeto: Programa de Gestión de Conflictos y Gestión de la Convivencia

En primer lugar, quizás el lector se pregunta, ¿qué es un módulo de respeto? ¿por qué unos programas específicos para estos módulos?

Pues bien, la respuesta la podemos encontrar en la misma existencia y creación de estos módulos en el año 2001 en el Centro Penitenciario de Mansilla de las Mulas. Estos módulos responden al principio de separación interior dentro de los establecimientos penitenciarios, teniendo como principal objetivo la convivencia. La residencia en este módulo es voluntaria para el interno, que deberá aceptar las normas que afectan al área personal (higiene, aspecto, vestuario y cuidado de la celda), área de

---

29 Frente a la imposición de castigo por vía disciplinaria, que puede generar en el interno un sentimiento mayor de aflictividad y tener como consecuencia un incremento del conflicto. LOZANO MARTIN, ANTONIO M., NISTAL BURÓN, JAVIER, JIMÉNEZ BAUTISTA, FRANCISCO, *op. cit.*

cuidado del entorno (espacios comunes del módulo), área de relaciones interpersonales (con otros internos, funcionarios y personal externo), y área de actividades. Los habitantes de este módulo serán evaluados periódicamente para comprobar que mantienen los requisitos necesarios para continuar en el mismo, una estructura de participación y una estructura de organización en grupos, a la que haremos alusión en este apartado[30].

Teniendo en cuenta los datos y las oportunidades que demostraba la mediación penitenciaria, en el año 2009, la Asociación ¿hablamos? comenzamos un nuevo proyecto que se denominó "Gestión de la Convivencia", ejecutado en el Módulo de Respeto del Centro Penitenciario de Daroca. Este proyecto partió del modelo integrado que creó Juan Carlos Torrego[31] para el ámbito educativo, basado en las "3 R": reparación, reconciliación y resolución, a través de estructuras de diálogo. Adaptando este modelo a la vida de prisión, y necesitando la participación voluntaria de los internos para poder ponerlo en marcha, estos módulos eran los más propicios para poder poner en marcha el programa. Este proyecto consistió en un proceso de formación a todas las personas del módulo (incluyendo no sólo a la población reclusa, sino también a los funcionarios), de formación específica a los que se consideró como agentes clave en el módulo, y apoyo a la consolidación de estructuras. La finalidad perseguida no era otra que lograr una legitimidad colectiva (creando una carta de derechos y obligaciones que instaran a la participación) y establecer un sistema de resolución pacífica dentro del módulo, contando con mecanismos de mediación y conferencias restaurativas para que pudieran ser aprovechados en los conflictos que surgieran del día a día de la convivencia, en base a la reparación del daño, responsabilización y reforzando los valores positivos, siendo el objetivo último el que hemos señalado en el párrafo anterior: la gestión de la convivencia[32].

Por otro lado, en el Centro Penitenciario de Zuera, la Asociación ¿hablamos? desarrolla el denominado "Programa de Gestión de Conflictos". Sin

---

30 CENDÓN SILVAN, JOSÉ MANUEL, BELINCHÓN CALLEJA, ESTEBAN, GARCÍA CASADO, HENAR, *Módulos de respeto. Manual de aplicación.* Ministerio del Interior. Secretaría General Técnica (2011)

31 TORREGO SEIJO, JUAN CARLOS, VILLAOSLADA HERNÁN, EMILIANA, "*Modelo integrado de regulación de la convivencia y tratamiento de conflictos: un proyecto que se desarrolla en centros de la comunidad de Madrid*", *Tabanque,* núm. 18 (2004), págs. 31-48

32 PIÑEYROA SIERRA, C., VALIMAÑA TORRES, S., MATEO MARTINEZ DE ALBORNOZ, A. *op. cit.*

ahondar en lo que otras entidades y asociaciones realizan en otros Centros Penitenciarios a este respecto, aquí vamos a exponer cuál ha sido nuestro trabajo. Este programa fue diseñado para ser ejecutado en una duración aproximada de cinco sesiones, donde se trabaja la adquisición de herramientas que sirvan para que los intentos que participan, sepan gestionar los conflictos, entender las distintas herramientas de la mediación, cómo funciona el ser humano (conflictología, por qué surge un conflicto, herramientas de la mediación como escucha activa, empatía, técnica del círculo restaurativo, percepción de la realidad: diferentes personas, diferentes percepciones, iceberg: sólo vemos la punta de lo que ocurre, pero por debajo hay mucho más sobre lo que se debe trabajar, entre otras).

Hemos mencionado la estructura de organización de grupos propia de los Módulos de Respeto. Estos módulos no están autogobernados por los internos que en él habitan (la última palabra la siguen teniendo los profesionales), pero sí fomentan la participación de éstos en la organización y tengan la oportunidad de manifestar sus opiniones, incrementando así su responsabilidad, compromiso y adquisición de habilidades de diálogo y negociación. Los grupos a los que se hace referencia son Asambleas o Comisiones, pequeños grupos formados por un número reducido de internos que se va a ocupar de distintas labores dentro del módulo. Una de estas comisiones es la denominada Comisión de Convivencia. Esta Comisión de Convivencia tiene como cometido intervenir en los conflictos que detecten entre los internos residentes, bien por iniciativa propia, por petición de alguno de los interesados, de los responsables del grupo u otros internos. Su cometido es que traten de que las partes involucradas en el conflicto lleguen a un acuerdo que permita así mantener el fin último del módulo, esto es, la convivencia normalizada. No implica un sistema paralelo de sanción, los internos no van a sentenciar ni a juzgar, van a intentar resolver, debiendo comunicar al educador lo sucedido (si el conflicto es grave, deberá recurrir al funcionario)[33].

Por lo tanto, llegamos a la conclusión de que los internos que participan en esta Comisión están desarrollando la labor de mediador dentro del módulo pero ocurre que, en muchas ocasiones, los internos que forman parte de esta Comisión no tienen formación en mediación, y es por ello que se crea este programa, cuyo objetivo es que estos internos que forman parte de la Comisión adquieran herramientas para gestionar los conflictos,

---

33 CENDÓN SILVAN, JOSÉ MANUEL, BELINCHÓN CALLEJA, ESTEBAN, GARCÍA CASADO, HENAR, *op. cit.*

entienda cómo funciona el conflicto y puedan ayudar a sus compañeros en aras de mantener el sistema de convivencia del módulo.

3.3. Diálogos y Encuentros Restaurativos. Del conflicto entre internos, al conflicto entre interno y víctima

Pongámonos en contexto. Un grupo compuesto por diferentes personas, con un principio en común, el ideal resocializador, que, gracias a la experiencia adquirida en las mediaciones penales y penitenciarias realizadas, se dan cuenta de que la práctica pone de manifiesto que el límite a la posibilidad de un encuentro entre víctima e infractor no es la gravedad del delito cometido y/o sufrido, sino las necesidades de la víctima y el interés de las partes. Consecuencia de ello, el grupo de expertos aceptó la idea propuesta por la Dirección de Víctimas del Terrorismo del Gobierno del País Vasco de llevar a cabo encuentros entre personas que estaban presas y habían abandonado la actividad de la banda terrorista de ETA, y las víctimas de estos delitos. Con el apoyo del Ministerio de Interior y de la Secretaría General de Instituciones Penitenciarias, lo que a priori parecía imposible, por la delicadeza que suponía el reto, se hizo realidad durante los años 2011 y 2012 en el Centro Penitenciario de Nanclares de la Oca (Vitoria). Los resultados fueron sorprendentes. Dejando atrás los peligros de potenciales usos ideológicos y políticos que se podía hacer de este proceso, la compasión y humanidad de las personas que participaron buscando la pacificación, hicieron posible que, tomando la palabra y el diálogo como principales herramientas, junto con la empatía y el respeto que las partes mostraron, personas que habían cometido delitos muy graves (entre ellos, delitos de asesinato y secuestro) y las personas que lo sufrieron, llegaran en algunos de los casos, al perdón y reconciliación[34].

Lo que se hace posible con delitos tan graves como los de terrorismo, se convierte también en una oportunidad para personas condenadas y víctimas de otras tipologías delictivas. Son varias entidades sociales (CONCAES, AMEDI, Soluciona) las que, a partir del año 2014 y 2015, comienzan a introducir proyectos en las prisiones españolas que se consideran precedentes de los actuales Diálogos y Encuentros Restaurativos que vamos a detallar a continuación. Más adelante, a partir del año 2017, comenzaron

---

34 PASCUAL RODRÍGUEZ, ESTHER, RÍOS MARTÍN, JULIÁN CARLOS, *"Reflexiones desde los Encuentros Restaurativos entre Víctimas y Condenados por Delitos de Terrorismo", Oñati socio-legal series,* núm. 4(3) (2014)

los programas pilotos para acercar también la justicia restaurativa al cumplimiento de las penas de Trabajos en Beneficio de la Comunidad[35] y, es en el año 2019, cuando se ejecutan a nivel nacional, tanto en el ámbito de las medias alternativas como en el de privación de libertad, posibilitando el encuentro entre víctima y victimario[36].

Debiendo ser conscientes de los riesgos que pueden entrañar este tipo de procesos y encuentros, entre ellos, la posible politización por hipersensibilización personal y social existente en delitos graves, desconocimiento público de la mecánica de los encuentros, el sensacionalismo mediático, ideologización y politización. Riesgo de posible descontrol emocional. Primero trabajo individualizado con ambas partes, determinando necesidades, miedos y riesgos. Respetar tiempos y crear espacios.

Con el ánimo de unificar la práctica de estos Talleres en todo el territorio nacional, se editó un manual por parte de la Secretaría General de Instituciones Penitenciarias, Subdirección General de Medio Abierto y Penas y Medidas Alternativas, gracias al trabajo de varias Asociaciones que ya venían ejecutando estos Talleres, como AMEDI, ANAME, SOLUCION@, AMPC y CONCAES, constituyendo el número 23 de los Documentos Penitenciarios[37].

La Asociación ¿hablamos? ejecutamos estos Talleres tanto en el Centro Penitenciario de Zuera (Zaragoza), como en los Servicios de Gestión de Penas y Medidas Alternativas de las provincias de Zaragoza y Huesca. Igual-

---

35 Ahora, a diferencia de la mediación penitenciaria de la que hemos hablando anteriormente, desarrollada en el Centro Penitenciario, esto es, exclusivamente en relación a personas que han sido condenadas a pena de prisión, los Talleres de Diálogos y Encuentros Restaurativos se extienden tanto a las penas privativas de libertad, bien régimen ordinario, bien régimen abierto, y también en el ámbito de las penas y medidas alternativas a la prisión, generalmente en forma de cumplimiento de Trabajos en Beneficio de la Comunidad.

36 La justificación, presentación y sesiones del Taller y prácticas restaurativas, se encuentran editados en el siguiente manual: SECRETARÍA GENERAL DE INSTITUCIONES PENITENCIARIAS, SUBDIRECCIÓN GENERAL DE MEDIO ABIERTO Y PENAS Y MEDIDAS ALTERNATIVAS *Documentos Penitenciarios 23. Taller de Diálogos Restaurativos. Responsabilización y reparación del daño,* Ministerio del Interior, Secretaría General Técnica, 2020.

37 Ídem. También, con la finalidad de implementar y unificar las actuaciones en Justicia Restaurativa, dentro del ámbito de la Administración Penitenciaria, se emite la Orden de Servicio 2/2022 de Secretaría General de Instituciones Penitenciarias, con asunto: procedimiento de actuación en Justicia Restaurativa, en el ámbito penitenciario, junto con el Protocolo de Actuación que le acompaña.

mente, este año, se nos ha dado la oportunidad de poder llevarlos a cabo en el territorio de las Islas Baleares, en concreto, en el Centro Penitenciario, Centro de Inserción Social y Servicio de Gestión de Penas y Medidas Alternativas de Mallorca. Ha sido un trabajo muy bonito, que ha sido posible gracias a la implicación de la propia Institución Penitenciaria, la Dirección, Subdirección y personal funcionario de los establecimientos afectados, así como de las distintas entidades que han colaborado en la ejecución de los mismos, el Grupo de Educadores de Calle y Trabajo con Mejores (GREC), Asociación de Justicia y Práctica Restaurativa y la Universidad de las Islas Baleares, entre otros. Nuestro papel en Mallorca ha sido comenzar con la implementación de estos Talleres para que, gracias a la colaboración de las entidades locales ya mencionadas, pueda tener continuación en esta Comunidad Autónoma ("un paso de testigo").

Entrando en materia de ejecución de estas prácticas, comenzaremos desarrollando el Taller de Diálogos Restaurativos que, pone el foco, no tanto en conseguir un encuentro o mediación directa entre víctima y victimario, sino en el proceso formativo y de aprendizaje del penado o penada, en el que van descubriendo todos los elementos de la Justicia Restaurativa. Lo aprenden a través de ellos mismos, van descubriendo qué es lo que han hecho, qué podrían haber hecho mejor y qué pueden hacer mejor en el futuro. Es un proceso de toma de conciencia de la responsabilidad (que no culpabilización como ya hemos señalado) de ese daño que han causado con su conducta, que ha producido un dolor sobre otras personas (víctimas directas, indirectas y comunidad), y cómo repararlo[38].

El Taller está compuesto por 10 sesiones grupales donde se trabaja, desde el concepto de Justicia Restaurativa, hasta la empatía con la víctima, escucha activa a personas que han sido víctimas de delitos, tipos de víctimas y de daños, la responsabilización de las conductas, el perdón, distintas formas de reparación y la resilencia. De manera previa, simultánea y posterior al desarrollo de las sesiones grupales, es imprescindible el trabajo individual con los participantes. Por ejemplo, en dos sesiones añadidas, simultáneas a las últimas sesiones grupales, la persona penada debe elegir una práctica restaurativa como fórmula de reparación de ese daño/dolor causado por su conducta). Entre las opciones que se enumeran en el Documento número 23 están: encuentros directos (entre victimario y víctima directa, indirecta o representantes de la comunidad), encuentros indirectos (cuando no es posible el "cara a cara", se valorará la utilización de otros mecanismos

---

38 Ídem.

como por ejemplo, las grabaciones de audio y vídeo o las cartas), los círculos de diálogo (intercambios comunicativos para trabajar situaciones de dificultades), conferencias (diálogo reparador incluyendo a la comunidad que puede materializarse en trabajos en beneficio de la comunidad), foros de justicia restaurativa en centros penitenciarios (las personas presas que han participado en procesos restaurativos dan testimonio de su vivencia al resto de la comunidad de población interna), coloquios de experiencias (entre personas privadas de libertad, los que cumplen medidas comunitarias y personas que han sufrido como víctimas la comisión de delitos sin estar vinculada con ninguno de los participantes), reparación a la comunidad (actividades que buscan reparar a la comunidad bienes jurídicos de similar naturaleza que los afectados por el delito). Como vemos, existen múltiples posibilidades de llevar a cabo la práctica restaurativa, debiendo atender a la hora de su selección, a la idoneidad de la misma y las necesidades de cada persona[39].

En el caso de que la práctica restaurativa escogida sea la del Encuentro, bien directo o indirecto (en muchas ocasiones, no es hasta ya iniciado el proceso de preparación a las partes cuando se determina la idoneidad de que éste sea directo o indirecto), se tomará como manual de referencia el también editado por la Secretaría General de Instituciones Penitenciarias, Encuentros Restaurativos, el número 24 de los Documentos Penitenciarios[40], con dos fases separadas previa al mismo, la de intervención con la persona penada y la intervención con la víctima o víctimas que hayan aceptado voluntariamente participar en el proceso.

4. NOTAS ESENCIALES DERIVADAS DE LE EJECUCIÓN PRÁCTICA DE LOS TALLERES DIÁLOGOS Y ENCUENTROS RESTAURATIVOS POR LA ASOCIACIÓN ¿HABLAMOS?

Primero. La importancia del trabajo de la empatía para el reconocimiento del daño. La importancia de tener la oportunidad de conocer las consecuencias derivadas de su conducta más allá de sí mismas, dando voz durante el desarrollo del Taller de personas que han sido víctimas de hechos delicti-

---

39 Ídem.

40 SECRETARÍA GENERAL DE INSTITUCIONES PENITENCIARIAS, SUBDIRECCIÓN GENERAL DE MEDIO ABIERTO Y PENAS Y MEDIDAS ALTERNATIVAS *Documentos Penitenciarios 24. Intervención en Justicia Restaurativa: Encuentros restaurativos penitenciarios,* Ministerio del Interior, Secretaría General Técnica, 2020

vos similares a los que cometieron las personas participantes del mismo, lo que, en muchas ocasiones, hasta ese momento, era es desconocido por los penados/as. La persona penada debe reconocer a esa persona, reconocer que ha sido dañada y sufre dolor. Hacerse responsable de que hay un daño y un dolor que su conducta ha generado sobre otra u otras personas. ¿Qué es lo que les duele?[41]. Voz 5: *"Nunca había pensado en el daño que les podría haber causado a las víctimas. Nunca antes había pensado en ellas"*.

Segundo. Tener en cuenta el momento de madurez con respecto al delito en el que se encuentra cada persona que participa en el proceso. Quizás, en el momento de comenzar el Taller, si esta persona no había trabajado previamente de ninguna manera aspectos como la empatía, la responsabilización, etc., es complicado que en diez sesiones se pueda conseguir una conciencia total y absoluta sobre la responsabilización de la conducta. Si nunca antes se habían parado a pensar sobre esto, que de repente deseen exponerse ante las personas a quienes les han causado el daño, exija más tiempo. A veces, el primer paso es el reconocimiento de la verdad de lo sucedido, y un trabajo intrapersonal[42]. *Voz 6: Una mujer que, durante las sesiones grupales, sí reconoce ser responsable, muestra arrepentimiento por lo sucedido y es capaz de reconocer el daño y el dolor causado a las víctimas que, en este caso concreto, por la relación previa existente entre ambas partes eran, sobre todo, sentimientos de traición, desconfianza, e incluso esta desconfianza a futuro. Pero en ese momento de intervención, no se sentía capaz de poder pedirles disculpas. Meses después, tras un periodo de tiempo de maduración, se celebró una charla sobre el perdón en prisión, e invitamos a esta interna a que participara contando su experiencia al resto de personas internas que asistieron con nosotros. Cuando finalizó la charla manifiestó: "Ahora sí me siento preparada para sentarme con mis víctimas y pedirles perdón"*.

Tercero. La petición de perdón se constituye en muchas ocasiones en una necesidad de expresión por parte del victimario a su víctima y, de igual modo, perdonar, en una necesidad para la víctima, entendiendo este acto de dos direcciones, como una forma de "liberación" para las partes. Es necesario entender que el perdón tiene que pedirse de manera sincera, de manera incondicional, con independencia de la respuesta de la víctima o persona dañada, sin exigir un "*acepto*" a esa persona ni esperar ningún

[41] En este sentido, RIOS MARTIN, JULIÁN CARLOS, *"La Justicia Restaurativa en la Ejecución Penal: la capacidad empática de las personas presas", Revista de Derecho Penal y Criminología,* núm, 26 (2021), págs. 177-202.

[42] RIOS MARTIN, JULIÁN CARLOS, *Biografía de la reconciliación. Palabras y silencios para sanar la memoria,* Comares S.L., Granada 2018.

beneficio a cambio[43]. *Voz 7: "Quiero hacer lo que sea mejor para él (víctima de un delito contra la libertad), ofrecerle la oportunidad. Si considera que lo mejor es tener un encuentro, estoy dispuesto a ello. Si considera que lo mejor es no saber nada de mí, lo aceptaré también, porque habrá sido lo que él ha elegido".* Comprender y entender que la última palabra sobre la reparación siempre la tiene la persona que ha sido dañada.

Cuarto. En numerosas ocasiones, como hemos visto anteriormente en la *Voz 2*, existe una relación previa entre las partes, más allá del delito y de la necesidad de pedir disculpas por los hechos, hay una necesidad de resolución de un conflicto preexistente, dado que, si no se trabaja ese conflicto, por mucho arrepentimiento y deseo de petición de disculpas existan, el conflicto se mantendrá en el tiempo, y se correrá el peligro de que se vuelva a activar en el futuro. Tenemos que dar la oportunidad no sólo de reparar el daño ya ocasionado, sino también de resolver la situación de conflicto, dotar de las herramientas necesarias para que sean las partes capaces de gestionar su conflicto a través del diálogo. Esto es, la Justicia Restaurativa como una herramienta preventiva, que no sólo busca resolver un conflicto, sino que va más allá, transformando relaciones y previniendo futuras situaciones conflictivas[44]. *Voz 8: tras la comisión del delito, ingresa el autor del mismo en prisión, pero, por hechos diferentes, existía probabilidad de que la víctima también ingresara en prisión, con riesgo de conflicto en el interior del establecimiento, al igual que cuando el interno saliera de permiso o en libertad, se detectaba riesgo de conflicto y comisión de delito por cualquiera de las dos partes. Es el propio interno quien lo manifiesta y quien solicita su deseo de reparación simbólica a través de carta o encuentro con la víctima para pedir disculpas, así como también solicita poder tener un espacio de diálogo con esa persona para resolver la situación de conflicto y evitar futuras controversias.* Son casos donde existe un conflicto sostenido en el tiempo, que desemboca en la comisión de un delito, pero este delito no pone fin al conflicto, sino que lo intensifica todavía más. Sería un supuesto donde se debería llevar a cabo un proceso de encuentro restaurativo y de mediación. También casos donde existía una relación de confianza, bien de amistad, por ser del mismo barrio, por tener amigos en común, ser familia, etc. Aquí los participantes en el Taller de Diálogos Restaurativos suelen manifestar

---

43 RIOS MARTIN, JULIÁN CARLOS, ETXEBARRIA ZARRABEITIA, XABIER, *"El valor de la palabra. Encuentros restaurativos entre víctimas y condenados por delitos de terrorismo", Razón y fe*, núm. 1359 (2012), págs. 71-80.

44 REBOLLO REVESADO, SONIA, *"Provención, prevención y solución del conflicto humano desde las prácticas restaurativas", Familia: revista de ciencias sociales y orientación familiar*, núm. 60 (2022), págs. 89-103.

su necesidad de dar explicaciones a las víctimas y de escuchar las preguntas que éstas tengan que hacerles. *Voz 9: condenado por un delito grave contra una persona que pertenecía a su grupo de amigos en la calle desde la infancia: "Creo que tendrá muchas preguntas que hacerme".*

Quinto. Llama la atención que casi la totalidad de las personas que han participado en los procesos de Diálogos y Encuentros Restaurativos que nosotros hemos llevado a cabo, reconocen como dolor el sentimiento de miedo que han podido producir con su conducta sobre las víctimas, con independencia de la tipología del delito cometido (patrimonio, vida, libertad, etc.).

Sexto. Cuando llega el momento del compromiso de reparación, las situaciones más frecuentes con las que nos encontramos son:

a) Se mantienen firmes desde el principio con su decisión reparadora.

b) Comienzan el proceso con determinación de querer un Encuentro directo, pero conforme se va acercando el momento, se dan cuenta de que todavía no están preparados.

c) Otros nos sorprenden. Comienzan el proceso muy cerrados y, poco a poco, se van abriendo. Son personas que al inicio de la intervención no imaginaríamos que quisieran intentar tener un encuentro directo y que, conforme van pasando las sesiones, van abriéndose poco a poco, hasta llegar a solicitar el encuentro.

Por ello, debemos priorizar en todo momento la protección a las víctimas. No adelantarnos a contactar con las víctimas hasta que el equipo tenga la seguridad de que el interno/a va a continuar necesitando ese Encuentro y que éste no va a ser perjudicial para ninguna de las partes implicadas.

Séptimo. No siempre es lo más adecuado realizar la reparación sobre la víctima directa del delito. Aunque el interno desee un encuentro directo con la víctima directa, el equipo puede entender que es necesario para un adecuado proceso, que en primera instancia se realice la reparación de otras personas dañadas, cuya reparación no se limita a la reparación de unos daños causados por unos hechos delictivos, sino que va más allá, y también supone una reparación de una relación, unos vínculos y lazos afectivos, que se han visto deteriorados como consecuencia directa de la comisión del delito, y que son necesarios reparar para que el interno/a tenga un mejor proceso de resocialización y pueda reducir favores de riesgo para la reiteración delictiva.

Octavo. Un Encuentro directo no es siempre la mejor alternativa. Tras el trabajo individualizado con cada uno de los participantes en el proceso de reparación a la víctima, nosotros valoramos distintas posibilidades:

a) Encuentro Directo: encuentro personal de las dos partes, víctima y victimario, acompañadas en todo momento del Equipo de mediación que ha trabajado con el interno y que, en caso de que la víctima acepte iniciar el proceso, también trabajará con la víctima de manera previa al Encuentro.

b) Carta de reparación con posibilidad de Encuentro: es una carta donde el interno/a expone a la víctima sus emociones, sentimientos, explicaciones sobre los hechos y la petición de disculpas y/o perdón. En esta carta, el victimario propone a la víctima (que previamente ha otorgado su consentimiento para poderla recibir), la posibilidad de que se produzca un encuentro personal entre ambas partes, junto con el Equipo mediador.

c) Carta de reparación: es una carta donde el interno/a expone a la víctima sus emociones, sentimientos, explicaciones sobre los hechos y la petición de disculpas y/o perdón. A diferencia de la anterior, en ésta no se propone el Encuentro por parte del victimario (porque el Equipo mediador ha entendido que sería más beneficioso para las dos partes).

Noveno. Dar la máxima información posible tanto a la víctima como al victimario antes de que se produzca el encuentro. Es preferible que ambas partes tomen el tiempo necesario para, una vez se produzca el encuentro, éste vaya a reparar a ambas partes. Es mejor no tener prisas, no acelerar ni forzar la maquinaria. Cada persona necesita unos tiempos, y hay que respetarlos. Al igual que cada persona, por sus experiencias, tiene unas expectativas, preocupaciones y miedos con respecto al proceso, las cuales tenemos el deber de aclarar. *Voz 10: "Yo tengo miedo a que me vuelvan a meter en prisión". Era una persona que se mantenía firme en su deseo y necesidad de reparar a la víctima directa de su delito. Esta afirmación enciende una luz de alarma. Tras preguntarle el porqué de esta preocupación, el interno responde: "porque en el juicio la víctima no pidió prisión, solo pidió responsabilidad civil, imagínate que ahora sí que me pide más prisión".* Dar desde el inicio a las partes la seguridad de que no van a tener repercusiones negativas. Aclarar que la condena es firme, que no se puede modificar, ni para agravarla, ni para reducirla[45].

Con todo esto, la Asociación ¿hablamos? buscamos ser culpables de querer transformar la sociedad en el marco de la convivencia a través de los

---

45 RIOS MARTIN, JULIÁN CARLOS, *"Justicia Restaurativa y Mediación Penal", Icade Revista cuatrimestral de las Facultades de Derecho y Ciencias Económicas y Empresariales,* núm. 98 (2016), págs. 103-126

distintos mecanismos de Justicia Restaurativa que, en el ámbito de prisión, nos demuestran ser una herramienta pedagógica para el proceso de reinserción de las personas penadas, a través del aprendizaje y maduración, que permite a estas personas concederle la oportunidad de incluir en su mochila de viajevlos elementos necesarios para que sea capaz de desenvolverse dentro de la sociedad de la que es parte, gracias a la toma de conciencia, asunción del resultado de sus acciones y la oportunidad de ofrecer algo válido a la parte dañada, para que ésta pueda sentirse reparada.

4. BIBLIOGRAFÍA

BARUCH BUSH, ROBERT A., FOLGER JOSEPH, P. *La promesa de la Mediación. Cómo afrontar el conflicto mediante la revalorización y el reconocimiento de los otros,* Editorial Granica, Barcelona 1996

CABRERA CABRERA, PEDRO JOSÉ, *"Cárcel y exclusión", Revista del Ministerio de Trabajo y Asuntos Sociales,* núm. 35 (2002), págs. 83-120

CÁRTIAS ESPAÑOLA, *La Realidad Penitenciaria de la Comunidad Autónoma de Aragón,* Cáritas Española, Madrid (2008)

CENDÓN SILVAN, JOSÉ MANUEL, BELINCHÓN CALLEJA, ESTEBAN, GARCÍA CASADO, HENAR, *Módulos de respeto. Manual de aplicación.* Ministerio del Interior. Secretaría General Técnica (2011)

CONCLUSIONES I CONGRESO INTERNACIONAL JUSTICIA RESTAURATIVA Y MEDIACIÓN PENAL, Servicio de Mediación Penal de Castilla y León (Burgos), Burgos, 4 y 5 de marzo de 2010

FERNÁNDEZ-CABALLERO, MARINA, DEL HIERRO, ESTER, ARCHILLA JUBERÍAS, MARTA, *"Mediación Penitenciaria. Una nueva propuesta para mediar en una cárcel de mujeres", Revista de Mediación*, núm. 10 (2012)

FOCAULT, MICHAEL, *Vigilar y castigar,* Siglo XXI, Buenos Aires 1976.

GALLEGO DÍAZ, MANUEL, CABRERA CABRERA, PEDRO JOSÉ, RÍOS MARTÍN, JULIAN CARLOS, SEGOVIA BERNABÉ, JOSÉ LUIS, *Andar 1 km en línea recta: la cárcel del siglo XXI que vive el preso,* Universidad Ponitificia Comillas 2010

GALTUNG JOHAN, *Tras la violencia, 3R: reconstrucción, reconciliación y resolución. Afrontando los efectos visibles e invisibles de la guerra y la violencia,* Bakeaz y Gernika Gogoratuz, Red Gernika, 6, Bilbao 1998

GARCÍA ARÁN, MERCEDES, BOTELLA CORRAL, JOAN, REBOLLO VARGAS, RAFAEL, BUCELLS I LLÁDÓS, JOAN, PERES NETO, LUIZ, *Malas Noticias. Medios de comunicación, política criminal y garantías penales en España*, Tirant lo Blanch, Valencia 2008

LOZANO MARTIN, ANTONIO M., NISTAL BURÓN, JAVIER, JIMÉNEZ BAUTISTA, FRANCISCO, *"Conflictos y mediación en las cárceles madrileñas", Revista de Mediación,* núm. 13 (1) e2 (2020)

MACULAN, ELENA, "Más allá de la prisión, sanciones comunitarias, penas y medidas alternativas y justicia restaurativa". AAVV (Coor. FERNÁNDEZ BERMEJO, DANIEL), *Derecho Penitenciario*, Dynkinson, Madrid 2022, págs. 603-630

MANZANOS, CÉSAR, *Cárcel y marginación social*, Tercera Prensa S.A., San Sebastián 1991

PASCUAL RODRÍGUEZ, ESTHER, RÍOS MARTÍN, JULIÁN CARLOS, *"Reflexiones desde los Encuentros Restaurativos entre Víctimas y Condenados por Delitos de Terrorismo", Oñati socio-legal series*, núm. 4(3) (2014)

PIÑEYROA SIERRA, CARLOS, VALIMAÑA TORRES, SUSANA, MATEO MATEO MARTÍNEZ DE ALBORNOZ, ANA, *El valor de la palabra que nos humaniza. Seis años de Justicia Restaurativa en Aragón*, Asociación ¿hablamos?, Zaragoza 2011

REBOLLO REVESADO, SONIA, *"Provención, prevención y solución del conflicto humano desde las prácticas restaurativas", Familia: revista de ciencias sociales y orientación familiar*, núm. 60 (2022), págs. 89-103

RIOS MARTIN, JULIÁN CARLOS, CABRERA CABRERA, PEDRO JÓSE, M*il voces presas*, Universidad Pontificia Comillas, Madrid (1998)

RIOS MARTIN, JULIÁN CARLOS, ETXEBARRIA ZARRABEITIA, XABIER, *"El valor de la palabra. Encuentros restaurativos entre víctimas y condenados por delitos de terrorismo", Razón y fe*, núm. 1359 (2012), págs. 71-80

RIOS MARTIN, JULIÁN CARLOS, *"Justicia Restaurativa y Mediación Penal", Icade Revista cuatrimestral de las Facultades de Derecho y Ciencias Económicas y Empresariales*, núm. 98 (2016), págs. 103-126

RIOS MARTIN, JULIÁN CARLOS, *Biografía de la reconciliación. Palabras y silencios para sanar la memoria*, Comares S.L., Granada 2018

RIOS MARTIN, JULIÁN CARLOS, *"La Justicia Restaurativa en la Ejecución Penal: la capacidad empática de las personas presas", Revista de Derecho Penal y Criminología*, núm, 26 (2021), págs. 177-202

RONDON GARCIA, LUIS MIGUEL, *Bases para la mediación familiar.* Tirant Lo Blanch, Valencia 2012

SECRETARÍA GENERAL DE INSTITUCIONES PENITENCIARIAS, SUBDIRECCIÓN GENERAL DE MEDIO ABIERTO Y PENAS Y MEDIDAS ALTERNATIVAS *Documentos Penitenciarios 23. Taller de Diálogos Restaurativos. Responsabilización y reparación del daño*, Ministerio del Interior, Secretaría General Técnica, 2020.

SECRETARÍA GENERAL DE INSTITUCIONES PENITENCIARIAS, SUBDIRECCIÓN GENERAL DE MEDIO ABIERTO Y PENAS Y MEDIDAS ALTERNATIVAS *Documentos Penitenciarios 24. Intervención en Justicia Restaurativa: Encuentros restaurativos penitenciarios*, Ministerio del Interior, Secretaría General Técnica, 2020

TORREGO SEIJO, JUAN CARLOS, VILLAOSLADA HERNÁN, EMILIANA, "*Modelo integrado de regulación de la convivencia y tratamiento de conflictos: un proyecto que se desarrolla en centros de la comunidad de Madrid", Tabanque*, núm. 18 (2004), págs. 31-48

UNITED NATIONS-OFFICE ON DRUG AND CRIME, *Handbook on restorative justice programmes*, Criminal Justice Handbook Series, New York, 2006. Traducción propia.

La potencialidad de la mediación penitenciaria como mecanismo resolutivo de los conflictos entre mujeres presas

SARA ARRUTI BENITO
Investigadora predoctoral de Derecho Procesal UPV/EHU

1. INTRODUCCIÓN

El presente estudio tiene como finalidad enfatizar la potencialidad de la mediación penitenciaria en cuanto instrumento para la gestión y resolución de los conflictos de las mujeres encarceladas. Para ello, primeramente, se pondrá en valor la necesidad de apostar por un nuevo paradigma penal y penitenciario, postulando a favor de la implementación de la justicia restaurativa, en general, y por la mediación penitenciaria, en particular. Se ahondará en el concepto y objetivos de la mediación en el seno de los centros penitenciarios, así como las primeras experiencias llevadas a cabo en prisiones españolas. Finalmente, se analizará la relación entre la mediación penitenciará y las mujeres, ahondando en las particularidades que presentan las cárceles femeninas, los factores que subyacen en la mayor conflictividad entre las mismas y el impacto de género diferencial que supone la aplicación del régimen disciplinario vigente. Todo ello para concluir y constatar que la mediación penitenciaria, empleada como cauce resolutivo de los conflictos entre mujeres presas, entraña diversas ventajas que la convierten en un instrumento poderosísimo de doble filo: en primer lugar, como mecanismo de empoderamiento y, en segundo lugar, como herramienta neutralizadora de los estereotipos de género latentes en el procedimiento sancionador penitenciario.

2. LA NECESIDAD DE LA JUSTICIA RESTAURATIVA ANTE LA CRISIS PERMANENTE DEL SISTEMA PENAL Y PENITENCIARIO ESPAÑOL

2.1. El fracaso de la pena privativa de libertad y su objeto resocializador

En las últimas décadas, la crisis de legitimidad del sistema penal y penitenciario se ha agudizado. Esta situación no obedece, únicamente, a la constatada incapacidad del Derecho penal para dar respuesta a los requerimientos de la ciudadanía o al olvido de la víctima ante el hecho delictivo[1], sino que, deviene, fundamentalmente, de los estragos que sigue produciendo el Derecho penal vigente, profundamente deshumanizado y acentuadamente punitivista[2], en el que la pena privativa de libertad se erige como piedra angular de todo el sistema. Desde mediados del siglo

---

1 En efecto, se remarca que la monopolización del *ius puniendi* por parte del Estado —y en particular, el ejercicio casi monopolístico de la acción penal por el Ministerio fiscal— ha relegado a la víctima a una posición secundaria tanto, en el proceso penal, como, en la definición de los fines del Derecho penal. En consecuencia, la víctima no se siente reparada tras su paso por el proceso penal, añorando, especialmente, la reparación moral. En este sentido, RÍOS MARTÍN, Julián Carlos, PASCUAL RODRÍGUEZ, Ester, ETXEBARRIA ZARRABEITIA, XABIER, SEGOVIA BERNABÉ, José Luis, LOZANO ESPINA, FRANCISCA, *Mediación penal, penitenciaria y encuentros restaurativos: experiencias de diálogo para reducir el sufrimiento en el sistema penal*, Universidad Pontificia Comillas, Madrid 2016, pág. 51. Del mismo modo, en el ámbito penitenciario, la víctima del delito también queda desplazada a un segundo plano, a una posición marginal. Al respecto, ANDRÉS ALSO, ANTONIO, *Nos hará reconocernos. La Ley Orgánica 1/1979, de 26 de septiembre, General Penitenciaria: origen, evolución y futuro,* Ministerio del Interior, Madrid 2015, pág. 406 remarca que «el Estado social ha dirigido sus esfuerzos y recursos al penado, al recluso, olvidando en la mayoría de los casos que la víctima del delito también necesita medidas de reinserción y resocialización».

2 En este sentido, véase, GONZÁLEZ TASCÓN, MARÍA MARTA, "Deshumanizando el sistema de justicia penal. La pena de prisión permanente revisable", AAVV (Coor. SUÁREZ LLANOS, LEONOR), *El derecho y la justicia*, Tirant lo Blanch, Valencia 2017, págs. 345-370.

pasado ya se comenzaron a polemizar las consecuencias inhumanas[3] de la pena privativa de libertad, así como su ineficacia para los fines pretendidos con la misma. Es más, la crisis terminal y crónica que padece la pena de prisión lleva décadas estando en el punto de mira de la doctrina penalista[4]. En efecto, hoy en día, son pocas las voces que se alzan a favor[5] de la pena privativa de libertad como respuesta idónea y eficaz para cumplir con los fines resocializadores y reeducativos que le asigna la Constitución Española (art. 25.2)[6].

Así, no es de extrañar que, en prisión, este ideal resocializador recogido, asimismo, en el artículo 1 de la Ley Orgánica 1/1979, de 26 de septiembre, General Penitenciaria (en adelante, LOGP) se debilite, entre otras razones, por la arquitectura del sistema penitenciario español edificado, como sabemos, sobre un sistema sancionador atinente a la lógica de la justicia retributiva. En este sentido, se ha constatado que la prisión con el afán de resocializar, llega, por el contrario, a desocializar y a despersonalizar al penado/a, despojándole por completo de una condición basilar de la persona humana: la capacidad de modificar y gestionar su propio entorno[7]. En esta coyuntura, ¿qué reacción esperamos de las personas reclusas ante los conflictos que se generan durante su encarcelamiento?

---

3 Véase, VALVERDE MOLINA, Jesús, *La cárcel y sus consecuencias*, Popular, Madrid 2004, RÍOS MARTÍN, Julián Carlos, CABRERA CABRERA, Pedro José, *Mil voces presas*, Universidad Pontificia Comillas, Madrid 1998.

4 Por todos, MUÑOZ CONDE, Francisco, *Derecho penal y control social*, Fundación Universitaria de Jerez, Jerez de la Frontera 1985, GARCÍA-PABLOS DE MOLINA, Antonio, "La supuesta función resocializadora del Derecho penal: utopía, mito y eufemismo", *Anuario de derecho penal y ciencias penales*, núm. 32/1979, págs. 645-700.

5 Entre esta minoría, RODRIGÜEZ NUÑEZ, Alicia, "Fórmulas para la resocialización del delincuente en la legislación y el sistema penitenciario españoles", AAVV (Coord. GUZMÁN DALBORA, José Luis), *El penalista liberal. Controversias nacionales e internacionales en Derecho penal, procesal y criminología*, Hammurabi, Buenos Aires 2004, págs. 717-762.

6 El propio Tribunal Constitucional en varias sentencias, reconoce explícitamente que «puede haber penas privativas de libertad que por su duración o modo de cumplimiento impidan u obstaculicen de modo significativo la reeducación y reinserción social del condenado». Véase, por todas, SSTC 72/1994, de 3 de marzo y 75/1998, de 31 de marzo.

7 SEGOVIA BERNABÉ, José Luis, "La cárcel, ¿Lugar de reconciliación? Consideraciones desde la Justicia Restaurativa", *Estudios Eclesiásticos*, núm. 90/2015, pág. 327.

2.2. *El conflicto interpersonal en el ámbito penitenciario y las deficiencias de la dureza del régimen disciplinario*

En primer lugar, ha de tenerse en cuenta que todos los conflictos surgen en el marco de las relaciones sociales, concretamente, diríase que todos ellos emergen ante la existencia de diferentes formas de entender o comprender una situación. El contexto social en el que se enmarcan dichas relaciones es determinante en aras de lograr una resolución dialogada y no violenta del conflicto. En este sentido, los centros penitenciarios presentan unas características propias que afectan negativamente a la creación de un clima convivencial pacífico[8]. En concreto, la convivencia obligada en un espacio reducido y hacinado, la ausencia de un espacio físico para la intimidad, así como el escepticismo y desconfianza hacia la administración penitenciaria[9], entre otras, afectan negativamente a las relaciones interpersonales de los/las reclusos/as. Todo ello, genera consecuencias psicologías destructivas (ansiedad, frustración, baja autoestima...) que desarman y despojan a las personas reclusas de las capacidades necesarias[10] para una gestión positiva del conflicto[11]. Por tanto, no es difícil colegir que, la prisión se enmarca en un contexto enormemente conflictivito donde la violencia, la dominación y la jerarquía se apoderan del limitado espacio vital que comparten las personas encarceladas. En definitiva, la violencia, en

8 Al respecto, además de los conflictos interpersonales (preso/a y preso/a, o bien funcionario/a y preso/a) que surgen en la convivencia carcelaria, podríamos hablar de conflictos estructurales (conflicto intra-penitenciario), dado que es la propia estructura penitenciaria la que limita, anula y despoja de derechos básicos a las personas, en pro de preservar los intereses supremos de orden y seguridad.

9 De acuerdo con, RÍOS MARTÍN, Julián Carlos, PASCUAL RODRÍGUEZ, Ester, ETXEBARRIA ZARRABEITIA, XABIER, SEGOVIA BERNABÉ, José Luis, LOZANO ESPINA, FRANCISCA, *Mediación penal, penitenciaria y ..., op. cit.*, págs. 203-304.

10 Al respecto, ORTIZ GONZÁLEZ, Ángel, "La justicia restaurativa: enfoque desde el ámbito penitenciario", *Cuadernos penales José María Lidón*, núm. 9/2013, pág. 249, señala que «la permanencia en el interior de la prisión, cuando las penas son de media y larga duración, produce fundamentalmente en los internos despersonalización, de tal forma que al tener todo organizado y planificado pierden su capacidad de decidir y de responsabilizarse de sus actos».

11 GRUBEN BURMEISTER, Sonia, "Mediación restaurativa y gestión positiva de conflictos en centros penitenciarios", *Revista de Mediación*, núm. 11/2012, pág. 36, define la gestión positiva del conflicto dentro del marco teórico de la justicia restaurativa como «el conjunto de herramientas y habilidades cognitivas, emocionales y conductuales necesarias para asumir y gestionar de forma más positiva los conflictos cotidianos».

muchas ocasiones, se erige como forma de supervivencia al medio carcelario, es decir, deviene de la necesidad de adaptarse a un medio adverso y hostil, así como limitativo de las capacidades humanas para gestionar las relaciones interpersonales.

En este escenario, la LOGP para la resolución de conflictos intra-penitenciarios prevé un régimen disciplinario que pivota en torno a dos objetivos: garantizar la seguridad y el buen orden regimental y conseguir una convivencia ordenada a través de la tipificación de las conductas prohibidas y las correspondientes sanciones (art. 41 LOGP). Concretamente, el artículo 231.1 del Real Decreto 190/1996, de 9 de febrero, por el que se aprueba el Reglamento Penitenciario (en adelante, RP) expresa que el régimen disciplinario está dirigido a garantizar el orden interno y seguridad del centro penitenciario, de manera que se estimule la responsabilidad y la capacidad de autocontrol de las personas presas (art. 231 RP). En síntesis, la LOGP (arts. 41-45) y el RP (arts. 231-262) articulan un sistema administrativo sancionador[12], con revisión judicial, que se enmarca bajo una lógica de justicia retributiva y adversarial, en el que la imposición, casi mecánica, de la sanción no deja espacio para el diálogo y la escucha entre las partes implicadas. Esta forma de resolución de conflictos a pesar de evitar algunas conductas violentas —debido a la intimidación que genera tener que someterse a un proceso y a la aplicación de una sanción— supone consecuencias, con cierta frecuencia, nada favorables para una gestión y resolución positiva del conflicto: privación o limitación de derechos, aislamiento, regresiones a primer grado, traslados de centro penitenciario, restricción o suspensión de los permisos de salida y/o del acceso al régimen abierto... Estas repercusiones aunadas a la posible afección que generan en los derechos fundamentales de la persona reclusa, neutralizan de manera provisional la controversia, pero no resuelven las causas que dieron lugar a la misma, por lo que, el conflicto puede reaparecer en cualquier instante, incluso de forma más intensa[13]. Por tanto, la controversia se paraliza en el

---

12 Para un análisis exhaustivo véase, ASENCIO CANTISA, Heriberto, "El sistema de sanciones en la legislación penitenciaria", *Eguzkilore. Cuaderno del Instituto Vasco de Criminología*, núm. 2/1989.

13 Lozano Martín, Antonio. M., NISTAL BURÓN, JAVIER, Jiménez Bautista, FRANCISCO, "Conflictos y mediación en las cárceles madrileñas", *Revista de Mediación*, núm. 1/2020, pág. 2. En similar sentido, GONZÁLEZ CANO, MARÍA ISABEL, "La mediación penal y penitenciaria. Un programa para su regulación", AAVV (Coor. SÁEZ RODRÍGUEZ, CONCEPCIÓN), *La mediación familiar. La mediación penal y penitenciaria. Estatuto del mediador. Un programa para su regulación*, Dykinson,

tiempo, pero las causas siguen vivas, pudiendo revivir desde el miedo, la rabia o la venganza, de forma que, el conflicto lejos de desaparecer se perpetúa en el tiempo. Por todo ello, a nuestro juicio, el régimen disciplinario debería aplicarse como *ultima ratio* o último recurso[14].

Además del régimen disciplinario, puede advertirse un régimen premial de efecto preventivo, edificado sobre el requisito del «buen comportamiento» o «buena conducta» para obtener determinados regímenes de vida o para la concesión de ciertos beneficios penitenciarios. Entre los los primeros se halla el cumplimiento del requisito de «no observar mala» conducta para la obtención y disfrute de permisos (art. 47.2 LOPG); la progresión de grado condicionada a la conducta favorable (art. 65.2 LOPG); o la «buena conducta» como requisito para aplicar la libertad condicional (art. 90.3 del Código Penal —en adelante CP—). Entre los segundos, en cambio, destacan el adelantamiento de la libertad condicional 2/3 partes (arts. 205 RP y 91 CP) o la concesión de recompensas (art. 263 RP).

Estos dos regímenes, basados en métodos intimidatorios, a pesar de tener cierta eficacia, dado que evitan determinados conflictos, presentan dos aspectos críticos: en primer lugar, el «buen comportamiento» puede relacionarse y confundirse de forma equívoca con el concepto de la reinserción; y, en segundo lugar, estos mecanismos al no atacar a las raíces del conflicto, no pueden prevenir los comportamientos más violentos que surgen de la propia dinámica convivencial carcelaria (agresiones a los «chivatos»); los conflictos que se derivan de las adicciones (robos, deudas no satisfechas...) o los que son fruto de la hipersugestibilidad que genera el internamiento carcelario (una mirada que se interpreta como amenazante...)[15].

Es, por todo ello, impostergable, reorientar el sistema penitenciario, repensar mecanismos de resolución de conflictos que orillen la lógica de la justicia retributiva y apuesten por la justicia restaurativa[16], una apuesta

---

Madrid 2008, pág. 315, añade que con el vigente modelo sancionador se genera un sentimiento de venganza en quien se siente perdedor/a que provoca que el conflicto se perpetúe y se reproduzca.

14 Con nosotros, entre otros, GONZÁLEZ CANO, MARÍA ISABEL, "La mediación penal y penitenciario. Un programa para...", *op. cit.*, págs. 315-316.

15 RÍOS MARTÍN, JULIÁN CARLOS, PASCUAL RODRÍGUEZ, ESTER, ETXEBARRIA ZARRABEITIA, XABIER, SEGOVIA BERNABÉ, JOSÉ LUIS, LOZANO ESPINA, FRANCISCA, *Mediación penal, penitenciaria y ..., op. cit.*, pág. 207.

16 En ausencia de una definición unificada del concepto de justicia restaurativa, debido a sus contornos difusos y sustancialmente diferentes dependiendo de la reali-

por el valor de la palabra, el diálogo, la escucha y la empatía desde las necesidades de las partes enfrentadas[17]. En definitiva, la justicia restaurativa se hace necesaria, en tanto que da protagonismo a las personas internas para que resuelvan el conflicto y por ello, sirve como herramienta para que las mismas adquieran estrategias y habilidades de convivencia para gestionar los conflictos de forma positiva y constructiva[18].

3. LA MEDIACIÓN PENITENCIARIA COMO MECANISMO DE GESTIÓN Y RESOLUCIÓN DE CONFLICTOS ENTRE LAS PERSONAS PRESAS

3.1. Concepto y objetivos de la mediación penitenciaria

Constatada la necesidad de establecer los mimbres filosóficos de la justicia restaurativa en los centros penitenciarios, la mediación, como sistema restaurativo por antonomasia, se propone como mecanismo para resolver las controversias intra-penitenciarias que pueden dar lugar a un expediente sancionador. En este sentido, cabe puntualizar que esta mediación penitenciaria o «intra-penitenciaria» debe distinguirse de la mediación llámese «extrajudicial» desarrollada tras la sentencia condenatoria entre los protagonistas del hecho delictivo, esto es, entre la víctima y el agresor.

Así las cosas, la mediación intra-penitenciaria puede definirse como aquella que «sirve para entrar a gestionar la conflictividad y contribuir a re-

---

dad social de cada Estado, puede afirmase que «en la base de la misma siempre se encuentra la filosofía que atiende prioritariamente al restablecimiento de la paz social mediante el diálogo comunitario y el encuentro personal entre los directamente afectados», LECUMBERRI FRANCÉS, PAZ, "Pensando la mediación en el ámbito penitenciario como una herramienta para la Justicia Restaurativa en el contexto de una permanente crisis del ideal resocializador", AAVV (Dirs. DE LA CUESTA, JOSÉ LUIS, SUBIJANA, IGNACIO JOSÉ), *Justicia Restaurativa y terapéutica. Hacia innovadores modelos de Justicia*, Tirant lo Blanch, Valencia 2017, pág. 334.

17 Esta apuesta por el paradigma restaurativo significará un salto cualitativo en positivo para la Justicia penal y penitenciaria española del siglo XXI, CASTILLEJO MANZANARES, RAQUEL, ALONSO SALGADO, CRISTINA, "Una lectura restaurativa acerca de los "códigos éticos" de la policía: mucho más que mediación policial", *Revista Boliviana de Derecho*, núm. 25/2018, pág. 450.

18 FERNÁNDEZ-CABALLERO, MARINA, DEL HIERRO, ESTER, ARCHILLA JUBERÍAS, MARTA, "Mediación penitenciaria. Una nueva propuesta para mediar en una cárcel de mujeres", *Revista de Mediación*, núm. 10/2012, pág. 41.

gular la vida intramuros en el centro penitenciario, es decir, aquélla llamada a solventar los conflictos interpersonales, de transcendencia sancionadora, que surgen en el cumplimiento de la pena en el centro penitenciario»[19]. De esta forma, la mediación se concibe como instrumento para resolver los conflictos que, fruto de la convivencia surjan dentro de la prisión con la ayuda de un tercer imparcial, el/la mediador/a[20].

A mayor abundancia, además de posibilitar la resolución de los problemas interpersonales de forma pacífica y dialogada, la mediación penitenciaria tiene tres objetivos ambiciosos[21]: en clave de fomento del tratamiento penitenciario (asunción de la parte de la responsabilidad de la conducta infractora y aprendizaje de conductas destinadas al reconocimiento de la verdad, a la adopción de decisiones personales y autónomas…), de beneficio para la convivencia penitenciaria (pacificación de las relaciones internas dentro de los módulos) y en clave de beneficio de las personas privadas de libertad (disminución de los niveles de ansiedad y tensión, la reducción de los expedientes sancionadores que provocan la pérdida de permisos o beneficios penitenciarios, posibilita la aplicación de la atenuante de la reparación del daño para las infracciones que deban enjuiciarse por la vía penal ordinaria, disminuyendo la pena en uno o dos grados…).

3.2. Sustento legal

La mediación penitenciara no cuenta con un sustento normativo, el RG no aporta una base legal específica, empero determinadas figuras jurídicas —la suspensión de la sanción de aislamiento (art. 255 RP) o si la sanción no es de aislamiento, la posible reducción de la sanción y de los plazos de cancelación (art. 256.1 RP)— permiten inferir su aplicación, desde el marco interpretativo de los fines de la reeducación y la reinserción social (art.

---

19 BARONA VILAR, SILVIA, *Nociones y principios de las ADR (solución extrajurisdiccional de conflictos)*, Tirant lo Blanch, Valencia 2018, pág. 108.

20 Puntualizar, asimismo, que la mediación intra-penitencia se incorpora como un instrumento del sistema penitenciario, pero no del modelo sancionador penitenciario *stricto sens*u, sino del modelo de gestión de conflictos que se originan en el seno del centro penitenciario.

21 Para mayor profundización en cada objetivo, véase, RÍOS MARTÍN, JULIÁN CARLOS, PASCUAL RODRÍGUEZ, ESTER, ETXEBARRIA ZARRABEITIA, XABIER, SEGOVIA BERNABÉ, JOSÉ LUIS, LOZANO ESPINA, FRANCISCA, *MEDIACIÓN PENAL, PENITENCIARIA Y…", op. cit.*, págs. 228-232.

25.2 CE y 1. LOPG), siempre que se respeten las normas procedimentales del régimen disciplinario atendiendo al principio de legalidad.

3.3. Primeras experiencias de mediación penitenciaria en España

Tras el éxito internacional de los programas de mediación penitenciaria en el ámbito internacional —entre otros, los Talleres AVP (*Alternatives to Violence Project*) en los EEUU en 1975 o el *Restorative Prison Project* en el Reino Unido en los años 2002-2004— en España las primeras experiencias aterrizan en el trascurso del año 2005. A partir de ese año la mediación, como herramienta resolutiva y pacificadora de los conflictos convivenciales entre internos, comienza a extenderse en distintas prisiones españolas: Centro Penitenciario de Madrid III (Valdemoro)[22], Centro Penitenciario de Zuera[23], Centro Penitenciario de Daroca (Zaragoza)[24], Centro Penitenciario de Alcalá de Guadaira (Sevilla)...

---

22 Este programa floreció gracias a la labor de la *Asociación de Mediación para la Pacificación de Conflictos* en el trascurso del año 2005, y posteriormente, se extendió a otras cárceles españolas. El programa estaba dirigido a implementar la mediación como mecanismo resolutivo entre personas reclusas que habían protagonizado un conflicto violento. Primeramente, se aplicó a presos y presas incompatibles, así como a reclusos y reclusas cuya convivencia pacífica peligraba. En síntesis, el programa formuló dos grandes bloques de objetivos, el primero de ellos dirigido al tratamiento penitenciario y, el segundo, al beneficio de las personas privadas de libertad. Lo explica con más detalle, LOZANO ESPINA, FRANCISCA, "La mediación penitenciaria: CP Madrid (Valdemoro)", *Familia: revista de ciencias y orientación familiar*, núm. 4/2010.

23 A principio del año 2006, se implementó el Proyecto de Mediación Penitenciaria en el Centro Penitenciario de Zuera, elaborado y desarrollado por la *Asociación ¿hablamos?* Este proyecto fue aplicado a reclusos/as incompatibles.

24 Con el precedente del Proyecto puesto en marcha en el Centro Penitenciario de Zuera, la *Asociación ¿hablamos?,* desarrolló un segundo proyecto para aplicarlo en el Centro Penitenciario de Daroca. En este segundo Proyecto, fruto de la experiencia y el aprendizaje adquirido tras el primer programa, se planteó un cambio de paradigma que pivotaba sobre cuatro ejes: (1) la conceptualización del módulo como una comunidad vital, en la que conviven funcionarios de seguridad, funcionarios de tratamiento y personas presas; (2) el convencimiento de que todos/as desean una convivencia sin violencia en el módulo y, para ello, todos/as se comprometen a ejercer la corresponsabilidad; (3) la certeza de que toda mejora individual tiene un efecto de mejora colectiva y, (4) por último, la seguridad y confianza de que las personas que están en prisión tienen capacidad y habilidad para generar buenas prácticas en el seno del centro.

No resulta baladí recordar que estas experiencias nacen al mismo tiempo que los incipientes proyectos de mediación penal del Consejo General del Poder Judicial. Esta simultaneidad se explica desde la aspiración de querer implementar los postulados de la justicia restaurativa en dos iniciativas íntimamente relacionadas: la mediación penal y la mediación penitenciaria. En otras palabras, se trataba de crear un nuevo paradigma de justicia que implicaba repensar tanto la forma de ejecutarse la pena privativa de libertad, tanto su sentido y espíritu[25].

Estas primigenias experiencias resultaron duras, lentas y costosas[26], y tal vez, por ello, el alcance global de los programas fue limitado en todos los centros en los que se llevó a cabo. No obstante, en el año 2014 la Secretaría General de Instituciones Penitenciarias, firmó un Convenio con la Asociación Española de Mediación (ASEMED), con el propósito de impulsar la implantación del servicio de mediación en todos los centros penitenciarios. A través de este programa se instauró un servicio de mediación permanente para que actuase al tener conocimiento de la existencia de una controversia entre las personas internas. En la actualidad, el procedimiento lo llevan a cabo tanto profesionales penitenciarios como mediadores profesionales que colaboran con el centro. En síntesis, se configura y se desarrolla en tres fases[27]: una primera fase de acogida, donde a las personas presas se les ofrece y se les explica en qué consiste el servicio de mediación; una segunda fase de encuentro dialogado y búsqueda de acuerdos, y, por último, un estadio final donde se acepta el acuerdo que pone fin al conflicto.

Conviene apuntar, a los efectos de este estudio, que desde el año 2018 la Secretaría General de Instituciones Penitenciarias ha puesto en marcha el «Programa Diversidad», destinado a internos/as que voluntariamente quieran desarrollarlo y a personas condenadas con medidas alternativas para las que se configura como preceptivo. La iniciativa tiene como finalidad la intervención contra la xenofobia, la homofobia y otros delitos de

---

25 LECUMBERRI FRANCÉS, PAZ, "Pensando la mediación en el ámbito penitenciario…", *op. cit.*, pág. 337.

26 PUYOL GIL, LAURA, "Revista sale a la calle: Entrevista a Dña. Francisca Lozano. Coordinadora del programa de mediación penal del centro penitenciario de Valdemoro en Madrid", *Revista de Mediación*, núm. 11/2012, pág. 49.

27 Para un análisis en profundidad de las fases del procedimiento véase, RÍOS MARTÍN, Julián Carlos, PASCUAL RODRÍGUEZ, ESTER, ETXEBARRIA ZARRABEITIA, XABIER, SEGOVIA BERNABÉ, JOSÉ LUIS, LOZANO ESPINA, FRANCISCA, *Mediación penal, penitenciaria y …* ", *op. cit.*, págs. 236-246.

odio, a través del tratamiento y la pedagogía psicoeducativa. En concreto, el programa se desarrolla en cuatro fases: evaluación, intervención, seguimiento y justicia restaurativa.

En suma, estas primeras experiencias han evidenciado que los aspectos positivos[28] de incorporar el procedimiento de mediación han sido remarcables y palmarios, sin perjuicio de las dificultades o aspectos problemáticos advertidos[29] en su aplicación: diminución de la reincidencia, reducción de las intervenciones administrativas y judiciales, así como del número de personas incompatibles existentes... Sin ánimo de exhaustividad, *grosso modo*, se advierte que la implantación del procedimiento mediatorio implica, una mejora en la paz y convivencia social del centro, debido, principalmente, a la ampliación de los módulos de respeto y, sobre todo, coadyuva a la prevención de nuevos conflictos, gracias a que las personas presas interiorizan y aprenden una nueva forma de enfrentar sus conflictos, desde el diálogo, la escucha y el respeto mutuo.

4. EL SISTEMA PENITENCIARIO Y LAS MUJERES PRESAS

4.1. Consideraciones previas en torno a las prisiones de mujeres

En el análisis de los proyectos de mediación penitenciaria, se ha constatado que la mayoría de las experiencias mediadoras llevadas a cabo se han realizado en prisiones con reclusos del género masculino. Antes de estudiar el potencial de aplicar la mediación en prisiones de mujeres, es

---

28 BARONA VILAR, SILVIA, *Mediación penal, fundamento, fines y régimen jurídico*, Tirant lo Blanch, Valencia 2011, pág. 349.

29 Las primeras experiencias de mediación en los centros penitenciarios, evidencian ciertos puntos críticos o problemáticos: (1) la posible interrupción del procedimiento mediatorio por el traslado de alguno/a de los/a implicados/as en el mismo, (2) la ausencia de aplicación, en algunos casos, de la reducción de los plazos de cancelación para aquellas personas que hayan finalizado el procedimiento de forma favorable o positiva y (3) el escepticismo, la falta de confianza o la ausencia de formación de los/las funcionarios/as de vigilancia en torno a estas técnicas. Los ponen de manifiesto con más detalle, LOZANO ESPINA, FRANCISCA, AGUILAR ARÉVALO, LAURA, LOZANO PÉREZ, LUZ, MARTÍN SANCHEZ, SERGIO, RODRÍGUEZ FRAGOSO, VIRGINIA, MARTÍN NOVA, IRENE, PAREJA VALLINA, VIRGINIA, GUTIERREZ-BOLÍVAR, ELENA, "Mediación penitenciaria Centro Penitenciario de Valdemoro (Madrid III). Memoria 2011-2012", *Revista de l'Institut Universitari d' Investigació en Criminologia i Ciències Penals de la UV*, núm. 7/2012.

necesario señalar ciertas notas o características propias en torno a las cárceles en las que se encuentran inmersas.

En primer lugar, debe tomarse en cuenta que el sistema penitenciario se ha construido bajo una lógica sexista y estereotipada de las mujeres. La literatura sobre la historia de las prisiones de mujeres[30] evidencia que las cárceles femeninas tenían una clara orientación moralizadora y unos objetivos dirigidos a corregir la «naturaleza desviada» de las mujeres encarceladas, como bien reflejan las denominadas «Casas de Corrección» del siglo XX. La doctrina afirma que esta filosofía correctiva sobre la mujer desviada, aún perdura en el diseño y gestión de los centros penitenciarios femeninos[31]. Además, desde la criminología feminista[32] se ha enfatizado el carácter androcéntrico del sistema penitenciario, es decir, que ha sido diseñado tomando como referente al hombre recluso. Así, se ha puesto de manifiesto que las prisiones de mujeres son una adaptación inadecuada de las instituciones diseñadas para los hombres[33]. Se evidencia que no se han contemplado las necesidades específicas de las mujeres reclusas, como, por ejemplo, su procedencia mayoritaria de entornos marginales, mayor pobreza, mayor índice de desempleo, su menor educación, la prevalencia de adicciones...[34]. De este modo, en prisión se agudizan todas las consecuencias que devienen de la discriminación estructural que padecen las

---

[30] Consúltese por todos, ALMEDA SAMARANCH, Elisabeth, *Corregir y castigar. El ayer y hoy de las cárceles de mujeres,* Edicions Bellaterra, Barcelona 2002, o de la misma autora, “Pasado y presente de las cárceles femeninas en España”, *Sociológica,* núm. 6/2005, págs. 75-106.

[31] Véase, ALMEDA SAMARANCH, ELISABETH, *Mujeres encarceladas,* Ariel, Barcelona, 2003.

[32] Destacan, CARLEN, PAT, *Women's imprisonment: A study in social control,* Routledge & Kegan Paul, Londres 1983, Kruttschnitt, Candace y Gartner, Rosemary, “Women's Imprisonment”, *Crime and Justice,* núm. 30/2003, págs. 1-81.

[33] COYLE, Andrew, *Understanding Prisons: Key Issues in Policy and Practice,* Open University Press, Maidenhead 2005, pág. 67, afirma que «in practice this has involved the extension of norms from men's prisons instead of the achievement of genderneutral practices» (Trad.: en la práctica esto ha implicado la extensión de las normas de las cárceles de hombres en lugar del logro de prácticas neutras en cuanto al género).

[34] Al respecto, consúltense las *Reglas de las Naciones Unidas para el tratamiento de las reclusas y medidas no privativas de la libertad para las mujeres delincuentes y sus Comentarios* (conocidas como «Reglas de Bangkok»), aprobadas por la Asamblea General de las Naciones Unidas mediante la Resolución A/RES/65/229, el 21 de diciembre de 2010.

mujeres en la sociedad, hecho que condiciona su experiencia y adaptación al ámbito carcelario, así como su camino hacia la reinserción[35].

En segundo término, las cárceles de mujeres tienen como particularidad que las reclusas representan una minoría dentro de la totalidad poblacional del centro penitenciario. Debe tenerse en cuenta que en España únicamente existen tres prisiones exclusivamente femeninas: Alcalá de Guadaira (Sevilla), Alcalá de Henares I (Madrid) y Brieva (Ávila). De esta manera, para dar cumplimiento al mandato de separación por sexos que establece el artículo 16 LOGP, en la mayoría de los casos las mujeres se encuentran en módulos o en pseudo prisiones situadas en el interior de grandes cárceles masculinas. Esto se materializa en la idea de que las mujeres sufren las desventajas propias de un grupo minoritario dentro de la prisión: invisibilidad, exclusión, falta de espacios y recursos, acceso restringido a los espacios compartidos con los hombres[36]... Asimismo, debe advertirse que las políticas penitenciarias están concebidas para la mayoría de la población carcelaria, es decir, para la población masculina.

4.2. Factores que incrementan la conflictividad entre las reclusas

Teniendo en cuenta las premisas mentadas, en las cárceles de mujeres se advierten ciertos factores proclives a incrementar la tasa de conflictividad entre las reclusas[37]. En primer lugar, la distribución de la población femenina tiene como consecuencia que no se pueda realizar una clasificación interior de las mujeres presas. Es decir, el espacio limitado de los módulos de mujeres en ausencia de cárceles exclusivamente femeninas,

---

35 Muy contundente, CERVELLÓ DONDERIS, VICENTA, "Las prisiones de mujeres desde una perspectiva de género", *Revista General de Derecho Penal,* núm. 5/2006, pág. 9, «la cultura machista se agudiza en prisión, lo que aumenta los desniveles que por causa de género se dan en la sociedad en general».

36 Al respecto, YAGÜE OLMOS, CONCEPCIÓN, "Mujeres en prisión. Intervención basada en sus características, necesidades y demandas", *Revista Española de Investigación Criminológica,* núm. 5/2007, pág. 4, señala que «las dificultades organizativas impiden que puedan disfrutar de determinadas zonas y servicios. Así en muchos de ellos no existen espacios en las enfermerías para las mujeres; no se les permite el acceso a módulos terapéuticos; nunca se les permitirá acceder a los habituales talleres de carpintería, albañilería...».

37 Los factores se infieren el estudio criminológico con enfoque de género realizado por, BATLLE MANONELLES, ARES, *Régimen Disciplinario y Mujeres Presas. Un análisis criminológico con perspectiva de género,* Instituto de las Mujeres, Madrid 2021.

impide que se distribuyan y clasifiquen dependiendo de su situación penal, perfil delictivo (preventivas, jóvenes, con problemáticas de adicciones, salud mental...) o necesidades específicas en diferentes módulos. Esta mezcla de perfiles delictivos, dificulta la convivencia y puede provocar que las reclusas intercambien técnicas o contactos delictivos, elevando el riesgo de conductas infractoras[38]. En segundo término, la doctrina criminológica feminista alude a que las actitudes paternalistas y el trato infantilizador de los funcionarios del centro penitenciario hacia las reclusas, pueden provocar en las mismas sentimientos de impotencia y frustración, que pueden contribuir a elevar la conducta delictual de las mismas[39]. En tercer término, se evidencia que, debido al rol de cuidadora atribuido a las mujeres por la socialización del género en las sociedades actuales, las mujeres tienden a preocuparse más por su familia dentro de la prisión. Así, la ausencia de contacto con sus familiares o la culpabilidad por no cuidar a sus hijos o hijas, actúan como elementos estresores que afectan a la autoestima y el empoderamiento de la mujer, elevando el riesgo de conductas infractoras[40].

4.3. La mujer ante el régimen disciplinario y la teoría del **gendered rule-enforcement**

En las prisiones, pseudo prisiones o módulos de mujeres, se ha constatado que el género influye en la garantía de la seguridad y el buen orden regimental que establece el artículo 41 de la LOGP. En efecto, se presume que los roles atribuidos a las mujeres tradicionalmente (sumisas, frágiles, pasivas...) pueden facilitar o contribuir a mantener el orden y la seguridad[41]. En este sentido, diversos estudios han argumentado, que estos roles y estereotipos de género contribuyen a una aplicación más represiva

38 En este sentido, se advierte de que la falta de clasificación interna de las reclusas puede contribuir al fenómeno del aprendizaje de la conducta criminal, CEREZO, ANA I., "Women in Prison in Spain: The Implementation of Bangkok Rules to the Spanish Prison Legislation", *European Journal on Criminal Policy and Research,* núm. 2/2017, pág. 146.

39 BATLLE MANONELLES, ARES, *Régimen Disciplinario y Mujeres..., op. cit.,* pág. 60.

40 En este sentido se pronuncian, Wright, EMILY, Salisbury, EMILY, Van Voorhis, PATRICIA, "Predicting the Prison Misconducts of Women Offenders. The importance of Gender-Responsive Needs", *Journal of Contemporary Criminal Justice,* núm. 4/2007, págs. 310-340.

41 BATLLE MANONELLES, ARES, *Régimen Disciplinario y Mujeres..., op. cit.,* pág. 204.

y severa del régimen disciplinario hacia las mujeres presas[42]. Desde la denominada teoría del *gendered rule-enforcement*[43] se explica que los patrones de género atribuidos históricamente a las mujeres, contribuyen a que se sancione doblemente la conducta de las mujeres presas: por un lado, por trasgredir las disposiciones de la legislación penitenciaria y por otro, por no comportarse conforme al rol o patrón tradicional impuesto a su género. Dicho en otras palabras, la conducta infractora de una reclusa se juzga por su «doble desviación»: por infractora y por mala mujer[44].

De esta forma, la mayor severidad con la que se puede aplicar el régimen disciplinario a las mujeres y las características propias de las cárceles femeninas aumentan el riesgo de conductas infractoras, hacen necesaria una intervención diferente para gestionar y resolver los conflictos entre las internas. En este sentido, la mediación se constituye como un instrumento poderosísimo como a continuación se podrá confirmar.

5. LA MEDIACIÓN PENITENCIARIA COMO MECANISMO RESOLUTIVO DE CONFLICTOS ENTRE MUJERES

5.1. La mediación penitenciaria en cárceles de mujeres

Desde que en el año 2005 se comenzaron a implantar programas de mediación en los centros penitenciarios españoles, las experiencias con mujeres reclusas han sido escasas. No obstante, en el año 2010 en el Centro Penitenciario de Alcalá de Guadaira (Sevilla), gracias a la labor del Colegio Oficial de Psicología de Andalucía Occidental y dentro del marco del Convenio de Colaboración suscrito con la Dirección General de Infancia y Familias y en colaboración con la Dirección General de Instituciones Penitenciarias, emergió un proyecto de mediación familiar dirigido a las familias con mu-

---

42 PEMBERTON, SARAH, "Enforcing Gender: The Constitution of Sex and Gender in Prison Regimes", *Signs*, núm. 1/2013, pág. 167, señala que la mayor severidad del régimen disciplinario se explica desde la idea de que los regímenes penitenciarios fomentan el comportamiento pasivo femenino («passive feminine behaviour»), cuestión que entra en conflicto con los valores contemporáneos de autonomía y capacidad de decisión de la mujer y, por lo tanto, provoca la resistencia de las reclusas y una mayor respuesta punitiva, por no comportarse según su rol tradicional de género.

43 KRUTTSCHNITT, CANDACE, GARTNER, ROSEMARY, "Women's...", *op. cit.*, págs. 32-34.

44 BATLLE MANONELLES, ARES, *Régimen Disciplinario y Mujeres...*, *op. cit.*, pág. 219.

jeres presas. El objetivo era ofrecer un servicio de mediación a las apresadas con sus familiares, en aras de poder minimizar el deterioro de sus lazos efectivos tras la entrada en prisión. Este proyecto en 2014 tras el Convenio firmado por ASEMED, se amplió a los demás centros penitenciarios españoles.

Tras el estudio realizado, se han encontrado ciertos programas de mediación penitenciaria desarrollados en el Centro Penitenciario de Alcalá de Henares I (a través de la asociación para la Mediación y la Escucha)[45] o en el Centro Penitenciario de Zuera (desarrollada por la asociación ¿hablamos?). No obstante, se observa que, debido a que la mediación penitenciaria tras el Convenio de 2014 se lleva a cabo mediante el servicio permanente ofrecido por la ASEMED, la intervención de las asociaciones que llevaban a cabo proyectos de mediación, entre ellos, los que promovían la mediación penitenciaria entre reclusas[46], ha disminuido considerablemente[47].

En suma, se observa una ausencia de concienciación sobre la potencialidad y virtualidad de emplear la mediación como mecanismo de gestión de conflictos entre las mujeres presas. En efecto, se hace necesaria una intervención diferente, máxime si se tienen en cuenta los factores mentados que contribuyen a una mayor conflictividad entre las mujeres presas.

5.2. El potencial de la mediación penitenciaria como mecanismo resolutivo de los conflictos entre mujeres presas

5.2.1. Como mecanismo de empoderamiento de las mujeres internas

En base a las premisas mentadas, el servicio de mediación ofrecería a las internas la posibilidad de desarrollar habilidades y destrezas personales

---

45 Véase, GONZÁLEZ RIVERO, PILAR, "Justicia Restaurativa y Mediación penal y Penitenciaria. Una experiencia en el Centro Penitenciario de Madrid I (mujeres)", *Diario la Ley,* núm. 9085/2017, págs. 1-6.

46 A modo de ejemplo, de destaca la proposición de mediación en una cárcel de mujeres realizada por, FERNÁNDEZ-CABALLERO, MARINA, DEL HIERRO, ESTER, ARCHILLA JUBERÍAS, MARTA, "Mediación penitenciaria. Una nueva propuesta para mediar ...", *op. cit.*, pág. 42, fundamentada en tres pilares: la mediación entre presas por conflictos convivenciales, mediación entre presas y familiares y un taller de habilidades para la gestión de conflictos en prisión.

47 LECUMBERRI FRANCÉS, PAZ, "Pensando la mediación en el ámbito penitenciario...", *op. cit.*, pág. 338, afirma que «hoy prácticamente ninguna de las asociaciones que llevaban a cabo proyectos dentro de prisión están participando de los servicios de mediación penitenciaria».

para resolver el conflicto de manera dialogada, hoy en la cárcel y mañana en sus hogares. Dotar a las reclusas de estas habilidades, contribuiría a la mejora de su autoestima, puesto que se verían con la capacidad de gestionar y resolver sus propios conflictos. Por ello, a nuestro entender, el procedimiento mediatorio podría conceptualizarse como un puente que habilitaría el crecimiento personal de la reclusa en el camino de su reeducación y reinserción social.

En este sentido, nos atrevemos a afirmar que la mediación puede operar como un mecanismo de empoderamiento entre las internas, paliando sentimientos estresores como la frustración o la culpabilidad y dándoles la oportunidad de alzar la voz y expresar sus diferentes necesidades, muchas veces desatendidas por el androcentrismo del sistema penitenciario[48].

5.2.2. Como mecanismo neutralizador de estereotipos de género

En segundo término, la aplicación de la mediación como mecanismo del modelo de gestión de conflictos en el seno del centro penitenciario, ayudaría a evitar la doble criminalización que deviene de la aplicación del régimen penitenciario, fundamentalmente gracias a la intervención de la persona mediadora.

En el procedimiento de mediación, el acercamiento de las partes enfrentadas corresponde a una persona externa. Esta es un/a tercero/a neutral e imparcial, ajeno/a al conflicto. La neutralidad respecto del conflicto y la imparcialidad con respecto a las partes que exige el Código de Conducta de los/as mediadores/as, entre los que se destaca el *Model standards of Conduct for mediators*[49], implica que la persona mediadora desarrolle su actividad con ausencia de prejuicios, vínculos o concionantes. Esta exigencia contribuye, *a priori*, a evitar o neutralizar los estereotipos de género que generan un doble enjuiciamiento de la mujer presa en el proceso sancionador del régimen disciplinario. En este sentido, consideramos indispensable que el equipo de mediación[50] que lleve a cabo el procedimiento dis-

---

48 En este sentido, CERVELLÓ DONDERIS, VICENTA, "Las prisiones de mujeres...", *op. cit.*, pág. 12, advierte que es alarmante que incluso haya módulos de mujeres donde no disponen de enfermería.

49 Fue aprobado, en 2005, por la *American Arbitration Association*, la *American Bar Association's Section on Dispute Resolution* y la *Association for Conflict Resolution*

50 En este sentido, cabe puntualizar que a pesar de que el procedimiento de mediación penitenciario pueda intervenir como mediador/a una persona trabajadora

ponga de la formación y la capacitación adecuada en materia de igualdad de género. Asimismo, para que el procedimiento resulte eficaz, la persona mediadora deberá fomentar el intercambio de posturas mediante la escucha activa; instaurar un espíritu de colaboración y dotar de conocimientos, información y capacidad suficiente para que las partes puedan negociar con confianza[51].

6. CONCLUSIONES

En definitiva, se constata la necesidad de abordar los conflictos que surgen fruto de la convivencia carcelaria, más allá de la arquitectura que ofrece el régimen disciplinario. Postulamos claramente por abrir paso a la humanización de los centros penitenciarios, orillando la clásica lógica de la justicia retributiva y apostando por la justicia restaurativa en general, y por la mediación penitenciaria en particular. Entendemos que hacer realidad la función reeducadora y reintegradora, implica por comenzar a gestionar de forma dialogada y pacífica los conflictos cotidianos dentro de la propia prisión.

Este cambio de paradigma, asimismo, implica tomar conciencia sobre la virtualidad de la mediación penitenciaria para mejorar, por un lado, la experiencia y adaptación de la mujer en las prisiones y, por otro lado, para paliar los efectos que devienen de la intensificación de la discriminación contra ellas bajo las rejas. En este orden de cosas, entendemos que la apuesta por la implementación de la justicia restaurativa debe ir acompañada de la deconstrucción del androcentrismo del sistema penitenciario. En este sentido, y como adelantábamos en las primeras líneas de este estudio, la mediación penitenciaria se configura como una herramienta de doble filo: por un lado, el empleo de este cauce puede operar como mecanismo empoderamiento, siempre y cuando las reclusas deseen experimentar e inte-

---

del propio establecimiento, para una mayor garantía de neutralidad e imparcialidad, se apuesta por la externalización de esta función, habida cuenta de que el conflicto es protagonizado por los mismos que intervienen en el procedimiento mediatorio y por tanto, existe un mayor peligro de que los estereotipos o prejuicios de género de los mismos se instauren inconscientemente en el procedimiento.

51 Directrices puestas de relieve por la ONU como anexo en el informe sobre el fortalecimiento de la función de la mediación en el arreglo pacífico de controversias, la prevención de conflictos y su solución (A/66/811 de 25 de junio de 2012).

riorizar los beneficios personales que ofrecen las técnicas de mediación; y, por otro lado, puede configurarse como un instrumento con el poder de neutralizar los estereotipos de género inmunes y omnipresentes en todos los ámbitos de la vida, también en los centros penitenciarios, y que pueden obstaculizar e incluso impedir el camino de la reinserción y reeducación de todas las mujeres apresadas.

7. BIBLIOGRAFÍA

ALMEDA SAMARANCH, Elisabeth, *Corregir y castigar. El ayer y hoy de las cárceles de mujeres,* Edicions Bellaterra, Barcelona 2002.

ALMEDA SAMARANCH, Elisabeth, *Mujeres encarceladas,* Ariel, Barcelona 2003.

ALMEDA SAMARANCH, Elisabeth, "Pasado y presente de las cárceles femeninas en España", *Sociológica,* núm. 6/2005.

ANDRÉS ALSO, Antonio, *Nos hará reconocernos. La Ley Orgánica 1/1979, de 26 de septiembre, General Penitenciaria: origen, evolución y futuro,* Ministerio del Interior, Madrid 2015.

ASENCIO CANTISA, Heriberto, "El sistema de sanciones en la legislación penitenciaria", *Eguzkilore. Cuaderno del Instituto Vasco de Criminología,* núm. 2/1989.

BARONA VILAR, Silvia, *Mediación penal, fundamento, fines y régimen jurídico,* Tirant lo Blanch, Valencia 2011.

BARONA VILAR, Silvia, *Nociones y principios de las ADR (solución extrajurisdiccional de conflictos),* Tirant lo Blanch, Valencia 2018.

BATLLE MANONELLES, Ares, *Régimen Disciplinario y Mujeres Presas. Un análisis criminológico con perspectiva de género,* Instituto de las Mujeres, Madrid 2021.

CARLEN, Pat, *Women's imprisonment: A study in social control,* Routledge & Kegan Paul, Londres 1983.

CASTILLEJO MANZANARES, Raquel, ALONSO SALGADO, Cristina, "Una lectura restaurativa acerca de los "códigos éticos" de la policía: mucho más que mediación policial", *Revista Boliviana de Derecho,* núm. 25/2018.

CEREZO, Ana I., "Women in Prison in Spain: The Implementation of Bangkok Rules to the Spanish Prison Legislation", *European Journal on Criminal Policy and Research,* núm. 2/2017.

CERVELLÓ DONDERIS, Vicenta, "Las prisiones de mujeres desde una perspectiva de género", *Revista General de Derecho Penal,* núm. 5/2006.

COYLE, ANDREW, *Understanding Prisons: Key Issues in Policy and Practice,* Open University Press, Maidenhead 2005.

FERNÁNDEZ-CABALLERO, Marina, DEL HIERRO, Ester, ARCHILLA JUBERÍAS, Marta, "Mediación penitenciaria. Una nueva propuesta para mediar en una cárcel de mujeres", *Revista de Mediación,* núm. 10/2012.

GARCÍA-PABLOS DE MOLINA, Antonio, "La supuesta función resocializadora del Derecho penal: utopía, mito y eufemismo", *Anuario de derecho penal y ciencias penales,* núm. 32/1979.

GONZÁLEZ CANO, María Isabel, "La mediación penal y penitenciaria. Un programa para su regulación", AAVV (Coor. SÁEZ RODRÍGUEZ, CONCEPCIÓN), *La mediación familiar. La mediación penal y penitenciaria. Estatuto del mediador. Un programa para su regulación,* Dykinson, Madrid 2008.

GONZÁLEZ RIVERO, Pilar, "Justicia Restaurativa y Mediación penal y Penitenciaria. Una experiencia en el Centro Penitenciario de Madrid I (mujeres)", *Diario la Ley,* núm. 9085/2017.

GONZÁLEZ TASCÓN, María Marta, "Deshumanizando el sistema de justicia penal. La pena de prisión permanente revisable", AAVV (Coor. SUÁREZ LLANOS, LEONOR), *El derecho y la justicia,* Tirant lo Blanch, Valencia 2017.

Gruben Burmeister, Sonia, "Mediación restaurativa y gestión positiva de conflictos en centros penitenciarios", *Revista de Mediación,* núm. 11/2012.

KRUTTSCHNITT, Candace, GARTNER, Rosemary, "Women's Imprisonment", *Crime and Justice,* núm. 30/2003.

LECUMBERRI FRANCÉS, Paz, "Pensando la mediación en el ámbito penitenciario como una herramienta para la Justicia Restaurativa en el contexto de una permanente crisis del ideal resocializador", AAVV (Dirs. DE LA CUESTA, José Luis, SUBIJANA, Ignacio José), *Justicia Restaurativa y terapéutica. Hacia innovadores modelos de Justicia,* Tirant lo Blanch, Valencia 2017.

LOZANO ESPINA, Francisca, "La mediación penitenciaria: CP Madrid (Valdemoro)", *Familia: revista de ciencias y orientación familiar,* núm. 4/2010.

LOZANO ESPINA, Francisca, AGUILAR ARÉVALO, Laura, LOZANO PÉREZ, Luz, MARTÍN SANCHEZ, Sergio, RODRÍGUEZ FRAGOSO, Virginia, MARTÍN NOVA, Irene, PAREJA VALLINA, Virginia, GUTIERREZ-BOLÍVAR, Elena, "Mediación penitenciaria Centro Penitenciario de Valdemoro (Madrid III). Memoria 2011-2012", *Revista de l'Institut Universitari d' Investigació en Criminologia i Ciències Penals de la UV,* núm. 7/2012.

LOZANO MARTÍN, Antonio M., NISTAL BURÓN, Javier, JIMÉNEZ BAUTISTA, Francisco, "Conflictos y mediación en las cárceles madrileñas", *Revista de Mediación,* núm. 1/2020.

MUÑOZ CONDE, Francisco, *Derecho penal y control social,* Fundación Universitaria de Jerez, Jerez de la Frontera 1985.

ORTIZ GONZÁLEZ, Ángel, "La justicia restaurativa: enfoque desde el ámbito penitenciario", *Cuadernos penales José María Lidón,* núm. 9/2013.

PEMBERTON, Sarah, "Enforcing Gender: The Constitution of Sex and Gender in Prison Regimes", *Signs,* núm. 1/2013.

PUYOL GIL, LAURA, "Revista sale a la calle: Entrevista a Dña. Francisca Lozano. Coordinadora del programa de mediación penal del centro penitenciario de Valdemoro en Madrid", *Revista de Mediación,* núm. 11/2012.

RÍOS MARTÍN, Julián Carlos, CABRERA CABRERA, Pedro José, *Mil voces presas,* Universidad Pontificia Comillas, Madrid 1998.

RÍOS MARTÍN, Julián Carlos, PASCUAL RODRÍGUEZ, Ester, ETXEBARRIA ZARRABEITIA, Xabier, SEGOVIA BERNABÉ, José Luis, LOZANO ESPINA, Francisca, *Mediación penal, penitenciaria y encuentros restaurativos: experiencias para reducir el sufrimiento en el sistema penal,* Universidad Pontificia Comillas, Madrid 2016.

RODRIGÜEZ NUÑEZ, Alicia, "Fórmulas para la resocialización del delincuente en la legislación y el sistema penitenciario españoles", AAVV (Coor. GUZMÁN DALBORA, José Luis), *El penalista liberal. Controversias nacionales e internacionales en Derecho penal, procesal y criminología,* Hammurabi, Buenos Aires 2004.

SEGOVIA BERNABÉ, José Luis, "La cárcel, ¿Lugar de reconciliación? Consideraciones desde la Justicia Restaurativa", *Estudios Eclesiásticos,* núm. 90/2015.

VALVERDE MOLINA, Jesús, *La cárcel y sus consecuencias,* Popular, Madrid 2004.

WRIGHT, Emily, SALISBURY, Emily, VAN VOORHIS, Patricia, "Predicting the Prison Misconducts of Women Offenders. The importance of Gender-Responsive Needs", *Journal of Contemporary Criminal Justice,* núm. 4/2007.

YAGÜE OLMOS, Concepción, "Mujeres en prisión. Intervención basada en sus características, necesidades y demandas", *Revista Española de Investigación Criminológica,* núm. 5/2007.